D1935320

Oldenbourg

Produktionsplanung und -steuerung

Methodische Grundlagen von PPS-Systemen und Erweiterungen

von
Prof. Dr. Karl Kurbel
Europa-Universität Viadrina Frankfurt (Oder)

5., durchgesehene und aktualisierte Auflage

Oldenbourg Verlag München Wien

FHTW Berlin
Karlshorst
Bibliothek
HTW
ungültig
90
03/12794
1

Bibliografische Information Der Deutschen Bibliothek

Die Deutsche Bibliothek verzeichnet diese Publikation in der Deutschen Nationalbibliografie; detaillierte bibliografische Daten sind im Internet über <http://dnb.ddb.de> abrufbar.

© 2003 Oldenbourg Wissenschaftsverlag GmbH
Rosenheimer Straße 145, D-81671 München
Telefon: (089) 45051-0
www.oldenbourg-verlag.de

Das Werk einschließlich aller Abbildungen ist urheberrechtlich geschützt. Jede Verwertung außerhalb der Grenzen des Urheberrechtsgesetzes ist ohne Zustimmung des Verlages unzulässig und strafbar. Das gilt insbesondere für Vervielfältigungen, Übersetzungen, Mikroverfilmungen und die Einspeicherung und Bearbeitung in elektronischen Systemen.

Lektorat: Christian Kornherr
Herstellung: Rainer Hartl
Umschlagkonzeption: Kraxenberger Kommunikationshaus, München
Gedruckt auf säure- und chlorfreiem Papier
Gesamtherstellung: Druckhaus „Thomas Müntzer“ GmbH, Bad Langensalza

ISBN 3-486-27299-3

Inhaltsverzeichnis

Vorwort zur fünften Auflage

Die Neuauflage des Buchs Produktionsplanung und -steuerung wurde unter Beibehaltung der Grundstruktur gegenüber der vierten Auflage aktualisiert und korrigiert. Insbesondere die an zahlreichen Stellen angesprochenen Verhältnisse auf dem PPS-Markt sowie die zitierten Systeme und Literaturverweise wurden auf den neuesten Stand gebracht. Bei der Überarbeitung war Herr Dipl.-Kfm. Jens Hilker behilflich, dem ich an dieser Stelle sehr herzlich danke.

Karl Kurbel

Vorwort zur vierten Auflage

Der Produktionsplanung und -steuerung und den PPS-Systemen wird auch nach mehr als dreißig Jahren Forschung und Entwicklung ungebrochenes Interesse zuteil, stellen sie doch das betriebswirtschaftliche Rückgrat der Informationsverarbeitung in Fertigungsunternehmen dar. Das Interesse ist nicht verwunderlich, wenn man bedenkt, welche organisatorischen Veränderungen die Industrie in diesem Zeitraum durchlaufen und welche Fortschritte die Informationstechnik erzielt hat. Die Produktionsplanung und -steuerung muß sich dem dynamischen Wandel in ihrem Umfeld stellen.

Nachdem die zweite und dritte Auflage dieses Buchs im wesentlichen die Inhalte der ersten aus dem Jahr 1993 fortschrieben, wurde mit der vierten Auflage eine grundlegende Überarbeitung und Erweiterung vorgenommen. Dies betrifft vor allem die hinteren Kapitel des Buchs, die teilweise völlig neu konzipiert wurden.

Natürlich ist nicht alles hinfällig, was ein paar Jahre zuvor noch galt. In den Kapiteln 1 bis 4 wurden überwiegend Aktualisierungen durchgeführt, sowohl bei der zitierten Literatur als auch hinsichtlich der Inhalte. Der Abschnitt über das *Marktangebot* an PPS-Systemen in Kapitel 1 wurde auf den neuesten Stand gebracht. In Kapitel 2 entfielen die Ausführungen über nicht-datenbankorientierte Speicherung, da diese Form der Datenhaltung heute keine nennenswerte Rolle mehr spielt.

Grundlegende Änderungen und Erweiterungen gibt es indessen in den Kapiteln 5 bis 8. Im fünften Kapitel wurden die früheren Ausführungen über verteilte PPS-Systeme, dem heutigen State-of-the-Art Rechnung tragend, auf *Client-Server-Systeme* fokussiert. Zur Veranschaulichung wird darüber hinaus ein bei Klein- und Mittelbetrieben weit verbreitetes PPS-System (VPPS/NT), das auf einer Client-Server-Architektur beruht, genauer beschrieben. Den Dezentralisierungstendenzen, die auf der organisatorischen Ebene hinter den Client-Server-Konzepten stehen, ist ein eigener Abschnitt gewidmet.

Die Einbettung der PPS-Systeme in die betriebliche Informationsverarbeitung erfährt nun wesentlich stärkere Beachtung als in den Vorauflagen. Neben dem Abschnitt über Computer Integrated Manufacturing (CIM), der aktualisiert und um neue Entwicklungen wie das *Engineering-Daten-Management* erweitert wurde, tritt nun auch das betriebswirtschaftliche Umfeld sichtbar hervor. In einem neuen Abschnitt wird der Ansatz des *Enterprise Resource Planning (ERP)* und seine Umsetzung in ERP-Systemen vorgestellt. Das wohl bekannteste ERP-System ist SAP R/3. Dieses wird zur Verdeutlichung herangezogen und erläutert. Der entsprechende Abschnitt geht auf die Client-Server-Architektur, die betriebswirtschaftlichen Anwendungsmodule und insbesondere auf die PPS Komponente von R/3 ein.

Das achte Kapitel, das neue Ansätze für die Produktionsplanung und -steuerung beinhaltet, wurde völlig neu geschrieben. Es zeigt organisatorische und technologische Entwicklungen auf, wie Dynamisierung der PPS-Systeme, Workflowmanagement und Componentware, und erörtert die Implikationen, die sich aus überbetrieblichen Kooperationskonzepten wie *Supply Chain Management* und *virtuellen Unternehmen* ergeben. Mit dem Aufschwung des *Internet* und der breiten Verfügbarkeit des World Wide Web (WWW) kann auch die Kommunikation zwischen Produktionsunternehmen, Lieferanten und Kunden auf eine neue Grundlage gestellt werden. Weiterhin werden methodische Verbesserungen skizziert, etwa auf Basis der Künstlichen Intelligenz, Neuronaler Netze und naturanaloger Verfahren.

Schließlich sollte nicht vergessen werden, daß Produktion auch eine Kehrseite hat: Umweltbelastungen einmal durch die Produktionsprozesse, zum andern durch die Produkte, die irgendwann ausgedient haben und in irgendeiner Form „entsorgt" werden müssen. Was soll mit dem Computer, dem Fernseher oder dem Röntgenapparat geschehen, wenn er nicht mehr gebraucht wird? Für das „Recycling" technischer Güter ist zunächst eine *Demontage* erforderlich, bei der Komponenten herausgelöst und eventuell aufbereitet oder weiter zerlegt werden. Demontage hat Ähnlichkeit mit Montage, ist aber nicht einfach das Gegenstück. Manche Konzepte aus der Produktionsplanung und -steuerung können übertragen werden, andere nicht. Im letzten Abschnitt des Buchs werden deshalb Forschungsansätze beschrieben, die zu einer Professionalisierung der Demontageplanung führen und letztlich in vollständige RPS-Systeme (*R*ecycling*p*lanung und -*s*teuerung) bzw. PRPS-Systeme (*P*roduktions- und *R*ecycling*p*lanung und -*s*teuerung) münden können.

An der Überarbeitung des Buchs waren neben dem Autor mehrere Personen beteiligt. Dank gebührt Frau Dipl.-Wirtsch.-Inf. Silke Schwarz und Frau Dipl.-Kffr. Marta Piotrowska, die bei der Literaturbeschaffung und dem Bestreben, Konsistenz im Literaturverzeichnis herzustellen, wertvolle Hilfestellung leisteten. Die Originalabzüge aus dem PPS-System VPPS/NT fertigte dankenswerterweise Herr Bernd Dülsner von der infor GmbH, Leipzig, an. Die große Zahl neuer oder geänderter Abbildungen in der vierten Auflage erstellte Herr cand. rer. pol. Adam Twardoch mit Corel Draw und viel Geschick. Dafür sei ihm sehr herzlich gedankt.

Karl Kurbel

Vorwort zur ersten Auflage

Die computergestützte Produktionsplanung und -steuerung ist eines der ältesten, aber auch anspruchsvollsten Gebiete in der betrieblichen Datenverarbeitung. Produktionsplanungs- und Steuerungssysteme (PPS-Systeme) gibt es seit Mitte der sechziger Jahre. Man könnte meinen, nach drei Jahrzehnten intensiver Forschung und Entwicklung müßten eigentlich alle Probleme gelöst sein. Daß dies nicht der Fall ist, zeigt das große Interesse, das der Produktionsplanung und -steuerung gerade in der jüngsten Zeit wieder zuteil wird.

Nun liegt es nicht nur am Unvermögen der Wissenschaft und der Softwarebranche, daß das endgültig „optimale" PPS-System noch nicht entwickelt ist. Zum einen sind die Anforderungen verschiedener Unternehmenstypen so unterschiedlich, daß es das *eine* PPS-System ohnehin nicht geben kann. Zum andern machte die Produktionsplanung und -steuerung selbst eine Reihe von Wandlungen durch. Diese wurden nicht zuletzt von Veränderungen in ihrem Umfeld beeinflußt.

So sind etwa die veränderten Zielsetzungen zu nennen, die aus der Wandlung der Märkte von Verkäufer- zu Käufermärkten resultierten. Statt auf optimale Kapazitätsauslastung mußte das Augenmerk stärker auf Flexibilität, Termintreue und möglichst schnelle Reaktion auf Kundenwünsche gelegt werden. Die Fortschritte der Hardware- und Softwaretechnologie brachten nicht nur eine Abkehr von der periodenorientierten Planung in Batchläufen hin zur ereignisorientierten Planung und Steuerung im Dialog mit sich. Sie ermöglichten auch die Einbeziehung neuer Problemkreise und ihre Behandlung mit modernen Methoden der Wirtschaftsinformatik und der Informatik. Die Tendenz zur Integration der Informationsverarbeitung in den Unternehmen, insbesondere im Rahmen des Computer Integrated Manufacturing (CIM), stellte auch die Produktionsplanung und -steuerung vor neue Aufgaben.

In diesem Buch wird ein Überblick über die Grundlagen, Methoden und Ausprägungen von PPS-Systemen sowie ihre Einbettung in das Umfeld eines Industriebetriebs gegeben. Das *erste Kapitel* stellt zunächst den Gegenstand der Produktionsplanung und –steuerung und seine Behandlung in der Forschung, der Entwicklung und in der praktischen Anwendung vor. Im *zweiten Kapitel* werden die grundlegenden Datenstrukturen behandelt. Die Voranstellung der Datenstrukturen folgt einer Erkenntnis aus der Wirtschaftsinformatik, die nicht nur für PPS-Systeme gilt: Datenstrukturen sind im allgemeinen stabiler als Funktionen; d. h., die Verarbeitungsprogramme ändern sich im Zeitablauf häufiger als die Daten.

Die nachfolgenden Kapitel differenzieren idealtypisch nach zwei verschiedenen Unternehmenskategorien, deren Anforderungen an PPS-Systeme recht unterschiedlich sind. *Kapitel 3* beschreibt die Produktionsplanung und -steuerung in Unternehmen, die ein standardisiertes Produktionsprogramm für den anonymen Markt herstellen, während *Kapitel 4* auf die spezifischen Anforderungen und Lösungsansätze eingeht, die Unternehmen mit kundenauftragsorientierter Fertigung charakterisieren. Gegenstand des dritten Kapitels sind in diesem Sinne die „klassischen“ PPS-Ansätze, deren Wurzeln in den USA lagen; Kapitel 4 stellt neuere Lösungswege vor, die den mitteleuropäischen Verhältnissen teilweise besser gerecht werden.

Der allgemeine Trend zur Dezentralisierung ging auch an den früher monolithischen PPS-Systemen nicht spurlos vorüber. Die Vorteile leistungsfähiger, dedizierter Systeme traten Ende der achtziger Jahre mit den sogenannten „elektronischen Leitständen“ deutlich zutage. Das *fünfte Kapitel* behandelt die konzeptionellen Grundlagen von Leitstandsystemen, zeigt Beispiele und vertieft den Dezentralisierungsgedanken im Hinblick auf insgesamt verteilte PPS-Systeme. Die enge Verbindung der Produktionsplanung und -steuerung mit der Betriebsdatenerfassung, die für die Aktualität von Plänen und Daten von herausragender Bedeutung ist, wird im *sechsten Kapitel* erörtert.

Die Einbettung der PPS-Komponenten in ein Umfeld integrierter betrieblicher Softwaresysteme ist schließlich Gegenstand des *siebten Kapitels.* Hier werden insbesondere die Verbindungen zur technischen Informationsverarbeitung im Rahmen des Computer Integrated Manufacturing (CIM) aufgezeigt. Neue Entwicklungen, die teilweise in den vorigen Kapiteln bereits angesprochen wurden, greift der Ausblick im *achten Kapitel* nochmals auf und ergänzt sie um Tendenzen, denen die Produktionsplanung und -steuerung in der Zukunft möglicherweise folgen wird.

Die Ausführungen in diesem Buch basieren auf langjähriger Beschäftigung mit Prinzipien, Methoden und Systemen der Produktionsplanung und -steuerung sowie ihrer praktischen Anwendung. Insofern schien es naheliegend, der Bitte der Herausgeber und des Oldenbourg-Verlags (Dr. Demarest), das Buch zu schreiben, nachzukommen und das Wissen zu Papier zu bringen.

Wie zu befürchten war, erwies sich die Arbeit als wesentlich umfangreicher als erwartet, zog sich im rauhen Alltagsgeschäft des Verwaltungs-, Lehr- und Gremienbetriebs im Umfeld hochflexibler Bürokratien länger hin als vorgesehen und behinderte so den Fortschritt manchen Lehr- und Forschungsvorhabens nicht unerheblich. Meine Mitarbeiterinnen und Mitarbeiter, die unter der Situation besonders zu leiden hatten, sowie die Kollegen, denen ich bei anderen Anliegen Absagen erteilen mußte, bitte ich dafür ganz herzlich um Entschuldigung.

Schließlich danke ich allen, die mit Rat, Knowhow und auch Technik die Anfertigung des Werks unterstützten. In PPS- und Informatik-Fragen konnte ich auf die Hilfestellung von *Dr. Claus Rautenstrauch* zurückgreifen, der auch die Vorbereitung des siebten Kapitels übernahm. Ihm sei ganz besonders gedankt. Bei der Datenmodellierung war *Stefan Eicker* behilflich. Ein Großteil der Grafiken wurde von *Bettina Gerber* und *Thomas Klein* angefertigt. Die Herstellung der Bildschirmabzüge in Kapitel 5 mit einem nicht dokumentierten Dienstprogramm eines bekannten Computerherstellers bescherte *Michael Nietsch* und *Jürgen Töns* drei Wochen Nachtarbeit. *Christine Bolte* überwachte die Endproduktion des Manuskripts, das vom Autor weitgehend selbst mit MS Word erstellt wurde.

Karl Kurbel

1. Einführung

1.1 Gegenstand und Umfeld der Produktionsplanung und -steuerung

Die Produktionsplanung und -steuerung (PPS) gehört zu den wichtigsten und anspruchsvollsten Aufgaben eines Industriebetriebs. So verwundert es nicht, daß sich Wissenschaft und Praxis bereits seit mehreren Jahrzehnten intensiv mit den vielschichtigen Problemen auseinandersetzten und zahlreiche Lösungsansätze entwickelten. Die Zahl der Modelle und Methoden, die im Forschungsbereich entstanden, ist unübersehbar.

Mit dem ersten Einsatz von Computern in den Industrieunternehmen entstanden schon in den 60er Jahren Softwaresysteme für die Produktionsplanung und -steuerung, sogenannte *PPS-Systeme.* Diese waren gegenüber anderen kaufmännischen Systemen relativ anspruchsvoll, da sich sowohl die Planungsaufgaben als auch die Datenstrukturen im Produktionsbereich deutlich von den einfachen, ein-/ausgabeorientierten sonstigen Programmen der kommerziellen Datenverarbeitung abhoben.

Veränderung der Rahmenbedingungen

Obwohl die Probleme der Produktionsplanung und -steuerung also nicht neu sind, können sie auch heute noch keineswegs als umfassend gelöst angesehen werden. Dies liegt einerseits an der Komplexität der Materie; viele Problemstellungen sind einfach zu schwierig, als daß Verfahren angegeben werden könnten, welche zu „optimalen" Lösungen führen. Andererseits haben sich auch die Rahmenbedingungen der Produktionsplanung und -steuerung in den letzten Jahren verändert. Beispiele sind etwa:

- die Anforderungen und das Verhalten der Nachfrager, Wandel von Verkäufer- zu Käufermärkten,
- die Produktionstechnik und der zunehmende Computereinsatz in der Fertigung selbst („Computer Integrated Manufacturing"), die auch in der Produktionsplanung und -steuerung zu berücksichtigen sind,
- die Verbreitung von Datenbanksystemen als Grundlage für integrierte Informationsverarbeitung,
- die innerbetriebliche Vernetzung, Client-Server-Architekturen und das Zusammenwachsen der betrieblichen Anwendungssysteme (Administrations-, Dispositions-, Planungs-, Kontrollsysteme, vgl. MERT01, MERT02),
- die zwischenbetriebliche Integration der Informationsverarbeitung (z. B. zwischen Zulieferern und Produktionsbetrieben),
- weltweite Kommunikations- und Informationsbeschaffungsmöglichkeiten auf Basis des Internet,
- höhere Computerleistung mit der Folge, daß auch rechenaufwendigere Algorithmen zum Einsatz kommen können,

• Rechnerunterstützung des PPS- und Vertriebspersonals direkt am Arbeitsplatz,
• Verarbeitungsformen (interaktiver Betrieb, grafische Operationen am Bildschirm, „Drag and drop“ u. a.), die nicht nur kurzfristige Anfragen, sondern auch Eingriffe in Produktionspläne und Veränderung derselben erlauben.

Rechnergestützte Lösungen, die vor fünf oder zehn Jahren angemessen waren, sind heute oft überholt oder zumindest ergänzungsbedürftig.

Aufgaben der Produktionsplanung und -steuerung

Welches sind nun die Aufgaben, die die Produktionsplanung und -steuerung zu bewältigen hat? Je nach Betrachtungsebene können die Probleme sehr unterschiedlich sein; ausgewählte Fragestellungen sind beispielsweise die folgenden:
• Welche Produkte sollen überhaupt hergestellt werden? Ist ein breites Produktionsprogramm sinnvoll, oder liegen die Marktchancen in der Spezialisierung?
• Soll ein Standardproduktionsprogramm hergestellt oder soll nach Kundenwünschen gefertigt werden?
• An welchen Standorten im Inland oder Ausland soll produziert werden?
• Wie müssen die Geschäftsprozesse organisiert werden, damit die Planung und Steuerung der Produktion durchgängig die heute notwendige Kundenorientierung aufweist?
• Wie ist die Umweltverträglichkeit der Produktion zu beurteilen? Sind besondere Schutzmaßnahmen erforderlich?
• Wie wird die Produktionskapazität dimensioniert? Welche Investitionen sind erforderlich?
• Welche Fertigungsorganisation wird zugrundegelegt (z. B. Fließ- oder Werkstattfertigung)? Welche technologischen Verfahren, welcher Automatisierungsgrad sind angemessen?
• Wie sollen die Fertigungsanlagen im Betrieb angeordnet werden (Fabrik-Layout)?
• Welche Mengen der einzelnen Produktarten sollen pro Jahr hergestellt werden?
• Sollen Klein- oder Großserien aufgelegt werden, ist Massenfertigung angebracht, oder muß nach Kundenspezifikationen einzeln gefertigt werden?
• Bis zu welcher Fertigungstiefe werden Vor- und Zwischenprodukte selbst hergestellt bzw. welche sollen zugekauft werden (Eigenfertigung oder Fremdbezug?)
• Wie lange dauert es, einen bestimmten Kundenauftrag von der Auftragsaufnahme über alle Fertigungsstufen hinweg abzuwickeln?
• Wie ist zu verfahren, wenn die Kapazität einzelner Produktionsanlagen nicht ausreicht, um alle Fertigungsaufträge termingerecht durchzuführen?

• Welche Fertigungsaufträge sollen für die nächste Woche zur Produktion freigegeben werden? Sind das benötigte Personal, Material, Werkzeug etc. verfügbar?
• In welcher Reihenfolge und zu welchen Terminen sollen die Aufträge an den einzelnen Maschinen und Arbeitsplätzen in der Fertigung abgearbeitet werden?
• Was passiert, wenn eine wichtige Produktionsanlage ausfällt oder ein wichtiger Kundenauftrag trotz Kapazitätsengpässen noch kurzfristig eingeschleust werden muß?

Manche dieser Entscheidungen legen das Unternehmen über Jahre hinweg fest (z. B. die Standortwahl oder die Art des Produktionsprogramms), andere haben eher mittelfristigen Charakter (z. B. die Dimensionierung der Produktionskapazität), und wieder andere beziehen sich auf sehr kurzfristige Zeiträume (z. B. die Auftragsfreigabe).

Strategische und operative Produktionsplanung

In der Betriebswirtschaftslehre ist es üblich, die sehr unterschiedlichen Aufgabenbereiche verschiedenen Ebenen zuzuordnen: einer *strategischen* Ebene und einer *operativen* Ebene. Auf der strategischen Ebene fallen grundlegende Entscheidungen mit langfristiger Tragweite, wie etwa die Wahl der Produktfelder und der Produktionsstandorte, während auf der operativen Ebene von vorgegebenen Rahmenbedingungen ausgegangen wird und Entscheidungen über konkrete Produktionsmengen und den Herstellungsprozeß in einem bestimmten Zeitraum zu treffen sind.

Wenn man heute von Produktionsplanung und -steuerung und von PPS-Systemen spricht, meint man im allgemeinen die Planung und Steuerung auf der operativen Ebene. Aufgabe der Produktionsplanung und -steuerung ist es in diesem Sinne insbesondere festzulegen,

Operative Planung und Steuerung

• welche Mengen welcher konkreten Produktarten im Planungszeitraum herzustellen sind (Produktionsprogrammplanung),
• welche Mengen an Vor- und Zwischenprodukten dafür benötigt werden (Sekundärbedarfsplanung),
• wie Kundenaufträge effizient abgewickelt werden, damit die Anforderungen und Wünsche der Kunden bestmöglich erfüllt werden (Auftragsabwicklungsplanung),
• ob und gegebenenfalls welche Mengen einer (End-, Zwischen- oder Vor-) Produktart jeweils zu einem Fertigungslos bzw. einer Bestellung zusammengefaßt werden sollen (Losgrößen- bzw. Bestellmengenplanung),
• zu welchen Zeitpunkten die Herstellung der einzelnen End-, Zwischen- und Vorproduktmengen an den Arbeitsplätzen und Produktionsanlagen bzw. die Beschaffung fremdbezogener Produkte erfolgen soll (Terminplanung),
• wie die zeitlichen Anforderungen der Fertigung mit der verfügbaren Kapazität möglichst gut in Einklang gebracht werden (Kapazitätsplanung),

sowie Maßnahmen vorzusehen, die vorgenommen werden können, wenn bei Durchführung der Fertigung Abweichungen von den Plandaten zu verzeichnen sind.

Dabei wird von einer vorgegebenen Ausstattung des Unternehmens mit Produktionsanlagen und von einer mehr oder weniger feststehenden Produktpalette ausgegangen. Die Einschränkung „mehr oder weniger" bedeutet hier, daß die herstellbaren Produkte zwar der Art nach, aber nicht unbedingt in allen Details bereits festgelegt sind.

Zeithorizonte der Planung

Auch bei der obigen Charakterisierung der Aufgaben haben nicht alle Teilbereiche die gleiche zeitliche Dimension. Während Entscheidungen über die insgesamt herzustellenden Endproduktmengen (Produktionsprogrammplanung) je nach Wirtschaftszweig und Branche zum Beispiel einen Zeitraum von ein bis zwei Jahren abdecken können, bezieht sich die Termin- und Kapazitätsfeinplanung in der Regel auf wenige Tage.

Paradigmenwechsel

Mit dem Paradigmenwechsel in der Betriebswirtschaftslehre, der in den 90er Jahren zu beobachten war, veränderte sich die Auffassung, wie die Produktionsplanung und -steuerung ihre Aufgaben zu erfüllen hat. Bei der früher üblichen, eher statischen Sicht des Unternehmens von der Aufbauorganisation her stand die *funktionale* Gliederung im Vordergrund. Folglich wurden auch in der Produktionsplanung und -steuerung hauptsächlich *Funktionen* oder Funktionsbereiche betrachtet, und die sie unterstützenden PPS-Systeme waren ebenfalls funktional strukturiert.

Funktionale Gliederung der PPS

Demgegenüber brachte die Umorientierung in Richtung auf *geschäftsprozeßorientierte* Unternehmensstrukturen (HAMM93, DAVE93) neue Anforderungen mit sich. Wenngleich es nach wie vor „Funktionen" der Produktionsplanung und -steuerung gibt, werden diese heute stärker in einem ablauforientierten Zusammenhang gesehen. Ein herausragender Geschäftsprozeß in einem Industrieunternehmen ist zum Beispiel der Prozeß „Auftragsabwicklung". Dieser reicht von der Kundenanfrage über Angebotsbearbeitung, ggf. Entwicklung und Konstruktion, bis hin zur Auslieferung des gewünschten Produkts an den Kunden. Alle erforderlichen Teilaufgaben bzw. Funktionen des PPS-Systems müssen so ineinandergreifen bzw. angestoßen werden, daß auf jeden individuellen Kunden bezogen ein möglichst optimaler Durchlauf mit bestmöglichem Output realisiert wird.

Geschäftsprozeßorientierung in der PPS

Zur Erfüllung der Anforderungen, die sich aus dem Denken in Geschäftsprozessen ergeben, müssen sowohl die PPS-Konzeptionen als auch die PPS-Systeme überdacht werden. In der anwendungsnahen Forschung wurden dazu Modelle und Methoden entwickelt (vgl. z.B. EVER94a, EVER94c). Praxisbeispiele für prozeßorientierte Restrukturierung von Auftragsabwicklungsprozessen findet man in TIJS96 und EVER94b. In Kapitel 4 wird die auftragsorientierte Produktionsplanung und -steuerung näher untersucht.

1.2 Ziele und Probleme der Produktionsplanung und -steuerung

1.2.1 Produktionswirtschaftliche Ziele

Die Produktionsplanung ist ein Teil der Unternehmensplanung. Die mit der Produktionsplanung (und -steuerung) verfolgten Ziele müssen sich demnach in das Zielsystem des Unternehmens einordnen. Ohne hier die in der Betriebswirtschaftslehre ausgiebigst diskutierte Problematik des unternehmerischen Zielsystems wiedergeben zu wollen, sollen die wichtigsten Zusammenhänge kurz darlegt werden.

Wirtschaftlichkeitsprinzip

Als eine der Leitlinien unternehmerischen Handelns unter ökonomischen Gesichtspunkten gilt, zumindest in der Theorie, das *Wirtschaftlichkeitsprinzip*. Dieses fordert, daß die Wirtschaftlichkeit W, z. B. definiert als Quotient aus der erbrachten Leistung L (Output) des Unternehmens und den dafür entstandenen Kosten K (Input), möglichst hoch sein soll:

$$W = L/K$$

Operational ist diese Vorschrift, wenn Leistung und Kosten in Geldeinheiten gemessen werden und ein bestimmter Betrachtungszeitraum definiert wird.

Sieht man das Wirtschaftlichkeitsprinzip als Soll-Vorschrift für die Planung und Steuerung der Produktion an, dann müssen Entscheidungen getroffen und Maßnahmen ergriffen werden, die den Quotienten W maximieren.

Im Rahmen der produktionswirtschaftlichen Planungsentscheidungen lassen sich in erster Linie die Kosten mitgestalten. Dagegen hängt die Leistung als bewerteter Output meist von Faktoren ab, die außerhalb der Produktionsplanung festgelegt werden. Sowohl die herzustellenden Mengen als auch die Verkaufspreise werden z. B. durch die Absatzplanung, durch Marketing-Maßnahmen, durch Akquisition neuer Kunden (bei Auftrags- und Einzelfertigern) o. a. beeinflußt.

Unter diesen Voraussetzungen ist das Augenmerk also auf den Nenner, auf die Kosten, zu richten. Die Zielsetzung kann dann, nach Maßgabe des Wirtschaftlichkeitsprinzips, vereinfacht wie folgt formuliert werden (ZÄPF01): Die Maßnahmen der Produktionsplanung und -steuerung sind so zu treffen, daß eine vorgegebene Leistung L mit möglichst niedrigen Kosten K erbracht wird.

Für die operative Produktionsplanung ist eine Reihe von Kostenarten bereits vorgegeben. Beispielsweise liegen (Zeit-) Löhne und Gehälter durch rechtliche Verpflichtungen mehr oder weniger fest, und die Stückbearbeitungskosten auf einer Maschine sind aufgrund technologischer Bedingungen und Vorgaben aus dem Rechnungswesen (Abschreibungsart etc.) ebenfalls weitgehend fix.

Entscheidungs-relevante Kosten

Als *entscheidungsrelevante Kosten* bezeichnet man diejenigen Kosten, die durch Planungs- und Steuerungsmaßnahmen noch beeinflußt werden können. Dies sind hauptsächlich Kosten für

- die Vorbereitung der Produktionsanlagen (Einrichte-, Rüstkosten),
- den Stillstand von Produktionsanlagen (Leer-, Stillstandskosten),
- die Lagerung von Rohmaterial und fremdbezogenen Teilen, Vor-, Zwischen- und Endprodukten (Lagerhaltungskosten),
- die Nichteinhaltung von Lieferterminen, z. B. Konventionalstrafen, Zukauf, Preisnachlässe, Goodwill-Verlust,
- die Vermeidung absehbarer Terminüberschreitungen (Überstunden, Mehrschichtbetrieb etc.).

Die beiden zuletzt genannten Probleme sind häufig mit Folgekosten an anderen Stellen verbunden. Diese entstehen beispielsweise dadurch, daß Aufträge mit Terminverzug vorgezogen werden, auf diese Weise andere Aufträge liegenbleiben, höhere Lagerhaltungskosten verursachen etc.

Wenn man auf der Basis von *Kosten* Pläne aufstellen bzw. Steuerungsmaßnahmen ergreifen wollte, müßten alle nötigen Kosteninformationen zu den Zeitpunkten, zu denen geplant oder gesteuert wird, umfassend zur Verfügung stehen. Dies ist in aller Regel nicht der Fall, sei es, weil die Kosten nicht durchgängig erfaßt bzw. fortgeschrieben werden, sei es, weil sie sich wegen ihres Opportunitätskosten-Charakters gar nicht ohne weiteres erfassen lassen.

Ersatzziele

Deshalb arbeitet man in der Produktionsplanung und -steuerung häufig mit *Ersatzzielgrößen*, die in einem nachweisbaren oder vermuteten Zusammenhang mit den Kostenzielen stehen. Außerdem gibt es Verschiebungen im Zielsystem und im Umfeld der Produktionsplanung und -steuerung, die das Gewicht der Kostenziele relativieren. Darauf wird in Abschnitt 1.2.2 eingegangen.

Zeitziele

Ersatz-ziele

Als Ersatzzielgrößen kommen Zeitziele und Mengenziele zur Anwendung. *Zeitziele* sind etwa die folgenden:

- Minimierung der Durchlaufzeiten (Summe der Durchlaufzeiten aller Aufträge im Planungszeitraum, durchschnittliche Durchlaufzeit o. ä.),
- Minimierung der Wartezeiten (Liegezeiten) aller Aufträge bzw. der durchschnittlichen Wartezeit,
- Maximierung der Kapazitätsauslastung aller Betriebsmittel bzw. ausgewählter Betriebsmittel (Engpaßbetriebsmittel),
- Minimierung der Stillstandszeiten aller bzw. ausgewählter Betriebsmittel,
- Minimierung der Terminüberschreitungen (Summe aller Terminüberschreitungen, maximale oder durchschnittliche Terminüberschreitung).

Mengenziele

Mengenziele sind vor allem auf die Lagerbestände gerichtet. Hier ist der Zusammenhang mit den Lagerhaltungskosten und der Kapitalbindung offensichtlich. Mengenziele sind etwa:

- Minimierung der Werkstatt-, Zwischen-, Eingangslagerbestände etc.,
- Minimierung von Fehlmengen (d. h., es tritt Bedarf auf, aber die benötigten Vor-, Zwischen- oder Endprodukte sind nicht vorhanden).

Daß die einzelnen Ziele nicht unabhängig nebeneinanderstehen, sieht man unmittelbar. Beispielsweise kann die Minimierung von Zwischenlagerbeständen dazu führen, daß Fehlmengen auftreten, der Fertigungsfluß ins Stocken gerät, Aufträge nicht bearbeitet werden können, Durchlaufzeiten sich erhöhen, Maschinen stillstehen und Liefertermine überschritten werden.

Dilemma der Ablaufplanung

Ein möglicher Zielkonflikt wurde Ende der sechziger und Anfang der siebziger Jahre unter der Bezeichnung *Dilemma der Ablaufplanung* diskutiert. Das vermutete „Dilemma" bestand darin, daß die Verfolgung des Ziels „Minimierung der Durchlaufzeit" dazu führt, daß der Zielerreichungsgrad bezüglich „Maximierung der Kapazitätsauslastung" sich verschlechtert. Umgekehrt bewirkt das Streben nach maximaler Kapazitätsauslastung, daß die Durchlaufzeiten der Aufträge steigen.

Daß ein solcher Zielkonflikt auftreten kann, läßt sich an einfachen Beispielen zeigen. In der Literatur wurde ausführlich erörtert, welche praktische Relevanz das Problem besitzt, d. h., unter welchen Bedingungen der Zielkonflikt tatsächlich gegeben ist (GÜNT71, MENS72, SIEG74). Ohne daß Einigkeit unter den Autoren erzielt werden konnte, läßt sich doch konstatieren, daß das Dilemma um so weniger ins Gewicht fällt, je kleiner die Aufträge (d. h. je kürzer die Bearbeitungszeiten), je länger der Planungshorizont und je größer der Auftragsbestand ist (SCHW94). Umgekehrt gilt, daß der Zielkonflikt recht wahrscheinlich ist, wenn wenige Aufträge mit langen Bearbeitungszeiten, die also jeweils große, zusammenhängende Kapazitätsblöcke in Anspruch nehmen, in einem engen Terminraster fertigzustellen sind.

1.2.2 Gewichtung der Ziele

Die Umwelt, in der sich die Produktionsplanung und -steuerung vollzieht, ist nicht statisch, sondern unterliegt einer Dynamik, die auch die Rahmenbedingungen und Vorgaben für die Produktionsplanung und -steuerung verändert und das Zielsystem beeinflußt.

Bis in die sechziger Jahre wurde hauptsächlich für ungesättigte Märkte („Verkäufermärkte") produziert (ADAM92b). Die Produktionsprogramme wurden weitgehend durch die Produzenten und kaum durch die Kunden bestimmt. Die Fertigungsorganisation in den Industriebetrieben war häufig auf Massen- oder Großserienfertigung ausgerichtet, und produziert wurde eher für den anonymen Markt. Bei den produktionswirtschaftlichen Zielen dominierte deshalb die Auslastung der Produktionskapazitäten. Die anderen Ziele – kurze Durchlaufzeiten, niedrige Lagerbestände, gute Termineinhaltung – wurden ebenfalls angestrebt, besaßen aber meist nicht das gleiche Gewicht wie die Kapazitätsauslastung.

Wandel von Verkäufer- zu Käufermärkten

Mit zunehmender Sättigung der Märkte war ein Wandel von Verkäufer- zu Käufermärkten zu beobachten. Die Unternehmen mußten sich stärker um ihre Kunden bemühen, auf individuelle Wünsche eingehen, Marktnischen ausfindig machen und besetzen, Produkte diversifizieren oder in Varianten anbieten und insbesondere sich einem erhöhten Konkurrenzdruck stellen. Wichtige Faktoren im Wettbewerb wurden kurze Lieferzeiten und Termintreue. Die Anforderungen an die Produktionsplanung und -steuerung stiegen erheblich, da nun eine wesentlich größere Zahl an Produktarten, Varianten, Baugruppen etc. zu planen und in kürzerer Zeit durch den Produktionsprozeß zu schleusen waren.

Angesichts der veränderten Anforderungen verschob sich auch das Gewicht der einzelnen produktionswirtschaftlichen Ziele. Die stärkere Orientierung am Kunden bedeutete etwa, daß es darauf ankam, den Kunden zufriedenzustellen, kurze Lieferzeiten zusagen und einhalten sowie auf spezielle Wünsche schnell und flexibel reagieren zu können. Hohe Lagerbestände an End-, Zwischen- oder Vorprodukten, die vielleicht gar nicht mehr benötigt werden, stehen dieser Flexibilität entgegen. Die sich verschlechternde Eigenkapitalsituation vieler Betriebe verstärkte noch den Druck, die Lagerbestände möglichst niedrig zu halten (ADAM92b).

Niedrige Durchlaufzeiten, hohe Termintreue und niedrige Bestände statt maximaler Kapazitätsauslastung

Unter den heutigen Rahmenbedingungen hat die Maximierung der Kapazitätsauslastung ihren Spitzenplatz als dominierendes Ziel eingebüßt. Statt dessen stehen

- kurze Durchlaufzeiten der Aufträge,
- hohe Termintreue (bzw. Vermeidung/Minimierung von Terminüberschreitungen),
- niedrige Bestände

im Vordergrund. Aus marktstrategischen Gründen und auch als Unterziel zur Erreichung der vier genannten Ziele verdient die

Flexibilität

- Flexibilität,

besonders hervorgehoben zu werden. Flexibilität ist an verschiedenen Stellen erforderlich, zum Beispiel

- im absatzpolitischen Bereich beim Umgang mit dem Kunden und dem Eingehen auf produktspezifische Kundenwünsche, die dann in der Produktionsplanung und -steuerung nachvollzogen werden müssen,
- in der Produktionsplanung durch die Möglichkeit, Pläne kurzfristig aktualisieren zu können,
- in der Fertigungssteuerung durch schnelle Reaktion auf geänderte Anforderungen oder Produktionsbedingungen.

Durchlaufzeit ist ein kritischer Faktor

Die Durchlaufzeit ist ein kritischer Faktor im Zielsystem. Wiendahl berichtet über eine Reihe von Untersuchungen in der Praxis, in denen ermittelt wurde, daß die tatsächlich realisierten Durchlaufzeiten von den geplanten erheblich abwichen, insbesondere darüber lagen und um den Mittelwert sehr stark streuten (WIEN87a). In einem typischen Fall, in dem 6758 Fertigungsaufträge untersucht wurden, lag etwa die mittlere Ist-Durchlaufzeit bei 80,1 Tagen, während die Plan-Durchlaufzeit 55,4 Tage betrug. Mehr als 70 % der Aufträge wurden verspätet fertiggestellt.

Die Durchlaufzeiten spielen im Hinblick auf die anderen Ziele eine entscheidende Rolle. Wenn sich die Terminüberschreitungen häufen, wird oft der Schluß gezogen, daß die geplanten Durchlaufzeiten wohl zu niedrig sein müssen, und man erhöht die Ansätze für zukünftige Planungen. Dies hat zur Folge, daß die Aufträge früher in die Fertigung gelangen (freigegeben werden) und so rechnerisch den Kapazitätsbedarf an den Betriebsmitteln erhöhen bzw. die Auftragswarteschlangen verlängern. Die Umlaufbestände in der Fertigung und damit die Lagerhaltungskosten steigen ebenfalls. Längere Warteschlangen bedeuten auch längere Ist-Durchlaufzeiten und schlechtere Termintreue. Damit schließt sich der Kreis bzw. wird zur Spirale. PPS-Systeme, die den heutigen Anforderungen gerecht werden sollen, müssen folglich die zeitwirtschaftlichen Aspekte besonders gut unterstützen.

„Just in time"-Prinzip

„Just in time"-Produktion

Das Phänomen zu langer Durchlaufzeiten und überhöhter Lagerbestände wurde in den achtziger Jahren eine Zeitlang unter dem Schlagwort „Just in time"-Produktion (Jit-Produktion) diskutiert (WILD01). Darunter versteht man Produktion zum spätest möglichen Zeitpunkt – so, daß die Erzeugnisse gerade noch rechtzeitig fertig werden („just in time"). Zu jeder Zeit soll auf allen Stufen der Beschaffung, Fertigung und Distribution gerade nur so viel und nur dann beschafft, produziert und verteilt werden wie unbedingt nötig.

Genau genommen sind zwei Ausprägungen des Jit-Prinzips zu unterscheiden, wenngleich beide eng miteinander verbunden sind: Jit-Fertigung und Jit-Anlieferung.

Jit-Fertigung

Mit *Jit-Fertigung* wird die „Produktion auf Abruf" bei Eigenfertigung bezeichnet. Sie beinhaltet, daß der Bedarf an End-, Zwischen- oder Vorprodukten nicht auf Vorrat, sondern auf Anforderung durch fertigungstechnisch nachgelagerte Stellen produziert wird. Die Herstellung einer bestimmten Menge eines Zwischenprodukts wird also erst dadurch veranlaßt, daß von einem „Verbraucher" (d. h. von einer nachfolgenden Fertigungsstufe), ein konkreter Bedarf zu einem bestimmten Zeitpunkt angemeldet wird. Eine bekannte Ausprägung des Jit-Prinzips ist die Kanban-Produktion (WILD89, SCHÖ02). Darauf gehen wir in Kapitel 3.5.4 näher ein.

Jit-Anlieferung

Die *Jit-Anlieferung* wird auf den zwischenbetrieblichen Materialfluß bezogen. Sie bezeichnet den Sachverhalt, daß fremdbezogene Materialien genau zu dem Zeitpunkt angeliefert werden, zu dem sie bei der eigenen Produktion benötigt werden. Man bezeichnet den Vorgang auch als „fertigungssynchrone Anlieferung" (SCHW94, VAHR00b). Der Zulieferer muß seine Liefermengen, -termine und -leistungen und schließlich auch seine Fertigung an den Anforderungen des Abnehmers ausrichten.

Durch das „Just in time“-Konzept überträgt der Abnehmer seine Lagerhaltung großenteils auf den Zulieferer. Dieser wird nun teilweise selbst größere Bestände aufbauen müssen oder, falls er wiederum Zulieferer hat, seine eigenen Produktionsanforderungen an diese weitergeben. Das Prinzip der Jit-Anlieferung kann sich so über mehrere Stufen fortpflanzen.

Beim Abnehmer tritt eine erhebliche Reduktion der Lagerbestände ein. Die Kapitalbindung und die Kosten der Lagerhaltung können im Einzelfall signifikant sinken. Dafür steigt aber das Risiko von Fehlmengen und Stockungen im Produktionsablauf, die sonst durch Puffer in Form von Lägern aufgefangen würden.

Zwischen Abnehmer und Zulieferer müssen deshalb geeignete Maßnahmen vereinbart werden, die die Zuverlässigkeit der Anlieferung fördern. Dazu gehören frühzeitige Informationen, die der Abnehmer dem Zulieferer über geplante Produktionsmengen und -termine gibt, eine systematische Qualitätssicherung von sehr hoher Priorität, die der Abnehmer eventuell vom Lieferanten verlangt, aber auch finanzielle Sanktionen bei Nichteinhaltung von Lieferterminen, -mengen oder -qualitäten.

Zulieferer der Automobilindustrie

Die Bereitschaft eines Zulieferers, seine Geschäftstätigkeit derart eng an den Anforderungen des Abnehmers auszurichten, hängt nicht nur von wirtschaftlichen Vorteilen, sondern insbesondere auch von den Marktverhältnissen ab. In Branchen, die durch Nachfragemacht der Abnehmer und starke Konkurrenz gekennzeichnet sind, wird sehr häufig das Jit-Konzept praktiziert. Ein typisches Beispiel sind die Zulieferer der Automobilindustrie, denen die Lieferbedingungen meist von den Automobilkonzernen gesetzt werden.

Die Abhängigkeit vom Abnehmer wird in vielen Fällen durch langfristige Liefervereinbarungen (Rahmenverträge) geregelt. Diese geben dem Zulieferer aber auch Planungssicherheit für einen längeren Zeitraum und haben so eine gewisse Schutzfunktion. Bestellungen werden nicht durch Einzelverträge, sondern durch Lieferabrufe veranlaßt. In diesem Zusammenhang spielen die *Fortschrittszahlensysteme*, die in Kapitel 3.6.2 behandelt werden, eine wichtige Rolle.

Hohe Störanfälligkeit

Nur vordergründig bewirkt das „Just in time“-Prinzip eine einseitige Abhängigkeit des Zulieferers vom Abnehmer. In umgekehrter Richtung begibt sich der Abnehmer ebenso in Abhängigkeit von seinen Lieferanten. Wenn bei diesen Lieferschwierigkeiten auftreten, wirken sie sich unmittelbar auf die eigene Produktion aus. Besonders deutlich wird die logistische Abhängigkeit bei gezielten Aktionen. So führten in einem Fall punktuelle Streiks in nur 13 Zulieferbetrieben dazu, daß wenige Tage später die gesamten deutschen Automobilhersteller ihre Produktion einstellen mußten (SCHW94).

Am Rande sei auf zwei Beobachtungen hingewiesen. Ausgefeilte Jit-Konzeptionen können erstens dazu beitragen, die Entscheidung zwischen Eigenfertigung und Fremdbezug zugunsten des Fremdbezugs ausfallen zu lassen und damit tendenziell die Fertigungstiefe zu verringern. Der Leser mag zur Verdeutlichung das Beispiel eines Automobils heranziehen: Die Zahl der Teile, die vom Automobilhersteller selbst gefertigt werden, geht immer weiter zurück. Statt dessen rückt die Effektivität der Zuliefernetzwerke immer mehr in den Vordergrund.

Lagerhaltung findet auf der Straße statt

Zum zweiten kommt der zwischenbetrieblichen Logistik bei der laufenden, fertigungssynchronen Anlieferung nicht nur qualitativ, sondern auch quantitativ steigendes Gewicht zu. Zahl und Umfang der Transportvorgänge nehmen stark zu. Eine überspitzte Formulierung lautet: „Die Lagerhaltung findet auf der Straße statt!" Kritiker halten dem zwischenbetrieblichen Jit-Konzept insbesondere den Anstieg des Verkehrs und die negativen Folgen für die Verhältnisse auf den Straßen sowie die erhöhte Umweltbelastung entgegen.

Die hohe Aufmerksamkeit, die dem „Just in time"-Prinzip in den achtziger Jahren zuteil wurde, ist ein weiteres Indiz für die Verschiebung der Zielprioritäten hin zu niedrigen Durchlaufzeiten und Lagerbeständen sowie hoher Termintreue.

1.2.3 Nutzeffekte und Schwachstellen von PPS-Systemen

Von der Einführung eines PPS-Systems verspricht man sich Nutzeffekte im Hinblick auf die genannten produktionswirtschaftlichen Ziele oder auch andere positive Begleiterscheinungen. Viele Vorteile lassen sich nicht ohne weiteres quantifizieren. Andere sind zwar quantifizierbar, können aber nicht in Geldeinheiten bewertet werden. Manche Nutzeffekte werden nur indirekt wirksam.

Die Größenordnungen der Verbesserungen, die sich beim systematischen Einsatz eines adäquaten PPS-Systems erzielen lassen, sind durchaus signifikant. Eine frühe Untersuchung in der Praxis zeigte beispielsweise folgende Veränderungen bei quantifizierbaren Nutzeffekten (KITT81):

Senkung der Halbfabrikatebestände	10%
Senkung der Fertigwarenbestände	15%
Erhöhung der Lieferbereitschaft	10%
Senkung der Durchlaufzeit je Arbeitsgang	20%
Steigerung der Termintreue	35–40%
Verringerung der durchschnittl. Terminüberschreitungen	40–50%
Verringerung der Eilaufträge	70%
Erhöhung der Kapazitätsauslastung	5–10%

Aus Berichten über praktische Anwendungen von PPS-Systemen erhält man ebenfalls Anhaltspunkte für Effizienzsteigerungen. Beispielsweise verkürzten sich bei einem Werkzeughersteller die Auftragsdurchlaufzeiten auf 30% gegenüber dem Zustand vor der PPS-Einführung (KRÄM97). In einer Elektroapparate-Fabrik stieg der Anteil der Bearbeitungszeit an der Durchlaufzeit von nur 11% auf 44% (INFO96).

In einer Untersuchung von Literaturstellen, die über Nutzeffekte und Kosten von CIM-Komponenten (Computer Integrated Manufacturing) berichten, trugen Schumann und Mertens auch Material über die Vorteilhaftigkeit von PPS-Systemen zusammen (SCHU90b). Im Vergleich zu den technisch orientierten CIM-Komponenten ergaben sich niedrigere Kosteneinsparungen. Dies dürfte teilweise darin begründet sein, daß viele Nutzeffekte des PPS-Einsatzes indirekter Natur sind und sich an anderen Stellen als unmittelbar im Produktionsbereich niederschlagen.

Direkte und indirekte Nutzeffekte

Die Zusammenhänge zwischen verschiedenen Nutzengrößen sowie die indirekten Auswirkungen sind in Abbildung 1.2-1 zu erkennen. Sie stellt die Kausalitäten dar, wenn in den PPS-Bereich investiert wird. Beispielsweise führt die erzielbare höhere Genauigkeit und Flexibilität zu einer besseren Materialdisposition, die weniger Engpässe und somit auch eine gleichmäßigere und bessere Kapazitätsauslastung verursachen kann. Wenn entsprechende Nachfrage vorhanden ist, läßt sich ein höherer Umsatz erzielen.

Die Senkung der Auftragsdurchlaufzeit – unter anderem dadurch ermöglicht, daß weniger Rüst-, Warte- und Störzeiten auftreten – führt zu erhöhter Lieferbereitschaft und besserer Termintreue, was das Image des Unternehmens, seine Position am Markt und möglicherweise den Umsatz verbessert. Bezüglich der Durchlaufzeiten ermittelten die Autoren ähnliche Zahlen wie oben (Verkürzung um 20–25%). Die höhere Termintreue machte sich auch darin bemerkbar, daß die Konventionalstrafen um 20–30% niedriger waren (SCHU90b).

Die vorstehend genannten positiven Wirkungen treten in vielen Fällen jedoch nicht ein. So wird z. B. in KRET96 von einer Studie berichtet, bei der ca. drei Viertel der befragten Unternehmen angaben, daß die Ziele Steigerung der Termintreue, Verringerung der Durchlaufzeiten, Reduzierung der Lagerbestände und Verbesserung der Kapazitätsauslastung nicht oder nur teilweise erreicht wurden. Trotz der beobachteten Nutzeffekte beim praktischen Einsatz von PPS-Systemen gibt es also auch eine ganze Reihe von strukturellen Schwachstellen.

Schwachstellen von PPS-Systemen

Besonders bemängelt wird die geringe Übereinstimmung zwischen den vom PPS-System berechneten Plänen und dem tatsächlichen Verlauf der Fertigung. Dies fällt ins Auge, zumal ein nicht unerheblicher Planungsaufwand getrieben wird. Die Gründe für die Abweichungen liegen vor allem darin, daß ungeplante Ereignisse auftreten oder Annahmen über die Fertigungssituation nicht zutreffen. Solche Annahmen werden an vielen Stellen gemacht. Beispiele sind etwa Annahmen über den zukünftigen Primärbedarf, über die Auftragsdurchlaufzeiten, über die Fertigungskapa-

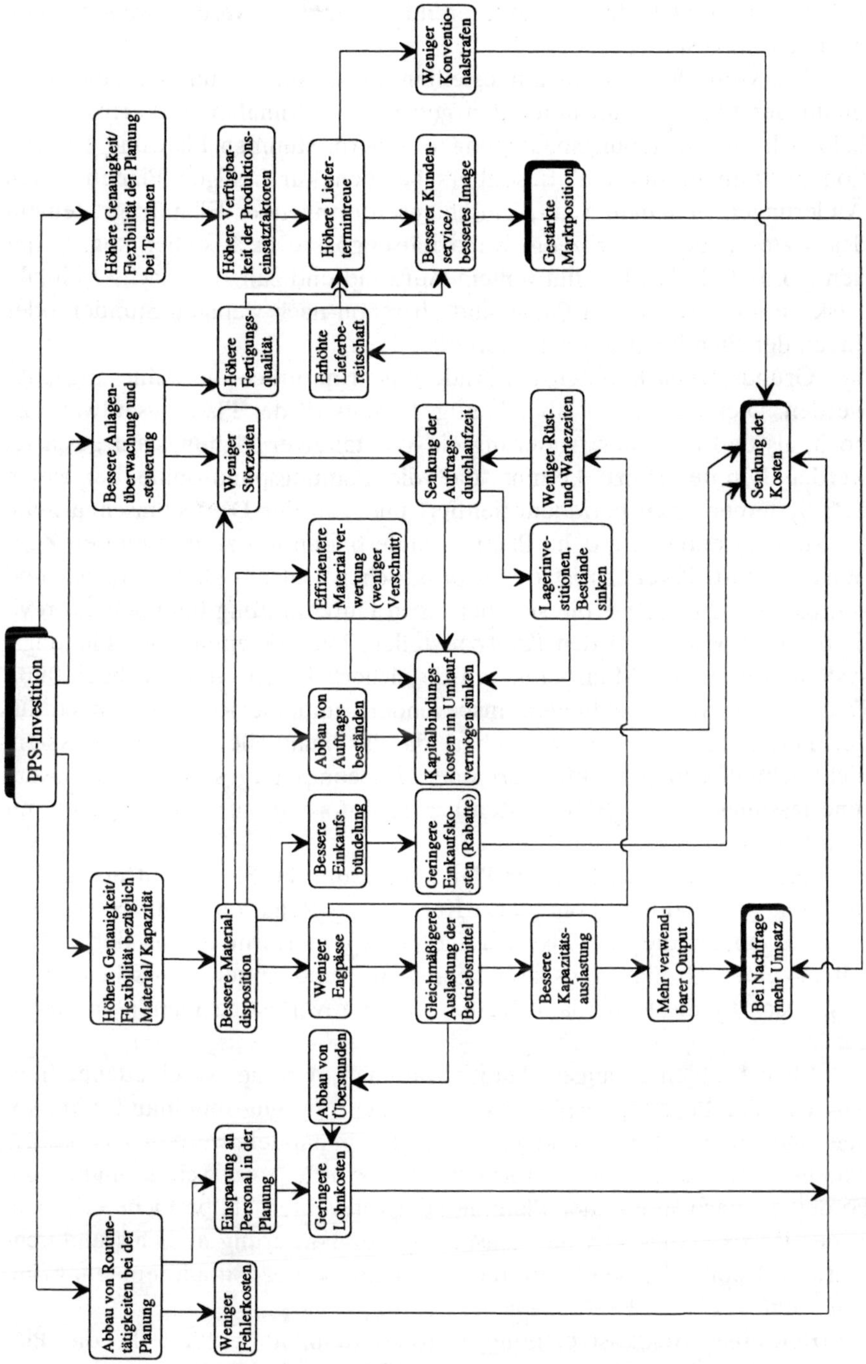

Abb. 1.2-1: Nutzeffekte durch PPS-Investitionen (aus SCHU90b)

zitäten etc.; einige daraus resultierende Probleme werden weiter unten nochmals angesprochen.

Die vom PPS-System aufgestellten Pläne sind somit nur zum Zeitpunkt der Planung und unter den getroffenen Annahmen „korrekt". Sobald sich die Umgebungsbedingungen ändern, stimmen Plan und Istsituation nicht mehr überein. Besonders bei den kurzfristigen Plänen treten Änderungen sehr häufig auf; Einschleusen dringender Eilaufträge, fehlendes Material oder Werkzeug, Kapazitätsengpässe u. ä. stellen sogar eher den Normalfall dar. Die mit hohem Aufwand und zum Teil nach Optimalitätskriterien errechneten Pläne sind oft schon nach wenigen Stunden oder Tagen der Plandurchführung überholt.

Geringe Aktualität der Pläne

Grundsätzlich könnten bei Änderungen natürlich die Pläne angepaßt werden. Dies unterbleibt aber häufig. Erstens ist der Planungsaufwand zu hoch, als daß bei jeder Änderung ein vollständiger Planungslauf gestartet werden könnte. Hinzu kommt, daß die Planungsphilosophie bei vielen PPS-Systemen noch periodenorientiert und von der DV-technischen Seite her stapelorientiert ist; d. h., Planungsläufe finden nur zu bestimmten Zeitpunkten statt. Zweitens ist es im praktischen Betrieb kaum möglich und sinnvoll, laufend Pläne, die sich bereits in Durchführung befinden, zu revidieren und wieder auf den Kopf zu stellen. Die Akzeptanz des Planungssystems durch die Mitarbeiter würde sicherlich sehr negativ beeinflußt. Drittens sind Rückmeldungen, insbesondere zeitnahe Rückmeldungen aus der Fertigung, oft nicht verfügbar, da das manuelle Rückmeldesystem nicht schnell genug funktioniert oder das computergestützte Betriebsdatenerfassungssystem (BDE-System) zwar Informationen liefert, aber mit dem PPS-System nicht integriert ist.

Die geringe Aktualität der Plandaten kann die Flexibilität des Unternehmens entscheidend behindern. Kurzfristige Reaktionen auf Nachfrageverschiebungen, die definitive Zusage eines Liefertermins, von der die Erteilung eines Großauftrags abhängen kann, und andere Entscheidungen lassen sich fundiert nur dann treffen, wenn zuverlässige Plandaten vorliegen.

Viele Probleme hängen damit zusammen, daß die verschiedenen Teilbereiche der Produktionsplanung und -steuerung eng miteinander verwoben sind, aber getrennt und nacheinander behandelt werden (Sukzessivplanung). In der Betriebswirtschaftslehre wurde zwar schon immer die Forderung nach simultaner Planung aller relevanten Teilbereiche erhoben; in der Praxis erwies sich die Umsetzung der Forderung aber als undurchführbar. Kapitel 1.5 geht auf die Problematik der Simultanplanung genauer ein.

Bei einer Sukzessivplanung werden Teilpläne aufgestellt, die Planungsergebnisse anderer, vorgelagerter PPS-Bereiche als vorgegeben hinnehmen und ihre Ergebnisse an andere, nachgelagerte Planungsbereiche weiterreichen. Rückkopplungen sind zwar denkbar, werden aber in der

Regel nicht durchgeführt. So basiert der vorgelagerte, im allgemeinen gröbere Plan häufig auf Annahmen, die mit dem detaillierteren Plan gar nicht übereinstimmen.

Grob- und Feinplanung klaffen auseinander

Besonders eklatant fällt das Auseinanderklaffen bei der bereits angesprochenen Durchlaufzeitenproblematik ins Auge. Auf den gröberen Planungsebenen arbeitet man mit *Soll-Durchlaufzeiten*, die beispielsweise auf Durchschnitts- oder Erfahrungswerten aus der Vergangenheit basieren. Die Planung des Fertigungsablaufs geht dann von solchen Durchschnittswerten aus und legt Fertigungstermine an den Produktionsanlagen, Bedarfstermine für Material und Arbeitskräfte etc. fest.

Die tatsächlichen Durchlaufzeiten werden jedoch von einer Vielzahl von Faktoren beeinflußt (z. B. Kapazitätsbelastung zum Zeitpunkt der Auftragsfreigabe, Verschiebungen beim Kapazitätsabgleich, Bearbeitungsreihenfolgen an den einzelnen Betriebsmitteln, Prioritäten der Aufträge u. a.). Die Ist-Durchlaufzeiten streuen deshalb oft erheblich und liegen teilweise deutlich über den Planzeiten; im oben erwähnten Fall lag die mittlere Ist-Durchlaufzeit etwa um 45% über der Soll-Durchlaufzeit. Die ungenauen Planzeiten können die Zuverlässigkeit der Planungsergebnisse erheblich beeinträchtigen. Überschreitung von Lieferterminen, aber auch verfrühte Fertigstellungstermine und damit Lagerzeiten für Endprodukte sind die Folge.

Ein wesentlicher Grund für die Abweichungen zwischen geplanten und tatsächlichen Durchlaufzeiten liegt darin, daß die Grobplanung ohne explizite Berücksichtigung der Produktionskapazitäten erfolgt. Damit wird unterstellt, daß die Betriebsmittel und Arbeitsplätze zu den Planterminen auch freie Kapazität aufweisen. Kapazitätsbeschränkungen gehen höchstens indirekt in die Rechnung ein. Werden nämlich Soll-Durchlaufzeiten angesetzt, die auf Ist-Werten aus der Vergangenheit basieren, so wird die (vergangene) Kapazitätsbelastung, die sich in bestimmten Durchlaufzeiten niederschlug, mittelbar in die Zukunft projiziert. Daß dies nur gerechtfertigt ist, wenn auch die zukünftigen Bedingungen identisch sind, liegt auf der Hand.

Ein weiterer Grund für Ungenauigkeiten sei am Rande kurz erwähnt. In den PPS-Systemen werden in der Regel Zeitdaten nur für die Abwicklung der Fertigungsaufträge in der Produktion geführt und berechnet. Bei auftragsorientierter Fertigung, insbesondere wenn spezielle Kundenwünsche befriedigt werden sollen, kommen jedoch häufig noch Zeiten für die Neukonstruktion oder die Anpassung vorhandener Produkte und für die Arbeitsplanerstellung hinzu (ADAM92b, STRI97). Diese können einen erheblichen Anteil der Zeit zwischen Auftragsannahme und Auslieferung ausmachen. Die Starttermine der Fertigungsaufträge, von denen das PPS-System ausgeht, hängen entscheidend von diesen Zeiten ab.

Mengenplanung vieler PPS-Systeme führt zu hohen Lagerbeständen

Die Mengenplanung vieler PPS-Systeme führt zu hohen Lagerbeständen, Lagerhaltungskosten und damit auch zu einer hohen Kapitalbindung im Umlaufvermögen. Ursache ist häufig das aus der klassischen Serienfertigung stammende Bestreben, durch Zusammenfassung von Einzelbedarfsmengen optimale Losgrößen zu bilden (SCHE87). Derartige Lose sind dann zwar unter den engen Modellbedingungen – meist in Abwägung zwischen Rüst- und Lagerhaltungskosten – „optimal". Die Programme zur Losgrößenrechnung nehmen aber keine Rücksicht auf andere Aspekte der Produktionsplanung wie z. B. die Auswirkungen großer Lose auf die Flexibilität des Unternehmens: Große Lose bedeuten hohe Lagerbestände, so daß nicht nur die Kapitalbindung wächst, sondern dem Unternehmen auch die Möglichkeit genommen wird, einer erkennbaren Nachfrageänderung dadurch zu begegnen, daß kurzfristig eine Produktart zurückgefahren und eine andere forciert wird.

Keine zielbezogenen Stellgrößen

Betrachtet man das betriebswirtschaftliche Handeln in der Theorie, so orientiert es sich grundsätzlich an bestimmten produktionswirtschaftlichen Zielen. Um so verwunderlicher ist es, daß die gängigen PPS-Systeme keine Stellgrößen bereithalten, die es erlauben, eine Zielgröße wie die Minimierung der Durchlaufzeiten, die Verbesserung der Termintreue oder die Maximierung der Kapazitätsauslastung gezielt zu beeinflussen (ADAM92b, WIEN87a).

Parametrisierung ist oft kontraproduktiv

Manchmal ist sogar das Gegenteil der Fall. So bieten viele PPS-Systeme die Möglichkeit, Parameter zu setzen bzw. auf unternehmensindividuelle Werte einzustellen. Die Zahl der Parameter ist jedoch teilweise so hoch, daß ihre Auswirkungen und Interaktionen gar nicht mehr überschaubar und prognostizierbar sind. In einem Fall wurde für die Problematik der Parametereinstellung sogar ein Expertensystem entwickelt (WEDE90, HART91). Selbst die Wirkung der sogenannten Prioritätsregeln für die Maschinenbelegungsplanung ist umstritten. Mit ihrer Hilfe soll die Verfolgung eines oder mehrerer der produktionswirtschaftlichen Ziele gefördert werden (vgl. Kapitel 3.5.2). In einer konkreten Untersuchung, die bei einem Maschinenbauunternehmen durchgeführt wurde, gelang es beispielsweise nicht, einen signifikanten Zusammenhang zwischen der Anwendung einer bestimmten Prioritätsregel und dem Zielerreichungsgrad nachzuweisen (PABS85).

Falsches PPS-System

Ein weiterer Schwachpunkt der Produktionsplanung und -steuerung ist weniger in den immanenten Problemen der PPS-Systeme „an sich", sondern vielmehr in der Wahl des falschen Systems begründet. PPS-Systeme sind in der Regel auf ganz bestimmte Betriebstypen ausgerichtet (z. B. Massenfertiger vs. Einzelfertiger). Wenn sie in Betrieben eingesetzt werden, in denen grundlegend andere Verhältnisse herrschen, können die Nutzeffekte nur teilweise zum Tragen kommen, oder sie schlagen gar ins Gegenteil um.

Ein ähnliches Problem entsteht bei einer Diversifikation der Fertigungsorganisation, wie sie heute nicht selten zu beobachten ist. So ist es etwa denkbar, daß manche Produktlinien in Massen- und Fließfertigung, andere nach Kundenspezifikation in flexiblen Fertigungssystemen oder in Fertigungsinseln hergestellt werden. Wenn man ein einheitliches PPS-System einsetzt, sei es im Interesse einer integrierten Gesamtlösung oder aus mangelnder Sachkenntnis, dann ist die Wahrscheinlichkeit sehr hoch, daß dieses nur einen Teil der Produktion befriedigend abdeckt. Die Eignungsproblematik wird im nachfolgenden Kapitel nochmals aufgegriffen.

Menschliches Denkvermögen und Kreativität sind oft überlegen

Ein nicht zu unterschätzender Schwachpunkt vieler PPS-Systeme ist der übertrieben hohe Durchdringungsgrad der Planung. Je mehr Planungsbereiche vom PPS-System abgedeckt werden, um so weniger Entscheidungsspielräume bleiben für den Mann oder die Frau „vor Ort". Dies mag vom betriebswirtschaftlichen Standpunkt aus solange noch zweckmäßig sein, wie das PPS-System bessere Entscheidungen als der Mensch zu erzielen vermag. Bei vielen Problemen ist dies aber nicht der Fall. Insbesondere in Situationen, in denen Zielkonflikte, Konkurrenz um knappe Ressourcen oder Inkonsistenzen in einem Produktionsplan aufgelöst werden müssen, sind menschliches Denkvermögen und Kreativität den starren Algorithmen eines Programms häufig überlegen (KURB88a). Während der menschliche Fertigungssteuerer etwa auf Erfahrungen, Situationskenntnisse und gesunden Menschenverstand zurückgreifen kann, stehen dem PPS-System nur vorgedachte Standardlösungen zur Verfügung.

Um in schwierigen Entscheidungssituationen eine vergleichbare Leistungsfähigkeit zu erreichen, müßte das PPS-System erstens über ein genaues Abbild des Betriebs und zweitens über das gleiche Wissen und die gleichen Fähigkeiten wie die Mitarbeiter in der Fertigungssteuerung verfügen.

Grundsätzlich kommen hierfür *Expertensysteme* aus dem Bereich der Künstlichen Intelligenz in Betracht. Expertensysteme sind in der Lage, Wissen über komplizierte Sachverhalte zu speichern und situationsbezogen auf die Lösung spezifischer Probleme anzuwenden. Beim heutigen Stand der Wissensverarbeitung und vermutlich auch für die absehbare Zukunft werden sich jedoch mit ihrer Hilfe höchstens punktuelle Lösungen für spezielle Teilprobleme erzielen lassen. Die erste Anforderung, die Abbildung des Unternehmens mit allen Daten und Details des Fertigungsbereichs, wird sich angesichts der Vielfalt von Planungsdaten, Einflußgrößen und Interdependenzen kaum realisieren lassen. Je genauer die Abbildung sein soll und je mehr Planungs- und Steuerungsfunktionen einem Softwaresystem übertragen werden, um so schwerfälliger wird es und um so stärker steigt der Bedienungs-, Wartungs- und Rechenaufwand.

Akzeptanz

Unter derartigen Faktoren kann die *Akzeptanz* eines PPS-Systems erheblich leiden. Akzeptanzbarrieren treten beispielsweise auf,

- wenn das System die Entscheidungsspielräume des Menschen unangemessen beschneidet,
- wenn das System Entscheidungen fällt, die nach objektiver oder subjektiver Beurteilung schlechter als die der menschlichen Entscheidungsträger sind,
- wenn die komplizierten Planungsstrategien und Algorithmen und damit auch die Ergebnisse nicht mehr nachvollziehbar und transparent sind.

Der letzte Punkt ist insofern gravierend, als der Mensch Änderungen eines automatisch erstellten Plans nur noch schwer zielkonform durchführen kann. Wenn er nicht genau weiß, wie die Lösungen zustande gekommen sind, wird es ihm auch kaum möglich sein, die Auswirkungen einer kurzfristig erforderlichen Planänderung vernünftig abzuschätzen.

Zettelkästen

Wenn das System von den Mitarbeitern nicht akzeptiert wird, besteht die Gefahr, daß es unterlaufen wird. Aktuelle Informationen für die Tagesarbeit, Zusatzinformationen, die nicht in das Standardraster des PPS-Systems passen, u. a. werden dann nicht im System geführt, sondern in informellen Zusatzsystemen (Zettelkästen, Notizbüchern) oder in den Köpfen der Beteiligten. Die Aussagekraft der PPS-Daten leidet darunter, und die nötige Flexibilität des Unternehmens, die auch auf der Aktualität des PPS-Systems basiert, sinkt.

1.3 Betriebstypologie

Die Anforderungen, die an ein PPS-System zu stellen sind, können sich von Unternehmen zu Unternehmen gravierend unterscheiden. Dies liegt nicht nur an branchenspezifischen Eigenschaften, sondern an unterschiedlichen Ausprägungen grundlegender struktureller Merkmale.

Die Betriebswirtschaftslehre hat sich schon lange mit der Typisierung von Produktionsunternehmen beschäftigt. Eine mögliche Einteilung nach den Kriterien Produkt- und Produktionsprogrammtypen, Produktionsfaktortypen und Produktionsprozeßtypen, die man in HOIT93 (in Anlehnung an HAHN72) findet, gibt zum Beispiel Abbildung 1.3-1 wieder. Die Differenzierung nach den verschiedenen Merkmalen läßt die Heterogenität der realen Welt erahnen, die von den PPS-Systemen abgedeckt werden soll.

Eine verbreitete Typologie, die am Forschungsinstitut für Rationalisierung (FIR) an der RWTH Aachen erarbeitet wurde, ist in Abbildung 1.3-2 in Form eines morphologischen Kastens dargestellt. Dort werden folgende zwölf Merkmale zugrundegelegt:

- Auftragsauslösungsart,
- Erzeugnisspektrum,
- Erzeugnisstruktur,
- Ermittlung des Erzeugnis-/Komponentenbedarfs,
- Auslösung des Sekundärbedarfs,
- Beschaffungsart,
- Bevorratung,
- Fertigungsart,
- Teilefertigung,
- Ablaufart in der Montage,
- Fertigungsstruktur,
- Kundenänderungseinflüsse während der Fertigung.

Produktionswirtschaftlich relevantes Merkmal	Elementarer Produktionstyp
Produkt- und Produktionsprogrammtypen (Outputtypen)	
• Produktionsauslösender Personenkreis	Auftrags-/Kunden-/Bestellproduktion Vorrats-/Lager-/Marktproduktion
• Anzahl der Endproduktarten	Einproduktproduktion Mehrproduktproduktion
• Verwandtschaftsgrad der Endproduktarten	Artenproduktion Sortenproduktion
Produktionsfaktortypen (Inputtypen)	
• Intensität des Produktionsfaktoreinsatzes	arbeitsintensive Produktion betriebsmittelintensive Produktion werkstoffintensive Produktion energieintensive Produktion
• Flexibilität des Produktionsfaktoreinsatzes	Spezialproduktion Universalproduktion
• Wiederholbarkeit der Werkstoffbeschaffung	werkstoffbedingt wiederholbare Produktion werkstoffbedingt nicht wiederholbare Produktion
• Anzahl der Vorprodukte im Endprodukt	einteilige Produktion mehrteilige Produktion
Produktionsprozeßtypen (Throughputtypen)	
• Wiederholungsgrad der Produktion in der Planungsperiode (Fertigungstypen)	Einzelproduktion einmalig wiederholt Serienproduktion Massenproduktion
• Räumliche Anordnung der Betriebsmittel bei der Produktion (Organisationstypen)	Werkstattproduktion örtlich ungebunden örtlich gebunden (Baustellenfertigung) Reihen-/Straßen-/Linienproduktion Fließproduktion natürliche (Prozeßproduktion) künstliche (Fließbandproduktion)
• Verbundenheit des Produktionsprozesses	verbundene Produktion (Kuppelproduktion) unverbundene Produktion
• Struktur der Werkstoffbearbeitung	analytische (zerlegende) Produktion synthetische (zusammenfassende) Produktion durchlaufende (glatte) Produktion umgruppierende Produktion
• Anzahl der zu belegenden Betriebsmittel	einstufige Produktion mehrstufige Produktion
• Konstanz der Produktionsprozeßbedingungen	prozeßtechnologisch konstante Produktion prozeßtechnologisch nicht konstante Produktion (Chargenproduktion)

Abb. 1.3-1: Betriebstypologie mit elementaren Produktionstypen (HOIT93)

Merkmal	Merkmalsausprägungen				
1 AUFTRAGS-AUSLÖSUNGS-ART	Produktion auf Bestellung mit Einzelaufträgen	Produktion auf Bestellung mit Rahmenaufträgen	kundenanonyme Vorproduktion/ kundenauftrags-bezogene Endproduktion	Produktion auf Lager	
2 ERZEUGNIS-SPEKTRUM	Erzeugnisse nach Kunden-spezifikation	typisierte Erzeug-nisse mit kunden-spezifischen Varianten	Standard-erzeugnisse mit Varianten	Standard-erzeugnisse ohne Varianten	
3 ERZEUGNIS-STRUKTUR	mehrteilige Erzeugnisse mit komplexer Struktur	mehrteilige Erzeugnisse mit einfacher Struktur	geringteilige Erzeugnisse		
4 ERMITTLUNG DES ERZEUG-NIS-/KOMPO-NENTEN-BEDARFS	bedarfsorientiert auf Erzeugnis-ebene	teilweise erwar-tungs-/teilweise bedarfsorientiert auf Kompo-nentenebene	erwartungs-orientiert auf Komponenten-ebene	erwartungs-orientiert auf Erzeugnisebene	verbrauchs-orientiert auf Erzeugnisebene
5 AUSLÖSUNG DES SEKUNDÄR-BEDARFS	auftragsorientiert	teilweise auftragsorientiert/ teilweise periodenorientiert	periodenorientiert		
6 BESCHAF-FUNGSART	weitgehender Fremdbezug	Fremdbezug in größerem Umfang	Fremdbezug unbedeutend		
7 BEVORRATUNG	keine Bevorratung von Bedarfs-positionen	Bevorratung von Bedarfspositionen auf unteren Strukturebenen	Bevorratung von Bedarfspositionen auf oberen Strukturebenen	Bevorratung von Erzeugnissen	
8 FERTIGUNGSART	Einmalfertigung	Einzel- und Klein-serienfertigung	Serienfertigung	Massenfertigung	
9 ABLAUFART IN DER TEILE-FERTIGUNG	Werkstattfertigung	Inselfertigung	Reihenfertigung	Fließfertigung	
10 ABLAUFART IN DER MONTAGE	Baustellenmontage	Gruppenmontage	Reihenmontage	Fließmontage	
11 FERTIGUNGS-STRUKTUR	Fertigung mit geringem Strukturierungsgrad	Fertigung mit mittlerem Strukturierungsgrad	Fertigung mit hohem Strukturierungsgrad		
12 KUNDEN-ÄNDERUNGS-EINFLÜSSE WÄHREND DER FERTIGUNG	Änderungseinflüsse in größerem Umfang	Änderungseinflüsse gelegentlich	Änderungseinflüsse unbedeutend		

Abb. 1.3-2: Betriebstypologie als morphologischer Kasten (aus SAME98)

Merkmal	Merkmalsausprägungen				
1 AUFTRAGS-AUSLÖSUNGS-ART	Produktion auf Bestellung mit Einzelaufträgen	Produktion auf Bestellung mit Rahmenaufträgen	kundenanonyme Vorproduktion/ kundenauftrags-bezogene Endproduktion	Produktion auf Lager	
2 ERZEUGNIS-SPEKTRUM	Erzeugnisse nach Kunden-spezifikation	typisierte Erzeug-nisse mit kunden-spezifischen Varianten	Standard-erzeugnisse mit Varianten	Standard-erzeugnisse ohne Varianten	
3 ERZEUGNIS-STRUKTUR	mehrteilige Erzeugnisse mit komplexer Struktur	mehrteilige Erzeugnisse mit einfacher Struktur	geringteilige Erzeugnisse		
4 ERMITTLUNG DES ERZEUG-NIS-/KOMPO-NENTEN-BEDARFS	bedarfsorientiert auf Erzeugnis-ebene	teilweise erwar-tungs-/teilweise bedarfsorientiert auf Kompo-nentenebene	erwartungs-orientiert auf Komponenten-ebene	erwartungs-orientiert auf Erzeugnisebene	verbrauchs-orientiert auf Erzeugnisebene
5 AUSLÖSUNG DES SEKUNDÄR-BEDARFS	auftragsorientiert	teilweise auftragsorientiert/ teilweise periodenorientiert	periodenorientiert		
6 BESCHAF-FUNGSART	weitgehender Fremdbezug	Fremdbezug in größerem Umfang	Fremdbezug unbedeutend		
7 BEVORRATUNG	keine Bevorratung von Bedarfs-positionen	Bevorratung von Bedarfspositionen auf unteren Strukturebenen	Bevorratung von Bedarfspositionen auf oberen Strukturebenen	Bevorratung von Erzeugnissen	
8 FERTIGUNGSART	Einmalfertigung	Einzel- und Klein-serienfertigung	Serienfertigung	Massenfertigung	
9 ABLAUFART IN DER TEILE-FERTIGUNG	Werkstattfertigung	Inselfertigung	Reihenfertigung	Fließfertigung	
10 ABLAUFART IN DER MONTAGE	Baustellenmontage	Gruppenmontage	Reihenmontage	Fließmontage	
11 FERTIGUNGS-STRUKTUR	Fertigung mit geringem Strukturierungsgrad	Fertigung mit mittlerem Strukturierungsgrad	Fertigung mit hohem Strukturierungsgrad		
12 KUNDEN-ÄNDERUNGS-EINFLÜSSE WÄHREND DER FERTIGUNG	Änderungseinflüsse in größerem Umfang	Änderungseinflüsse gelegentlich	Änderungseinflüsse unbedeutend		

Abb. 1.3-3: Beispielhafte Abbildung eines Betriebstyps im morphologischen Kasten

Ein konkreter Betrieb ist durch Merkmalsausprägungen in jeder Zeile des morphologischen Kastens gekennzeichnet, wobei Felder in manchen Zeilen auch mehrfach besetzt sein können (vgl. verschiedene Beispiele in DANG97b). Abbildung 1.3-3 zeigt exemplarisch einen Betriebstyp, der in Serien- und Massenfertigung ein Produktionsprogramm aus Standarderzeugnissen mit komplexer Struktur und mittlerer Fertigungstiefe auf Lager produziert. Die Fertigungsorganisation ist teils durch Werkstattfertigung, teils durch Gruppen-/Linienfertigung gekennzeichnet. Betriebe dieses Typs fallen in eine Kategorie, die später in Kapitel 3 behandelt wird.

1.4 Marktangebot an PPS-Systemen: Die Qual der Wahl

1.4.1 Marktübersichten

Es gibt nicht „das" für alle Industriebetriebe optimale PPS-System

Angesichts der Vielzahl unterschiedlicher Merkmale wird deutlich, daß es nicht „das" für alle Industriebetriebe optimale PPS-System geben kann. Unternehmen, die etwa – wie der in Abbildung 1.3-3 skizzierte Typ – Standarderzeugnisse in Serien- oder Massenfertigung herstellen, haben teilweise völlig andere Anforderungen als Unternehmen, die in engem Kontakt mit ihren Kunden stehen und in Abhängigkeit von deren Wünschen oder Vorgaben individuelle Erzeugnisse in Einzelfertigung produzieren.

Auf dem Markt findet man demzufolge ein sehr großes Angebot an PPS-Systemen. Neuerdings ist allerdings zu beobachten, daß die Grenze zwischen „reinen" PPS-Systemen und ERP-Systemen (ERP = Enterprise Resource Planning; vgl. dazu Abschnitt 7.2) verschwimmt. Immer häufiger wird von „ERP/PPS-Systemen" gesprochen. In den veröffentlichten Marktübersichten werden nur die sogenannten „Standardsysteme" aufgeführt. Darüber hinaus gibt es eine große Zahl von Individuallösungen. Der Anteil der Standardsoftware an der insgesamt eingesetzten PPS-Software liegt grob geschätzt, mit steigender Tendenz, etwa bei einem Viertel. Diese Zahl ist allerdings mit Vorbehalten zu versehen. Einerseits ist gerade bei Individualsoftware die Grenze zwischen echten PPS-Systemen und anderen Programmen, die zusätzlich auch einige PPS-Funktionen enthalten, fließend. Zum anderen entsteht „Standardsoftware" im PPS-Bereich oft dadurch, daß eine Individualentwicklung, die für ein bestimmtes Unternehmen durchgeführt wurde, später auf den Markt gebracht wird, damit sich die hohen Entwicklungskosten amortisieren.

Marktübersichten

Marktübersichten über das Angebot an PPS-Systemen wurden von verschiedenen Einrichtungen in mehr oder weniger regelmäßigen Abständen erstellt und veröffentlicht:

FIR-Studie

- Das Forschungsinstitut für Rationalisierung (FIR) an der RWTH Aachen und die Trovarit AG, ein Spin-Off-Unternehmen des FIR, überprüfen jedes

Jahr ca. 100 ERP/PPS-Systeme und dokumentieren diese anhand von ca. 1600 Merkmalen in einer Datenbank. Den Merkmalen liegt das „Aachener PPS-Modell" zugrunde. Dieses beschreibt die organisatorische Seite der Produktionsplanung und -steuerung durch ein Aufgaben- und ein Prozeßmodell sowie die informationstechnische Seite mit Hilfe eines Funktions- und eines Datenmodells. Die aktuellen Leistungsmerkmale der untersuchten ERP/PPS-Systeme werden auf der Internetplattform „IT-Matchmaker" (www.it-matchmaker.com) abgelegt. Auf diesen Merkmalen aufbauend wird der Marktspiegel „Business Software ERP/PPS 2002" erstellt. Eine Erläuterung der strukturierten Vorgehensweise zur Durchführung der Systemtests findet man in KAMP02. In diesem Beitrag wird unter anderem auch der Katalog zur Erfassung der Leistungsmerkmale von ERP/PPS-Systemen im Bereich des Anlagenbaus vorgestellt. In WIEN02 wird darauf aufbauend beleuchtet, welche Anforderungen an die Funktionalitäten eines ERP/PPS-Systems im Anlagenbau gestellt werden. Außerdem wird eine Übersicht der Leistungsmerkmale von 99 Systemen gegeben.

• An der Universität-Gesamthochschule Kassel wurde bis zur Jahrtausendwende am Labor für Produktionsorganisation (LPro) (Prof. Dr. Uwe Geitner) regelmäßig eine Marktuntersuchung durchgeführt und jedes Jahr veröffentlicht. In der Version vom Februar 1998 waren beispielsweise 100 PPS-Systeme aufgeführt. Diese wurden gegen eine Vielzahl von Kriterien überprüft. Dabei wird von einer Grobeinteilung von ca. 30 Kriterien ausgegangen, die dann bis zu 1000 Einzelkriterien hin differenziert werden (GEIT97). LPro-Studie

• Eine sehr umfassende Studie wurde vom Institut für Automation, Informations- und Produktionsmanagement (AIP-Institut) an der Fernuniversität Hagen unter Leitung von Prof. Dr. Günter Fandel angefertigt. Die Ergebnisse wurden 1997 in der 2. Auflage in Form eines Buches mit ca. 960 Seiten veröffentlicht (FAND97). Die Autoren untersuchten 210 PPS-Systeme und integrierte betriebliche Standardpakete anhand von mehr als 500 Kriterien. Neben einer Kriteriengruppe, die allgemeine Produkt- und Herstellerangaben (z. B. Branche, Erzeugnisspektrum, Fertigungs- und Dispositionsart, für die das System entwickelt wurde, Preis, Größe des Herstellers, Anzahl Installationen) umfaßt, werden vor allem *betriebswirtschaftliche* Kategorien der Produktionsplanung und -steuerung zur Beurteilung herangezogen. Die Studie von Fandel et al. unterscheidet sich von anderen nicht nur im Differenzierungsgrad, sondern auch in der stark betriebswirtschaftlichen Ausrichtung. Dies zeigt sich schon darin, daß die Grobgliederung der Kriterien weitgehend der in der Betriebswirtschaftslehre gebräuchlichen Einteilung der Produktionsplanung und -steuerung folgt. Leider gibt es – bis zur Drucklegung dieses Buchs – keine Neuauflage der sehr umfassenden Studie von Fandel et al., so daß nur der Stand von 1997 dokumentiert ist. AIP-Studie

• Neben den genannten „großen" Marktstudien findet man auch immer wieder punktuelle Übersichten in Zeitschriften der Computerbranche und in produktionswirtschaftlich ausgerichteten Periodika (z. B. Industrie Management, Arbeitsvorbereitung, PPS Management). Beispielsweise wurde in der Zeitschrift PPS Management 2002 eine Untersuchung von 26 PPS-Systemen im Hinblick auf neuere Entwicklungen und Erweiterungen bei Steuerungsstrategien vorgenommen. Die Auswertungen umfassen sowohl Prioritätsregeln in PPS-Systemen als auch die Integration neuerer Softwaretechnologien und Algorithmen (GRON02). Andere Studien betrachten ebenfalls nur Einzelaspekte oder Teilbereiche. So werden zum Beispiel in HOFF02 die Anforderungen an Fertigungssteuerungssysteme beschrieben. Ferner werden dort Trends aufgezeigt sowie eine Übersicht über die Einsatzbereiche und Funktionsumfänge von 22 Fertigungssteuerungssystemen gegeben.

PPS-Systeme auch auf PCs und Workstations

Der Blick in die genannten Marktübersichten vermittelt eine interessante Beobachtung: Während in der Vergangenheit der Bereich der Produktionsplanung und -steuerung eher eine Domäne der Großrechner und Minicomputer war und damit vielen Klein- und Mittelbetrieben verschlossen blieb, sind heute zahlreiche PPS-Systeme auf Workstations und Personal Computers anzutreffen. Dazu trug zweifellos die Entwicklung der Informationstechnik hin zu Client-Server-Systemen bei (vgl. Kapitel 5).

1.4.2 Auswahl und Einführung eines Systems

Auswahl des „richtigen" PPS-Systems

Die Auswahl des „richtigen" PPS-Systems ist angesichts der Breite und des stark differenzierten Angebots nicht einfach. Auswahlprojekte haben häufig sehr lange Laufzeiten. In einer empirischen Untersuchung wurde eine durchschnittliche Dauer von 14 Monaten allein für die Systemauswahl ermittelt (und für die Einführung eines Systems dann im Schnitt fast fünf Jahre; vgl. STEI97).

In der Literatur, insbesondere in den oben genannten Publikationen, findet man teilweise sehr umfangreiche, detaillierte Fragenkataloge und Checklisten für die PPS-Auswahl. Die Vielzahl der Einzelkriterien, denen je nach Unternehmen unterschiedliche Bedeutung zukommt, müssen auf den Einzelfall bezogen gewichtet und ausgewertet werden. Dies macht eine sinnvolle Beurteilung der PPS-Systeme und die Auswahl oft sehr schwierig, wenn nicht unmöglich (WALT96). Ein Beispiel für die Auswahl eines ERP-Systems findet sich in FAND02. In dem Beitrag wird der Auswahlprozeß bei einem mittelständischen Automobilzulieferer erläutert. Verschiedentlich werden rechnergestützte Auswahlhilfen angeboten, so z. B. das an der RWTH Aachen entwickelte Verfahren BAPSY, das in PAEG98 und HACK90 beschrieben ist. Die Trovarit AG setzt die Online-Plattform „IT-Matchmaker" ein, um eine effiziente ERP/PPS-Auswahl zu gewährleisten. Die Plattform und deren Einsatzweise wird in TREU02 beschrieben.

Die Wahl des passenden PPS-Systems wird auch dadurch erschwert, daß vor der erstmaligen Einführung manche Fragen, die in den Kriterienkatalogen und Checklisten aufgeführt sind, nicht beantwortet werden können. Dies ist insbesondere der Fall, wenn noch keine Erfahrungen mit PPS-Systemen vorliegen. Häufig steht vor der PPS-Einführung die Notwendigkeit, erst einmal die Ablauf- und gegebenenfalls auch die Aufbauorganisation im Produktionsbereich zu durchleuchten und zu verändern.

Darüber hinaus kann man auch grundsätzlich hinterfragen, ob die Auswahl eines PPS-Pakets nach Kriterienlisten wirklich zweckmäßig ist (FAGE88). Auf Anbieterseite führt dies dazu, daß immer mehr Funktionen in ein Standardsystem aufgenommen werden – in dem Bestreben, möglichst viele denkbare Anwenderwünsche abzudecken. Damit werden die Systeme immer umfangreicher, komplexer und auch schwieriger zu handhaben. Auf der Nachfragerseite steigt mit der Funktionsvielfalt die Schwierigkeit der Wahl. Außerdem engt die starke Differenzierung der Kriterien möglicherweise die Zahl der in Betracht gezogenen Anbieter auf einige wenige ein. Die PPS-Umsätze dieser Anbieter würden, wenn sich alle Nachfrager in gleicher Weise verhielten, nicht allzu hoch ansteigen können. Damit sinkt die Wahrscheinlichkeit, daß der Anbieter, der den Zuschlag erhält, sein PPS-System auch in Zukunft in dem Umfang weiterentwickeln kann, der erforderlich wäre, damit es zufällig alle die Änderungen und Erweiterungen abdeckt, die für einen individuellen Anwender notwendig sind.

PPS-Auswahl ohne Pflichtenheft?

In der Auswahlphase wird meist ein Pflichtenheft erstellt. Der dabei betriebene Perfektionismus hat oft zur Folge, daß der Istzustand im Unternehmen unkritisch beschrieben und dem Anforderungskatalog zugrundegelegt wird. In einem Beitrag mit dem einschlägigen Titel „PPS-Auswahl ohne Pflichtenheft" beschreibt ein Unternehmensberater seine Erfahrungen in der Praxis wie folgt: „Durchgreifende Verbesserungen werden nicht dadurch erreicht, daß die bisherige Organisation 1:1 auf die EDV-Anlage gebracht wird. Die größten Fehler bei der Einführung von PPS-Systemen entstehen, wenn EDV ... ohne eine konzeptionelle Reorganisation eingesetzt werden soll. Der Anwender bringt sich um die Früchte der normalerweise recht hohen Investition, wenn er versucht, die vorhandenen organisatorischen Krücken nicht mehr manuell, sondern künftig per EDV abzuwickeln. Damit werden die Probleme lediglich auf die Software verlagert, was langfristig fatale Folgen haben kann" (FING88).

Wenngleich die Schlußfolgerung, Pflichtenhefte besäßen nur bei Individuallösungen ihre Berechtigung, etwas überspitzt ist, bringt ihr Einsatz doch auch Gefahren mit sich. Das Beharren auf den vom Anwender feinspezifizierten Detailanforderungen kann entweder, wie oben erwähnt, zu einer unangemessenen Einengung des Anbieterspektrums oder aber zu einer aufwendigen Anpassung eines „Standardsystems" an die unternehmensspezifischen Wünsche führen. Wollte man alle Einzelanforderungen realisieren, wären die Kosten der Softwareanpassung unter Umständen höher als die Kosten einer vollständigen Neuentwicklung (FING88).

Anbieter und erfahrene Anwender von PPS-Systemen weisen im übrigen oft darauf hin, daß viele der mit hohem Aufwand realisierten Individualwünsche im praktischen Betrieb kaum oder gar nicht verwendet werden, weil sie sich später als offensichtlich doch nicht so wichtig entpuppen, wie in der Beschaffungsphase zunächst vermutet wurde. Bei einer Analyse von Anwendungen eines PPS-Systems mittlerer Funktionalität zeigte sich beispielsweise, daß im Schnitt nur 27% der angebotenen Systemfunktionen überhaupt benutzt wurden (STRI97). Eine ähnliche Größenordnung (30%) wurde bei Untersuchungen des Forschungsinstituts für Rationalisierung an der RWTH Aachen ermittelt (SCHÖ97).

Eine Umorientierung der Anwender – weg von der Vorstellung, alle Individualwünsche müßten erfüllt werden – in Richtung auf Benutzung von „Standard"-Software im eigentlichen Sinne hin wird deshalb in WALT96 gefordert. Von einem Büropaket (Textverarbeitung, Tabellenkalkulation etc.) erwarte ein Anwender auch nicht, daß der Hersteller seine speziellen Anforderungen realisiere. Vielmehr orientiere er sich bei der Bearbeitung seiner Aufgaben an den Funktionen, die standardmäßig zur Verfügung stehen.

Die Erstellung eines adäquaten Pflichtenhefts ist, wie die Ausführungen zeigen, eine sehr schwierige Aufgabe. Zweckmäßig ist es, erst ein Unternehmensprofil aus der Sicht der Produktionsplanung und -steuerung anzufertigen (FRAN96). Typische Fehler, die bei der Pflichtenhefterstellung und bei der anschließenden Evaluierung von PPS-Systemen begangen werden, sind praxisnah in KRET96 beschrieben.

Anpassungsfreundlichkeit ist eines der wichtigsten Kriterien für ein modernes PPS-System

Wenn man auf die Perfektionierung des Abgleichs zwischen der heute erwünschten PPS-Funktionalität und ihrer Abdeckung durch den heutigen Funktionsumfang eines PPS-Systems verzichtet, kann eine sinnvolle Alternative auch darin bestehen, das Augenmerk auf *Anpassungsfreundlichkeit* des Systems zu legen. Wichtiger als ein nur für den Augenblick gültiger maximaler Erfüllungsgrad hinsichtlich einer Vielzahl von Einzelanforderungen ist die Flexibilität im Hinblick auf längerfristig erforderliche Änderungen und Erweiterungen. Daß diese sich im Lauf der Zeit einstellen, ist eine Erfahrungstatsache. Für PPS-Systeme, die in einem dynamischen, sich wandelnden organisatorischen Umfeld zum Einsatz kommen, gilt mehr noch als für andere Gebiete eine Beobachtung aus dem Software Engineering: Die Kosten der Softwarewartung – Fehlerbehebung, Änderungen, Erweiterungen – übersteigen die Entwicklungskosten im Lauf der Zeit bei weitem.

Moderne Softwarewerkzeuge senken den Anpassungsaufwand

Geplante Änderbarkeit ist deshalb ein wichtiges Kriterium für ein modernes PPS-System (GRON98). In der Vergangenheit ließ sich die Änderbarkeit aufgrund des Stands der Softwaretechnologie nicht ohne weiteres verwirklichen. Mit den heute verfügbaren Methoden (z. B. auf der Basis von Anwendungsarchitekturen mit Standardschnittstellen) und

Softwarewerkzeugen (wie Generatoren, Endbenutzerwerkzeugen, objektorientierten Systemen) ist dies sehr viel einfacher geworden. Wenn ein System schon von vornherein auf Anpassungsfähigkeit ausgelegt ist, können im übrigen auch für die Ersteinführung Änderungen und Ergänzungen mit geringerem Aufwand durchgeführt werden.

Wenn die Auswahl- und Beschaffungsentscheidung zugunsten eines bestimmten PPS-Systems gefallen ist, steht die Einführung in den Betrieb an. Dies ist in der Praxis bei einem vollständigen PPS-System oft ein mehrjähriger Prozeß, der wie die Auswahl in Form eines Projekts durchgeführt wird (VIER96). Optimistischere Angaben bezüglich der Einführungsdauern machen viele Systemanbieter. In GRON98 wird als Durchschnittswert z. B. 11 Monate genannt.

PPS-Einführung

Ein 3-Phasen-Konzept zur Einführung eines neuen PPS-Systems, das den Auswahlprozeß einschließt, wurde am Forschungsinstitut für Rationalisierung an der RWTH Aachen entwickelt. In LAAK95 ist das Konzept und seine Anwendung auf die Einführung eines PPS-Systems bei der Deutschen Telekom beschrieben.

Exkurs

Lange Einführungsdauer

Die langen Einführungsdauern von PPS-Systemen sind meist darauf zurückzuführen, daß eine theoretisch zwar sinnvolle, praktisch aber sehr mühselige Vorgehensweise eingeschlagen wird: Voraussetzung für eine systematische Planung und Steuerung ist eine umfassende und konsistente Datenbasis. Insbesondere müssen Teilestamm- und Erzeugnisstrukturdaten, aber auch Arbeitspläne, Betriebsmitteldaten u.a. vorhanden sein. Vor allem in kleineren Unternehmen liegen diese selten bereits vor – weder in elektronischer Form noch auf Papier. Der Erfassung der Grunddaten muß dann die Erstellung der entsprechenden Unterlagen vorgeschaltet werden. Dabei treten in der Regel nicht nur Unstimmigkeiten zutage; häufig müssen grundlegende organisatorische Vorarbeiten (Ordnungskriterien, Nummerung, Zuständigkeiten etc.) erst noch geleistet werden.

Fertigungssteuerung als Einstieg

Angesichts dieses Bergs an notwendiger Basisarbeit ist es nicht verwunderlich, daß Anwender nach anderen Einstiegspunkten in die Produktionsplanung und -steuerung streben. Nach dem Aufkommen der anschaulichen und leistungsfähigen elektronischen Leitstände wurde z.B. häufig der Wunsch artikuliert, die kurzfristige Fertigungssteuerung als ersten Einstieg zu benutzen, zumal hier die Probleme (mangelnde Transparenz in der Fertigung mit allen Folgeproblemen) am offensichtlichsten zutage treten. Natürlich wird auch hierfür eine gewisse Grunddatenbasis benötigt. Durch Anpassung des Anspruchsniveaus lassen sich aber gegebenenfalls schneller erste Erfolge erzielen, die einen unmittelbaren Nutzen erkennen lassen, als wenn erst monate- oder jahrelang Stammdaten aufgebaut werden müssen.

1.5 Betriebswirtschaftliche Planungsmodelle

Die Probleme der Produktionsplanung, wie sie in betriebswirtschaftlichen Planungsmodellen behandelt werden, sind hauptsächlich:

- Mengenprobleme: Welche Mengen an End-, Zwischen-, Vorprodukten sollen im Planungszeitraum hergestellt werden? Sollen Lose gebildet werden? Welche Losgrößen sind zu wählen? Welche Mengen fremdbezogener Teile sollen zusammen beschafft werden?
- Terminprobleme („Scheduling"): Zu welchen Zeitpunkten soll die Fertigung der einzelnen Aufträge durchgeführt bzw. die Beschaffung ausgelöst werden?
- Zuordnungsprobleme: Auf welchen Betriebsmitteln und gegebenenfalls mit welchem Personal, Werkzeug etc. soll die Fertigung erfolgen?
- Reihenfolgeprobleme („Sequencing"): In welchen Reihenfolgen sollen die Fertigungsaufträge, die ja teilweise dieselben Betriebsmittel und Arbeitsplätze durchlaufen, abgearbeitet werden?

Vielzahl von Planungsmodellen

Die Betriebswirtschaftslehre hat diese Planungsprobleme schon früh aufgegriffen. Zu den herausragenden Vertretern gehörte Gutenberg, der die Einteilung der Produktionsplanung in Produktionsprogrammplanung, Bereitstellungsplanung und Planung des Produktionsprozesses (GUTE51) einführte. Darauf basiert eine Vielzahl von Planungsmodellen. Insbesondere in der Unternehmensforschung (Operations Research), die früher einen Großteil ihrer Problemstellungen aus dem Produktionsbereich bezog, wurde eine fast unübersehbare Zahl von Modellen entwickelt. Diese lassen sich grundsätzlich einer von zwei Kategorien zuordnen, den Partialmodellen oder den Totalmodellen.

1.5.1 Partialmodelle

Die Komplexität der Planungsprobleme im Produktionsbereich ist sehr hoch, so daß es äußerst schwierig ist, alle Teilprobleme in *einem* Modellansatz angemessen zu berücksichtigen. Dies gilt insbesondere, wenn eine *optimale* Lösung angestrebt wird. Um zu handhabbaren Modellen zu gelangen, betrachtet man deshalb jeweils nur abgegrenzte Teilprobleme von geringerer Komplexität und versucht, diese isoliert zu lösen. Partialmodelle wurden für die verschiedensten Problemstellungen in großer Zahl entwickelt. Die meisten Modelle fallen in eine der folgenden drei Klassen:

Produktionsprogrammplanung

In den Modellen zur Produktionsprogrammplanung geht es primär darum, die im Planungszeitraum herzustellenden Endproduktmengen zu bestimmen. Im allgemeinen Fall, in dem mehrere Endproduktarten zu planen sind, wird meist eine lineare Zielfunktion formuliert. Die Zielgröße kann zum Beispiel die Summe der Deckungsbeiträge sein. Die Zielfunktion soll dann unter Beachtung gewisser Nebenbedingungen maximiert werden. Typische Nebenbedingungen resultieren etwa aus Kapazitäts-, Lager- oder Absatzrestriktionen. Ein einfaches Modell dieser Art ist in Kapitel 3.2 dargestellt. Zur Lösung des Optimierungsproblems wird meist die lineare Programmierung (LP) herangezogen. (Typische Lehrbuchbeispiele zu LP-Modellen sind im übrigen häufig vom Typ Produktionsprogrammplanung!)

Losgrößen-/Bestellmengenplanung

Die Modelle zur Festlegung der Los- oder Fertigungsauftragsgrößen (bei Eigenfertigung) und zur Festlegung der Bestellmengen (bei Fremdbezug) sind in vielen Fällen die gleichen. Bei beiden Modellarten geht es darum zu bestimmen, wieviele Mengeneinheiten einer End-, Zwischen- oder Vorproduktart zusammengefaßt werden sollen, so daß sie als ein Fertigungslos produziert bzw. als eine Bestellung beschafft werden können. Das Optimierungsproblem resultiert daraus, daß es Kostenarten gibt, die proportional mit der Menge anwachsen (z. B. die Kosten der Lagerhaltung), und andere Kostenarten, die mit steigender Menge pro Los bzw. Bestellung sinken, wenn die Gesamtmenge im Planungszeitraum vorgegeben ist (z. B. die Rüstkosten).

Mit der Losgrößen- und Bestellmengenplanung beschäftigten sich vor allem in den sechziger und siebziger Jahren Generationen von Forschern und Studierenden. Es gibt wohl kaum einen anderen Bereich im Operations Research, in dem eine vergleichbare Zahl von Modellen entwickelt wurde. Der theoretische Reiz kam möglicherweise daher, daß das Problem auf den ersten Blick gut überschaubar und lösbar wirkt. Die einfacheren Modelle – wie z. B. das bekannte „Andler-Modell“, das in Kapitel 3.3 skizziert wird – besitzen jedoch nur unter sehr rigorosen Prämissen Gültigkeit, die die Anwendbarkeit drastisch einschränken.

Die komplexeren Modelle versuchen, von etwas realitätsnäheren Rahmenbedingungen auszugehen, indem zum Beispiel diskreter Lagerabgang zu bestimmten Zeitpunkten (statt kontinuierlichem Lagerabgang), mehrere Produktarten, die auf derselben Anlage gefertigt werden, oder mehrstufige Produktion Berücksichtigung finden. Insbesondere die beiden letzteren Aspekte erschweren die Planung ganz erheblich. Betrachtet man mehrere Produktarten, die in mehrstufiger Fertigung hergestellt werden, dann beeinflussen sich die Planungsentscheidungen gegenseitig, und man muß im Prinzip alle Lose auf allen Fertigungsstufen gleichzeitig betrachten.

Die weitverästelte Flut an Losgrößenmodellen – entstanden aus dem Ehrgeiz der Forscher, die theoretischen Schwierigkeiten zu überwinden, und möglicherweise auch aus der Notwendigkeit heraus, immer neue Diplomarbeits- und Dissertationsthemen erfinden zu müssen – steht in keiner angemessenen Relation zum praktischen Nutzen der Losgrößenplanung. In den letzten Jahren ging ihre Bedeutung weiter zurück. Dazu trug

Die weitverästelte Flut an Losgrößenmodellen steht in keiner angemessenen Relation zum praktischen Nutzen auch der Wandel von Verkäufer- zu Käufermärkten bei, der die Tendenz verstärkte, statt standardisierter Erzeugnisse, die sich in großen Stückzahlen produzieren lassen, Erzeugnisse herzustellen, die eher in kleinen Mengen – auf Kundenwunsch oder in einer Vielzahl von Varianten – gefertigt werden müssen. In Kapitel 3.3 werden einige der Losgrößen-/Bestellmengenmodelle erläutert.

Fertigungsablaufplanung

m Fertigungsaufträge an n Stationen bearbeiten

Die Ablaufplanungsmodelle sind in der Gutenberg'schen Systematik der Prozeßplanung zuzurechnen. Sie gehen von einem bereits festliegenden Produktionsprogramm und gegebenenfalls bereits gebildeten Fertigungslosen aus. Der Vielzahl von Modellen, die auch für diesen Bereich im Lauf der Zeit entwickelt wurde, liegt im allgemeinen die folgende Problemstellung zugrunde: Gegeben sind m Fertigungsaufträge, die an n Stationen (Maschinen, Arbeitsplätze o. ä.) bearbeitet werden sollen. Die Aufgabe besteht nun darin, die im Hinblick auf eine vorgegebene Zielfunktion (z. B. minimale Durchlaufzeiten) günstigsten Bearbeitungstermine und -reihenfolgen der Aufträge festzulegen.

Die in den fünfziger, sechziger und siebziger Jahren entstandenen Ablaufplanungsmodelle lassen sich weitgehend in zwei Gruppen einteilen:

- *„Identical Routing":* Bei diesen Modellen wird davon ausgegangen, daß alle Aufträge die Bearbeitungsstationen in der gleichen Reihenfolge durchlaufen, wie es z. B. bei Reihen- und Fließfertigung der Fall ist.
- *„Different Routing":* Hier können die Aufträge grundsätzlich in beliebiger Reihenfolge die Bearbeitungsstationen durchlaufen (z. B. bei Werkstattfertigung).

Die Bemühungen, Optimierungsverfahren für diese Problemkategorien zu entwickeln, waren nur bei kleinen Größenordnungen und restriktiven Prämissen von Erfolg gekrönt. Die Schwierigkeiten resultieren vor allem aus der kombinatorischen Vielfalt; mit zunehmender Zahl von Aufträgen und Bearbeitungsstationen explodiert die Zahl der möglichen Ablaufpläne. In einem Fall wurden für 6 Aufträge, die auf 5 Maschinen bearbeitet werden sollen, 84802 Ablaufpläne als Teilmenge aller möglichen Pläne errechnet (GIFF63); in einem anderen Fall (6 Aufträge, 6 Maschinen) lag eine vorsichtige Schätzung bei 1 Million (FISH63).

Optimierung ist nicht praktikabel

Die Optimierungsmodelle – oft auf der Basis gemischt-ganzzahliger Programmierung – weisen eine große Zahl an Variablen und Nebenbedingungen auf. So erhält man bei einem der einfachen Modelle bereits bei 20 Aufträgen, die auf 10 Maschinen bearbeitet werden sollen, 1900 ganzzahlige und 200 nicht-ganzzahlige Variable sowie 4000 Nebenbedingungen. Der an theoretischen Modellen interessierte Leser sei auf die Literatur verwiesen (z. B. BALA69, CONW67, HOSS65, MANN60, MÜLL70, MUTH63, SEEL75 u. v. a.).

Das Problem, „optimale" Ablaufpläne bei praxisrelevanten Bedingungen zu ermitteln, ist bis heute nicht gelöst. Ob dies überhaupt zweckmäßig wäre, sei einmal dahingestellt (Kapitel 5.1 nimmt sich der Frage nochmals an). Eine Feststellung von Conway, Maxwell und Miller aus dem Jahr 1967 mag die Diskrepanz zwischen Forschungsaufwand und -erfolg erklären: „Many proficient people have considered the problem, and all have come away essentially empty-handed. Since this frustration is not reported in the literature, the problem continues to attract investigators, who just cannot believe that a problem so simply structured can be so difficult, until they have tried it" (CONW67).

1.5.2 Totalmodelle (Simultanmodelle)

Wenn in den oben beschriebenen Planungsbereichen Entscheidungen über das Produktionsprogramm, über Losgrößen, Abläufe und Maschinenbelegungen getroffen werden, dann haben diese in vielen Fällen Auswirkungen über den jeweiligen Teilbereich der Produktionsplanung hinaus. Betrachten wir beispielsweise den Zusammenhang zwischen Losgrößen- und Ablaufplanung:

Wechselseitige Auswirkungen von Planungsentscheidungen

Mit der Festlegung der Losgrößen sind gleichzeitig Annahmen über die Verfügbarkeit der Produktionsanlagen verbunden. Berechnet man etwa für eine Produktart eine optimale Losgröße, dann reicht die gefertigte Menge eine bestimmte Zeitspanne lang aus, den Bedarf zu decken. Anschließend muß ein neues Los aufgelegt werden. Damit unterstellt man aber, daß zu dem Zeitpunkt, wenn das neue Los gefertigt werden soll, die Produktionsanlage nicht gerade durch eine andere Produktart belegt ist. Daß dies höchstens zufällig zutrifft, liegt auf der Hand.

Für die Losgrößenplanung müßte also die Verfügbarkeit der Betriebsmittel, die von den Produktionsterminen der Fertigungsaufträge abhängt, bekannt sein, d. h., die Ablaufplanung müßte bereits erfolgt sein. Umgekehrt gilt aber, daß für die Ablaufplanung die Fertigungsauftragsgrößen (Losgrößen) schon vorausgesetzt werden, denn die Belegungsdauer einer Anlage durch einen bestimmten Fertigungsauftrag und damit auch die Produktionstermine hängen natürlich von der zu fertigenden Menge ab. Wechselseitige Abhängigkeiten dieser Art bestehen auch zwischen anderen Teilbereichen der Produktionsplanung.

Die Interdependenzen führten zu der Erkenntnis, daß man vom theoretischen Standpunkt aus die einzelnen Teilbereiche nicht isoliert behandeln darf, wenn man insgesamt realisierbare oder gar optimale Pläne erstellen möchte. Vielmehr sollten alle relevanten Teilbereiche in einem Planungsansatz integriert werden. Die Modelle, die aus dieser Erkenntnis entstanden, bezeichnet man als Totalmodelle oder auch als Simultanmodelle, weil die Lösung der verschiedenen Teilprobleme gleichzeitig angegangen wird. Demgegenüber bedeutet das Arbeiten mit Partialmodellen, daß die Teilprobleme nacheinander behandelt werden („Sukzessivplanung").

Die Simultanmodelle sind nicht in dem Sinne „Total"-Modelle, daß *alle* denkbaren Teilbereiche der Produktionsplanung einbezogen werden. Sie unterscheiden sich unter anderem auch durch den Integrationsgrad. So gibt es etwa Ansätze, in denen zwei eng verbundene Bereiche gleichzeitig berücksichtigt werden (z. B. Programm- und Losgrößenplanung oder Losgrößen- und Ablaufplanung), und Ansätze, die die Integration von der Programmplanung über die Losgrößen- und Ablaufplanung bis zur detaillierten Maschinenbelegungsplanung hin führen und dabei zum Teil auch noch nichtlineare Prozesse (z. B. Montagevorgänge) berücksichtigen.

Typische Simultanmodelle der zweiten Kategorie wurden hierzulande von Adam, Preßmar, Scheer sowie von vielen anderen entwickelt. Sie sind periodenorientiert, d. h., die Planungsvariablen sind u. a. mit einem Periodenindex versehen.

• Das Modell von *Adam* erfaßt mehrstufige Fertigung bei linearen Prozessen (ADAM69). Eine typische Variable in diesem Modell hat vier Indices, z. B.:

x_{jsmt}

Sie steht für diejenige Menge der Produktart j, die in Periode t in der Fertigungsstufe s auf Maschine m gefertigt wird.

• Das Modell von *Preßmar* geht noch weiter. Es berücksichtigt nichtlineare Fertigungsprozesse sowie mehrere Intensitätsstufen i, mit denen die Maschinen betrieben werden können, so daß eine typische Planungsvariable mit fünf Indices versehen ist (PRES74):

x_{jsmti}

• Das Modell von *Scheer*, das in der Terminologie der praktischen Produktionsplanung und -steuerung stärker angenähert ist, benutzt ebenfalls 5-fach indizierte Variable (SCHE76):

x_{jpgbt}

mit

j = Eigenfertigungsteil
p = Arbeitsplan für ein Teil
g = Arbeitsgang in einem Arbeitsplan
b = Betriebsmittel zu einem Arbeitsgang
t = Periode

Auswirkungen der Indizierung auf Modellgröße

Die Modelle sind als Optimierungsmodelle konzipiert. Wenn man versuchen wollte, sie praktisch einzusetzen, erhielte man sehr umfangreiche Modellformulierungen. Selbst wenn man nur die Größenordnungen eines kleinen bis mittleren Fertigungsunternehmens mit 100 Endproduktarten und als Kompromiß zwischen den Anforderungen der Grobplanung und der Feinplanung (detaillierte Maschinenbelegung auf Arbeitsgangebene!) ein relativ grobes Zeitraster mit Wocheneinteilung zugrundelegt, erhält man bei der Planung für ein Jahr bereits erschreckende Dimensionen. Abbildung 1.5-1 zeigt diese für die drei Modelle (Zahlenannahmen über den Modellbetrieb aus SCHE76). Das Modell von Scheer ist dabei streng genommen nur ein Modell zur Produktionsprogrammplanung, das bereits sehr detaillierte Nebenbedingungen bis zur Durchführung der einzelnen Arbeitsgänge hin berücksichtigt. Wollte man die Losgrößen- und Ablaufplanung explizit einbeziehen, kämen nochmals 10 Millionen Binärvariable hinzu!

Optimierungsmodelle sind praktisch nicht handhabbar

Eine Kritik der Simultanplanungsmodelle erübrigt sich aufgrund der skizzierten Größenordnungen schon fast. Optimierungsmodelle dieser Art sind praktisch nicht handhabbar und lassen sich angesichts des Datenvolumens nicht rechnen. Darüber hinaus bestünde das Problem, wie denn die vielen tausend Nebenbedingungen und Koeffizienten der Variablen überhaupt ermittelt werden sollen.

Neben der fehlenden Rechenbarkeit gibt es aber auch andere Kritikpunkte. Der Detaillierungsgrad der Planungsbereiche, die in einem Simultanansatz gleichzeitig behandelt werden, ihr Planungshorizont und die

ANNAHMEN ÜBER DEN MODELLBETRIEB		
100 Endprodukte 4 Fertigungsstufen 5 Arbeitsgänge/Fertigungsstufe		50 Perioden 3 Intensitätsstufen 2 Maschinen/Arbeitsgang
MODELL	INDICES	MODELLVARIABLE
Adam (ADAM69),	Produktart (j) Fertigungsstufe (s) Maschine (m) Periode (t)	400000 Binärvariable 305000 reelle Variable
Preßmar (PRES74)	Produktart (j) Fertigungsstufe (s) Maschine (m) Periode (t) Intensitätsstufe (i)	1200000 Binärvariable 700101 reelle Variable
Scheer (SCHE76)	Eigenfertigungsteil (j) Arbeitsplan (p) Arbeitsgang (g) Betriebsmittel (b) Periode (t)	17650000 reelle Variable

Abb. 1.5-1: Auswirkungen der Indizierung auf Modellgröße

Tragweite von Entscheidungen sind völlig unterschiedlich. Während Entscheidungen über das Produktionsprogramm typischerweise für einen Zeitraum von mehreren Monaten oder sogar Jahren getroffen werden, beziehen sich Ablauf- und Maschinenbelegungspläne auf Wochen- oder Tageszeiträume. Derart heterogene Bereiche in einem Modell zu beschreiben, ist wenig sinnvoll; unter anderem führt es dazu, daß das Zeitraster für die Feinplanung (z. B. Tage) auch auf die Programmplanung angewendet werden muß, wo eine derartige Detaillierung jedoch nicht angemessen ist.

Sichere Daten vorausgesetzt

Schließlich ist auf die Prämisse der *deterministischen Datensituation* hinzuweisen. Bereits bei der Aufstellung des Plans, also z. B. ein Jahr im voraus, müßte es möglich sein, alle Modellparameter und alle Einzelheiten auf Tages- oder Wochenbasis anzugeben. Daß dies eine abwegige Vorstellung ist, liegt auf der Hand.

Wenn es doch gelänge, sichere Daten so lange vorher zu beschaffen und ein Optimierungsverfahren auch durchzurechnen, dann müßte man immer noch berücksichtigen, daß Planabweichungen im Modell nicht vorgesehen sind. Sobald sich eine Störung bei der Plandurchführung ergibt, wäre das mit großem Aufwand ermittelte Optimum hinfällig bzw. der Plan nicht mehr realisierbar. Daß in der Praxis ungeplante Ereignisse und Störungen der Produktion an der Tagesordnung sind, sei nur am Rande erwähnt.

In der Praxis wurden eigenständige PPS-Konzeptionen entwickelt

Zusammenfassend muß man kritisch feststellen, daß die Betriebswirtschaftslehre und insbesondere die Unternehmensforschung mit ihren formalen Modellen keinen nennenswerten Beitrag zur Lösung der praktischen Probleme der Produktionsplanung geleistet haben. Dies gilt nicht nur für die Simultanmodelle, die hier erörtert wurden, sondern großenteils auch für die Partialmodelle, die sich entweder aufgrund der restriktiven Prämissen oder des ebenfalls nicht handhabbaren Rechenaufwands als wenig brauchbar erwiesen. In der Praxis mußten deshalb eigenständige, praktikable Konzeptionen entwickelt werden. Diese bestimmen heute die Produktionsplanung und -steuerung und damit auch die Struktur und Arbeitsweise der PPS-Systeme in erheblich stärkerem Maße als die theoretischen Modelle aus dem Operations Research.

Immerhin muß man den letzteren zugute halten, daß sie wichtige theoretische Erkenntnisse über die Planungsprobleme und ihre Zusammenhänge vermittelten. An diesen Erkenntnissen lassen sich zum Beispiel die praktischen Lösungswege messen, die in den PPS-Systemen eingeschlagen werden. Sie tragen damit zur Beurteilung der von den PPS-Systemen erstellten Lösungen bei und mögen Anstöße geben, Verbesserungspotentiale aufzuspüren.

1.5.3 Hierarchische Modelle

Hierarchische Produktionsplanung

Einige Hoffnung setzten produktionswirtschaftliche Forscherinnen (und Forscher) auf das Konzept der *hierarchischen Produktionsplanung*

(SWIT88, KIST01). Dieses soll einen Ausweg aus dem Dilemma zwischen Optimalitätsanforderungen der Theorie und praktischer Machbarkeit unter den Bedingungen der Realität weisen.

Das Gesamtproblem der Produktionsplanung wird in Teilprobleme aufgespalten. Anders als bei den oben skizzierten Partialmodellen stehen die Teilprobleme aber nicht isoliert nebeneinander, sondern sind modellmäßig miteinander gekoppelt. Zur Vereinfachung des Gesamtproblems werden verschiedene Mechanismen herangezogen (KIST01):

- *Hierarchisierung* durch Aufspaltung der Planungsaufgabe und Zuordnung der Teile zu mehreren Planungsebenen. Eine höhere Ebene macht Vorgaben an eine tiefere und erhält von dort Rückkopplungen.
- *Dekomposition* eines Simultanmodells in mehrere Partialmodelle, die über wenige Schnittstellen koordiniert werden.
- *Aggregation* der Daten und Entscheidungsvariablen (z. B. Bildung von Produktgruppen, Betriebsmittelgruppen, gröberen Planungsperioden) und Definition der Beziehungen untereinander.
- *Rollierende Planung* durch überlappende Planungszeiträume mit der Möglichkeit, Rückkopplungen einzubeziehen.

Zahlreiche Autoren haben Modelle für die hierarchische Produktionsplanung entwickelt. Bekannte Modelle stammen z. B. von Hax und Meal (HAX75) sowie von Graves (GRAV82). In dem Grundmodell von Hax und Meal werden drei Planungsebenen gebildet, die mit der Aggregation der Produkte in *marktfähige Endprodukte* (d. h. an Kunden abzusetzende konkrete Erzeugnisse), *Produktfamilien* (Erzeugnisse mit gemeinsamen Rüstkosten) und *Produkttypen* (Erzeugnisse mit Gemeinsamkeiten im Nachfrageverlauf und bei den Herstell- und Lagerhaltungskosten) kompatibel sind. Auf der obersten Ebene findet dann die Mengen- und Kapazitätsplanung für Produkttypen statt. Auf der zweiten Ebene werden die Mengen der Produkttypen auf Produktfamilien aufgeschlüsselt. Auf der dritten Ebene erfolgt schließlich, unter Beachtung verschiedener Nebenbedingungen, die Disaggregation bis zu den einzelnen Produktarten hin.

Standardsoftware für hierarchische Produktionsplanung ist nicht zu erwarten

Das Grundmodell von Hax und Meal wurde verschiedentlich erweitert. Auch andere Modelle zur hierarchischen Planung sind in größerer Zahl anzutreffen. Eine Literaturübersicht findet man in KIST89. Im allgemeinen handelt es sich um Darstellungen von Lösungsansätzen für ganz bestimmte Problemstrukturen (Fallstudien). Eine Verallgemeinerung in dem Sinne, daß generelle Vorgehensweisen gefunden werden, ist (nach KIST01) nicht zu erwarten. Als Grundlage für Standardsoftware scheinen die hierarchischen Modelle deshalb weniger geeignet.

Die Beliebtheit der hierarchischen Produktionsplanung bei Wissenschaftlerinnen und Wissenschaftlern aus dem Operations Research dürfte vor allem auf zwei Gründe zurückzuführen sein. Zum einen lassen sich die Probleme mit mathematischen Modellen *formal* beschreiben. Zum anderen erfahren verschiedene OR-Methoden (z. B. lineare, gemischt-ganzzahlige und dynamische Programmierung, Travelling-Salesman-Algorithmen u. a.) einen neuen Aufschwung, da sie zur Lösung der durch Dekomposition entstehenden kleineren Probleme eher eingesetzt werden können (KIST91).

Anwendungsgebiete werden von den Vertreterinnen und Vertretern der hierarchischen Produktionsplanung auch im Zusammenhang mit der Dezentralisierung von Entscheidungskompetenz im CAM (Computer Aided Manufacturing, vgl. Kapitel 7) gesehen. Diese geht zum Teil mit der Bildung organisatorischer Untereinheiten einher (z.B. flexible Fertigungssysteme, Bearbeitungszentren u. a.). Die Ebene der Feinplanung ist hier von der gröberen Planung weitgehend gelöst; die Abstimmung erfolgt über Vorgaben und Rückmeldungen (KIST01).

Gegenüber den oben dargestellten Partial- und Simultanmodellen weist die hierarchische Produktionsplanung immerhin den Vorsprung auf, daß der Einsatz zur Lösung praktischer Probleme in verschiedenen Fällen gezeigt werden konnte. Auch die Darstellung von Abstraktionshierarchien der Produktionsplanung auf der Basis des relationalen Datenmodells wurde untersucht (WINT91). Dies läßt hoffen, daß dem hierarchischen Ansatz mehr praktischer Erfolg als den früheren OR-Modellen zuteil werden kann.

2. Datenstrukturen in der Produktionsplanung und -steuerung

Größenordnungen bei einem mittleren Fertigungsbetrieb

Anders als in den theoretischen Arbeiten zur Produktionsplanung spielen in der Praxis die *Daten*, auf denen die PPS-Funktionen ausgeführt werden, eine herausragende Rolle. Während bei den Operations-Research-Modellen das Problem der Datenbeschaffung und -verwaltung praktisch ignoriert wurde, nehmen in den PPS-Systemen die Komponenten zur Datenverwaltung breiten Raum ein. Dies ist nicht verwunderlich, denn in der Praxis sind die Datenbestände äußerst umfangreich und die Querbeziehungen zwischen den Datenstrukturen sehr komplex. An einem Beispiel, das von Scheer angegeben wird, erkennt man die Größenordnungen, die bereits bei einem mittleren Fertigungsbetrieb zu bewältigen sind (SCHE76, SCHE96):

- 40000 Teile, davon 100 Endprodukte und 10000 Eigenfertigungsteile,
- 280000 Erzeugnisstruktursätze,
- 20000 Arbeitspläne,
- 100000 Arbeitsgänge,
- 200000 Betriebsmittelzuordnungen zu Arbeitsgängen,
- 150 Betriebsmittelgruppen
- 750 Einzelbetriebsmittel

51400 Datenobjekte und Papierunterlagen zu 1 Kundenauftrag

Zusammen macht dies 640900 Datensätze aus. Anhand eines Praxisfalls illustriert Wiendahl den Umfang der Datenbestände, die an einem größeren *Kundenauftrag* beteiligt sein können (WIEN97a). In dem Beispiel, das in Abbildung 2-1 wiedergegeben ist, waren mit der Produktion einer Papiermaschine insgesamt 51400 Datenobjekte und Papierunterlagen verbunden. Nicht berücksichtigt sind in der Zahl 144200 Einzelteile, für die in einem PPS-System ebenfalls Daten geführt würden, und 600 Personen.

Komplexe Beziehungen zwischen den Daten

Der Umfang der Datensätze kann teilweise recht groß werden. So sind 50 oder mehr Datenfelder in einem Teilestammsatz keine Seltenheit. Anders als viele andere Probleme der kaufmännischen Datenverarbeitung, die zwar durch große, aber relativ einfach strukturierte Datenbestände charakterisiert sind, zeichnet sich der PPS-Bereich durch komplexe Beziehungen zwischen den Daten aus.

In der Vergangenheit verwalteten die PPS-Systeme ihre Daten in der Regel selbst, d. h., die Datenverwaltung war in die einzelnen Programme eines PPS-Systems integriert. Auch heute gibt es noch viele, vor allem ältere Systeme, die eine eigene Datenverwaltung betreiben. Angesichts der Komplexität der Datenstrukturen ist dies eine anspruchsvolle Aufgabe. Die entstandenen Techniken der Datenorganisation wurden teilweise zu Datenbanktechniken weiterentwickelt, so daß man die Datenverwaltungskomponenten der PPS-Systeme als Vorläufer der heutigen Datenbanksysteme betrachten kann.

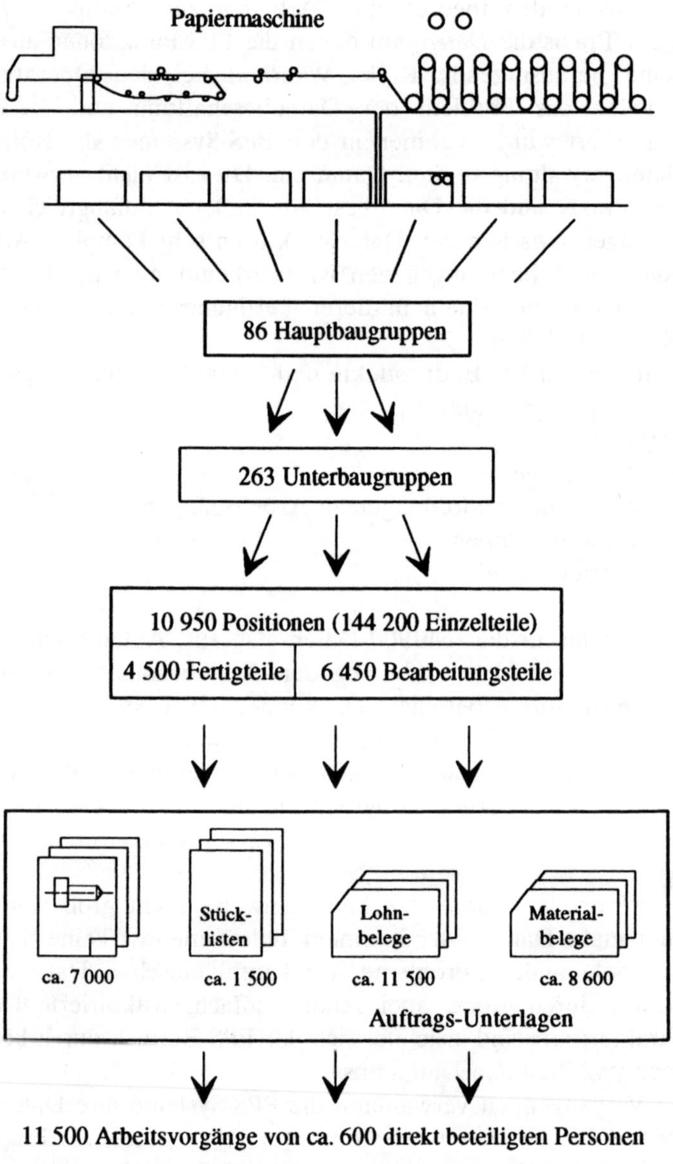

Abb. 2-1: Beispiel für Datenobjekte und Dokumente, die mit einem Kundenauftrag verbunden sind (aus WIEN97a)

Datenbank- und PPS-Systeme

Aus der allgemeinen Erkenntnis heraus, daß es gute Gründe gibt, Programmfunktionen eines Systems und Datenverwaltung explizit zu trennen, entstanden die *Datenbanksysteme.* Sie breiteten sich in der kaufmännischen Datenverarbeitung schnell aus. Es dauerte jedoch eine gewisse Zeit, bis sie sich auch im PPS-Bereich durchsetzten. Dies lag weniger an mangelnder Innovationsfreudigkeit als vielmehr daran, daß in den PPS-Systemen Quasi-Datenbankfunktionen ohnehin schon integriert waren. Erst mit der Verbreitung *relationaler Datenbanksysteme,* die über die reinen Speicherungs- und Zugriffsfunktionen hinaus weitere vorteilhafte Eigenschaften aufweisen, änderte sich dies. Die Flexibilität der relationalen Systeme, die zum Beispiel Ad-hoc-Abfragen, ungeplante Auswertungen etc. sehr stark vereinfachten, und ihre komfortablen Hilfsmittel, die den Endbenutzern den Umgang mit einem System wesentlich erleichterten, wenn nicht erst ermöglichten, führten schließlich dazu, daß heutige PPS-Systeme im allgemeinen eine Datenbankschnittstelle besitzen. In den neueren Systemen ist dies eine *SQL-Schnittstelle.* SQL (Structured Query Language) gilt heute als Standard für Datendefinitions- und Datenbankabfragesprachen.

Die Datenstrukturen der Produktionsplanung und -steuerung lassen sich grundsätzlich unterteilen in:

Grunddaten vs. vorgangsbezogene Daten

- Grunddaten,
- vorgangsbezogene Daten.

Grunddaten sind Daten, die unabhängig von konkreten Produktionsplänen existieren. Sie stellen den Rahmen für die Planung und Steuerung dar. Als vorgangsbezogene Daten werden diejenigen Daten bezeichnet, die bei der Planung und Abwicklung von Kundenaufträgen, bei der Ermittlung und Produktion des Primärbedarfs oder allgemeiner bei der Erstellung und Durchführung von Produktionsplänen entstehen und verarbeitet werden. Die wichtigsten Grunddaten werden in diesem Kapitel beschrieben. Die vorgangsbezogenen Datenstrukturen werden in den späteren Kapiteln zusammen mit den zugehörigen Abläufen behandelt.

2.1 Exkurs: Beschreibungsmittel für Datenstrukturen

Unabhängig davon, ob die Datenverwaltung beim PPS-System direkt oder – entkoppelt – bei einem Datenbanksystem liegt, müssen die im Unternehmen vorliegenden Datenstrukturen, die das PPS-System verarbeiten soll, herausgearbeitet, transparent gemacht und explizit beschrieben werden. Die Beschreibung kann je nach Verwendungszweck auf verschiedenen Ebenen erfolgen, die unterschiedlich nahe bei der datenbanktechnischen Realisierung bzw. bei der abzubildenden Realität liegen.

Entity-Relationship-Ansatz

Entity-Relationship-Ansatz

Als allgemeines Beschreibungsmittel für Datenstrukturen auf der fachlichen Ebene hat sich in letzter Zeit immer mehr der *Entity-Relationship-Ansatz* herausgebildet. Den Kern bildet das Entity-Relationship-Modell (ER-Modell) von P. P. Chen aus dem Jahr 1976 (CHEN76). Zu dem Modell gehört eine grafische Diagrammtechnik, die von den Anwendern oft mit dem Modell gleichgesetzt wird. Entity-Relationship-Diagramme (Chen-Diagramme) erlauben eine übersichtliche Darstellung der Beziehungen zwischen Daten, solange die Anzahl der Elemente des Datenmodells nicht zu groß wird. Der Entity-Relationship-Ansatz erfreut sich heute großer Beliebtheit bei der Datenmodellierung.

Obwohl das ursprüngliche Modell von Chen schon sehr mächtig war, zeigte sich bei der Modellierung komplexer Sachverhalte der Realität, daß zusätzliche Beschreibungsmittel sinnvoll wären. Heute gibt es eine sehr große Zahl von Erweiterungen verschiedener Autoren, unter anderem auch von Chen selbst. Leider hat sich bei den zahlreichen Erweiterungsvorschlägen noch keine einheitliche Darstellung herauskristallisiert. Deshalb sollen im folgenden die verwendeten Elemente des Entity-Relationship-Ansatzes kurz skizziert werden. Einen Überblick über Modell und Erweiterungen erhält man z. B. bei SINZ90, PERN99, EICK94.

Grundelemente des ER-Modells sind Entitäten, Beziehungen und Attribute.

Die Grundelemente des ER-Modells sind Entitäten (Entities), Beziehungen (Relationships) und Attribute.

- *Entitäten* stehen für beliebige Objekte der realen Welt. Dies können sowohl reale Objekte (z. B. ein Produkt, eine Maschine, eine Person) als auch abstrakte Gebilde (z. B. ein Projekt, eine Konventionalstrafe) sein. Im allgemeinen interessiert man sich bei der Datenmodellierung nicht für das einzelne, individuelle Objekt, sondern für alle gleichartigen Objekte (d. h. für ihren Typ). Man spricht dann jeweils von einem *Entity-Typ.*
- *Beziehungen* zwischen den Objekten des zu modellierenden Ausschnitts der realen Welt werden durch die Relationships dargestellt. Wie bei den Entitäten ist weniger die einzelne Beziehung zwischen genau zwei konkreten Entitäten von Interesse, sondern vielmehr der Typ der Beziehungen. Gleichartige Beziehungen werden deshalb jeweils zu einem *Beziehungstyp* zusammengefaßt.

Im Entity-Relationship-Diagramm werden Entities (bzw. Entity-Typen) durch Rechtecke, Beziehungen (bzw. Beziehungstypen) durch Rauten dargestellt. Das Beispiel in Abbildung 2.1-1 zeigt die Entity-Typen „Kunde“ und „Artikel“ sowie den Beziehungstyp „kauft“.

- *Attribute* dienen zur Beschreibung der Entity-Typen und der Beziehungstypen. Sie drücken deren Eigenschaften (z. B. Kunden-Nummer, Name, Anschrift etc.) aus. Attribute können in Kreisen oder Ovalen den Rechtecken und Rauten zugeordnet werden.

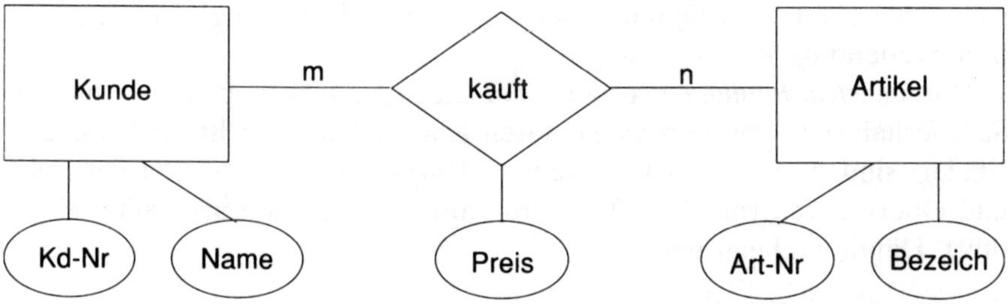

Abb. 2.1-1: Entity-Relationship-Diagramm

• Die *Kardinalität* oder *Komplexität* eines Beziehungstyps gibt an, wieviele Objekte eines Entity-Typs mit einem Objekt eines anderen Entity-Typs in Beziehung stehen bzw. in Beziehung stehen können. Elementare Kardinalitäten sind die

Kardinalität, Komplexität

- *1:1-Beziehung:* ein Objekt des Entity-Typs A steht zu genau einem Objekt des Entity-Typs B in Beziehung,
- *m:1-Beziehung:* ein Objekt des Entity-Typs A kann zu mehreren Objekten des Entity-Typs B in Beziehung stehen, während umgekehrt ein Objekt des Entity-Typs B nur zu einem Objekt des Entity-Typs A eine Beziehung hat,
- *1:n-Beziehung:* ein Objekt des Entity-Typs B kann zu mehreren Objekten des Entity-Typs A in Beziehung stehen, während umgekehrt ein Objekt des Entity-Typs A nur zu einem Objekt des Entity-Typs B eine Beziehung hat,
- *m:n-Beziehung:* ein Objekt des Entity-Typs A kann zu mehreren Objekten des Entity-Typs B in Beziehung stehen, und umgekehrt kann ein Objekt des Entity-Typs B zu mehreren Objekten des Entity-Typs A eine Beziehung haben.

In der Abbildung 2.1-1 ist eine m:n-Beziehung zwischen Kunden und Artikeln angegeben. Dies bedeutet, daß ein bestimmter Kunde *m* Artikelarten kaufen und umgekehrt ein bestimmter Artikel von *n* Kunden bezogen werden kann. Aus der m:n-Kardinalität erklärt sich auch, weshalb der Preis nicht als Attribut des Entity-Typs „Artikel", sondern des Beziehungstyps „kauft" aufgeführt ist. Auf diese Weise kann der Sachverhalt modelliert werden, daß der gleiche Artikel an verschiedene Kunden zu unterschiedlichen Preisen geliefert wird.

Die in der Abbildung und auch im weiteren verwendete Schreibweise wurde unter anderem von Schlageter und Stucky vorgeschlagen (SCHL83). Man notiert hierbei die Anzahl der Beteiligungen eines Entity-Typs A an einem Beziehungstyp an derjenigen Kante, die von der Raute zum Rechteck des Entity-Typs A hinführt. Chen hatte ursprünglich die umgekehrte Schreibweise eingeführt (CHEN76); in seiner Notation wäre die „kauft"-Beziehung nicht eine m : n-Beziehung, sondern eine n : m-Beziehung.

Min-max-Kardinalitäten

• *Min-max-Kardinalitäten* (oder *-Komplexitäten*) dienen dazu, manche Sachverhalte, die mit den elementaren Kardinalitäten nicht eindeutig spezifiziert sind, genauer zu beschreiben. Dazu werden Untergrenzen (min) und Obergrenzen (max) für beide Komponenten einer Kardinalität eingeführt. Häufig verlangt man

$$0 \leq \min \leq 1 \leq \max \leq * ,$$

wobei * für „beliebig viele" steht. Als Unter- und Obergrenzen können grundsätzlich auch andere natürliche Zahlen angegeben werden. Vier Grundtypen von Min-max-Kardinalitäten sind (SINZ90):

$(0, 1)$, $(0, *)$, $(1, 1)$, $(1, *)$

Obwohl es sich um eine relativ einfache Erweiterung handelt, erlaubt sie in vielen Fällen die semantische Präzisierung von Zusammenhängen. Zum Beispiel läßt sich exakt und kompakt der Sachverhalt ausdrücken, daß einem Lieferanten gegenüber mehrere Verbindlichkeiten bestehen können (*), daß es aber auch möglich ist, daß keine Verbindlichkeit existiert (0). Umgekehrt gehört zu jeder Verbindlichkeit genau ein Lieferant (min=max=1). Abbildung 2.1-2 zeigt die Darstellung im ER-Diagramm. Mit elementaren Kardinalitäten hätte man den gleichen Sachverhalt (ungenauer) als m : 1-Beziehung beschrieben.

Abb. 2.1-2: Min-max-Kardinalitäten und elementare Kardinalitäten

Zur Darstellung der PPS-Datenstrukturen in diesem Kapitel werden wir im allgemeinen die Min-max-Kardinalitäten verwenden, sofern nicht auch mit den elementaren Kardinalitäten semantische Eindeutigkeit erreicht werden kann.

Konnektoren sind Verknüpfungselemente für Beziehungstypen

• *Konnektoren* sind Verknüpfungselemente für Beziehungstypen. Man kann u. a. die Konnektoren „and", „or" sowie „xor" (exklusives Oder) unterscheiden (EICK94). Im ER-Diagramm stellt man sie als Dreieck mit einer Eingangskante und eventuell mehreren Ausgangskanten dar. In Abbildung 2.1-3 werden die drei Typen verwendet. Teil (a) drückt aus, daß ein leitender Angestellter entweder ein Projekt oder eine Abteilung leitet, Teil (b), daß auch beides zutreffen kann, und Teil (c), daß er sowohl ein Projekt als auch eine Abteilung leitet.

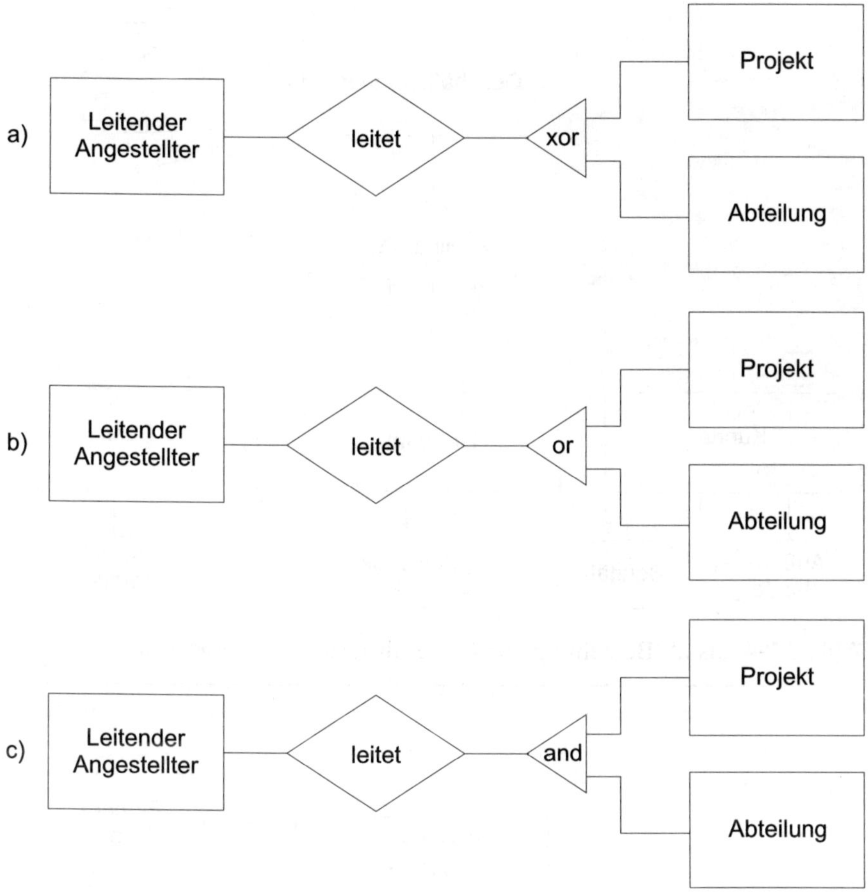

Abb. 2.1-3: Konnektoren „xor“, „or“ und „and“

Generalisierung bedeutet, daß ähnliche Klassen von Objekten zusammengefaßt werden

• *Generalisierung* bedeutet, daß ähnliche Klassen von Objekten zu einer Oberklasse zusammengefaßt werden. Das Gegenstück ist die *Spezialisierung* als Aufteilung einer Klasse in mehrere Ausprägungen. Die Generalisierung erlaubt es unter anderem, gemeinsame Eigenschaften mit der Oberklasse zu verbinden und nur die Unterschiede bei den Subklassen zu führen.

Das Konzept der Generalisierung und Spezialisierung kann auf verschiedene Weise im Entity-Relationship-Modell repräsentiert werden. Gebräuchlich ist die Verwendung eines speziellen Beziehungstyps *(„is a“-Beziehung)*. Dieser stellt eine Verbindung zwischen Entity-Typen her, die im Sinne der Generalisierung für Ober- und Unterklassen stehen. Im ER-Diagramm wird er häufig mit einem entsprechend beschrifteten Dreieck realisiert. Abbildung 2.1-4 zeigt dies am Beispiel der Entity-Typen Geschäftspartner, Kunde, Lieferant und Bank.

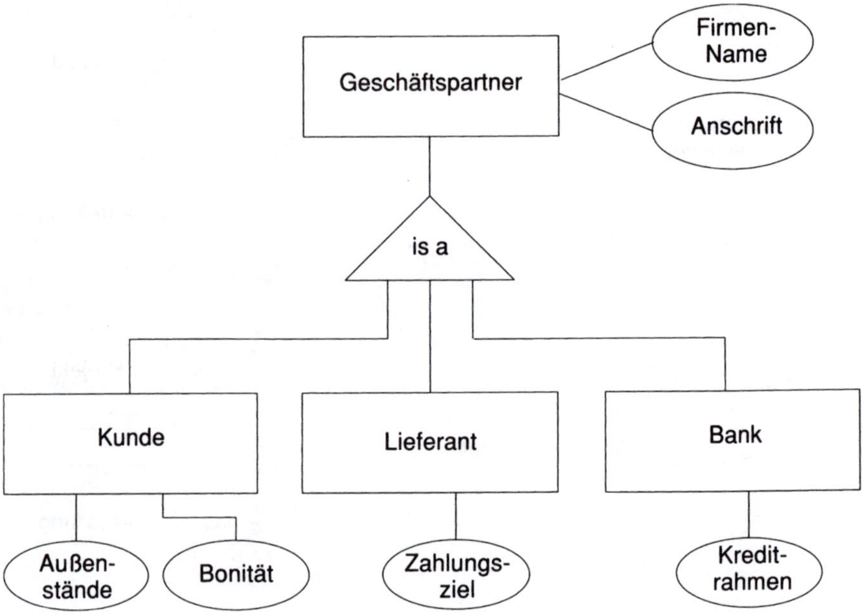

Abb. 2.1-4: „is a"-Beziehung zur Generalisierung/Spezialisierung

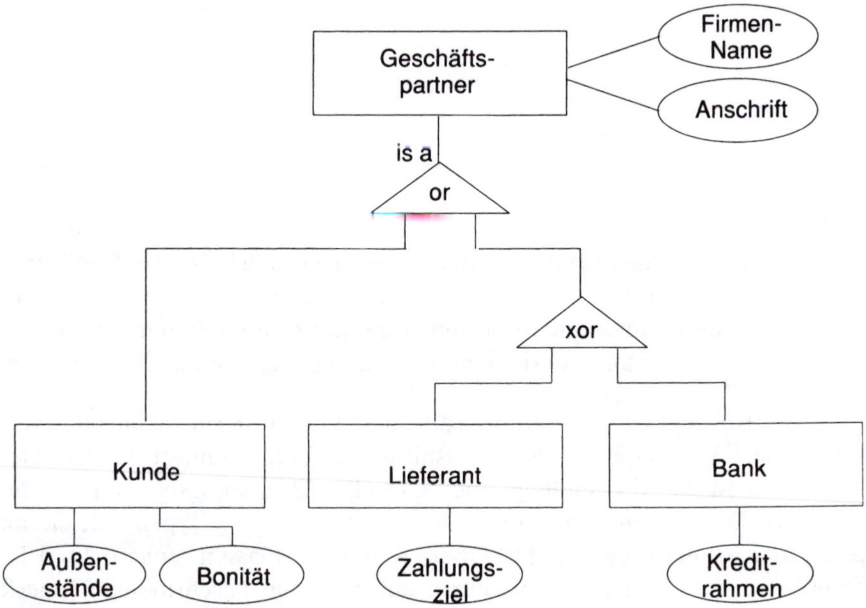

Abb. 2.1-5: „is a"-Beziehung mit Konnektoren

Der gleiche Sachverhalt kann – präziser – mit Hilfe der Konnektoren ausgedrückt werden, ohne daß ein spezieller „is a"-Beziehungstyp (mit eigenständigem Symbol) verwendet wird. Die Abbildung 2.1-4 ist in der Hinsicht ungenau, daß sie beispielsweise nicht erkennen läßt, ob ein Kunde vielleicht auch gleichzeitig Lieferant oder ob eine Bank auch Kunde sein kann. Abbildung 2.1-5 stellt diesen Fall mit den Konnektoren „or" und „xor" dar. Der Name des Beziehungstyps („is a") wurde hier einfach an die Kante geschrieben. Dies ist eine gebräuchliche Alternative zur Verwendung des Dreiecks bzw. der Raute.

Semantisches Datenmodell

Der Entity-Relationship-Ansatz mit seinen Erweiterungen stellt ein mächtiges Instrumentarium für die konzeptionelle Datenmodellierung dar. In einem Entity-Relationship-Modell sind bereits zahlreiche inhaltliche Aussagen über Objekte und insbesondere über ihre Beziehungen enthalten. Man spricht deshalb auch von einem *semantischen Datenmodell.*

Relationenmodell

Zur Abbildung des ER-Modells in einem Datenbanksystem muß man sich eines „rechnernäheren" Datenmodells bedienen, da die Datenorganisation eines Datenbanksystems im allgemeinen auf einem solchen Modell basiert. Von den bekannten Grundmodellen – hierarchisches Modell, Netzwerkmodell und Relationenmodell (relationales Datenmodell) – ist heute hauptsächlich das letztere von Bedeutung. Das ER-Modell ist also im nächsten Schritt in die Darstellungsform des Relationenmodells zu überführen.

Grundkonstrukt im relationalen Datenmodell ist die Tabelle

Das Grundkonstrukt im relationalen Datenmodell ist die *Tabelle* oder *Relation.* Eine Tabelle ist ein rechteckiges Schema aus Zeilen und Spalten wie in Abbildung 2.1-6. In einer Zeile stehen jeweils Eigenschaften (Attribute), die zu einer Entität oder zu einer Beziehung gehören. Alle Zeilen zusammengefaßt enthalten die Entitäten eines Entity-Typs oder die Beziehungen eines Beziehungstyps.

Betrachtet man die Tabelleneinträge spaltenweise, so sind in einer Spalte jeweils mögliche Ausprägungen (Werte) eines bestimmten Attributs

ARTIKEL			
Art-Nr	Bezeichnung	Bestand	Sich.-Bestand
A-2233	Turbolader	10	5
A-2457	Auspuff	23	8
A-4711	Rohr	23	8
B-5221	Krümmer	77	16
D-1001	Stoßstange	3	5
X-9899	Schelle	1201	200

Abb. 2.1-6: Tabelle (Relation) ARTIKEL

aufgeführt. In Abbildung 2.1-6 stehen etwa in der dritten Spalte („Bestand“) einige der Ausprägungen des Attributs „Bestand“.

Mathematischer Hintergrund des Modells

Die Bezeichnungen Relation und Relationenmodell kommen vom mathematischen Hintergrund des Modells her (CODD70). Eine Zeile mit n Einträgen x_i ist mathematisch gesehen ein n-Tupel:

$$x = (x_1, x_2, ..., x_n)$$

Eine Spalte enthält verschiedene Werte, die ein Attribut annehmen kann. Über die im konkreten Fall realisierten Ausprägungen hinaus könnte es bei anderen Entitäten oder Beziehungen natürlich auch noch weitere Attributwerte geben (z. B. beim Attribut „Bestand“ die Werte 0, 1, 2, 4, 175 etc.). Die Menge D_i aller zulässigen Werte eines Attributs bezeichnet man als *Domäne* oder Wertemenge. Für jedes x_i gilt dann:

$$x_i \in D_i \ (i = 1, ..., n)$$

Betrachtete man das kartesische Produkt

$$D_1 \times D_2 \times ... \times D_n$$

Eine Relation ist eine Teilmenge des kartesischen Produkts über den Domänen

über den Domänen, so erhielte man *alle* möglichen n-Tupel, d. h. alle möglichen Kombinationen von Werten der unterschiedlichen Attribute. In einer konkreten Tabelle stehen aber im allgemeinen nicht alle möglichen Kombinationen, sondern nur manche. In diesem Sinne ist eine (n-stellige) Relation eine *Teilmenge des kartesischen Produkts über den Domänen*.

Das Relationenmodell zeichnet sich vor allem durch Einfachheit und Flexibilität aus. Diese Vorteile werden jedoch teilweise auf Kosten der Semantik erkauft. Die Tabelle (Relation) ist im Grunde genommen das einzige Konstrukt, das vom Relationenmodell zur Verfügung gestellt wird. Mit seiner Hilfe müssen alle die Informationen ausgedrückt werden, die man bei der konzeptionellen Datenmodellierung zunächst im Entity-Relationship-Modell beschreibt. Teilweise ist dies naheliegend, z. B. bei den Entity-Typen; ein Rechteck des ER-Diagramms kann hier unmittelbar durch eine Tabelle repräsentiert werden. Teilweise ist es auch recht schwierig, insbesondere bei manchen semantischen Abhängigkeiten.

Relation: einfach, aber wenig Semantik!

Während im ER-Modell durch Beziehungstypen, Kardinalitäten, Operatoren, Konnektoren und andere Konstrukte vielfältige semantische Abhängigkeiten abgebildet werden können, beinhaltet die Tabellenform zunächst fast keine Semantik. Sie drückt nur aus, daß die Einträge einer Zeile die Attributwerte einer bestimmten Entität (oder Beziehung) zusammenfassen und daß die Einträge einer Spalte die realisierten Ausprägungen von Attributwerten einer Domäne darstellen.

Alle weiteren semantischen Informationen des ER-Modells müssen folglich auf irgendeine Weise in die Tabellenform gebracht werden. Wenn dies nicht möglich ist, müssen sie entweder vernachlässigt oder aber aus den Datenstrukturen herausgenommen und in die Verarbeitungsprogramme übernommen werden. Dies ist ein gewisser Nachteil, der der grundlegenden Idee des Datenbankeinsatzes – konzeptionelle Trennung von Programmen und Datenverwaltung – zuwiderläuft.

Die Überführung der verschiedenen Konstrukte eines Entity-Relationship-Modells in die relationale Form kann hier nicht im einzelnen behandelt werden. Der Leser wird dazu auf die einschlägige Literatur über Datenbanksysteme und Datenmodellierung verwiesen (z. B. PERN99, SCHL83). Wie man bei den Beziehungstypen grundsätzlich vorgeht, soll jedoch kurz skizziert werden.

Schlüsselattribute identifizieren Datensätze

Als erstes ist die Frage zu beantworten, wie die Kanten des ER-Diagramms, die zusammen mit dem Rautensymbol die Verbindungen zwischen den Entity-Typen realisieren, dargestellt werden könnten. Eine wichtige Rolle spielen dabei die *Schlüsselattribute.* Sie dienen zur Identifikation der Tupel. Als Schlüsselattribut (kurz: Schlüssel) bezeichnet man allgemein ein Attribut, das dazu verwendet wird, einen Datensatz – allein oder gegebenenfalls zusammen mit anderen Schlüsselattributen – eindeutig zu identifizieren. Die Verbindung zwischen zwei bestimmten Entitäten kann dann hergestellt werden, indem man die Schlüssel beider Entitäten anspricht. Auf der Typebene gilt das gleiche; das bedeutet, daß ein Beziehungstyp durch eine Kombination von Schlüsselattributen, zu denen möglicherweise weitere Attribute hinzukommen, repräsentiert wird.

Die Kardinalitäten der Beziehungstypen – insbesondere die m:1-, 1:n- und m:n-Beziehungen – kommen im Relationenmodell dadurch zum Ausdruck, daß es in der Beziehungsrelation soviele Tupel (Zeilen) gibt, wie Beziehungen existieren. In Abbildung 2.1-7 greifen wir das Beispiel aus Abbildung 2.1-1 auf, um die Zusammenhänge zu verdeutlichen. Von dem Beziehungstyp „kauft" seien fünf konkrete Beziehungen (Verkaufsvorgänge) realisiert: Kunde 48143-01 (Gerber AG) kauft die Artikel A-2457 (Auspuff) sowie D-1001 (Stoßstange), Kunde 48159-05 die Artikel A-2457 sowie X-9899 und Kunde 89231-01 ebenfalls den Artikel A-2457. Die Relation „kauft" hat also 5 Zeilen. Die Schlüsselattribute sind, wie im Relationenmodell üblich, in den drei Tabellen unterstrichen.

Normalisierung und Normalformen

In der Literatur über das relationale Modell stößt man meist auf die Begriffe *Normalisierung* und *Normalformen.* Unter Normalisierung ist in der Datenbankterminologie eine systematische Zerlegung einer Relation in mehrere andere Relationen zu verstehen. Ziel ist es, die Relationen möglichst redundanzfrei zu gestalten, so daß bei späteren Änderungen – Einfügen, Löschen, Aktualisieren von Daten – keine Inkonsistenzen zwischen verschiedenen Relationen auftreten. Es gibt mehrere Stufen der Zerlegung, die man dann als erste, zweite etc. Normalform einer Relation bezeichnet. In der praktischen Anwendung geht man häufig bis zur dritten Normalform.

Obwohl die Normalisierung meist in Zusammenhang mit dem Relationenmodell behandelt wird, sind die grundlegenden Prinzipien allgemein gültig. Letztlich geht es um die sinnvolle Strukturierung von Datenbestän-

ARTIKEL			
Art-Nr	Bezeichnung	Bestand	Sich.-Bestand
A-2233	Turbolader	10	5
A-2457	Auspuff	43	8
A-4711	Rohr	23	8
B-5221	Krümmer	77	16
D-1001	Stoßstange	3	5
X-9899	Schelle	1201	200

KUNDE		
Kd-Nr	Name	Anschrift
48143-01	Gerber AG	48143 Münster, Salzstr. 12
48159-05	Nietsch AG	48159 Münster, Hafenstr. 17
44229-11	Bolte GmbH	44229 Dortmund, Am Wall 2
89231-01	Erkens KG	89231 Neu-Ulm, Eckplatz 33

KAUFT			
Kd-Nr	Art-Nr	Preis	Menge
48143-01	A-2457	373,50	10
48143-01	D-1001	1550,00	1
48159-05	A-2457	395,00	2
48159-05	X-9899	9,95	200
89231-01	A-2457	360,00	20

Abb. 2.1-7: Entity- und Beziehungstypen in relationaler Darstellung

den, unabhängig davon, ob die Daten in Tabellen eines relationalen Datenbanksystems, in Sets eines Netzwerk-Datenbanksystems oder in konventionellen Dateien gespeichert werden. Die PPS-Datenstrukturen in den nächsten Kapiteln werden deshalb auch in der Entity-Relationship-Darstellung von vornherein in weitgehend normalisierter Form vorgestellt.

Dateiorientierte Datenorganisation

Das Entity-Relationship-Modell und das Relationenmodell werden zur Datenmodellierung eher dann verwendet, wenn ein Datenbanksystem zum Einsatz kommen soll, wenngleich die beiden Modelle keineswegs daran gekoppelt sind. In der konventionellen Datenverarbeitung, wo die Daten noch in programmabhängigen Dateien gespeichert und bearbeitet werden, stellt man die Datenstrukturen meist durch Beschreibung des Aufbaus der Datensätze dar. Das optische Erscheinungsbild einer Datei auf Papier ist dem einer Tabelle im Relationenmodell sehr ähnlich; die Tupel einer Relation, wie in den vorigen Abbildungen, entsprechen den Datensätzen einer Datei. Wir verzichten deshalb an dieser Stelle auf ein zusätzliches Beispiel.

2.2 Grunddaten der Produktionsplanung und -steuerung

Die wichtigsten Grunddaten der Produktionsplanung und -steuerung, die sich in ähnlicher Form in den meisten PPS-Systemen wiederfinden, sind Daten über die

- Teile,
- Erzeugnisstrukturen,
- Arbeitsgänge,
- Arbeitspläne,
- Betriebsmittel-/Arbeitsplätze,
- Fertigungsstrukturen.

Diese werden im folgenden erläutert. Eine Reihe weiterer Grunddaten wird im Anschluß behandelt.

2.2.1 Teilestammdaten

„Teil“ als Oberbegriff

Eine ganz zentrale Rolle spielen in jedem PPS-System die Teilestammdaten. Der Begriff „Teil“ wird meist als Oberbegriff für Endprodukte, Baugruppen, Einzelteile, Rohmaterial etc. verwendet, d. h. für alle Bestandteile eines Endprodukts, für Endprodukte selbst, aber auch für Verbrauchsmaterial u. ä. Gelegentlich kommen in der PPS-Terminologie differenziertere Begriffe wie „Material“, „Artikel“, „Produkt“, „Hilfsstoff“ u. a. vor. Wir werden im Kontext der PPS-Daten im weiteren für alle diese die einheitliche Sprechweise „Teil“ verwenden.

Teilestammdaten sind sehr umfangreich

Die Teilestammdaten sind sowohl von der Anzahl der Teile als auch von der Anzahl der Attribute her meist sehr umfangreich. Die Größe eines Teilestammsatzes in einer konventionellen Teilestammdatei kann ohne weiteres 1 Kilobyte oder mehr betragen. Einige wichtige Attribute (bzw. Felder) einer Relation (bzw. Datei) „Teilestamm“ aus einem konkreten PPS-System sind beispielsweise die folgenden (RAUT90):

Teilestammdaten

- Teilenummer,
- Variantenkennzeichen,
- Teilebezeichnung,

- Teilebeschreibung,
- Teileart (z. B. Endprodukt, Baugruppe, Hilfsstoff),
- Maßeinheit (z. B. Stück, kg, m),
- Formkennung,
- Zeichnungsnummer,
- Werkstoff,
- Dispositionsart (z. B. Eigenfertigung, verbrauchsgesteuert),
- Wiederbeschaffungszeit,
- Ausschußfaktor für mengenabhängigen Ausschuß,
- Ausschußfaktor für rüstabhängigen Ausschuß,
- Gültigkeitsdatum, ab dem der Teilstammsatz gilt,
- Gültigkeitsdatum, bis zu dem der Teilstammsatz gilt,
- Datum der letzten Änderung,
- Datum der Erstanlage,
- zuständiger Sachbearbeiter.

Häufig sind den Teilestammdaten noch sehr viel mehr Attribute zugeordnet. Die Anzahl und der Differenzierungsgrad der Attribute hängen hauptsächlich von drei Gesichtspunkten ab, nämlich davon,
- wie umfassend die PPS-Lösung sein soll (d. h., welche Teilbereiche sollen insgesamt einbezogen werden?),
- ob benachbarte betriebliche Anwendungssysteme (z. B. für Kostenrechnung, Absatz, Konstruktion) vorhanden sind und ob Schnittstellen zu diesen existieren,
- ob und wie weit die Teilstamm-Relation (bzw. -Datei) normalisiert wurde.

Wenn etwa eine umfassende PPS-Lösung realisiert werden soll, keine anderen Systeme bzw. keine Schnittstellen verfügbar sind und auf eine Normalisierung verzichtet wurde, können sehr umfangreiche Teilestammdaten entstehen. In vielen Büchern über Produktionsplanung und -steuerung liegen der Darstellung der Teilestammdaten implizit solche Verhältnisse zugrunde. Die Zahl der Attribute beträgt dann ohne weiteres 100 oder mehr. Rechnet man alle Attribute zusammen, die mit einem Teil in Verbindung stehen, können in Einzelfällen sogar Größenordnungen von mehreren tausend erreicht werden. Die Datenfelder lassen sich verschiedenen Kategorien zuordnen (z. B. STEI91):

Weitere Daten in Teilestammsätzen

- Identifikationsdaten (Teilenummer u. a.),
- Ordnungsdaten (technische Klassifikation u. a.),
- Konstruktionsdaten (Abmessungen u. a.),
- Dispositionsdaten (Beschaffungsart, Losgröße u. a.),
- Bedarfsdaten (kumulierter Bedarf u. a.),
- Bestandsdaten (Lagerbestand u. a.),

- Absatzdaten (Verkaufspreis u. a.),
- Beschaffungsdaten (Einstandspreis u. a.),
- Produktionsdaten (Durchlaufzeiten u. a.),
- Kalkulationsdaten (Maschinenkosten, Lagerkostensatz u. a.).

Teilweise läuft die Zuordnung derartiger Attribute zu den Teiledaten einem sinnvollen Aufbau der Datenbasis entgegen. Beispielsweise ist es nur in wenigen Fällen adäquat, die Durchlaufzeiten unabhängig von der zu fertigenden Menge einfach als Konstante im Teilestammsatz zu speichern. Wir gehen deshalb im folgenden davon aus, daß für die wichtigsten Objekte im Fertigungsbereich (wie Betriebsmittel, Lagerbestand) eigene Entity-Typen existieren und daß die verschiedenen Attribute bei den jeweils geeigneten Entity- und Beziehungstypen geführt werden.

2.2.2 Erzeugnisstrukturdaten

In den Erzeugnisstrukturen wird die Zusammensetzung der Teile aus ihren Bestandteilen festgehalten. Erzeugnisstrukturen stellt man häufig als Bäume dar. Die Kanten der Bäume bringen, je nach Blickrichtung, die Beziehung „besteht aus" oder „geht ein in" zum Ausdruck. Die Zahlen an den Kanten sind Mengenkoeffizienten. In Abbildung 2.2-1 sind zwei vereinfachte Erzeugnisstrukturbäume für die beiden Endprodukte Y und Z wiedergegeben. Y besteht beispielsweise aus 2 Mengeneinheiten (ME) A und 1 ME B; umgekehrt gilt, daß A und B in Y mit 2 bzw. 1 ME eingehen.

Erzeugnisstrukturen stellt man häufig als Bäume dar

Kehrt man die Betrachtungsweise dergestalt um, daß man von den Blättern der Erzeugnisstrukturbäume ausgeht und in Richtung der Beziehung „geht ein in" blickt, so lassen sich die Strukturen auch als Bäume wie in Abbildung 2.2-2 darstellen. Von einem bestimmten Teil können im

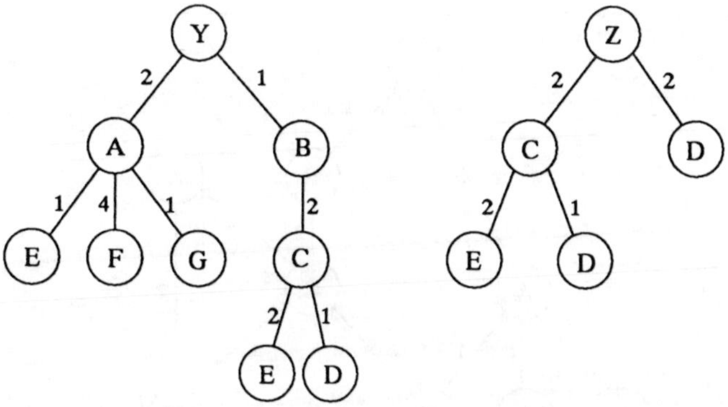

Abb. 2.2-1: Erzeugnisstrukturdarstellungen als Bäume („besteht aus"-Beziehungen)

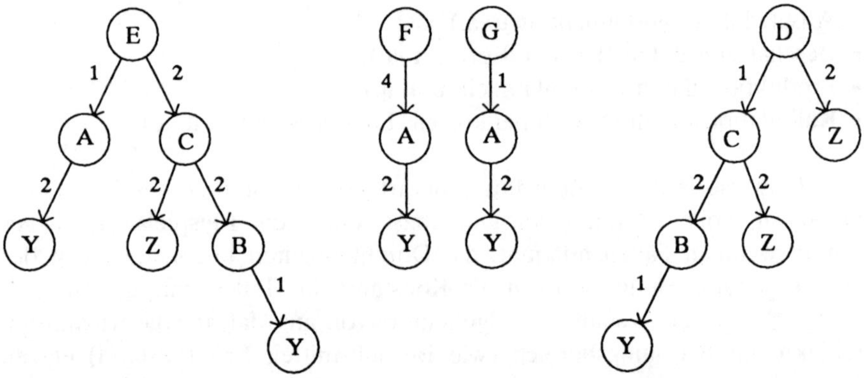

Abb. 2.2-2: Alternative Erzeugnisstrukturdarstellungen („geht ein in“-Beziehungen)

allgemeinen Fall mehrere Kanten ausgehen. Aus der Abbildung erkennt man nun unmittelbar, für welche anderen Teile ein bestimmtes Teil benötigt wird. Beispielsweise geht das Teil E direkt mit 1 ME in A und mit 2 ME in C sowie indirekt in Z, B und zweifach in Y (über A und B) ein.

Gozinto-Graphen

Die beiden unterschiedlichen Sichtweisen lassen sich zusammenfassen, wenn man einen *Gozinto-Graphen* verwendet. In einem solchen Graphen sind auch netzartige Strukturen zulässig, so daß die redundanten Äste und Knoten der Erzeugnisstrukturbäume nicht mehrfach dargestellt zu werden brauchen (z. B. war in Abbildung 2.2-1 das Teil C zweimal, das Teil D dreimal aufgeführt). Abbildung 2.2-3 zeigt die beiden Erzeugnisstrukturen Y und Z nochmals in Form eines Gozinto-Graphen auf Basis der „geht ein in“-Beziehung. (Die Bezeichnung „Gozinto“ soll im übrigen vom englischen „goes into“ abgeleitet sein!)

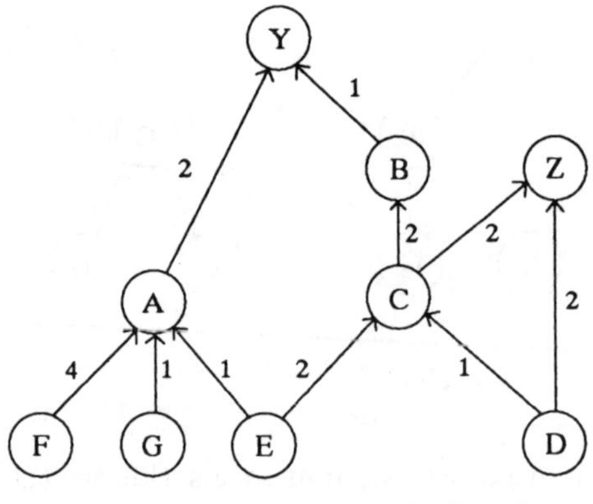

Abb. 2.2-3: Erzeugnisstrukturen als Gozinto-Graph

Bevor die Abbildung der Erzeugnisstrukturen in einem Datenmodell behandelt wird, soll noch kurz auf eine nützliche Transformation hingewiesen werden. Ein Erzeugnisstrukturbaum kann wie jeder andere Vielwegbaum auch in einen *binären Baum* überführt werden (WIRT00), sofern man dafür Sorge trägt, daß keine Kanteninformationen verlorengehen. In Abbildung 2.2-4 ist eine derartige Transformation für die Erzeugnisstrukturen Y und Z durchgeführt. Gegenüber der ursprünglichen Darstellung in Vielwegbäumen sind folgende Änderungen zu beachten:

Erzeugnisstruktur als binärer Baum

- Die Kanten eines Baums haben nun unterschiedliche Bedeutung. Eine Kante, die zum *linken* Nachfolger eines Knotens führt, verweist auf das erste Teil der nächsttieferen Stufe, das in den Vaterknoten (direkt) eingeht.
- Eine Kante, die zum *rechten* Nachfolger eines Knotens führt, verweist auf das nächste Teil derselben Stufe wie sein Vorgänger, das in denselben Vaterknoten wie sein Vorgänger (direkt) eingeht.
- Die Informationen, die zu den ursprünglichen Kanten (Beziehungstypen) gehören, dürfen durch die Transformation nicht verlorengehen. Sie müssen nun gegebenenfalls auf andere Art und Weise repräsentiert werden. In den bisherigen Beispielen waren dies nur die Mengenkoeffizienten; im allgemeinen sind den Kanten noch weitere Informationen zugeordnet.

In der Abbildung sind die ursprünglichen Erzeugnisstrukturbäume noch durch die gepunkteten Linien skizziert. Die Problematik, die mit der Repräsentation der Vielwegbäume in binärer Form verbunden ist, wird weiter unten nochmals aufgegriffen.

Die Erzeugnisstrukturen drücken letztlich Beziehungen zwischen Teilen aus. In der Entity-Relationship-Terminologie können sie als Beziehungstypen zwischen Entitäten vom Typ „Teil“ aufgefaßt werden. Hier

Erzeugnisstrukturen sind Beziehungstypen zwischen Entitäten vom Typ „Teil“

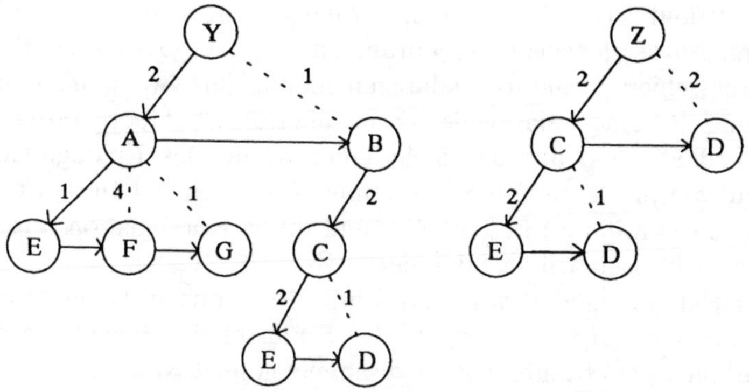

Abb. 2.2-4: Zu Binärbäumen transformierte Erzeugnisstrukturdarstellungen

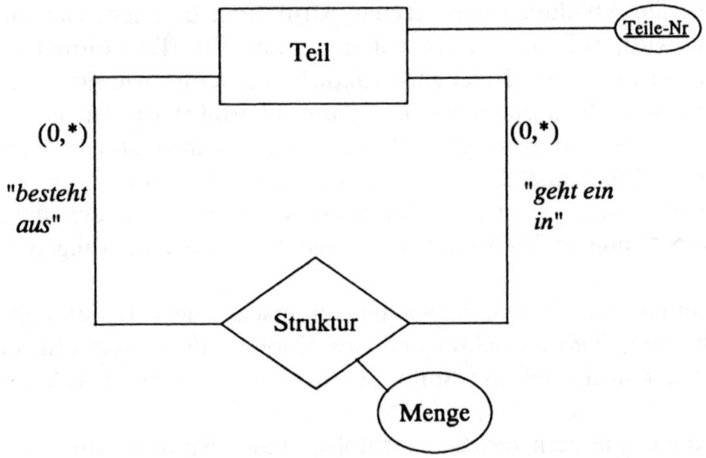

Abb. 2.2-5: Erzeugnisstruktur als Beziehungstyp im ER-Diagramm

liegt also ein Fall vor, in dem der Beziehungstyp Objekte von nur *einem* Entity-Typ miteinander verbindet. Abbildung 2.2-5 zeigt dies anhand des Beziehungstyps „Struktur“, der je nach Rolle als „besteht aus“- oder als „geht ein in“-Beziehung interpretiert werden kann. Die Kardinalitäten besagen, daß ein Teil aus beliebig vielen anderen Teilen bestehen kann, aber auch aus keinem anderen Teil. Umgekehrt ist es möglich, daß ein Teil in beliebig viele andere Teile eingeht, aber auch, daß es in kein weiteres Teil eingeht (z. B. ein Endprodukt).

Die Abbildung scheint zunächst nur die Beziehungen zwischen Teilen auf zwei Stufen auszudrücken, aber nicht die mehrstufigen Strukturen wie in den vorigen Abbildungen. Wie diese aus der Darstellung dennoch erzeugt werden können, wird weiter unten behandelt.

Von den Attributen sind im Entity-Relationship-Diagramm nur das Schlüsselattribut „Teile-Nr“ und die „Menge“ angegeben. Mit Hilfe der Teilenummern des jeweils untergeordneten und übergeordneten Teils werden die einzelnen Strukturbeziehungen identifiziert, wenn man die ER-Darstellung in eine relationale Form überführt. „Übergeordnet“ und „untergeordnet“ sind aus der Sicht einer Kante des Erzeugnisstrukturbaums zu interpretieren. Eine bestimmte Kante (Beziehung) wird durch zwei Knoten (Entitäten) beschrieben und durch Kombination ihrer Teilenummern (Schlüsselattribute) definiert.

Im Relationenmodell wird das Entity-Relationship-Diagramm durch zwei Relationen dargestellt, wobei der Schlüssel der Beziehungsrelation „Struktur“ aus zwei Komponenten zusammengesetzt ist:

Teil (Teile-Nr, Teilebezeichnung, Teileart, Maßeinheit, ...)
Struktur (O-Teil-Nr, U-Teil-Nr, Menge, Gültigkeit-ab, ...)

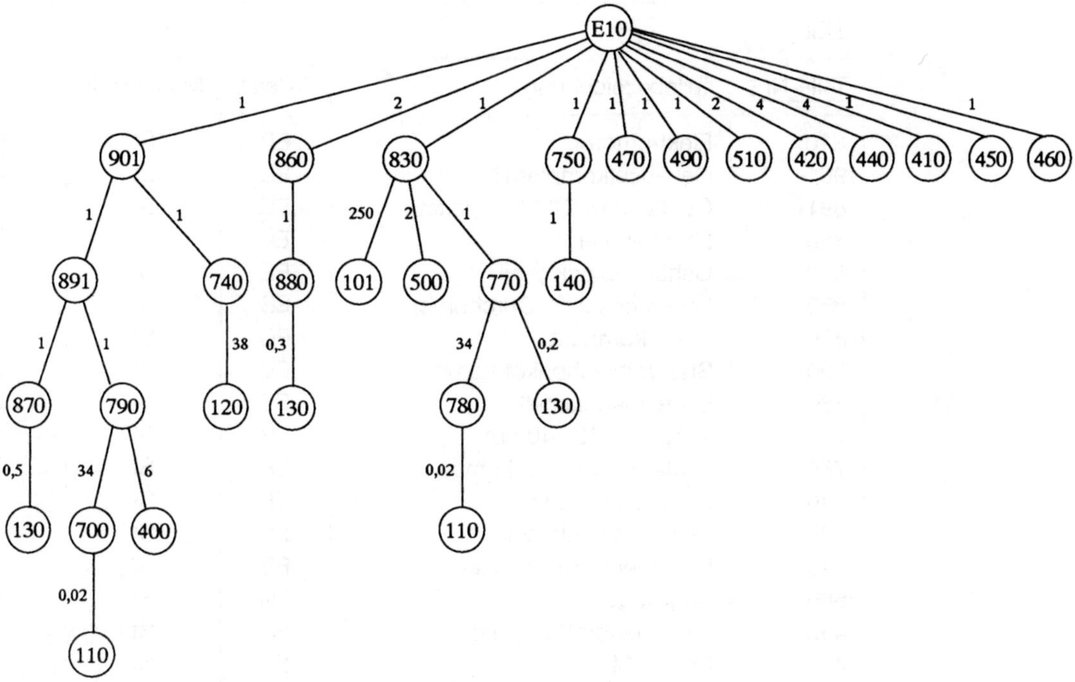

Abb. 2.2-6: Erzeugnisstruktur „Elektromotor“

In der Abbildung 2.2-7, die sich auf den Erzeugnisstrukturbaum der Abbildung 2.2-6 bezieht, sind zwei beispielhafte Tabellen mit Teilestamm- und Erzeugnisstrukturdaten angegeben.

Zum Entity-Typ „Teil“ sind außer der Teilenummer exemplarisch drei weitere Attribute aufgeführt und mit Werten versehen. Die „Teileart“ enthält Abkürzungen zu den Merkmalen Eigenfertigung/Fremdbezug und Endprodukt/Baugruppe/Rohmaterial etc.; z. B. steht „FR“ für Fremdbezug und Rohmaterial.

In der Tabelle „Struktur“ identifiziert z. B. die erste Zeile eindeutig die Kante zwischen dem Oberteil E10 (Elektromotor) und dem Unterteil 901 (Gehäuse komplett). Als wichtigste Information der Strukturbeziehung außer den Schlüsseln ist hier nur die Menge angegeben. Daneben treten in einer Strukturrelation auch weitere Attribute auf. Wie bei der Teilestammrelation hängen die Art und Anzahl der Attribute vom Detaillierungsgrad, von der Anwendungssystem-Umgebung und von der Normalisierung ab. Einige typische Attribute sind die folgenden:

- Nummer des oberen Teils,
- Nummer des unteren Teils,
- Variantenkennzeichen,
- Mengenkoeffizient,

TEIL				
Teile-Nr	Teilebezeichnung	Teileart	Maßeinheit	...
E10	Elektromotor	EP	St	
901	Gehäuse(komplett)	EB	St	
891	Gehäuse m. St.blechpaket	EE	St	
880	Lagerdeckel (Alu)	EE	St	
870	Gehäuseblock (Alu)	EE	St	
860	Lagerdeckel m. Durchbruch	EB	St	
830	Welle komplett	EB	St	
790	Ständerblechpaket kompl.	EB	St	
780	Läuferblechlamelle	EE	St	
770	Fußplatte 30×40 cm	EB	St	
750	Läuferblechpaket kompl.	EB	St	
740	Ständerwicklung	EE	St	
700	Ständerblechlamelle	EE	St	
510	Klemmenkastendeckel	FB	St	
500	Kugellager	FB	St	
490	Klemmenbrett 3-polig	FB	St	
470	Mutter M 4	FV	St	
460	Festkupplung ∅ 14 mm	FB	St	
450	Kondensator 16 μF	FB	St	
440	Sechskantschraube M 4×200	FV	St	
420	Sechskantschraube M 4×10	FV	St	
410	Sechskantschraube M 8×30	FV	St	
400	Niete 4×150 mm	FV	St	
140	Blechtafel St 37	FR	St	
130	Aluminiumbarren	FR	kg	
120	Kupferdraht ∅ 0,5 mm	FV	m	
110	Elektroblechrolle 200 mm	FV	m	
101	Rundstahl 37×30 mm	FR	St	

Abb. 2.2-7a: Relationen „Teil“ und „Struktur“ (Beispiel)

- Strukturtyp (ist die Menge des unteren Teils von der Menge des oberen Teils abhängig oder nicht?),
- Ausschußfaktor für strukturabhängigen Ausschuß,
- Gültigkeitsdatum, ab dem der Erzeugnisstruktursatz gilt,
- Gültigkeitsdatum, bis zu dem der Erzeugnisstruktursatz gilt,
- Datum der letzten Änderung,
- Datum der Erstanlage,
- zuständiger Sachbearbeiter.

STRUKTUR			
O-Teil-Nr	U-Teil-Nr	Menge	...
E10	901	1	
E10	860	2	
E10	830	1	
E10	750	1	
E10	510	1	
E10	490	1	
E10	470	1	
E10	460	1	
E10	450	1	
E10	440	4	
E10	420	2	
E10	410	4	
901	891	1	
901	740	1	
891	870	1	
891	790	1	
880	130	0,3	
870	130	0,5	
860	880	1	
830	770	1	
830	500	2	
830	101	250	
790	700	34	
790	400	6	
780	110	0,02	
770	780	34	
770	130	0,2	
750	140	1	
740	120	38	
700	110	0,02	

Abb. 2.2-7b: Relationen „Teil" und „Struktur" (Beispiel)

Die wichtigsten Auswertungen, die man auf der Grundlage der gespeicherten Erzeugnisstrukturen durchführt, sind das Erstellen von Stücklisten und Teileverwendungsnachweisen sowie die Ermittlung der Sekundärbedarfe im Rahmen der Materialdisposition. Bei der Sekundärbedarfsermittlung geht es darum, die benötigten Mengen an untergeordneten Teilen, die erforderlich sind, um die gewünschten Endproduktmengen herzustellen, mit Hilfe der Erzeugnisstrukturdaten zu berechnen.

Auswertungen: Stücklisten, Teileverwendungsnachweise, Ermittlung der Sekundärbedarfe

Darauf wird in Kapitel 3.3.2 ausführlicher eingegangen. Die Erzeugung von Stücklisten und Teileverwendungsnachweisen wird nachfolgend dargestellt.

Stücklisten

Listenförmige Darstellung einer Erzeugnisstruktur

Als Stückliste bezeichnet man die listenförmige Darstellung einer Erzeugnisstruktur mit den relevanten Daten wie Teilenummern, Teilebezeichnungen, Mengenkoeffizienten etc. Sie beschreibt die Zusammensetzung eines Endprodukts oder eines anderen Teils aus seinen Bestandteilen. Stücklisten werden vor allem bei sog. *Stückprozessen* verwendet, d. h. bei Fertigungsprozessen, in denen die Mengeneinheiten (hauptsächlich) in Stück gemessen werden. Man spricht auch von diskreter Fertigung. Typische Beispiele sind Fertigungsprozesse, bei denen Montagevorgänge eine wichtige Rolle spielen, z. B. im Maschinen- oder Möbelbau.

Rezepturen bei kontinuierlicher Fertigung

Das Gegenstück ist die kontinuierliche Fertigung, die vor allem in der chemischen Industrie anzutreffen ist. Die Erzeugnisstrukturen werden dort in Form von *Rezepturen* angegeben. Rezepturen sind das Äquivalent zu Stücklisten. Sie unterscheiden sich hauptsächlich darin, daß die Mengen in kontinuierlichen Einheiten (Kilogramm, Tonnen, Liter etc.) gemessen werden und daß die Erzeugnisstrukturgraphen auch Zyklen aufweisen können. Letzteres bedeutet, daß zur Herstellung eines Produkts auf einer Vorstufe auch das Produkt selbst benötigt wird.

Wir werden im weiteren von Stückprozessen ausgehen und nur die Stücklisten explizit behandeln, wenngleich die meisten Sachverhalte auch bei kontinuierlichen Fertigungsprozessen auftreten.

Stücklisten werden für unterschiedliche Zwecke eingesetzt, z. B. für die Bedarfsermittlung, die Montage, die Konstruktion etc. Inhalt und Aufbereitung der Stücklisteninformationen unterscheiden sich demzufolge je nach Zielsetzung. Dies kommt auch in den Bezeichnungen zum Ausdruck. Man spricht z. B. von:

- Konstruktionsstücklisten,
- Dispositionsstücklisten,
- Fertigungsstücklisten,
- Montagestücklisten,
- Ersatzteilstücklisten u. a.

Strukturell differieren verschiedene Stücklistenarten darin, ob und bis zu welchem Grad die Strukturinformationen der Erzeugnisstrukturbäume in der Stückliste abgebildet werden. Aus dieser Sicht lassen sich drei Formen unterscheiden:

Baukastenstücklisten (einstufige Stücklisten)

- *Baukastenstücklisten* (einstufige Stücklisten) weisen die Zusammensetzung eines Teils aus Teilen der nächsttieferen Stufe aus. Der Begriff legt die Interpretation nahe, daß typische Baukastenstücklisten die Bestand-

BAUKASTENSTÜCKLISTE				Seite 1
Teil: Elektromotor, Teile-Nr.: E10				
Teile-Nr.	Teilebezeichnung	Maßeinh.	Menge	...
901	Gehäuse (komplett)	St	1	
860	Lagerdeckel mit Durchbruch	St	2	
830	Welle komplett	St	1	
750	Fußplatte 30×40 cm	St	1	
510	Klemmenkastendeckel	St	1	
490	Klemmenbrett 3-polig	St	1	
470	Mutter M 4	St	1	
460	Festkupplung ∅ 14 mm	St	1	
450	Kondensator 16 µF	St	1	
440	Sechskantschraube M 4×200	St	4	
420	Sechskantschraube M 4×10	St	2	
410	Sechskantschraube M 8×30	St	4	

Abb. 2.2-8: Baukastenstückliste (Beispiel)

teile eines Endprodukts, nämlich hauptsächlich die Baugruppen, zeigen. Der Begriff ist aber weiter gefaßt. Grundsätzlich spricht man immer dann von einer Baukastenstückliste, wenn die aufgeführten Teile auf einer Fertigungsstufe stehen und in der Stückliste nicht in ihre Komponenten zerlegt sind. Abbildung 2.2-8 zeigt das Prinzip am Beispiel des oben schon verwendeten Elektromotors mit der Teilenummer E10.

Die Erzeugung einer solchen Stückliste aus den gespeicherten Datenstrukturen ist recht einfach. Wenn die Daten in *Relationen* „Teil“ und „Struktur“, wie oben erläutert, vorliegen, dann erhält man die Zeilen einer Baukastenstückliste mit der folgenden SQL-Abfrage (ohne Stücklistenkopf):

```
SELECT   Teil.Teile_Nr, Teil.Teilebezeichnung, Teil.Masseinheit,
         Struktur.Menge
FROM     Teil, Struktur
WHERE    Struktur.O_Teil_Nr = 'E10'
AND      Teil.Teile_Nr = Struktur.U_Teil_Nr
```

• *Strukturstücklisten* (mehrstufige Stücklisten) lassen im Gegensatz zu Baukastenstücklisten auch die Zusammensetzung eines Produkts auf tieferen Stufen erkennen. Sie bilden die gesamte Erzeugnis-Baumstruktur in

Strukturstücklisten (mehrstufige Stücklisten)

STRUKTURSTÜCKLISTE Seite 1

Teil: Elektromotor, Teile-Nr.: E10

Stufe	Teile-Nr.	Teilebezeichnung	Maßeinh.	Menge	...
1	901	Gehäuse (komplett)	St	1	
.2	891	Gehäuse mit Ständerbl. paket	St	1	
..3	870	Gehäuseblock (Alu)	St	1	
...4	130	Aluminiumbarren	kg	0,5	
..3	790	Ständerblechpaket komplett	St	1	
...4	700	Ständerblechlamelle	St	34	
....5	110	Elektroblechrolle 200 mm	m	0,02	
...4	400	Niete 4×150 mm	St	6	
.2	740	Ständerwicklung	St	1	
..3	120	Kupferdraht ∅ 0,5 mm	m	38	
1	830	Welle komplett	St	1	
.2	770	Läuferblechpaket komplett	St	1	
..3	780	Läuferblechlamelle	St	34	
...4	110	Elektroblechrolle 200 mm	m	0,02	
..3	130	Aluminiumbarren	kg	0,2	
.2	500	Kugellager	St	2	
.2	101	Rundstahl 37×30 mm	St	250	
1	860	Lagerdeckel m. Durchbruch	St	2	
.2	880	Lagerdeckel (Alu)	St	1	
..3	130	Aluminiumbarren	kg	0,3	
1	750	Fußplatte 30×40 cm	St	1	
.2	140	Blechtafel St 37	St	1	
1	510	Klemmenkastendeckel	St	1	
1	490	Klemmenbrett 3-polig	St	1	
1	470	Mutter M 4	St	1	
1	460	Festkupplung ∅ 14 mm	St	1	
1	450	Kondensator 16 µF	St	1	
1	440	Sechskantschraube M 4×200	St	4	
1	420	Sechskantschraube M 4×10	St	2	
1	410	Sechskantschraube M 8×30	St	4	

Abb. 2.2-9: Strukturstückliste (Beispiel)

Listenform ab. Die Über-/Unterordnungsbeziehungen zwischen den Teilen werden durch Stufennummern zum Ausdruck gebracht. Abbildung 2.2-9 gibt die Erzeugnisstruktur des Elektromotors E10 als Strukturstückliste wieder.

Die Erzeugung der Strukturstückliste aus den Relationen „Teil“ und „Struktur“ mit Hilfe einer SQL-Abfrage ist relativ kompliziert, wenn man sich an den ANSI-92-Standard für SQL hält. Es gibt jedoch SQL-Erweiterungen, die das Traversieren von Erzeugnisstrukturbäumen erleichtern. In der SQL-Implementierung des Datenbanksystems *Oracle8* existiert beispielsweise die „CONNECT BY ... START WITH“-Klausel. Diese wird nachfolgend benutzt. Da sie bei Join-Operationen nicht zulässig ist, muß zuerst eine temporäre Sicht („VIEW“) „Temp“ erzeugt werden:

```
CREATE VIEW         Temp AS
SELECT              Level, O_Teil_Nr, Menge
FROM                Struktur
CONNECT BY PRIOR    U_Teil_Nr = O_Teil_Nr
START WITH          U_Teil_Nr = 'E10'
```

```
SELECT   Temp.Level, Temp.O_Teil_Nr 'Teile_Nr',
         Teil.Teilebezeichnung, Teil.Masseinheit, Temp.Menge
FROM     Temp, Teil
WHERE    Temp.O_Teil_Nr = Teil.Teile_Nr
```

Der Name „Level“ bezeichnet eine Stufennummer („pseudo column“), die in der Oracle-spezifischen SQL-Implementierung automatisch erzeugt wird. Sie wird hier benutzt, um die Fertigungsstufe in der Strukturstückliste auszugeben.

Mengenübersichtsstücklisten

- *Mengenübersichtsstücklisten* weisen zwar alle Teile aus, die in ein Produkt eingehen, zeigen aber nicht mehr die hierarchische Erzeugnisstruktur. Die Baumstruktur wird gewissermaßen auf eine Stufe zusammengepreßt. Wenn ein Teil in einer Erzeugnisstruktur mehrfach vorkommt, werden die Mengen summiert, so daß letztlich zu jeder Teilenummer diejenigen Mengen aufgeführt sind, die für eine Mengeneinheit des obersten Knotens (z. B. Endprodukt) insgesamt benötigt werden. Abbildung 2.2-10 zeigt dies wieder am Beispiel des Elektromotors.

Die Zusammenfassung mehrerer Mengen wird an den Teilenummern 880, 130 und 110 (vgl. Abbildung 2.2-6) sichtbar. Da 880 (Lagerdeckel) für 860 verwendet wird und von 860 zwei ME in das Endprodukt E10 eingehen, sind für das Endprodukt insgesamt 2 ME von 880 erforderlich; an der Kante 860 – 880 steht als Mengenkoeffizient dagegen 1. Der Bedarf an Mengeneinheiten des Teils 130 (Aluminiumbarren) pro Elektromotor E10 ergibt sich durch Multiplikation mit den Mengenkoeffizienten an den Kanten

870 – 130 (0,5)		880 – 130 (0,3)		770 – 130 (0,2)
891 – 870 (1)	bzw.	860 – 880 (1)	bzw.	830 – 770 (1)
901 – 891 (1)		E10 – 860 (2)		E10 – 830 (1)
E10 – 901 (1)				

MENGENÜBERSICHTSSTÜCKLISTE				Seite 1
Teil: Elektromotor, Teile-Nr.: E10				
Teile-Nr.	Teilebezeichnung	Maßeinh.	Menge	...
901	Gehäuse (komplett)	St	1	
891	Gehäuse mit Ständerblechpaket	St	1	
880	Lagerdeckel (Alu)	St	2	
870	Gehäuseblock (Alu)	St	1	
860	Lagerdeckel mit Durchbruch	St	2	
830	Welle komplett	St	1	
790	Ständerblechpaket komplett	St	1	
780	Läuferblechlamelle	St	34	
770	Läuferblechpaket komplett	St	1	
750	Fußplatte 30×40 cm	St	1	
740	Ständerwicklung	St	1	
700	Ständerblechlamelle	St	34	
510	Klemmenkastendeckel	St	1	
500	Kugellager	St	2	
490	Klemmenbrett 3-polig	St	1	
470	Mutter M 4	St	1	
460	Festkupplung ∅ 14 mm	St	1	
450	Kondensator 16 μF	St	1	
440	Sechskantschraube M 4×200	St	4	
420	Sechskantschraube M 4×10	St	2	
410	Sechskantschraube M 8×30	St	4	
400	Niete 4×150 mm	St	6	
140	Blechtafel St 37	St	1	
130	Aluminiumbarren	kg	1,3	
120	Kupferdraht ∅ 0,5 mm	m	38	
110	Elektroblechrolle 200 mm	m	1,36	
101	Rundstahl 37×30 mm	St	250	

Abb. 2.2-10: Mengenübersichtsstückliste (Beispiel)

und Addition der Produkte

0,5*1*1*1 + 0,3*1*2 + 0,2*1*1

als 1,3 kg (wie in der viertletzten Zeile der Mengenübersichtsstückliste in Abbildung 2.2-10 angegeben).

Teileverwendungsnachweise

Während Stücklisten die „besteht aus"-Beziehungen zwischen Teilen wiedergeben, liegt den Teileverwendungsnachweisen (TV) die „geht ein in"-Sichtweise zugrunde. Wie die Stücklisten können auch die Teileverwendungsnachweise unterschiedlich strukturiert sein. Wenn man die Darstellung der „geht ein in"-Beziehungen in Abbildung 2.2-2 von der formalen Seite her betrachtet, so erkennt man Baumstrukturen ganz analog zu denen, die in den Stücklisten ausgewertet werden. Die Bezeichnungen der wichtigsten Arten von Teileverwendungsnachweisen sind deshalb sehr ähnlich:

„geht ein in"-Sichtweise

- *Baukasten-TV* sind einstufig und enthalten alle diejenigen Teile, in die das betrachtete Teil unmittelbar eingeht. Für das Teil 130 (Aluminiumbarren) der Abbildung 2.2-6 würden beispielsweise die Teile 870 (mit 0,5 ME), 880 (mit 0,3 ME) und 770 (mit 0,2 ME) ausgewiesen.

Baukasten-TV

- *Struktur-TV* zeigen demgegenüber alle diejenigen Teile, in welche das betrachtete Teil direkt oder indirekt (über andere Teile) eingeht. Die hierarchische Struktur des Teileverwendungsbaums bleibt erhalten und wird durch Stufennummern beschrieben. Abbildung 2.2-11 zeigt den schematischen Aufbau anhand des Teils 130.

Struktur-TV

- *Mengenübersichts-TV* enthalten alle Teile des „geht ein in"-Baums, aber jeweils mit der Gesamtzahl aufgeführt wie in den entsprechenden Stücklistenversionen. Der Teileverwendungsnachweis, welcher der Abbildung 2.2-11 entspricht, ist in Abbildung 2.2-12 skizziert.

Mengenübersichts-TV

STRUKTUR-TEILEVERWENDUNGSNACHWEIS Seite 1

Teil: Aluminiumbarren, Teile-Nr.: 130

Stufe	Teile-Nr.	Teilebezeichnung	Maßeinh.	Menge	...
1	870	Gehäuseblock (Alu)	kg	0,5	
.2	891	Gehäuse mit Ständerbl. paket	St	1	
..3	901	Gehäuse komplett	St	1	
...4	E10	Elektromotor	St	1	
1	880	Lagerdeckel (Alu)	kg	0,3	
.2	860	Lagerdeckel m. Durchbruch	St	1	
..3	E10	Elektromotor	St	2	
1	770	Läuferblechpaket komplett	kg	0,2	
.2	830	Welle komplett	St	1	
..3	E10	Elektromotor	St	1	

Abb. 2.2-11: Schema eines Struktur-Teileverwendungsnachweises (Beispiel)

MENGENÜBERSICHTS-TEILEVERWENDUNGSNACHWEIS				Seite 1
Teil: Aluminiumbarren, Teile-Nr.: 130				
Teile-Nr.	Teilebezeichnung	Maßeinh.	Menge	...
770	Läuferblechpaket komplett	kg	0,2	
830	Welle komplett	kg	0,2	
860	Lagerdeckel mit Durchbruch	kg	0,3	
870	Gehäuseblock (Alu)	kg	0,5	
880	Lagerdeckel (Alu)	kg	0,3	
891	Gehäuse mit Ständerblechpaket	kg	0,5	
901	Gehäuse komplett	kg	0,5	
E10	Elektromotor	kg	1,3	

Abb. 2.2-12: Schema eines Mengenübersichts-Teileverwendungsnachweises (Beispiel)

Da die Baumstrukturen bei den beiden Sichtweisen – man spricht manchmal auch von „analytischer" bzw. „synthetischer" Sicht – formal die gleichen sind, unterscheiden sich die Methoden zur Erzeugung der verschiedenen Arten von Teileverwendungsnachweisen kaum von denen zur Erzeugung der Stücklisten. Beispielsweise kann der Baukasten-TV für Teilenummer 130 aus den Relationen „Teil" und „Struktur" mit folgender Abfrage gewonnen werden:

```
SELECT   Teil.Teile_Nr, Teil.Teilebezeichnung, Teil.Masseinheit, Struk-
         tur.Menge
FROM     Teil, Struktur
WHERE    Struktur.U_Teil_Nr = '130'
AND      Teil.Teile_Nr = Struktur.O_Teil_Nr
```

Erzeugnisvarianten

Abwandlungen eines Grundtyps

In vielen Fällen werden Erzeugnisse nicht nur in einer, bis in alle Einzelheiten einheitlich festgelegten Ausprägung hergestellt, sondern in unterschiedlichen Varianten. Als Varianten bezeichnet man Teile, insbesondere Endprodukte, die Abwandlungen eines Grundtyps darstellen.

Augenfällige Beispiele für Varianten sind Automobile eines bestimmten Grundtyps, die mit unterschiedlichen Motoren, Getrieben, Sitzpolstern, Scheiben, Farben, Felgen etc., mit oder ohne Nebelscheinwerfern, Anhängerkupplung, Drehzahlmesser etc., mit einer oder zwei Innenleuchten und in zahlreichen weiteren Spielarten angeboten werden.

In vielen Branchen ist Variantenfertigung heute der Normalfall. Bei einer empirischen Untersuchung deutscher Produktionsunternehmen ermittelten Hoitsch und Lingnau, daß 95% der Unternehmen Variantenfertigung durchführen (HOIT95). Mit zunehmender Kundenorientierung auf den Märkten muß in immer stärkerem Maße individuellen Wünschen Rechnung getragen werden. Dies gilt nicht nur für Konsumgütermärkte (z. B. PKW's, Möbel, Textilien), sondern ebenso für Investitionsgütermärkte (z. B. im Werkzeugmaschinenbau). Ein anschauliches Beispiel aus der Baubranche (Brandschutzklappen) findet man in SCHÖ88.

Die Anzahl der möglichen Varianten eines Endprodukts kann sehr groß werden. Im Fall der Brandschutzklappen werden z. B. mehrere Zehntausend angegeben. Bei einem PKW sind aufgrund der vielen Kombinationsmöglichkeiten ohne weiteres mehrere Hunderttausende oder Millionen von Varianten denkbar. In einfachen Fällen treten natürlich auch geringere Variantenzahlen auf (z. B. ein Elektromotor, der mit 40- oder 80-kW-Leistung angeboten wird).

Bei den Varianten werden in der Praxis und Literatur mehrere Arten unterschieden. Man spricht von Struktur-, Mengen-, Muß-, Kann-, dispositiven Varianten u. a. (HACK89, MERT01, WIEN97a). Die Begriffe stehen, hier bezogen auf ein Endprodukt, in folgendem Zusammenhang:

- Eine *Strukturvariante* liegt vor, wenn mehrere unterschiedliche Ausprägungen eines Teils möglich sind und eine davon in das Endprodukt eingeht (z. B. PKW: Motor mit 110, 140 oder 180 PS, mit oder ohne Anhängerkupplung). Strukturvariante
- Eine *Mengenvariante* liegt vor, wenn von einem bestimmten Teil eine unterschiedliche Anzahl in das Endprodukt eingebaut wird (z. B. ein oder zwei Innenleuchten). Mengenvariante
- Von *Muß-Varianten* spricht man, wenn mehrere unterschiedliche Ausprägungen eines Teils möglich sind und eine davon in das Endprodukt eingehen muß (z. B. entweder ein 110-, ein 140- oder ein 180-PS-Motor). Muß-Variante
- Von *Kann-Varianten* spricht man, wenn Teile zu einer Grundausprägung des Erzeugnisses zusätzlich hinzukommen können (z. B. Nebelscheinwerfer, zweiter Außenspiegel). Kann-Variante
- Als *dispositive Varianten* bezeichnet man manchmal Varianten, die nur für die innerbetriebliche Disposition von Bedeutung sind, ohne daß sie explizit im Endprodukt unterschieden werden (z. B. Batterien verschiedener Hersteller, die je nach aktueller Beschaffungs- und Lagerhaltungspolitik in ein Fahrzeug eingebaut werden). Dispositive Variante

Die Begriffe überlappen sich teilweise. Mußvarianten sind Strukturvarianten. Kann-Varianten sind Strukturvarianten (z. B. zusätzliche Nebelscheinwerfer) oder Mengenvarianten (z. B. zweite Innenleuchte). Dispositive Varianten sind i.d.R. Strukturvarianten, die jedoch nicht nach außen (z. B. dem Kunden gegenüber) ausgewiesen werden. In der Praxis treten Struktur- und Mengenvarianten häufig zusammen auf.

In der PPS-Literatur wird die Variantenproblematik aus unterschiedlicher Sicht behandelt. Teilweise werden die Varianten anhand der externen Erscheinungsformen in den Stücklisten unterschieden, teilweise wird die interne Speicherung in Dateien in den Vordergrund gestellt, teilweise wird der Vorgang der Erzeugung variantenspezifischer Stücklisten beschrieben, und häufig werden die verschiedenen Aspekte miteinander vermischt. Wir werden im folgenden versuchen, die grundlegenden Datenstrukturen von den externen Darstellungsformen in unterschiedlichen Stücklistenarten zu trennen.

Die Erzeugnisstrukturen von Varianten können auf verschiedene Art und Weise repräsentiert werden. Welche die geeignete ist, hängt vom konkreten Anwendungsfall ab. Grundsätzlich kann die Vorgehensweise statisch oder dynamisch sein. *Statisch* bedeutet, daß alle möglichen Ausprägungen einer Variante in der Datenbasis beschrieben werden, *dynamisch* dagegen, daß eine bestimmte Variante erst dann erzeugt (z. B. aus anderen Datenstrukturen zusammengesetzt) wird, wenn sie konkret benötigt wird (z. B. für einen konkreten Kundenauftrag). Bei einer überschaubaren Anzahl von Ausprägungen der möglichen Teile und nicht zu vielen Kombinationen wird man die statische Beschreibung wählen, während man sich bei sehr vielen denkbaren Varianten für die dynamische Vorgehensweise entscheiden wird.

Wenn man die Varianten *statisch* beschreibt, sind grundsätzlich vier Wege denkbar:

Statische Varianten

(1) Jede Variante wird wie ein eigenständiges Teil behandelt. Das bedeutet, daß die Strukturbeziehungen teilweise redundant geführt werden. Wenn man beispielsweise die in Abbildung 2.2-13 aufgeführten Varianten

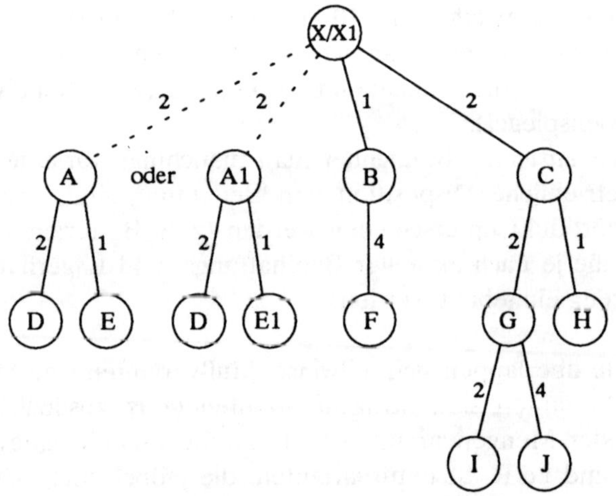

Abb. 2.2-13: Erzeugnisstruktur mit Varianten X und X1

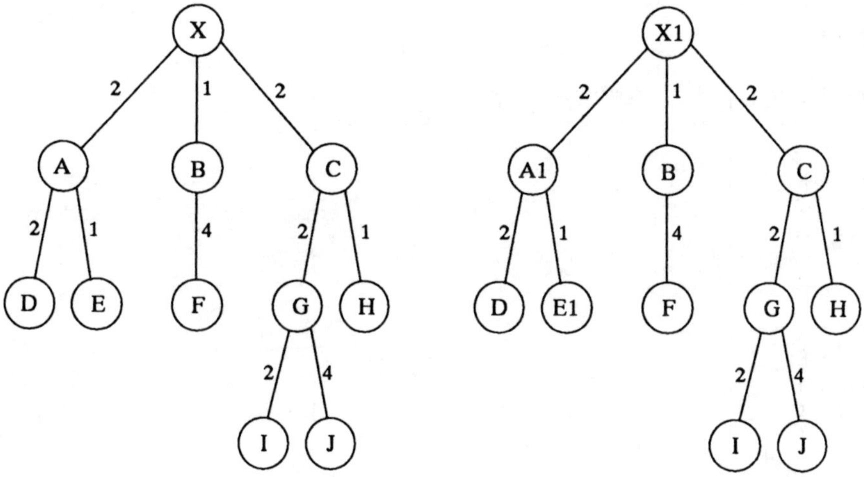

Abb. 2.2-14: Varianten X und X1 als eigenständige Teile

X und X1, die sich durch die Baugruppe A bzw. A1 unterscheiden, betrachtet, dann werden diese wie zwei verschiedene Endprodukte behandelt (vgl. Abbildung 2.2-14). In der relationalen Darstellung erhält man 5 Beziehungen, die quasi doppelt erscheinen:

X1 – A1	(X – A)
X1 – B	(X – B)
X1 – C	(X – C)
A1 – D	(A – D)
A1 – E1	(A – E)

In Abbildung 2.2-15 sind die entsprechenden Einträge in den Relationen „Teil“ und „Struktur“ skizziert.

„Gleichteile-Baugruppe“

(2) Jede Variante wird wie ein eigenständiges Teil behandelt, jedoch werden die für alle Varianten gleichen Teile zu einer fiktiven Baugruppe („Gleichteile-Baugruppe“) zusammengefaßt. Dieser Vorgehensweise entspricht die grafische Darstellung in Abbildung 2.2-16. Die fiktive Baugruppe wird nun nur einmal geführt bzw. in ihre Bestandteile aufgelöst, wie Abbildung 2.2-17 zeigt. Der fiktive Charakter des Teils „Gl“ muß nun bei allen Auswertungen der Datenbasis berücksichtigt werden, denn „Gl“ wird ja nicht als Teil gefertigt. In die Relation „Teil“ wurde zur Kennzeichnung ein zusätzliches Attribut „Gleichteil“ aufgenommen. In der PPS-Literatur findet man für diese Form der Datenstrukturen oft die Bezeichnung „Gleichteile-Stücklisten“.

TEIL		
Teile-Nr	Teilebezeichnung	...
X	...	
X1		
A		
A1		
B		
C		
D		
E		
E1		
F		
G		
H		
I		
J		

STRUKTUR			
O-Teil-Nr	U-Teil-Nr	Menge	...
X	A	2	
X	B	1	
X	C	2	
X1	A1	2	
X1	B	1	
X1	C	2	
A	D	2	
A	E	1	
A1	D	2	
A1	E1	1	
B	F	4	
C	G	2	
C	H	1	
G	I	2	
G	J	4	

Abb. 2.2-15: Relationen „Teil" und „Struktur" mit Varianten als eigenständigen Teilen

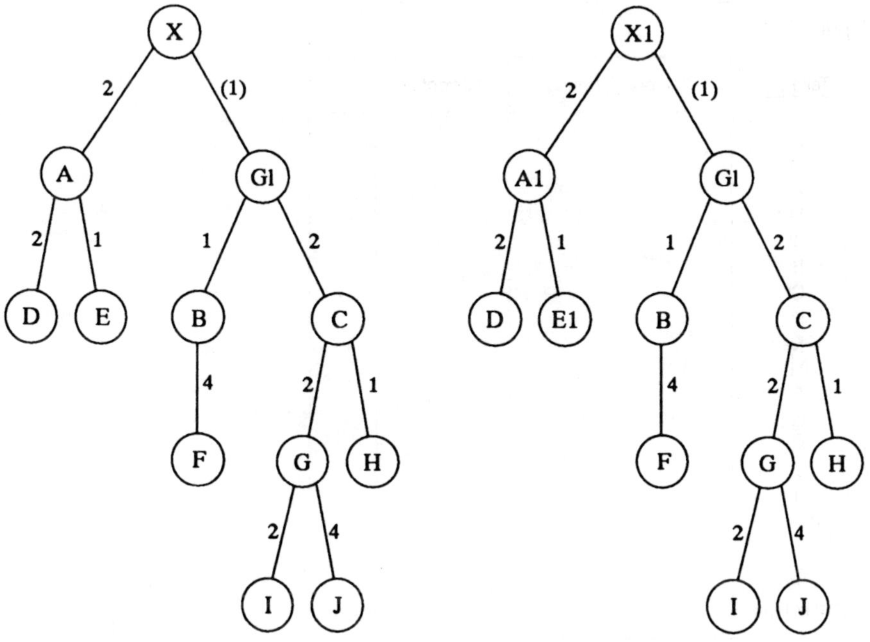

Abb. 2.2-16: Erzeugnisstrukturvarianten mit „Gleichteile-Baugruppen"

(3) Jede Variante wird wie ein eigenständiges Teil behandelt, jedoch legt man eine Variante sozusagen als Grundtyp fest. Bei den anderen Varianten werden die Abweichungen von diesem Grundtyp notiert, indem man z. B. die wegfallenden Teile mit einem Minuszeichen und die hinzukommenden Teile mit einem Pluszeichen versieht. In der PPS-Literatur spricht man bei dieser Form oft von „Plus-Minus-Stücklisten". Wie leicht zu erkennen ist, eignet sie sich besonders für die Darstellung von Strukturvarianten. Plus-Minus-Speicherung

Grafisch betrachtet entspricht der Plus-Minus-Speicherung die Abbildung 2.2-18. Die Variante X ist hier als Grundtyp festgelegt; bei X1 werden demnach die Abweichungen notiert (Wegfall von A, Hinzukommen von A1). Die Einträge in der Relation „Teil" sind die gleichen wie in Abbildung 2.2-15. In der Strukturrelation müssen nun zusätzlich die Kennzeichen „+" und „–" sowie die Informationen, daß X1 eine Variante des Grundtyps X und analog A1 eine Variante von A darstellt, geführt werden; dies ist in Abbildung 2.2-19 skizziert.

(4) Die Varianten werden nicht als einzelne Entitäten, sondern als Gruppe (Variantenfamilie) behandelt. Im Beispiel bedeutet dies, daß für die beiden Varianten X und X1 nur eine Entität vom Typ „Teil" gebildet wird. In den Strukturbeziehungen enthält ein Tupel dann die nötigen An- Variantenfamilie

TEIL			
Teile-Nr	Teilebezeichnung	Gleichteil	...
X	...		
X1			
A			
A1			
Gl		x	
B			
C			
D			
E			
E1			
F			
G			
H			
I			
J			

STRUKTUR			
O-Teil-Nr	U-Teil-Nr	Menge	...
X	A	2	
X	Gl	1	
X1	A1	2	
X1	Gl	1	
Gl	B	1	
Gl	C	2	
A	D	2	
A	E	1	
A1	D	2	
A1	E1	1	
B	F	4	
C	G	2	
C	H	1	
G	I	2	
G	J	4	

Abb. 2.2-17: Relationen „Teil" und „Struktur" mit Varianten und Gleichteilen

gaben zu den einzelnen Varianten in einem Mengenfeld, das für jede Variante eine Position aufweist (vgl. Abbildung 2.2-20). In unserem kleinen Beispiel sind dies zwei Positionen, da nur zwei Varianten betrachtet wurden.

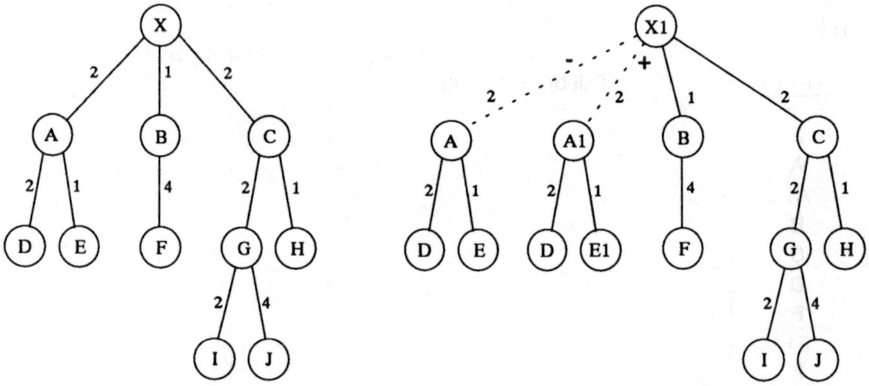

Abb. 2.2-18: Erzeugnisstrukturvarianten bei Plus-Minus-Struktur

STRUKTUR					
O-Teil-Nr	U-Teil-Nr	Menge	+/–	Variante	...
X	A	2			
X	B	1			
X	C	2			
X	X1			x	
X1	A	2	–		
X1	A1	2	+		
A	D	2			
A	E	1			
A	A1			x	
A1	E	1	–		
A1	E1	1	+		
B	F	4			
C	G	2			
C	H	1			
G	I	2			
G	J	4			

Abb. 2.2-19: Relation „Struktur" bei Plus-Minus-Speicherung

TEIL		
Teile-Nr	Teilebezeichnung	...
X	...	
A		
A1		
B		
C		
D		
E		
E1		
F		
G		
H		
I		
J		

STRUKTUR				
O-Teil-Nr	U-Teil-Nr	Menge für Variante		...
		X	X1	
X	A	2		
X	B	1	1	
X	C	2	2	
X	A1		2	
A	D	2		
A	E	1		
A1	D		2	
A1	E1		1	
B	F	4	4	
C	G	2	2	
C	H	1	1	
G	I	2	2	
G	J	4	4	

Abb. 2.2-20: Relationen „Teil“ und „Struktur“ bei Variantenfamilien

In der PPS-Literatur wird die Speicherung in Form von Variantenfamilien auch als „Mehrfach-“, „Komplex-“ oder „Typenstückliste“ bezeichnet. Sie kommt nicht nur bei Strukturvarianten, sondern vor allem bei Mengenvarianten in Betracht. In jedem Fall sollte die Zahl der möglichen Varianten nicht sehr groß sein, da sonst viele Angaben redundant geführt werden und viele leere Mengenfelder entstehen.

Dynamische Varianten

Der statischen Beschreibung der Varianten in den Grunddaten steht die *dynamische* Erzeugung der entsprechenden Daten erst im Bedarfsfalle gegenüber. Dieser Weg ist bei einer großen Variantenvielfalt (z. B. im Automobilbau) sinnvoll. Er wird außerdem bei stark kundenorientierter Einzelfertigung eingeschlagen, bei der oft ein Endprodukt, das aus Standardteilen zusammengesetzt wird, erst nach Spezifikation durch den Kunden genau festgelegt werden kann. Häufig existieren auch Stücklisten bzw. Erzeugnisstrukturdaten noch gar nicht, da Teile erst noch konstruiert werden müssen.

In den Grunddaten werden in diesen Fällen nur die Standardteile geführt. Die Variantenstücklisten erstellt man dann auftragsbezogen. PPS-Systeme bieten heute die Möglichkeit, Erzeugnisstrukturen zu kopieren, Zweige zu löschen, Teilstrukturen neu zusammenzusetzen und abzuspeichern etc., so daß die Erzeugung von Varianten-Strukturen im Dialog recht einfach und komfortabel erfolgen kann.

Bei einer großen Zahl von varianten Teilen mit vielen Ausprägungen verbietet schon die Kombinatorik die Speicherung jeder denkbaren Erzeugnisvariante. Ein Weg zur Reduktion der kombinatorischen Vielfalt besteht darin, die unterschiedlichen Ausprägungen nur bei den Baugruppen und Einzelteilen zu führen. Die Endproduktvarianten werden als Variantenfamilie behandelt. Derartige Vorgehensweisen werden in der Praxis häufiger realisiert (vgl. z. B. HUMM90b).

Merkmals-ausprägungen

Man beschreibt beispielsweise Varianten durch Ausprägungen verschiedener Merkmale (RAUT90). Die Erzeugnisstrukturbeziehungen, die eine konkrete Variante definieren, werden dann nicht schon durch die Teilenummern des jeweiligen oberen und unteren Teils identifiziert, sondern erst zusammen mit bestimmten Merkmalsausprägungen. Das heißt für die relationale Darstellung, daß die Variantenmerkmale als Schlüsselattribute zu behandeln sind. Auf diese Weise können Varianten über beliebig viele Fertigungsstufen dargestellt werden.

Wenn sich etwa die Variante X1 aus den vorstehenden Abbildungen von X dadurch unterscheidet, daß die Farbe der Baugruppe A1 grün (statt rot bei A oder weiß bei anderen Varianten) ist und die Leistung des Teils E1 80 kW (statt 40 kW bei E oder 60 kW bei anderen Varianten) beträgt, dann könnten die beiden Merkmale Farbe und Leistung mit ihren Ausprägungen kombiniert werden:

Merkmal	*Ausprägung*
Farbe	grün
	rot
	weiß
Leistung	40
	60
	80

Varianten-kennzeichen

Die Variante X1 erhielte, wenn ein entsprechender Auftrag eingeht, Kennzeichen, in denen die Informationen „Farbe = grün" und „Leistung = 80 kW" verschlüsselt sind, z. B. als „F=gr/L=80". In den Zeilen der Strukturrelation sind dann nur diejenigen Tupel relevant, die eben diese Variantenkennzeichen aufweisen oder bei denen keine Einträge unter Variantenkennzeichen stehen. Die letzteren Teile gehen in alle Varianten ein. Abbildung 2.2-21 zeigt die Relation „Struktur", deren Attribute um ein Variantenkennzeichen (Merkmal, Ausprägung) erweitert wurden. (Da die varianten Teile nicht explizit als eigene Entitäten in den Teilestammdaten geführt werden, tauchen auch die oben verwendeten Teilenummern X1, A1 und E1 nicht auf.)

STRUKTUR					
O-Teil-Nr	U-Teil-Nr	Variantenkennzeichen		Menge	...
		Merkmal	Ausprägung		
X	A	F	gr	2	
X	A	F	ro	2	
X	A	F	we	2	
X	B			1	
X	C			2	
A	D			2	
A	E	L	40	1	
A	E	L	60	1	
A	E	L	80	1	
B	F			4	
C	G			2	
C	H			1	
G	I			2	
G	J			4	

Abb. 2.2-21: Relation „Struktur" mit Variantenkennzeichen als Schlüsselattribut

Die Variantenproblematik ist sehr komplex. In vielen Fällen kommen heute regelbasierte Ansätze in Betracht, insbesondere für die automatische Generierung von Variantenstücklisten. Hierfür können Entscheidungsregeln im Rahmen der Entscheidungstabellentechnik herangezogen werden (STEI91). Auch wissensbasierte Lösungen zur dynamischen Generierung von Varianten haben mittlerweile Eingang in praktische PPS-Systeme gefunden. In dem System infor:COM (vgl. auch Abschnitt 5.2.3) kann beispielsweise mit einer Wissensbasis gearbeitet werden, in der fertigungstechnische und kostenbezogene Produktionszusammenhänge sowie Plausibilitäten hinterlegt wurden. Die Wissensbasis wird dann bei der Erzeugung von Stücklisten und Arbeitsplänen abgearbeitet und an geeigneten Stellen der Angebots- und Auftragsbearbeitung, Materialwirtschaft, Arbeitsplanung und Kalkulation dynamisch berücksichtigt. Anwendungen im Leuchtenbau und in der Stahlveredelung sind in RÜSI97 bzw. KIEN97 skizziert.

Wissensbasierte Variantengenerierung

2.2.3 Arbeitsplandaten

Arbeitspläne

Arbeitspläne beinhalten die Vorschriften (Arbeitsanweisungen), nach denen die Teile hergestellt werden. Grundsätzlich ist jedem Eigenfertigungsteil ein Arbeitsplan zugeordnet.

Ein Arbeitsplan, der auf Papier ausgedruckt oder am Bildschirm dargestellt wird, besteht aus einem Kopfteil, in dem übergreifende Informationen aufgeführt sind, und dem Rumpfteil, in dem die einzelnen Arbeitsgänge näher beschrieben sind.

Arbeitsplankopf

Im Kopfteil findet man häufig folgende Daten (WIEN97a, KERN95):

- Arbeitsplan-Nummer,
- Ursprungsangaben (Firmendaten, Anlage-, Änderungsdatum, zuständiger Sachbearbeiter u. a.),
- Gültigkeitsbereiche (zeitlich, stückzahlabhängig u. a.),
- Teil, auf das sich der Arbeitsplan bezieht,
- Teile (einschl. Rohmaterial, Werkstoffe etc.), die in das Teil eingehen,
- Art des Arbeitsplans (Normal-, Anlauf-, Serien-, Reparatur-Arbeitsplan etc.),
- Zeichnungsnummer.

Arbeitsgangdaten

Im Rumpfteil stehen die Beschreibungen zu den einzelnen Arbeitsgängen. Die wichtigsten Attribute zu einem Arbeitsgang sind die Betriebsmittel oder Arbeitsplätze, auf bzw. an denen der Arbeitsgang ausgeführt wird, sowie die Bearbeitungs- und Rüstzeiten, die für die Terminplanung benötigt werden. Im einzelnen können, neben weiteren Angaben, bei den Arbeitsgangdaten aufgeführt sein:

- Nummer des Arbeitsgangs,
- Arbeitsgangtext,
- evtl. Verweis auf weitere Beschreibungen (z. B. Zeichnungen),

- Daten zum Bearbeitungspersonal,
- Betriebsmittel-/Arbeitsplatzangaben (z. B. Einzelbetriebsmittel, Betriebsmittelgruppe, Ausweichbetriebsmittel)
- Rüstzeit,
- Bearbeitungszeit pro ME,
- durchschnittliche Wartezeit vor Beginn des Arbeitsgangs,
- durchschnittliche Übergangszeit zum nächsten Arbeitsgang,
- Faktoren zur Durchlaufzeitverkürzung (Reduktionsfaktor für Übergangszeiten, Splittungsfaktor, Überlappungsfaktor; vgl. dazu Kapitel 3.4.2),
- durchschnittlicher Rüstausschuß,
- Gültigkeitsdatum, ab dem der Arbeitsgangsatz gilt,
- Gültigkeitsdatum, bis zu dem der Arbeitsgangsatz gilt,
- Datum der letzten Änderung,
- Datum der Erstanlage,
- zuständiger Sachbearbeiter.

Beispiel eines Arbeitsplans

Als vereinfachtes Beispiel eines Arbeitsplans ist in Abbildung 2.2-22 der Arbeitsplan für das Teil 860 (Lagerdeckel mit Durchbruch) aus der Erzeugnisstruktur Elektromotor (Teil E10) dargestellt. Die angesproche-

ARBEITSPLAN — Seite 1

Teil: Lagerdeckel mit Durchbruch, Teile-Nr.: 860

Material: Lagerdeckel (Alu), Teile-Nr. 880

Angelegt: 28.2.2003, E. Meier

AG-Nr	Arbeitsgangbeschreibung	Betriebs-mittel-Nr	Rüst-zeit	Stück-zeit	Z-Nr
6200	Drehbank einrichten	D-40	5		
6300	Lagerdeckel einspannen	D-40		3	
6400	Lagerdeckel drehen lt. Zeichnung	D-40		16	31
6500	Wellendurchbruch ausdrehen lt. Zeichnung	D-40		4	32
6600	Lagerdeckel abnehmen	D-40			
6700	Lagerdeckel einspannen	B-41		2	
6800	Befestigungslöcher bohren lt. Zeichnung	B-41		2	33
6900	Lagerdeckel abnehmen	B-41			

Abb. 2.2-22: Beispiel eines Arbeitsplans

nen Betriebsmittel-Nummern D-40 und B-41 stehen für eine Drehbank und eine Ständerbohrmaschine; bei drei Arbeitsgängen wird auf eine Zeichnung verwiesen (Z-Nr).

In den PPS-Systemen und in der Literatur wird die Speicherung der Arbeitsplandaten unterschiedlich gehandhabt. Manchmal werden die Arbeitsgänge, die zu einem Arbeitsplan gehören, als Attribute des Entity-Typs „Arbeitsplan“ geführt. Bei einer saubereren Normalisierung führt man die Arbeitsgänge als eigene Entity-Typen, da ihre Zahl stark variieren kann. Für die Zerlegung spricht auch, daß die gleichen Arbeitsgänge in verschiedenen Arbeitsplänen auftreten können.

Die Modellierung der Arbeitsplandaten wird noch durch eine Reihe weiterer Faktoren erschwert:

Alternativ-Arbeitpläne

Erstens tritt häufig der Fall auf, daß zur Fertigung eines Teils nicht nur ein Arbeitsplan vorhanden ist, sondern daß *Alternativ-Arbeitspläne* existieren. Welcher Arbeitsplan dann der zutreffende, günstigste etc. ist, kann von verschiedenen Gesichtspunkten abhängen (z. B. Stückzahl, Qualitätsanforderungen).

Alternativ-Arbeitsgänge

Zweitens gibt es auch bei den *Arbeitsgängen* Alternativen. Ein bestimmtes Ergebnis kann oft auf verschiedene Arten herbeigeführt werden. Beispielsweise läßt sich ein Loch im Lagerdeckel durch Bohren oder Stanzen erreichen.

Arbeitsgangreihenfolgen

Drittens bestehen zwischen den Arbeitsgängen teilweise *Reihenfolgebedingungen.* Die Vorgänger bzw. Nachfolger eines Arbeitsgangs sind im allgemeinen Fall nicht beliebig. Beispielsweise muß der Lagerdeckel erst eingespannt werden, bevor das Drehen beginnen kann. In der relationalen Darstellung sind Reihenfolgen zunächst nicht gegeben, da die Tupel einer Relation Elemente einer Menge sind und mengentheoretisch keine Reihenfolge für die Elemente einer Menge definiert ist.

Der erste Gesichtspunkt kann dadurch berücksichtigt werden, daß zwischen den Entity-Typen „Teil“ und „Arbeitsplan“ eine n:m-Beziehung beschrieben wird. Dies ist im oberen Teil der Abbildung 2.2-23 dargestellt. Der zweite und dritte Punkt erfordern zusätzliche Beziehungen, die im konkreten Anwendungsfall einfacher oder komplexer sein können. Eine sehr differenzierte Modellstruktur ist z. B. in SCHE97 beschrieben.

In Abbildung 2.2-23 wird die Reihenfolge der Arbeitsgänge durch einen speziellen Entity-Typ „AG-Kettenelement“ („Arbeitsgang-Kettenelement“) und Beziehungstypen „Nachfolger“ sowie „Alternative“ hergestellt. Insgesamt erhält man auf dieser Basis im Entity-Relationship-Modell drei Entity- und vier Beziehungstypen für die Arbeitsplandaten:

- Der Entity-Typ „Arbeitsplan“ enthält die arbeitsgangunabhängigen Daten (insbesondere Kopfteil des Arbeitsplans).
- Der Entity-Typ „Arbeitsgang“ enthält diejenigen Daten eines Arbeitsgangs, die unabhängig von seiner Verwendung in einem bestimmten Arbeitsplan sind.

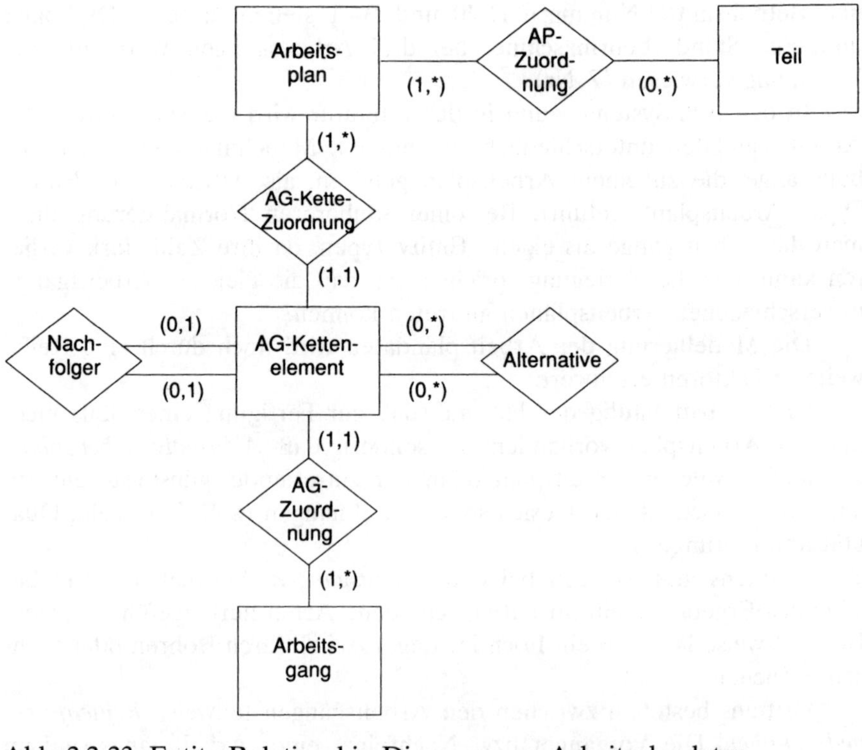

Abb. 2.2-23: Entity-Relationship-Diagramm zu Arbeitsplandaten

- Der Entity-Typ „AG-Kettenelement" dient dazu, die zu einem bestimmten Arbeitsplan gehörenden Arbeitsgänge und insbesondere ihre Reihenfolge zu definieren. Elemente einer „Arbeitsgangkette" sind Verweise auf die jeweiligen Arbeitsgangdaten.
- Der Beziehungstyp „Nachfolger" gibt die Nachfolger der Arbeitsgang-Kettenelemente an.
- Der Beziehungstyp „Alternative" definiert die möglichen Alternativ-Arbeitsgänge zu den Elementen der Arbeitsgangketten.
- Die Beziehungstypen „AG-Zuordnung" und „AG-Kette-Zuordnung" ordnen einem Arbeitsplan die Arbeitsgang-Kettenelemente bzw. den letzteren die zugehörigen Arbeitsgangdaten zu.

Arbeitspläne als logische Folgen von Kettenelementen

Auf der Basis dieses Datenmodells läßt sich das in Abbildung 2.2-24 skizzierte Konzept realisieren (MEYN90, RAUT90). Die Arbeitspläne werden als logische Folgen von Kettenelementen mit eindeutigen Vorgänger-Nachfolger-Beziehungen betrachtet. Im Prinzip sind zu jedem Arbeitsgang Alternativen zulässig, die in der Modellstruktur nacheinander angesprochen werden. Einem Alternativ-Arbeitsgang kann eine eigene (Teil-)

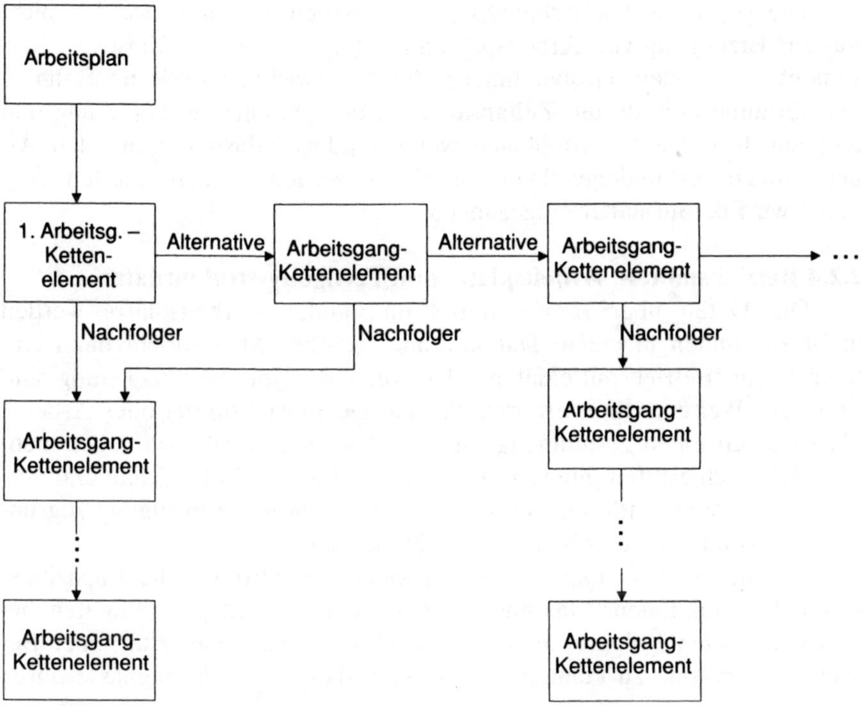

Abb. 2.2-24: Zusammenhänge zwischen Arbeitsgängen in Arbeitsgangketten (in Anlehnung an MEYN90)

Kette von Arbeitsgängen, aber auch einfach der gleiche nächste Arbeitsgang folgen.

Die Umsetzung der Reihenfolgebedingungen, die im Entity-Typ „AG-Kettenelement" und in den Beziehungstypen „Nachfolger" und „Alternative" repräsentiert sind, in die Form des relationalen Datenmodells kann beispielsweise dadurch erfolgen, daß eine Relation „AG-Kette" gebildet wird, deren Tupel jeweils die

- Nummer des Arbeitsgangs,
- Nummer des Nachfolger-Arbeitsgangs,
- Nummer des ersten Alternativ-Arbeitsgangs

enthalten. Die drei Typen des Entity-Relationship-Modells würden auf diese Weise in *einer* Relation abgebildet. Der Einstieg in eine bestimmte „AG-Kette" kann über die Relation „Arbeitsplan" erfolgen, in deren Zeilen dann jeweils die Nummer des ersten Arbeitsgangs einer Kette steht. (Die n:1-Beziehung zwischen „Arbeitsplan" und „AG-Kettenelement" des ER-Modells würde auf diese Weise quasi auf eine 1:1-Beziehung zwischen Arbeitsplänen und den jeweils *ersten* Kettenelementen reduziert.)

Die gespeicherten Arbeitsgang- und Arbeitsplandaten werden nicht nur zur Erzeugung von Arbeitsplänen auf Papier oder am Bildschirm verwendet. Sie spielen darüber hinaus eine sehr wichtige Rolle im Rahmen der Terminierung, da die Zeitansätze bei der Durchlaufterminierung und anderen Terminierungsvorgängen weitgehend auf Basis der mit den Arbeitsgängen verbundenen Daten ermittelt werden. In den Kapiteln 3, 4 und 5 wird darauf näher eingegangen.

2.2.4 Betriebsmittel-, Arbeitsplatz- und Fertigungsstrukturdaten

Die Daten über Betriebsmittel und andere Arbeitsplätze werden meist zusammen in einem Datenbestand geführt. Man spricht dann einheitlich von Betriebsmitteldaten oder von Arbeitsplatzdaten. Häufig sind sie in der Weise strukturiert, daß gleichartige Betriebsmittel oder Arbeitsplätze zu Gruppen zusammengefaßt werden, manchmal sogar über mehrere Hierarchiestufen hinweg. Eine dreistufige Betriebsmittelhierarchie, wie sie in einem mittleren Industriebetrieb mit Werkstattfertigung zugrundeliegen könnte, ist in Abbildung 2.2-25 skizziert.

Für die *Grobplanung* werden als wichtigste Attribute die Kapazitätsdaten der Maschinen, Maschinengruppen oder Arbeitsplatzeinheiten benötigt. In vielen Fällen ist es ausreichend, die Gesamtkapazität einer Betriebsmittelgruppe zu kennen, es sei denn, daß Kapazitätsengpässe durch

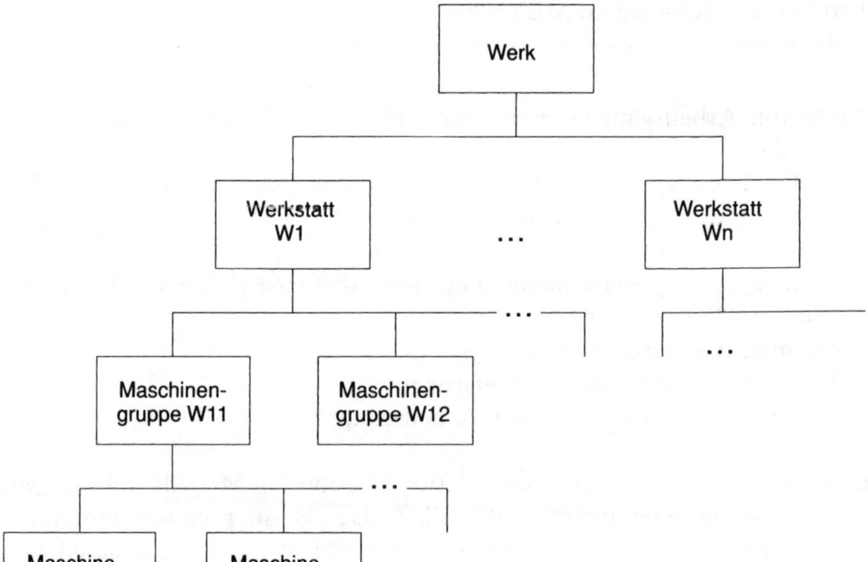

Abb. 2.2-25: Beispiel einer Betriebsmittelhierarchie

bestimmte Einzelbetriebsmittel verursacht werden. Darüber hinaus sind für die Termin- und Maschinenbelegungsplanung Instandhaltungsdaten (Wartungsintervalle etc.) von Bedeutung.

Die Art und Anzahl der Attribute in den Betriebsmitteldaten kann recht unterschiedlich sein, je nachdem ob bzw. wie weit eine Integration mit anderen betrieblichen Anwendungssystemen existiert. Insbesondere werden manchmal Daten, die eigentlich zum Rechnungswesen gehören, mangels Datenintegration oder anderweitiger Verfügbarkeit im Betriebsmittel-Datenbestand geführt. Rechnungswesendaten wie Maschinenstundensätze werden beispielsweise für die Vor- oder Nachkalkulation von Kundenaufträgen benötigt.

Betriebsmitteldaten

Einige typische Attribute einer Relation „Betriebsmittel" oder „Betriebsmittelgruppe" sind die folgenden (MERT88b, RAUT90, SCHE97):

- Nummer des Betriebsmittels bzw. der Gruppe,
- Bezeichnung,
- Standort,
- zugehörige Kostenstelle,
- technische Daten (z. B. Energieanschlußwerte),
- Kapazitätsangaben: Anzahl der Schichten, Kapazität pro Schicht bzw. getrennt für jede Schicht, sofern unterschiedlich,
- Personalangaben (z. B. erforderliche Personalkapazität, verantwortlicher Mitarbeiter, erforderliche Qualifikation),
- Nutzungsgrad (prozentuale Verfügbarkeit des Betriebsmittels unter Berücksichtigung von Ausfallzeiten),
- Leistungsgrad (bei unterschiedlichen Einzelbetriebsmitteln, bezogen auf die durchschnittliche Kapazität pro Betriebsmittel einer Gruppe),
- durchschnittliche Rüstzeit (für den Fall, daß keine arbeitsgangspezifischen Rüstzeiten verfügbar sind),
- durchschnittliche Liegezeit eines Auftrags vor dem Betriebsmittel (für den Fall, daß keine arbeitsgangspezifischen Liegezeiten verfügbar sind),
- Datum des nächsten geplanten Instandhaltungstermins,
- Dauer eines geplanten Instandhaltungstermins,
- Maschinenstundensatz.

Die Instandhaltungs- und Rechnungswesendaten können im Einzelfall sehr viel detaillierter sein. (In MERT88b werden zu diesen beiden Gruppen beispielsweise 15 bzw. 18 Einzelpositionen aufgeführt.)

Die Betriebsmitteldaten werden im Rahmen der Produktionsplanung und -steuerung hauptsächlich für die Kapazitäts- und Terminplanung sowie für die Erstellung der Arbeitspläne herangezogen. Zu diesem Zweck muß der Bezug zu den Arbeitsgängen in der Datenbasis verfügbar sein.

Verbindung zwischen Betriebsmitteln und Arbeitsgängen

Die Verbindung zwischen den Betriebsmitteln und den Arbeitsgängen, die auf ihnen durchgeführt werden können, stellt man meist durch einen entsprechenden Beziehungstyp her. In der Abbildung 2.2-26

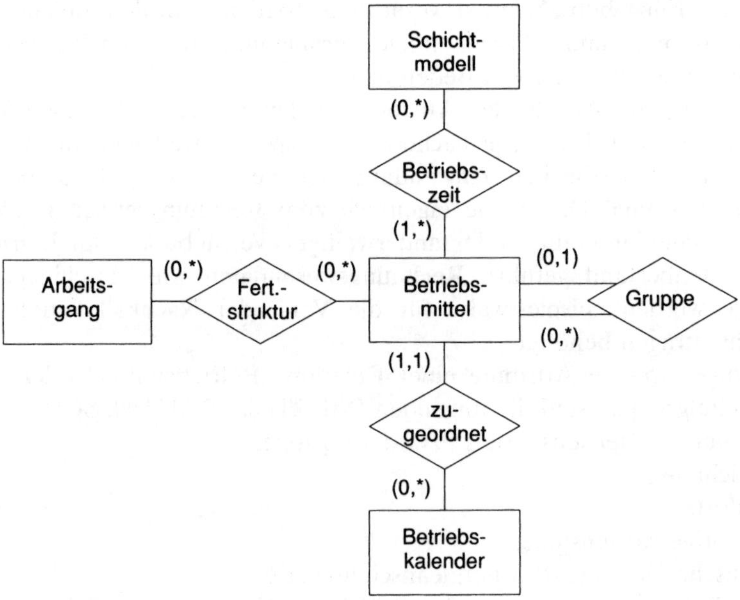

Abb. 2.2-26: Entity-Relationship-Diagramm für Betriebsmittel-, Fertigungsstruktur- und Zeitdaten

ist dieser als „Fertigungsstruktur" bezeichnet. Da im allgemeinen Fall Betriebsmittel für unterschiedliche Arbeitsgänge zu Verfügung stehen und umgekehrt Arbeitsgänge auch auf verschiedenen Betriebsmitteln ausgeführt werden können, handelt es sich um einen n : m-Beziehungstyp.

Betriebsmittelgruppen und Einzelbetriebsmittel werden im Entity-Relationship-Modell der Abbildung 2.2-26 grundsätzlich gleich behandelt, da ihre Attribute weitgehend identisch sind. Die Zugehörigkeit eines Einzelbetriebsmittels zu einer Gruppe bzw. – bei mehrstufiger Gliederung – einer Betriebsmittelgruppe zu einer höheren Gruppe wird durch den Beziehungstyp „Gruppe" (im Sinne von „gehört zu Gruppe") dargestellt.

Wenn man die Entity-Relationship-Darstellung in ein relationales Modell umsetzt, würde der Beziehungstyp „Fertigungsstruktur" durch eine eigene Relation abgebildet, deren Schlüsselattribute die Betriebsmittel- und die Arbeitsgangnummer sind.

Der Beziehungstyp „Gruppe" könnte dadurch repräsentiert werden, daß in die Relation „Betriebsmittel" die Nummer der übergeordneten Betriebsmittelgruppe (als Fremdschlüssel) aufgenommen wird, sofern das Betriebsmittel (bzw. die Gruppe) zu einer Gruppe gehört. Dies wäre angesichts der Kardinalitäten (0,1) bzw. (0,*) möglich (vereinfacht gesprochen handelt es sich um 1 : n-Beziehungen).

Die Betriebsmittelhierarchie könnte auch explizit in einer eigenen Relation „Gruppe“ abgebildet werden. Dies wäre zweckmäßig, wenn mit den Beziehungen Attribute verbunden sind. (Zum Beispiel kann bei einer Spezialmaschine, die teils für Spezialanfertigungen und mit dem Rest ihrer Kapazität für die allgemeine Fertigung eingesetzt wird, ein Anteilswert vorhanden sein, mit dem sie in die Gruppenkapazität eingeht.) In Abbildung 2.2-27 wird die Darstellung einer Betriebsmittelhierarchie am Beispiel der Abbildung 2.2-25 schematisch skizziert.

Darstellung einer Betriebsmittelhierarchie

Wenn auf eine eigene Relation für den Beziehungstyp „Gruppe“ verzichtet wird, muß die Betriebsmittel-Relation um das Attribut BM_Gruppe erweitert werden. Gehört ein(e) Betriebsmittel(gruppe) zu einer übergeordneten Gruppe, so wird die Nummer der Gruppe eingetragen. Einzelbetriebsmittel sind dadurch gekennzeichnet, daß kein Eintrag vorhanden ist. Wenn die Relation „Betriebsmittel“ mit den Attributen

Kapazität der Maschinengruppe W11

Betriebsmittel (<u>BM_Nr</u>, <u>BM_Gruppe</u>, Kapazitaet, Masseinheit, ...)

definiert ist, erhält man aus den beiden Relationen zum Beispiel die Kapazität der Maschinengruppe W11 mit der folgenden SQL-Abfrage:

```
SELECT    SUM (Kapazitaet)
FROM      Betriebsmittel
WHERE     BM_Gruppe = 'W11'
```

GRUPPE			
<u>O-BM-Nr</u>	<u>U-BM-Nr</u>	Kap.-Anteil	...
W1	W11	100%	
W1	W12	35%	
W1	...		
⋮	...		
W11	W11-1	50%	
W11	W11-2	100%	
W11	...		
⋮			
W12	...		
⋮			
W2	...		
⋮			

Abb. 2.2-27: Betriebsmittelhierarchie im Relationenmodell (Beispiel)

Kapazität der Werkstatt W1

Falls die Planung auf einer noch gröberen Detaillierungsstufe aufsetzt und innerhalb von Werkstätten nicht weiter differenziert, könnte man die Kapazität der Werkstatt W1 aus den Kapazitäten der Einzelbetriebsmittel mit einer etwas aufwendigeren Abfrage wie folgt erhalten:

```
SELECT    SUM (Kapazitaet)
FROM      Betriebsmittel
WHERE     BM_Nr IN
          (SELECT BM_Nr
          FROM Betriebsmittel B1, Betriebsmittel B2
          WHERE B1.BM_Nr != B2.BM_Gruppe
          INTERSECTION
          SELECT BM_Nr
          FROM Betriebsmittel B1
          CONNECT BY PRIOR BM_Nr = BM_Gruppe
          START WITH BM_Gruppe = 'W1')
```

2.2.5 Weitere Grunddaten

Über die Datenstrukturen hinaus, die in den vorigen Abschnitten erläutert wurden und die im Kern eines PPS-Systems stehen, gibt es häufig noch weitere Grunddaten. Einige von ihnen sollen kurz skizziert werden.

Betriebskalender

Für die Terminrechnung in den Planungs- und Kontrollfunktionen muß die Kalenderzeit unter Berücksichtigung der Arbeits- und Nicht-Arbeitstage (z. B. Wochenenden, Feiertage) im System zur Verfügung stehen. Dazu gibt es in vielen Unternehmen eine eigene Zeitrechnung auf der Basis eines sogenannten Betriebs-, Werks- oder Fabrikkalenders. Häufig werden zum Beispiel die Arbeitstage eines Jahres durchnumeriert.

Mehrere Betriebskalender gleichzeitig

In der Abbildung 2.2-26 ist eine sehr flexible Lösung skizziert. Sie erlaubt es, daß mehrere Betriebskalender gleichzeitig geführt und den Betriebsmitteln unterschiedliche Kalender zugeordnet werden können. Dies ist etwa erforderlich, wenn manche Betriebsmittel an Wochenenden betrieben werden und andere nicht oder wenn ein Unternehmen mehrere Standorte in verschiedenen Bundesländern mit unterschiedlichen Feiertagsregelungen hat.

Schichtmodelle

Wenn nicht im ganzen Unternehmen ein einheitlicher Ein-Schicht-Betrieb gefahren wird, müssen Daten über die verschiedenen Schichten verfügbar sein. In Abbildung 2.2-26 ist hierfür ein Entity-Typ „Schichtmodell" vorgesehen, welcher die täglichen Arbeitszeiten beschreibt. Dies kann zum Beispiel so erfolgen, daß die Arbeitsabschnitte eines Tags, jeweils mit Beginn und Ende unter Berücksichtigung von Pausen, aufgeführt werden.

Mit Hilfe des Beziehungstyps „Betriebszeit" können verschiedenen Betriebsmitteln unterschiedliche Schichtmodelle zugeordnet werden. Dies ist beispielsweise der Fall, wenn teure Spezialmaschinen im 2- oder 3-Schichtbetrieb laufen, während in anderen Betriebsteilen nur eine Schicht gefahren wird. Die Kardinalität (1,*) auf Seiten des Entity-Typs „Betriebsmittel" hat folgende Begründung: In einem bestimmten Zeitraum gehört zwar genau ein Schichtmodell zu einem Betriebsmittel; in aufeinanderfolgenden Zeiträumen (z. B. Hoch-, Nebensaison) können aber unterschiedliche Schichtmodelle gelten. Die Geltungsbereiche sind Attribute des Beziehungstyps „Betriebszeit".

Unterschiedliche Schichtmodelle auf verschiedenen Betriebsmitteln

Lieferantendaten

Sofern nicht ausschließlich bei vorher unbekannten Lieferanten eingekauft wird, führt man die Stammdaten der Lieferanten im allgemeinen ebenfalls in der Unternehmensdatenbank. Eigentlich gehören die Lieferantendaten zum Funktionsbereich Beschaffung oder Einkauf. Ob sie dort oder in einer unternehmensweiten Datenbank oder in der PPS-Datenbank, eventuell redundant, verwaltet werden, hängt wieder vom Grad der Datenintegration im Unternehmen ab.

Eigentlich gehören Lieferantendaten zum Einkauf

Die Detaillierung der lieferantenbezogenen Daten kann unterschiedlich weit gehen. Ein sehr stark differenziertes Datenmodell findet man zum Beispiel in SCHE97. Für die Dispositionen im Rahmen der Produktionsplanung und -steuerung sollten mindestens der Entity-Typ „Lieferant" und die Beziehungstypen „Lieferstruktur" sowie „Konditionen" wie in Abbildung 2.2-28 verfügbar sein. Die beiden Beziehungstypen stellen

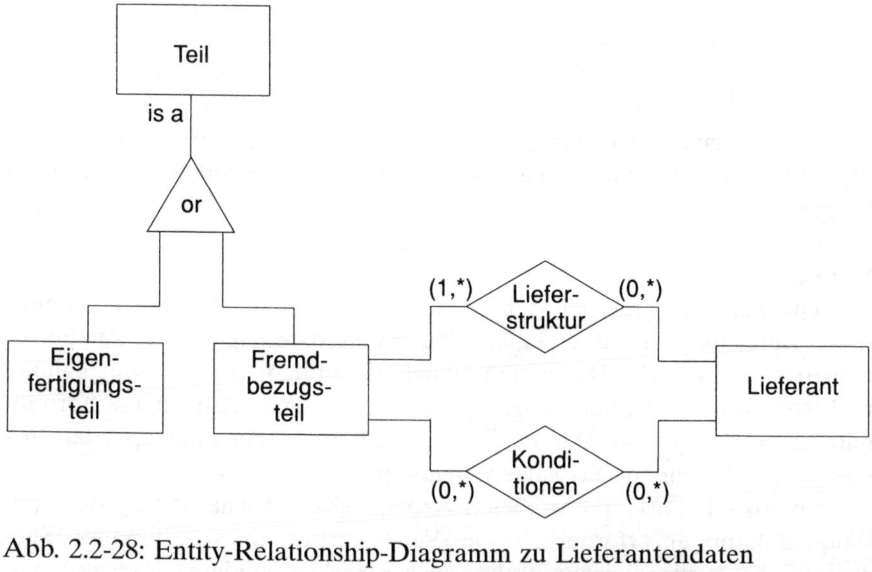

Abb. 2.2-28: Entity-Relationship-Diagramm zu Lieferantendaten

Beziehungen zwischen Fremdbezugsteilen und Lieferanten her. Der Entity-Typ „Teil" wurde mittels der „is a"-Beziehung in Eigenfertigungs- und Fremdbezugsteile spezialisiert. (Im Beschaffungsbereich werden die letzteren meist als „Material" bezeichnet.)

Die „Lieferstruktur" gibt an, von welchem Lieferanten welches Teil bezogen werden kann. Hier können Informationen wie Mengen- oder Qualitätsabhängigkeiten (z. B. „Lieferant X liefert Teil Y nur bis zur Qualitätsstufe z") geführt werden.

Der Beziehungstyp „Konditionen" legt die Liefer- und Zahlungsbedingungen (Zahlungsziel, Rabatte, Skonto, durchschnittliche Lieferzeit etc.) in Abhängigkeit von den Teilen fest. Sofern Bedingungen, die im Geschäftsverkehr mit einem Lieferanten gelten, nicht teilespezifisch sind, würden sie statt dessen beim Entity-Typ „Lieferant" angesiedelt.

Dem Entity-Typ „Lieferant" sind unter anderem folgende Attribute zugeordnet (MERT88b):

Lieferantendaten

- Lieferantennummer,
- Name etc.,
- Anschrift(en)
- Bankverbindung(en)
- Ansprechpartner,
- Zuverlässigkeit (z. B. Prozentsatz beanstandeter Lieferungen, durchschnittlicher Terminverzug),
- Obligolimit.

Kundendaten

Ähnliche Strukturen wie im Beschaffungsbereich zwischen Lieferanten und Fremdbezugsteilen liegen im Vertriebsbereich, nur aus der umgekehrten Blickrichtung, zwischen Kunden und Eigenfertigungsteilen vor. Auch dort gibt es Lieferstrukturen (bestimmte Teile werden an bestimmte Kunden geliefert) und Konditionen, die an Teile gebunden oder unabhängig davon sind. Die Attribute der Beziehungstypen und des Entity-Typs „Kunde" sind deshalb analog zu denen aus dem Lieferanten bereich.

Personal

Personaldaten gehören primär zur Personalwirtschaft

Die Personaldaten gehören primär nicht zu den PPS-Daten, sondern in die Bereiche Lohn- und Gehaltsabrechnung bzw. allgemeiner zur Personalwirtschaft. Manche Daten sind jedoch auch für die Produktionsplanung und -steuerung von Bedeutung. So werden beispielsweise für die Termin- und Kapazitätsplanung Daten über die verfügbare Personalkapazität, insbesondere an Handarbeitsplätzen, benötigt.

Darüber hinaus sind an vielen Arbeitsplätzen Facharbeiter oder Spezialqualifikationen erforderlich. Die Verfügbarkeit eines bestimmten Spezialisten kann die gleichen (oder noch einschneidendere) Restriktionen setzen wie die Kapazität von Betriebsmitteln. Deshalb ist es oft zweckmäßig, wenn insbesondere für die Feinplanung und Steuerung Qualifikationsdaten der Mitarbeiter zur Verfügung stehen.

Werkzeuge/Vorrichtungen

Ähnliche Argumente gelten für Daten über Werkzeuge und Vorrichtungen. Insbesondere bei Spezialwerkzeugen und -vorrichtungen spielt die Verfügbarkeit eine wichtige Rolle, so daß sie wie die der Betriebsmittel oder des Personals geplant werden muß. Dazu führt man häufig eigene Entity- und Beziehungstypen ein (eine differenzierte Darstellung ist z. B. in SCHE97 enthalten). Manchmal behandelt man die Werkzeuge und Vorrichtungen auch einfach wie Betriebsmittel, d. h., sie werden in der Betriebsmittel-Relation mitgeführt.

Verfügbarkeit

Lagerdaten

Bei der Lagerhaltung sind die vorgangsbezogenen Daten von den Grunddaten zu trennen. In diesem Abschnitt werden nur die Grunddaten

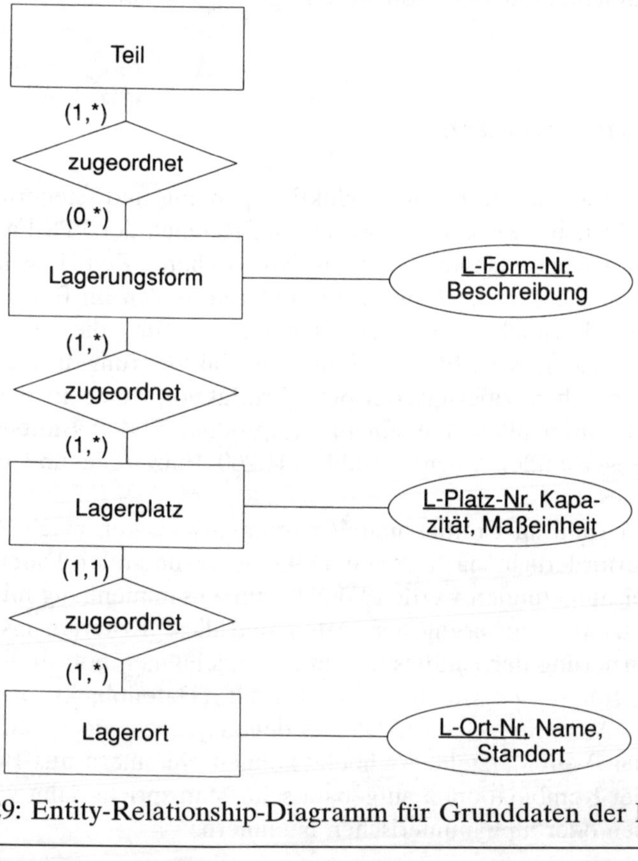

Abb. 2.2-29: Entity-Relationship-Diagramm für Grunddaten der Lagerung

angesprochen. Die mit den Produktions-, Beschaffungs- und Absatzvorgängen verbundenen Daten, insbesondere die Lagerbestandsdaten, werden zusammen mit den PPS-Funktionen in den späteren Kapiteln behandelt.

Die physische Lagerhaltung kann sehr unterschiedlich organisiert sein. Selten gibt es nur „ein Lager", in dem alle Teile, angefangen von den Wareneingängen über Rohstoffe, Ersatzteile, Zwischenprodukte bis hin zu den Endprodukten, gelagert werden. Einerseits sind meist verschiedene Lagerorte, andererseits auch verschiedene Lagerungsformen, mit denen zum Teil unterschiedliche Ein-/Auslagerungsstrategien einhergehen, zu berücksichtigen. In WARN95 werden ca. 30 verschiedene Formen der physischen Lagerung unterschieden (Palettenregal, Silos, Tanks, Hochregal u. v. a.).

Lagerungsformen

Das Aussehen des Datenmodells hängt demzufolge sehr stark von der Branche bzw. von dem vorhandenen Teilespektrum ab. Ein allgemein gültiges Datenmodell kann kaum angegeben werden. In Abbildung 2.2-29 wird von der Grundstruktur ausgegangen, daß für ein bestimmtes Teil eine bestimmte Lagerungsform vorgesehen ist, daß aber auch mehrere Formen existieren können (z. B. auf Paletten oder im Regal gestapelt). Die verschiedenen Lagerorte (z. B. Lagerhallen) sind im allgemeinen in Lagerplätze eingeteilt, an denen bestimmte Lagerungsformen möglich sind.

2.3 Nummernsysteme

Die Datenstrukturen der Produktionsplanung und -steuerung dienen unterschiedlichen Zwecken. Sie werden im Rahmen der PPS-Funktionsbereiche (Primärbedarfsplanung, Materialwirtschaft, Zeitwirtschaft, Fertigungssteuerung), aber auch an vielen anderen Stellen im Betrieb verwendet. Zum Beispiel sind Teilestammdaten für die Konstruktion, Arbeitsplanung, Beschaffung, Kalkulation, Fakturierung u. v. a. erforderlich. In dem oben zitierten Beispiel (Produktion einer Papiermaschine, WIEN97a) waren allein mit einem Endprodukt 51.400 Entities und Papierbelege verbunden (nicht gezählt 144.200 Einzelteile und 600 Personen-„Entities").

Ordnungskriterien erforderlich

Die Vielzahl an Entities und Verwendungszwecken macht Ordnungskriterien erforderlich, nach denen Dokumente und/oder Daten abgelegt und wieder aufgefunden werden können. Im Zusammenhang mit der computergestützten Speicherung der Daten sind diese Kriterien insbesondere zur Identifizierung der Entities und ihrer Beziehungen notwendig.

Der Ordnungsbegriff für eine Entität (Datenobjekt, Papierbeleg) wird meist *Nummer* genannt. Dies bedeutet jedoch nicht, daß er einen numerischen Wert darstellt. Vielmehr können Nummern aus Buchstaben, Ziffern oder Kombinationen aufgebaut sein. Man spricht dann von Alpha-, numerischen oder alphanumerischen Nummern.

In der Datenverarbeitung werden die Nummern meist als *Schlüsselattribute* verwendet. Zum Beispiel diente die Teilenummer in Kapitel 2.2 als Schlüssel für die Relation „Teil“. In den Erzeugnisstruktur-Relationen bildeten zwei Teilenummern gemeinsam den zusammengesetzten Schlüssel (z. B. in Abbildung 2.2-7). Die Begriffe Nummer und Schlüssel werden im weiteren synonym verwendet.

Die Verschlüsselung kann grundsätzlich mehreren Zwecken dienen (BERN90, WIEN97a):

Zweck der Verschlüsselung

a) *Identifizieren* des zugehörigen Objekts oder Sachverhalts in der Weise, daß die Kennzeichnung eindeutig ist,
b) *Klassifizieren* des zugehörigen Objekts oder Sachverhalts in dem Sinne, daß seine Einordnung in eine übergeordnete Gruppe (Klasse) möglich ist,
c) *Informieren* über Art und Eigenschaften eines Objekts oder Sachverhalts im Sinne einer Kurzbeschreibung oder Abkürzung.

Die letztere Aufgabe wird manchmal mit sogenannten *sprechenden Nummern* oder Nummernkomponenten angegangen. Zum Beispiel könnte die Teilenummer „KUP-802“ für „Kupplung, Modell 802“ stehen; das Merkmal „F“ könnte Fremdbezug und „E“ Eigenfertigung bezeichnen (als Bestandteil eines größeren Schlüssels). Als alleiniges Kriterium für den Aufbau eines gesamten Nummernsystems sind sprechende Schlüssel wegen Problemen mit der Eindeutigkeit jedoch nicht geeignet (GRUP87).

Arten von Nummern

Entsprechend den Zwecken der Verschlüsselung lassen sich mehrere Arten von Nummern bzw. Nummernsystemen unterscheiden:

Identifikationsnummern

- *Identifikationsnummern* dienen der eindeutigen Kennzeichnung. Zu diesem Zweck werden fortlaufende Nummern („Zählnummer“), aber auch andere eindeutige Identifikatoren verwendet. Im PPS-Jargon spricht man verkürzt oft von „Identnummer“.

Klassifikationsnummern

- *Klassifikationsnummern* dienen zur Kennzeichnung der Zugehörigkeit bzw. zur Einordnung in eine oder mehrere Kategorien. Nimmt man als Beispiel eine Teilenummer, so könnten Klassifikationsmerkmale die Teileklasse, die Formkennung und der Werkstoff darstellen. Abbildung 2.3-1 zeigt ein entsprechendes Beispiel. „X“ steht für ein beliebiges Zeichen.

Klassifizierende Schlüssel sind im allgemeinen nicht eindeutig, da es ja gerade das Merkmal der Gruppenbildung ist, daß mehrere Objekte zu einer Gruppe gehören. Die Klassifikationsmerkmale können gleichrangig oder hierarchisch geordnet sein (Hauptgruppe, Untergruppe etc.).

Verbundnummern

- *Verbundnummern* ergänzen eine klassifizierende Nummer um einen rein identifizierenden Teil, so daß bezüglich des Gesamtschlüssels Eindeutigkeit gegeben ist. Die Eindeutigkeit wird innerhalb der klassifizierten Gruppe durch eine laufende Nummer erzeugt. Im Beispiel der Abbildung 2.3-2 wird eine bestimmte Teileart (Bolzen) beschrieben, die im

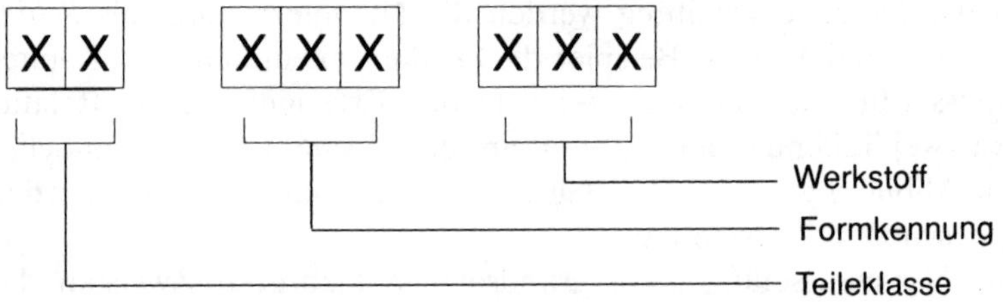

Abb. 2.3-1: Beispielhafter Aufbau einer klassifizierenden Teilenummer (WARN95)

Drehantrieb des Oberwagens eines Krans enthalten ist. Die Zählnummer 028 allein identifiziert also nur innerhalb derjenigen Teile eindeutig, die zur Baugruppe Drehantrieb gehören.

Parallelnummern

• *Parallelnummern:* Während sich bei Verbundnummern die Eindeutigkeit erst aus der Zusammensetzung des Klassifikationsteils und der Zählnummer ergibt, werden bei Parallelverschlüsselung Klassifikations- und Identifikationsaufgaben im Nummernaufbau vollkommen getrennt. Eine Parallelnummer besteht aus einer klassifizierenden *und* einer identifizierenden Nummer. Die letztere allein bezeichnet ein Objekt bereits eindeutig; die erstere dient dem Einordnungs- und Zugehörigkeitszweck.

Die identifizierende Nummer ist häufig eine laufende Nummer (Zählnummer). Ebenso kommt es aber vor, daß eine Verbundnummer verwendet wird (GRUP87). Umgekehrt ist oft der Fall anzutreffen, daß ein bereits vorhandenes Verbundnummernsystem bei der Einführung eines rechnergestützten Informationssystems übernommen und um eine reine Zählnummer zu einem Parallelnummernsystem erweitert wird.

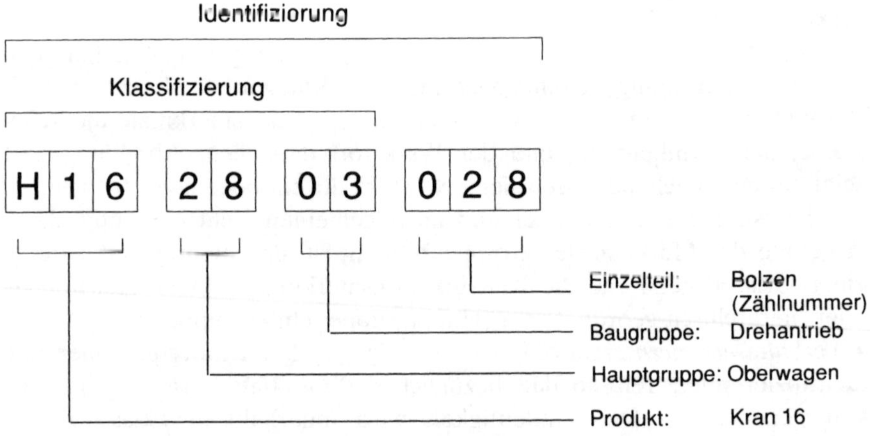

Abb. 2.3-2: Beispiel einer Verbundnummer (WIEN97a)

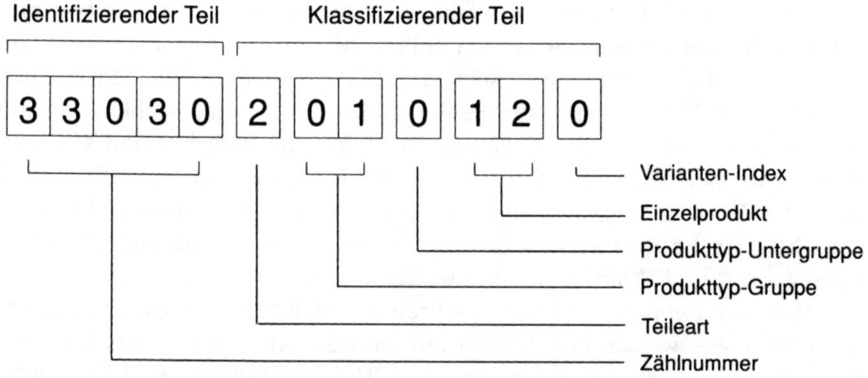

Abb. 2.3-3: Beispiel einer Parallelnummer (BERN90)

Ein Beispiel für eine Parallelverschlüsselung aus einem konkreten Anwendungsfall zeigt Abbildung 2.3-3 (BERN90). Neben einer fünfstelligen Zählnummer wird im klassifizierenden Teil zunächst die Teileart (0 = Einzelteil, 1 = Baugruppe, 2 = Endprodukt, 3 = Guß, Rohstoff etc.) unterschieden. In Abhängigkeit davon sind die weiteren Stellen mit unterschiedlicher Bedeutung belegt. Für die Endprodukte (Teileart 2) wird nach Produkttyp-Gruppe, -Untergruppe und schließlich nach der einzelnen Produktart differenziert. Darüber hinaus ist ein Variantenkennzeichen möglich. Die eingetragenen Werte beschreiben im übrigen ein Produkt der zu Gruppe 01 (Rund- und Bogenmesser) gehörenden Untergruppe 0 (Rundmesser) mit der Einzelprodukt-Ausprägung 12 (120 mm Durchmesser).

Vor- und Nachteile

Über die Vor- und Nachteile der verschiedenen Nummernarten wurde in der Vergangenheit heftig diskutiert.

Identifikationsnummern sind kurz und eindeutig

So weisen reine *Identifikationsnummern* in Form von Zählnummern den Vorteil auf, daß sie kurz, eindeutig und für Zwecke der Datenspeicherung ausreichend sind. Dafür fehlt jede inhaltliche Aussage, was bei den Benutzern – Disponenten, Lageristen, Fakturisten, Ein- und Verkäufern – die Fehlergefahr erhöht. Auswertungen und Abfragen nach einzelnen Merkmalen sind über den Schlüssel nicht möglich.

Klassifikationsnummern besitzen mehr Aussagekraft

Klassifikationsnummern und Nummern, die klassifizierende Komponenten enthalten, lassen dies zu. Ein grundsätzliches Problem besteht darin, die Anzahl der klassifizierenden Merkmale und gegebenenfalls ihre Zusammenhänge (Hierarchie) festzulegen. Je mehr Merkmale berücksichtigt werden, um so mehr Aussagekraft steckt bereits in dem Schlüssel, und um so differenziertere Zuordnungen sind möglich.

Da häufig viele unterschiedliche Anforderungen und Interessen mit einem Schlüssel abgedeckt werden sollen, besteht die Gefahr, daß er zu lang wird. Mit zunehmender Schlüsselgröße erwachsen aber Probleme: Die Übersichtlichkeit sinkt, die Fehlergefahr (Übertragungsfehler, Vertippen, Verschreiben) steigt, die Handhabung ist umständlicher und aufwendiger (z. B. bei manueller Eingabe am Bildschirm), und schließlich sind auch der Verarbeitungsaufwand und der Speicherbedarf höher. Deshalb muß bei der Festlegung des Schlüsselaufbaus ein Kompromiß zwischen Aussagekraft und Praktikabilität getroffen werden.

Verbundnummern sind weit verbreitet

Verbundnummern sind weit verbreitet und in vielen Fällen historisch gewachsen. Sie weisen den Vorteil auf, daß die Mitarbeiter den Umgang mit dem Nummernsystem gewohnt sind. Bei Umstellung auf EDV kann mit den bekannten Ordnungsbegriffen weitergearbeitet werden. Der Nachteil gegenüber einer strikten Parallelverschlüsselung liegt vor allem in der engen Kopplung der klassifizierenden und der nur identifizierenden Teile. Die im ersteren Teil einmal getroffene Klassifikation kann nachträglich nicht mehr verändert werden, ohne daß die Identifikationsfunktion der Gesamtnummer gefährdet ist (BERN90).

Parallelnummern klassifizieren und identifizieren, sind aber lang

Bei *Parallelnummern* besteht dieses Problem nicht, da klassifizierender und identifizierender Teil völlig getrennt sind. Änderungen im einen Nummernkreis können unabhängig vom anderen vorgenommen werden. Zudem ist es möglich, daß denjenigen Adressaten, die ausschließlich die Identifizierungsfunktion (z. B. Verkauf, Kunden) benötigen, nur die Identifikationsnummer zur Verfügung gestellt wird, so daß sie nur mit dieser zu arbeiten brauchen. Beispielsweise wird einen Kunden, der ein Ersatzteil bestellen möchte, die unternehmensinterne Klassifikation kaum interessieren. Anderen Zielgruppen kann hingegen die gesamte Nummer zugänglich gemacht werden (z. B. der Konstruktion). Parallelnummern sind heute die in PPS-Systemen am meisten verwendeten Nummernarten (KERN95).

„Optimale" Schlüssellänge

Ein gewisser Nachteil der Parallelnummern liegt wie bei den Verbundnummern in der Länge des Schlüssels, die die Handhabbarkeit beeinträchtigen kann. Viele Schlüsseldiskussionen wurden in der Vergangenheit um das Problem der „optimalen" Schlüssellänge geführt.

Ein mit der Schlüssellänge verbundenes Problem, das grundsätzlich bei jedem Nummernsystem bedacht werden muß, ist die vorzusehende Stellenzahl. Den oben genannten Nachteilen langer Schlüssel (bzw. Schlüsselteile) steht der Vorteil gegenüber, daß das „Platzen" des Schlüssels weniger wahrscheinlich ist als bei kurzen Schlüsseln (bzw. Schlüsselteilen).

Wenn die Stellenzahl eines Identifikationsschlüssels oder des identifizierenden oder klassifizierenden Teils eines Parallel- oder Verbundschlüssels nicht mehr ausreicht, muß das Nummernsystem restrukturiert werden. Dies ist einerseits mit erheblichem organisatorischem Aufwand verbunden. Zum andern müssen die Schlüsselattribute aller betroffenen Datenstrukturen in der Datenbasis geändert werden. Bei geeigneter Datenmodellierung, Verwendung eines Datenbanksystems und möglicherweise eines Datenkatalogs (Data Dictionary) ist dies kein unüberwindliches Problem mehr. Bei der früher üblichen programmabhängigen Datenorganisation können jedoch massive Schwierigkeiten auftreten, da nicht nur die Datenvereinbarungen, sondern auch die Verarbeitungsprogramme überall geändert werden müssen, wo ein geänderter Schlüssel benutzt wird. Dieses Problem be- oder verhinderte so manches Umstellungsvorhaben!

Organisatorische Fragen

Einführung eines Nummernsystems ist ein eigenes Projekt

Die Einführung eines Nummernsystems ist ein umfangreiches Vorhaben, das den gesamten Betrieb berührt und sorgfältig geplant werden muß. Der Aufbau und die Einführung eines Nummernsystems wird deshalb in vielen Fällen als eigenes Projekt von einem Team aus Fachleuten durchgeführt. Eine praxisorientierte Vorgehensweise ist in GRUP87 beschrieben. Sie reicht von der Ist- und Bedarfsanalyse über die Entwicklung einer Systematik, die Festlegung einer Umstellungsstrategie, Wirtschaftlichkeitsüberlegungen und Schulung der Mitarbeiter bis zur konkreten Durchführung der Verschlüsselung in den Datensätzen und Unterlagen.

Lebensdauer von Nummernsystemen 15–20 Jahre

Die Lebensdauer von Nummernsystemen sollte mindestens 15–20 Jahre betragen (GRUP87), da mit der Vorbereitung und Einführung nicht nur ein erheblicher Aufwand verbunden ist, sondern auch tiefgreifende Auswirkungen auf organisatorische Regelungen im Betrieb einhergehen. Schließlich ist die Anlaufphase zu berücksichtigen; es dauert im allgemeinen längere Zeit, bis der Umgang mit einem Nummernsystem eingespielt ist, Unstimmigkeiten behoben sind und der Betriebsablauf darauf abgestimmt ist.

Vor der Festlegung einer Nummernsystematik ist zunächst zu klären, welche Objekte und Sachverhalte überhaupt mit Nummern versehen werden sollen. Da im allgemeinen nicht nur die Produktion, sondern auch andere Unternehmensbereiche einzubeziehen sind, kann die Zahl recht groß werden. Mit zunehmender Anzahl steigen die Schwierigkeiten, da immer mehr unterschiedliche Anforderungen mit der Systematik abgedeckt werden sollen.

Für die PPS-bezogene Sicht in diesem Buch ist zu fordern, daß zumindest für alle in Kapitel 2.2 beschriebenen Entity-Typen (Teil, Arbeitsplan, Arbeitsgang, Betriebsmittel etc.) Nummern vorhanden sind, da diese als Primärschlüssel in der Datenbank verwendet werden. Dazu kommen Nummern für die vorgangsbezogenen Entity-Typen, die in den späteren Kapiteln behandelt werden (z. B. Fertigungsauftrag, Kundenauftrag).

Erweiterbarkeit

Nach der Abgrenzung der Objekte und Sachverhalte müssen die zu verschlüsselnden Merkmale definiert werden, sofern nicht ein reiner Identifikationsschlüssel zur Anwendung kommen soll. Dies kann angesichts vielfältiger Interessenlagen sehr schwierig sein. Neben der *Art* der Merkmale müssen die *Beziehungen* zueinander (unverbunden, hierarchisch, andere Form der Abhängigkeit) und die Anzahl der möglichen *Ausprägungen* festgelegt werden. Letzterer Punkt ist von Bedeutung für die Stellenzahl, die im Schlüssel für ein Merkmal reserviert werden muß. (Bei numerischer Codierung sind maximal 10, bei alphabetischer Codierung 26 Ausprägungen pro Stelle möglich.) Wegen der langen Lebensdauer ist besonders auch auf *Erweiterbarkeit* in der Zukunft zu achten.

Zuständigkeit

Schließlich muß die Organisation der Einführung und des Betriebs geregelt werden; d. h., es ist festzulegen, welche Stelle im Unternehmen die Einführung durchführt, wo sie beginnt und wer später die Nummern vergibt. Wegen der übergeordneten Sichtweise wird in BERN90 für die Einführung eine neutrale Stelle als zuständige empfohlen, nämlich die Stabsstelle Organisation.

Da es selten zweckmäßig ist, mit einem Schlag alle Unternehmensbereiche auf den Kopf zu stellen, muß über den Einstiegspunkt entschieden werden. Im Produktionsbereich zu beginnen, ist nicht unüblich, da dort Daten geboren werden, die auch im weiteren Betriebsgeschehen immer wieder benötigt werden (z. B. Teile-, Betriebsmittelnummern).

Für die Vergabe der Nummern im Tagesgeschehen werden ebenfalls zentrale Stellen mit besonders geschulten Mitarbeitern empfohlen, z. B. die Normenstelle (BERN90). Andernfalls besteht die Gefahr, daß Nummern doppelt belegt oder eventuelle Interpretationsspielräume unterschiedlich ausgelegt werden. Häufig gibt es aber andere, eingefahrene Gepflogenheiten. Zum Beispiel wird die Teilenummer oft von der Konstruktionsabteilung vergeben, obwohl diese nach erfolgter Konstruktion mit der Nummer fast nichts mehr zu tun hat. Andere Unternehmensbereiche arbeiten dagegen tagtäglich mit den Teilenummern. Da in der Konstruktion vorrangig technische Merkmale von Interesse sind, sind die Belange anderer Bereiche (z. B. Rechnungswesen, Materialwirtschaft) möglicherweise nicht ausreichend berücksichtigt.

3. Produktionsplanung und -steuerung bei Produktion nach Programm

3.1 Unternehmenstyp und Planungsprinzipien

3.1.1 Programm- und Lagerfertiger

Die Aufgaben und Lösungsansätze der Produktionsplanung und -steuerung werden in diesem und im nächsten Kapitel für zwei grundsätzlich unterschiedliche Unternehmenstypen beschrieben. Zunächst wird die PPS-Problematik bei Programmproduktion und anschließend bei kundenauftragsorientierter Produktion erörtert.

Unternehmen, die ihre Erzeugnisse zunächst auf Lager produzieren und Vorratshaltung betreiben, sind meist dadurch gekennzeichnet, daß sie ein mehr oder weniger standardisiertes Produktionsprogramm fertigen. Das bedeutet, daß sowohl die Art der herzustellenden Erzeugnisse als auch ihre Zusammensetzung, die Erzeugnisstrukturen, genau bekannt sind. Die späteren Nachfrager kennt man dagegen noch nicht bzw. sie spielen im Planungsprozeß keine (oder keine wesentliche) Rolle. Anders als bei auftragsorientierter Fertigung sind also nicht individuelle Kundenaufträge Auslöser der Produktion. Vielmehr wird nach einem mengen- und zeitmäßig festgelegten Produktionsprogramm verfahren; oder Produktionsaufträge werden dann initiiert, wenn die Lagerbestände bestimmte Schwellen unterschritten haben oder wenn andere verbrauchsorientierte Kriterien erfüllt sind.

Standardproduktionsprogramm

Häufig ist bei Standardproduktionsprogrammen nicht nur die Art und Zusammensetzung der Produkte festgelegt, sondern auch der Absatz verläuft mit einer gewissen Gleichförmigkeit oder zumindest nach erkennbaren Gesetzmäßigkeiten (z. B. saisonaler Verlauf). In diesen Fällen können oft große Mengen einer Produktart am Stück hergestellt werden (Massen- oder Großserienfertigung).

Idealtypische Charakterisierung

Mit der verkürzten Bezeichnung „Produktion nach Programm“ wollen wir im folgenden einen Unternehmenstyp kennzeichnen, der für den anonymen Markt auf Vorrat produziert und dabei ein Standardproduktionsprogramm, tendenziell in Massen- oder Serienfertigung, herstellt. Dies ist natürlich eine idealtypische Charakterisierung, die aber das Herausarbeiten der grundlegenden Problemstellungen vereinfacht. In der Praxis existieren viele Zwischenformen zwischen der reinen Lagerproduktion und der reinen Auftragsfertigung, ebenso wie es etwa Auftragsfertiger gibt, die aus einer Standardproduktpalette nach Kundenauftrag fertigen. Der Betriebstyp, der in diesem Kapitel zugrundeliegt, wurde auch bereits in Abbildung 1.3-3 charakterisiert.

3.1.2 MRP II (Manufacturing Resource Planning)

MRP II

Die Produktionsplanung bei Programm- und Lagerfertigern folgt grundsätzlich einer Planungslogik, die im amerikanischen Raum als *MRP II (Manufacturing Resource Planning)* bezeichnet wird (WIGH84). Sie stellt eine Erweiterung des früheren MRP-Konzepts dar, bei dem MRP noch für Material Requirements Planning (d. h. Materialbedarfsplanung) stand. Der Leitgedanke von MRP II ist eine ganzheitliche markt- und

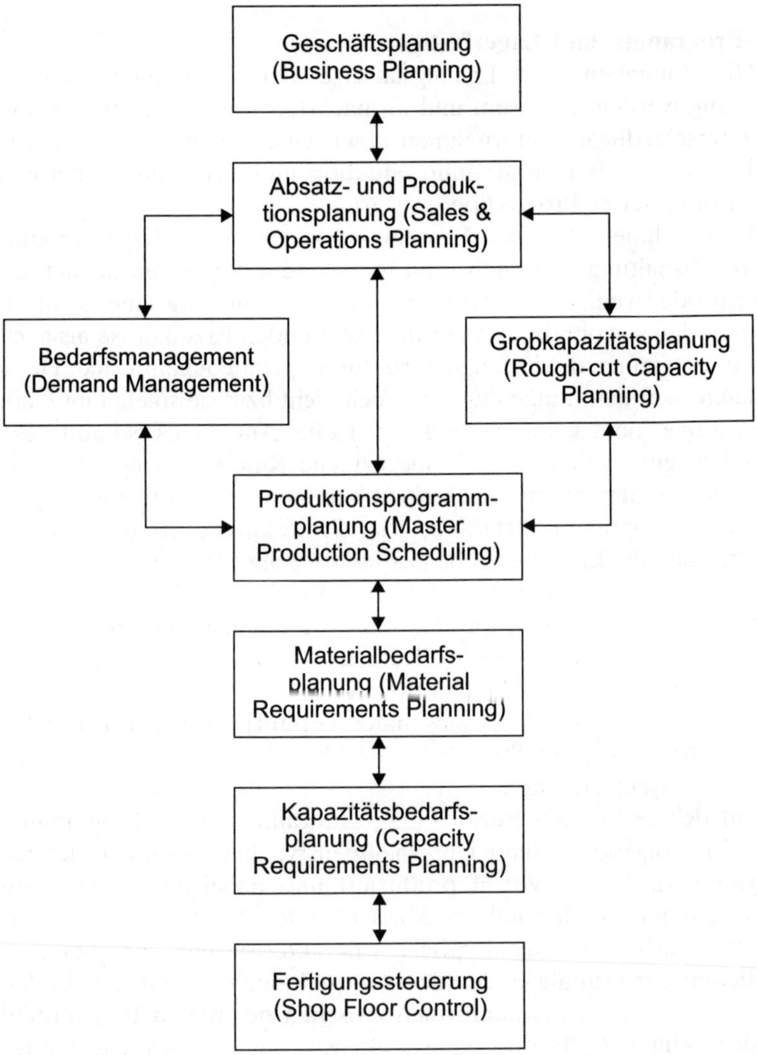

Abb. 3.1-1: Planungs- und Steuerungslogik in MRP II (in Anlehnung an WIGH84)

ressourcenorientierte Planung der Absatz-, Produktions- und Bestandsmengen, die auf oberster Managementebene beginnt (SCHU94). Wie Abbildung 3.1-1 zeigt, ist diese eng mit dem Geschäftsplan verbunden, der unter anderem die Budget- und Erfolgspläne operationalisiert.

Langfristplanung

Auf der Grundlage der langfristigen Absatz- und Produktionsplanung (Sales and Operations Planning) wird die Planung des Produktionsprogramms durchgeführt. Dazu werden in einer Bedarfsplanung die voraussichtlichen Absatzmengen prognostiziert und Kundenaufträge berücksichtigt (Demand Management). Parallel sollen auf einer hohen Aggregationsstufe der Kapazitätsbedarf und das Kapazitätsangebot grob abgeglichen werden (Rough-cut Capacity Planning).

Produktionsprogrammplanung

Die *Produktionsprogrammplanung* kann zwei Stufen umfassen, einmal die Planung auf Produktgruppenebene (Aggregate Production Planning), zum andern auf Enderzeugnisebene (Master Production Scheduling). Die Aufteilung ist bei Unternehmen sinnvoll, die ein großes Spektrum an Erzeugnissen bzw. Varianten anbieten, da es dort vielfach schwierig ist, zuverlässige Werte für jedes einzelne Endprodukt festzulegen (ZÄPF01). Im Originalvorschlag für MRP II von Wight war nur die Enderzeugnisebene vorgesehen (WIGH84).

MRP, CRP, SFC

Das Produktionsprogramm für Enderzeugnisse bildet den Ausgangspunkt für die *Materialbedarfsplanung* (Material Requirements Planning), in der die zur Herstellung benötigten Mengen an Baugruppen, Einzelteilen und Rohmaterialen bestimmt werden. Die für das Produktionsprogramm erforderlichen und die vorhandenen Kapazitäten werden im Rahmen der *Kapazitätsbedarfsplanung* (Capacity Requirements Planning) abgeglichen. Die letzte Stufe von MRP II beinhaltet schließlich die Ausführung der Pläne. Bezüglich der Eigenfertigung wurde dies ursprünglich als „Plant Scheduling“ bezeichnet (WIGH84). Heute spricht man meist von *Werkstattsteuerung* (Shop Floor Control). Sie hat die Aufgabe, die in der Materialbedarfsplanung definierten Fertigungsaufträge kurz vor dem geplanten Startdatum freizugeben und auszuführen. Dazu gehört die Erzeugung eines auftragsspezifischen Arbeitsplans, die Entnahme der benötigten Materialien aus dem Lager und die Einplanung der Fertigungsarbeitsgänge auf den Betriebsmitteln und Arbeitsplätzen.

PPS-Systeme folgen der MRP-II-Logik

Amerikanische PPS-Systeme, die der beschriebenen Planungslogik folgen, werden als MRP-II-Systeme bezeichnet. Viele der in Mitteleuropa entwickelten PPS-Systeme, vor allem ältere, unterscheiden sich nicht wesentlich von dem MRP-II-Konzept. Allerdings sind die Topmanagementaufgaben in den hiesigen Systemen nicht in gleichem Maße verankert. Im allgemeinen beginnt die PPS-Logik mit der Produktionsprogrammplanung (oder Primärbedarfsplanung) auf Enderzeugnisebene, was etwa dem Master Production Scheduling entspricht. Methoden der Bedarfsplanung (Demand Management), insbesondere Vorhersagemethoden, sowie der Grobkapazitätsplanung sind häufig in die Module zur Produktionsprogrammplanung integriert.

Voraussetzungen für MRP II

Die MRP-II-Logik geht davon aus, daß wesentliche Planungsparameter wie die verfügbaren Kapazitäten, die Durchlaufzeiten der Aufträge und die Bearbeitungszeiten mit hoher Sicherheit prognostizierbar sind. Produktionsengpässe müssen sich grundsätzlich durch Kapazitätsanpassungen überwinden lassen. Vor allem muß es aber möglich sein, das Produktionsprogramm mit hinreichender Genauigkeit vorherzusagen, was wiederum eine zuverlässige Absatzprognose bzw. -planung erfordert (ADAM01). Diese Voraussetzungen sind idealtypisch bei Massen- oder Großserienfertigung am ehesten erfüllt.

3.1.3 Prinzipien zur Durchführung der Planung

Stufenweise Sukzessivplanung

Die Teilbereiche der Produktionsplanung und -steuerung decken unterschiedliche Planungszeiträume ab. Manche Aufgaben beziehen sich auf längere, andere auf kürzere Zeiträume. Sie werden nach der Konzeption, die den meisten PPS-Systemen zugrunde liegt, nicht gleichzeitig gelöst, sondern nacheinander. Dabei werden gröbere Planungen, die längere Zeiträume umfassen, immer weiter durch detailliertere Pläne mit kürzeren Zeithorizonten verfeinert.

Es handelt sich also um ein Konzept der *stufenweisen Sukzessivplanung* – anders als bei zahlreichen Ansätzen aus der Betriebswirtschaftslehre und dem Operations Research, die eine simultane Planung verfolgt hatten. Im MRP-II-Ansatz sind zwar grundsätzlich Rückkopplungen vorgesehen. Beispielsweise muß die Programmplanung revidiert werden, wenn die zur Herstellung des Produktionsprogramms notwendigen Kapazitäten sich als nicht verfügbar erweisen. Grundsätzlich wird aber davon ausgegangen, daß die auf einer höheren Planungsebene getroffenen Entscheidungen auf tieferen Ebenen nur „umgesetzt“ werden.

Planungshorizont

Den längsten Planungshorizont von den in einem typischen PPS-System erfaßten Planungsfeldern hat die Produktionsprogrammplanung. Die materialwirtschaftlichen Entscheidungen decken nur einen Teil davon ab, und in der Kapazitäts- und Zeitwirtschaft sind die Planungszeiträume noch kürzer. Im allgemeinen bleibt ein einmal aufgestellter Plan nicht unverändert erhalten, bis der Planungshorizont erreicht ist. Da sich die Rahmenbedingungen, unter denen geplant wurde, aufgrund unternehmensinterner und -externer Faktoren meist schnell ändern, müssen auch die Pläne angepaßt werden. Die möglichen Vorgehensweisen lassen sich anhand von zwei Kriterien differenzieren:

(1) rollierend versus ereignisorientiert
(2) Neuaufwurf versus Net change.

Rollierende Planung

Rollierende Planung bedeutet, daß eine sich auf einen bestimmten Zeitraum erstreckende Planung nach gewisser Zeit wiederholt wird und dann einen entsprechend späteren Zeithorizont abdeckt. Sie geht häufig mit einer Einteilung des Planungszeitraums in Perioden einher, wie sie auch den meisten quantitativen betriebswirtschaftlichen Planungsmodellen zugrunde liegt. Abbildung 3.1-2 verdeutlicht das Prinzip an einem Beispiel.

Zum Zeitpunkt t_0 wird für sechs Perioden (bis t_6) geplant. Nach Ablauf einer Periode wird eine revidierte Planung unter Berücksichtigung neuer Daten durchgeführt, die wieder sechs Perioden umfaßt und nun bis t_7 reicht, etc.

Ereignisorientierte Planung

Das Prinzip der *ereignisorientierten Planung* wurde vor allem von Scheer herausgestellt (SCHE96). Es besagt, daß Planungsläufe nicht zu starren, vorher festgelegten Zeitpunkten (z. B. am Beginn einer Periode), sondern in Abhängigkeit von wichtigen Ereignissen (z. B. Eingang eines Großauftrags, Ausfall einer Engpaßmaschine) durchgeführt werden. In reiner Form bedeutet dies, daß eine Periodenorientierung ganz entfällt. Häufig wird man aber eher beide Prinzipien – rollierende Planung auf Periodenbasis und ereignisorientierte Anpassungen – miteinander verbinden.

„Planungsnervosität"

Die laufende Aktualisierung von Plänen trägt zwar zur Eliminierung der anfangs bestehenden Planungsunsicherheit bei; sie wird aber heute zunehmend auch als Problem an sich thematisiert, das selbst wieder Auswirkungen auf die Güte der Plandurchsetzung hat. Unter dem Begriff „Planungsinstabilität" bzw. „Planungsnervosität" wird der Sachverhalt diskutiert, daß häufige Planänderungen auf der Durchführungsebene die Akzeptanz der Pläne beeinträchtigen und ablauforganisatorische Probleme verursachen können (INDE97). In der Folge steigen unter Umständen die Durchlaufzeiten und Lagerbestände, und die Termintreue sinkt.

Neuaufwurf

Als *Neuaufwurf* bezeichnet man den Vorgang, daß bei einem Planungslauf ein eventuell bereits existierender Plan ignoriert und demzufolge völlig neu geplant wird. Bei rollierender Planung wie in Abbildung 3.1-2 bedeutet dies etwa, daß beim Planungslauf zum Zeitpunkt t_2

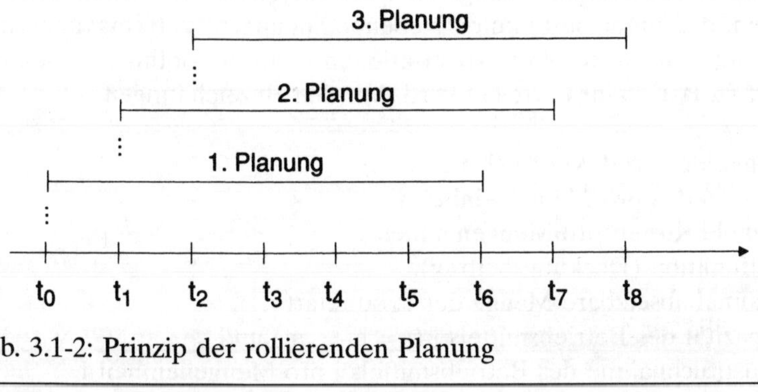

Abb. 3.1-2: Prinzip der rollierenden Planung

keine Rücksicht darauf genommen wird, daß für die nächsten fünf Perioden (bis t_7) bereits ein Plan vorliegt.

Net-change-Prinzip

Das *Net-change-Prinzip* besagt demgegenüber, daß nur Veränderungen gegenüber den bei der vorigen Planung erfaßten Eingangsgrößen Berücksichtigung finden. Positive und negative Abweichungen werden gegebenenfalls saldiert, so daß sich nur die Nettoveränderungen in der Rechnung niederschlagen.

Periodenorientierte Planung

In der Praxis der Produktionsplanung und -steuerung können grundsätzlich alle vier skizzierten Prinzipien zum Einsatz kommen. Bei dem für dieses Kapitel zugrunde gelegten Unternehmenstyp trifft man häufig eine periodenorientierte Planung an, die rollierend auf dem Wege des Neuaufwurfs aktualisiert oder nach dem Net-change-Prinzip fortgeschrieben wird.

3.2 Produktionsprogrammplanung

Welche Mengen der einzelnen Produktarten sollen wann hergestellt werden?

Ausgangspunkt der Produktionsprogrammplanung ist eine nach der Art der Produkte vorgegebene Palette an Endprodukten und/oder verkaufsfähigen Zwischenprodukten sowie eine gegebene Ausstattung mit Betriebsmitteln und anderen Arbeitsplätzen. Die Aufgabe der Programmplanung besteht dann darin festzulegen, welche Mengen der einzelnen Produktarten im Planungszeitraum (z. B. ein Jahr) hergestellt werden sollen und gegebenenfalls zu welchen Zeitpunkten bzw. in welchen Zeiträumen dies jeweils erfolgen soll. Während man vom betriebswirtschaftlichen Standpunkt aus „Optimalität" des Programms nach einem oder mehreren Zielkriterien zu fordern pflegt, begnügt man sich in der Praxis oft mit „Machbarkeit".

Lineares Optimierungsmodell

Das betriebswirtschaftliche Optimierungsproblem wurde häufig als *lineares Optimierungsmodell* formuliert. Wenn man auf eine zeitliche Unterteilung des Planungszeitraums verzichtet, geht es darum, die herzustellenden Mengen x_i der n möglichen Produktarten i (i = 1, ..., n) so zu berechnen, daß unter bestimmten Nebenbedingungen (z. B. maximal mögliche Absatzmengen, Kapazitätsrestriktionen u. a.) ein optimaler Zielfunktionswert (z. B. Gewinn) erreicht wird. Mit den Bezeichnungen

x_i = Menge der Produktart i (i = 1, ..., n),
p_i = Umsatzerlös pro Mengeneinheit i,
k_i = variable Kosten pro Mengeneinheit i,
Z = Zielfunktion (Deckungsbeitrag),
a_i = maximal absetzbare Menge der Produktart i,
r_j = Kapazität des Betriebsmittels j (j = 1, ..., m) und
q_{ij} = Inanspruchnahme des Betriebsmittels j pro Mengeneinheit i

könnte man etwa das folgende vereinfachte Optimierungsmodell formulieren, bei dem die Summe der Deckungsbeiträge (Umsatzerlöse minus variable Kosten) aller Produktarten maximiert werden soll:

Deckungsbeiträge sollen maximiert werden

Zielfunktion

$$Z = \sum_{i=1}^{n} (p_i - k_i)\, x_i \rightarrow \max$$

Nebenbedingungen

$$x_1 \leq a_1$$
$$\vdots$$
$$x_n \leq a_n$$
$$\sum_{i=1}^{n} q_{1i} x_i \leq r_1$$
$$\vdots$$
$$\sum_{i=1}^{n} q_{mi} x_i \leq r_m$$

Ausgehend von dieser Grundform wurden in der Vergangenheit zahlreiche Modifikationen und Verfeinerungen vorgeschlagen, die jedoch zur Lösung der praktischen Probleme nur in wenigen Fällen einen signifikanten Beitrag leisteten. Bereits bei dem obigen einfachen Modell wird ein Problem deutlich, das sich nicht nur bei quantitativen Optimierungsmodellen, sondern grundsätzlich bei einem Stufenkonzept der Planung stellt: Manche Planungsparameter hängen eigentlich von späteren Entscheidungen ab und können vorher bestenfalls in grober Näherung oder gar nicht plausibel angegeben werden.

Manche Planungsparameter können nicht plausibel angegeben werden

Betrachtet man etwa den Fall der mehrstufigen Produktion mit Montageprozessen, wie er auch in den Erzeugnisstrukturdarstellungen in Abbildung 2.2-1 zum Ausdruck kommt, dann ist es zum Zeitpunkt der Produktionsprogrammplanung kaum möglich vorherzusagen, in welchem Umfang ein bestimmtes Betriebsmittel später durch einen Fertigungsauftrag einer tieferen Stufe anteilig pro Mengeneinheit des *Endprodukts* belegt sein wird! Teilweise wird die Wahl des Betriebsmittels erst im Rahmen der Termin- und Kapazitätsplanung oder noch später getroffen. Die Inanspruchnahme eines Betriebsmittels bzw. die für die effektive Bearbeitung der Fertigungsaufträge verfügbare Zeit hängt außerdem von ablaufbedingten Stillstandszeiten ab, die durch eine geschickte Reihenfolge- und Maschinenbelegungsplanung beeinflußt werden können.

Prognoseverfahren

Anders als in den betriebswirtschaftlichen Planungsmodellen, in denen die herzustellenden Mengen nach Optimalitätsgesichtspunkten ermittelt werden, geht man in der Praxis häufig nach einer Anpassungsstrategie vor: Gefertigt werden diejenigen Produktmengen, die voraussichtlich nachgefragt werden bzw. abgesetzt werden können, sofern nicht Kapazitätsengpässe zu berücksichtigen sind. Dabei bedient man sich meist der Erfahrungswerte aus der Vergangenheit sowie eines Prognoseverfahrens, um die Vergangenheitsdaten in die Zukunft fortzuschreiben. Gängige Prognoseverfahren sind gleitende Mittelwerte sowie exponentielle Glättung erster und zweiter Ordnung.

Gleitende Mittelwerte

Bezeichnet man die in Periode j abgesetzte Menge einer Produktart mit m_j, dann erhält man den Vorhersagewert v_k für die nächste Periode k als arithmetisches Mittel über den Mengen der letzten n Perioden:

$$v_k = \frac{1}{n} \sum_{j=k-n}^{k-1} m_j$$

Das Verfahren heißt „gleitend", weil es jede Periode weiterrückt: der Vorhersagewert, der eine Periode später (für die Periode k+1) ermittelt wird, ergibt sich als Mittelwert der n Perioden von k+1-n bis k etc. Die Anzahl n der berücksichtigten Perioden, die bei diesem Verfahren gleichgewichtig in die Rechnung eingehen, kann beliebig gewählt werden. Für ein großes n spricht, daß der Prognosewert um so repräsentativer ist, je mehr Perioden erfaßt werden, und daß zufällige Schwankungen besser ausgeglichen werden. Andererseits werden strukturelle Verschiebungen der Nachfrage dadurch eher verschleiert. Bei kleineren n schlagen sie in der Prognose schneller zu Buche.

Beispiel

Gegeben seien die realisierten Absatzmengen in der folgenden Tabelle, nach Perioden differenziert:

Periode	...	4	5	6	7	8	9	10
Menge	...	100	90	118	110	105	97	–

Bei n = 5 erhält man als Prognose für Periode 10 den Wert 104. Falls der tatsächliche Absatz in Periode 10 sich auf 100 Mengeneinheiten beläuft, würden für die elfte Periode 106 Mengeneinheiten vorhergesagt.

Exponentielle Glättung erster Ordnung

Einfluß von Prognoseabweichungen

Die Möglichkeit, weiter zurückliegende Werte mit geringerem Gewicht als jüngere Werte zu berücksichtigen, besteht beim Verfahren der exponentiellen Glättung. Dieses ist vom Prinzip her sehr einfach: Der Vorhersagewert für die nächste Periode ist gleich dem Vorhersagewert für die vorige Periode, korrigiert um die (gewichtete) Abweichung des tatsächlich eingetretenen Absatzes in der letzten Periode vor der Prognose:

$v_k = v_{k-1} + \alpha(m_{k-1} - v_{k-1})$.

Mit Hilfe des Faktors α, der zwischen 0 und 1 gewählt werden kann, läßt sich der Einfluß steuern, mit dem die Daten aus jüngeren Perioden gegenüber den älteren in die Rechnung eingehen. Im Extremfall $\alpha = 1$ schlägt die jüngste Abweichung mit 100% zu Buche; die neue Prognose ist gleich dem realisierten Wert der letzten Periode. Im anderen Extrem ($\alpha = 0$) wird eine Abweichung dagegen überhaupt nicht berücksichtigt; der neue Vorhersagewert ist gleich dem alten.

Dazwischen ($0 < \alpha < 1$) liegt ein Spektrum von Möglichkeiten, jüngere Werte gegenüber den älteren mehr oder weniger stark zu gewichten und das Ausschlagen von Prognoseabweichungen zu glätten. Bei einem Wert von α näher bei 1 werden Abweichungen immer relativ schnell in der Prognose nachvollzogen, während bei einem α näher bei 0 der Einfluß relativ schwach ist.

Beispiel

Periode	...	4	5	6	7	8	9	10
realisierte Menge m_j	...	100	90	118	110	105	97	–
Vorhersagewert v_k bei $\alpha = 0{,}2$ bei $\alpha = 0{,}8$		 – –	 100 100	 98 92	 102 112,8	 103,6 110,6	 103,9 106,1	 102,5 98,8

Exponentielle Glättung zweiter Ordnung

Schnellere Anpassung bei Trend

Der Prognosewert läuft bei $\alpha > 0$ in jedem Fall den Abweichungen hinterher, ohne daß er alle Extrembewegungen voll mitmacht (außer bei $\alpha = 1$). Falls die Veränderungen alle in die gleiche Richtung zeigen (z. B. aufsteigender Trend), läßt sich eine schnellere Anpassung erreichen, wenn die Prognosewerte selbst geglättet werden. Dies ist bei der exponentiellen Glättung zweiter Ordnung der Fall. Der Vorhersagewert zweiter Ordnung wird hier anhand seiner Abweichungen vom Vorhersagewert erster Ordnung korrigiert. Mit den Bezeichnungen

${}^2v_k$ = Vorhersagewert zweiter Ordnung

${}^1v_k$ = Vorhersagewert erster Ordnung

erhält man die Formel:

${}^2v_k = {}^2v_{k-1} + \alpha({}^1v_k - {}^2v_{k-1})$.

Man berechnet also jeweils den Vorhersagewert erster Ordnung ${}^1v_k$ und dann die mit α geglättete Abweichung $\alpha\,({}^1v_k - {}^2v_{k-1})$ der alten Prognose ${}^2v_{k-1}$ von demselben.

Das formale Rechenverfahren ist das gleiche wie beim exponentiellen Glätten erster Ordnung. Es unterscheidet sich nur dadurch, daß statt der realisierten Menge der Vorperiode m_{k-1} der bereits berechnete Vorhersagewert erster Ordnung ${}^1v_k$ der zu prognostizierenden Periode k herangezogen wird. Die Abweichungen werden auf diese Weise doppelt geglättet, und die Anpassung an den tatsächlichen Verlauf geht schneller, sofern der Trend in die gleiche Richtung zeigt (d. h. kontinuierlich steigend oder fallend).

Andere Verfahren, die bei trendförmigem Absatzverlauf zur Anwendung kommen, sind die Methode der kleinsten Quadrate und die exponentielle Glättung erster Ordnung mit Trendkorrektur (SCHR94).

3.3 Materialwirtschaft

Die Materialwirtschaft ist der Bereich, den viele PPS-Systeme am umfassendsten unterstützen (GRUP97). Die frühere Konzeption des MRP (= Material Requirements Planning) drückt dies schon in der Bezeichnung aus. Die Materialwirtschaft schließt eine Fülle unterschiedlicher Aufgaben ein, die teilweise über die Produktionsplanung im engeren Sinne hinausgehen, mit dieser aber in direkter Beziehung stehen.

Mengenplanung

Aus Sicht der Produktionsplanung ist die zentrale materialwirtschaftliche Aufgabe die Mengenplanung. Ausgehend von den aus der Produktionsprogrammplanung vorgegebenen Mengen an Endprodukten und gegebenenfalls Zwischenprodukten – dem sogenannten *Primärbedarf* – müssen die Mengen aller dafür benötigten Baugruppen, Einzelteile, Rohmaterialien, Hilfs- und Betriebsstoffe – der *Sekundärbedarf* – berechnet werden.

Bei der Sekundärbedarfsermittlung sind eine Reihe wichtiger Faktoren zu beachten: Manche Teile werden selbst gefertigt, andere zugekauft. Unter Umständen sind Lagerbestände vorhanden, die bei der Rechnung in Abzug gebracht werden müssen, sofern sie nicht vielleicht schon für einen erwarteten Fertigungsauftrag reserviert sind. Die Beschaffung fremdbezogener Teile dauert ebenso wie die Fertigung im Unternehmen eine gewisse Zeit, so daß ein Vorlauf zu berücksichtigen ist.

Aus diesen Gründen decken gängige PPS-Systeme oft auch Aufgabenbereiche mit ab, die zwar nicht unmittelbar zur Produktionsplanung gehören, aber für die Mengen- und Terminrechnung von Bedeutung sind. Dies gilt insbesondere für die Lagerhaltung und die Beschaffung (Einkauf).

Wir werden im folgenden hauptsächlich die *Mengenplanung* (Sekundärbedarfsermittlung im weiteren Sinne) behandeln und die *Lagerhaltung* dabei kurz streifen. Der Beschaffungsbereich bleibt außerhalb der Betrachtung.

Lagerbestandsführung

Zur Ermittlung der Nettobedarfsmengen ist es erforderlich, die disponierbaren Lagerbestände zu kennen. Die Lagerbestandsführung kann unterschiedlich weit differenziert sein. Demnach sind verschiedene Bestandsarten zu unterscheiden:

Lagerbestandsarten

- Der *physische Lagerbestand* eines Teils ist der Bestand, der sich tatsächlich auf Lager befindet.
- Als *Werkstattbestand* bezeichnet man Mengen eines Teils, die zur Weiterverarbeitung in der Fertigung liegen.
- Ein *reservierter Bestand* wurde bereits für einen Fertigungsauftrag vorgemerkt und ist nicht mehr disponibel.
- Der *Bestellbestand* umfaßt erwartete Lagerzugänge aus Fremdbezug oder Eigenfertigung.
- Als *Sicherheitsbestand* bezeichnet man eine Mindestmenge, die zur Absicherung gegen unvorhergesehene Ereignisse nicht unterschritten werden sollte.
- Der *Meldebestand* steht für denjenigen Lagerbestand, bei dessen Erreichen eine Bestellung oder ein Fertigungsauftrag initiiert werden muß, damit unter Berücksichtigung der Beschaffungs- bzw. Fertigungsdauer keine Fehlmengen auftreten oder der Sicherheitsbestand nicht unterschritten wird.

Teileklassifikation

Die Anzahl der Teile, die in der Materialwirtschaft zu berücksichtigen sind, ist meist sehr groß. Bereits in einem mittleren Fertigungsbetrieb können mehrere zehntausend Teile zu führen sein. Eine typische Größenordnung ist zum Beispiel 80000 Teile bei einem mittelständischen Hersteller von Transportanlagen (KERN95). Das Verhältnis von Eigenfertigungs- zu Fremdbezugsteilen kann, wie in einem Beispiel von Scheer, etwa 10000 zu 30000 betragen (SCHE76). Bei einem breiten Erzeugnisspektrum sind 100000 Teile und mehr keine Seltenheit.

Nicht alle Teile haben die gleiche Bedeutung. Manche repräsentieren einen hohen Wert, andere sind weniger wichtig. Deshalb ordnet man die Teile oft anhand ihres Lagerwerts drei Gruppen zu: A-Teile, B-Teile und C-Teile.

ABC-Analyse

Sogenannte *ABC-Analysen* in der Praxis ergeben oft ein ähnliches Bild. Typische Verhältnisse sind etwa so, daß

- ein kleiner Prozentsatz (ca. 10%) der Teile den Großteil des Gesamtwerts (ca. 65%),

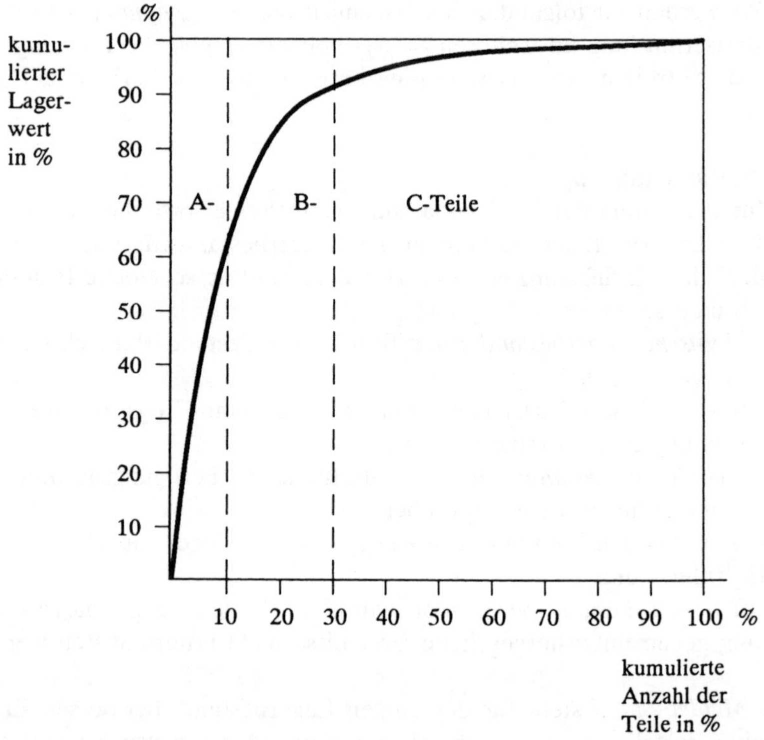

Abb. 3.3-1: Ergebnisse einer ABC-Analyse

- weitere 20% der Teile etwa 25% des Gesamtwerts,
- die größte Zahl der Teile (ca. 70%) nur einen kleinen Anteil am Gesamtwert (ca. 10%)

ausmachen. Abbildung 3.3-1 zeigt eine grafische Darstellung dieses Sachverhalts in Form einer sogenannten Lorenz-Kurve. Sie verdeutlicht, daß viele Teile wertmäßig kaum ins Gewicht fallen und demnach auch großzügiger disponiert werden können, ohne daß die Lagerhaltungskosten allzu stark ansteigen, während es bei anderen Teilen sehr darauf ankommt, genaue Bedarfsmengen zu errechnen und die Kapitalbindungskosten niedrig zu halten.

3.3.1 Verbrauchsgesteuerte Materialdisposition

Dispositionsarten

Für die Ermittlung der Sekundärbedarfsmengen kommen zwei grundsätzlich unterschiedliche Vorgehensweisen in Betracht, die sich vom Rechenaufwand und von der Genauigkeit der Ergebnisse her erheblich unterscheiden:

- verbrauchsgesteuerte (oder stochastische) Disposition,
- bedarfsgesteuerte (oder programmgesteuerte, deterministische) Disposition.

Bei der verbrauchsgesteuerten Disposition werden die Sekundärbedarfe anhand des in der Vergangenheit beobachteten Materialverbrauchs geschätzt, während sie bei der bedarfsgesteuerten Disposition mit Hilfe der Stücklisten exakt berechnet werden. Der erste Weg ist mit weniger Aufwand verbunden, dafür aber mit Ungenauigkeiten behaftet. Um Unterbrechungen der Fertigung aufgrund von fehlendem Material zu vermeiden, müssen Sicherheitspuffer eingeplant werden, die die Lagerhaltungskosten erhöhen. Dies erscheint bei geringwertigen Teilen tragbar. Eine häufig anzutreffende Regelung ist deshalb die, daß C-Teile verbrauchsgesteuert und A- und B-Teile bedarfsgesteuert disponiert werden. Grundsätzlich ist es auch denkbar, daß ein bestimmtes Teil hauptsächlich bedarfsgesteuert und teilweise verbrauchsgesteuert disponiert wird oder umgekehrt.

C-Teile verbrauchsgesteuert, A- und B-Teile bedarfsgesteuert

Zur Prognose der zukünftigen Bedarfsmengen kann man sich grundsätzlich der gleichen Verfahren bedienen, die auch bei den Absatzprognosen im Rahmen der Produktionsprogrammplanung zum Einsatz kommen: gleitende Mittelwerte, exponentielle Glättung u. a. Die Vorhersagewerte sind dann Werte, die sich auf eine gesamte Periode, z. B. ein Quartal, beziehen. Bei gleichmäßigem Verbrauch über die Periode hinweg (stetiger Lagerabgang) kann man daraus durch Division durch die Periodenlänge den Verbrauch pro Zeiteinheit errechnen, also z. B. den Lagerabgang pro Tag; diese Größe wird auch „Lagerabgangsgeschwindigkeit" genannt.

Wenn der prognostizierte Bedarf ermittelt ist, sind als nächstes zwei Fragen zu klären:

1. Zu welchen Zeitpunkten soll jeweils eine Bestellung beim Lieferanten (für Fremdbezugsteile) bzw. ein Fertigungsauftrag (für Eigenfertigungsteile) initiiert werden?
2. Wie groß soll die Bestellmenge bzw. die zu produzierende Menge jeweils sein?

Die beiden Fragen sind nicht unabhängig voneinander. Je kürzer bei gegebenem Bedarf die Bestellintervalle sind, um so kleiner ist die Bestellmenge (bzw. Auftragsgröße) und umgekehrt. In der Praxis ist es ein gebräuchliches Verfahren, den *Bestellzeitpunkt* mit Hilfe eines Meldebestands s zu ermitteln. Wird bei einem Lagerabgang diese Grenze unterschritten, so wird eine Bestellung bzw. ein Auftrag der Menge Q initiiert. In der Terminologie der Lagerhaltungstheorie spricht man von einer *(s, Q)-Politik*. Andere Bestellpolitiken sind die sogenannte (s, S)-Politik (Bestellpunkt-Bestellgrenzen-Politik) und die (t, S)-Politik (Bestellrhythmus-Bestellgrenzen-Politik) (KIST01).

(s, Q)-Politik

Bei einer (s, Q)-Politik muß der Meldebestand s so bestimmt werden, daß er ausreicht, den Bedarf zu decken, bis die bestellte Menge eingegangen ist und ohne daß der Sicherheitsbestand angegriffen wird. Der wesentliche Einflußfaktor ist dabei die *Wiederbeschaffungszeit*. Diese setzt sich

Wiederbeschaffungszeit

wie folgt zusammen (MERT01):
- Vorbereitungszeit (Vorbereitung der Bestellung bzw. des Fertigungsauftrags),
- Lieferzeit (bei Fremdbezug) bzw. Durchlaufzeit (bei Eigenfertigung),
- Einlagerungszeit (von der Warenannahme bis zu dem Zeitpunkt, zu dem die Teile dem Lager entnommen werden können).

In grafischer Form sind die Zusammenhänge in Abbildung 3.3-2 veranschaulicht. Es ist ein linearer Verlauf des Lagerabgangs angenommen. Wenn t_w die Wiederbeschaffungszeit darstellt, dann muß bei Erreichen einer Bestandshöhe von s eine Bestellung bzw. ein Fertigungsauftrag veranlaßt werden. Als Puffer kann noch die Zeitspanne t_z dienen. Bei gleichbleibender Lagerabgangsgeschwindigkeit ließe sich etwa eine Lieferverzögerung bis zu dieser Dauer verkraften, ohne daß der Fertigungsfluß beeinträchtigt würde.

In einem PPS-System kann der *Meldebestand* mit den Lager- oder Teilestammdaten eines Teils gespeichert werden, sofern die Lagerabgangsgeschwindigkeit nicht allzu sehr schwankt. Beim Verbuchen einer Lagerentnahme braucht dann nur der Restbestand mit dem Meldebestand verglichen und bei Unterschreiten eine Bestellung bzw. ein Fertigungsauftrag initiiert zu werden. Von Zeit zu Zeit empfiehlt es sich, die Höhe des Meldebestands zu überprüfen und gegebenenfalls verändertem Verbrauchsverhalten anzupassen. Bei starken Schwankungen ist es dagegen nicht ratsam, den Meldebestand als Konstante zu führen; vielmehr sollte er in jeder Periode neu ermittelt werden, da sonst die Gefahr besteht, daß zu hohe Lagerbestände oder Fehlmengen auftreten.

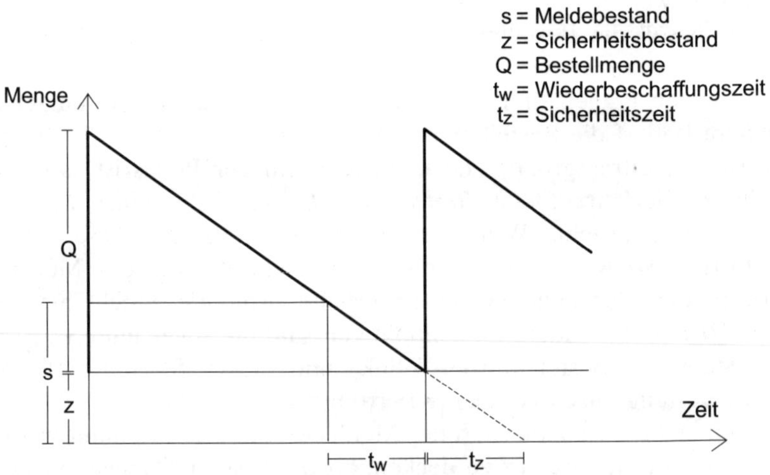

Abb. 3.3-2: Lagerbestandsverlauf bei gleichförmigem Lagerabgang

Gewisse Bedarfsschwankungen und Lieferverzögerungen lassen sich über den *Sicherheitsbestand* auffangen, dessen Höhe ebenfalls festzulegen ist. Ein großer Sicherheitsbestand bedeutet zwar bessere Absicherung gegen Risiken, aber auch dauerhaft höhere Lagerhaltungskosten. Diese könnten bei einem niedrigen Sicherheitsbestand wohl gesenkt werden; dafür steigt aber die Wahrscheinlichkeit, daß es wegen fehlenden Materials zu Stockungen oder Unterbrechungen der Produktion kommt. Die Höhe des Sicherheitsbestands wird also vor allem durch ein Abwägen zwischen Lagerhaltungskosten und Risikobereitschaft bestimmt.

Sicherheitsbestand: Abwägen zwischen Lagerhaltungskosten und Risikobereitschaft

Bestellmengen-/Losgrößenrechnung

Die zweite Aufgabe, die bei verbrauchsgesteuerter Disposition neben der Ermittlung der Meldebestände und Bestelltermine gelöst werden muß, ist die Berechnung der Bestellmengen und Fertigungsauftragsgrößen. Obwohl es sich im einen Fall um Fremdbezug und im andern um Eigenfertigung handelt, können grundsätzlich die gleichen Verfahren zum Einsatz kommen. In beiden Fällen sind gegenläufige Kostenbeziehungen zu beachten, und man versucht, die Bestellmengen bzw. Fertigungsauftragsgrößen so zu dimensionieren, daß die beeinflußbaren Kosten minimiert werden. Bei fremdbezogenen Teilen spricht man dann von „optimalen Bestellmengen“, bei eigengefertigten Teilen von „optimalen Losgrößen“. Als *Los* (oder Fertigungslos) bezeichnet man die Menge eines Teils, die zusammenhängend produziert wird.

Gegenläufige Kostenbeziehung

In den letzten Jahrzehnten wurde eine Vielzahl von Modellen und Methoden zur Berechnung optimaler Losgrößen entwickelt. Eine Bewertung von insgesamt 30 Lagerhaltungsmodellen auf der Grundlage umfangreicher Simulationsexperimente findet man in KNOL85. Vor allem in den sechziger Jahren war ein gewaltiger Boom in der Forschung zu verzeichnen. In der Praxis haben sich allerdings die wenigsten Vorschläge durchgesetzt. Dies lag nicht zuletzt daran, daß die Verhältnisse in der Realität, vor allem in der Fertigung, zum Teil äußerst komplex sind und zu sehr aufwendigen Modellen und Rechenverfahren führen, wenn sie angemessen abgebildet werden sollen. Verbreitung gefunden haben in den PPS-Systemen nur einige einfache Ansätze, von denen die folgenden kurz dargestellt werden:

Vielzahl von Modellen

- fester Periodenbedarf,
- klassisches Bestellmengen-/Losgrößenmodell,
- gleitende wirtschaftliche Losgröße,
- Stück-Perioden-Ausgleich.

(1) Fester Periodenbedarf

Bei diesem Verfahren verzichtet man auf eine Optimierungsrechnung und legt den Bedarf einer oder mehrerer Perioden als Bestellmenge bzw. Losgröße fest. Diese Größe kann zum Beispiel im Teilestammsatz gespeichert werden.

(2) Klassisches Bestellmengen-/Losgrößenmodell

Andler-Formel

Die wohl bekannteste Berechnungsvorschrift für optimale Bestellmengen und Losgrößen wird nach ihrem Erfinder auch Andler-Formel oder Wurzelformel genannt. Sie geht davon aus, daß der Bedarf für eine längere Planungsperiode (z. B. ein Jahr) bekannt ist und gleichförmig verläuft. Man spricht dann von „konstanter Lagerabgangsgeschwindigkeit"; d. h., in jeder Zeiteinheit des gesamten Planungszeitraums (z. B. jeden Tag) ist der Bedarf gleich. Das Ziel besteht darin, die Summe aus den gesamten bestellmengen- (bzw. losgrößen-) abhängigen Kosten im Planungszeitraum – dies sind insbesondere Lagerhaltungskosten – und den gesamten bestellmengen- (bzw. los-) fixen Kosten im Planungszeitraum – bei Eigenfertigung sind dies vor allem die Rüstkosten – möglichst niedrig zu halten.

Minimierung einer Kostenfunktion

Unter den Prämissen des Modells gelangt man durch Minimierung einer Kostenfunktion zur „optimalen" Bestellmenge bzw. Losgröße. Bezeichnet man mit

- K_l die gesamten bestellmengen- (bzw. losgrößen-) abhängigen Kosten im Planungszeitraum,
- K_r die gesamten bestellmengen- (bzw. los-) fixen Kosten im Planungszeitraum,
- k_l bestellmengen- (bzw. losgrößen-) abhängige Kosten pro Mengen- und Zeiteinheit,
- k_r fixe Kosten pro Bestellvorgang bzw. Auflage eines Loses,
- a Bestell- bzw. Auflagehäufigkeit im Planungszeitraum,
- T Länge des Planungszeitraums (Anzahl der Zeiteinheiten),
- y Gesamtbedarf im Planungszeitraum und
- x Bestellmenge bzw. Losgröße,

so erhält man zunächst für die bestellmengen- (bzw. los-) fixen Kosten

$$K_r = a\,k_r$$

bzw., da unter den Modellprämissen für die Bestell-/Auflagehäufigkeit $a = y/x$ gilt,

$$K_r = y/x\;k_r$$

Für die Lagerhaltungskosten und die anderen, von der Bestellmenge oder der Losgröße abhängigen Kosten ergibt sich:

$$K_l = x/2\;k_l\,T,$$

da bei dem unterstellten konstanten Lagerabgang der durchschnittliche Lagerbestand $x/2$ beträgt. In Abhängigkeit von der Bestellmenge oder Losgröße x erhält man daraus die gesamten entscheidungsrelevanten Kosten K:

$$K(x) = K_r + K_l = y/x\;k_r + x/2\;k_l\,T$$

Das Minimum dieser Funktion, differenziert nach x, liegt dann bei

$$x = \sqrt{\frac{2\,k_r\,y}{k_l\,T}}\,.$$

x ist die *optimale Bestellmenge* oder *Losgröße.* Sie muß im Planungszeitraum a-mal geordert bzw. aufgelegt werden, damit der Bedarf gedeckt werden kann. Die Anzahl a erhält man einfach aus a = y/x als

Optimale Losgröße

$$a = \sqrt{\frac{y\,k_l\,T}{2\,k_r}}$$

Die „Optimalität" der Menge x ist jedoch höchstens theoretisch gegeben. Sie liegt nur dann vor, wenn die restriktiven Prämissen des Modells auch erfüllt sind. Dies sind insbesondere:

Prämissen des Modells

- Es treten keine Kapazitätsrestriktionen bezüglich der Lieferfähigkeit (bei Fremdbezug) bzw. der Produktionsmöglichkeit (bei Eigenfertigung) und keine Lagerbeschränkungen auf.
- Der Bedarf ist für den gesamten Planungszeitraum mit Sicherheit bekannt.
- Er ist für alle Perioden gleich. Der Lagerabgang erfolgt in jeder Periode kontinuierlich mit der gleichen konstanten Geschwindigkeit.
- Die Einstandspreise bzw. die Herstellkosten pro Mengeneinheit werden als gegeben und unabhängig von der Menge vorausgesetzt.
- Bei Eigenfertigung wird unterstellt, daß die betreffende Produkt- oder Teileart keine Beziehungen zu Teilen auf anderen Fertigungsstufen aufweist, bzw. diese werden vernachlässigt.

Die Voraussetzungen dürften in der Praxis kaum einmal erfüllt sein. Nichtsdestoweniger zieht sich die Andler-Formel durch die gesamte PPS-Literatur und ist in zahlreichen PPS-Systemen als eine der Optionen enthalten.

(3) Gleitende wirtschaftliche Losgröße/Bestellmenge

Die Unterstellung des bekannten Gesamtbedarfs und seiner gleichmäßigen Verteilung auf alle Perioden des Planungszeitraums wird beim Verfahren der gleitenden wirtschaftlichen Losgröße (bzw. Bestellmenge) fallengelassen. Dieses ist ein Näherungsverfahren, welches die Minimierung der Stückkosten anstrebt.

Minimierung der Stückkosten

Betrachtet man zunächst einen einzelnen Bedarf y_j einer Periode j, der in Periode i ($i \leq j$) beschafft oder gefertigt wird, dann betragen die Lagerhaltungskosten für diesen Bedarf

$$k_l\,y_j\,(j-i)\,.$$

Wenn man die Bedarfe der Perioden i bis t ($i \leq t$) zu einer Bestellung (Los) zusammenfaßt, entstehen somit Lagerhaltungskosten in Höhe von

$$k_l \sum_{j=i}^{t} y_j(j-i).$$

Die gesamten Kosten der Perioden i bis t, die mit K_{it} bezeichnet seien, betragen dann

$$K_{it} = k_r + k_l \sum_{j=i}^{t} y_j(j - i).$$

Bezogen auf eine Mengeneinheit entsprechen diesen die Stückkosten

$$k_{it} = \frac{K_{it}}{\sum_{j=i}^{t} y_j}.$$

Man geht nun schrittweise von einer Periode zur nächsten und faßt so lange Periodenbedarfe zusammen, bis k_{it} sein Minimum erreicht hat. Anders ausgedrückt wird derjenige Wert von t gesucht, für den sich

$$k_{it} < k_{it+1}$$

Optimale Losgröße

ergäbe, wenn noch ein weiterer Periodenbedarf y_{t+1} hinzugefügt würde. Hat man dieses t ermittelt, so beträgt die optimale Bestellmenge (oder Losgröße)

$$x = \sum_{j=i}^{t} y_j.$$

Das Verfahren der gleitenden wirtschaftlichen Losgröße (Bestellmenge) ist auf die Gegebenheiten der Praxis recht gut anwendbar, wenn die Bedarfsmengen der einzelnen Perioden und die Kostenansätze k_r und k_l bekannt sind. Es weist allerdings den theoretischen Nachteil auf, daß die Minimierung der Kosten pro Stück nicht zwingend auch die Minimierung der Gesamtkosten im Planungszeitraum bedeutet.

(4) Stück-Perioden-Ausgleich

Minimierung der Kosten pro Los

Die Zielsetzung Minimierung der Kosten pro Los bzw. Bestellmenge verfolgt ein Näherungsverfahren, das unter dem Namen Stück-Perioden-Ausgleich („Part-period algorithm") bekannt ist (DEMA68). Es geht von der Eigenschaft des klassischen Bestellmengenmodells aus, daß nämlich im Optimum die Lagerhaltungskosten K_l und die bestellfixen Kosten K_r gerade gleich sind. Dies sieht man unmittelbar, wenn man die erste Ableitung der Kostenfunktion

$$K(x) = y/x\ k_r + x/2\ k_l\ T$$

bildet und gleich null setzt. Dann ergibt sich

$$y/x\, k_r = x/2\, k_l\, T.$$

Die linke Seite der Gleichung enthält die bestellfixen Kosten K_r, die rechte Seite die Lagerhaltungskosten K_l.

Lagerhaltungskosten gleich den losfixen Kosten

Beim Verfahren des Stück-Perioden-Ausgleichs überträgt man diese Eigenschaft auf eine diskrete Betrachtungsweise mit einzelnen Periodenbedarfen. Das Optimum muß näherungsweise dann an der Stelle liegen, wo die Lagerhaltungskosten einer Bestellung bzw. eines Loses gleich den bestell- bzw. losfixen Kosten sind:

$$k_l \sum_{j=i}^{t} y_j(j-i) = k_r\,.$$

Wenn man die Gleichung umformt, erhält man auf beiden Seiten Ausdrücke, welche die Dimension „Stück * Perioden" aufweisen (daher resultiert auch die Bezeichnung des Verfahrens):

$$\sum_{j=i}^{t} y_j(j-i) = \frac{k_r}{k_l}\,.$$

Wie bei der gleitenden wirtschaftlichen Losgröße schreitet das Verfahren nun so voran, daß jeweils ein weiterer Periodenbedarf y_{t+1} probeweise hinzugefügt und überprüft wird, ob die linke Seite noch kleiner als die rechte Seite ist. Gilt einmal

$$k_l \sum_{j=i}^{t+1} y_j(j-i) > k_r\,,$$

Optimale Losgröße

dann ist das Optimum überschritten. Die zu beschaffende bzw. herzustellende Menge beträgt

$$x = \sum_{j=i}^{t} y_j\,.$$

Geringe Sensitivität des Optimums

Da das „Optimum" einer Bestellmengen- oder Losgrößenrechnung grundsätzlich nicht sehr sensibel auf Mengenänderungen reagiert, ist es nicht allzu gravierend, wenn die bestellfixen und die bestellmengenabhängigen Kosten bei der gewählten Menge nicht exakt gleich sind. Insbesondere wirken sich Veränderungen der Menge nach oben weniger auf die Kosten aus als Mengenreduktionen. Im klassischen Modell führt eine Erhöhung der Bestellmenge um die Hälfte ebenso wie eine Verringerung um ein Drittel nur zu einem Anstieg der Kosten um 8%. Bei den beiden letztgenannten Verfahren kann es also durchaus günstiger sein, noch einen weiteren Bedarf hinzuzunehmen, wenn dadurch die „optimale" Menge leicht über- statt unterschritten wird.

Abschließend muß darauf hingewiesen werden, daß die Bedeutung der Losgrößenbildung nicht überbewertet werden sollte, da die Kosten, die auf diese Weise beeinflußt werden können, insgesamt nur einen relativ kleinen Prozentsatz der Produktionskosten ausmachen.

3.3.2 Bedarfsgesteuerte Materialdisposition

Sekundärbedarf wird exakt berechnet

Die bedarfs- oder programmgesteuerte Disposition wird auch deterministisch genannt, weil die berechneten Sekundärbedarfsmengen nicht Schätzunsicherheiten unterliegen, sondern mit Sicherheit auftreten werden – unter der Voraussetzung, daß der Primärbedarf wie erwartet eintritt. Der Sekundärbedarf wird hier entsprechend der Zusammensetzung der Teile, die in den Stücklisten zum Ausdruck kommt, *exakt* berechnet. Ausgehend von dem aus der Produktionsprogrammplanung gegebenen Primärbedarf werden mit Hilfe der gespeicherten Erzeugnisstrukturdaten genau diejenigen Mengen an untergeordneten Teilen abgeleitet, die zur Herstellung des Primärbedarfs erforderlich sind.

Stücklisten-auflösung

Die Bedarfsermittlung über Stücklisten nennt man auch *Stücklistenauflösung*. Programme zur Stücklistenauflösung bezeichnete man früher als *Stücklistenprozessoren*. Sie waren die Vorläufer der heutigen PPS-Systeme und stellen auch heute noch den Kern vieler Systeme dar.

Anders als bei der verbrauchsgesteuerten Bedarfsermittlung, bei der im wesentlichen jedes Teil für sich allein betrachtet und disponiert wird, muß bei der bedarfsgesteuerten Vorgehensweise der Zusammenhang zwischen den Teilen unmittelbar beachtet werden. Aufgrund des Über-/Unterordnungsverhältnisses haben Mengenentscheidungen einer höheren Stufe Auswirkungen auf tiefere Stufen. Wenn etwa in Abbildung 3.3-3 die Losgröße bei Baugruppe A verdoppelt wird, dann erhöht sich auch der Sekundärbedarf an Teilen, die in diese Baugruppe eingehen (D und E), zum Zeitpunkt der Fertigung des Loses im entsprechenden Umfang. Ist andererseits noch Lagerbestand der Baugruppe C vorhanden, reduziert sich nicht nur der zu fertigende Bedarf bei C, sondern auch bei allen untergeordneten Teilen, die direkt oder indirekt in die Baugruppe eingehen (G, H, I, J).

Aufgaben

Das Beispiel verdeutlicht bereits, daß Brutto- und Nettobedarfsrechnung sowie Losgrößenbildung bei der bedarfsgesteuerten Disposition nicht unabhängig voneinander gesehen werden können. Grundsätzlich müssen für jedes Teil folgende Aufgaben gelöst werden:

- Bruttobedarfsermittlung,
- Nettobedarfsermittlung,
- Losgrößenplanung,
- Sekundärbedarfsermittlung,
- Vorlaufverschiebung.

Bei den Blättern des Erzeugnisstrukturbaums entfallen die beiden letzten Punkte. Die Aufgaben werden nachfolgend erläutert.

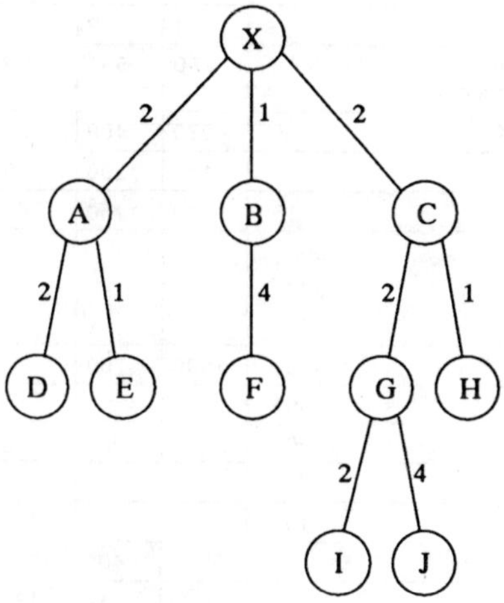

Abb. 3.3-3: Erzeugnisstruktur (Beispiel)

(1) Bruttobedarfsermittlung

Ausgangspunkt für den Bruttobedarf ist zunächst bei Endprodukten und verkaufsfähigen Zwischenprodukten der Primärbedarf, bei Teilen tieferer Stufen der von höheren Stufen abgeleitete Sekundärbedarf. Zu diesem können eventuell noch weitere Komponenten hinzukommen, z. B. Ersatzteilbedarf, der auf Erfahrungswerten beruht, oder Bedarfsmengen, die verbrauchsgesteuert disponiert wurden (MERT01).

(2) Nettobedarfsermittlung

Disponierbare Lagerbestände

Vom Bruttobedarf eines Teils sind die disponierbaren Lagerbestände abzuziehen. Auch bei programmgesteuerten Teilen können Lagerbestände vorkommen, zum Beispiel dann, wenn eine verbrauchsgesteuerte Komponente existiert oder wenn Lageraufträge gefertigt werden, um Lücken in der Kapazitätsauslastung zu schließen. Je nachdem, wie differenziert die Lagerbestände geführt werden, sind Sicherheitsbestände, Werkstattbestände, Reservierungen und Bestellbestände zu berücksichtigen. Wenn Ausschuß zu erwarten ist, muß darüber hinaus der Nettobedarf noch mit dem voraussichtlichen Ausschußfaktor multipliziert werden.

Brutto- und Nettobedarfsrechnung

Ein ausgefeiltes Schema einer Brutto- und Nettobedarfsrechnung, das MERT97 entnommen wurde, ist in Abbildung 3.3-4 wiedergegeben. Die erwähnten Einflußfaktoren sind dort mit einem Zahlenbeispiel unterlegt und nach Perioden differenziert.

(3) Losgrößenplanung

Gleiche Verfahren wie in Abschnitt 3.3.1

Wenn die Nettobedarfe für eine gewisse Zahl von Perioden feststehen, können sie entweder unmittelbar als Vorgabe für die Bedarfsermitt-

Perioden-Nr.		1	2	3	4	5	6
Gesamter Sekundärbedarf einer Baugruppe (aus Stücklistenauflösung)		700	550	1300	800	900	700
+ Verbrauchsgesteuerter Bedarf		270	400	300	140	340	250
+ Primärbedarf (Ersatzteile)		130	200	100	60	160	50
= Bruttobedarf		1100	1150	1700	1000	1400	1000
Lagerbestand	3000						
- Sicherheitsbestand	300						
- Reservierungen *)	900						
= Verfügbarer Bestand	1800	1800	700		300	600	
Bestellbestand	900						
- Erwarteter Ausschuß (10%)	90						
- Zugänge aus Recycling			50			100	
= Disponierbarer Bestellbestand	810			450	360		
= Nettobedarf (Zwischensumme)		-	400	1250	340	700	1000
+ Zusatzbedarf (gerundet) für Ausschuß (10%, Faktor 0,11)		-	44	137	37	77	110
= Erweiterter Nettobedarf		-	444	1387	377	777	1110
Losgrößenbestimmung		-	2208	-	-	1887	

Periodengerechter Bedarf für die weitere Verplanung bzw. Auflösung

*) Dieser Reservierungsbestand wird in den Perioden 4 und 5 zu verfügbarem Lagerbestand.

Abb. 3.3-4: Schematische Darstellung der bedarfsgesteuerten Disposition für ein Teil (aus MERT01)

lung der nächsttieferen Stufe verwendet oder zunächst zu Fertigungslosen gebündelt werden. In Abbildung 3.3-4 wurden die Nettobedarfe der Perioden 2, 3, 4 und der Perioden 5, 6 jeweils zu einem Los zusammengefaßt.

Für die Losbildung kommen grundsätzlich die gleichen Verfahren zum Einsatz, die in Abschnitt 3.3.1 besprochen wurden. Dies ist vom theoretischen Standpunkt aus problematisch, da die Prämissen, auf denen die „Optimalität" einer Losgröße basiert, zum großen Teil nicht erfüllt sind. Während man bei der verbrauchsgesteuerten Disposition die Teile noch weitgehend für sich allein betrachtet, ist dies bei der programmgesteuerten Disposition nicht möglich. Die Losbildung auf einer bestimmten Fertigungsstufe hat nämlich Auswirkungen auf die Disposition aller Teile, die dem betrachteten Teil untergeordnet sind. Dieses Problem wird weiter unten in Zusammenhang mit den Abbildungen 3.3-6 und 3.3-7 erörtert.

(4) Sekundärbedarfsermittlung

Stücklisten

Ausgehend von den gegebenenfalls zu Fertigungslosen gebündelten Nettobedarfsmengen können nun die Sekundärbedarfe abgeleitet werden.

Dazu werden die Stücklisten herangezogen. Durch Multiplikation mit den gespeicherten Mengenkoeffizienten erhält man die Bedarfsmengen derjenigen Teile, die direkt in das übergeordnete Teil eingehen. Nehmen wir an, in Abbildung 3.3-4 sei die Baugruppe C (vgl. Abbildung 3.3-3) disponiert worden; Abbildung 3.3-5 führt dann das Beispiel um die Sekundärbedarfsermittlung bezüglich der beiden Teile G und H fort.

(5) Vorlaufverschiebung

Wenngleich im Rahmen der Materialwirtschaft die Mengenplanung im Vordergrund steht, empfiehlt es sich doch, den Terminaspekt der Produktionsplanung nicht ganz außer acht zu lassen. Da die Durchführung eines Fertigungsauftrags eine gewisse Zeit in Anspruch nimmt, müssen die Sekundärbedarfe um diese Zeitspanne früher bereitstehen. Wenn etwa die Fertigung eines Loses von C vierzehn Tage dauert, dann werden die Teile G und H, die in C eingehen, vierzehn Tage früher benötigt als C.

Grobes Zeitraster durch Vorlaufverschiebung

Mit Hilfe der Vorlaufverschiebung versucht man, bereits das Mengengerüst der Planung mit einem groben Zeitraster zu versehen. Dies ist jedoch nicht ohne weiteres möglich, da Entscheidungen, die die genauen Produktionstermine betreffen, im Planungsprozeß meist erst zu einem späteren Zeitpunkt fallen. Man behilft sich deshalb mit Erfahrungswerten und groben Schätzungen. Je nach Informationsstand und Sicherheit der Erwartungen werden in der Praxis verschiedene Vorgehensweisen angewendet:

Periode	1	2	3	4	5	6
Nettobedarf C (nach Losbildung)	-	2208	-	-	1887	-
Sekundärbedarf G	-	4416	-	-	3774	-
nach Vorlaufverschiebung	4416 ←	-	-	3774 ←	-	-
Sekundärbedarf H	-	2208	-	-	1887	-
nach Vorlaufverschiebung	2208 ←	-	-	1887 ←	-	-

Abb. 3.3-5: Sekundärbedarfsermittlung und Vorlaufverschiebung nach Losbildung

• Die Durchlaufzeit des Loses der höheren Fertigungsstufe (im Beispiel: C) wird unter Beachtung von Rüst-, Übergangs- und Bearbeitungszeiten in Abhängigkeit von der Losgröße berechnet. Dazu müssen die Arbeitsplan- und Betriebsmitteldaten herangezogen werden. Die Sekundärbedarfe werden dann um die Durchlaufzeit in Richtung Gegenwart vorverschoben.
• Als Vorlaufverschiebung wird pauschal für alle Teile einer Fertigungsstufe der gleiche Wert festgelegt, z. B. ein Wert, der als Mittelwert der Vergangenheit beobachtet wurde.
• Man arbeitet mit einer pauschalen Vorlaufverschiebung (z. B. ein oder zwei Perioden), die für alle Teile und Fertigungsstufen gleich ist.

Pauschale Verschiebungen

Der erste Weg ist zweifellos der genaueste, sofern die Komponenten der Durchlaufzeit mit hinreichender Sicherheit vorhergesagt werden können. Dies ist jedoch häufig nicht möglich, setzt es doch voraus, daß im Prinzip eine vollständige Durchlauf- und eventuell sogar eine Kapazitätsterminierung durchgeführt wird. Deshalb verwendet man oft pauschale Vorlaufverschiebungen pro Fertigungsstufe oder über alle Stufen hinweg.

In dem Beispiel der Abbildung 3.3-5 wurde eine Vorlaufverschiebung von einer Periode angenommen. Die so terminierten Bedarfe gehen nun, sofern es sich nicht um Einzelteile handelt, in die weitere Auflösung ein. Für die Baugruppe G des Beispiels würden die Schritte Brutto- und Nettobedarfsermittlung, Losgrößenplanung, Sekundärbedarfsermittlung und Vorlaufverschiebung wie eben beschrieben durchlaufen.

Konsequenzen der Losbildung

An dieser Stelle sei nochmals auf die Problematik der Losbildung hingewiesen. Wenn auf einer höheren Fertigungsstufe Einzelbedarfe zu Losen zusammengefaßt werden, verändert dies die Mengen- und Zeitplanung aller direkt oder indirekt untergeordneten Teile.

Zur Erläuterung wird das Beispiel der bedarfsgesteuerten Disposition aus Abbildung 3.3-4 aufgegriffen. Wenn *keine* Losbildung erfolgt, erhält man unter Berücksichtigung der Vorlaufverschiebung die in Abbildung 3.3-6 dargestellten Sekundärbedarfsmengen und -termine für die Teile G und H. Werden dagegen Lose gebildet, rücken die Bedarfstermine der tieferen Teile näher in Richtung Gegenwart, und die Bedarfsmengen werden in manchen Perioden höher, während sie in anderen gleich null sind. Abbildung 3.3-5 zeigte bereits diesen Fall.

Erhöhte Lagerhaltungskosten

Die Losbildung bei dem betrachteten Teil C kann auf der tieferen Stufe für G und H erhöhte Lagerhaltungskosten implizieren. Ihnen stehen nicht zwingend auch Einsparungen bei den losfixen Kosten in ausreichendem Maß entgegen, da sie von den üblichen Losgrößenmodellen nicht erfaßt werden. Streng genommen müßten bei der Losbildung auch die Auswirkungen auf untergeordnete Teile berücksichtigt und die Losgrößen auf allen Stufen simultan berechnet werden. Im Operations Research wurden dazu Modelle formuliert; sie fanden aber in der Praxis keine Verbreitung.

Periode	1	2	3	4	5	6
Nettobedarf C (ohne Losbildung)	-	444	1387	377	777	1110
Sekundär-bedarf G	-	888	2774	754	1554	2220
nach Vorlauf-verschiebung	888	2774	754	1554	2220	-
Sekundär-bedarf H	-	444	1387	377	777	1110
nach Vorlauf-verschiebung	444	1387	377	777	1110	-

Abb. 3.3-6: Sekundärbedarfsermittlung und Vorlaufverschiebung ohne Losbildung

Das oben erwähnte Problem, daß mit der Festlegung einer Losgröße auch Unterstellungen bezüglich der Produktionstermine getroffen werden, tritt nun nicht nur bei dem gerade betrachteten Teil auf. Auch die Betriebsmittel, auf denen die untergeordneten Teile gefertigt werden, müssen genau zu den Terminen verfügbar sein, die eine Fertigstellung noch zum Bedarfstermin erlauben.

Kapazitätsverfügbarkeit

Zur Veranschaulichung sei vereinfachend angenommen, daß das Teil H nur auf einem Betriebsmittel gefertigt werde und der Kapazitätsbedarf näherungsweise proportional zur Bedarfsmenge sei. Damit ergibt sich etwa eine Verteilung des Kapazitätsbedarfs wie im oberen Teil der Abbildung 3.3-7. Durch die Losbildung wird mehr Kapazität in den Perioden 1 und 4 benötigt. Das bedeutet letztlich, daß die Fertigung auf der höheren Stufe (Teil C) in den geplanten Losgrößen nur dann realisiert werden kann, wenn die erforderliche Kapazität für das Teil H der tieferen Stufe in den Perioden 1 und 4 auch zur Verfügung steht.

Zusammenhang zwischen Losgrößen und Kapazitätsbedarf

Der Zusammenhang zwischen Losgrößen und Kapazitätsbedarf muß grundsätzlich beachtet werden. Er gilt natürlich auch für die Losbildung bei Teil C selbst, die nur sinnvoll ist, wenn keine Kapazitätsüberlast bei den Betriebsmitteln auftritt, auf denen C gefertigt wird, und weiterhin auch für die eventuell zu bildenden Lose für G und H. In den PPS-Systemen werden derartige teile- oder fertigungsstufenübergreifende Zusammenhänge meist ignoriert. Die Losbildung nach den oben beschriebenen Verfahren betrachtet in der Regel jeweils nur isoliert ein bestimmtes Teil auf einer Fertigungsstufe.

In einigen betriebswirtschaftlichen Modellen wurde die Interdependenz zwischen Losgrößen und Kapazitäten explizit berücksichtigt. Aus den

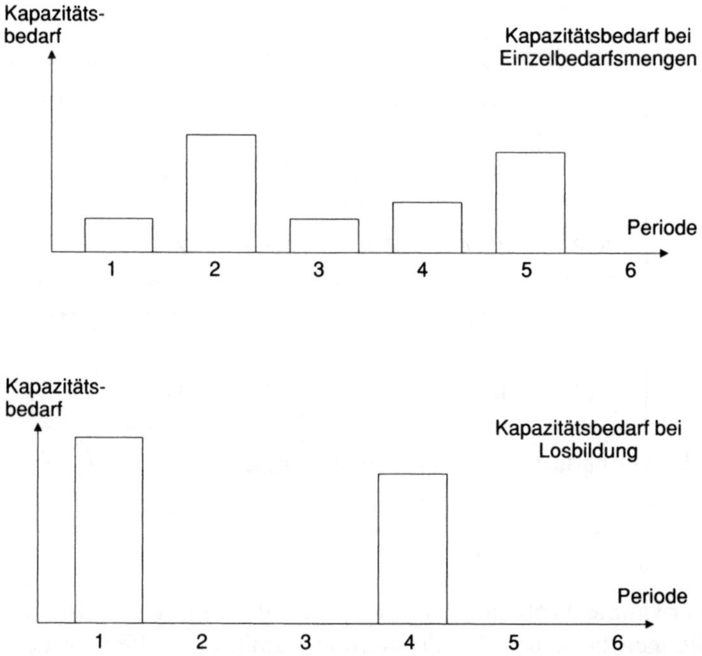

Abb. 3.3-7: Konsequenzen der Losbildung für den Kapazitätsbedarf

bereits genannten Gründen gelangen diese Modelle aber kaum zum Einsatz. In der Praxis genügt es in vielen Fällen auch, die Grobplanung der Produktionsmengen zunächst unabhängig von der Kapazitätsplanung durchzuführen. Dies gilt insbesondere dann, wenn das Produktionsprogramm einigermaßen sicher feststeht, der Bedarf mehr oder weniger gleichförmig verläuft und die verfügbaren Produktionskapazitäten im längeren Schnitt mit dem Kapazitätsbedarf übereinstimmen.

Fertigungsstufen und Dispositionsstufen

Bei der Bedarfsauflösung über die gespeicherten Stücklistenstrukturen unterscheidet man eine Vorgehensweise nach Fertigungsstufen und nach Dispositionsstufen (MERT01).

Fertigungsstufenverfahren

Beim *Fertigungsstufenverfahren* werden die Erzeugnisstrukturbäume jeweils einzeln für sich von oben nach unten abgearbeitet. Wenn ein Teil in einer Erzeugnisstruktur (oder in verschiedenen Strukturen) mehrmals vorkommt, wird es auch mehrmals behandelt. In Abbildung 3.3-8 (oben) liegt dieser Fall bezüglich der Teile C, D und E vor. Dies bedeutet unter anderem, daß bei der Nettobedarfsrechnung eventuell vorhandene Lagerbestände zuerst zur Bedarfsdeckung bei den Teilen abgesetzt werden, die

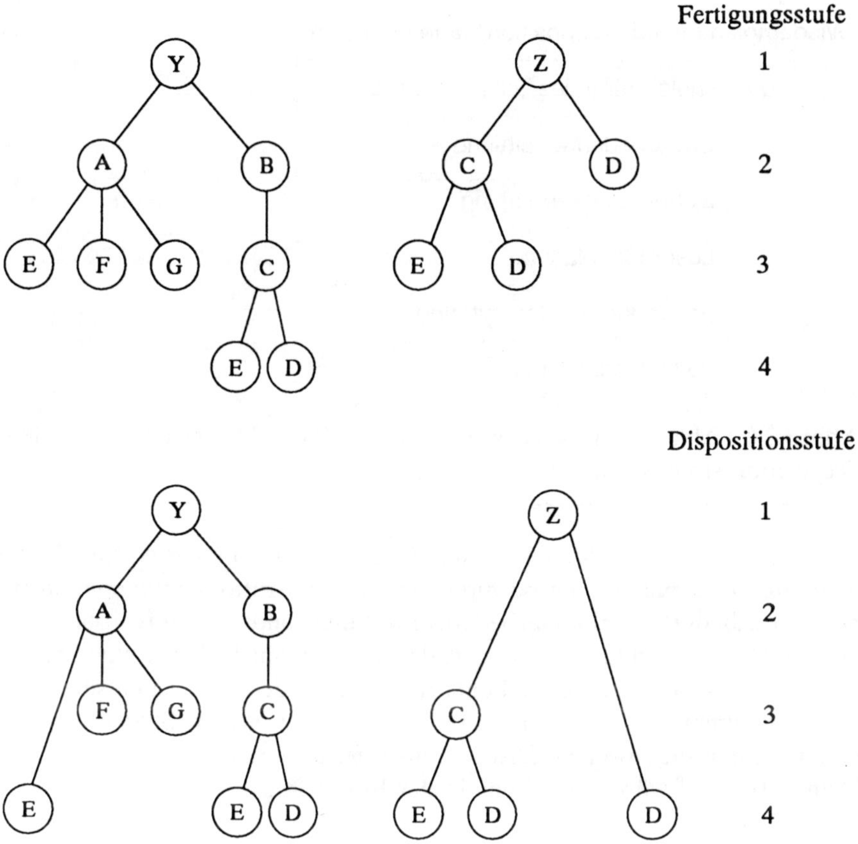

Abb. 3.3-8: Erzeugnisstrukturdarstellungen nach Fertigungs- und Dispositionsstufen

auf höheren Fertigungsstufen stehen, und Nettobedarf eher bei den tieferen Teilen ausgewiesen wird. Da die Fertigung auf einer niedrigeren Fertigungsstufe im allgemeinen aber der Fertigung auf höheren Stufen zeitlich vorgelagert ist, würde in einem solchen Fall unter Umständen ein Produktionsvorgang veranlaßt, obwohl zum Bedarfszeitpunkt tatsächlich noch Lagerbestand vorhanden ist.

Dispositionsstufenverfahren

Beim *Dispositionsstufenverfahren* werden die Erzeugnisstrukturen deshalb anders organisiert, nämlich nach den sogenannten Dispositionsstufen. Darunter versteht man die tiefste Fertigungsstufe, auf der das betrachtete Teil in irgendeiner Erzeugnisstruktur vorkommt. Ein Algorithmus zur Erzeugung von Dispositionsstufen ist in KURB83 angegeben. Im Beispiel der Abbildung 3.3-8 erhalten die Teile D und E die Dispositionsstufe 4 und Teil C die Stufe 3.

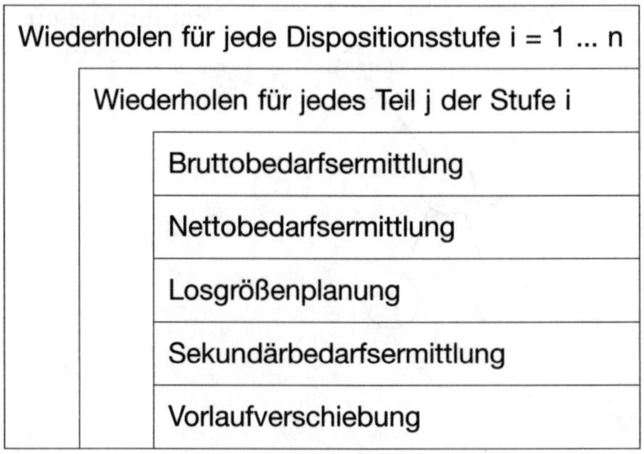

Abb. 3.3-9: Ablauf der bedarfsgesteuerten Materialdisposition nach dem Dispositionsstufenverfahren

Die Bedarfsermittlung läuft dann dispositionsstufenweise ab. Zuerst wird für alle Teile der Dispositionsstufe 1 die Brutto-/Nettobedarfsrechnung, Losbildung, Sekundärbedarfsermittlung und Vorlaufverschiebung durchgeführt. Abbildung 3.3-9 zeigt den Grobablauf in Form eines Struktogramms. Die abgeleiteten Sekundärbedarfe werden bei den entsprechenden Teilenummern gesammelt und erst dann der weiteren Behandlung zugeführt, wenn die jeweilige Dispositionsstufe an der Reihe ist. In unserem kleinen Beispiel würden die Teile in der Reihenfolge

Stufe 1: Y, Z,
Stufe 2: A, B,
Stufe 3: C, F, G und
Stufe 4: D, E

abgearbeitet. Die Teile der nächsten Dispositionsstufe kommen erst dann zum Zuge, wenn die vorige Dispositionsstufe abgeschlossen ist.

Pflegeaufwand für die Dispositionsstufen

Auf diese Weise können Fehldispositionen wie die inadäquate Zuordnung von Lagerbeständen vermieden werden. Gegenüber dem Fertigungsstufenverfahren müssen jedoch zwei Nachteile beachtet werden: Erstens steigt tendenziell die Kapitalbindung, da das Auseinanderziehen der Erzeugnisstrukturbäume in Richtung auf die tieferen Fertigungsstufen hin impliziert, daß Teile, die erst später benötigt werden, schon relativ früh gefertigt und gelagert werden müssen. Zweitens ist der Pflegeaufwand für die Dispositionsstufen zu berücksichtigen. Jedesmal, wenn ein neues Teil in die Datenbasis aufgenommen wird, muß nicht nur seine Dispositionsstufe ermittelt werden, sondern auch bei schon vorhandenen Teilen geprüft werden, ob die Dispositionsstufe noch stimmt. Ähnlich verhält es sich, wenn ein Teil aus der Datenbasis gelöscht wird.

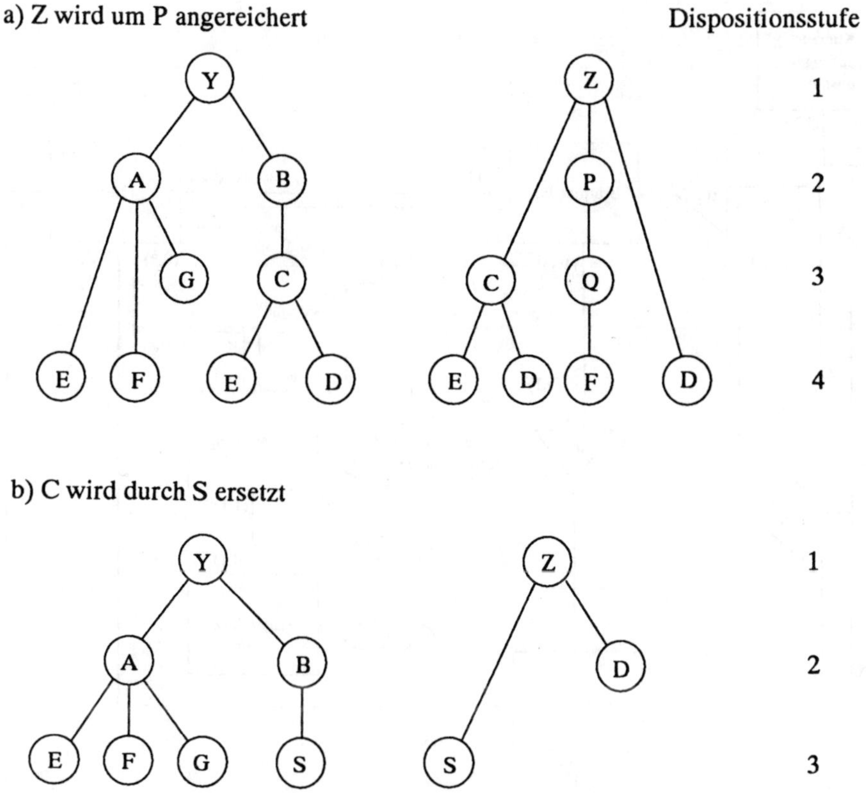

Abb. 3.3-10: Dispositionsstufenänderungen

In Abbildung 3.3-10 sind die beiden Fälle dargestellt. Im oberen Teil der Abbildung ist angenommen, daß das Endprodukt Z um ein Teil P angereichert wird. In P geht Q ein, welches seinerseits F enthält. Damit verändert sich die Dispositionsstufe des Teils F, welches bereits in der Erzeugnisstruktur von Y vorhanden war.

Teil b) der Abbildung zeigt den Fall, daß die Baugruppe C nicht mehr selbst gefertigt, sondern durch ein zugekauftes Teil S ersetzt wird. Die Teile D und E rücken wieder nach oben; ihre Dispositionsstufe ist nun gleich der Fertigungsstufe.

3.3.3 Datenstrukturen der Materialwirtschaft

Die Zusammenhänge zwischen den Teilgebieten der Materialwirtschaft unter Berücksichtigung der Primärbedarfe sollen im folgenden auch anhand der Datenstrukturen erläutert werden. Wir beschränken uns auf die zentralen Entity- und Beziehungstypen, ohne auf alle denkbaren Strukturen einzugehen, die bei den verschiedenen Modellen, Methoden

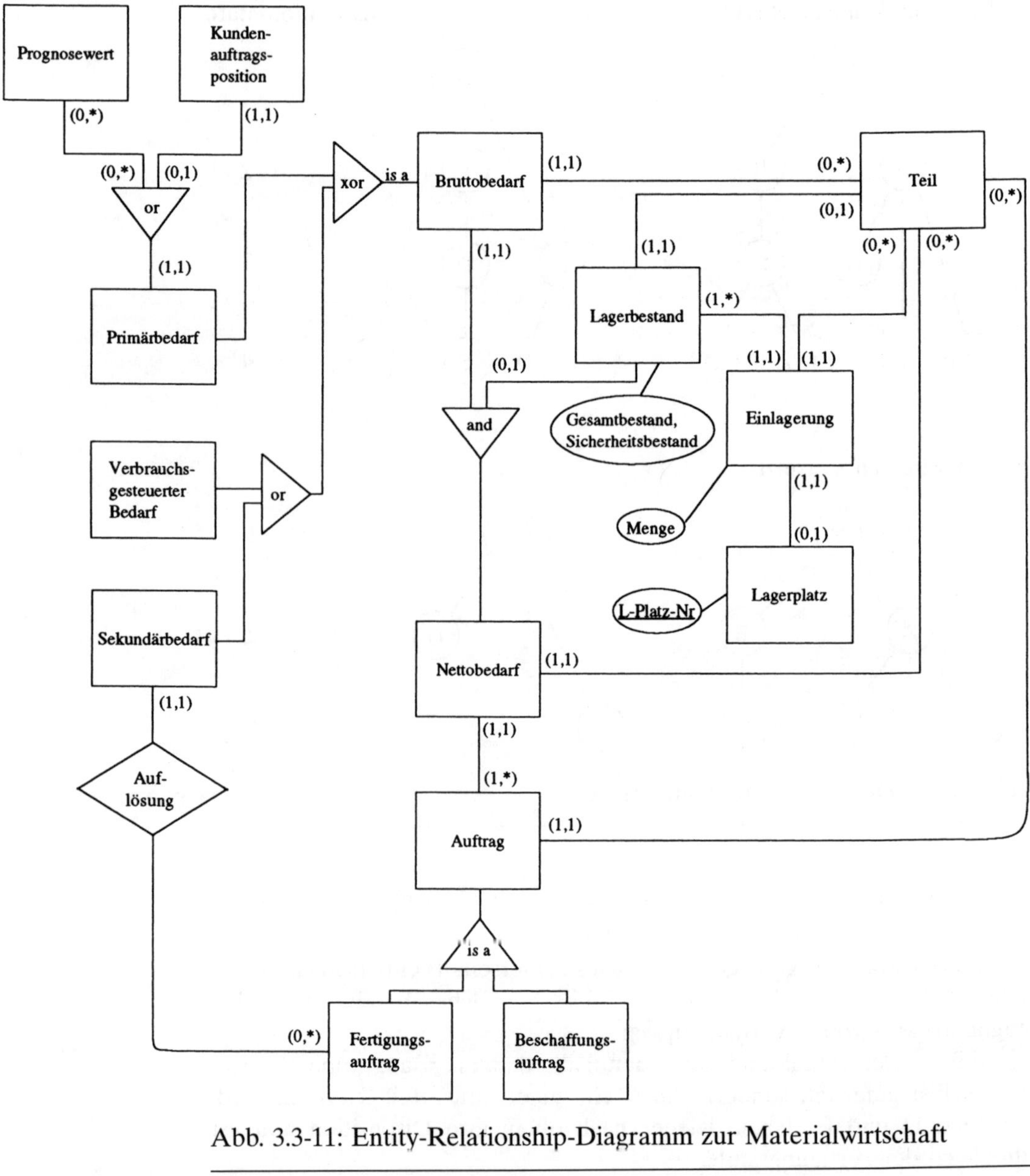

Abb. 3.3-11: Entity-Relationship-Diagramm zur Materialwirtschaft

und Vorgehensweisen der Primär- und Sekundärbedarfsermittlung auftreten können.

In Abbildung 3.3-11 ist ein diesbezüglich vereinfachtes Entity-Relationship-Diagramm angegeben. Aus Gründen der Übersichtlichkeit sind nur die logischen Verknüpfungen, der Beziehungstyp „Auflösung" und ein „is a"-Beziehungstyp explizit mit dem Rautensymbol gezeichnet.

Primärbedarf

Der Entity-Typ „Primärbedarf" weist Beziehungen zu den Typen „Prognosewert" und „Kundenauftragsposition" auf. (Der letztere wird nicht in diesem Kapitel, sondern in Kapitel 4 behandelt.) Bei dem hier zugrundeliegenden Unternehmenstyp sind Prognosen die primäre Quelle des Primärbedarfs. Je nach Prognoseverfahren und Zeitrasterung kann ein Prognosewert gleich einem Primärbedarfswert sein oder in mehrere Primärbedarfswerte eingehen. Umgekehrt ist es möglich, daß ein Primärbedarfswert auf mehreren Prognosewerten basiert. Deshalb ist die Kardinalität in beiden Richtungen (0,*).

In den materialwirtschaftlichen Verfahrensweisen werden die Primärbedarfe grundsätzlich nicht anders als die über Stücklistenauflösung abgeleiteten Sekundärbedarfe oder die verbrauchsgesteuert berechneten Bedarfe behandelt. Auch sie werden der Nettobedarfsermittlung, gegebenenfalls der Losbildung und der Sekundärbedarfsermittlung etc. unterzogen. Im Entity-Relationship-Modell wird deshalb generalisiert und der Entity-Typ „Bruttobedarf" eingeführt.

Nettobedarf

Der „Nettobedarf" entsteht aus dem Bruttobedarf, wie oben erläutert wurde (vgl. auch Abbildung 3.3-4), vor allem durch Abzug disponibler Lagerbestände, wenn man zur Vereinfachung von den anderen Faktoren (z. B. Ausschuß) einmal absieht.

Der Bezug zwischen Bruttobedarfen, Teilen und Lagerbeständen ist im rechten oberen Teil der Abbildung dargestellt. Dort wird im Prinzip von der Struktur der Lagerdaten ausgegangen, wie sie bei der Behandlung der PPS-Grunddaten vorgestellt wurde (vgl. Abschnitt 2.2.5 und Abbildung 2.2-29). Zur Vereinfachung wurde jedoch von der Berücksichtigung verschiedener Lagerungsformen abgesehen. Die gelagerten Teile befinden sich an den Lagerplätzen der Lagerorte. Der Entity-Typ „Einlagerung" beschreibt den Sachverhalt, daß Mengen eines Teils getrennt gelagert werden können; das wichtigste Attribut dieses Typs ist die Menge eines Teils, die jeweils an einem Lagerplatz lagert. Der vorhandene Gesamtbestand ergibt sich als Summe der Einzelmengen und wird im Entity-Typ „Lagerbestand" geführt.

Auftrag

Die Nettobedarfe werden unter Umständen zu größeren Einheiten zusammengefaßt. Bei Eigenfertigungsteilen sind dies die Fertigungsaufträge (Lose), bei Fremdbezugsteilen die Beschaffungsaufträge (Bestellmengen). Der Entity-Typ „Auftrag" stellt somit eine Generalisierung von „Fertigungsauftrag" und „Beschaffungsauftrag" dar. Wenn keine Bedarfszusammenfassung erfolgt, ist der (Einzel-) Nettobedarf gleich einem Auftrag.

Die Sekundärbedarfsermittlung auf dem Wege der Stücklistenauflösung wird nur für die (Eigen-) Fertigungsaufträge durchgeführt. Beschaffungsaufträge, die in das Bestellwesen gehen, werden hier nicht weiter betrachtet.

Die Herkunft der stochastisch ermittelten Bedarfsmengen (Entity-Typ „Verbrauchsgesteuerter Bedarf") ist in der Abbildung nicht weiter aufgeschlüsselt. Je nach Prognoseverfahren kämen hier zusätzliche Entity- und

Beziehungstypen hinzu, die für die statistische Auswertung der Vergangenheitsdaten und die Hochrechnung erforderlich sind (z. B. Zeitreihen der Verbrauchswerte).

Berücksichtigung der Zeit

Auf den Aspekt des Zeitbezugs soll abschließend hingewiesen werden. Die Plandaten sind in der Materialwirtschaft, aber auch in den anderen PPS-Bereichen, meist mit Zeitgrößen verbunden. Beispielsweise tritt ein Bedarf zu einem bestimmten Zeitpunkt oder in einem bestimmten Zeitraum auf, ein Fertigungsauftrag muß zu einem bestimmten Termin abgeschlossen sein etc.

Es gibt unterschiedliche Möglichkeiten, wie die Zeit berücksichtigt werden kann. Ein Weg besteht darin, sie als eigenen Entity-Typ zu führen. Viele Datenstrukturen werden dadurch zu Beziehungstypen zwischen „Zeit" und anderen Entity-Typen. Zum Beispiel müßte ein Bedarf oder ein Auftrag als Beziehung zwischen „Teil" und „Zeit" interpretiert werden (SCHE97). Dies macht die Datenmodelle relativ unübersichtlich.

Einfacher ist es, den Zeitbezug als Attribut bei den Entity-Typen mitzuführen. Dies setzt eine Konvention voraus, in welcher Form Zeitangaben gemacht werden. Denkbar sind zum Beispiel folgende Arten:

- Periodennummer,
- Datumsangabe (gregorianisch); damit wird eine tagesgenaue Planung möglich,
- Betriebskalendertag.

Der einzelne Bedarf oder Auftrag wird dann durch einen Identifikationsschlüssel, die Menge und die Zeitangabe gekennzeichnet, in der relationalen Darstellung z. B. als

Bedarf (<u>Bedarfs-Nr</u>, Menge, Periode, ...).

Da in der Grobplanung von Programmfertigern meist periodenorientiert vorgegangen wird, sind Periodennummern hier durchaus angemessen. Sie müssen entweder in allen betroffenen Programmen und Datenstrukturen einheitlich verwendet werden, oder es müssen Umrechnungsfunktionen existieren, welche eine Darstellungsform der Zeit in eine andere überführen. Derartige Zuordnungen sind auch erforderlich, wenn mit zunehmender Detaillierung der Planung die Zeitraster feiner werden.

Zusammenfassung zur Materialwirtschaft

Im Rahmen der Materialwirtschaft werden die Sekundärbedarfe ermittelt. Ausgehend von den aus der Produktionsprogrammplanung resultierenden Primärbedarfen werden die erforderlichen Mengen aller untergeordneten Teile berechnet. Für geringerwertige Teile kommen meist Prognosemethoden auf der Basis des Verbrauchs in der Vergangenheit zum Einsatz, während für höherwertige Teile eine Stücklistenauflösung durchgeführt wird.

Ergebnis der Mengenplanung sind einerseits *Fertigungsaufträge*, die Bedarfsmengen einzelner Perioden repräsentieren oder zu Losgrößen gebündelt wurden und an die eigene Fertigung weitergehen, und andererseits *Beschaffungsaufträge* für fremdbezogene Teile, die ebenfalls zu „optimalen“ Bestellmengen zusammengefaßt sein können.

Ergebnis der Mengenplanung sind Fertigungsaufträge und Beschaffungsaufträge

3.4 Zeitwirtschaft

Nachdem die Auftragsmengen bekannt sind, geht es im Rahmen der Zeitwirtschaft nun darum, der Fertigung ein Zeitgerüst zu geben und die Belegung der Betriebsmittel sowie der anderen Arbeitsplätze in Einklang mit den verfügbaren Kapazitäten zu planen. Die Terminplanung und die Kapazitätsplanung stehen in enger Beziehung zueinander. Wenn Produktionstermine festgelegt werden, ist damit gleichzeitig unterstellt, daß die Fertigungsanlagen zu den vorgesehenen Terminen auch freie Kapazitäten aufweisen, was nicht unbedingt gewährleistet ist. Wenn man umgekehrt bei der Kapazitätsplanung Aufträge verschieben muß, weil Über- oder Unterauslastungen in einzelnen Perioden beseitigt werden sollen, so ist damit automatisch ein Eingriff in die Terminstrukturen verbunden. Dennoch ist es in der Praxis recht üblich, die beiden Aufgabenbereiche getrennt zu behandeln. Dies läßt sich insbesondere dann rechtfertigen, wenn Kapazitätsüberlastungen erfahrungsgemäß nicht allzu häufig auftreten.

Terminplanung und Kapazitätsplanung

3.4.1 Durchlaufterminierung

Aufgabe der Durchlaufterminierung ist es, die Arbeitsgänge der Fertigungsaufträge und damit auch die Fertigungsaufträge selbst mit Start- und Endterminen zu versehen. Die Durchlaufterminierung nimmt keine Rücksicht auf Kapazitätsdaten. Grundsätzlich lassen sich zwei Vorgehensweisen unterscheiden: Rückwärtsterminierung und Vorwärtsterminierung.

Start- und Endtermine der Fertigungsaufträge

Rückwärtsterminierung

Bei der Rückwärtsterminierung ist der Ausgangspunkt der Endtermin des Auftrags auf der höchsten Fertigungsstufe, z. B. der Bedarfstermin des Endprodukts. Von dort aus werden rückwärtsschreitend die Arbeitsgänge, die zu diesem Auftrag gehören, aneinandergereiht, anschließend die Arbeitsgänge der Fertigungsaufträge auf der nächsttieferen Fertigungsstufe etc. Man erhält ein Netz von Arbeitsgängen und Aufträgen, welches letztlich die Erzeugnisstrukturen widerspiegelt. In Abbildung 3.4-1 ist als Beispiel ein *Auftragsnetz* dargestellt, welches bei einer Rückwärtsterminierung für die im vorigen Abschnitt benutzte Erzeugnisstruktur Y (vgl. Abbildung 3.3-8) entsteht.

Ausgangspunkt Liefertermin

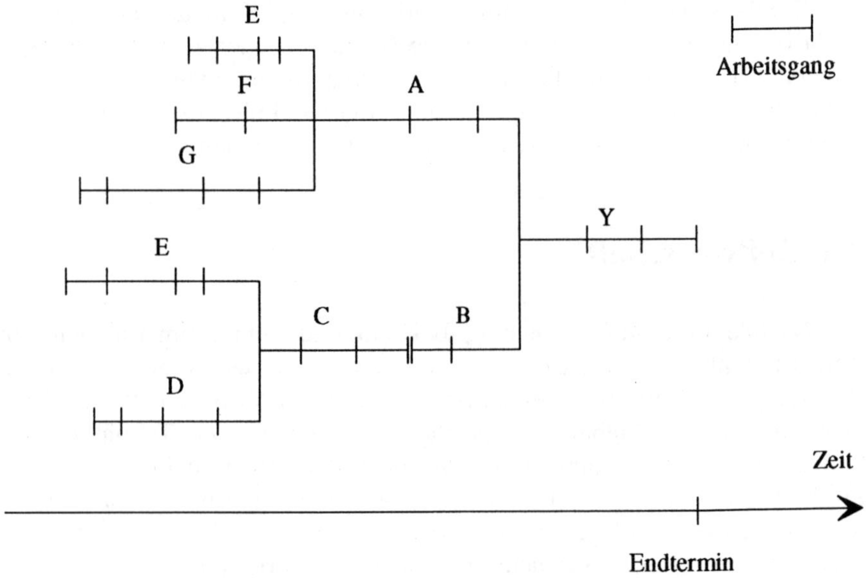

Abb. 3.4-1: Fertigungsauftragsnetz bei Rückwärtsterminierung

Wenn mit Dispositionsstufen gearbeitet wird oder Bedarfe zu Losen zusammengefaßt werden, können die einzelnen Endprodukte nicht mehr für sich allein terminiert werden. Abbildung 3.4-2 zeigt das Auftragsnetz, das sich ergibt, wenn man beide Endprodukte Y und Z zusammen behandelt und bei Teilen, die auf einer Dispositionsstufe mehrmals vorkommen – dies sind die Teile C, D und E –, unterstellt, daß die Einzelbedarfe zu jeweils einem Los zusammengefaßt wurden. Die entsprechenden Balken sind gegenüber der vorigen Abbildung länger, da nun größere Mengen die Arbeitsgänge durchlaufen.

Liegezeiten

An der grafischen Darstellung wird auch der oben erwähnte Nachteil des Dispositionsstufenverfahrens sichtbar: Bedarfsmengen werden tendenziell zu früh gefertigt und müssen gelagert werden. In Abbildung 3.4-2 wird dies durch gestrichelte Linien zum Ausdruck gebracht. So bleiben etwa die für Z benötigten Mengen von C bis zum Starttermin des ersten Arbeitsgangs von Z liegen. Die frühen Produktionstermine für C und D resultieren daher, daß beide Teile auf dem „kritischen Pfad“ für Y liegen. Liegezeiten entstehen auch für die Mengen von E, die in A eingehen, weil E zu einem früheren Zeitpunkt bereits für C benötigt wird.

Sieht man einmal von den durch Dispositionsstufen und Losbildung verursachten Liegezeiten ab, so liegt ein Vorteil der Rückwärtsterminierung darin, daß die Teile erst zum spätest möglichen Zeitpunkt gefertigt werden. Dies bedeutet, daß grundsätzlich die Kapitalbindung minimiert wird. Andererseits besteht jedoch die Gefahr, daß eine Störung im Ferti-

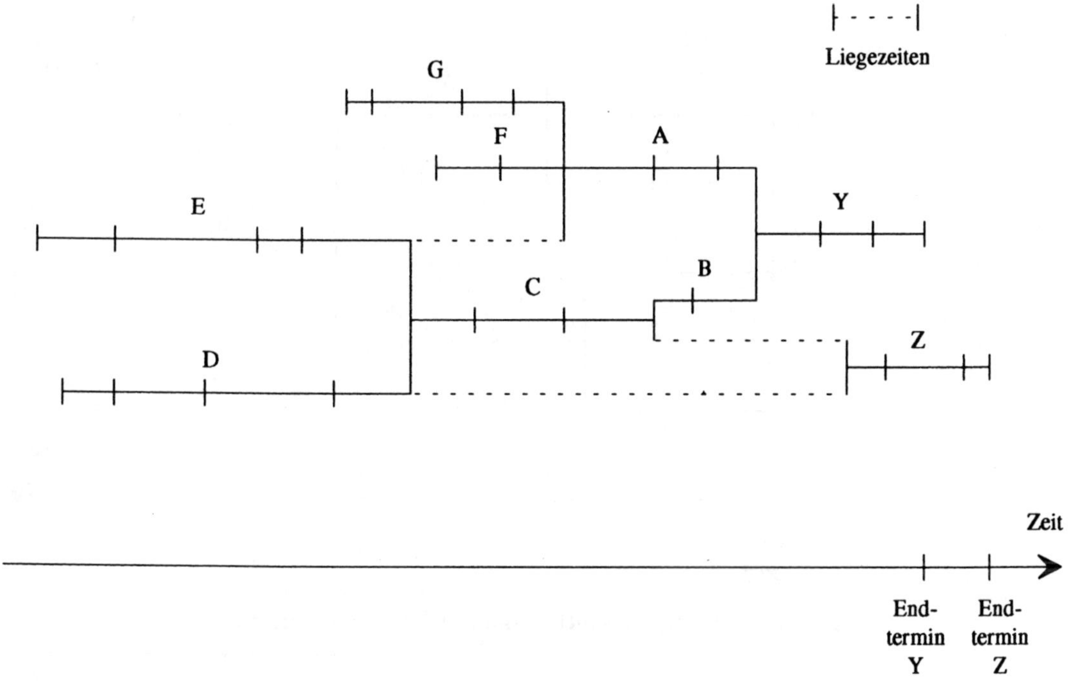

Abb. 3.4-2: Fertigungsauftragsnetz bei Rückwärtsterminierung mit Losbildung und Dispositionsstufen

gungsablauf nicht aufgefangen werden kann. Wenn beispielsweise eine Engpaßmaschine ausfällt, die für einen Arbeitsgang von E benötigt wird, dann ist die Wahrscheinlichkeit sehr groß, daß die Endtermine von C, B und Y überschritten werden, da keine Puffer auf dem entsprechenden Pfad liegen.

Vorwärtsterminierung

Ausgangspunkt Gegenwart

Die Vorwärtsterminierung (progressive Terminierung) startet anders als die Rückwärtsterminierung nicht mit den Aufträgen der höchsten, sondern der niedrigsten Fertigungsstufe. Die Arbeitsgänge dieser Aufträge werden, beginnend mit dem frühest möglichen Starttermin (Gegenwart bzw. Beginn der Planperiode), vorwärtsschreitend aneinandergereiht. Daran schließen sich die Arbeitsgänge der folgenden Fertigungsaufträge an etc., bis die Endproduktstufe erreicht ist.

Abbildung 3.4-3 zeigt die Vorgehensweise wieder am Beispiel der Erzeugnisstruktur von Y. Liegezeiten treten nun bei den Teilen E, F, D und A auf. Mit der Fertigung des jeweils übergeordneten Teils kann noch nicht begonnen werden, da auf andere Teile gewartet werden muß.

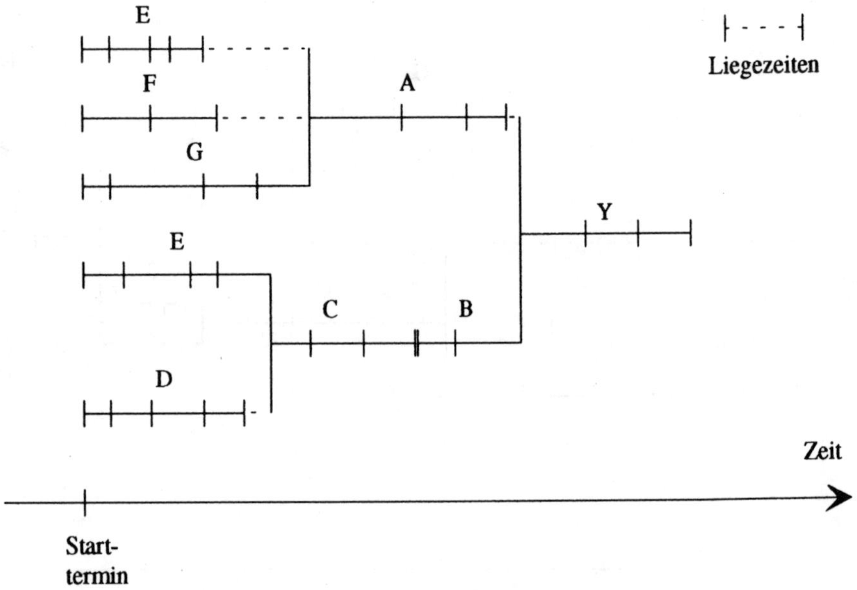

Abb. 3.4-3: Fertigungsauftragsnetz bei Vorwärtsterminierung

In Abbildung 3.4-4 ist der Netzplan für die Endprodukte Y und Z unter Berücksichtigung von Dispositionsstufen und Losbildung dargestellt. Die langen Liegezeiten für Teile von C und D (vgl. Abbildung 3.4-2) sind nun verkürzt, da mit den Arbeitsgängen von Z unmittelbar nach der Fertigstellung des Loses C begonnen wird.

Liegezeiten

Bei der Vorwärtsterminierung entstehen in den meisten Fällen Liegezeiten. Diese können die Funktion von Puffern zum Auffangen von Störungen übernehmen, so daß die Gefahr von Terminüberschreitungen sinkt. Die Fertigung zum jeweils frühest möglichen Zeitpunkt erhöht aber tendenziell die Kapitalbindung, da die Zwischenprodukte und eventuell auch die Endprodukte länger gelagert werden müssen.

Doppelte Terminierung

Systematische Ermittlung der Zeitpuffer

Da in der Produktionsplanung und -steuerung *Zeitpuffer* eine wichtige Rolle spielen, versuchen PPS-Systeme oft, diese von vornherein systematisch zu ermitteln. Geht man von den terminlichen Restriktionen auf beiden Seiten des Netzplans aus – d. h. vorgegebener Endtermin auf der einen und Gegenwart bzw. frühester Starttermin auf der anderen Seite –, so stellen diese die Grenzen dar, innerhalb derer Arbeitsgänge und Fertigungsaufträge unter Berücksichtigung der Vorgänger-Nachfolger-Beziehungen verschoben werden können.

Zweifache Durchlaufterminierung

Wenn man nun die Aufträge eines Netzes einer zweifachen Durchlaufterminierung unterzieht, d. h. sowohl vorwärts als auch rückwärts ter-

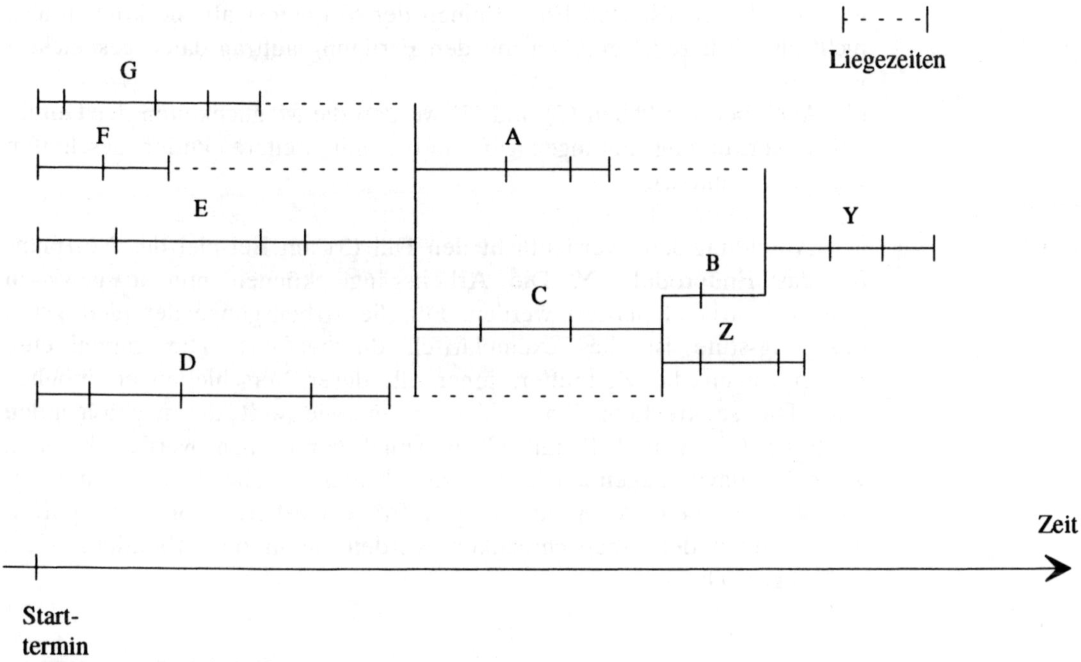

Abb. 3.4-4: Fertigungsauftragsnetz bei Vorwärtsterminierung mit Losbildung und Dispositionsstufen

miniert, dann erhält man die Puffer, die für spätere Anpassungsmaßnahmen genutzt werden können, ohne daß ein Start- oder Endtermin unzulässig wird. Grundsätzlich bestehen mehrere Möglichkeiten, die unterschiedliche Flexibilitätsgrade implizieren:

(1) Die im ersten Terminierungslauf – im allgemeinen bei einer Rückwärtsterminierung – ermittelten Ecktermine (Start- und Endtermine) aller Fertigungsaufträge werden beibehalten. Puffer können nur dadurch geschaffen werden, daß die Durchlaufzeiten verkürzt werden. Dieser Fall wird in Abschnitt 3.4.2 besprochen.

(2) Die bei der Rückwärtsterminierung entstandenen Endtermine der einzelnen Fertigungsaufträge werden als späteste Grenzen beibehalten. Die Starttermine werden neu bestimmt, ausgehend von dem Starttermin des ersten Arbeitsgangs auf dem kritischen Pfad. Bei dieser Vorgehensweise können Puffer nur bezüglich der Aufträge und Arbeitsgänge entstehen, die nicht auf dem kritischen Pfad liegen.

(3) Die zweite Terminierung geht vom frühest möglichen Starttermin der ersten Arbeitsgänge aus (z. B. Gegenwart) und terminiert alle Arbeitsgänge bzw. Fertigungsaufträge vorwärts. Die frühesten Starttermine der Aufträge, die später auf der Zeitachse liegen, sind dann wie im Fall (2) nicht unabhängig vom tatsächlichen Verlauf der Fertigung, sondern hän-

gen von den realisierten Endterminen der Vorgänger ab. Sie können also nicht als „sichere" Vorgaben mit den Fertigungsauftragsdaten gespeichert werden.

(4) Auch bei den Fällen (2) und (3) werden die Möglichkeiten der Durchlaufzeitverkürzung herangezogen und damit weitere Puffer geschaffen (vgl. weiter unten).

Zeitpuffer

Abbildung 3.4-5 verdeutlicht den Fall (3) am Beispiel des Netzplans für das Endprodukt Y. Die Arbeitsgänge können nun in gewissen Grenzen variabel plaziert werden. Für die Arbeitsgänge der niedrigsten Fertigungsstufe ist dies exemplarisch durchgeführt. Die gepunkteten Linien zeigen die Zeitpuffer, innerhalb derer Verschiebungen möglich sind. Die senkrechten Linien deuten an, wie weit die nachfolgenden Aufträge (Y, A und B mit C) maximal vorgezogen werden können, wenn die davor liegenden jeweils zum frühest möglichen Zeitpunkt fertiggestellt werden. Auch für diese Aufträge existieren somit Zeitpuffer; aus Gründen der Übersichtlichkeit wurden sie in der Abbildung nicht mit eingezeichnet.

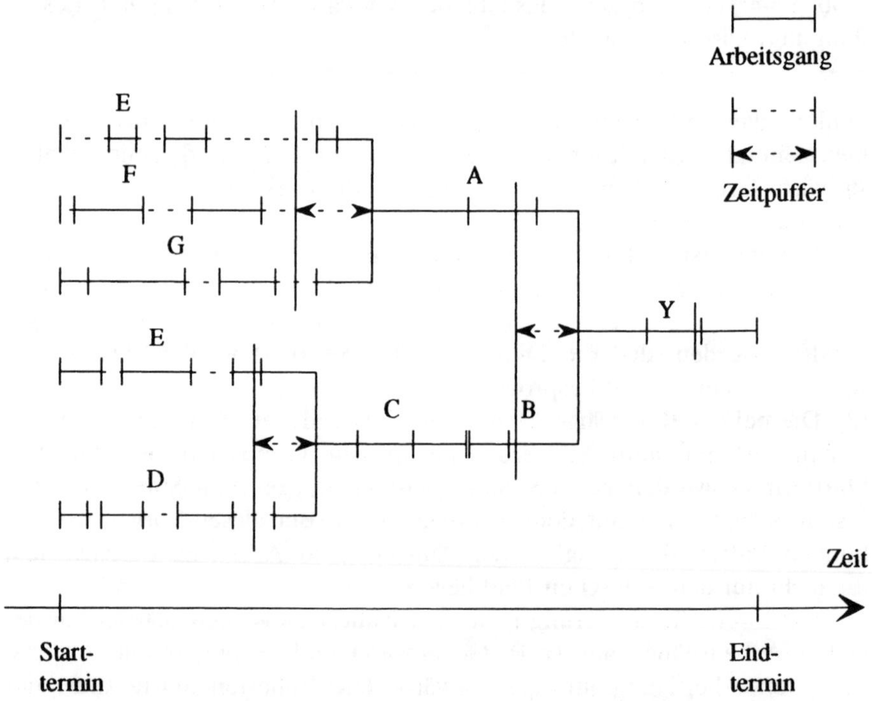

Abb. 3.4-5: Pufferzeiten durch Rückwärts- und Vorwärtsterminierung

3.4.2 Maßnahmen zur Durchlaufzeitverkürzung

Maßnahmen zur Verkürzung der Durchlaufzeiten

Bei der Durchlaufterminierung kann der Effekt eintreten, daß die verfügbare Zeitspanne nicht ausreicht, das Auftragsnetz ohne Verletzung von Terminrestriktionen zu realisieren. Im Falle einer Rückwärtsterminierung bedeutet dies, daß man zu einem Starttermin in der Vergangenheit bzw. vor Beginn des Planungszeitraums gelangt, bei Vorwärtsterminierung, daß der vorgesehene Endtermin überschritten wird. Damit braucht aber noch nicht festzustehen, daß das Auftragsnetz innerhalb der vorgegebenen Zeitspanne nicht zu bewältigen ist. Vielmehr versucht man zunächst, Maßnahmen zur Verkürzung der Durchlaufzeiten zu ergreifen. Als wichtigste Maßnahmen kommen

- die Übergangszeitenreduktion,
- das Splitten von Fertigungsaufträgen,
- die Überlappung von Arbeitsgängen

in Betracht. Diese werden nachfolgend erläutert.

Übergangszeitenreduktion

Übergangszeit

Die bei der Durchlaufterminierung verwendeten Durchlaufzeiten der Fertigungsaufträge basieren auf Erfahrungswerten und stellen meist grobe Durchschnittswerte dar, die mit Sicherheitszuschlägen versehen sind. Auffällig ist, daß die eigentliche Bearbeitungszeit nur einen kleinen Anteil der Durchlaufzeit eines Auftrags ausmacht. Den überwiegenden Teil stellen verschiedene Liege- und Transportzeiten dar, die unter dem Begriff *Übergangszeit* zusammengefaßt werden. Es handelt sich dabei um Komponenten wie die folgenden (MERT01):

- durchschnittliche Wartezeit, bevor ein Arbeitsgang begonnen wird,
- prozeßbedingte Liegezeit vor dem Arbeitsgang (z. B. zum Anreißen),
- prozeßbedingte Liegezeit nach dem Arbeitsgang (z. B. zum Abkühlen),
- Wartezeit auf Kontrolle,
- Wartezeit auf Transport,
- Transport zum nächsten Arbeitsplatz.

Bei verschiedenen Untersuchungen in der Praxis wurden Anteile der Übergangszeiten an den Durchlaufzeiten ermittelt, die in der Größenordnung von 80–95% lagen, während die Bearbeitungszeiten nur 5–20% betrugen. Wenn auch viele dieser Untersuchungen aus den sechziger und siebziger Jahren stammen, scheinen nur unwesentliche Fortschritte erzielt worden zu sein. Ähnliche Diskrepanzen zwischen Übergangs- und Bearbeitungszeiten werden auch heute noch genannt. Beispielsweise beziffert ein Elektroapparate-Hersteller den Anteil der Bearbeitungszeit an der Durchlaufzeit vor Einführung eines PPS-Systems auf gerade 11% (INFO96).

Die Übergangszeiten in einem PPS-System

Die Übergangszeiten können unterschiedlich differenziert von einem PPS-System geführt werden. In MERT01 werden folgende Möglichkeiten aufgeführt:

- Die Übergangszeit wird als Prozentsatz der Stückbearbeitungszeit des vorhergehenden Arbeitsgangs bzw. der Bearbeitungszeit des gesamten Loses angenommen; dies ist denkbar, wenn Kontroll- und Liegezeiten mit den Bearbeitungszeiten korrelieren.
- Die Übergangszeit wird als fester Wert mit den Arbeitsgangstammdaten gespeichert; dies ist möglich, wenn kontroll- und prozeßbedingte Liegezeiten den größten Anteil ausmachen und nicht proportional zur Bearbeitungszeit sind.
- Die Übergangszeiten zwischen Arbeitsgängen auf verschiedenen Betriebsmitteln bzw. Arbeitsplätzen werden in Form einer Matrix gespeichert; dieser Weg empfiehlt sich, wenn die Transportzeiten überwiegen.
- Die Übergangszeit wird aus mehreren Komponenten, z. B. den obigen und anderen, zusammengesetzt.

Dispositions- und Sicherheitspuffer

Die Festlegung der Übergangszeiten bleibt im allgemeinen dem Benutzer überlassen. Objektive und verallgemeinerbare Berechnungsvorschriften sind in der Literatur nicht zu finden. Deshalb behilft man sich in der konkreten Anwendung meist mit Daumenregeln und Durchschnittswerten. Da mit zunehmender Konkretisierung der stufenweisen Planung die Wahrscheinlichkeit von Umdispositionen immer größer wird, neigt man oft dazu, bereits bei der Bemessung der Übergangszeiten Dispositions- und Sicherheitspuffer einzubauen. Dies ist natürlich eine zweischneidige Angelegenheit. Dem Vorteil späterer Dispositionsspielräume steht der Nachteil entgegen, daß von vornherein recht lange Durchlaufzeiten, insbesondere Liegezeiten, entstehen, die bei „normalem" Verlauf der Fertigung gar nicht benötigt würden. Auch dies kann erheblich zur Kapitalbindung und zur Erhöhung der Lagerhaltungskosten beitragen.

Reduzierungsfaktor

Die Puffer in den Übergangszeiten können zur Verkürzung der Durchlaufzeiten herangezogen werden. Eine Reduktion ist im allgemeinen nur bis zu einem gewissen Grad möglich. Deshalb wird meist ein maximaler Reduzierungsfaktor vorgegeben. In der Praxis sind Größenordnungen von 30–50% gebräuchlich (HACK89). Je nachdem, wie differenziert die Übergangszeiten geführt werden, können auch unterschiedliche Reduzierungsfaktoren für die einzelnen Komponenten angesetzt werden. Bei Durchführung der Kürzung können dann entweder alle Komponenten der Übergangszeit bis zu den entsprechenden Faktoren gekürzt werden oder auch nur einzelne Komponenten in einer bestimmten Reihenfolge (WIEN87a, MERT01). Weiter ist zu entscheiden, ob die Übergangszeiten bei allen Arbeitsgängen mit dem (den) gleichen konstanten Faktor(en) behandelt werden oder ob etwa nur so lange Arbeitsgänge herangezogen werden, wie die Zulässigkeit der Lösung noch nicht erreicht ist. Wenn nur so weit reduziert wird, wie gerade erforderlich, bleiben für spätere Anpassungsmaßnahmen im Zuge der Kapazitätsplanung und Feinterminierung Dispositionspuffer erhalten.

Splitten von Fertigungsaufträgen

Aufspalten in Teillose

Bei großen Fertigungsaufträgen (Losen) kann die Bearbeitungszeit wesentlich zur absoluten Durchlaufzeit beitragen. Eine Möglichkeit der Durchlaufzeitverkürzung besteht dann darin, die Gesamtmenge in mehrere Teile aufzuspalten. Voraussetzung ist, daß mehrere Betriebsmittel/Arbeitsplätze zur Verfügung stehen, auf denen der Fertigungsauftrag parallel bearbeitet werden kann. Durch die gleichzeitige Herstellung von Teillosen reduziert sich aber nur die Zeitspanne der Bearbeitungszeit. Die *Rüstzeit*, die bei einem Los nur einmal auftritt, fällt nun mehrfach an. Dies verringert in der Summe die verbleibende Gesamtkapazität der Betriebsmittel. Gravierend ist ferner, daß sich auch die *Rüstkosten* vervielfachen. Die bei der Losgrößenplanung errechneten Auftragsgrößen verlieren spätestens hierdurch ihre „Optimalität".

Mehrfaches Rüsten

Splittungskriterien

Abbildung 3.4-6 verdeutlicht an einem Beispiel mit drei parallelen Betriebsmitteln, wie sich die Zeiteinsparung gegenüber der ungesplitteten Lösung unter Berücksichtigung der zusätzlichen Rüstzeiten verhält. Wenn die Betriebsmittel, auf die ein Los verteilt wird, nicht völlig identisch sind, werden auch die Rüstzeiten und die Stückbearbeitungszeiten nicht gleich sein. In Abbildung 3.4-6 nimmt zum Beispiel das Rüsten auf der zweiten

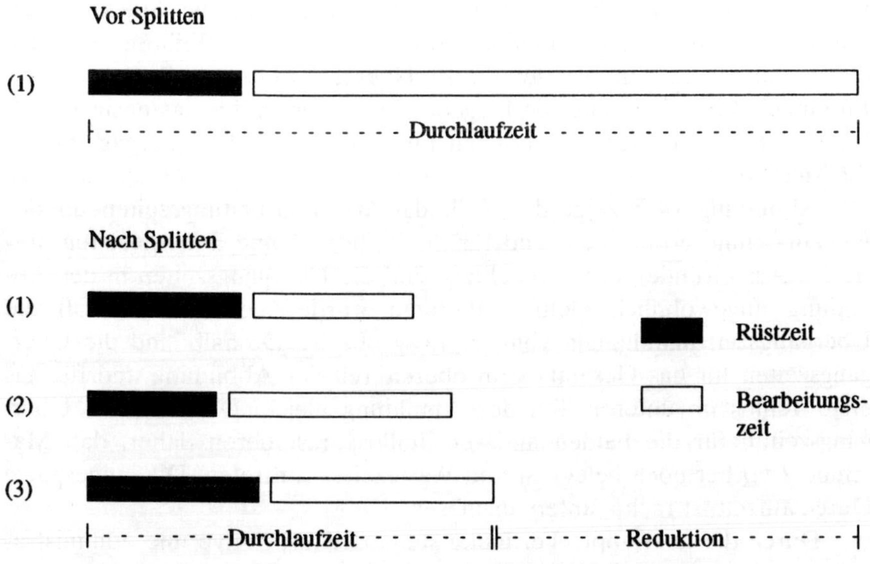

Abb. 3.4-6: Durchlaufzeitverkürzung durch Splitten eines Loses

Maschine weniger und auf der dritten mehr Zeit als auf der ersten Maschine in Anspruch, und die Stückbearbeitungszeiten auf Maschine 2 sind deutlich größer. Diesen Gegebenheiten kann man beim Splitten Rechnung tragen, indem die Teillose so gebildet werden, daß die Summe aus Rüst- und Bearbeitungszeit auf allen Maschinen ungefähr gleich ist. WIEN87a spricht dann von einem „Zeitsplit"; dem steht der reine „Mengensplit" gegenüber, bei dem die Losgröße einfach durch die Zahl der Maschinen dividiert wird.

Dem durch das Splitten erzielbaren Zeitgewinn stehen zusätzliche Rüstkosten, Rüstzeiten und dadurch auch eine Verminderung der Gesamtkapazität sowie erhöhter administrativer Aufwand gegenüber. Daß der Zeitgewinn unter Umständen gar nicht allzu groß ist, veranschaulicht das Beispiel in der Abbildung. Dort macht er deutlich weniger als die Hälfte aus, obwohl das Los auf drei Maschinen gesplittet wird. Deshalb sollten die Vor- und Nachteile dieser Maßnahme zur Durchlaufzeitverkürzung sorgfältig gegeneinander abgewogen werden.

Überlappung von Arbeitsgängen

Weitergabe von Teillosen

Bei großen Losen kann es sinnvoll sein, mit dem Transport zum folgenden Arbeitsgang nicht zu warten, bis die Gesamtmenge bearbeitet ist, sondern schon vorher Teillose weiterzugeben. An dem nächsten Betriebsmittel bzw. Arbeitsplatz kann dann mit dem Folgearbeitsgang schon zu einem entsprechend früheren Zeitpunkt begonnen werden.

Da die Bearbeitungszeiten bei verschiedenen Arbeitsgängen im allgemeinen unterschiedlich sind, können an der nächsten Maschine Wartezeiten oder Maschinenstillstandszeiten auftreten. Wenn die Stückbearbeitungszeit an der Folgemaschine größer ist, müssen Teillose zunächst liegenbleiben; die Summe der (Teil-) Übergangszeiten wird also größer. Im umgekehrten Fall muß die Folgemaschine warten, bis das nächste Teillos eintrifft, es sei denn, es können nun kürzere (Teil-) Übergangszeiten realisiert werden.

Abbildung 3.4-7 zeigt den Fall, daß die Bearbeitungszeiten an der Folgemaschine größer sind und für die Teillose 2 und 3 Wartezeiten auftreten. Aus Gründen der Darstellung sind die Übergangszeiten in der Abbildung ungewöhnlich klein. Außerdem wurde angenommen, daß die Übergangszeit unabhängig von der Losgröße ist. Deshalb sind die Übergangszeiten für das Gesamtlos im oberen Teil der Abbildung und für das erste Teillos im unteren Teil der Abbildung gleich. Die längeren Übergangszeiten für die beiden anderen Teillose resultieren daher, daß Maschine 2 vorher noch belegt ist und Wartezeiten auftreten. Die eingesparte Durchlaufzeit ist rechts unten abzulesen.

Mindestzeit oder Mindestmenge

Durch die überlappte Fertigung steigt der dispositive und administrative Aufwand. Die Abstimmung zwischen den aufeinanderfolgenden Betriebsmitteln bzw. Arbeitsplätzen muß wesentlich genauer sein, damit der

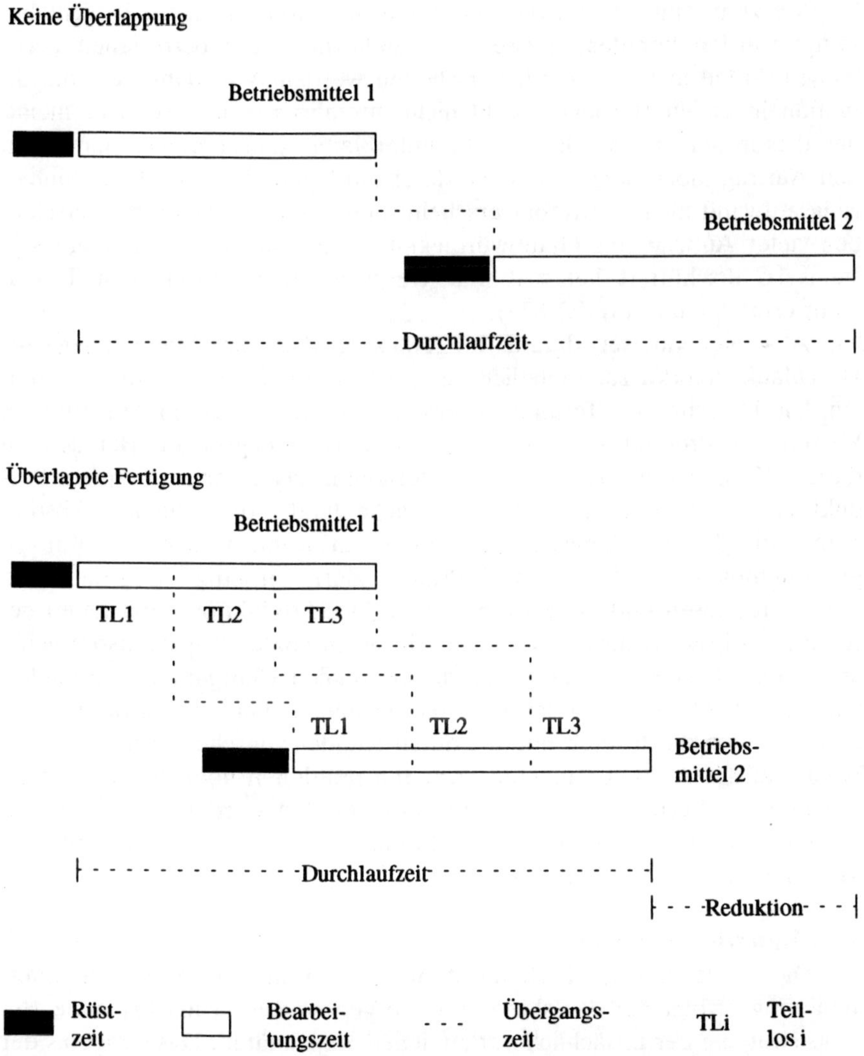

Abb. 3.4-7: Durchlaufzeitverkürzung durch überlappte Fertigung

Zeitgewinn auch eintritt (WIEN87a). Aus diesem Grund wird oft eine *Mindestzeit* für die Überlappung und/oder eine *Mindestmenge* vorgegeben, damit sich Mehraufwand überhaupt lohnt (MERT01).

Die Übergangszeitenreduktion, das Splitten von Fertigungsaufträgen und die überlappte Fertigung von Arbeitsgängen sind die standardmäßig in den PPS-Systemen vorgesehenen Maßnahmen zur Durchlaufzeitverkürzung. Bei Terminüberschreitungen nach der Durchlaufterminierung geht man häufig so vor, daß zunächst versucht wird, die Übergangszeiten zu reduzieren. Reicht dies noch nicht aus, kommen Überlappung und/oder

Splitten zum Zuge. Wenn die Terminüberschreitungen dadurch nicht beseitigt werden konnten, müssen die Endtermine der betroffenen Fertigungsaufträge in die Zukunft verschoben werden. Wiendahl stellt die Situation in vielen Betrieben wohl nicht unrealistisch dar, wenn er meint, daß dies in der Praxis jedoch häufig unterbleibe, „... sei es, weil man hofft, den Auftrag ‚doch noch irgendwie durchzubringen', weil der Umterminierungsaufwand nicht vertretbar erscheint oder weil das dauernde Verschieben vieler Aufträge die Glaubwürdigkeit des gesamten Terminplanungssystems so erschüttert hat, daß die Werkstatt überhaupt keinen Termin mehr ernst nimmt" (WIEN87a).

Abschließend sei darauf hingewiesen, daß die Maßnahmen zur Durchlaufzeitverkürzung letztlich nur ein Kurieren an Symptomen darstellen. Die Ursachen für Terminprobleme liegen meist schon in den früheren Phasen der Produktionsplanung und -steuerung begründet. Bei dem in diesem Kapitel zugrundegelegten Unternehmenstyp, der nach einem Produktionsprogramm fertigt, ist die Ursache häufig die fehlende Abstimmung mit den verfügbaren Kapazitäten im Rahmen der Produktionsprogrammplanung. Wenn der Primärbedarf einseitig aufgrund von Absatzprognosen und ohne Einbeziehung der Produktionskapazitäten bestimmt wird, ist es nicht verwunderlich, wenn später Kapazitätsprobleme entstehen, die sich letztlich in überdimensionalen Übergangszeiten niederschlagen. Noch gravierender sind die Probleme bei auftragsorientierter Fertigung, wo die Endtermine oft durch Kundenwünsche diktiert werden. Wenn bei der Auftragsannahme nicht Informationen über die Kapazitätssituation zur Verfügung stehen und berücksichtigt werden, kann die Einhaltung einer Terminzusage eventuell unmöglich sein. Auf diese Probleme wird in Kapitel 4 näher eingegangen.

3.4.3 Kapazitätsplanung

Die Festlegung der Fertigungstermine im Rahmen der Durchlaufterminierung erfolgt bei der skizzierten Vorgehensweise zunächst ohne Berücksichtigung der tatsächlich vorhandenen Kapazitäten. Das Ergebnis der Durchlaufterminierung – Start- und Endtermine der Fertigungsarbeitsgänge, gegebenenfalls mit Maßnahmen der Durchlaufzeitverkürzung modifiziert und mit Puffern versehen – impliziert jedoch eine ganz bestimmte Kapazitätsbelastung der Betriebsmittel und Arbeitsplätze in der Fertigung. Wenn diese nicht zufällig mit der verfügbaren Kapazität in Einklang steht, werden Anpassungsmaßnahmen erforderlich.

Zusammenhänge zwischen Durchlaufterminierung und Kapazitätsplanung

Abbildung 3.4-8 verdeutlicht die Zusammenhänge zwischen Durchlaufterminierung und Kapazitätsplanung am Beispiel von vier Betriebsmitteln, auf denen Arbeitsgänge der Fertigungsaufträge A, B und C aus Abbildung 3.4-1 durchzuführen sind. Wir bezeichnen die Arbeitsgänge mit A1, A2, A3, B1, B2, C1, C2 und C3 und nehmen an, daß folgende Zuordnung von Arbeitsgängen zu Betriebsmitteln gelte:

Arbeitsgang	Betriebsmittel
A1	(1)
A2	(2)
A3	(4)
B1	(3)
B2	(4)
C1	(–)
C2	(1)
C3	(2)

Im oberen Teil der Abbildung ist nochmals der Ausschnitt aus dem Terminnetz angegeben, der die Fertigungsaufträge A, B, und C umfaßt. Der untere Teil zeigt die Kapazitätsbelastung der vier Betriebsmittel, die aus den Arbeitsgängen verschiedener Aufträge – auch anderer als der drei genannten – resultiert. Die zu A, B und C gehörenden Arbeitsgänge sind besonders gekennzeichnet.

Die Zeitpunkte aus der Durchlaufterminierung (Start- und Endtermine) stimmen im allgemeinen nicht mit dem Periodenraster der Kapazitätsplanung überein. In der Abbildung wurden die Kapazitätsbedarfe der Arbeitsgänge der Einfachheit halber derjenigen Periode zugerechnet, in die der überwiegende Teil der Betriebsmittelinanspruchnahme fällt.

Kapazitätsplanung für ausgewählte Kapazitätseinheiten

Im Prinzip entstehen Kapazitätsbelastungsprofile wie in Abbildung 3.4-8 bei der Durchlaufterminierung für alle Kapazitätseinheiten, wenngleich nicht alle explizit aufgestellt bzw. vom PPS-System ausgegeben werden; angesichts der großen Zahl von Betriebsmitteln und Arbeitsplätzen wäre dies recht aufwendig. Statt dessen erstellt man Belastungsübersichten eher für ausgewählte Kapazitätseinheiten. Meist gibt es wichtigere und weniger wichtige Fertigungsanlagen, und oft sind es ganz bestimmte Aggregate, die als Engpässe bekannt sind und einer besonders sorgfältigen Kapazitätsplanung bedürfen.

Schließlich ist darauf hinzuweisen, daß die Kapazitätsplanung mittelfristigen und damit gröberen Charakter hat. Bis zur tatsächlichen Fertigung vergehen noch Wochen oder Monate. Deshalb ist es häufig gar nicht sinnvoll, die Planung bis auf die Ebene der einzelnen Maschine zu detaillieren. Vielmehr begnügt man sich meist mit gröberen Kapazitätseinheiten, z. B. *Betriebsmittelgruppen* oder Werkstätten, und/oder beschränkt die Kapazitätsplanung auf Engpaßaggregate und -arbeitsplätze.

Nach der isolierten Durchlaufterminierung erhält man höchstens zufällig eine im ganzen Planungszeitraum ausgeglichene und mit den vorhan-

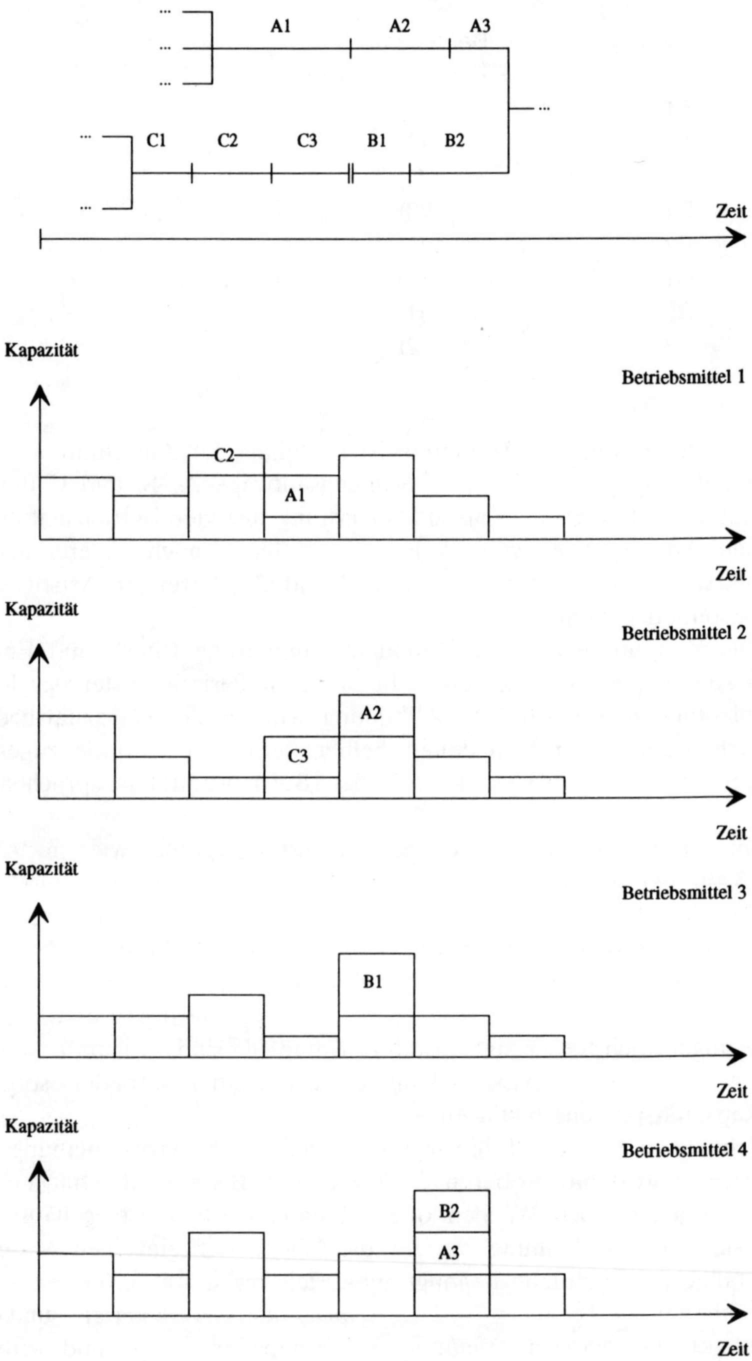

Abb. 3.4-8: Zusammenhang zwischen Durchlaufterminierung und Kapazitätsbelastung

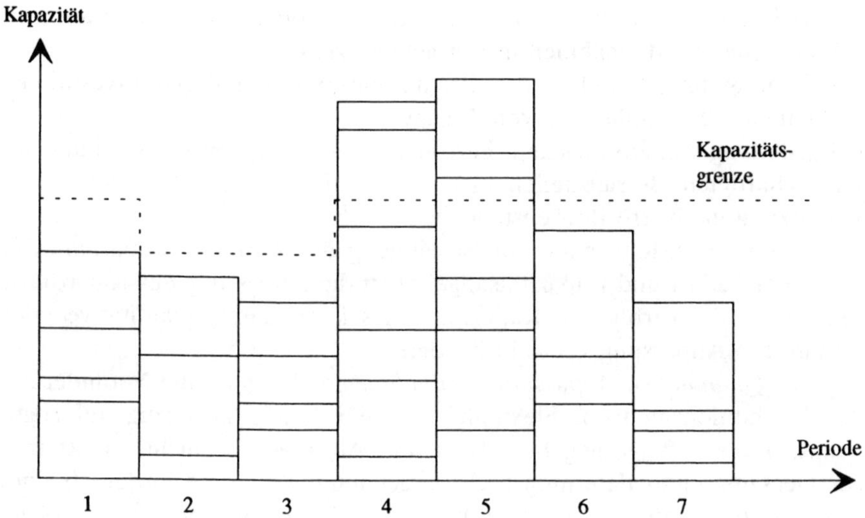

Abb. 3.4-9: Kapazitätsangebot und Kapazitätsbedarf einer Betriebsmittelgruppe

denen Ressourcen problemlos realisierbare Kapazitätssituation. Vielmehr sind Über- und Unterauslastungen in einzelnen oder auch in allen Perioden an der Tagesordnung. Abbildung 3.4-9 verdeutlicht die grundsätzlichen Schwierigkeiten an einem Beispiel. Die einzelnen Kästchen stehen für Arbeitsgänge, die im allgemeinen zu unterschiedlichen Fertigungsaufträgen gehören. In zwei Perioden treten Kapazitätsspitzen auf, während in den anderen Perioden Unterauslastung herrscht. Die Kapazitätsgrenze ist nicht im ganzen Planungszeitraum gleich; in den Perioden 2 und 3 liegt sie etwas tiefer; Gründe können z. B. geplante Instandhaltungsarbeiten, Feiertage o. ä. sein.

Anpassung von Kapazitätsbedarf und Kapazitätsangebot

Um die Divergenz zwischen verfügbarer Kapazität und Kapazitätsbedarf zu beseitigen, gibt es grundsätzlich zwei Möglichkeiten: das „Kapazitätsangebot" wird dem Bedarf angepaßt, oder der Kapazitätsbedarf wird in Einklang mit der verfügbaren Kapazität gebracht. Für den ersten Fall, die Veränderung des Kapazitätsangebots, sind verschiedene Wege denkbar:

- Einführung (bzw. Abbau) von Überstunden und Zusatzschichten,
- Beschäftigung von Aushilfspersonal (Zeitarbeit),
- Auswärtsvergabe von Fertigungsaufträgen („verlängerte Werkbank"), Zukauf von Teilen,
- Variation der Produktionsgeschwindigkeit, sofern dies technologisch möglich ist („intensitätsmäßige Anpassung" nach Gutenberg; vgl. GUTE83).

Generelle Über- oder Unterauslastung

Bei einer generellen, längerfristigen Über- oder Unterauslastung sind weiterreichende Maßnahmen in Betracht zu ziehen:

- Erhöhung bzw. Senkung der Produktionskapazität durch Investitionsmaßnahmen bzw. Stillegung von Anlagen,
- Einstellung von zusätzlichem Personal, Umsetzung von Personal aus unterbeschäftigten Betriebsteilen bzw. Personalfreisetzung, Kurzarbeit oder Umsetzung in andere Betriebsteile.

Die zweite Möglichkeit zur Beseitigung des Auseinanderklaffens von Kapazitätsbedarf und Kapazitätsangebot ist die Anpassung des Kapazitätsbedarfs an die verfügbare Kapazität. Dies kann durch quantitative oder terminliche Anpassung versucht werden:

Quantitative Anpassung

(1) *Quantitative Anpassungsmaßnahmen* zielen auf eine Veränderung der Produktionsmengen. Flexibilität ist hier häufig in Bezug auf sogenannte *Lageraufträge* gegeben. Dies sind Aufträge, die nicht unmittelbar zur Deckung eines deterministisch berechneten Bedarfs erforderlich sind, sondern zur Auffüllung des Lagers dienen. Sie werden primär für solche Teile erzeugt, die verbrauchsgesteuert disponiert werden und als Bauteile in verschiedene andere Teile eingehen. Manchmal werden Lageraufträge bei der Bedarfsermittlung auch zur Vermeidung einer vermuteten Unterbeschäftigung in späteren Perioden eingeplant.

Flexibilität durch Lageraufträge

Wenn in einer Periode mit Kapazitätsüberlastung Lageraufträge enthalten sind, können diese nach Prüfung des aktuellen Lagerbestands und der Bedarfssituation eventuell reduziert, gestrichen oder verschoben werden. Umgekehrt ist es denkbar, daß in eine Periode mit Unterauslastung Lageraufträge aufgenommen werden, um das Beschäftigungsniveau zu halten.

Ausweichmaschinen

Eine quantitative Reduktion des Kapazitätsbedarfs ist weiterhin möglich, wenn zu dem betrachteten Aggregat *Ausweichmaschinen* existieren, bei denen noch Kapazitätsreserven vorhanden sind. Diese Möglichkeit kommt in Betracht, wenn die Kapazitätsplanung auf der Ebene der Einzelbetriebsmittel durchgeführt wird.

Terminliche Anpassung

(2) Bei *terminlichen Anpassungsmaßnahmen* versucht man, das Kapazitätsgebirge durch Verlagerung von Arbeitsgängen in andere Perioden zu glätten. Dies kann natürlich nur funktionieren, wenn im mittelfristigen Schnitt Kapazitätsbedarf und -angebot ungefähr übereinstimmen. Andernfalls müssen weitere der oben genannten Maßnahmen hinzukommen. In Abbildung 3.4-9 wäre etwa zu überprüfen, ob Arbeitsgänge aus den überbelasteten Perioden 4 und 5 in die Perioden 3, 6 und 7 verschoben werden können.

Kapazitätsabgleich

Als *Kapazitätsabgleich* (oder -ausgleich) bezeichnet man im engeren Sinne oft die Anpassung des Kapazitätsbedarfs an die gegebenen Kapazitätsgrenzen durch Terminverschiebungen. Für diese Form der Anpassung wurden in der Vergangenheit Algorithmen vorgeschlagen (und teilweise auch in PPS-Systemen implementiert), die *automatisch* die Glättung eines Kapazitätsgebirges herbeiführen. Einer der bekannten Algorithmen stammt von Brankamp (BRAN73).

Grundsätzlich geht man beim Kapazitätsabgleich i. e. S. von der Überlegung aus, daß die Kapazitätsplanung noch den Charakter einer Grobplanung hat und deshalb Verlagerungen von Fertigungsaufträgen ohne größere Schwierigkeiten möglich sind. Auf die Problematik dieser Annahme wird weiter unten eingegangen. Wenn man den Kapazitätsbedarf und das Kapazitätsangebot in jeweils einer Kurve kumuliert, erhält man eine Darstellung wie in Abbildung 3.4-10. Sie läßt erkennen, ob der Kapazitätsbedarf in der Summe bzw. in einzelnen Zeiträumen größer oder kleiner als das Kapazitätsangebot ist. In dem Beispiel zeigt sich etwa, daß bei der kumulierten Betrachtung bis einschließlich Periode 4 eine Netto-Unterauslastung zu verzeichnen ist. In den Perioden 5 bis 6 herrscht eine Überlast, die in Periode 7 wieder abgebaut wird. Auf diese Erkenntnisse kann dann – wie in dem Algorithmus von Brankamp – die Entscheidung basiert werden, ob die Verlagerung eines Arbeitsgangs aus einer über- oder unterbelasteten Periode eher in Richtung Gegenwart oder Zukunft sinnvoll ist (BRAN73, KURB83).

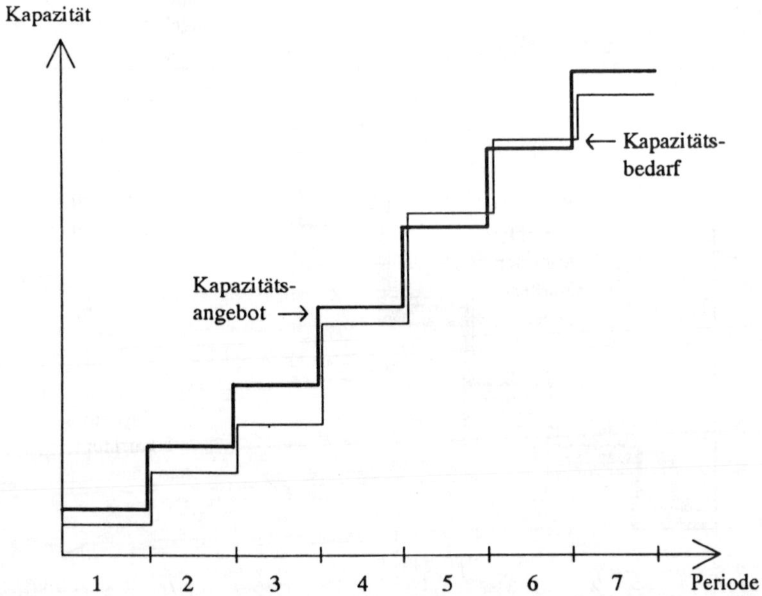

Abb. 3.4-10: Gegenüberstellung von kumuliertem Kapazitätsbedarf und Kapazitätsangebot

Zeitpuffer

Wenn man den Gedanken der Gegenüberstellung von kumuliertem Kapazitätsbedarf und -angebot weiterverfolgt, so lassen sich auch die Zeitpuffer einbeziehen, die im Rahmen der Durchlaufterminierung ermittelt wurden. Sie ergaben sich dort durch Vorwärts- *und* Rückwärtsterminierung der Fertigungsaufträge. Geht man einmal davon aus, daß alle Arbeitsgänge zum frühesten Termin durchgeführt werden, und zum zweiten davon, daß alle so spät wie möglich gefertigt werden, so erhält man zwei Kurven, die der Kurve des Kapazitätsangebots gegenübergestellt werden können. Abbildung 3.4-11 zeigt diesen Fall. Zwischen den beiden Kurven liegt der „Kapazitätskorridor“, innerhalb dessen die Arbeitsgänge ohne weitere Schwierigkeiten verschoben werden können.

Kapazitätskorridor

Ein entscheidender Nachteil der skizzierten Vorgehensweisen ist die isolierte Betrachtung einer einzelnen Kapazitätseinheit. Zwar läßt sich durch Verschiebungen unter Umständen ein ausgeglichenes und realisierbares Kapazitätsgebirge erzeugen; da die Arbeitsgänge jedoch im allgemeinen Fall in einem Auftrags-/Arbeitsgangnetz stehen, ist eine Verlagerung nur solange problemlos, wie sie durch Zeitpuffer noch aufgefangen wird. Wenn dies nicht mehr der Fall ist, können ungeahnte Folgeprobleme entstehen: Arbeitsgänge, die Vorgänger (bei Verschiebung in Richtung Gegenwart) bzw. Nachfolger (bei Verschiebung in Richtung Zukunft)

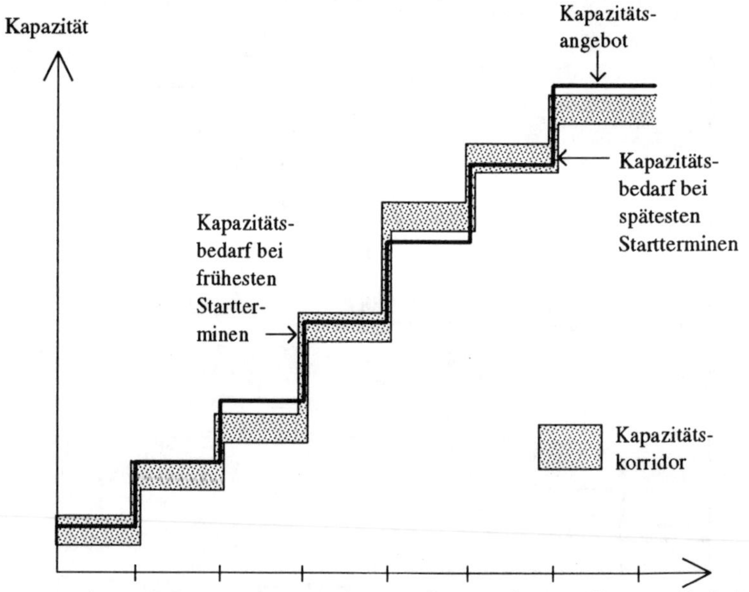

Abb. 3.4-11: Kapazitätsangebot und Kapazitätsbedarfskurven bei frühesten Start- und spätesten Endterminen

eines verlagerten Arbeitsgangs sind, müssen ebenfalls verschoben werden. Dies kann Auswirkungen für andere vor- bzw. nachgelagerte Fertigungsaufträge bis hin zu den Startterminen der ersten Arbeitsgänge des Netzes bzw. den Endterminen der Endprodukte haben.

Wenn Vorgänger- oder Nachfolgerarbeitsgänge (oder -aufträge) verschoben werden müssen, bleibt dies nicht ohne Konsequenzen für die Kapazitätssituation anderer Betriebsmittel(gruppen) und Arbeitsplätze. Möglicherweise werden dort zuvor realisierbare Lösungen nun unzulässig etc. Die Folgewirkungen können sich in unvorhersehbarem Maße fortpflanzen.

Menschlicher Sachverstand statt Abgleichsalgorithmus

Die Problematik des Kapazitätsabgleichs hat sich in der Praxis als viel zu komplex erwiesen, als daß sie durch automatische Algorithmen befriedigend in den Griff zu bekommen wäre. Deshalb setzte sich in den letzten Jahren zunehmend die Erkenntnis durch, daß der Sachverstand der Fertigungsdisponenten und Meister vor Ort bessere Lösungen verspricht als ein Abgleichsalgorithmus. In diesem Sinne ist es zweckmäßiger, wenn das PPS-System dem menschlichen Problemlöser Informationen zur Verfügung stellt, die er für Kapazitäts- und Terminentscheidungen benötigt. Hier liegt auch ein mögliches Einsatzfeld von Expertensystemen. Die Unterstützung des Kapazitätsabgleichs durch leistungsfähige Softwarewerkzeuge vor Ort wird weiter unten (Kapitel 5.1) aufgegriffen und ausführlich behandelt.

Vermeidung von Kapazitätsüberlastungen durch Simultanplanung

Eine andere Philosophie als die des nachträglichen Kapazitätsabgleichs verfolgen manche neuere PPS-Systeme. Wenn man die material-, zeit- und kapazitätswirtschaftlichen Probleme nicht nacheinander, sondern gleichzeitig behandelt, können grundsätzlich Kapazitätsüberlastungen erst gar nicht entstehen; die Idee der gleichzeitigen Lösung liegt ja auch den Simultanplanungsmodellen der Betriebswirtschaftslehre zugrunde, die in Kapitel 1 erörtert wurden.

Von Engpässen ausgehend Termine planen

Das Gesamtproblem würde aber viel zu komplex, als daß es umfassend optimiert werden könnte. Ein Ansatz besteht deshalb darin, die Engpaßbetriebsmittel in den Vordergrund der Betrachtung zu stellen und von den Engpässen ausgehend die Termine zu planen. Er wird unter anderem von dem System OPT (Optimized Production Technology) verfolgt. Dieses geht ausdrücklich von der Philosophie aus, daß nicht die Kapazitätsbelastung auszugleichen sei, sondern vielmehr der Fertigungsfluß, und daß Engpaßkapazitäten die wesentlichen Bestimmungsfaktoren sowohl für die Durchlaufzeiten als auch für die Bestände sind (DOCH90, JACO84, WIEN87a). Fertigungsaufträge, die Engpaßkapazitäten belasten, werden vorab und von vornherein mit höherer Priorität behandelt als Aufträge, die nur unkritische Bearbeitungsstationen durchlaufen. Auf diese Weise wird versucht, die Ablaufengpässe möglichst zu entschärfen.

3.4.4 Datenstrukturen der Zeitwirtschaft

Die für die Termin- und Kapazitätsplanung erforderlichen Grunddaten sind insbesondere die Arbeitspläne und die Arbeitsgänge, welche die

Bearbeitungszeiten pro Mengeneinheit des zu fertigenden Teils enthalten, sowie die Betriebsmitteldaten, denen die Kapazitäten entnommen werden können. In Kapitel 2 wurden diese bereits behandelt.

Vorgangsbezogene Daten

Vorgangsbezogen kommen nun die Daten über die Fertigungsaufträge und ihre inneren und äußeren Zusammenhänge hinzu, d. h. über die auftragsbezogenen Arbeitsgänge und über die Auftragsnetze, sofern die Aufträge in übergreifende Strukturen eingeordnet sind. Außerdem ist die Inanspruchnahme der Produktionskapazitäten durch die Aufträge bzw. ihre Arbeitsgänge darzustellen.

Die Arbeitspläne in den Grunddaten sind als Standardarbeitspläne zu interpretieren. Sie enthalten die auftragsunabhängigen Daten und beziehen ihre mengenabhängigen Größen auf eine Standardgröße, z. B. pro Stück, lfd. Meter, Behälter o. ä.; Zeitangaben sind relativ zu diesen Bezugsgrößen und naturgemäß frei von absoluten Kalenderdaten.

Auftragsbezogene Arbeitspläne

Die auftragsabhängigen Mengen- und Termindaten kommen mit den konkreten *Fertigungsaufträgen* hinzu. Aus den Standardarbeitsplänen werden *auftragsbezogene Arbeitspläne* abgeleitet, die absolute Mengen, Zeitdauern und nach der Terminierung auch Zeitpunkte (z. B. frühester Start-, spätester Endtermin) enthalten.

Der Sprachgebrauch ist teilweise unterschiedlich, was die Begriffe Fertigungsauftrag und auftragsbezogener Arbeitsplan (Auftragsarbeitsplan) anbelangt. Manchmal werden sie synonym verwendet, manchmal getrennt, und manchmal spricht man einheitlich nur von Fertigungsauftrag. Letztlich hängt dies mit dem Kontext zusammen, in dem der Begriff „Fertigungsauftrag“ gebraucht wird. Im Rahmen der Materialwirtschaft steht Auftrag synonym für Los bzw. Bestellmenge. Hier steht der Mengenaspekt, eventuell mit einem Termin verbunden, im Vordergrund. In der Termin- und Kapazitätswirtschaft meint man mit Auftrag primär die zugehörigen Arbeitsgänge und die Zeitdauern; dies kam auch in den Ausführungen und Abbildungen dieses Kapitels zum Ausdruck. Wenn man die letztere Sichtweise zugrundelegt, sind Fertigungsauftrag und Auftragsarbeitsplan identisch. In dieser Weise soll im weiteren verfahren werden.

Die Fertigungsauftragsdaten sind den Standardarbeitsplänen in den Grunddaten großenteils ähnlich oder mit ihnen identisch. Deshalb stellt sich die Frage, ob sie bei der Erzeugung der Fertigungsaufträge kopiert und redundant geführt werden oder ob lediglich über geeignete Beziehungstypen Verweise zu den Grunddaten aufgebaut werden. In der Praxis findet man häufig Zwischenstufen zwischen beiden Formen. Die Abstufung hängt unter anderem davon ab, wie „stabil“ die Grunddaten sind; d. h., können die Grunddaten unverändert übernommen und nur den absoluten Mengen und Terminen angepaßt werden, oder sind Änderungen erforderlich? Beim hier zugrundeliegenden Unternehmenstyp wird man weitgehend von stabilen Grunddaten ausgehen können. Anders ist dies bei kundenauftragsorientierter Produktion (vgl. dazu Kapitel 4).

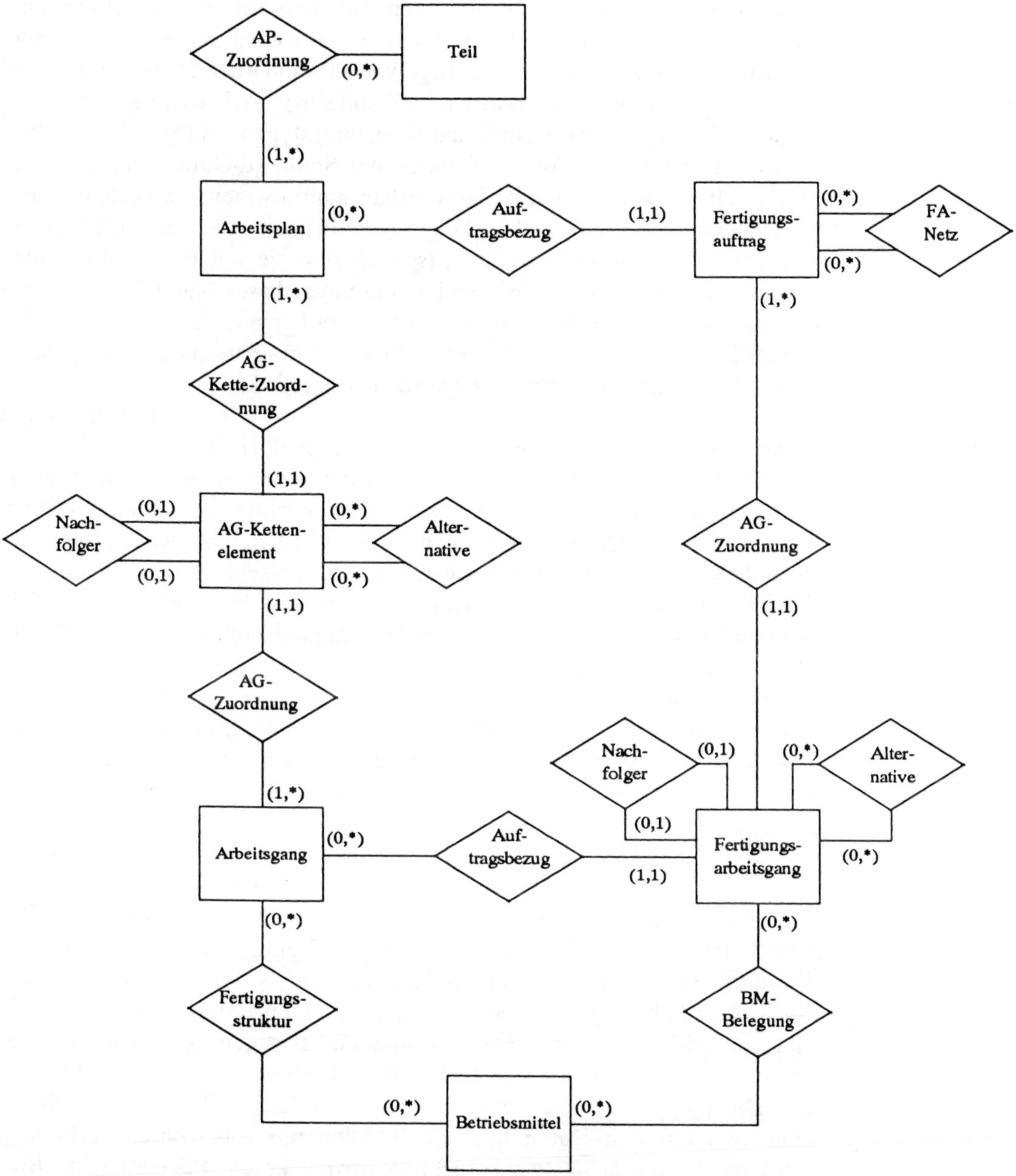

Abb. 3.4-12: Entity-Relationship-Diagramm zur Zeitwirtschaft

Beziehungstypen „Auftragsbezug"

Das in Abbildung 3.4-12 dargestellte Datenmodell zeigt die enge Verwandtschaft der Standardarbeitspläne und -arbeitsgänge aus den Grunddaten mit den entsprechenden auftragsabhängigen Datenstrukturen. Der linke Teil der Abbildung ist identisch mit dem Entity-Relationship-Diagramm der Abbildung 2.2-23. Im rechten Teil stehen ähnliche Strukturen; die Zuordnung zwischen den Entity-Typen (Standard-) „Arbeitsplan“ und „Fertigungsauftrag“ sowie zwischen (Standard-) „Arbeitsgang“ und „Fertigungsarbeitsgang“ wird durch die Beziehungstypen „Auftragsbezug“ hergestellt. Die Kardinalitäten auf Seiten der Standard-Datenstrukturen sind (0,*), d. h., zu einem Standardarbeitsplan kann es mehrere Fertigungsaufträge geben, es braucht aber keiner vorzuliegen. Aus der Blickrichtung der Fertigungsaufträge und -arbeitsgänge sind sie mit (1,1) notiert, eine Konsequenz aus der idealisierenden Prämisse dieses Kapitels: Wenn ein Unternehmen ein Standardproduktprogramm herstellt, gibt es zu allen Eigenfertigungsteilen auch Arbeitspläne. Jedem Fertigungsauftrag kann dann ein Standardarbeitsplan zugeordnet werden. Dies ist anders bei Auftrags- und Einzelfertigung (vgl. Kapitel 4), wo eine (0,1)-Kardinalität (oder in Extremfällen gar eine „(0,0)-Kardinalität“!) angebracht wäre.

Man erkennt, daß die Beziehungen der auftragsabhängigen Arbeitsgänge zueinander (Alternativ-, Nachfolger-Arbeitsgänge) ähnlich denen unter den Grunddatenstrukturen gebildet werden. Die Reihenfolge der Arbeitsgänge wird durch den Beziehungstyp „Nachfolger“ definiert. Die Konstruktion der Arbeitsgang-Kettenelemente ist hier nicht erforderlich. Sie dient in den Grunddaten dazu, alle Wahlmöglichkeiten bei der Gestaltung eines Arbeitsplans offenzuhalten und darzustellen. Da mit der Bildung der konkreten Fertigungsaufträge eine verfahrensmäßige Zuordnung der Arbeitsgänge getroffen wird, sind nicht mehr beliebige Pfade durch das Netz der Abbildung 2.2-24 möglich; vielmehr wird ein bestimmter Pfad festgelegt. Nur zu einem bestimmten Fertigungsarbeitsgang sind jetzt noch Alternativ-Arbeitsgänge möglich.

Fertigungsauftragsnetz

Wenn die Fertigungsaufträge in einem Fertigungsauftragsnetz miteinander verflochten sind, müssen die Zusammenhänge abgebildet werden. Im Entity-Relationship-Modell erfolgt dies über den Beziehungstyp „FA-Netz“. Er verbindet Entities des Typs „Fertigungsauftrag“ miteinander. Da ein Auftrag im allgemeinen Fall mehrere Vorgänger und mehrere Nachfolger haben kann, handelt es sich um einen n:m-Beziehungstyp. Es gibt natürlich auch andere Möglichkeiten, Fertigungsaufträge, -arbeitsgänge und -netze darzustellen (vgl. z. B. SCHE97).

Die durch die Fertigungsarbeitsgänge verlangte Kapazitätsbereitstellung muß mit den Daten über die verfügbaren Kapazitäten verbunden werden. Die Kapazitätsbeanspruchung wird über die Beziehungen „BM-Belegung“ (Betriebsmittelbelegung) den Betriebsmitteln zugerechnet. Die verfügbaren Kapazitäten gehören zu den Stammdaten, die bei den Betriebsmitteln oder Betriebsmittelgruppen geführt werden.

Kapazität einer Betriebsmittelgruppe

Bei der in Kapitel 2 behandelten Konzeption des Datenmodells werden Einzelbetriebsmittel und Betriebsmittelgruppen grundsätzlich gleich behandelt. Die Zugehörigkeit eines Einzelbetriebsmittels (oder einer

Gruppe) zu einer übergeordneten Gruppe wird durch den Beziehungstyp „Gruppe" hergestellt (vgl. Abbildung 2.2-26). In der Grobplanung, zu der die zeitwirtschaftlichen Funktionen in Kapitel 3.4 gehören, wird man im allgemeinen mit Betriebsmittelgruppen und deren Kapazitäten arbeiten. Die Kapazität einer Betriebsmittelgruppe in einem bestimmten Zeitraum erhält man durch Auswertung der Entity- und Beziehungstypen „Betriebsmittel", „zugeordnet", „Betriebskalender", „Schichtmodell", „Betriebszeit" und „Gruppe" in Abbildung 2.2-26.

3.5 Fertigungssteuerung

3.5.1 Auftragsfreigabe

Nach der Durchlaufterminierung und Kapazitätsplanung liegt ein mengen- und zeitmäßig fixierter Grobplan für einen längeren Zeitraum vor. Dieser stellt jedoch noch keine definitive und bindende Vorgabe für den Fertigungsbereich dar, da in einer dynamischen Umwelt bis zur Durchführung der einzelnen Aufträge und Arbeitsgänge noch zahlreiche unvorhergesehene Änderungen eintreten können.

Bindeglied zwischen Planung und Steuerung

Verbindliche Vorgaben entstehen dann, wenn die für einen überschaubaren Zeitraum (z. B. eine oder mehrere Wochen) grobgeplanten Aufträge zur Fertigung freigegeben werden. Die Auftragsfreigabe stellt in diesem Sinne das Bindeglied zwischen der Planungsphase und der Steuerung der Produktion in der Realisierungsphase dar (SCHE97). Aufgabe der Auftragsfreigabe ist es insbesondere, die in den Freigabehorizont fallenden Aufträge auszuwählen, die Verfügbarkeit der benötigten Ressourcen sicherzustellen und die Arbeitsdokumente zu drucken. Die freigegebenen Aufträge können dann an die Feinterminierung weitergeleitet werden.

Verfügbarkeitsprüfung

Wenn die Umwelt des Unternehmens sich tatsächlich so verhalten und die Fertigung so verlaufen würde, wie zum Zeitpunkt der (Grob-) Planung unterstellt, dann müßten bei Durchführung der Fertigungsaufträge alle benötigten Materialien und Betriebsmittel termingerecht zur Verfügung stehen.

Daß dies eine theoretische Annahme ist, lehrt die Erfahrung. Ungeplante Ereignisse, Eilaufträge, Maschinenausfälle und andere Störungen haben in der Wirklichkeit meist eine veränderte Situation geschaffen, so daß es aus Sicherheitsgründen geboten erscheint, vor der Fertigungsveranlassung zu überprüfen, ob alle für einen Auftrag benötigten Ressourcen tatsächlich auch vorhanden sind. Andernfalls besteht die Gefahr, daß Aufträge vor den Betriebsmitteln und Arbeitsplätzen liegenbleiben und rechnerisch Kapazität binden, obwohl diese nicht in Anspruch genommen werden kann. Außerdem gibt es Ressourcen, die unter Umständen nicht vom PPS-System verwaltet werden und kritische Faktoren darstellen, z. B. Fachkräfte, spezielle Werkzeuge, NC-Programme etc.

Verfügbarkeit von Material, Vorrichtungen, Werkzeugen etc.

Die Verfügbarkeitsprüfung kann unterschiedlich ausgebaut sein. Als Minimallösung wird das Vorhandensein aller für einen Fertigungsauftrag benötigten untergeordneten Teile überprüft (Materialverfügbarkeit). Oft werden auch Vorrichtungen und Werkzeuge im PPS-System geführt und auf Verfügbarkeit automatisch geprüft. In fortgeschrittenen Lösungen sind dispositive Elemente enthalten; die Verfügbarkeit wird dann nicht auf den gegenwärtigen, sondern auf den tatsächlichen Bedarfszeitpunkt bezogen. Auf diese Weise können auch erwartete Lagerzugänge, Rückgabe von Werkzeugen u. a. berücksichtigt werden.

Dispositive Verfügbarkeit

Die Verfügbarkeitsprüfung wird im allgemeinen, wie hier beschrieben, *nach* der Kapazitätsplanung und für kürzere Zeiträume durchgeführt. In manchen Fällen, z. B. wenn Sondermaterialien mit langen Lieferzeiten oder knappe Fachspezialisten erforderlich sind, kann dies jedoch unzweckmäßig sein. So ist es denkbar, daß man mit viel Aufwand eine vermeintliche Kapazitätsüberlastung beseitigt, um anschließend festzustellen, daß einer oder mehrere der verursachenden Fertigungsaufträge wieder ausgeplant werden müssen, weil Material o. a. fehlt.

Gegen eine frühere Verfügbarkeitsprüfung spricht indessen, daß die Zeitspanne bis zur tatsächlichen Fertigung zu groß wird und die Wahrscheinlichkeit, daß die getroffenen Aussagen auch zum Zeitpunkt der Fertigung noch gelten, wieder sinkt. Hat man es umgekehrt mit einer relativ stabilen Fertigungssituation zu tun, so ist es auch denkbar, daß die Verfügbarkeitsprüfung zusammen mit der Feinterminierung oder im Anschluß daran durchgeführt wird.

Arbeitsdokumente

Typische Dokumente

Bei der Auftragsfreigabe werden die Begleitpapiere und andere Belege erstellt. Beispiele für typische Dokumente sind etwa die folgenden (HACK89):

- *Fertigungsauftrag*, auch Betriebsauftrag oder auftragsabhängiger Arbeitsplan genannt; dieser unterscheidet sich vom (Standard-) Arbeitsplan insbesondere dadurch, daß die Auftragsmenge angegeben und Basis für die Zeitvorgaben ist,
- *Laufkarte* zur Begleitung des Auftrags durch den Betrieb,
- *Terminkarte* zur Terminkontrolle aufgrund von Rückmeldungen aus dem Betrieb,
- *Materialscheine* zur Materialbereitstellung sowie als Entnahme- und Buchungsbelege,
- *Lohnscheine* als individuelle Arbeitsanweisungen für die Werker, als Rückmeldeinstrumente für die Fortschrittskontrolle, als Grundlage für die Lohnabrechnung und Nachkalkulation u. a.

Spezielle *Rückmeldescheine* für die Fortschrittskontrolle und andere Belege trifft man ebenfalls häufig an. Trotz zunehmender Elektronisierung der Informationsflüsse scheinen Papierdokumente wohl auch weiterhin unverzichtbare Hilfsmittel zu sein. Dennoch ist zu beobachten, daß Papier allmählich durch elektronische Informationsträger ersetzt oder zumindest „automatisierungsfreundlicher“ gemacht wird. Sichtbares Zeichen dafür sind etwa Barcodes oder andere maschinenlesbare Darstellungen, die die Rückmeldungen und deren weitere Verarbeitung erleichtern.

Rückmeldescheine für die Fortschrittskontrolle

Automatisierungsfreundlichere Informationsträger

Statische und dynamische Auftragsfreigabe

Die Auftragsfreigabe kann grundsätzlich statisch oder dynamisch durchgeführt werden (SCHE97). Statische Freigabe bedeutet, daß nur diejenigen Aufträge freigegeben werden, bei denen zum Zeitpunkt der Verfügbarkeitsprüfung alle benötigten Ressourcen vorhanden sind. Materialien müssen also physisch oder zumindest logisch (buchungstechnisch) auf Lager liegen.

Bei einer dynamischen Auftragsfreigabe kommt dagegen die *dispositive Verfügbarkeitsprüfung* zum Tragen. Hierbei wird auch der Zeitablauf berücksichtigt. Dies bedeutet, daß auch Aufträge freigegeben werden können, für die alle benötigten Ressourcen zwar noch nicht physisch vorhanden sind, aber bis zum Bedarfszeitpunkt vorliegen werden. Erwartete Lagerzugänge, Bestellbestände, Werkzeugreservierungen etc. können so in die Freigabeentscheidung einbezogen werden. Bei einer fortschrittlichen Lösung wird der Fertigungsablauf im Freigabezeitraum simuliert, so daß Entwicklungen, die wie Bestellbestände noch nicht buchmäßig erfaßt sind, ebenfalls Berücksichtigung finden.

Dispositive Verfügbarkeitsprüfung

Belastungsorientierte Auftragsfreigabe

Bei der sogenannten „belastungsorientierten Auftragsfreigabe“ werden Aufträge unter Beachtung der verfügbaren Kapazität freigegeben. Das Verfahren basiert auf einer eigenen Fertigungssteuerungsphilosophie, die in Abschnitt 3.6.1 gesondert beschrieben wird.

Freigabe unter Beachtung der Kapazität

3.5.2 Feinterminierung

Für die in den Freigabezeitraum fallenden Aufträge muß nun eine detaillierte Feinplanung durchgeführt werden. Dies bedeutet insbesondere, daß *genau* festgelegt werden muß, auf welchen Betriebsmitteln und zu welchen Terminen die einzelnen Arbeitsgänge der Fertigungsaufträge durchgeführt werden sollen.

Der erste Punkt ist dann von Bedeutung, wenn in der Grobplanung noch mit Betriebsmittelgruppen oder anderen gröberen Kapazitätseinheiten gearbeitet wurde. Spätestens jetzt muß die Auswahl der konkreten Einzelbetriebsmittel und die Zuordnung der einzuplanenden Arbeitsgänge zu diesen erfolgen.

Maschinenbelegungsplanung

Die Hauptaufgabe der Feinterminierung ist jedoch die detaillierte Planung der Betriebsmittelbelegung. Da hier die Reihenfolge, in der die Arbeitsgänge auf einer Fertigungsanlage nacheinander abgearbeitet werden, und damit der Fertigungsablauf festgelegt wird, spricht man auch von *Reihenfolge-* oder *Ablaufplanung*. Andere Bezeichnungen sind *Maschinenbelegungsplanung* und *Kapazitätsterminierung*. Sie beleuchten das gleiche Problem aus der Perspektive der Betriebsmittel.

Die Planung der Betriebsmittelbelegung ist ein Feld, das ähnlich wie die Losgrößenplanung von Generationen von Forschern beackert wurde. Die Zahl der Modelle und Methoden, die im Lauf der letzten Jahrzehnte vorgeschlagen wurden, ist unübersehbar. Vor allem Ansätze aus der ganzzahligen linearen Programmierung, Branch-and-Bound-Verfahren, aber auch viele heuristische Methoden wurden entwickelt. Anders als bei den Losgrößenmodellen ist die praktische Relevanz des Problems durchaus signifikant. Dennoch ist es selbst unter vereinfachenden Prämissen bis heute nicht gelungen, verallgemeinerbare optimale Lösungen bei praktisch relevanten Größenordnungen zu finden. Die Komplexität der Problematik ist bereits bei linearen Fertigungsprozessen zu groß; bei den vernetzten Auftragsstrukturen, wie sie im allgemeinen Fall anzutreffen sind, ist sie mit formalen Modellen meist nicht mehr zu bewältigen.

Optimierungsverfahren

In einer gewissen Nostalgie ziehen sich auch heute noch Algorithmen durch die Lehrbücher, die bestenfalls bei Minibetrieben funktionieren können. Ein krasses Beispiel ist der vielzitierte Johnson-Algorithmus, der in der Lage ist, das Problem von *n* Aufträgen, die *2* (in Worten: zwei!) Maschinen oder andere Kapazitätseinheiten in gleicher Reihenfolge zu durchlaufen haben, einer optimalen Lösung zuzuführen (JOHN54). Der Leser mag selbst beurteilen, wieviele Betriebe in der Praxis wohl ein Fertigungssteuerungsproblem dieser Größenordnung haben!

Bei der praktischen Problemlösung, die auch von den meisten PPS-Systemen unterstützt wird, geht man deshalb anders vor. Das Optimierungsproblem, das auch den formalen Modellen zugrundeliegt, basiert unter anderem darauf, daß bei der Betriebsmittelbelegungsplanung unterschiedliche Ziele verfolgt werden. Dies sind zum Beispiel:

Produktionswirtschaftliche Ziele

- Minimierung der Gesamtdurchlaufzeit aller Fertigungsaufträge oder der mittleren Durchlaufzeit im Planungszeitraum,
- Maximierung der Kapazitätsauslastung bzw. Minimierung der Stillstandszeiten aller Betriebsmittel,
- Minimierung von Terminüberschreitungen bzw. Maximierung der Termintreue,
- Minimierung der Kapitalbindung in der Fertigung,
- Minimierung der Umrüstkosten zwischen aufeinanderfolgenden Aufträgen.

Zielkonflikt

Diese Ziele stehen nicht unabhängig nebeneinander, sondern unterstützen bzw. behindern sich teilweise gegenseitig; in der Betriebswirtschaftslehre spricht man von „komplementären" bzw. von „konkurrierenden" Zielen. Insbesondere zwischen der Minimierung der Durchlaufzeiten und der Maximierung der Kapazitätsauslastung kann ein Zielkonflikt entstehen. Gutenberg prägte dafür bereits in den 50er Jahren das Schlagwort vom *Dilemma der Ablaufplanung* (GUTE83). Über die Existenz des Dilemmas bzw. die Bedingungen, unter denen es auftritt, wurde in den 60er und 70er Jahren heftig argumentiert (z. B. GÜNT71, SIEG74; vgl. auch Abschnitt 1.2.1). Andere Autoren erweiterten es gar zum „Trilemma" (MENS72) bzw. „Polylemma" (SCHW67).

Prioritätsregeln

Prioritätsregeln zur Festlegung der Bearbeitungsreihenfolgen

An den obigen Zielsetzungen orientieren sich die sogenannten Prioritätsregeln, die in der Praxis meist zur Festlegung der Bearbeitungsreihenfolgen verwendet werden. Eine Prioritätsregel ist ein Auswahlkriterium. Es gibt an, wie derjenige Fertigungsauftrag zu ermitteln ist, der an einem bestimmten Betriebsmittel oder Arbeitsplatz *als nächster* bearbeitet werden soll. Gängige Prioritätsregeln sind etwa die folgenden: Wähle den Auftrag mit

- der kürzesten Bearbeitungszeit (KOZ-Regel, „kürzeste Operationszeit"),
- der längsten Bearbeitungszeit,
- den geringsten Zeitpuffern bis zum Liefertermin („Schlupfzeitregel"),
- der größten Zahl noch unerledigter Arbeitsgänge,
- der längsten Wartezeit vor der Maschine (Fifo-Regel, „first in first out"),
- der größten Kapitalbindung,
- den geringsten Umrüstkosten,
- der höchsten externen Priorität („Chefauftrag"),
- der stärksten Reduktion der Übergangszeiten (die in der Durchlaufterminierung vorgenommen wurde).

Die Anzahl denkbarer Prioritätsregeln ist recht groß. In ZÄPF01 werden z. B. 11, in HOIT93 14 und in MERT01 18 elementare Regeln aufgeführt. Sie unterstützen die verschiedenen Ziele in unterschiedlichem Maße. Die Auswirkungen wurden in den 60er und 70er Jahren in Simulationsstudien ausgiebig untersucht (vgl. z. B. HOSS65). Es zeigte sich beispielsweise, daß die erstgenannte Regel (KOZ-Regel) in Bezug auf die Kapazitätsauslastung und die Durchlaufzeiten recht gute Ergebnisse verspricht, während sie die Termintreue nur schlecht unterstützt; hierfür ist die Schlupfzeitregel besser, die sich aber hinsichtlich der Durchlaufzeiten nur mäßig verhält (HOSS65, HOIT93).

Kombination von elementaren Prioritätsregeln

Durch geeignete Kombination von elementaren Prioritätsregeln lassen sich auch die oben genannten Zielkonflikte berücksichtigen. Die Verknüpfungen können alternativer, dominanter sowie additiver und multiplikativer Art sein (KIST01).

Von einer *alternativen* Verknüpfung spricht man, wenn in unterschiedlichen Situationen jeweils eine andere Regel zum Einsatz kommt. So ist es etwa denkbar, daß normalerweise die KOZ-Regel, bei drohendem Terminverzug dagegen die Schlupfzeitregel verwendet wird. Eine *dominante* Verknüpfung liegt vor, wenn andere Regeln als die „Hauptregel" nur dann herangezogen werden, wenn die Hauptregel gegenüber zwei Aufträgen indifferent ist (KIST01).

Gewichtungsfaktoren

Bei *additiven* und *multiplikativen* Verknüpfungen werden die einzelnen Komponenten häufig mit Gewichtungsfaktoren versehen. Ein Beispiel ist die folgende Regel, bei der sich die Gesamtpriorität G aus der Verknüpfung von Reduzierungsfaktor, Schlupfzeit und externer Prioritätsvorgabe ergibt (MERT 88a):

$$G = g_r \cdot R - g_s \cdot (t_1 - t_0 - t_b) + g_p \cdot P$$

mit

G = Gesamtpriorität,
R = Reduzierungsfaktor, der in der Durchlaufterminierung für den Auftrag verwendet wurde,
t_1 = Endtermin des Arbeitsgangs aus der Durchlaufterminierung,
t_0 = Gegenwart,
t_b = Restbearbeitungszeit des Auftrags und
P = externe Priorität.

Dynamische Prioritätsregeln

Die Symbole g_r, g_s und g_p stehen für geeignet zu wählende Gewichtungsfaktoren. Die Priorität G ist bei dieser Regel dynamisch veränderlich und hängt vom Zeitpunkt des Programmlaufs ab. Eine Prioritätsregel, welche sowohl Terminaspekte als auch die Kapitalbindung berücksichtigt, könnte etwa lauten:

$$G = g_1 \cdot \frac{n_A}{t_1 - t_0 - t_b} + g_2 \cdot K$$

mit

n_A = Zahl der offenen Arbeitsgänge,
K = durch den Auftrag bereits gebundenes Kapital und
g_i = Gewichtungsfaktor.

Wenngleich die Prioritätsregeln einen wichtigen Beitrag zur Lösung des Reihenfolgeproblems in der Fertigung leisten können, wird ihre Wirkung oft überschätzt. Dies liegt vor allem daran, daß die tatsächlichen Einflußfaktoren auf die Zielgrößen sehr vielfältig sind. Der Benutzer eines PPS-Systems ist kaum in der Lage, die Konsequenzen der Auswahl einer bestimmten Regel für seine spezielle Fertigungssituation oder die Auswirkungen einer subjektiven Veränderung von Gewichtungsfaktoren abzuschätzen. In einem konkreten Fall, der von Pabst untersucht wurde, konnte etwa zwischen der Wahl der Prioritätsregel und der Auftragswartezeit kein Zusammenhang nachgewiesen werden (PABS85).

Umrüstreihenfolge (Sortenschaltung)

In manchen Unternehmen spielt die Umrüstung der Produktionsanlagen eine wichtige Rolle. Dies ist z. B. der Fall, wenn die Rüstvorgänge zeitaufwendig sind und einen signifikanten Teil der Produktionskapazität binden. Häufig hängt der Rüstaufwand, mit dem ein Betriebsmittel zur Durchführung eines bestimmten Arbeitsgangs für eine Teileart X vorbereitet wird, davon ab, welches Teil bzw. welcher Arbeitsgang zuvor auf dem Betriebsmittel bearbeitet wurde. Als Beispiel seien etwa Färbearbeitsgänge genannt; dort dauert die Reinigung einer Anlage beim Umstellen von einer dunkleren auf eine hellere Farbe länger als umgekehrt. In der metallverarbeitenden Industrie reichen die Rüstarbeiten vom einfachen Justieren einer Vorrichtung für einen ähnlichen Arbeitsgang über das Anbringen neuer Vorrichtungen bis zum Umbau der gesamten Anlage.

Rüstaufwand hängt von der Reihenfolge der Aufträge ab

Als Optimierungsproblem betrachtet geht es in solchen Fällen darum, diejenige Reihenfolge der anstehenden Fertigungsaufträge zu bestimmen, bei der eine oder mehrere Zielgrößen ihr Optimum erreichen. Zielgrößen können z. B. die Summe aller Rüstkosten oder die Summe aller Rüstzeiten im Freigabezeitraum sein. Für eine einzelne Fertigungsanlage ergeben sich bei n Aufträgen n! mögliche Reihenfolgen. Für n = 15 Aufträge sind dies bereits 1307674368000 Möglichkeiten (≈1,3 Billionen). Eine vollständige Enumeration mit dem Ziel, die optimale Reihenfolge zu finden, verbietet sich somit von vornherein. Wenn man, wie vom theoretischen Standpunkt aus eigentlich erforderlich, auch noch die Beziehungen der betrachteten Arbeitsgänge zu den anderen Arbeitsgängen und Fertigungsaufträgen im gesamten Auftragsnetz berücksichtigen wollte, explodiert das Problem weiter.

Bei n Aufträgen n! mögliche Reihenfolgen

In der Literatur wurden in der Vergangenheit zahlreiche Verfahren zur Ermittlung günstiger Reihenfolgen vorgeschlagen. Ein heuristisches Verfahren und ein optimierendes Branch-and-Bound-Verfahren sind bei Hoitsch beschrieben (HOIT93).

In der Praxis behilft man sich oft mit sehr einfachen Vorgehensweisen, beispielsweise mit einer Sortierung nach den Umrüstzeiten. In Abbildung 3.5-1 ist zur Veranschaulichung eine Rüstzeitenmatrix für fünf Teile A, B, C, D und E dargestellt. Sie gibt an, welche Umrüstzeiten entstehen, wenn von einem Arbeitsgang für Teil i auf Teil j umgestellt wird. Nimmt man an, daß vor Beginn des Planungszeitraums gerade ein Auftrag für Teil B gefertigt wurde, dann bietet es sich an, mit Teil B anzufangen, weil das erste Rüsten in diesem Fall entfällt. Nach dem Kriterium „Übergang jeweils zu dem Teil, für das der Rüstauf-

Umrüstzeit nach / von	A	B	C	D	E
A	-	120	9	50	75
B	80	-	35	40	70
C	90	60	-	45	110
D	60	40	30	-	50
E	55	80	25	90	-

Abb. 3.5-1: Umrüstzeitenmatrix

wand am niedrigsten ist" erhält man somit die Bearbeitungsreihenfolge und Rüstzeiten

B –,
C 35 min,
D 45 min,
E 50 min,
A 55 min

mit der Summe der Rüstzeiten = 185 Minuten. Das Verfahren liefert zwar nicht immer die optimale Reihenfolge; es gelangt aber in vielen Fällen doch zu ausreichend guten Ergebnissen.

Weitere Faktoren für die Umrüstreihenfolge

Häufig sind wesentlich mehr Faktoren für die Wahl der adäquaten Bearbeitungsfolge maßgebend als nur die Rüstzeiten oder die Rüstkosten. Die Bedeutung einzelner Fertigungsaufträge ist oft unterschiedlich; wenn beispielsweise der Lagerbestand eines für die Marktstellung des Unternehmens wichtigen Produkts auszugehen droht, kann es geraten erscheinen, trotz höherer Rüstkosten die entsprechenden Fertigungsaufträge vorzuziehen. Bestimmte Rahmenbedingungen der Fertigung wie etwa bevorstehende Wartungsarbeiten können es nahelegen, vorher noch wichtige Aufträge durchzuschleusen. Wenn Maschinenverschleiß zu beobachten ist, mögen die Toleranzen für manche Teile noch ausreichen, für andere dagegen nicht mehr.

Derartige Faktoren lassen sich kaum in Algorithmen für ein Sortenschaltungsprogramm gießen. Sie sind eher in den Köpfen der Fertigungsleiter und Disponenten „verankert". Noch komplexer sind die Rahmenbedingungen bei kundenauftragsorientierter Fertigung. In diesen Fällen bietet es sich an, im PPS-System oder in einem dedizierten Fertigungssteuerungssystem komfortable Gestaltungs- und Umplanungsmöglichkeiten vorzusehen, mit deren Hilfe die Bearbeitungsfolgen am Bildschirm erzeugt und verändert werden können.

3.5.3 Fortschrittskontrolle und Rückmeldungen

Die freigegebenen Aufträge gehen nach der Feinterminierung schließlich in die Realisierungsphase. Ob die tatsächliche Durchführung der Aufträge auch in Einklang mit der Planung steht, ob Störungen und Verzögerungen auftreten, etc. muß parallel zum Fertigungsablauf überwacht und gegebenenfalls an die betroffenen Planungsbereiche rückgemeldet werden. Die Rückmeldungen dienen unter anderem dazu, die erforderliche Aktualisierung der Teilpläne vorzunehmen. Fertiggestellte Arbeitsgänge oder Aufträge müssen aus der Planung genommen, gestörte zurückgestellt bzw. neu geplant werden etc.

Betriebsdatenerfassung (BDE)

Die Fortschrittskontrolle wird in modernen Systemen auf dem Wege der *Betriebsdatenerfassung (BDE)* durchgeführt; die Rückmeldungen werden dabei teilweise automatisch erzeugt. Da der BDE ein eigenes Kapitel in diesem Buch gewidmet ist (vgl. Kapitel 6), beschränken wir uns hier auf den Verweis.

3.5.4 Dezentrale Fertigungssteuerung

Zentral gesteuerte Vorgaben für die Durchführung der Fertigung sind zwar vom theoretischen Standpunkt aus zweckmäßig. Angesichts des erforderlichen hohen Detaillierungsgrads sind sie aber in den meisten Fällen nicht praktikabel, da die Zeit schneller fortschreitet, als die Vorgaben den Gegebenheiten der Realität (unvorhergesehene Änderungen, Umgebungseinflüsse etc.) angepaßt werden könnten. Dezentrale Lösungen sind hier meist günstiger. Unter bestimmten Bedingungen sind zentrale Vorgaben auch gar nicht erforderlich.

Dedizierte Systeme für die Fertigungssteuerung

Die Tendenz, Bestandteile der Produktionsplanung und -steuerung auf dedizierte Systeme auszulagern, umfaßt mehr als die oben erwähnte Ermittlung günstiger Auftragsreihenfolgen. Die Gründe sind vielfältiger Natur. Insbesondere zwei spielen eine wichtige Rolle: zum einen der Funktionsumfang der klassischen PPS-Systeme, zum anderen der allgemeine Trend zur Nutzung dezentraler Rechnerkapazität.

Kurzfristige Funktionen

Bei den meisten PPS-Systemen wurden in der Vergangenheit die länger- und mittelfristigen Bereiche (Materialwirtschaft und Zeitwirtschaft) recht breit unterstützt, während die kurzfristigen Funktionen der Feinplanung und Steuerung nur unzureichend abgedeckt wurden. Je näher es an die Realisierung der lang- und mittelfristigen Pläne ging, um so schwächer wurde der Grad der Unterstützung. Diese endete oft mit der Auftragsfreigabe und dem Ausdruck mehr oder weniger dicker Listen.

Fertigungssteuerung „von Hand"

Die kurzfristige Fertigungssteuerung mußte somit häufig „von Hand" – mit Zettelkästen, Plantafeln an der Wand oder einfachen PC-gestützten Werkzeugen – durchgeführt werden.

Mit der breiten Verfügbarkeit von leistungsfähigen Workstations und Personal Computern bot sich die Möglichkeit, die Lücken der PPS-Systeme zu schließen und insbesondere die kurzfristigen und fertigungsnahen Funktionen der Produktionsplanung und -steuerung besser zu unterstützen. Ein sichtbares Ergebnis sind die sogenannten „grafischen" oder „elektronischen Fertigungsleitstände", auf die in Kapitel 5.1 ausführlich eingegangen wird.

Kanban-Prinzip

Fertigungssteuerung bei Toyota

Ein einfaches Steuerungsverfahren basiert auf dem Kanban-Prinzip. Dieses stammt aus Japan, wo es bereits in den siebziger Jahren entwickelt und bei Toyota für die Fertigungssteuerung eingesetzt wurde. Angesichts des erhöhten Marktdrucks und der tendenziell geringen Kapitalausstattung japanischer Unternehmen hatte man sich dort schon frühzeitig nach Wegen umgesehen, die Kapitalbindung in den (Zwischen-) Lagerbeständen zu senken. Die grundlegende Idee von Kanban ist ein System von selbststeuernden Regelkreisen zur Abstimmung zwischen den Fertigungsstufen.

Selbststeuernde Regelkreise

Den Unterschied zu einer zentralen Fertigungssteuerung verdeutlicht Abbildung 3.5-2 an einer beispielhaften Fertigungskette (WILD89). Wenn

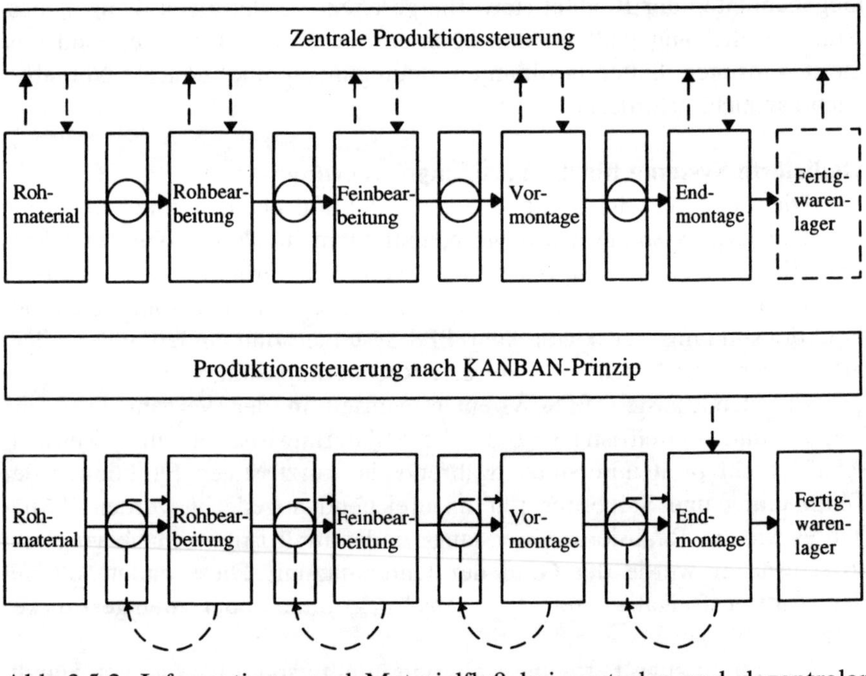

Abb. 3.5-2: Informations- und Materialfluß bei zentraler und dezentraler Fertigungssteuerung nach dem Kanban-Prinzip (aus WILD89)

aus dem Fertigwarenlager aufgrund eines Kundenauftrags, einer Bestellung o. ä. Endprodukte entnommen werden, löst diese Information eine Nachbestellung bei der letzten Fertigungsstufe (Endmontage) aus. Jeder Fertigungsstufe ist ein Pufferlager mit einem definierten Mindestbestand zugeordnet. Die Endmontage kann also auf ein Lager mit einer bestimmten Anzahl an Vorprodukten zurückgreifen.

Die Nachbestellung (bei der Endmontage) löst Fertigungsvorgänge aus, bei denen Vor- oder Zwischenprodukte verarbeitet werden. Wird dadurch der Mindestbestand im Pufferlager unterschritten, so muß bei der vorgelagerten Fertigungsstufe (der Vormontage im Beispiel der Abbildung 3.5-2) nachbestellt werden. Dort setzt der gleiche Ablauf – Fertigung, Einbau von Vorprodukten, evtl. Nachbestellung bei der (den) vorgelagerten Fertigungsstufe(n) – ein. Die Kette setzt sich gegebenenfalls bis zu dem Rohmateriallager bzw. dem Einkauf fort.

Kanban

Die Informationsträger für die Anforderungen und die Materialweitergabe zwischen den Fertigungsstufen sind bestimmte Karten, die *Kanbans*. Kanban ist das japanische Wort für Karte, Schild, Zettel. Es gibt unterschiedliche Kanban-Systeme, die sich augenscheinlich durch die Aufgabe und die Anzahl unterschiedlicher Kanbantypen, die verwendet werden, unterscheiden.

Entnahmekanban

Bei einem mit zwei Kanbantypen arbeitenden System wird dem Anforderer aufgrund eines „Entnahmekanbans" (Transportkanbans) ein Transportbehälter mit Teilen der benötigten Art bereitgestellt (MOND81a, MOND98). Der aus der Produktion kommende Behälter ist mit einem „Produktionskanban" versehen. Der Transporteur läßt diesen im Pufferlager zurück. Wenn eine bestimmte Anzahl von verbrauchten Produktionskanbans zusammengekommen ist, werden sie in die vorgelagerte Fertigungsstufe gegeben und lösen dort Fertigungsprozesse aus. (Falls die dazu benötigten Sekundärbedarfsteile im Pufferlager vor der Fertigungsstufe nicht in ausreichender Menge vorhanden sind, werden sie mit einem „Entnahmekanban" angefordert etc.) Die gefertigten Teile gehen schließlich in dem (den) Transportbehälter(n), mit Produktionskanban(s) versehen, an das nachfolgende Pufferlager. Die „Losgröße" ist somit durch das Fassungsvermögen der Transportbehälter bzw. Vielfache davon vorgegeben.

Produktionskanban

Hol-Prinzip

Beim Kanban-Verfahren wird ein *Hol-Prinzip* realisiert, bei dem die Fertigungsaufträge auf Bedarfsanforderung aus Richtung der Endprodukte her durch das System „gezogen" werden. Demgegenüber werden bei den konventionellen PPS-Ansätzen die Aufträge, von den tieferen Fertigungsstufen ausgehend, durch das System „geschoben" (ZÄPF92). Das Hol-Prinzip bewirkt unter anderem, daß die Fertigung jeweils erst dann veranlaßt wird, wenn konkreter Bedarf der nachfolgenden Fertigungsstufe angemeldet wurde. Das Kanban-Verfahren kann somit als eine Ausprägung der *„Just in time"-Produktion* angesehen werden.

„Just in time"-Produktion

Die Bestandshöhe in den Pufferlagern wird global geregelt – über die Gesamtzahl der Kanbans, die sich im Umlauf befinden. Zusammen mit der Idee des Hol-Prinzips können die Lagerbestände auf diese Weise gegenüber anderen PPS-Ansätzen tendenziell reduziert werden.

Das Kanban-Verfahren bietet sehr hohe Flexibilität zur Steuerung des Materialflusses und der Fertigungsveranlassung. Es ist grundsätzlich auf manuelle Steuerung ausgerichtet; jedoch wurden auch Kombinationen mit PPS-Systemen realisiert. Angesichts der Starrheit konventioneller PPS-Systeme, insbesondere bezüglich kurzfristiger Anpassungen, besteht aber die Gefahr, daß damit ein Teil der Flexibilität des Verfahrens wieder eingebüßt wird.

Voraussetzungen

Den erfolgreichen Anwendungen des Kanban-Prinzips liegen meist Verhältnisse zugrunde, die durch gleichförmige Abläufe gekennzeichnet sind. Als wichtige Voraussetzungen werden die folgenden genannt (MOND81a, MOND81b, WILD89):

Standardisierung

- Harmonisierung des Produktionsprogramms durch Standardisierung der verwendeten Teile, Bildung von Teilefamilien (d. h. Klassen ähnlicher Teile), absatzpolitische Maßnahmen u. a. mit dem Ziel, einen möglichst kontinuierlichen und konstanten Teileverbrauch zu erreichen,

Materialfluß-orientierte Fertigungsorganisation

- materialflußorientierte Fertigungsorganisation, d. h. Anordnung der Betriebsmittel und Arbeitsplätze in der Reihenfolge des Fertigungsablaufs, durch Realisierung des Fließprinzips oder zumindest Annäherung an dasselbe,
- Angleichung des Arbeitsrhythmus im gesamten Produktionsbereich; auf diese Weise werden die Bestände in den Pufferlagern gesenkt, da sie nicht mehr die Funktion des Ausgleichs unterschiedlicher Arbeitsgeschwindigkeiten und Arbeitstakte übernehmen müssen,

Verfügbarkeit der Betriebsmittel

- hohe Verfügbarkeit und kurze Umrüstzeiten der Betriebsmittel, aber dennoch möglichst universell einsetzbare Betriebsmittel, ersatzweise auch Vorhalten von Fremdkapazitäten oder Ausweichmaschinen, zeitnahes Instandhaltungskonzept,
- relativ geringe Losgrößen, z. B. Tageslose, Lose im Umfang von Behälterinhalten oder Vielfachen davon,
- gute Angleichung der Einzelkapazitäten an den gleichförmigen Bedarfsverlauf,

Qualitätssicherung

- ausgefeiltes Qualitätssicherungskonzept mit dem Ziel der Kostensenkung durch niedrige Ausschußraten und Minimierung von Stockungen im Materialfluß. Dazu wird unter anderem „Qualitätssicherung durch automatische Prozeßüberwachung" und „Qualitätssicherung durch Selbstkontrolle" vorgeschlagen; die letztere basiert auf einer Förderung und Einbindung der Motivation der Mitarbeiter.

Das Kanban-Prinzip wurde hierzulande zunächst mit großer Euphorie aufgenommen und unter anderem von Wildemann (WILD89) populär gemacht. Wenngleich über verschiedene erfolgreiche Anwendungen berichtet wird, kann eine Kanban-Steuerung in den meisten Fällen doch ein umfassendes Fertigungssteuerungssystem nicht ersetzen.

3.5.5 Datenstrukturen der Fertigungssteuerung

Im Rahmen der Fertigungssteuerung werden grundsätzlich die gleichen Datenstrukturen benutzt wie in den vorgelagerten Planungsstufen. Eine Hauptaufgabe besteht darin, Zeitangaben, Betriebsmittelzuordnungen etc. in der Kurzfristplanung zu verfeinern, zu aktualisieren und gegebenenfalls im Rahmen der Steuerung zu modifizieren. Die dazu erforderlichen Entity- und Beziehungstypen kommen auch bereits in der Zeitwirtschaft vor. Beispielsweise erhält ein Fertigungsarbeitsgang bei der Durchlaufterminierung Ecktermine für Beginn und Ende. In der Feinplanung werden diese durch die genauen Start- und Endtermine ersetzt (oder um diese ergänzt); das heißt, der Entity-Typ „Fertigungsarbeitsgang" wird weiter benutzt, aber seine Attribute erhalten neue Werte.

Unterschiedliche Zustände derselben Entität

Die unterschiedlichen Zustände derselben Entität können durch ein spezielles Attribut („Status" o. ä.) des Entity-Typs berücksichtigt werden. Alternativ dazu ist es denkbar, Spezialisierungen des Entity-Typs einzuführen. Der Entity-Typ „Fertigungsarbeitsgang" könnte beispielsweise selbst als Spezialisierung des Typs „Arbeitsgang" und als Generalisierung mehrerer Ausprägungen, wie in Abbildung 3.5-3 (a) gezeigt, betrachtet werden. Genau genommen wäre sogar wie im Teil (b) der Abbildung zu

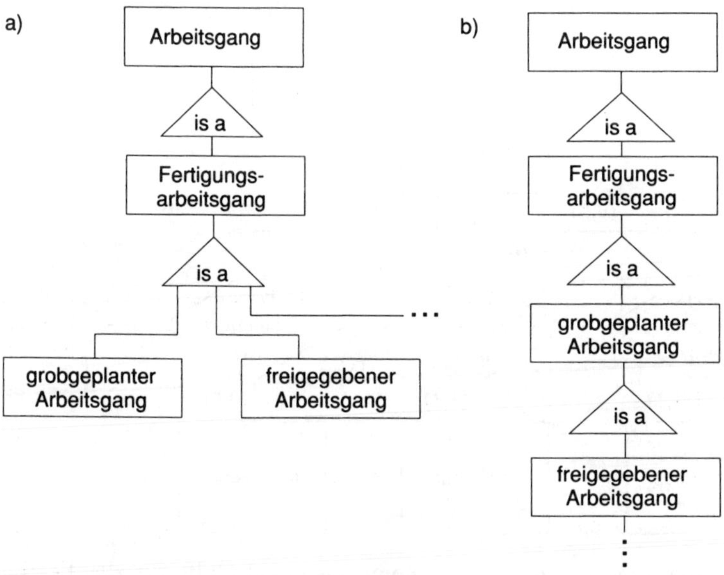

Abb. 3.5-3: Spezialisierungen des Entity-Typs „Arbeitsgang"

verfahren. Ähnlich könnte man die anderen Entity- und Beziehungstypen, die früher bereits verwendet wurden, spezialisieren. Diese Vorgehensweise findet man z. B. in SCHE97.

Statusattribute

Einfacher und übersichtlicher, als neue Entity-Typen einzuführen, ist es, ein Statusattribut beim Grundtyp mitzuführen, wenn man bedenkt, daß ein Fertigungsarbeitsgang im Laufe seiner Existenz ohne weiteres 15 und mehr Zustände annehmen kann, z. B. „grobgeplant", „freigegeben", „gestört" u. v. a. Wollte man jeden Status durch eine eigene Spezialisierung berücksichtigen, würde das Datenmodell unnötig aufgebläht. In Abbildung 3.5-4 und im weiteren wird deshalb davon ausgegangen, daß derartige Spezialisierungen durch Statusattribute repräsentiert werden.

Zusätzliche Entity-Typen

Zu den Elementen des Datenmodells aus Abbildung 3.4-12, in dem die Datenstrukturen der Zeitwirtschaft dargestellt wurden, kommen mit der Verfügbarkeitsprüfung bei der Auftragsfreigabe und gegebenenfalls der Einsatzplanung für Personal, Werkzeuge und Vorrichtungen zusätz-

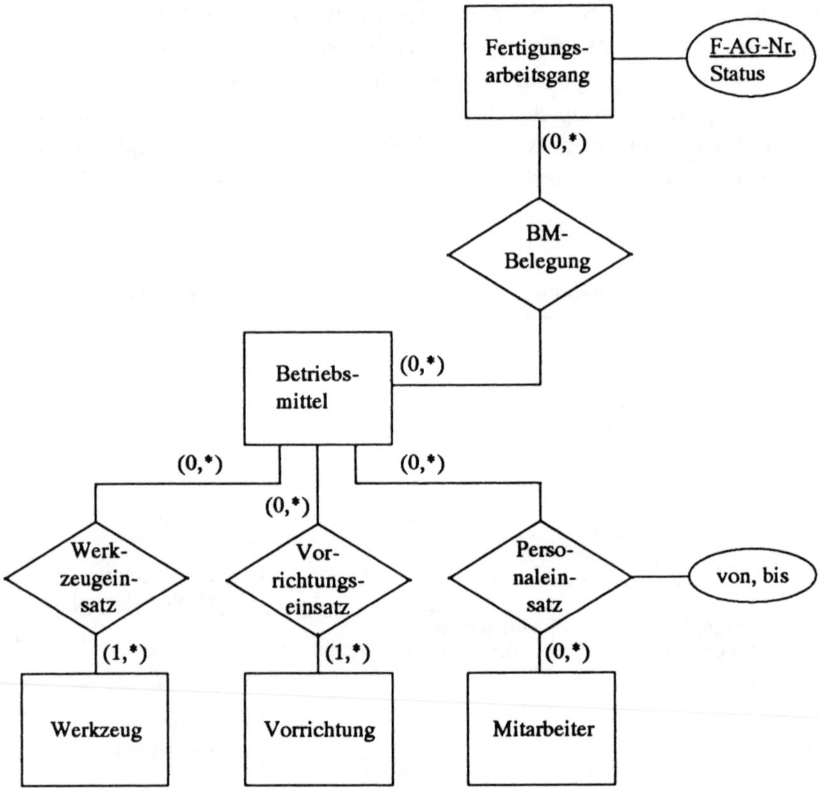

Abb. 3.5-4: Elemente des Entity-Relationship-Modells für die Fertigungssteuerung

liche Entity-Typen hinzu. In Abbildung 3.5-4 werden diese zu den Betriebsmitteln (bzw. übergeordneten Kapazitätseinheiten) in Beziehung gesetzt. Andere Zuordnungen sind ebenfalls denkbar; zum Beispiel kann im konkreten Fall eine Mitarbeiterzuordnung zu einem Arbeitsgang statt zu einem Betriebsmittel sinnvoll sein. Das Entity-Relationship-Diagramm setzt am unteren Teil der Abbildung 3.4-12 an. Es sei nochmals darauf hingewiesen, daß der Entity-Typ „Betriebsmittel“ auch Betriebsmittelgruppen, Werkstätten und andere Aggregationsstufen einschließt und daß die Betriebszeiten, Schichtmodelle und Kalenderführung ebenfalls mit ihm verbunden sind (vgl. dazu Abbildung 2.2-26). Der Übersichtlichkeit halber wurden sie hier nicht noch einmal aufgeführt.

Wechsel der Zeitskala

Mit der Verfeinerung der Plandaten in der Fertigungssteuerung kann ein Wechsel der Zeitskala verbunden sein. Während den materialwirtschaftlichen und zeitwirtschaftlichen Planungsschritten meist ein grobes Periodenraster zugrundeliegt, muß für die Feinterminierung eine detailliertere Zeiteinteilung verwendet werden, z. B. Betriebskalendertage, Schichten o. ä. Manchmal arbeitet man auch direkt mit Datums-, Stunden- und Minutenangaben oder mit einer geeigneten Ersatzgröße (z. B. Industrieminuten). Die Zuordnung einer Zeitskala zu einer anderen sollte vom PPS-System automatisch unterstützt werden.

3.6 Spezielle Ansätze für die Fertigungssteuerung

3.6.1 Belastungsorientierte Auftragsfreigabe/Fertigungssteuerung

Institut für Fabrikanlagen der Universität Hannover (Wiendahl)

Einen hohen Bekanntheitsgrad hat in den letzten Jahren das Verfahren der „belastungsorientierten Auftragsfreigabe“, später erweitert zur „belastungsorientierten Fertigungssteuerung“, erlangt. Seine Anwendung ist nicht auf den Unternehmenstyp beschränkt, der in diesem Kapitel zugrundegelegt wurde („Produktion nach Programm“), sondern bei auftragsorientierter Fertigung ebenso anzutreffen. Das Verfahren wurde in den siebziger Jahren am Institut für Fabrikanlagen der Universität Hannover von Kettner „erfunden“ und von Wiendahl und anderen in den achtziger Jahren zur Marktreife weiterentwickelt. Es ist inzwischen in marktgängigen PPS-Systemen integriert und befindet sich nach Aussage der Autoren bei zahlreichen Unternehmen im Einsatz.

Kurze Lieferzeiten, Termintreue, Flexibilität

Die belastungsorientierte Auftragsfreigabe ist durch die veränderten Zielsetzungen der Fertigungssteuerung motiviert. Während früher eine möglichst gute Kapazitätsauslastung im Vordergrund stand, werden heute aufgrund des Marktdrucks kurze Lieferzeiten, Termintreue und hohe Flexibilität erwartet. Für die Unternehmen bedeutet dies, daß kurzen Auftragsdurchlaufzeiten, niedrigen Werkstattlagerbeständen und Termineinhaltung höhere Bedeutung zukommt als der Maximierung der Auslastung.

Zusammenhang zwischen Durchlaufzeit und Lagerbeständen

In Untersuchungen über typische Auftragsdurchlaufzeiten in Industrieunternehmen und in Simulationsexperimenten fanden Wiendahl und andere heraus, daß ein direkter Zusammenhang zwischen der mittleren Durchlaufzeit und der Höhe der Lagerbestände besteht (WIEN87a). Zum Anwachsen beider Größen trägt bei einer „konventionellen" Produktionsplanung die Planungsunsicherheit bei. Da man bei der Grobplanung die genauen Durchlaufzeiten noch nicht kennt, arbeitet man (etwa bei der Durchlaufterminierung) mit Erfahrungs- oder Näherungswerten, die um Sicherheitszuschläge erhöht werden. Die Sicherheitszuschläge sollen Pufferfunktionen übernehmen.

Sicherheitszuschläge

Größere Durchlaufzeiten führen aber auch zu früherer Auftragsfreigabe. Dies bedeutet, daß grundsätzlich zu viele Aufträge in der Fertigung sind und vor den Bearbeitungsstationen warten. Dadurch steigen nicht nur die Werkstattlagerbestände, auch die Durchlaufzeiten wachsen weiter an. Wiendahl bemängelt insbesondere, daß die konventionellen PPS-Systeme keine Steuerungsmöglichkeiten zur direkten Beeinflussung der Zielgrößen Durchlaufzeit, Termintreue und Auslastung bereitstellen (WIEN87b); hier setzt das Verfahren der belastungsorientierten Auftragsfreigabe an.

Pufferfunktion geht schnell verloren

Ein unangenehmer Seiteneffekt besteht außerdem darin, daß die Pufferfunktion der erhöhten Durchlaufzeitansätze schnell verlorengeht. Wenn man nach der Durchlaufterminierung, die ja Kapazitätsgrenzen bzw. Überschneidungen der Kapazitätsbedarfe zunächst ignoriert, die Machbarkeit des Terminplans herstellen will, dann verschiebt man in der Regel einen Arbeitsgang innerhalb seines Terminpuffers und nicht selten bis zum Ecktermin hin. Das heißt aber, daß anschließend der Puffer verbraucht ist. Wenn später Störungen auftreten, können diese nicht mehr aufgefangen werden, und der mit viel Mühe erstellte Terminplan ist nicht mehr realisierbar.

Trichtermodell

Beim Verfahren der belastungsorientierten Auftragsfreigabe wird angestrebt, möglichst nur soviele Aufträge für die Fertigung freizugeben, wie mit den Kapazitäten verträglich ist, ohne daß andererseits Stillstandszeiten auftreten. Zur Veranschaulichung wird häufig die Analogie eines *Trichtermodells* bemüht (vgl. Abbildung 3.6-1). Danach lassen sich die Bearbeitungsstationen – Maschinen, Werkstätten, Arbeitsplätze oder andere Kapazitätseinheiten – jeweils durch Trichter darstellen, in die Fertigungsaufträge eingehen und aus denen Fertigungsaufträge (durch die Trichteröffnung) abfließen. Die Öffnung eines Trichters, die im Verfahren beeinflußt werden kann, entspricht der Leistung der Bearbeitungsstation pro Zeiteinheit, d. h. der tatsächlich nutzbaren Kapazität.

Daß die Bearbeitungsstationen nicht jeweils für sich allein behandelt werden dürfen, bringt die Abbildung klar zum Ausdruck. Die Belastungssituation des einzelnen Arbeitsplatzes wird maßgeblich dadurch beeinflußt, wieviele Aufträge ihm von anderen, vorgelagerten Stationen zuflie-

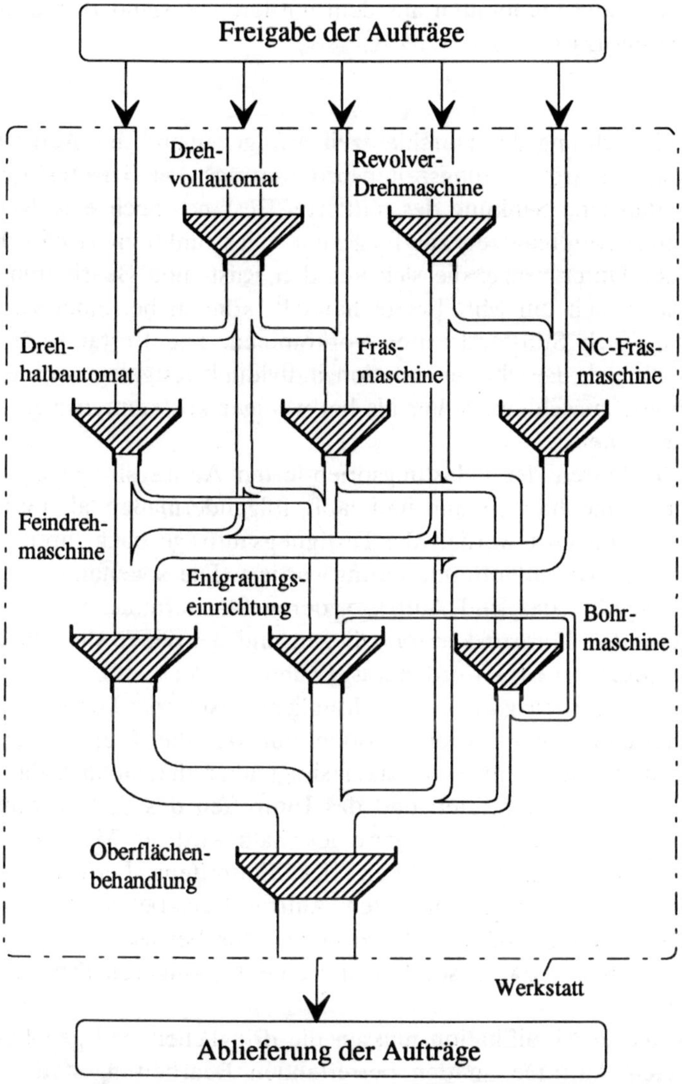

Abb. 3.6-1: Trichtermodell einer Werkstattfertigung (aus WIEN87b)

ßen. Rückwärts betrachtet ist der Ausgangspunkt der Belastungsverursachung die Auftragsfreigabe, bei der festgelegt wird, welche und wieviele Aufträge in die Fertigung gehen. Die Auftragsfreigabe determiniert letztlich, wie voll die Trichter an allen Arbeitsplätzen laufen, und damit die Höhe der Werkstattlagerbestände.

Der Zusammenhang zwischen Durchlaufzeit, Werkstattbestand und Leistung einer Bearbeitungsstation kommt in der sogenannten *Trichterformel* zum Ausdruck. Diese besagt, daß die mittlere gewichtete Durchlauf- Trichterformel zeit t_d gleich dem Quotienten aus dem mittleren Bestand B und der mittleren Leistung L ist:

$$t_d = B/L\,.$$

Die Gewichtung der Durchlaufzeit erfolgt anhand der Auftragszeiten (Rüstzeiten plus Bearbeitungszeiten pro Auftrag). Die Trichterformel verdeutlicht, daß eine Senkung des mittleren Bestands auch eine Reduktion der mittleren Durchlaufzeit zur Folge hat. Dies funktioniert natürlich nur bis zu einer Untergrenze, die sich aus den Rüst- und Bearbeitungszeiten ergibt. Da es sich um Mittelwerte handelt, können bei einer zu starken Absenkung auch Stillstandszeiten vorkommen. Die Bestandshöhe sollte demnach für jede Bearbeitungsstation individuell festgelegt werden – bei teuren Engpaßmaschinen höher als bei weniger kostenintensiven, unkritischen Aggregaten.

Vorgriffshorizont

Das Verfahren der belastungsorientierten Auftragsfreigabe geht von diesen Zusammenhängen aus und läuft folgendermaßen ab (WIEN87a, WIEN97b): Zunächst werden die Fertigungsaufträge nach ihren Startterminen aus der Durchlaufterminierung sortiert. Die sogenannten „dringlichen Aufträge" – das sind Aufträge, deren Starttermine innerhalb eines zu definierenden *Vorgriffshorizonts* liegen und bei denen die Materialverfügbarkeit gesichert ist – werden ausgewählt.

Nicht alle Arbeitsgänge eines dringlichen Auftrags können gleichzeitig – innerhalb der nächsten Periode, für die die Freigabe erfolgt – durchgeführt werden. Im Zeitverlauf steigt aber die Gefahr, daß unvorgesehene Ereignisse eintreten und das Eintreffen des Auftrags an späteren Bearbeitungsstationen verzögern. Deshalb wird ein Mechanismus benötigt, der die Wahrscheinlichkeit des Eintreffens berücksichtigt. Im Verfahren der belastungsorientierten Auftragsfreigabe ist dies die sogenannte „Abwertung" späterer Arbeitsgänge. Sie bewirkt, daß ihr Kapazitätsbedarf nicht mit 100%, sondern mit einem geringeren Prozentsatz angesetzt wird.

Belastungsschranke

Nach dieser Modifikation müssen die dringlichen und gegebenenfalls abgewerteten Aufträge an den betreffenden Bearbeitungsstationen eine *Belastungsschranke* überwinden, um eingelastet zu werden. Die Belastungsschranke stellt den maximal zulässigen Arbeitsvorrat (Summe aus bereits wartenden sowie neu hinzukommenden Aufträgen) an einer Bearbeitungsstation dar. Sie wird mit Hilfe des sogenannten Einlastungsprozentsatzes e gesteuert; dieser ergibt sich als Quotient aus Belastungsschranke S und geplantem Abgang A in der Periode:

Einlastungsprozentsatz

$$e = (S/A) \cdot 100\%\,.$$

Die Einlastungsprozedur versucht nun, beginnend mit dem dringlichsten Auftrag, die Arbeitsgänge aller Aufträge an den jeweiligen Bearbeitungsstationen einzuplanen. Sie überprüft dazu, ob die Belastungsschranke schon überschritten ist. Falls dies zutrifft, muß der Arbeitsgang für die nächste Periode zurückgestellt werden.

Werden die Parameter Belastungsschranke bzw. Einlastungsprozentsatz aus Sicherheitsgründen zu hoch eingestellt, steigen die Lagerbestände und Durchlaufzeiten; sind sie dagegen zu niedrig angesetzt, treten Stillstandszeiten und Stockungen im Materialfluß auf. Aus den Untersuchungen von Wiendahl geht hervor, daß etwa in der Maschinenbaubranche Einlastungsprozentsätze zwischen 200 und 300% zweckmäßig sind (WIEN87a). Die Belastungsschranken wirken letztlich auf die Freigabeentscheidung zurück. Je nachdem, wie sie eingestellt sind, werden mehr oder weniger Aufträge freigegeben.

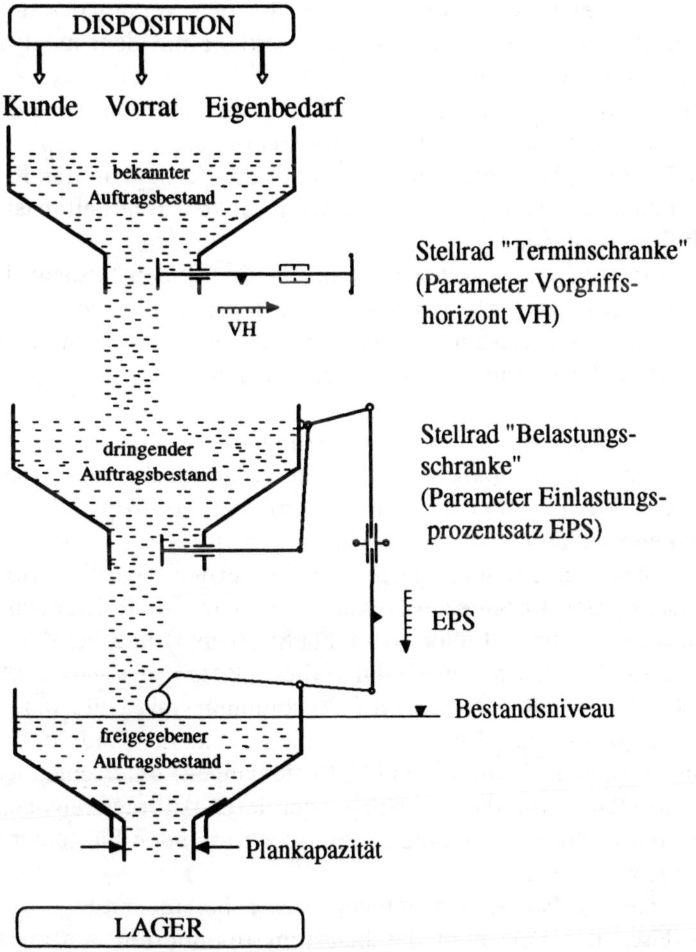

Abb. 3.6-2: Wirkung der Parameter im Trichtermodell (aus WIEN92)

Die beiden entscheidenden Parameter beim Verfahren der belastungsorientierten Auftragsfreigabe sind also der „Vorgriffshorizont" und der „Einlastungsprozentsatz". Abbildung 3.6-2 veranschaulicht die Zusammenhänge nochmals an einer Trichter- und Regleranalogie.

Belastungsorientierte Fertigungssteuerung

Die geschilderte Vorgehensweise zur Auftragsfreigabe bildet den Kern eines umfassenderen Systems, das Wiendahl als „belastungsorientierte Fertigungssteuerung" bezeichnet. Statt der in PPS-Systemen üblichen Funktionsbereiche Durchlaufterminierung, Kapazitätsplanung/-abgleich und Reihenfolgeplanung werden dort eigene Verfahrensschritte vorgestellt, die in einem ganzheitlichen Prozeßmodell den Zielen kurze Durchlaufzeiten, niedrige Bestände, Termintreue und gute Kapazitätsauslastung besser gerecht werden sollen. Im einzelnen sind dies die Bereiche (WIEN87a, WIEN92):

Ganzheitliches Prozeßmodell

(1) „Kapazitätsplanung"; hier wird versucht, den Verlauf des mittelfristigen Kapazitätsbedarfs termingerecht in Einklang mit dem möglichen Kapazitätsangebot zu bringen.

(2) „Freigabeplanung"; diese entspricht im wesentlichen der belastungsorientierten Auftragsfreigabe wie oben beschrieben.

(3) „Reihenfolgeplanung"; hier geht es um die Festlegung der Reihenfolgen, in denen die Auftragswarteschlangen vor den Bearbeitungsstationen abgearbeitet werden sollen.

(4) „Kontrollsystem"; dessen Hauptaufgabe ist es, den tatsächlichen Verlauf der Fertigung zu verfolgen und die wichtigsten Kennzahlen, insbesondere die aktuellen Bestands- und Durchlaufzeitdaten, jeweils für den nächsten Periodenzeitraum verfügbar zu machen.

Verrichtungsprinzip

Die belastungsorientierte Auftragsfreigabe mit ihren Erweiterungen ist vor allem bei Fertigungsverhältnissen geeignet, die durch Serienproduktion und Organisation nach dem Verrichtungsprinzip (Werkstattfertigung) gekennzeichnet sind (WIEN87a).

Liegt dagegen ein sehr gleichförmiger Fertigungsverlauf vor – z. B. bei Massen- oder Großserienfertigung, die nach dem Erzeugnisprinzip organisiert ist (Reihen-, Linien- oder Fließfertigung) und bei der die Auslastungsschwankungen an einzelnen Arbeitsplätzen erst gar nicht auftreten –, so besteht kaum Bedarf, die Abstimmung mit Hilfe des Trichtermodells durchzuführen. Ebensowenig eignet sich das andere Extrem – eine Einzel- oder Einmalfertigung mit sehr langen, unterschiedlichen Bearbeitungszeiten – für die belastungsorientierte Auftragsfreigabe, da das Arbeiten mit mittleren Durchlaufzeiten oder Beständen hier einer sinnvollen Grundlage entbehrt.

Lineare Prozesse

Die charakteristischen Montageprozesse bei mehrstufiger Fertigung können durch das Verfahren der belastungsorientierten Auftragsfreigabe nicht abgebildet werden. Es unterstützt nur lineare Prozesse, bei denen eine im Prinzip gleichbleibende Anzahl von Mengeneinheiten eines Teils verschiedene Bearbeitungsstationen durchläuft. Dies ist der typische Fall *innerhalb* einer Fertigungsstufe. Aufgrund der Priorität, die der Termintreue beigemessen wird, ist die Wahrscheinlichkeit für die Einhaltung der Endtermine sehr hoch. Deshalb kommt das Verfahren auch bei mehrstufiger Produktion mit Montageprozessen zur Erzeugung lokaler Teillösungen durchaus in Betracht.

Eine ausführliche Auseinandersetzung über Eignung, Wirkungsweise und Probleme der belastungsorientierten Auftragsfreigabe findet man bei ADAM88, ADAM89, KNOL90 und WIEN88a.

3.6.2 Fertigungssteuerung mit Fortschrittszahlen

Automobilindustrie

Insbesondere in der Automobilindustrie kommt das Konzept der „Fortschrittszahlen" zum Einsatz. Die Verhältnisse sind dort durch montageorientierte Großserienfertigung und sehr enge Beziehungen zwischen Zulieferern und Automobilherstellern gekennzeichnet. Die Anlieferung der Teile, sowohl von externen Lieferanten als auch von vorgelagerten Fertigungsstufen, erfolgt teilweise „just in time". Auf diese Weise versuchen die Automobilhersteller, ihre Lagerbestände möglichst niedrig zu halten und die Lagerhaltung weitgehend auf die Zulieferer abzuwälzen.

Fortschrittszahl

Die tages- oder stundengenauen Lieferungen sind in längerfristige Bedarfspläne eingebettet und müssen mit diesen abgestimmt sein. Dazu bedient man sich der Fortschrittszahlen. Als *Fortschrittszahl* wird eine kumulierte Anzahl von Teilen bezeichnet, die ab einem bestimmten Zeitpunkt (z. B. Inventurzeitpunkt) aufaddiert wurde. Das Fortschrittszahlenkonzept ist nicht im engeren Sinne auf die Fertigungssteuerung beschränkt, sondern stellt ein umfassenderes logistisches Konzept dar, das auch die zwischenbetriebliche Abstimmung mit einschließt.

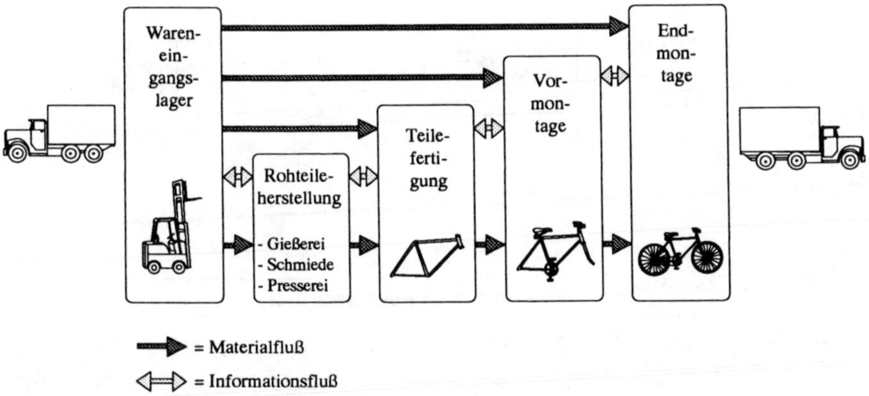

Abb. 3.6-3: Materialfluß und Kontrollblöcke (aus HEIN92)

Kontrollblöcke

Bei einer Steuerung mit Fortschrittszahlen (FZ) wird der betrachtete Unternehmensbereich in *Kontrollblöcke* gegliedert. Diese können je nach Detaillierungsgrad der Planung und Steuerung Fertigungsstufen, Maschinengruppen, Einzelmaschinen u. a. sein. Auf einem gröberen Niveau lassen sich etwa die in Abbildung 3.6-3 dargestellten Teilbereiche bilden. Ein Kontrollblock wird als geschlossenes System mit einem Eingang und einem Ausgang aufgefaßt. Es fließen Teile zu, und es gehen Teile ab. Der Zufluß kann durch eine Eingangs-, der Abfluß durch eine Ausgangsfortschrittszahl gemessen werden. Abbildung 3.6-4 verdeutlicht das Prinzip.

Eingangs-, Ausgangsfortschrittszahl

Zugänge bzw. Abgänge erfolgen jeweils zu den Zeitpunkten, an denen die obere bzw. die untere Treppenkurve einen Sprung nach oben macht. Da in dem Beispiel die Kurve der Ausgangsfortschrittszahl stets unterhalb der Kurve der Eingangsfortschrittszahl verläuft, ist also immer ein Bestand vorhanden. Zum Zeitpunkt t_2 beträgt er beispielsweise x_1 - x_2. Umgekehrt betrachtet könnte man zum Zeitpunkt t_1 davon ausgehen, daß der Bestand ausreicht, erwartete Abgänge in t_3 und t_4 abzudecken; d. h., die Reichweite des Bestands beträgt t_4 - t_1.

Soll-FZ und Ist-FZ

Während in Abbildung 3.6-4 nur Ist-Werte gegeneinandergestellt wurden, verwendet man Fortschrittszahlen vor allem auch dazu, geplante und tatsächlich realisierte Größen zu vergleichen. Die Fortschrittszahlen haben dann den Charakter von *Soll-FZ* und *Ist-FZ*. Beispiele sind etwa

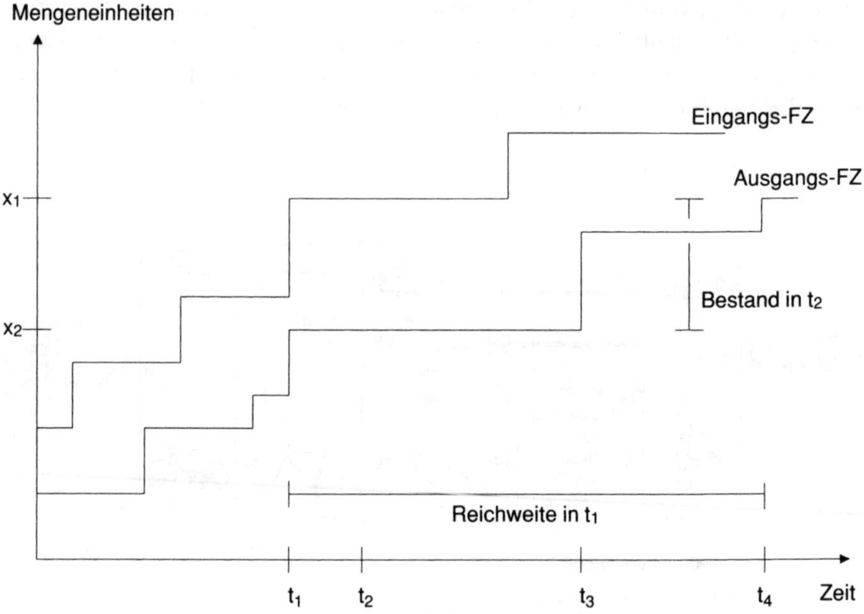

Abb. 3.6-4: Eingangs- und Ausgangsfortschrittszahlen

eine Produktionsfortschrittszahl für die Teilefertigung laut Produktionsplan (Soll-FZ), der die in der Vormontage eingetroffenen Mengeneinheiten (Ist-FZ) gegenübergestellt werden.

Abbildung 3.6-5 zeigt die Verwendung und Interpretation von Soll-FZ und Ist-FZ. Wenn die Kurve der Soll-FZ unterhalb der Kurve der Ist-FZ verläuft, bedeutet dies, daß ein mengenmäßiger Vorlauf gegenüber dem Plan eingetreten ist. Liegt sie darüber, befindet man sich im Rückstand. In horizontaler Richtung läßt sich der Vorlauf/Rückstand mengenmäßig, in vertikaler Richtung zeitmäßig erfassen. So ist in der Abbildung etwa zum Zeitpunkt t_1 ein Rückstand in Höhe von x_1 - x_2 zu verzeichnen, der erst in t_2 abgebaut ist. Von t_2 bis t_3 sowie am rechten Ende der Kurven besteht dagegen ein Vorlauf gegenüber dem Soll.

Vorlauf/Rückstand

Fortschrittszahlen können für unterschiedliche Zwecke und an unterschiedlichen Stellen eingesetzt werden. Beispiele sind etwa:

Einsatzgebiete

- Lagereingangs- und Lagerausgangsfortschrittszahl,
- Produktionsfortschrittszahl,
- Versandfortschrittszahl,
- Abruffortschrittszahl (Lieferabrufe vom Zulieferer im zwischenbetrieblichen Verkehr),
- Kundenfortschrittszahl (Abrufe durch den Kunden innerhalb eines Rahmenauftrags).

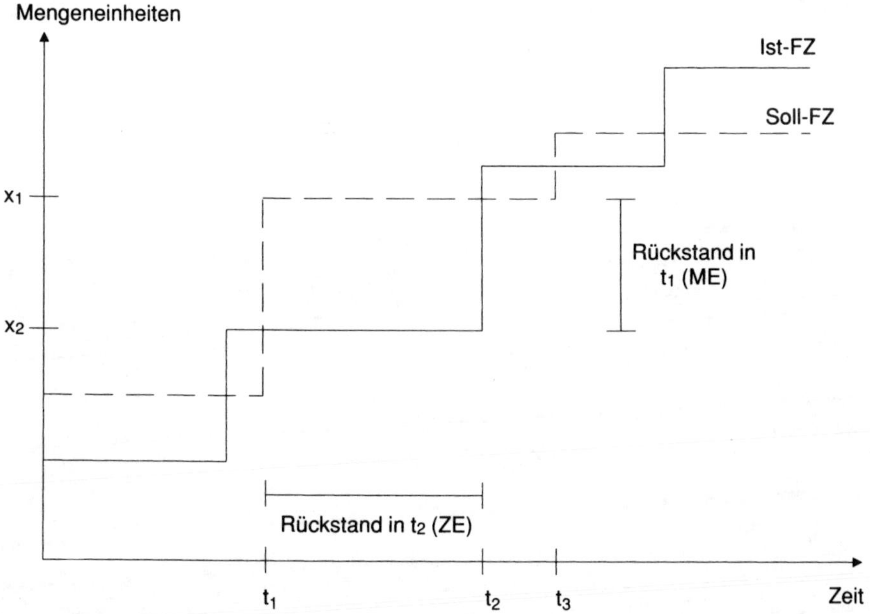

Abb. 3.6-5: Soll- und Ist-Fortschrittszahlen

Bezogen auf Abbildung 3.6-3 könnten Fortschrittszahlen an folgenden Stellen verwendet werden (HEIN92):
- Versand,
- Montagebeginn und Montageablieferung,
- Beginn der Teilefertigung und Teileablieferung,
- Beginn der Rohteilefertigung und Rohteileablieferung,
- Wareneingang.

Vorteile

Die Vorteile der Fertigungssteuerung nach dem Fortschrittszahlenkonzept kommen vor allem in Unternehmen mit Massen- und Großserienfertigung und einer am Erzeugnisprinzip orientierten Fertigungsorganisation zum Tragen. Sie zeigen sich u. a. darin, daß
- die Kommunikation einfacher und eindeutig wird,
- die Überwachung von Umlauf- und Lagerbeständen leichter ist,
- die Fortschrittszahlen sowohl auf einer grob als auch auf einer fein strukturierten Ebene der Materialflüsse angewendet werden können,
- systematische Fehler transparent werden (z. B. fehlerhafte Mengenangaben in Stammdaten (HEIN92).

4. Produktionsplanung und -steuerung bei Auftragsfertigung

4.1 Unternehmenstyp

Im letzten Kapitel wurden die Problemkreise der Produktionsplanung und -steuerung mit Blick auf Unternehmen behandelt, welche ihre Fertigung an einem Produktionsprogramm ausrichten und tendenziell (Groß-) Serien- und Massenfertigung betreiben können. An einem solchen idealtypischen Unternehmenstyp orientierte sich lange Zeit nicht nur die Grundstruktur der gängigen PPS-Systeme, sondern auch die Literatur über computergestützte Produktionsplanung und -steuerung.

Auftragsfertiger

Demgegenüber gibt es heute eine große Zahl von Unternehmen, die eine deutlich andere Ausrichtung aufweisen und auf die die früher üblichen PPS-Systeme nicht passen. Der überwiegende Teil der Fertigungsbetriebe, insbesondere der kleinen und mittleren Betriebe, fällt hierzulande in eine Kategorie, die man verkürzt als *Auftragsfertiger* bezeichnet. Darunter versteht man Betriebe, die ihre Produkte nicht auf Vorrat, für den anonymen Markt, sondern aufgrund konkreter Kundenaufträge und gegebenenfalls auch nach den speziellen Wünschen der Kunden produzieren.

Investitionsgütersektor

Auftragsorientierte Fertigung herrscht zum Beispiel bei Unternehmen auf dem Investitionsgütersektor vor (bei Werkzeugmaschinen, Produktionsanlagen, Pumpen etc.). Andererseits ist die Programmfertigung häufig im Konsumgüterbereich anzutreffen, z. B. bei Fernsehern und anderen Haushaltsgeräten. Die Kundenauftragsorientierung ist zwar ein verbreitetes Merkmal mittelständischer Betriebe; sie kommt aber ebenso bei Großunternehmen vor. Eine Erklärung ist die angespannte Konkurrenzsituation auf dem Markt. Mit dem Wandel von Verkäufer- zu Käufermärkten wurde die Machtposition des Kunden stärker, und viele Unternehmen können im Wettbewerb nur bestehen, wenn sie den Vorstellungen und Wünschen ihrer Kunden möglichst weit entgegenkommen.

Andere PPS-Philosophie

Dies hat Auswirkungen auf die Grundphilosophie der Produktionsplanung und -steuerung und damit auch auf die Anforderungen, mit denen ein PPS-System fertig werden muß. Alle Aktivitäten der operativen Produktionsplanung und der Fertigungssteuerung orientieren sich mehr oder weniger an individuellen Kundenaufträgen. Es findet nicht, wie bei Programmfertigern, eine anonyme Planung von Bedarfen, Fertigungsaufträgen u. a. statt; vielmehr steht der individuelle Kundenwunsch in jeder Hinsicht im Vordergrund, sei es, was den Liefertermin, die Konstruktion, spätere Modifikationen eines Auftrags o. a. anbelangt. Dies bedeutet auch, daß der Vertriebs- und Absatzbereich in enger Wechselbeziehung mit der Produktionsplanung und -steuerung steht.

Abstufungen der Auftragsfertigung

Wenn man die Möglichkeiten betrachtet, wie ein Unternehmen die individuellen Kundenaufträge erfüllen kann, dann lassen sich vier idealtypische Abstufungen identifizieren, die unterschiedlich weit vom Typ der Programmfertigung entfernt sind:

a) Es gibt ein Spektrum standardisierter Produkte; gefertigt wird aber nur auf Bestellung von Kunden (keine Vorratshaltung).

b) Es gibt ein Spektrum von Standardprodukten, die in unterschiedlichen Varianten hergestellt werden. Die Varianten und ihre Kombinationsmöglichkeiten können entweder mit dem Produktionsprogramm vordefiniert sein oder erst nach Kundenwünschen erzeugt werden.

c) Die möglichen Produktarten sind nicht im Detail festgelegt, sondern nur grob, z. B. nach Produktbereichen, abgegrenzt. Produkte werden kundenindividuell, in Verbindung mit konkreten Anfragen oder Aufträgen, spezifiziert. Es kann einerseits Grunderzeugnisse geben, die nach Kundenwunsch abgewandelt werden; andererseits ist es möglich, daß die Produktspezifikation teilweise oder ganz vom Kunden vorgegeben wird.

d) Einmalfertigung: Ein Extremfall der Kundenorientierung wie unter c) liegt vor, wenn ein Produkt nur ein einziges Mal in dieser Form hergestellt wird. Dies ist vorrangig bei Großanlagen der Fall (z. B. ein Schiff, eine Brücke).

Einzel- oder Kleinserienfertigung, Werkstattfertigung

Wir werden in diesem Kapitel primär die Fälle b) und c) zugrundelegen und verkürzt von „Auftragsfertigern" sprechen. Gemeint ist eine idealtypische Kategorie von Unternehmen, welche Erzeugnisse nach Kundenspezifikation oder zumindest in kundenspezifischen Varianten (Fall b) in Einzel- oder Kleinserienfertigung herstellt. Bei der Fertigungsorganisation herrscht die Werkstattfertigung vor. Wenn man zur Veranschaulichung den morphologischen Kasten aus Kapitel 1 (vgl. Abbildung 1.3-2) heranzieht, dann läßt sich der Betriebstyp etwa wie in Abbildung 4.1-1 beschreiben. Gekennzeichnet wurden nur diejenigen Merkmale, bei denen typspezifische Ausprägungen auftreten.

Natürlich gibt es zwischen den beiden Idealtypen der reinen Programmfertiger und der reinen Auftragsfertiger auch zahlreiche Zwischenformen. Wenn man etwa prozeßbezogen die groben Stufen Beschaffung, Teilefertigung, Vormontage und Endmontage unterscheidet, kann die Nähe zur reinen Programm-/Lagerfertigung einerseits und zur rein auftragsgetriebenen Fertigung andererseits anhand dieser Stufen beschrieben werden (ZÄPF96):

Auftrags- vs. prognosegetriebene Prozesse

- „Make to stock": Keine der Stufen hat einen direkten Bezug zu Kundenaufträgen. Es wird auf Lager gefertigt, und spätere Kundenaufträge werden aus dem Lagerbestand befriedigt.

Merkmal	Merkmalsausprägungen				
1 AUFTRAGS-AUSLÖSUNGS-ART	Produktion auf Bestellung mit Einzelaufträgen	Produktion auf Bestellung mit Rahmenaufträgen	kundenanonyme Vorproduktion/ kundenauftrags-bezogene Endproduktion	Produktion auf Lager	
2 ERZEUGNIS-SPEKTRUM	Erzeugnisse nach Kunden-spezifikation	typisierte Erzeug-nisse mit kunden-spezifischen Varianten	Standard-erzeugnisse mit Varianten	Standard-erzeugnisse ohne Varianten	
3 ERZEUGNIS-STRUKTUR	mehrteilige Erzeugnisse mit komplexer Struktur	mehrteilige Erzeugnisse mit einfacher Struktur	geringteilige Erzeugnisse		
4 ERMITTLUNG DES ERZEUG-NIS-/KOMPO-NENTEN-BEDARFS	bedarfsorientiert auf Erzeugnis-ebene	teilweise erwar-tungs-/teilweise bedarfsorientiert auf Kompo-nentenebene	erwartungs-orientiert auf Komponenten-ebene	erwartungs-orientiert auf Erzeugnisebene	verbrauchs-orientiert auf Erzeugnisebene
5 AUSLÖSUNG DES SEKUNDÄR-BEDARFS	auftragsorientiert	teilweise auftragsorientiert/ teilweise periodenorientiert	periodenorientiert		
6 BESCHAF-FUNGSART	weitgehender Fremdbezug	Fremdbezug in größerem Umfang	Fremdbezug unbedeutend		
7 BEVORRATUNG	keine Bevorratung von Bedarfs-positionen	Bevorratung von Bedarfspositionen auf unteren Strukturebenen	Bevorratung von Bedarfspositionen auf oberen Strukturebenen	Bevorratung von Erzeugnissen	
8 FERTIGUNGSART	Einmalfertigung	Einzel- und Klein-serienfertigung	Serienfertigung	Massenfertigung	
9 ABLAUFART IN DER TEILE-FERTIGUNG	Werkstattfertigung	Inselfertigung	Reihenfertigung	Fließfertigung	
10 ABLAUFART IN DER MONTAGE	Baustellenmontage	Gruppenmontage	Reihenmontage	Fließmontage	
11 FERTIGUNGS-STRUKTUR	Fertigung mit geringem Strukturierungsgrad	Fertigung mit mittlerem Strukturierungsgrad	Fertigung mit hohem Strukturierungsgrad		
12 KUNDEN-ÄNDERUNGS-EINFLÜSSE WÄHREND DER FERTIGUNG	Änderungseinflüsse in größerem Umfang	Änderungseinflüsse gelegentlich	Änderungseinflüsse unbedeutend		

Abb. 4.1-1: Unternehmenstyp „Auftragsfertiger" im morphologischen Kasten

- „Assemble to order“: Die Endmontage wird kundenauftragsbezogen ausgelöst, die davorliegenden Teilprozesse werden anhand von Bedarfsprognosen geregelt.
- „Subassemble to order“: Die Baugruppenfertigung und Endmontage sind auftrags-, die Teilefertigung und Beschaffung dagegen erwartungsbezogen.
- „Make to order“: Alle Produktionsteilprozesse werden auftragsbezogen ausgelöst, nur die Beschaffung von Fremdbezugsteilen bzw. Materialien erfolgt anhand von Erwartungswerten.
- „Purchase and make to order“: Alle Teilprozesse, von der Beschaffung bis zur Endmontage, werden ausschließlich durch Kundenaufträge veranlaßt.

4.2 Anforderungen von Auftragsfertigern an die Produktionsplanung und -steuerung und an PPS-Systeme

Aus der Kundennähe und dem Wettbewerbsdruck, der die Auftragsfertiger zwingt, auf Kundenwünsche einzugehen, resultiert auch eine andere Struktur des Zielsystems als bei den Programmfertigern. Während bei den letzteren eine insgesamt möglichst kostengünstige Produktionsdisposition – durch gute Kapazitätsauslastung, wirtschaftliche Losgrößen, niedrige Lagerstände etc. – im Vordergrund steht, muß der Auftragsfertiger bestrebt sein, alles zu tun, damit die einzelnen Kundenaufträge termingerecht und zur Zufriedenheit der Kunden abgewickelt werden.

Absatzwirtschaftlich orientierte Ziele

Die klassischen produktionswirtschaftlichen Ziele, die vor allem die Kostenseite betonen, treten damit etwas in den Hintergrund gegenüber absatzwirtschaftlich orientierten Zielen. Um die individuellen Kundenwünsche zu befriedigen, werden erhöhte Produktionskosten (z. B. Überstunden, schlechte Maschinenauslastung) in der Regel in Kauf genommen; die Unzufriedenheit eines Kunden, verbunden mit der Gefahr, daß Aufträge in der Folgezeit ausbleiben, wird als schwerwiegender eingeschätzt. Umfragen in der Praxis zeigten sogar, daß die Wettbewerbsvorteile mittelständischer Auftragsfertiger *nicht* daraus resultieren, daß sie zu besonders niedrigen Kosten produzieren (NIET91).

Termintreue und Produktqualität als Wettbewerbsfaktoren

Neben dem Eingehen auf Kundenwünsche spielen die *Termintreue* und die *Produktqualität* eine wichtige Rolle als Wettbewerbsfaktoren. Die Einhaltung von Lieferterminzusagen hat in vielen kleinen und mittleren Unternehmen absolute Priorität. Außerdem leben diese Unternehmen oft geradezu von der Qualität ihrer Produkte. Die Qualitätssicherung nimmt deshalb breiten Raum ein und sollte sowohl von der technischen als auch der dispositiven Seite im Rahmen des CIM-Konzepts unterstützt werden.

Die Dominanz der Auftragsabwicklung verlangt unter anderem, daß zu jedem Zeitpunkt Informationen über den aktuellen Stand eines Kundenauftrags verfügbar sein müssen. Dies gilt bei mehrstufiger Fertigung zum Beispiel auch für die einzelnen Fertigungsaufträge und -arbeitsgänge, die mit einem Kundenauftrag direkt oder indirekt verbunden sind. Wenn Störungen auftreten (z. B. Ausfall einer Produktionsanlage), dann muß es möglich sein, die letztlich betroffenen Kundenaufträge zu identifizieren. An ein PPS-System ist deshalb die Anforderung zu stellen, daß es entsprechende Informationsstrukturen verwaltet und auswerten kann.

Fehlende Grunddaten

Da das „Produktionsprogramm" eines Auftragsfertigers nicht fest vorgegeben ist, existieren nicht in gleicher Weise *Grunddaten* wie bei Unternehmen, die ein Standard-Produktionsprogramm haben. Bei den letzteren gibt es (zumindest in der Theorie) Stücklisten und Arbeitspläne für alle Eigenfertigungsteile, oder sie könnten grundsätzlich angefertigt werden. Da es sich um „Standardteile" handelt, sind die Grunddaten über längere Zeit relativ stabil. Anders verhält es sich bei den auftragsorientierten Unternehmen. Dort gibt es häufig keine definitiven Stücklisten und Arbeitspläne, da die genauen Produktstrukturen letztlich erst mit dem Kundenauftrag festgelegt werden. Oft verzichtet man darauf, Stücklisten, Arbeitspläne, Zeichnungen u. a. Grunddaten für einen einzelnen Kundenauftrag anzulegen oder in das PPS-System einzubringen, da der Aufwand als nicht lohnend angesehen wird. Das Fehlen wichtiger Grunddaten erschwert die Produktionsplanung und -steuerung erheblich; dennoch müssen Mengen, Termine, Kapazitätsbelegungen etc. geplant werden.

Selbst wenn man die Grunddaten auftragsabhängig anlegen würde, wären nicht alle Probleme ausgeräumt. Anders als bei Standard-Produktionsprogrammen, wo die gleichen Stücklisten und Arbeitspläne immer wieder benutzt und gegebenenfalls korrigiert werden, kann man bei den erst- und einmalig erstellten Datenstrukturen eines Auftragsfertigers nicht mit der gleichen Erwartung von Fehlerfreiheit ausgehen. Dies hat Auswirkungen auf die Planungssicherheit. Wenn ein Arbeitsplan zum ersten Mal eingesetzt wird, kann es sein, daß Fehler, „Kinderkrankheiten" und andere Schwächen entdeckt werden, die bei einem Standardarbeitsplan schon lange ausgemerzt sind. Besonders gravierend ist es, wenn Konstruktionsfehler erst in der Produktionsphase zum Vorschein kommen und die Planung, insbesondere die Termineinhaltung, gefährden.

Vorteilhaftigkeit eines Kundenauftrags

Die Beurteilung der *Vorteilhaftigkeit* eines Kundenauftrags stellt sich als ein schwieriges Problem dar. In der betriebswirtschaftlichen Theorie wurden früher schon vereinzelte Planungsmodelle vorgeschlagen (JACO71, CZER75). Die Entscheidung über die anzunehmenden oder abzulehnenden Aufträge soll danach anhand der Deckungsbeiträge und unter Berücksichtigung der erforderlichen und verfügbaren Produktionskapazitäten erfolgen. Wie so häufig bei den betriebswirtschaftlichen Modellen wird das Vorhandensein der nötigen Modellkoeffizienten (Daten) unterstellt. Dies ist jedoch in aller Regel nicht der Fall. Bei erstmalig zu fertigenden Produkten liegen weder Deckungsbeiträge noch Kapazitätsdaten vor.

Vorkalkulation

Dieses Problem hat man auch bei der praktischen Entscheidung über die Auftragsannahme. Anders als bei Standardprodukten kann man nicht auf eine stabile Preiskalkulation, die etwa auf Nachkalkulationen früherer Produktionen beruht, zurückgreifen, so daß der Entscheidung über die Annahme oder Ablehnung eines möglichen Kundenauftrags eine wichtige Grundlage fehlt. Von herausragender Bedeutung ist deshalb die Möglichkeit, eine zuverlässige *Vorkalkulation* durchzuführen. Daß dies angesichts fehlender Grunddaten ein schwieriges Unterfangen ist, liegt auf der Hand. Die oben genannte Befragung mittelständischer Auftragsfertiger zeigte unter anderem auch, daß eine gute Unterstützung der Vorkalkulation von vielen Unternehmen als wichtigste Anforderung an ein PPS-System angesehen wird (NIET91)!

Beurteilung der Kapazitätssituation

Von ähnlicher Bedeutung für die Auftragsannahme wie die Vorkalkulation ist die Beurteilung der *Kapazitätssituation*, sowohl von der Verfügbarkeit als auch von der Inanspruchnahme durch den in Frage stehenden Auftrag her. Die Schwierigkeiten sind im Prinzip die gleichen: Da wichtige Grunddaten wie Arbeitspläne oft nicht vorhanden sind, fehlt einer Kapazitätsaussage eine verläßliche Basis. Wenn dennoch Aufträge angenommen werden, kann es später zu erheblichen Kapazitätsproblemen kommen, die dann durch teure Anpassungsmaßnahmen (Überstunden, Zusatzschichten, Fremdvergabe etc.) beseitigt werden müssen.

Grobplanung

Die kurzen Ausführungen mögen über die direkten Anforderungen – in Bezug auf Vorkalkulation und Kapazitätsdisposition – hinaus auch die generelle Notwendigkeit einer guten *Rahmenplanung* verdeutlichen. Eine solche Grobplanung setzt die Rahmenbedingungen für die Produktionsdurchführung in der Zukunft. Von vielen Auftragsfertigern wird die Unterstützung der Grobplanung als wesentlich wichtiger als die Feinplanung angesehen, zumal man oft die Meinung antrifft, die Detailplanung und Feinabstimmung von Hand, d. h. im Kopf des Fertigungsleiters, sei ohnehin besser und effektiver als die eines Computerprogramms.

In den folgenden Abschnitten von Kapitel 4 werden Lösungsansätze für die spezifischen PPS-Probleme von Auftragsfertigern beschrieben. Insbesondere soll auf diejenigen Teile eines PPS-Systems eingegangen werden, die sich von den in Kapitel 3 behandelten unterscheiden. Nicht alle Komponenten sind anders als in einem „konventionellen“ PPS-System. Terminierungsalgorithmen, Maschinenbelegungsprobleme, Teile- und Betriebsmittelstammsätze etc. treten natürlich auch in einem PPS-System für Auftragsfertiger auf, wenngleich teilweise mit unterschiedlichem Gewicht.

Viele PPS-Probleme sind noch ungelöst

Die Kategorie von PPS-Systemen, die für die Produktionsplanung und -steuerung von Unternehmen des Typs „Programmfertiger“ eingesetzt werden, soll im weiteren vereinfacht als „konventionell“ bezeichnet werden. Während es für die im vorigen Kapitel skizzierten Aufgaben im allgemeinen auch die softwaremäßigen Lösungen durch das PPS-System gibt, sind im Bereich der Auftragsfertigung viele Probleme noch ungelöst. Dies liegt nicht zuletzt am Schwierigkeitsgrad, wie die Ausführungen unten zeigen werden.

PPS-Systeme für Auftragsfertiger

Seit Beginn der achtziger Jahre wurden verstärkt PPS-Systeme für die Zielgruppe der Auftragsfertiger entwickelt. Sie entstanden aus der Unzufriedenheit vieler Unternehmen mit den konventionellen Systemen heraus. Die letzteren hatten ihre Wurzeln meist in den USA und waren demzufolge auf amerikanische Markt- und Produktionsverhältnisse der sechziger und siebziger Jahre ausgerichtet. Während dort die Massen- und Großserienfertigung für den anonymen Markt vorherrschte, dominiert hierzulande, vor allem in den kleinen und mittleren Unternehmen, die Einzel- und Kleinserienfertigung für spezielle Kunden. Die sogenannten PPS-Systeme für Auftragsfertiger entstanden weitgehend in Deutschland und den mitteleuropäischen Ländern.

Wandel im PPS-Markt

Die unterschiedlichen Anforderungen der auftragsorientierten Produktion führten mittlerweile dazu, daß sich das Marktangebot an PPS-Systemen deutlich gewandelt hat. Bei einer Untersuchung von 23 dedizierten PPS-Systemen (d. h. von PPS-Systemen, die nicht Bestandteile umfassender integrierter betrieblicher Standardpakete sind) zeigte sich beispielsweise, daß die meisten Systeme Einzel- und Kleinserienfertigung bzw. Auftragsfertigung unterstützen (GRON97a). Im Vergleich zu amerikanischen PPS-Systemen sind die kundenorientierten Funktionen stärker ausgeprägt, wenngleich die US-Systeme hier nachziehen. Eine vergleichende Studie fand beispielweise heraus, daß Funktionen zur Angebotsverfolgung in 91% der deutschen und 65% der amerikanischen PPS-Systeme vorhanden sind (KEES96).

Für eine Reihe typischer PPS-Probleme, die speziell bei kundenauftragsorientierter Produktion auftreten, existieren praxiserprobte Lösungen in diesen Systemen. Für andere Aufgaben können im folgenden zwar Lösungswege aufgezeigt werden; sie haben aber noch keinen Niederschlag in den marktgängigen PPS-Systemen gefunden. Schließlich gibt es eine Reihe von Problemen, die hier nur angesprochen werden können, ohne daß bereits Lösungen existieren; Forschung und Entwicklung stehen teilweise noch am Anfang.

4.3 Verwaltung und Bereitstellung der Grunddaten

Verschiedene Probleme hängen damit zusammen, daß es bei Auftragsfertigern in der Regel keinen vollständigen Grunddatenbestand gibt. Wichtige Stammdaten, z. B. Daten über Teile, Erzeugnisstrukturen, Fertigungsvorschriften u. a., sind nicht oder zumindest nicht durchgängig vorhanden. Dies kommt nicht zuletzt daher, daß stabile Produktspezifikationen nicht vorliegen, sondern erst mit dem Kundenauftrag definitiv entstehen. Besonders schwierig ist die Situation bei Einzelfertigern, wo häufig erst eine technische Auftragsklärung erfolgen muß, bevor Daten über die Produktzusammensetzung, die Arbeitsschritte und die zu beschaffenden Materialien verfügbar sind (MÜLL97).

Standardteile auf tieferen Fertigungsstufen

Selbst bei einem extremen Auftragsfertiger wird aber nicht jedes Teil einer komplexen Erzeugnisstruktur jedesmal neu konstruiert. Auf tieferen Fertigungsstufen werden doch standardisierte Baugruppen und Einzelteile verwendet, für die manchmal Stücklisten, Arbeitspläne und Zeichnungen existieren.

„Unzulässige" Datenkonstellationen

Während man bei einer konventionellen PPS-Datenbasis bestimmte Datenkonstellationen als unzulässig betrachtet und durch Konsistenzprüfungen zu verhindern versucht, stellen solche „Unzulässigkeiten" bei einem auftragsorientierten System eher den Normalfall dar. Ein Beispiel mag dies verdeutlichen: Beim Erzeugen und Ändern von Erzeugnisstrukturdaten erwartet man von dem Datenbanksystem oder von der Datenverwaltungskomponente eines PPS-Systems üblicherweise, daß überprüft wird, ob die einzutragenden Teile des Erzeugnisstrukturbaums auch existieren, d. h., ob entsprechende Teilestammsätze vorhanden sind. Wenn dies nicht der Fall ist, wird das Anlegen einer Strukturbeziehung zurückgewiesen.

Ein Auftragsfertiger, der für ein kundenspezifisches Endprodukt die Erzeugnisstruktur anlegt und in das PPS-System eingibt, hat jedoch noch keine Teilestammdaten für das neue Produkt. Der Zwang, Teilestammdaten anlegen zu müssen, bevor die Stücklisteninformationen eingegeben werden können, wird nicht nur als lästig empfunden. Auch der organisatorische Aufwand, der für die Ermittlung der vollständigen Teilestammdaten getrieben werden muß, erscheint häufig unangemessen hoch. Diese Haltung ist verständlich, wenn man bedenkt, daß Teilestammdaten meist sehr umfangreich sind und daß ein einmal zu fertigendes Teil das Zusammentragen von 50 oder mehr Attributwerten unterschiedlichster Herkunft kaum rechtfertigt.

Anlegen von Erzeugnisstrukturen ohne Teilestammdaten

Deshalb muß ein PPS-System für Auftragsfertiger das Anlegen von Erzeugnisstrukturdaten gestatten, *ohne* daß die entsprechenden Teilestammdaten existieren. Zum Beispiel wird man mindestens folgende Unterstützungsformen erwarten:

- Teilestammdaten können in verkürzter Form und unvollständig angelegt werden, z. B. auch ohne Teilenummer, da die Nummernvergabe manchmal aufwendige organisatorische Maßnahmen voraussetzt (Materialklassifikation, Einordnung technischer Eigenschaften etc.). Das PPS-System wird in einem solchen Fall z. B. eigene, interne Identifikationsschlüssel verwenden.
- Erzeugnisstrukturen können im Dialog angelegt werden, auch wenn Teilestammdaten weder existieren noch angelegt werden sollen.

- Wenn das PPS-System beim Anlegen von Erzeugnisstrukturen feststellt, daß keine zugehörigen Teilestammdaten vorhanden sind, räumt es dem Benutzer die Möglichkeit ein, unvollständige Teilestammdaten einzugeben, erzwingt dies aber nicht.
- Das PPS-System kann mit Teilestammdaten umgehen, deren Umfang und Vollständigkeitsgrad unterschiedlich ist.

Auftragsspezifische Arbeitspläne

Ähnliche Flexibilität ist in Bezug auf die *Arbeitsplandaten* zu fordern. Auftragsspezifische Arbeitspläne werden ebenfalls erst angelegt, wenn ein Kundenauftrag für ein Teil vorbereitet wird. Das Anlegen muß möglich sein, ohne daß Teilestammdaten existieren und darüber hinaus auch ohne daß Erzeugnisstrukturdaten und Stücklisten vorhanden sind. In vielen Fällen legen Auftragsfertiger zwar Arbeitspläne an, sie verzichten aber auf Stücklisten; der umgekehrte Fall ist ebenso anzutreffen. Nicht unüblich ist es in der Praxis, daß im Zuge der Vorkalkulation die notwendigen Arbeitsvorgänge und/oder Materialien gleich mitgeplant werden, so daß die Vorkalkulation quasi die Arbeitsplanung und Stücklistenerstellung ersetzt. Daß auf das Anlegen auftragspezifischer Datenstrukturen (wie Stücklisten und Arbeitspläne) wegen des Aufwands und des meist herrschenden Termindrucks ganz verzichtet wird, ist in mittelständischen Betrieben an der Tagesordnung.

PPS-System muß mit unvollständigen Grunddaten umgehen können

Grundsätzlich ist von einem PPS-System für Auftragsfertiger zu verlangen, daß es mit unvollständigen Grunddaten umgehen kann. Natürlich darf man dann nicht erwarten, daß die gleichen Ergebnisse automatisch abgeleitet werden wie die von einem konventionellen PPS-System ermittelten, die auf einer durchgängigen Datenbasis beruhen. In der Praxis stößt man allerdings bei manchen Auftragsfertigern durchaus auf diesen Wunsch („keine Grunddaten, aber exakte Ergebnisse")!

Statt vollautomatischer Grunddatenverwaltung und Planung durch das Computersystem müssen die Lücken zwangsläufig durch stärkere Einbindung des Menschen geschlossen werden. Bei den heutigen interaktiven Systemen ist es konzeptionell ohne weiteres möglich, daß unvollständige Datenstrukturen am Bildschirm angezeigt und vom Benutzer ergänzt, modifiziert oder kopiert werden. Beispielsweise sollte der Benutzer (Disponent, Kundensachbearbeiter, Arbeitsplaner, Konstrukteur etc.) die Möglichkeit haben, bei der Erstellung einer neuen Stückliste oder eines neuen Arbeitsplans auf *ähnliche* Erzeugnisstruktur- bzw. Arbeitsplandaten oder Teile davon, die bei früheren Aufträgen entstanden, zurückzugreifen. Ein modernes PPS-System sollte ein flexibles Werkzeug bereitstellen, mit dem auf einfache Weise vorhandene Strukturen verändert, kopiert und erweitert sowie neue Strukturen generiert werden können.

Menschlicher Sachverstand

Menschlicher Sachverstand ist in dem Beispiel an der Stelle gefordert, wo die „Ähnlichkeit" mit früheren Vorgängen erkannt werden muß. Dies setzt einerseits fachspezifische Kenntnisse voraus (z. B. über Fertigungstechnik, Materialeigenschaften, Normteile), andererseits Erfahrung mit früheren Fertigungsaufträgen. Derartige Faktoren lassen sich beim heutigen Stand der Technik schlecht oder gar nicht automatisieren. Ansätze für eine teilautomatisierte Unterstützung, wie sie vielleicht in zukünftigen Systemen denkbar sind, werden in Kapitel 4.4.5 behandelt.

Flexible Mensch-Maschine-Schnittstelle

Von den Datenverwaltungsmodulen eines PPS-Systems ist zu fordern, daß sie eine flexible Mensch-Maschine-Schnittstelle vorsehen und die Einbindung des menschlichen Sachverstands in geeigneter Weise unterstützen. Bei Planungsaufgaben stößt man im übrigen auf ähnliche Anforderungen; darauf wird weiter unten eingegangen.

Vorgangsbezogene Daten besitzen stärkere Bedeutung als die Grunddaten

Prinzipiell weisen die PPS-Grunddaten eines Auftragsfertigers die gleichen Strukturen auf wie die eines Programmfertigers. Zu berücksichtigen ist jedoch, daß manche zwar formal gleichen Entity- und Beziehungstypen einen anderen Stellenwert haben. So mögen etwa Standard-Erzeugnisstrukturen, -Teile und -Arbeitspläne vorhanden sein; sie beziehen sich aber nur auf diejenigen Teile tieferer Fertigungsstufen, die tatsächlich standardisiert sind, und nicht auf die Endprodukte. Die *vorgangsbezogenen Daten* – auftragsabhängige Arbeitspläne und, anders als bei Programmfertigern, auftragsabhängige Stücklisten – besitzen demgegenüber wesentlich stärkere Bedeutung als die reinen Grunddaten.

Wenn man diese unterschiedliche Gewichtung berücksichtigt, gelten auch für Auftragsfertiger die gleichen Datenstrukturen, die in Kapitel 2.2 vorgestellt wurden. Eine Erweiterung muß gegebenenfalls bei dem Entity-Typ „Teil“ vorgenommen werden, damit unvollständige Teilestammdaten

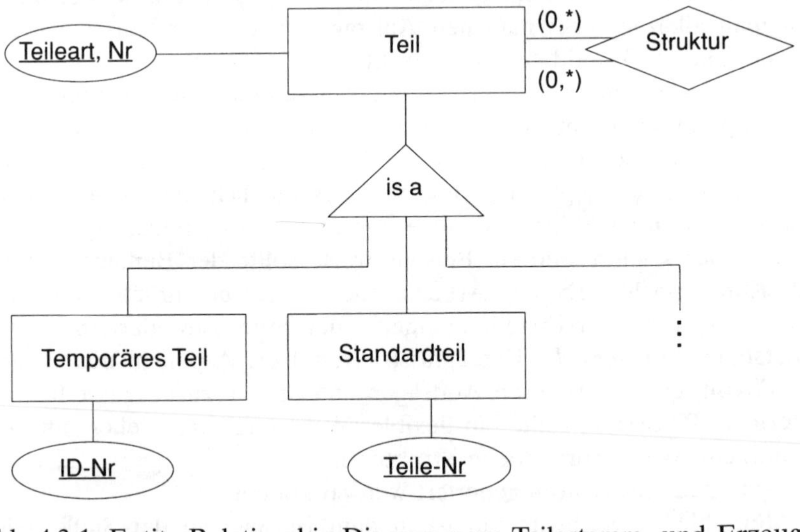

Abb. 4.3-1: Entity-Relationship-Diagramm zu Teilestamm- und Erzeugnisstrukturdaten von Auftragsfertigern

wie oben skizziert geführt werden können. Abbildung 4.3-1 zeigt den Entity-Typ „Teil" als Generalisierung zu „Standardteil" und „Temporäres Teil". Die beiden Spezialisierungen unterscheiden sich dadurch, daß ein Standardteil durch vollständige Teilestamm-Attribute, ein temporäres Teil dagegen durch unvollständige Angaben gekennzeichnet ist. Da auch die oben erwähnte Möglichkeit zugelassen werden soll, auf die Vergabe einer problembezogenen Teilenummer zu verzichten, erhalten die temporären Teile eine intern vergebene Identifikationsnummer (Id-Nr) als Schlüsselattribut. Für den generalisierenden Entity-Typ „Teil" könnte hierbei ein zusammengesetzter Schlüssel aus „Teileart" und „Nr" konstruiert werden, bei dem „Teileart" das Merkmal temporär oder standardisiert angibt und „Nr" für die „Teile-Nr" oder die „Id-Nr" steht (varianter Schlüssel).

Varianter Schlüssel

Wenn man die Flexibilität für den PPS-Benutzer so hoch halten will, daß zwar die Erstellung von Stücklisten und Arbeitsplänen möglich sein, auf das Anlegen der entsprechenden Teilestammdaten aber ganz verzichtet werden soll, dann müssen Daten über Teile, die in den beiden Dokumenten auftreten, bei den Erzeugnisstruktur- bzw. Arbeitsplan-Entities geführt werden. In Abbildung 4.3-2 ist als Beispiel die Zuordnung der Attribute skizziert, wenn die Erzeugnisstrukturdaten ohne Bezug zu Teile-Entities gespeichert werden. Die Datenstruktur bildet im Prinzip eine Baukastenstückliste wie in Abbildung 2.2-8 ab. Das Attribut „Teilebezeichnung" des Entity-Typs „Erzeugnisstruktur" bezieht sich auf das Teil, für das die Stückliste angelegt wird.

Erzeugnisstrukturen ohne Teile-Entities

Die Mehrstufigkeit einer Erzeugnisstruktur, über den Baukasten hinaus, kann auch hier repräsentiert werden. Dazu dient in der Abbildung der Beziehungstyp „gehört zu". Er stellt die Verbindung zwischen einer „Erzeugnisstrukturposition" und einer (Baukasten-) „Erzeugnisstruktur" her; die Leserichtung ist von unten nach oben, d. h., zu einer Zeile einer Baukastenstückliste kann selbst wieder eine Erzeugnisstruktur gehören.

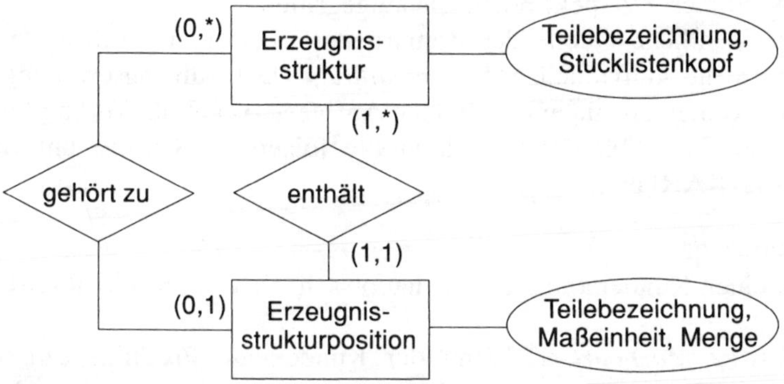

Abb. 4.3-2: Entity-Relationship-Diagramm für Erzeugnisstrukturen ohne Teile-Entities

4.4 Primärbedarfsplanung

Grobplanung

Wenn man von dem idealtypischen Unternehmen mit ausschließlich kundenauftragsbezogener Fertigung ausgeht, dann findet eine Produktionsprogrammplanung wie in Kapitel 3 beschrieben nicht statt. Da weder die einzelnen „Endproduktarten" noch die Kundennachfrage genau feststehen, würde es wenig Sinn machen, wenn man Produktionsmengen von hypothetisch spezifizierten Erzeugnissen im Detail vorab festlegen wollte.

Allerdings ist es denkbar und nicht unüblich, auf einer höheren Betrachtungsebene auch den Primärbedarf längerfristig zu planen. In den wenigsten Fällen stellen Auftragsfertiger Erzeugnisse her, die völlig anders als alle zuvor gefertigten sind und von Grund auf, bis zur letzten Stufe der Erzeugnisstruktur, neu entwickelt werden müssen.

Produktbereiche, Produktgruppen

Häufig bewegen sich die individuellen Kundenwünsche im Rahmen von *Produktbereichen* oder *Produktgruppen,* für die durchaus eine Programmplanung durchgeführt werden kann. Diese hat gröberen Charakter als in Unternehmen, deren einzelne Endproduktarten standardisiert und genau spezifiziert sind. Auf der Bereichsebene lassen sich dann Prognosemethoden wie die in Kapitel 3.2 behandelten anwenden, die auf den Absatzwerten der Vergangenheit basieren. Außerdem sind Unternehmen mit Auftragsfertigung oft bemüht, durch aktive *Kundenakquisition* ein längerfristiges Auftragspolster aufzubauen und in Marktnischen vorzudringen. Bei Saisongeschäften kann man beispielsweise rechtzeitig vor Beginn der Saisonplanung frühere und mögliche neue Kunden ansprechen.

Eine Grobplanung auf der Ebene von Produktbereichen oder -gruppen ist auch bei einem Auftragsfertiger sinnvoll, da andere Planungsbereiche wie die Beschaffungsplanung, die Fertigungsplanung für Vor- und Zwischenprodukte oder auch die Investitionsplanung davon abhängen können. Im Rahmen der Ausführungen zur Materialwirtschaft (vgl. Kapitel 4.5) wird dieser Aspekt nochmals aufgegriffen.

Kundenaufträge

Die eigentliche Quelle des Primärbedarfs bei einem Auftragsfertiger sind jedoch die individuellen *Kundenaufträge.* Der Auftragserteilung und -annahme gehen im allgemeinen Fall Anfrage, Angebot, Verhandlungen etc. voraus. Der Ablauf läßt sich in die folgenden Schritte unterteilen (MERT01, KARG94):

Kundenanfrage

Mit einer Kundenanfrage sind hauptsächlich vier Problemkreise verbunden:

Technische Machbarkeit

a) Technische Machbarkeit: Wenn der Kunde eine Produktspezifikation mitliefert, muß geprüft werden, ob das gewünschte Erzeugnis im Unternehmen gefertigt werden kann. Sofern es sich nicht um eine Variante eines Standardteils handelt (für die vielleicht sogar Lagerbestände existieren), muß häufig die Konstruktionsabteilung und die Arbeitsplanung eingeschaltet werden.

b) Liefertermin: Eine Terminzusage setzt voraus, daß zukünftige Durchlaufzeiten, Kapazitätsbelastungen, Beschaffungsfristen abgeschätzt werden können, was bei neuen Produkten oft mit erheblichen Problemen verbunden ist. Liefertermin

c) Preis: Die Preisgestaltung ist ähnlich schwierig wie eine Terminzusage, da sie auf einer Kalkulation für teilweise noch nicht existierende Produktdaten aufbauen muß. Preis

d) Konditionen: Andere Vereinbarungen als über Liefertermin und Preis beinhalten häufig Konventionalstrafen bei Terminüberschreitung, Rabatte, Zahlungsbedingungen etc. Konditionen

Angebotsbearbeitung

Antworten auf die vier genannten Fragen bzw. Voraussetzungen für diesbezügliche Absprachen mit dem Kunden werden im Zuge der Angebotsbearbeitung geschaffen. Kundenanfrage und Angebotsbearbeitung sind im Zeitalter der Dialogssysteme nicht unbedingt streng getrennte Phasen, die nacheinander durchlaufen werden. Häufig verlangt der Kunde Aussagen unmittelbar (gewissermaßen „am Telefon"); der Kundensachbearbeiter oder Außendienstmitarbeiter kann diese nur machen, wenn ihm ein sehr leistungsfähiges PPS-System die erforderlichen Informationen schnell und geeignet aufbereitet zur Verfügung stellt. Da im heutigen Wettbewerb der Kunde leicht an einen Konkurrenten verlorengehen kann, der in der Lage ist, schneller zu reagieren, stellt die Qualität des PPS-Systems als Entscheidungsunterstützungssystem einen wichtigen Wettbewerbsfaktor dar. Schnelligkeit

Angebotsabgabe

Die bei der Angebotsbearbeitung ermittelten Antworten zu den obigen vier Punkten werden dem Kunden übermittelt, sofern sich nicht schon im Zuge der Anfragebehandlung herausstellt, daß kein weiteres Interesse besteht. Das schriftliche Angebot enthält u. a. die Produktbeschreibung, Preis und Liefertermin sowie Lieferungs- und Zahlungsbedingungen.

Auftragserteilung/Auftragsbestätigung

Mit der Auftragserteilung durch den Kunden und der Auftragsbestätigung wird schließlich beim herstellenden Unternehmen ein Kundenauftrag angelegt. Häufig besteht er aus mehreren Einzelpositionen, so daß wir im weiteren verschiedentlich genauer von „Kundenauftragsposition" sprechen werden.

Abbildung 4.4-1 zeigt als Beispiel die Erfassungsmaske für einen Kundenauftrag, der mit dem Vertriebsmodul des Systems infor:COM (vgl. auch Abschnitt 5.2.3) angelegt wurde. Der Auftrag Nr. KA1002 wurde

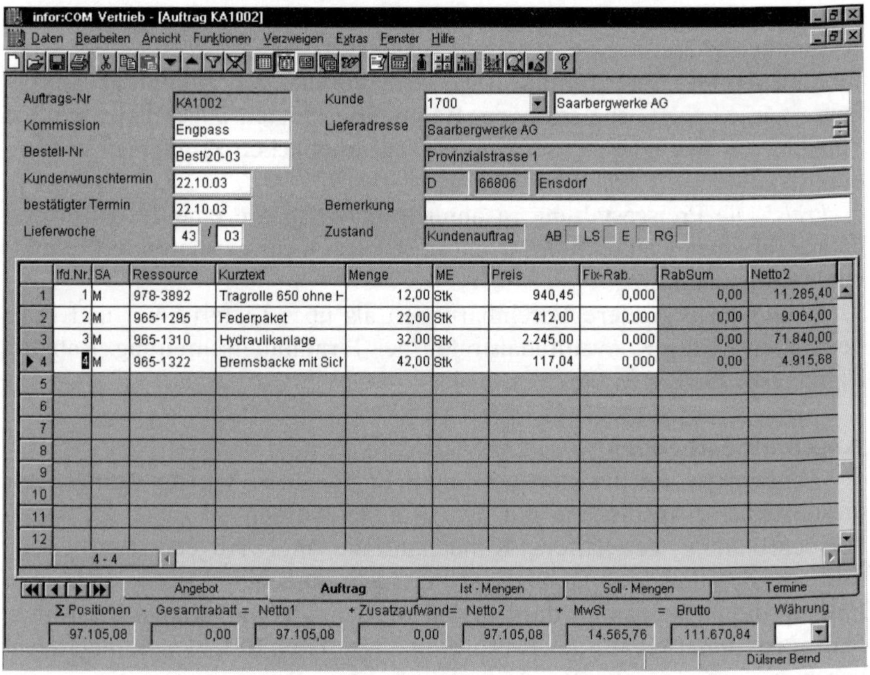

Abb. 4.4-1: Kundenauftrag mit Auftragspositionen in infor:COM

von dem Kunden Saarbergwerke AG (Kundennummer 1700) erteilt. Er enthält die Positionen „Tragrolle 650 ohne Halterung“, „Federpaket“, „Hydraulikanlage“ sowie „Bremsbacke mit Sicherung“ mit Mengen und Preisen. Der Kundenwunschtermin 22.10.2003 ist bereits eingetragen und bestätigt.

4.4.1 Produktspezifikation

Für den unter „Kundenanfrage“ genannten Punkt „Technische Machbarkeit“ sind direkte Aussagen, etwa beim Kundenbesuch an Ort und Stelle, von erheblicher Bedeutung, angesichts der technischen Komplexität vieler Produkte aber ebenso schwierig. Wenn ein Außendienstmitarbeiter erst mit den Spezifikationen oder Wünschen des Kunden im Werk Rat suchen muß und Wochen vergehen, bis der nächste Besuch stattfinden oder ein Angebot erstellt werden kann, ist der Konkurrent im Vorteil, der sein Angebot vor Ort direkt abgeben kann.

Wissensbasierte Systeme zur Produktkonfigurierung

Für bestimmte Problemstellungen sind bereits Formen der Außendienstunterstützung entstanden und im praktischen Einsatz (MERT01). Ein Beispiel sind wissensbasierte Systeme zur Produktkonfigurierung („Konfiguratoren“). Sie bieten sich vor allem an, wenn Endprodukte aus vielen Bauteilen zusammengesetzt werden können, zahlreiche Kombinationsmöglichkeiten bestehen und Wechselwirkungen, Unverträglichkeiten und andere Nebenbedingungen zu beachten sind (RUST98). Die ersten Konfigurierungssysteme wurden für die Zusammenstellung von Computersystemen entwickelt; heute gibt es jedoch Systeme für die unterschiedlichsten Produkte (Turbinen, Fahrstühle, Rolläden u. v. a.). Einen Überblick findet man in MERT93. Ein wissensbasiertes Konfigurierungssystem kann der Außendienstmitarbeiter gegebenenfalls auf einem Laptop vor Ort benutzen und mit dem Kunden zusammen die Spezifikation anlegen und überprüfen.

Elektronische Kataloge

Andere Systeme zur Außendienstunterstützung sind Systeme zur Problemeingrenzung und sukzessiven Definition sowie elektronische Produktkataloge (ELEC97). Der Zugriff auf Unternehmensdatenbanken, externe Knowhow-Datenbanken (MERT01) oder Produktbörsen im World Wide Web (KURB98a) kann ebenfalls hilfreich sein. Dazu muß der Laptop des Außendienstmitarbeiters über eine Kommunikationseinrichtung (z. B. Modem) und einen Netzzugang verfügen. Neben konventionellen Netzen kommen heute zunehmend auf dem Internet basierende WWW-Lösungen zum Einsatz.

4.4.2 Auftragsterminierung und Kapazitätsbelastung

Kundenwunschtermin

Die Festlegung des möglichen *Liefertermins* wird von zwei Faktoren bestimmt, einerseits dem Kundenwunsch nach möglichst schneller Lieferung und andererseits der Fertigungssituation. Während der Kundenwunsch häufig mit Nachdruck artikuliert wird und vorliegt, ist der von der Fertigungssituation her mögliche Termin oft sehr schwierig zu ermitteln. Aus diesem Grund und auch wegen des Wettbewerbsdrucks wird nicht selten der Kundenwunschtermin ohne genaue Prüfung der Machbarkeit akzeptiert, was später zu Kapazitätsproblemen und nicht selten zu Terminüberschreitungen führt.

Damit der Kundensachbearbeiter oder Außendienstmitarbeiter Terminaussagen über den möglichen Kundenauftrag treffen kann, braucht er unter anderem Informationen über

- die Erzeugnisstruktur des gewünschten Produkts,
- die Bearbeitungs- und Rüstzeiten für die im Unternehmen zu fertigenden Teile,
- die Beschaffungsfristen für fremdbezogene Teile,
- die Kapazitätseinheiten, die der Auftrag durchläuft (Werkstätten, Betriebsmittel, Arbeitsplätze etc.),
- die Kapazitätsauslastung bzw. freie Kapazität dieser Organisationseinheiten.

Ob und in welchem Umfang ihm diese Informationen zur Verfügung gestellt werden können, hängt hauptsächlich vom Neuheitsgrad des gewünschten Produkts ab.

Bekannte Teile

Wenn es sich um ein „bekanntes“ Teil handelt, z. B. um die Variante eines Standardteils oder um ein Teil, das einem anderen, schon einmal gefertigten ähnlich ist, dann sind möglicherweise die erforderlichen Grunddaten, insbesondere Erzeugnisstrukturen, Arbeitspläne und Fertigungsvorschriften (Betriebsmittelzuordnungen), vorhanden. Für diesen Fall muß das PPS-System *Simulationsmöglichkeiten* bieten und im Dialog folgende Schritte unterstützen:

Simulationsmöglichkeiten

(1) Auflösung der *einzelnen* Erzeugnisstruktur (statt eines Batchlaufes zur Stücklistenauflösung für alle Erzeugnisstrukturen), Ermittlung der Sekundärbedarfe und probeweise Generierung von Fertigungsaufträgen.
(2) Vorwärtsterminierung der Fertigungsaufträge ab heute bzw. frühestem Starttermin unter Beachtung der schon existierenden Kapazitätsbelegungen; wenn nicht eine weitgehende Unterbeschäftigung herrscht, wird dies erfahrungsgemäß zunächst in vielen Fällen zu einer Überschreitung des Kundenwunschtermins führen. Maßnahmen zur Durchlaufzeitverkürzung sollten probeweise angestoßen werden können.
(3) Vorwärtsterminierung der Fertigungsaufträge *ohne* Beachtung der schon existierenden Kapazitätsbelegungen, gegebenenfalls um Maßnahmen zur Durchlaufzeitverkürzung ergänzt. Auf diese Weise kann der fertigungstechnisch frühest realisierbare Liefertermin ermittelt werden, der gelten würde, wenn die Produktionskapazität keine Restriktionen auferlegte.
(4) Anzeige der Kapazitätssituation bei den in Anspruch genommenen Betriebsmittelgruppen, Betriebsmitteln oder Arbeitsplätzen, insbesondere bei bekannten Engpaßeinheiten.

Nach Bereitstellung dieser Informationen durch das PPS-System beginnt der schwierigere Teil der Aufgabe. Wenn sich nach den Schritten (2) und (3) ein akzeptabler Liefertermin abzeichnet, der aber von der Kapazitätssituation verhindert wird, dann sind Anpassungsmaßnahmen in Betracht zu ziehen:

- Überstunden oder Zusatzschichten zur Erhöhung des Kapazitätsangebots. Insbesondere in mittelständischen Fertigungsunternehmen ist dies eine gängige Form der Anpassung.
- Kapazitätsabgleich durch Verschiebung anderer Aufträge.

Da die Kapazitätsbelastung das Ergebnis früherer, gewollter Dispositionen ist, liegt es im Ermessen der Planer, die Dispositionen wieder zu ändern. Dies bedeutet, daß aufgrund eines möglichen neuen Kundenauftrags andere Aufträge gegebenenfalls verschoben werden müssen. Bei der Entscheidung, schon eingeplante Fertigungsaufträge wieder auszuplanen oder in die Zukunft zu verlagern und dadurch Terminverzug bei anderen Kundenaufträgen zu erzeugen, müssen Prioritäten gesetzt werden, die sich z. B. an der Wichtigkeit der Aufträge bzw. der Kunden orientieren. Als Hilfsmittel können die grafischen Anzeige- und Manipulationsmöglichkeiten genutzt werden, die die sogenannten „elektronischen Leitstände" zur Verfügung stellen (vgl. Kapitel 5.1).

Unbekannte Teile

Handelt es sich bei dem vom Kunden gewünschten Produkt um ein „unbekanntes" Teil, dann lassen sich die oben genannten Schritte nicht ohne weiteres durchführen, da die grundlegenden Daten (Erzeugnisstrukturen für die Sekundärbedarfsermittlung, Arbeitspläne für die Terminierung und Betriebsmittelbelegungen) nicht vorhanden sind.

Frühere, ähnliche Aufträge

Eine große Hilfe ist es, wenn das PPS-System zumindest Daten von „ähnlichen" Kundenaufträgen, die früher einmal gefertigt wurden, zur Verfügung stellt. Der Sachbearbeiter kann dann diese Daten auf die Gegebenheiten des aktuellen Falls – mit Hilfe eigenen oder fremden Sachverstands – anpassen und der Terminierungs- und Kapazitätssimulation zugrundelegen. Um eilige Aussagen treffen zu können, ist es auch denkbar, daß er die alten Daten verwendet und um Korrekturfaktoren, die auf Experteneinschätzung beruhen, bereinigt.

Wenn überhaupt keine Daten verfügbar sind, bleiben nur Schätzungen als Ausweg offen. Auch in diesem Fall ist es hilfreich, wenn das PPS-System möglichst umfassende und griffig aufbereitete Informationen zur Vorbereitung der Terminentscheidung bereitstellt, insbesondere Informationen über die Kapazitätssituation in den relevanten Zeiträumen. Mit vorläufigen Erzeugnisstrukturen, die vielleicht nur als kritisch angesehene Teile enthalten, und mit grob geschätzten Durchlaufzeiten lassen sich eventuell die Simulationsmöglichkeiten des PPS-Systems dennoch nutzen.

Schließlich sei erwähnt, daß langjährige Erfahrung und Sachverstand es einem Fertigungsleiter oder Meister oft erlauben, auch bei diffusen Problemstrukturen zu realistischen Schätzungen zu gelangen. Der umgekehrte Fall ist jedoch ebenso häufig zu beobachten: Nicht abgesicherte Terminzusagen, möglicherweise durch Konventionalstrafen bedroht, erzeugen bei der Produktionsdurchführung erhebliche Zwänge bis hin zum totalen Chaos in der Fertigung, bei dem nur noch „Terminjäger" nicht haltbaren Zusagen hinterherlaufen.

Ab wann soll ein möglicher Kundenauftrag im System geführt werden?

Eine schwierige Frage ist es, *ab welchem Zeitpunkt* ein möglicher Kundenauftrag im System geführt und mit seiner voraussichtlichen Kapazitätsbelastung in der Kapazitätsdisposition und in den Maschinenbelegungsplänen angesetzt wird. Die Entscheidung hat bei einem Auftragsfertiger, dessen Produktionsprogramm sich ausschließlich oder überwiegend aus solchen Aufträgen zusammensetzt, gravierende Auswirkungen auf zukünftige Dispositionsmöglichkeiten bei Anfragen, Angeboten und bei der internen Produktionsplanung und -steuerung:

- Werden die Aufträge erst dann kapazitätsmäßig berücksichtigt, wenn es tatsächlich zu einer Auftragserteilung gekommen ist, dann kann es sein, daß die zum Zeitpunkt der Kundenanfrage oder Angebotserteilung freien

Kapazitäten mittlerweile anderweitig verplant wurden. Damit fehlt auch den gemachten Lieferterminzusagen die Grundlage.

- Plant man schon bei der Anfrage oder Angebotserstellung die erforderlichen Kapazitäten ein, dann sind diese für andere Kundenanfragen blokkiert. Wenn man bedenkt, daß in manchen Branchen nur 30% oder weniger der Angebote auch zu Aufträgen führen, dann wird klar, daß die prophylaktische Kapazitätsreservierung für jeden möglichen Auftrag nicht der richtige Weg sein kann.

Eine allgemein gültige Lösung des Dilemmas kann nicht angegeben werden. Wenn man über hinreichende Erfahrungswerte bezüglich der „Erfolgswahrscheinlichkeit" eines Angebots verfügt, dann kann es zweckmäßig sein, die benötigten Kapazitäten an den einzelnen Betriebsmitteln/-gruppen etc. mit einem entsprechenden Anteilswert in Ansatz zu bringen. Bei strategisch wichtigen Aufträgen kann es andererseits aus unternehmerischer Sicht angezeigt sein, schon im Anfragestadium Kapazität zu reservieren, um nicht später einen erteilten Auftrag ablehnen zu müssen, weil alle Kapazitäten anderweitig ausgeschöpft wurden.

Bereitstellung von Statusinformationen

Ein Minimum an Entscheidungshilfen, die vom PPS-System in diesem Zusammenhang zu erwarten sind, ist die Bereitstellung von Statusinformationen über die bereits eingeplanten Aufträge. Der Disponent sollte mit einem Blick erkennen können, welche Art von Fertigungsaufträgen und gegebenenfalls auch Angeboten die Werkstätten, Betriebsmittelgruppen etc. belasten. In Zusammenhang mit dem Konzept der Kapazitätsdisposition in „elektronischen Leitständen" wird dieser Aspekt in Kapitel 5.1 nochmals aufgegriffen. Bei dem Kundenauftrag in Abb. 4.4-1 war der Status anhand des Felds „Zustand" zu erkennen. Es handelt sich offensichtlich um einen bereits erteilten Auftrag.

Abschließend sei darauf hingewiesen, daß die skizzierten Terminierungswege sich innerhalb der „normalen" Sicht von Produktionsaufträgen bewegen. Umfangreiche Vorhaben, z. B. einmalige Großobjekte im Schiff- oder Anlagenbau, die zu sehr großen, differenzierten Aktivitätennetzen führen, sollte man eher als *Projekte* und weniger als Produktionsaufträge betrachten und mit Methoden des Projektmanagements (MADA99) behandeln. Für die Terminplanung wird dann im allgemeinen die Netzplantechnik herangezogen.

4.4.3 Datenstrukturen des Primärbedarfs

Vorstufen von Kundenaufträgen

Die Besonderheiten der kundenauftragsorientierten Produktion verlangen, daß nicht nur die tatsächlich erteilten Kundenaufträge, sondern bereits auch die Vorstufen im Datenmodell berücksichtigt werden. Für die Kapazitätsplanung, die Maschinenbelegungsplanung und andere dispositive und administrative Bereiche können aus den genannten Gründen sowohl die schon erteilten Aufträge als auch die noch im Anfrage- bzw. Angebotsstadium befindlichen von Interesse sein.

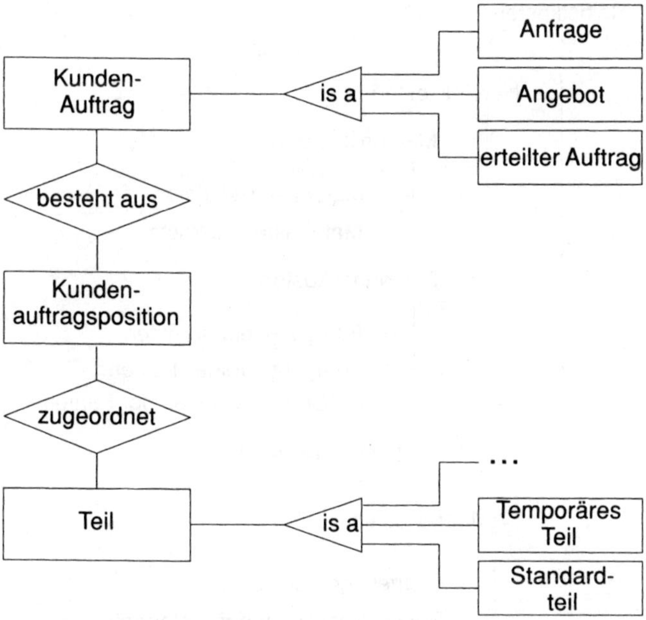

Abb. 4.4-2: Entity-Relationship-Diagramm zum Primärbedarf

Die wichtigsten Merkmale (Menge, Erzeugnisstruktur, Wunschtermin etc.) unterscheiden sich in den drei Stufen nicht oder wenig. Deshalb wird im Entity-Relationship-Diagramm der Abbildung 4.4-2 als Generalisierung der Entity-Typ „Kundenauftrag" mit drei Spezialisierungen für die Stufen, die er in der Entstehungsphase durchläuft, angesetzt.

4.4.4 Vorkalkulation

Die Vorkalkulation besitzt bei Unternehmen mit stark kundenauftragsorientierter Produktion einen anderen Stellenwert als bei Serien- und Massenfertigern, da sie mit wesentlich größerer Unsicherheit behaftet ist und somit auch erhebliche Gefährdungspotentiale für den Unternehmenserfolg birgt. Eine problemadäquate Vorkalkulation kann für einen Auftragsfertiger lebenswichtig sein.

Als Kalkulationsverfahren kommt grundsätzlich die *Zuschlagskalkulation* in Betracht, bei der die Gesamtkosten nach Einzel- und Gemeinkosten unterschieden werden. Wenn man die betriebswirtschaftliche Literatur heranzieht, wird im allgemeinen ein Schema wie in Abbildung 4.4-3 vorgeschlagen (HUMM90a, RIEB94, SCHI00). Zuschlagskalkulation

Materialeinzelkosten entstehen vor allem durch den Verbrauch von Rohstoffen und anderen Teilen, Materialgemeinkosten durch den Verbrauch von Hilfs-, Betriebsstoffen u. a. Fertigungseinzelkosten sind insbesondere die direkt zurechenbaren Löhne, während den Fertigungsgemein-

- Selbstkosten
  - Herstellkosten
    - Materialkosten
      - Materialeinzelkosten
      - Materialgemeinkosten
    - Fertigungskosten
      - Fertigungseinzelkosten
      - Fertigungsgemeinkosten
      - Sondereinzelkosten der Fertigung
  - Verwaltungsgemeinkosten
  - Vertriebskosten
    - Vertriebsgemeinkosten
    - Sondereinzelkosten des Vertriebs

Abb. 4.4-3: Kalkulationsschema bei Zuschlagskalkulation

kosten Abschreibungen und nicht direkt zurechenbare Personalkosten zugrundeliegen. Sondereinzelkosten der Fertigung können z. B. entstehen, wenn Materialanalysen durchgeführt oder Patente benutzt werden müssen. Die Fertigungsgemeinkosten werden meist als prozentuale Zuschläge auf die Fertigungseinzelkosten aufgeschlagen. Dies kann *summarisch* (d. h. ein einheitlicher Prozentsatz für alle Kostenarten und Kostenstellen) oder *differenziert* (d. h. unterschiedliche Prozentsätze) erfolgen (HUMM90a).

Die Summe dieser Kosten macht die *Herstellkosten* aus. Wenn man noch die Verwaltungsgemeinkosten und die Vertriebskosten hinzuaddiert, erhält man die *Selbstkosten.*

Kalkulation bei Programmfertigern

Obwohl die PPS-Systeme keine Kostenrechnungssysteme darstellen, sind sie doch häufig in der Lage, die Gemeinkosten differenzierter als nur durch pauschale Zuschläge umzulegen. Betrachten wir zunächst den *Idealfall*, wie er bei Programmfertigern vorliegen kann. In der Datenbasis eines PPS-Systems sind die erforderlichen Informationen grundsätzlich vorhanden. Die Betriebsmitteldaten enthalten z. B. Kostensätze für die Maschinen, in denen Abschreibungen u. a. berücksichtigt sind. Die Inanspruchnahme eines Betriebsmittels durch das zu kalkulierende Produkt kann mit Hilfe der Zeitangaben berechnet werden, die in den Arbeitsplänen gespeichert sind. Wenn man alle notwendigen Arbeitsgänge und Betriebsmittel durchläuft und die Kosten kumuliert, hat man die Betriebsmittelkosten genauer erfaßt als bei prozentualen Zuschlägen. Über die Maschinenkostensätze werden die Fertigungsgemeinkosten also nicht mehr pauschal zugeschlagen, sondern mengenabhängig verrechnet. (Auf die Problematik der „richtigen" Maschinenkostensätze sei hier nicht näher eingegangen.)

Die Kalkulation auf der Basis einer PPS-Datenbank sieht dann grundsätzlich so aus, daß die Fertigungskosten über die Arbeitspläne, die Materialeinzelkosten über die Stücklisten und die Materialgemeinkosten als Zuschläge ermittelt werden:

Fertigungskosten

Für die *Fertigungskosten* werden alle grundlegenden Entity- und Beziehungstypen einer PPS-Datenbasis benötigt. In den entsprechenden Abbildungen (z. B. 2.2-23 und 3.4-12) wären dies die Entity-Typen

„Teil",
„Arbeitsplan",
„Arbeitsgang",
„Arbeitsgang-Kettenelement" sowie
„Betriebsmittel",

und die Beziehungstypen

(Erzeugnis-) „Struktur",
„Arbeitsplan-Zuordnung",
„Fertigungsstruktur",
„Arbeitsgang-Kette-Zuordnung" sowie
„Arbeitsgang-Zuordnung".

Ausgehend von den Teilestammdaten des herzustellenden Teils werden über die Arbeitsplan-Zuordnung und die Arbeitsgang-Kettenelemente die erforderlichen Arbeitsgänge ermittelt. (Der Einfachheit halber sei von Alternativ-Arbeitsplänen und -Arbeitsgängen abgesehen.)

Die Bearbeitungszeiten an Maschinen (pro ME), die in den Arbeitsgangdaten stehen, werden mit den Kostensätzen aus den Betriebsmitteldaten multipliziert; die richtigen Betriebsmittel liefert der Beziehungstyp „Fertigungsstruktur".

Die Rüstzeiten, die als Attribute der Arbeitsgänge oder der Betriebsmittel geführt werden, können analog behandelt werden. Problematisch ist dabei allerdings die Proportionalisierung, d. h. der Bezug der Rüstzeit auf eine Mengeneinheit. Sie läßt sich im Grunde genommen nur rechtfertigen, wenn man von konstanten Losgrößen (Auftragsgrößen) ausgehen kann.

Die Fertigungszeiten für menschliche Arbeit werden in ähnlicher Weise wie die Maschinenzeiten behandelt. Die Zeitgrößen (Bearbeitung pro ME, Rüstarbeiten) sind ebenfalls in den Arbeitsplänen enthalten. Für die Kostensätze wird auf Personal- oder Kostenstellendaten zurückgegriffen. Zu diesem Zweck muß ein analoger Beziehungstyp wie „Fertigungsstruktur“ existieren, der die Verbindung zwischen einem Arbeitsgang und der Personal- oder Kostenstellen-Entität herstellt, welche den durchschnittlichen Stundensatz für den Arbeitsgang enthält.

Wenn ein Teil zu kalkulieren ist, dessen Erzeugnisstruktur sich über mehrere Fertigungsstufen erstreckt, dann müssen auch mehrere Arbeitspläne – für die untergeordneten Teile – herangezogen werden. Die betreffenden Teile und die Mengeneinheiten findet man über die Erzeugnisstruktur-Beziehungen, die Arbeitspläne wieder über die „Arbeitsplan-Zuordnung“. Für jedes Teil wird dann die gleiche Berechnung wie oben vollzogen. Zu beachten ist aber, daß die Bezugseinheit für die Fertigung eines Teils tieferer Stufe nicht 1 Mengeneinheit, sondern die in der Erzeugnisstruktur-Beziehung angegebene Menge pro Mengeneinheit des übergeordneten Teils ist.

Materialkosten

Die *Materialkosten* werden ebenfalls auf dem Wege der Erzeugnisstrukturauflösung ermittelt. Dazu traversiert man den Strukturbaum bis zu den Blättern, die für fremdbezogene Teile (z. B. Rohmaterial) stehen. Die Bezugspreise (oder eine andere Größe) aller Materialien, multipliziert mit den Mengeneinheiten, mit denen sie in den übergeordneten Knoten eingehen, ergeben die direkten Materialeinzelkosten dieses Knotens. Dazu werden gegebenenfalls noch prozentuale Materialgemeinkosten zugeschlagen.

Herstellkosten

Die *Herstellkosten* des Teils sind dann die Summe aus Material- und Fertigungskosten.

Folgt man den Erzeugnisstrukturbeziehungen im Baum von unten nach oben, so werden die Materialkosten für die Knoten der nächsten Stufe aus den bereits ermittelten Herstellkosten der untergeordneten Knoten sowie eventuell weiteren Fremdmaterialien, jeweils multipliziert mit den Mengenkoeffizienten der Stückliste, berechnet. Zusammen mit den Materialgemeinkosten und den Fertigungskosten erhält man wie zuvor die Herstellkosten des übergeordneten Knotens. Die Vorgehensweise wird bis zu der Endproduktstufe fortgesetzt.

Speicherung der Herstellkosten in den Teilestammdaten

Für jeden Knoten der Erzeugnisstruktur (außer den Blättern) werden so die Material- und die Fertigungskosten ermittelt. Auf diese Art ergeben sich nicht nur für die Endprodukte, sondern für alle gefertigten Teile die jeweiligen Herstellkosten. Sie können dann z. B. in den Teilestammdaten gespeichert und dort abgerufen werden. Wenn für manche Teile, z. B. Standardteile, bereits Herstellkosten vorliegen, ist es nicht mehr erforderlich, bei jeder Kalkulation die ganze Erzeugnisstruktur über alle Stufen hinweg zu durchlaufen.

Ein Beispiel soll die grundsätzlichen Zusammenhänge verdeutlichen. In Abbildung 4.4-4 wird die Kalkulation der Selbstkosten für das Teil Y durchgeführt, dessen Erzeugnisstruktur in den früheren Beispielen mehrfach verwendet wurde (vgl. z. B. Abbildung 2.2-1). Zuerst werden die untersten Teile kalkuliert, die eigengefertigt werden und in die Material eingeht; in der Erzeugnisstruktur von Y sind dies A und C, wobei wir im

Kalkulationsschema Teil A							
	Arbeits-gang-Nr.	Kosten-stelle (BMG)	Vorgang	Dimen-sion	Kostensatz (EUR)	Zeit pro Rüstvorgang/ ME A (Min.)	Kosten pro ME
1	1	BMG 5	Rüsten	EUR/Min	4	10	40,00
2			Fertigen	EUR/Min	9	20	180,00
3	2	BMG 6	Rüsten	EUR/Min	10	5	50,00
4			Fertigen	EUR/Min	35	10	350,00
5	Fertigungskosten (1 + 2 + 3 + 4)						620,00
	Material/Halberzeugnis			Dimen-sion	Kosten- bzw. %-Satz	benötigte Anzahl pro ME A	Kosten pro ME
6	Materialeinzelkosten G			EUR/ME	20	1	20,00
7	Materialeinzelkosten E			EUR/ME	40	4	160,00
8	Materialeinzelkosten F			EUR/ME	10	1	10,00
9	Materialgemeinkosten			%	20		38,00
10	Materialkosten (6 + 7 + 8 + 9)						228,00
11	Herstellkosten (Teil A) (5 + 10)						848,00

Kalkulationsschema Teil C							
	Arbeits-gang-Nr.	Kosten-stelle (BMG)	Vorgang	Dimen-sion	Kostensatz (EUR)	Zeit pro Rüstvorgang/ ME C (Min.)	Kosten pro ME
1	1	BMG 3	Rüsten	EUR/Min	6	10	60,00
2			Fertigen	EUR/Min	18	5	90,00
3	Fertigungskosten (1 + 2)						150,00
	Material/Halberzeugnis			Dimen-sion	Kosten- bzw. %-Satz	benötigte Anzahl pro ME C	Kosten pro ME
4	Materialeinzelkosten D			EUR/ME	5	1	5,00
5	Materialeinzelkosten E			EUR/ME	40	2	80,00
6	Materialgemeinkosten			%	20		17,00
7	Materialkosten (4 + 5 + 6)						102,00
8	Herstellkosten (Teil C) (3 + 7)						252,00

Abb. 4.4-4a: Selbstkostenermittlung durch Zuschlagskalkulation

Kalkulationsschema Teil B							
	Arbeits-gang-Nr.	Kosten-stelle (BMG)	Vorgang	Dimen-sion	Kostensatz (EUR)	Zeit pro Rüstvorgang/ ME B (Min.)	Kosten pro ME
1 2	1	BMG 19	Rüsten Fertigen	EUR/Min EUR/Min	6 25	0 3	0,00 75,00
3	Fertigungskosten (1 + 2)						75,00
	Material/Halberzeugnis			Dimen-sion	Kosten- bzw. %-Satz	benötigte Anzahl pro ME B	Kosten pro ME
4 5	Halberzeugnis C Materialgemeinkosten			EUR/ME %	252 20	2	504,00 100,80
6	Materialkosten						604,80
7	Herstellkosten (Teil B) (3 + 6)						679,80

Kalkulationsschema Teil Y							
	Arbeits-gang-Nr.	Kosten-stelle (BMG)	Vorgang	Dimen-sion	Kostensatz (DM)	Zeit pro Rüstvorgang/ ME Y (Min.)	Kosten pro ME
1 2	1	BMG 15	Rüsten Fertigen	EUR/Min EUR/Min	10 30	3 10	30,00 300,00
3	Fertigungskosten (1 +2)						330,00
	Material/Halberzeugnis			Dimen-sion	Kosten- bzw. %-Satz	benötigte Anzahl pro ME Y	Kosten pro ME
4 5 6	Halberzeugnis A Halberzeugnis B Materialgemeinkosten			EUR/ME EUR/ME %	848,00 679,80 0	2 1	1696,00 679,80 0,00
7	Materialkosten (4 + 5 + 6)						2375,80
8	Herstellkosten (Teil Y) (3 + 7)						2705,80
9	Verwaltungsgemeinkosten (10% auf 8)						270,58
10	Vertriebsgemeinkosten (10% auf 8)						270,58
11	Sondereinzelkosten des Vertriebs						0,00
12	Selbstkosten (8 + 9 + 10 + 11)						3246,96

Abb. 4.4-4b: Selbstkostenermittlung durch Zuschlagskalkulation

Beispiel unterstellen, D, E, F und G seien fremdbezogene Materialien. Für A erhält man bei den angenommenen Kostensätzen Fertigungskosten von 620 EUR und Materialeinzelkosten von 190 EUR, zu denen noch 20% Materialgemeinkosten zugeschlagen werden. Die Herstellkosten pro ME A belaufen sich dann auf 848 EUR.

Bei der Kalkulation der Herstellkosten von Teilen höherer Stufen ist zu beachten, daß die Mengenkoeffizienten der Erzeugnisstruktur andere als 1 sein können. In den Materialkosten pro ME des Endprodukts Y schlägt sich A beispielsweise nicht mit 848 EUR, sondern mit 1696 EUR nieder, weil der Mengenkoeffizient 2 beträgt. Um zu den Selbstkosten zu gelangen, werden die Herstellkosten von Y (2705,80 EUR) nochmals um jeweils 10% Verwaltungs- und Vertriebsgemeinkosten erhöht. Sondereinzelkosten des Vertriebs fallen im Beispiel nicht an. Die Selbstkosten pro ME des Endprodukts betragen 3246,96 EUR.

Kalkulation eines Standardprodukts ist relativ einfach und genau

Wie man sieht, ist die Kalkulation eines immer wieder produzierten Standardprodukts relativ einfach und genau, sofern ein funktionierendes Rechnungswesen existiert, das zuverlässige Kostensätze und Preisgerüste liefert. Ausreichende Korrektheit der Herstell- bzw. Selbstkosten ist gewährleistet, da in der Kostenträgerrechnung eine periodische Nachkalkulation erfolgt und anfängliche Ungenauigkeiten, die bei einem neuen Produkt vielleicht auftreten, im Lauf der Zeit behoben werden.

Kalkulation bei Auftragsfertigern

Gegenüber diesem Idealfall treten bei Unternehmen mit *auftragsorientierter Produktion* eine Reihe von Problemen auf. Diese hängen hauptsächlich damit zusammen, daß ein Auftragsfertiger im allgemeinen nicht Grunddaten von gleicher Stabilität besitzt wie ein Programmfertiger.

Vergleichbar einfach ist die Kalkulation nur dann, wenn das Unternehmen standardisierte Erzeugnisse, eventuell mit Varianten, nach Kundenbestellung produziert (Typen a) und b) in Kapitel 4.1). In diesem Fall können wie bei einem Programmfertiger die Grunddaten ausgewertet und ein Angebotspreis kalkuliert werden. Bei der Auftragskalkulation ist die Bezugsgröße nicht eine Mengeneinheit, sondern die Menge des Auftrags.

In allen anderen Fällen (Typen c) und d)) ist eine zuverlässige Kalkulation wegen der fehlenden Datenbasis schwierig. Der Weg, die Stücklisten und Arbeitspläne vor der Kalkulation auftragsbezogen völlig neu zu erstellen, ist häufig nicht gangbar, da der Aufwand als unangemessen hoch und für einen einzelnen, temporären Auftrag nicht lohnend angesehen wird. In der Praxis behilft man sich deshalb meist mit heuristischen Vorgehensweisen.

In manchen Fällen können bereits im Zuge der Konstruktion sogenannte *Schnellkalkulationsverfahren* zum Einsatz kommen, die auf Erfahrungswerten und Ähnlichkeiten basieren (MERT01):

Schnellkalkulationsverfahren

- *Tabellenverfahren* zieht man heran, wenn ähnliche Produktarten vorliegen, die mit Hilfe von Deskriptoren klassifiziert werden können. In den Tabellen stehen Vorkalkulationswerte oder Rechenvorschriften, wie diese zu ermitteln sind.

• *Regressionsverfahren* sind für die gleichen Anwendungsfälle wie Tabellenverfahren geeignet. Hier werden mittels Regressionsrechnung aus Kenngrößen des Produkts Vorkalkulationswerte abgeleitet.

Merkmals-datenbasis

Die Tabellen- und Regressionsverfahren setzen voraus, daß erstens die Erzeugnismerkmale und -strukturen bekannt sind, zweitens genügend vergleichbare Produkte früher hergestellt wurden und drittens eine entsprechende Merkmalsdatenbasis gepflegt wurde. Bei einem Auftragsfertiger, bei dem die Vorkalkulation schon in der Anfrage- und Angebotsphase einsetzt, kommen sie höchstens für Produktbereiche in Betracht, in denen starke Ähnlichkeiten unter den Produkten bestehen.

Suchkalkulation

Ein Kalkulationsverfahren, das auf der Verwendung von Kosten ähnlicher, früher schon einmal gefertigter Teile beruht, ist in MERT01 unter der Bezeichnung *Suchkalkulation* skizziert. Die in Frage kommenden Teile werden hier durch Vergleiche von Merkmalen und logischen Verknüpfungen gesucht. Mit Hilfe von Distanzmaßen o. ä. wird das am besten passende Teil ermittelt, und dessen Kosten werden, ggf. nach Anpassung, übernommen. Den Grundgedanken der Ähnlichkeitssuche greifen wir unten in Kapitel 4.4.5 auf.

Angesichts der Schwierigkeiten, eine zuverlässige Vorkalkulation durchzuführen, ist nicht selten der Fall anzutreffen, daß ganz darauf verzichtet wird. Häufig entsteht der Angebotspreis als „Marktpreis", d. h. durch Verhandlung, auf Basis dessen, was der Kunde zu zahlen bereit ist oder was nach Einschätzung des einen oder des anderen Partners wohl ein Konkurrent am Markt verlangen würde. Besonders bei kleinen und mittleren Unternehmen herrscht ohnehin die Tendenz vor, Aufträge lieber anzunehmen als abzulehnen, auch wenn man noch keine genauen Vorstellungen hat, ob der Auftrag auch wirtschaftlich vorteilhaft ist oder wie er technisch durchgeführt wird (Arbeitsplanung).

Das Fehlen einer soliden Selbstkostenkalkulation als Grundlage des Angebotspreises kann in der Folge die Wirtschaftlichkeit gefährden. Wenn die Selbstkosten höher als der erzielte Preis sind, kann im Extremfall oder bei einer Häufung sogar die Überlebensfähigkeit des Unternehmens bedroht sein. Dieses Problem ist um so gravierender, je näher sich das Unternehmen im Schnitt mit den erzielten Preisen an den tatsächlichen Selbstkosten bewegt.

Umgekehrt gibt es aber gerade im mittelständischen Bereich auch Unternehmen, die sich eine ungenaue oder fehlende Kalkulation leisten können. Bei der oben genannten Untersuchung zeigte sich beispielsweise, daß eine Reihe von Unternehmen sich auf ganz bestimmte Marktsegmente und Marktnischen konzentrierte (NIET91). Manche besaßen eine nahezu monopolartige Stellung; in einem Fall wurden sogar Gewinnspannen von 200% der Selbstkosten festgestellt. Unternehmen dieser Kategorie sind durch Kalkulationsmängel natürlich wenig(er) gefährdet.

Die Ungewißheit bezüglich der Erzeugnisstruktur- und Arbeitsplandaten stellt bei der Kalkulation das größte Hindernis dar. Zur Abschätzung der Auswirkungen unsicherer Parameter können Sensitivitätsanalysen und Simulationen verschiedener Parameterkonstellationen eine wertvolle Hilfe sein. Während es früher relativ aufwendig war, derartige Rechnungen durchzuführen, werden sie heute von vielen PPS-Systemen bereits im Standardumfang unterstützt. Außerdem stehen mit den PC-gestützten *Tabellenkalkulationsprogrammen* (Spreadsheet-Systemen) leistungsfähige und einfach handhabbare Werkzeuge zur Verfügung. Deren Entstehung ist im übrigen eng mit Kalkulationsproblemen verbunden, wie der Name bereits zum Ausdruck bringt.

Sensitivitätsanalysen und Simulationen

4.4.5 Exkurs: Fallbasierte Wissensverarbeitung

Die Vorkalkulation bei einem Auftragsfertiger ist, wie die obigen Ausführungen zeigten, stark von Erfahrungen und Ähnlichkeiten mit früheren Aufträgen oder Produkten gekennzeichnet. Dies gilt sowohl für die einfachen Schnellkalkulationsmethoden, die z. T. explizit auf Erfahrungswerten beruhen, als auch für die „Kalkulation über den Daumen".

Gerade bei der letzteren ist eine „gefühlsmäßige" oder „intuitive" Vorgehensweise keineswegs mit willkürlichen Kostenaussagen gleichzusetzen. Ein versierter Disponent, Arbeitsvorbereiter oder Sachbearbeiter mit technischen und kaufmännischen Kenntnissen, der über langjährige Erfahrung mit der Produktion bestimmter Produkte aus dem Knowhow-Bereich des Unternehmens verfügt, zieht bei der Kostenschätzung implizit Faktoren wie die folgenden heran:

Faktoren bei der Kostenschätzung

- Kalkulationsergebnisse (z. B. aus der Nachkalkulation) und andere Kenntnisse ähnlicher Produkte, die schon einmal gefertigt wurden,
- darauf basierende Einschätzungen über das gewünschte Produkt,
- vermutlich zu erwartende Abweichungen bei dem neuen Produkt,
- Erinnerungen an bestimmte Probleme, dic bei früheren ähnlichen Aufträgen auftraten,
- Kenntnisse der gegenwärtigen Produktionsbedingungen,
- allgemeine Erfahrung mit Produktionsproblemen, gesunden Menschenverstand u. v. a.

Diese Faktoren spielen für die Konstruktion, für die Arbeitsplanerstellung und für die Generierung von Erzeugnisstrukturdaten auftragsspezifischer neuer Produkte grundsätzlich die gleiche Rolle wie für die Vorkalkulation im engeren Sinne. Bei Auftragsfertigung sind die Bereiche ohnehin sehr eng miteinander verwoben. Deshalb werden im folgenden die Lösungsansätze in etwas allgemeinerer Form skizziert.

Für alle vier genannten Problemkreise gilt, daß frühere *Fälle* zur Bearbeitung des gegenwärtigen Problems herangezogen werden. Ähnliche Auswertungen und Vorgehensweisen müßte auch ein PPS-System bieten,

Frühere Fälle

wenn es dem Auftragsfertiger eine wirkungsvolle Hilfestellung geben soll. Es müßte zum Beispiel dem Sachbearbeiter *ähnliche* Fälle aus der Vergangenheit bereitstellen und ihn darin unterstützen, Abweichungen beim gegenwärtigen Fall (z. B. Auswirkungen, die sich aus anderen Werkstoffeigenschaften ergeben) effizient und zuverlässig einzuarbeiten.

Künstliche Intelligenz (KI)

In der Künstlichen Intelligenz (KI) wurde vor einiger Zeit das Konzept der fallbasierten Wissensverarbeitung diskutiert (z. B. BARE89, BART87, DORN92, HAMM89, RIES89; vgl. auch „Schwerpunktthema Fallbasierte Entscheidungsunterstützung" in WIRT96). Es geht von der Überlegung aus, daß menschliche Experten Probleme in der Regel dadurch lösen, daß sie Erfahrungen mit früheren, ähnlichen Problemen heranziehen. Letztlich gilt dies nicht nur für Experten und für „schwierige" Aufgaben, die Expertise erfordern, sondern ebenso für Probleme des alltäglichen Lebens und für viele Bereiche des menschlichen Handelns allgemein. Auf der Basis früherer Vorfälle werden Analogieschlüsse angewendet, um das neue Problem zu lösen.

Analogieschlüsse

Bei den „konventionellen" Expertensystemen versucht man dagegen, Problemlösungsverhalten dadurch zu rekonstruieren, daß man die Problemzusammenhänge explizit notiert; z. B. gibt man eine Vielzahl von Wenn-dann-Regeln an, die alle relevanten Problem- und Problemlösungsdetails beschreiben. Wenngleich dadurch zahlreiche Probleme einer befriedigenden Lösung zugeführt werden konnten, hat die KI-Forschung doch gezeigt, daß dies nicht der Weg ist, wie „wahre" Experten Probleme lösen (DREY86).

Problemlösen durch Anwendung von Erfahrung

Wenn man davon ausgeht, daß Fälle Erfahrung repräsentieren, dann bedeutet fallbasierte Wissensverarbeitung nichts anderes als Problemlösen durch Anwendung von Erfahrung. In RIES89 werden drei Kategorien von Fällen unterschieden:

- *„Gefestigte Fälle"* („ossified cases") sind Verallgemeinerungen von konkreten Fällen. Sie ähneln den Regeln eines regelbasierten Expertensystems, da sie Abstraktionen darstellen und unabhängig von einem bestimmten Fall gelten. Derartiges Erfahrungswissen findet man beispielsweise in Sprichwörtern formuliert.
- *„Paradigmatische Fälle"* sind gewissermaßen einmalige Prototypen für bestimmte Situationen. Problemlösen bedeutet dann, von dem „Musterfall" auszugehen und ihn dahingehend abzuändern, daß er auf den aktuell vorliegenden Fall paßt.
- *„Geschichten"* („stories") sind die außergewöhnlichen Fälle, die wie die paradigmatischen voller Details über eine bestimmte Situation stecken, andererseits aber auch pointierte Aussagen enthalten, die übertragbar sind (wie die Regeln) und an die man sich auch in anderen Zusammenhängen erinnert.

Die letzteren Fälle sind diejenigen, welche die kreative Weiterentwicklung des eigenen Erfahrungswissens bewirken und intelligentes Problemlösungsverhalten ermöglichen.

Auf die PPS-Problematik, eine Vorkalkulation, Terminierung, Stücklisten- oder Arbeitsplanerstellung für ein nicht genau bekanntes Produkt durchführen zu müssen, können die drei Kategorien etwa wie folgt übertragen werden:

Gefestigte Fälle

Erfahrungswissen in gefestigten Fällen kommt z. B. dadurch zum Ausdruck, daß Regeln wie „Wenn die Stückzahl weniger als 100 beträgt, dann ist Absägen des Werkstücks von einer Stange und Drehen auf der Universaldrehmaschine am kostengünstigsten“ zur Anwendung gelangen.

Paradigmatischer Fall

Ein paradigmatischer Fall wäre etwa die Herstellung einer Sondermaschine mit bestimmten Eigenschaften zu einem früheren Zeitpunkt. Wenn später einmal die gleiche oder eine ähnliche Maschine verlangt wird, kann auf dem Musterfall aufgebaut werden.

Geschichte

Eine Geschichte läge vor, wenn mit der Sondermaschine Erfahrungen gemacht wurden, die auch für ganz andere Fertigungen gelten könnten, z. B.: „Bei hohen Anforderungen an die Toleranz steigt der Qualitätssicherungsaufwand überproportional, wenn auf der Fertigungsanlage x gefertigt wird“.

Die grundlegenden Fragen, die mit der fallbasierten Wissensverarbeitung einhergehen, sind die folgenden:

a) Wie stellt man Fälle dar, damit sie später wiedergefunden und ausgewertet werden können?

b) Wie findet man diejenigen Fälle, die für eine konkrete Problemsituation relevant sind?

c) Wie wendet man den (die) gefundenen Fall (Fälle) auf das konkrete Problem an?

d) Wie kann die Wissensbasis erweitert werden, damit neue Erkenntnisse aus dem aktuellen Fall angemessen berücksichtigt werden.

Ein computergestütztes System zur fallbasierten Wissensverarbeitung muß für diese Problemkreise Lösungskonzepte besitzen. Da es noch an praxiserprobten Lösungen mangelt, wird nachfolgend nur eine grobe Lösungsskizze formuliert.

Repräsentation von Fällen

Zu a): Fälle werden mittels ausgewählter Merkmale beschrieben. Die Güte der Repräsentation von Fällen hängt entscheidend davon ab, daß erstens die „richtigen“ Merkmale festgehalten werden (d. h. diejenigen Merkmale, die einen Fall charakteristisch kennzeichnen) und daß sie zweitens so dargestellt werden, daß zur Lösung eines konkreten Problems zu einem späteren Zeitpunkt eine treffsichere Auswahl relevanter Fälle möglich wird.

Merkmale eines Falls könnten z. B. die folgenden sein: Produktbeschreibung, Zeichnung, Form, Größe, Material, Qualitätsanforderungen, Qualitätssicherungsprozedur, Stückzahl, Ausschußfaktor, geplante und realisierte Durchlaufzeit, Selbstkosten nach Vor- und Nachkalkulation, Preis,

Arbeitsplan und Stückliste (sofern solche angefertigt wurden), aufgetretene Probleme, zuständiger Kundensachbearbeiter etc.

Auffinden relevanter Fälle

Zu b): Wenn ein neues Problem zur Lösung ansteht, muß die Fallwissensbasis dahingehend ausgewertet werden, daß relevante Fälle gefunden und bereitgestellt werden. Was einen „relevanten" Fall ausmacht, kann für ein computergestütztes System sehr schwierig zu entscheiden sein, da die Beurteilung der Relevanz stark von subjektiven Einschätzungen des Beurteilenden abhängt.

Ähnlichkeit

Naheliegend ist es, einen Fall als relevant zu betrachten, wenn er dem aktuellen Fall möglichst *ähnlich* ist. Damit sind die Schwierigkeiten aber nur verlagert, denn die Bestimmung der Ähnlichkeit ist teilweise nicht minder schwierig. Soweit numerisch quantifizierbare Merkmale vorliegen (z. B. Größe, Gewicht, Toleranz), läßt sich Ähnlichkeit noch relativ einfach messen. Wenn aber qualitative Faktoren eine Rolle spielen (z. B. „flexibel einsetzbar", „von einem Ungeübten bedienbar"), wird es schwierig, zu entscheiden, wann zwei Merkmalsausprägungen ähnlich sind.

Selbst wenn es gelingt, den ähnlichsten Fall zu finden, muß dies nicht unbedingt derjenige sein, der den besten Beitrag zur Lösung des gegenwärtigen Problems liefert. Andere Fälle, die bestimmte wichtige Teilaspekte enthalten, ansonsten aber nicht besonders ähnlich sind, können unter Umständen noch höhere Relevanz besitzen. Zum Beispiel kann die obige „Geschichte" („bei hohen Anforderungen an die Toleranz steigt der Qualitätssicherungsaufwand überproportional, wenn auf der Fertigungsanlage x gefertigt wird") für die Vorkalkulation mindestens so wichtig sein wie ähnliche Abmessungen beim gewünschten Teil.

Fall-Browser

Angesichts der Schwierigkeiten, vollautomatisch und zielsicher die relevanten Fälle auszuwählen, wäre es schon ein Fortschritt, wenn die Fallverwaltungskomponente in der Lage ist, die in Frage kommenden Fälle nach und nach einzugrenzen. Der menschliche Bearbeiter kann dann im Dialog eine Einengung der Fallmenge vornehmen, indem er Kriterien verfeinert oder weitere Merkmale heranzieht. Eine Hilfe ist auch ein „Fall-Browser", der es dem Benutzer erlaubt, sich anhand bestimmter Merkmale durch die Fallwissensbasis zu hangeln, bis er einen geeigneten Fall gefunden hat. Analoge Browsing-Konzepte wurden für PPS-Datenstrukturen bereits früher entwickelt (KURB91).

Ergebnisse des besten Falls übernehmen

Zu c): Wenn die relevanten Fälle gefunden sind oder – im Idealfall – der „beste" Fall gefunden ist, geht es darum, die Erkenntnisse auf das gegenwärtige Problem anzuwenden. Grundsätzlich sind drei Möglichkeiten denkbar (DORN92):

- Ein (bzw. der) Fall paßt so gut auf das Problem, daß die Lösung unverändert übernommen werden kann. Diese Situation kann z. B. vorliegen, wenn man in der Fallwissensbasis einen früheren Kundenauftrag für ein

Produkt gefunden hat, das dem in der gegenwärtigen Anfrage genau entspricht. Bei Einzelfertigung ist dies allerdings unwahrscheinlich.

- Die Lösung eines alten Falls wird angepaßt. Dazu müssen die relevanten Unterschiede herausgearbeitet werden. Die alte Lösung wird nach Maßgabe der Auswirkungen, die sich aus den Unterschieden ergeben, übernommen. Beispiel: Der zu fertigende Tank ist größer und braucht statt einem zwei Auslaßventile. Die Fertigungskosten erhöhen sich u. a. durch die weitere Bohrung. Lösung anpassen
- Nicht die gesamte Lösung wird übernommen, sondern nur der Lösungsweg bzw. die Lösungsstrategie. Das heißt zum Beispiel, daß nicht die Merkmale des alten Auftrags bzw. Produkts und das Kalkulationsergebnis, eventuell verändert, übernommen werden, sondern nur die grundsätzliche Vorgehensweise bei der Kalkulation. Beispiel: Wichtige Kosteneinflußfaktoren waren beim früheren Fall erstens die stark fluktuierenden Marktpreise für bestimmte Sondermaterialien und zweitens die Notwendigkeit, Präzisionsarbeiten außer Haus vornehmen zu lassen. Für die Kalkulation wurden deshalb zuerst Preisanfragen bei möglichen Materiallieferanten gestartet, vorsorglich Reservierungen beim günstigsten Lieferanten vorgenommen und das gleiche bezüglich der Auswärtsvergabe von Arbeiten durchgeführt. Diese Vorgehensweise wird für den aktuellen Fall übernommen.

Lernen

Zu d): Durch die Lösung neuer Fälle entsteht neues Wissen, sofern sie nicht mit alten Fällen völlig identisch sind. Die Wissensbasis des Systems sollte deshalb erweitert, gegebenenfalls korrigiert oder anderweitig modifiziert werden; d. h., das fallbasierte System sollte *dazulernen* (HAMM89). Das Lernen („machine learning") ist ein äußerst komplexes und schwieriges Gebiet. Im Kontext der fallbasierten Wissensverarbeitung umfaßt Lernen drei Aspekte (RIES89):

- *Neue Fälle* werden mit ihren Merkmalen verzeichnet, d. h., die Wissensbasis wird um ganze Fälle erweitert.
- *Zusätzliche Merkmale* (Kriterien) zur Beschreibung und Auswertung der Fälle, die bei einem neuen Fall erstmalig für bedeutsam erachtet wurden, werden aufgenommen.
- *Neue Abstraktionen* werden gebildet. Hier geht man davon aus, daß ein fallbasiertes System über verallgemeinerte Regeln im Sinne der o. g. „gefestigten Fälle" verfügt. Durch neue Fälle können zusätzliche (oder auch andersartige) Abstraktionen entstehen. Beispielsweise kann aus einer Falleigenschaft wie „die Revolverdrehmaschine wurde als kostengünstigste gewählt, weil Material x vorlag", wenn sie noch bei weiteren Fällen auftritt, die *Verallgemeinerung* gewonnen werden: „Wenn Material x vorliegt, ist die Revolverdrehmaschine am kostengünstigsten". Verallgemeinerung

Während die beiden ersten Formen des Lernens grundsätzlich auch automatisierbar sind, gibt es beim heutigen Stand der Kunst noch erhebliche Schwierigkeiten, sinnvolle Abstraktionen automatisch zu gewinnen.

Vorkalkulation mit fallbasierter Wissensverarbeitung

Abschließend sei das Szenario eines fallbasierten Systems, das die Vorkalkulation bei auftragsorientierter Fertigung angemessen unterstützt, wie folgt umrissen:

Durch Eingabe charakteristischer Merkmale eines neuen Kundenauftrags sucht das System frühere Aufträge, die Ähnlichkeiten aufweisen oder aus anderen Gründen relevant sind. Sofern es nicht selbst den „besten“ Fall ermitteln kann, unterstützt es den Benutzer darin, die Fallmenge einzuengen oder sie gezielt nach bestimmten Merkmalen zu durchsuchen (z. B. mittels eines leistungsfähigen Browsers).

Wenn ein „paradigmatischer Fall“ gefunden wird, bietet das System dem Benutzer Hilfestellung, die Merkmalsausprägungen zu verändern oder andere Merkmale aufzunehmen; es verfolgt die daraus resultierenden Auswirkungen und stellt eine entsprechende Neuberechnung der Selbstkosten-Kalkulation an.

Wenn es nicht den einen Fall gibt, der als Ausgangspunkt für Veränderungen dienen kann, aber vielleicht mehrere Fälle, die teilweise Ähnlichkeiten mit dem aktuellen Fall aufweisen, dann sollte es möglich sein, durch Kopieren, Löschen, Erweitern und Verändern von Teilaspekten einen neuen „Fall“ zu konstruieren. Das Schwierigste daran ist, die Merkmalsausprägungen „mitzunehmen“ und konsistent zu vereinigen. Wenn etwa bei einem Fall ein plausibler Teilarbeitsplan gefunden wird, der sich auf die Herstellung der Baugruppe x bezieht, und bei einem anderen Fall eine geeignete Erzeugnisstruktur für das Endprodukt, die aber statt x die Baugruppe y enthält, dann sind strukturelle Probleme zu überwinden. Eine Lösung könnte zum Beispiel so aussehen, daß der Sachbearbeiter unterstützt wird, in der Erzeugnisstruktur des Endprodukts auf einfache Weise y durch x zu ersetzen, indem auf die Datenbasis der PPS-Grunddaten zurückgegriffen wird. Die Materialkosten des alten Falls müßten dann von y nach x modifiziert werden, während die Fertigungskosten für x übernommen werden könnten.

Schließlich wäre von dem Idealsystem zu verlangen, daß es den neuen Fall in die Wissensbasis aufnimmt, die Merkmalsausprägungen automatisch verzeichnet und gegebenenfalls Abstraktionen bildet, die bei späteren Fällen ausgewertet oder dem Benutzer unterstützend mit angezeigt werden.

Stand der Kunst ist noch nicht soweit

Von einem derartigen Szenario ist der Stand der Kunst aber noch weit entfernt. Immerhin stellt die Angebotskalkulation einen aussichtsreichen Kandidaten für fallbasierte Wissensverarbeitung dar. Bei regelmäßiger Anwendung in einem Fertigungsunternehmen entstünde im Lauf der Zeit eine große Zahl von Fällen, die in der Wissensbasis erfaßt sind. Damit kommt ein Nachteil, der den Einsatz in manchen anderen Bereichen behindert, nicht zum Tragen: Fallbasierte Wissensverarbeitung beruht, wie der Name sagt, auf Fällen. Wenn keine ausreichend große Fallmenge existiert, ist es schwierig, zufriedenstellende Schlußfolgerungen zu erhalten.

4.5 Materialwirtschaft

Im Bereich der Materialwirtschaft unterscheiden sich die Probleme eines Auftragsfertigers von denen eines Programmfertigers zunächst darin, daß es noch keine Erzeugnisstrukturdaten für kundenspezifische Produkte gibt. Dies hat Auswirkungen auf die Beschaffungspolitik, die Lagerhaltung und vor allem die Sekundärbedarfsermittlung.

Auch bei Auftragsfertigung werden jedoch nicht alle Teile in den möglichen Erzeugnisstrukturen erst nach Auftragseingang produziert oder gar kundenspezifisch konstruiert. Vielmehr ist man bestrebt, so weit es geht Standardteile zu verwenden. Im „Idealfall" würde ein Auftragsfertiger nur standardisierte Baugruppen und Einzelteile einsetzen und diese für einen konkreten Kundenauftrag geeignet kombinieren („assemble to order"; vgl. ZÄPF96 und oben Abschnitt 4.1), sofern er nicht schon über Produktvarianten die Kundenwünsche befriedigen kann.

Streben nach Standardisierung

Das Streben nach Standardisierung hat nicht nur Kostengründe. Die vom Markt geforderten kurzen Lieferfristen wären meist nicht zu verwirklichen, wenn erst mit Vorliegen von Kundenaufträgen oder auch -anfragen mit der Produktion begonnen würde. Da andererseits die endgültigen Produktspezifikationen noch nicht bekannt sind, kann eine Lösung des Dilemmas nur in einem Zwischenbereich liegen, der die Verwendung von Standardteilen einschließt. In ZIMM89 werden beispielsweise zwei Dispositionsebenen unterschieden, die durch eine sogenannte Bevorratungsebene definiert sind:

Dispositionsebenen

- erwartungsbezogene Disposition,
- kundenauftragsbezogene Disposition.

Abbildung 4.5-1 zeigt das Prinzip anhand von zwei Erzeugnisstruktur-Darstellungen (in Anlehnung an ZIMM89). In der Festlegung der Bevorratungsebene kommt die Entscheidung zum Ausdruck, welche Teile verbrauchsorientiert (erwartungsbezogen) und welche bedarfsorientiert (kundenauftragsbezogen) disponiert werden sollen. Dies ist ähnlich wie bei Programmfertigern.

Erwartungsbezogene vs. auftragsbezogene Disposition

Während die erwartungsbezogene Disposition sich auf Standardteile bezieht, muß bei den auftragsbezogen disponierten Teilen weiter unterschieden werden: Einerseits gehören Teile dazu, die kundenspezifisch sind und erst mit den konkreten Aufträgen bekannt werden. Andererseits fallen Teile darunter, die Standardteile sind, aber wegen der Lagerhaltungskosten oder des Lagerhaltungsrisikos nur nach Bedarf gefertigt werden. Die letzteren können von den Teilen unterhalb der Bevorratungsebene beispielsweise mit Hilfe einer ABC-Analyse abgegrenzt werden. Die Dispositionsarten sind somit weiter zu differenzieren:

- *erwartungsbezogene* Disposition: geringwertige Standardteile,
- *kundenauftragsbezogene* Disposition: kundenspezifische Teile und höherwertige Standardteile.

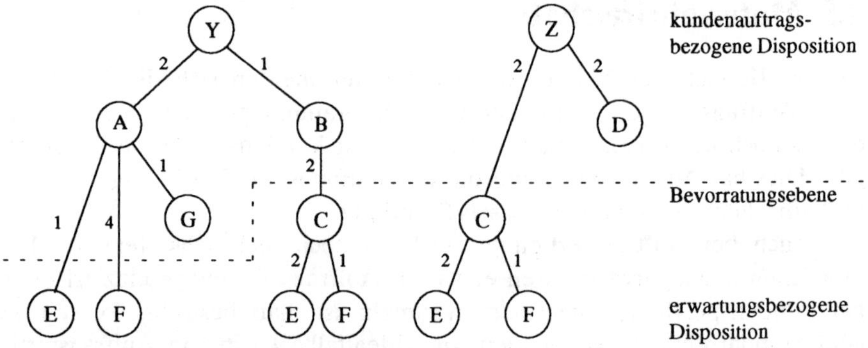

Abb. 4.5-1: Bevorratungsebene: erwartungs- und kundenauftragsbezogene Disposition

Auswirkungen auf die Lagerhaltungspolitik

Die „erwartungsbezogene" Disposition hängt, wie der Name sagt, von Erwartungen über den zukünftigen Verbrauch ab. Bei kundenauftragsorientierter Fertigung ist die Unsicherheit über den zukünftigen Verbrauch erheblich größer als bei Produktion nach Programm. Dies hat Auswirkungen auf die *Lagerhaltungspolitik*.

Zum einen sind bezüglich der Lagermengen höhere Sicherheitszuschläge erforderlich. Zum andern muß unter Umständen ein breiteres Teilespektrum am Lager geführt werden, da nicht von vornherein genau feststeht, welche Teile später gebraucht werden. Demgegenüber kennt ein Serien- oder Massenfertiger im allgemeinen das Teilespektrum recht genau und kann seine Prognosen auf mehr oder weniger regelmäßigen Verbrauchswerten der Vergangenheit aufbauen.

Trade-off zwischen Lagerhaltung und Kosten der Eilbeschaffung

Die Unsicherheit bezüglich des zukünftigen Teileverbrauchs läßt sich teilweise auch durch einen Trade-off zwischen Lagerhaltung und Kosten der Eilbeschaffung behandeln. So gibt es in manchen Branchen Spezialfirmen, die bestimmte Materialien (z. B. Sondermaterialien, die sonst lange Lieferzeiten aufweisen), vorrätig halten und sie – zu erhöhten Preisen – auch kurzfristig liefern.

Grundsätzlich werden die drei Kategorien von Teilen – geringwertige Standardteile, höherwertige Standardteile und kundenspezifische Teile – auf folgende Arten disponiert:

(1) Für *geringwertige Standardteile* (unterhalb der Bevorratungsebene) können die verbrauchsorientierten Methoden der stochastischen Bedarfsermittlung (vgl. Kapitel 3.2 und 3.3.1) und die Lagerhaltungsmodelle herangezogen werden; allerdings werden die Sicherheitsbestände aus den oben genannten Gründen höher anzusetzen sein.

(2) *Höherwertige Standardteile* werden nach den Prinzipien der bedarfsorientierten Disposition, d. h. in Abhängigkeit von Kundenaufträgen und auf dem Wege der Stücklistenauflösung, behandelt. Vorausgesetzt sei an die-

ser Stelle, daß für Standardteile Stücklisten existieren. (In mittelständischen Unternehmen ist dies keineswegs immer der Fall!)
(3) *Kundenspezifische Teile* werden in Abhängigkeit von Kundenaufträgen disponiert.

Kundenauftragsbezug bei Losbildung

Aus der Bedeutung des individuellen Kundenauftrags und dem Bedürfnis, jederzeit Informationen über den aktuellen Stand eines Kundenauftrags abrufen zu können, resultiert eine Anforderung an die Datenmodellierung, die sich bei der Produktion „anonymer" Lageraufträge nicht stellt: Wenn Einzelbedarfe, die aus verschiedenen Kundenaufträgen abgeleitet sind, zu *Fertigungslosen* (Fertigungsaufträgen) zusammengefaßt werden, muß die Information erhalten bleiben, welche Kundenaufträge mit einem Los verbunden sind.

Da aus den Losen im allgemeinen Fall über die weitere Stücklistenauflösung Sekundärbedarfe abgeleitet werden, die eventuell in andere Lose eingehen, kann sich das Problem über mehrere Fertigungs- oder Dispositionsstufen fortpflanzen. Bei den Erzeugnisstrukturen in Abbildung 4.5-1 tritt dieser Fall zum Beispiel auf, wenn für die Teile A und G Bedarfe aus verschiedenen Kundenaufträgen zu Losen zusammengefaßt werden und die Teile auch in anderen Erzeugnisstrukturen auftreten. Die Zusammenhänge müssen in jedem Fall erhalten bleiben; beispielsweise muß die Möglichkeit bestehen, zu einem Los von G diejenigen Kundenaufträge für Y (oder andere Endprodukte) zu identifizieren, welche die in dem Los zusammengefaßten Einzelbedarfe direkt oder indirekt verursachten.

Die Information über den Bedarfsverursacher ist von Bedeutung, wenn Änderungen gegenüber der Planung eintreten. Ist beispielsweise die Herstellung eines Loses von einem Maschinenausfall oder von einer kurzfristigen Umdisposition betroffen, die zu Verzögerungen führt, dann lassen sich über geeignete Beziehungstypen diejenigen Fertigungs- und Kundenaufträge auffinden, die unter den Auswirkungen zu leiden haben. Der Kundensachbearbeiter kann aufgrund dieser Information tätig werden, Ersatzmaßnahmen einleiten oder den Kunden verständigen.

Zusammenhänge zwischen Losbildung und Sekundärbedarfen

Die Zusammenhänge zwischen Losbildung und Sekundärbedarfen sind in Abbildung 4.5-2 schematisch dargestellt. Die Abbildung zeigt den allgemeinen Fall, daß Einzelbedarfe zu Losen zusammengefaßt werden, aus denen selbst wieder Sekundärbedarfe abgeleitet werden. W, X, Y und Z stehen für Teilenummern. Am Rande sei auf einen Aspekt der Losbildung hingewiesen, den die Abbildung ebenfalls deutlich macht. Wenn Bedarfe zu Losen gebündelt werden, verschieben sich die Produktionstermine nach vorn, da ein Los zu dem Termin fertiggestellt sein muß, der durch den frühesten Einzelbedarf vorgegeben ist. Damit verlängert sich die Dauer der Lagerhaltung für die anderen Bedarfe. Den erhöhten Lagerhaltungskosten stehen jedoch insgesamt niedrigere Rüstkosten gegenüber.

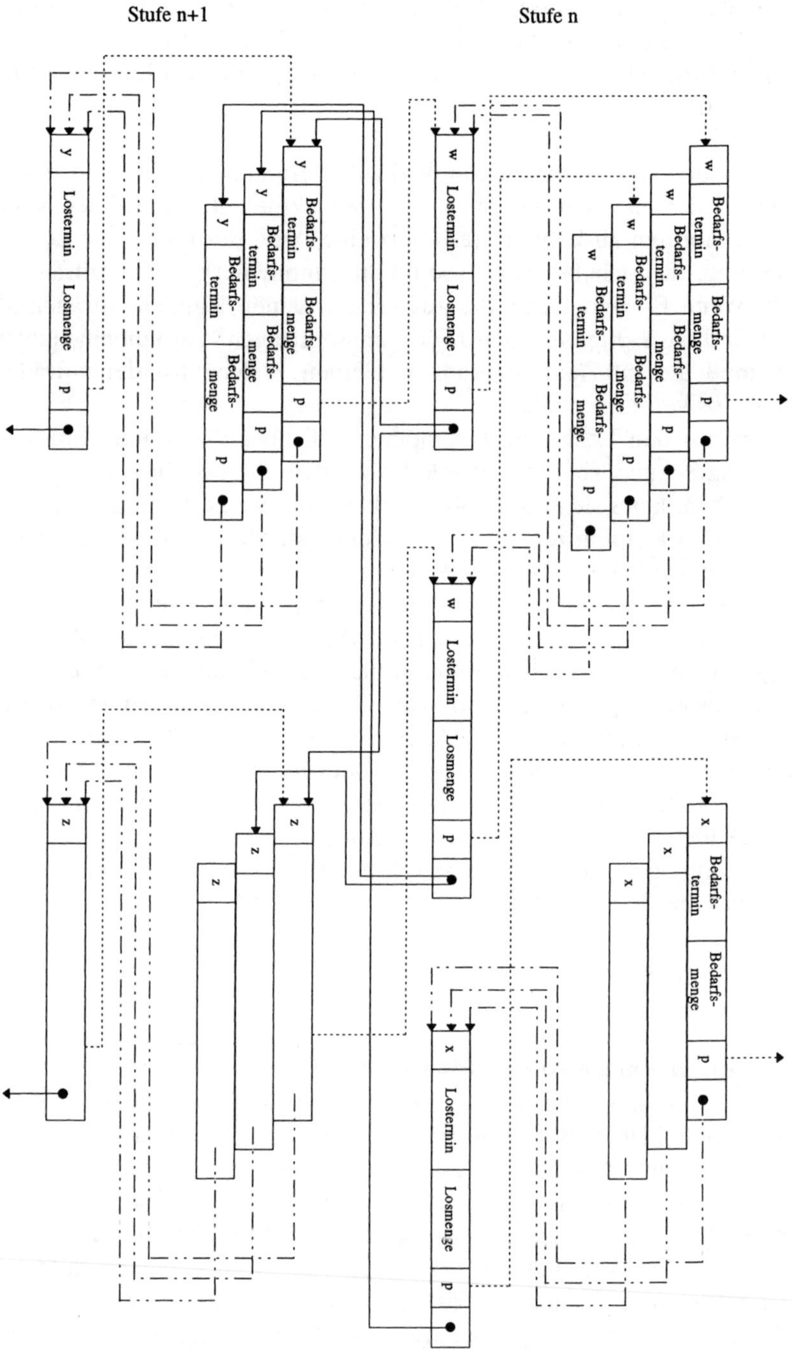

Abb. 4.5-2: Verknüpfungen zwischen Einzelbedarfen und Losen (aus KURB83)

Verbindungen zwischen den Losen und Bedarfen sind in der Abbildung durch Linien skizziert. Aus Gründen der Übersichtlichkeit wurden nur die Verbindungen „von oben nach unten" vollständig eingezeichnet. In der umgekehrten Richtung sind die Zeiger dagegen nur teilweise aufgeführt und statt dessen mit dem Buchstaben p angedeutet. Beispielsweise führt von den drei Einzelbedarfen des Teils y nur ein Pfeil zu dem Los w. Bei einer vollständigen Darstellung würden drei Pfeile auf Lose höherer Stufen zeigen.

Abbildung im Datenmodell

Im Datenmodell müssen die Verbindungen durch geeignete Beziehungstypen abgebildet werden. Die Zusammenhänge sind grundsätzlich die gleichen wie bereits in Kapitel 3.3 dargestellt. Die Beziehungen zwischen den Losen (Fertigungsaufträgen) und den abgeleiteten Bedarfen wurden in Abbildung 3.3-11 wiedergegeben. Sie werden über den Beziehungstyp „Auflösung" hergestellt. In der Abbildung können durchgängig die Verbindungen von einer Kundenauftragsposition bis zum einzelnen Fertigungsauftrag auf einer tiefen Stufe und umgekehrt verfolgt werden. Zur Gewährleistung des *Kundenauftragsbezugs* gibt es somit zwei Möglichkeiten:

Herstellung des Kundenauftragsbezugs

Prozedural

Erstens kann die Verfolgung durch Auswertung der Beziehungstypen *prozedural* erfolgen. Wenn etwa aufgrund eines Maschinenausfalls ermittelt werden soll, welche Kunden(auftragspositionen) davon letztlich betroffen sind, dann läßt sich der Weg durch das Entity-Relationship-Diagramm der Abbildung 3.3-11 verfolgen. Vom Entity-Typ „Fertigungsauftrag" gelangt man über den Pfad „Auftrag", „Nettobedarf", „Bruttobedarf" zu den Sekundärbedarfen, die in dem Fertigungsauftrag zusammengefaßt sind (im allgemeinen Fall), von dort über den Beziehungstyp „Auflösung" zu dem Fertigungsauftrag der nächsthöheren Stufe etc., bis irgendwann der erreichte Bruttobedarf ein Primärbedarf ist, dem eine Kundenauftragsposition zugeordnet ist. Der Nachteil dieser Vorgehensweise liegt in der Performance. Der Weg kann recht aufwendig sein, wenn große Datenmengen durchlaufen werden müssen.

Fremdschlüssel

Als zweite Möglichkeit, den Bezug zum Kundenauftrag herzustellen, wird deshalb oft der Weg gewählt, die Nummer des Kundenauftrags bzw. der Auftragsposition explizit als *Fremdschlüssel* bei allen betroffenen Entity-Typen mitzuführen. In der relationalen Darstellung sähe dies folgendermaßen aus:

Kundenauftragsposition (KA-Nr, Pos-Nr, ...),
Bruttobedarf (..., KA-Nr, Pos-Nr, ...),
Nettobedarf (..., KA-Nr, Pos-Nr, ...),
Auftrag (..., KA-Nr, Pos-Nr, ...).

Da „Bruttobedarf" ein generalisierender Entity-Typ ist, würden die entsprechenden Attribute auf die Spezialisierungen „Sekundärbedarf" und

„Primärbedarf" vererbt. Das gleiche gilt für „Auftrag" und „Fertigungsauftrag".

Anomalien

Unter dem Gesichtspunkt der Datenmodellierung können Fremdschlüssel Probleme bei Änderungen in der Datenbank bereiten. Es treten sogenannte „Anomalien" auf, wenn nicht sorgfältig alle einzelnen Abhängigkeiten berücksichtigt werden (SCHL83).

Reservierungen

Reservierung von Lagerbeständen

Bei Auftragsfertigung spielt die Reservierung von Lagerbeständen im Rahmen der Bedarfsermittlung eine noch wichtigere Rolle als bei Produktion nach Programm. Die Bedeutung kommt daher, daß alles getan werden muß, damit die ordnungsgemäße und termingerechte Durchführung und Fertigstellung der Kundenaufträge gewährleistet ist. Dazu gehört auch die frühzeitige Überprüfung und Sicherstellung der Materialverfügbarkeit. Die Reservierung bezieht sich häufig nicht nur auf den physisch am Lager vorhandenen Bestand (physischer Lagerbestand), sondern auf Bestand, der im Zeitablauf durch Produktions- oder Beschaffungsaufträge erwartet wird (dispositiver Lagerbestand).

Materialverfügbarkeit

Frühzeitige Reservierung

Grundsätzlich werden bei Auftragsfertigung die Reservierungen schon recht früh vorgenommen. Manchmal verlangt die Orientierung am Kunden sogar, daß Material vorsichtshalber schon bei einer Kundenanfrage oder bei der Angebotsabgabe reserviert wird, damit es bei Auftragserteilung später nicht zu Engpässen kommt und frühere Zusicherungen gefährdet werden. Die Notwendigkeit kann sich zum Beispiel ergeben, wenn Fremdmaterialien lange Lieferzeiten oder eigengefertigte Teile lange Durchlaufzeiten aufweisen. Prophylaktische Reservierungen werden unter Umständen nicht nur im eigenen Hause, sondern auch bereits bei Zulieferern vorgenommen.

4.6 Zeitwirtschaft und Fertigungssteuerung

Die isolierte Betrachtung der Primärbedarfs-, Termin- und Kapazitätsplanung, die den konventionellen PPS-Systemen zugrundeliegt, ist problematisch, da Abhängigkeiten und Wechselwirkungen zwischen den Teilgebieten bestehen. Bei den spezifischen Anforderungen der auftragsorientierten Fertigung wäre eine Trennung noch weniger zu rechtfertigen.

Primärbedarfs-, Termin- und Kapazitätsplanung müssen zusammen durchgeführt werden

Der Primärbedarf ergibt sich im wesentlichen aus den Kundenaufträgen. Die Annahme eines Kundenauftrags ist in der Regel mit Terminaussagen (bzw. -zusagen) verbunden. Diese können abgesichert nur dann getroffen werden, wenn bereits bei der Anfrage, Angebotserteilung oder Auftragsannahme die kapazitätsmäßige Realisierbarkeit des Auftrags geprüft wurde. Primärbedarfs-, Termin- und Kapazitätsplanung müssen bei

Auftragsfertigung deshalb, zumindest in grober Form, zusammen und bereits bei der Anfrage- oder Angebotsbearbeitung durchgeführt werden. In diesem Sinne wurde bei den Ausführungen über Primärbedarfsplanung in Kapitel 4.4.2 verfahren.

Der simultanen Planung von Primärbedarfen, Terminen und Kapazitätsbelegungen sind allerdings Grenzen gesetzt. Bezüglich der gleichzeitigen Berücksichtigung der Aufträge müssen zwei Fälle unterschieden werden:

(1) Der *einzelne* Kundenauftrag läßt sich in der Angebotsphase grundsätzlich unter Berücksichtigung der Kapazitätssituation terminieren, falls die erforderlichen Grunddaten (Erzeugnisstrukturen, Arbeitspläne mit Zeitdaten) vorhanden oder Schätzungen möglich sind. Auf diese Weise könnte der zusätzliche Auftrag in die Termin- und Maschinenbelegungspläne aufgenommen werden, d. h., die Pläne würden inkrementell erweitert. Aus der Sicht der produktionswirtschaftlichen Ziele wäre aber keineswegs gewährleistet, daß die so entstehenden bzw. sich verändernden Pläne sinnvoll (oder gar „optimal“) sind. Es könnten sich zufällig auch höchst ungünstige Konstellationen ergeben.

(2) Die gleichzeitige Behandlung (Terminplanung und Einlastung auf Kapazitätseinheiten) *aller* Aufträge in einem Betrachtungszeitraum ist grundsätzlich wünschenswert, aber nicht realisierbar, da die Kundenaufträge nicht gleichzeitig anfallen. Gegen eine simultane Detailplanung spricht auch, daß im allgemeinen Fall die erforderlichen Grunddaten zum Zeitpunkt der Angebotsbearbeitung noch nicht verfügbar sind. Darüber hinaus scheitern Simultanplanungsmodelle meist am Problem der Rechenbarkeit und der Datenbereitstellung.

Kompromiß zwischen simultaner und isolierter Planung

Der praktische Kompromiß zwischen simultaner Primärbedarfs-, Termin- und Kapazitätsplanung für alle Aufträge und der isolierten Behandlung des einzelnen Auftrags kann etwa wie folgt aussehen:

- Zum Zeitpunkt der Entstehung des Primärbedarfs erfolgt eine grobe Terminierung des einzelnen Auftrags mit evtl. geschätzten Durchlaufzeiten unter Berücksichtigung grober Kapazitätsbelegungen.
- Wenn sich die Zeitannahmen konkretisieren (d. h., wenn beispielsweise die Arbeitspläne erstellt sind), werden die geschätzten Grobtermine durch genauere Ecktermine für die einzelnen Fertigungsaufträge ersetzt.
- Mit den Eckterminen werden die Fertigungsaufträge auf die jeweiligen Betriebsmittelgruppen (oder Einzelbetriebsmittel, Arbeitsplätze) eingeplant. Wenn sich ungleichmäßige Kapazitätsbelastungen ergeben, wird eine Glättung durch zeitliche Verlagerung von Aufträgen (bzw. genauer von Arbeitsgängen) herbeigeführt. Theoretisch gesehen sollte diese grundsätzlich möglich sein, da Kapazitätsaspekte bei der Primärbedarfsplanung berücksichtigt wurden; d. h., eine durchgehende Überlastung in allen Perioden sollte unwahrscheinlich sein. Praktisch stellt sich jedoch das Pro-

blem, daß die Planungsdaten nicht deterministisch sind und Veränderungen meist Kapazitätswirkungen haben.

Simultane Maschinenbelegungsplanung für alle Arbeitsgänge

- Wenn eine kapazitativ realisierbare Terminplanung vorliegt, erfolgt die Verfeinerung in Form der Maschinenbelegungsplanung. Hierbei werden alle Arbeitsgänge, die in einen bestimmten Zeitraum fallen, gleichzeitig berücksichtigt. Nun können vorteilhafte Auftragsreihenfolgen gebildet werden. Unter Umständen sind sogar Optimierungen möglich.

Die Ausführungen machen deutlich, daß bei der auftragsorientierten Produktion die klassische Unterteilung in Durchlaufterminierung, Kapazitätsplanung und Feinterminierung, wie sie in Kapitel 3 behandelt wurde, nur bedingt aufrechterhalten bleiben kann. Zumindest sind die Inhalte unterschiedlich zu interpretieren: Die Kapazitätsplanung erfolgt zum Teil bereits mit der Primärbedarfsplanung zusammen. Wenn eine Grobterminierung – im Sinne einer Durchlaufterminierung – durchgeführt wird, dann ist der Hauptgrund der, daß die genauen Zeitdaten (Arbeitspläne) noch nicht bekannt sind. Sonst könnten Grobterminierung und Feinterminierung zusammenfallen.

Auswirkungen der Unsicherheit

In diesem Zusammenhang soll nochmals auf die Auswirkungen der *Unsicherheit* hingewiesen werden, die bei Auftragsfertigern erheblich höher als bei Programmfertigern ist. Einerseits sind die Annahmen über die Grunddaten unsicher. Die für ein noch „unbekanntes" Teil benötigten Materialen, Bearbeitungszeiten etc. müssen geschätzt werden. Die (vielleicht) erstellten Arbeitspläne können Fehler enthalten. Grundsätzlich resultiert daraus Änderungsbedarf, der auch Kapazitätswirkungen hat. Andererseits ergeben sich Änderungen daraus, daß zusätzliche Aufträge entgegengenommen wurden, obwohl keine Plankapazität mehr vorhanden war.

Für die Kapazitätsdisposition bedeutet dies etwa, daß ein Ausgleich allein durch zeitliche Verlagerungen eventuell nicht möglich ist und Anpassungsmaßnahmen anderer Art erforderlich werden. In der Feinterminierung ist die Wahrscheinlichkeit sehr groß, daß aufgrund der Unsicherheiten häufiges Umplanen unvermeidbar ist. Flexible computergestützte Werkzeuge sind deshalb unbedingt erforderlich.

Die Darstellung der Beziehungen zwischen Kapazitäts- und Terminplanung wird in Kapitel 5.1 in Zusammenhang mit den „elektronischen Leitständen" nochmals aufgegriffen.

Auftragsfreigabe

Die Auftragsfreigabe spielt in Unternehmen, die kundenauftragsbezogen arbeiten, teilweise eine andere Rolle als in Unternehmen, die für den anonymen Markt produzieren. Während bei den letzteren erst mit der Freigabe ein Produktionsvorhaben definitiv in Auftrag gegeben wird, fällt bei den ersteren dieser Beschluß schon viel früher.

Bereits durch die Angebotserstellung oder die Auftragsannahme ist ein starker Druck da, den Kundenauftrag wie vorgesehen auch durchzuführen. Spätestens nach erfolgter Konstruktion laufen alle Aktivitäten darauf hinaus, zielgerichtet den Auftrag abzuwickeln. Die Erstellung der Arbeitspapiere erfolgt häufig nicht in einem gesonderten und relativ späten Schritt „Auftragsfreigabe". Oft werden sie schon mit der Kalkulation bei der Angebotsplanung angefertigt und bei Auftragserteilung in Umlauf gebracht. Oben wurde auf die frühzeitigen Materialreservierungen oder auch auftragsbezogenen Bestellungen schon in der Angebots- oder Anfragephase hingewiesen. Die „Verfügbarkeitsprüfung" ist deshalb mit geringerer Unsicherheit behaftet als bei Programmfertigern, die nach wesentlich pauschaleren Produktionsplänen vorgehen. Unsicherheit kann sich jedoch aus Änderungswünschen des Kunden ergeben, ein bei Auftragsfertigern nicht ungewöhnlicher Vorgang.

Verhältnisse bei Auftragsfertigern sind sehr unterschiedlich

Die Anforderungen der kundenauftragsbezogenen Fertigung wurden in diesem Kapitel unter dem Aspekt vorgestellt, mögliche und teilweise auch praktisch realisierte Lösungsansätze aufzuzeigen. Zur Relativierung der „theoretischen" Sicht sei abschließend darauf hingewiesen, daß in der Praxis die Verhältnisse bei Auftragsfertigern erstens sehr unterschiedlich und zweitens oft stark von Vorgehensweisen geprägt sind, die auf praktischer Erfahrung, Intuition und Ad-hoc-Lösungen basieren. Dies gilt insbesondere für Klein- und Mittelbetriebe.

Auftrag wird zum „Selbstläufer"

Ein Beispiel aus einem dem Autor bekannten Unternehmen der metallverarbeitenden Industrie mit ca. 300 Mitarbeitern mag die Situation veranschaulichen. In dem konkreten Unternehmen wird bei der Angebotsbearbeitung die Kalkulation durchgeführt und gleichzeitig der Arbeitsplan erstellt, der jedoch keine Betriebsmittelangaben enthält. Eine Terminierung erfolgt nur für den ersten Arbeitsgang des Auftrags (genauer des Fertigungsauftrags, der dem Kundenauftrag auf der höchsten Stufe entspricht); d. h., für den ersten Arbeitsgang wird ein Starttermin festgelegt. Der Auftrag geht dann in die Produktion und wird gewissermaßen zum „Selbstläufer". Von diesem Zeitpunkt ab fehlt dem Unternehmen jeder Überblick über den Stand des Auftrags. Er wird zwar irgendwann fertiggestellt; niemand in dem Unternehmen kann aber genau sagen, wann dies sein wird, da es eine große Zahl von Aufträgen gibt. Als Folge sind Überschreitungen der zugesagten Liefertermine die Regel.

Das Beispiel beschreibt nicht einmal einen besonders krassen Fall. Das Unternehmen ist sogar gegenüber anderen relativ fortschrittlich, da es immerhin eine Kalkulation durchführt und Arbeitspläne erstellt!

5. Dezentralisierung

Ein gewisser Trend zur Abkehr von der zentralen Produktionsplanung und -steuerung, wie sie die früheren PPS-Systeme voraussetzten, wurde im wesentlichen durch zwei Entwicklungen gefördert. Zum einen waren es die neuen informationstechnischen Möglichkeiten, zum anderen ein Wandel in den Organisationsparadigmen, die eine Tendenz zur Dezentralisierung einleiteten. In diesem Kapitel werden die wichtigsten Konsequenzen für die Produktionsplanung und -steuerung behandelt.

5.1 Fertigungssteuerung mit elektronischen Leitständen

Einstieg in die Dezentralisierung

Mit den Fortschritten im Hardware- und Softwarebereich, z. B. bei lokalen Netzen und grafischen Benutzeroberflächen, boten sich erstmals die technischen Möglichkeiten, Teilaufgaben der Produktionsplanung und -steuerung aus den monolithischen, zentralistischen PPS-Systemen herauszulösen und auf eigenen Rechnersystemen dezentral (und besser) zu bearbeiten. Den sichtbaren Einstieg in die Dezentralisierung stellten die elektronischen Leitstände dar. Die Tendenz setzte sich auf anderen Teilgebieten der Produktionsplanung und -steuerung fort.

Instanz in der Aufbauorganisation

Das Prinzip der sogenannten „elektronischen“ oder „grafischen Leitstände“ geht auf eine Organisationsform zurück, die schon praktiziert wurde, bevor Computer in die Planung und Steuerung einzogen, nämlich den *Fertigungsleitstand.* Darunter versteht man eine organisatorische Instanz in der Aufbauorganisation, welche für die Fertigungssteuerung, insbesondere unter terminlichen Gesichtspunkten, und die Fortschrittskontrolle in einem Produktionsunternehmen zuständig ist.

Aufgaben eines Leitstands

Wichtige Aufgaben eines Leitstands sind die Einplanung der Fertigungsarbeitsgänge auf den Betriebsmitteln und Arbeitsplätzen, die Entgegennahme und Behandlung von Rückmeldungen aus der Produktion (z. B. über Beginn, Ende, Störung von Arbeitsgängen), die Verfolgung des Auftragsfortschritts, die Beantwortung von Anfragen bezüglich des Auftragsstands u. v. a. Diese Aufgaben werden um so besser bewältigt, je zuverlässiger die Informationen sind, die am Leitstand zur Verfügung stehen.

Plantafel

Zentrales Hilfsmittel für die Planung, Steuerung und Kontrolle ist die *Plantafel.* Ein konventioneller Fertigungsleitstand ist optisch meist daran zu erkennen, daß an der Wand eine oder mehrere Plantafeln hängen und eine Sprechanlage existiert, über die die Kommunikation mit den Fertigungsbereichen abgewickelt wird. Eine Plantafel kann z. B. vertikal nach

Betriebsmittelgruppen, Einzelbetriebsmitteln und anderen Arbeitsplätzen gegliedert sein, während die Horizontale der Zeitachse entspricht, so daß eine tabellenähnliche Struktur vorliegt.

Stecktafel

Häufig sind die Plantafeln als *Stecktafeln* aufgebaut. In den Zeilen der Tafel können Belege (z. B. Laufkarten, Fertigungsauftragspapiere oder andere Dokumente) eingesteckt und dem Fertigungsfortschritt gemäß weiterbewegt werden. Die Plantafel realisiert damit eine Darstellungsform ähnlich einem Gantt-Diagramm. Die physische Ausdehnung ist entsprechend groß. Sie kann schnell 5, 10 oder 15 Quadratmeter erreichen. In SCHL90 ist beispielsweise eine Plantafel von 5 m Länge abgebildet.

Mehrere Plantafeln

Wenn nicht alle Informationen in einer einzigen Plantafel, sondern in mehreren geführt werden, kann die Verteilung nach unterschiedlichen Kriterien erfolgen, z. B. nach Fertigungsbereichen oder nach dem Detaillierungsgrad der Planung. In einem konkreten Anwendungsfall (SCHL90) wird eine Zweiteilung beschrieben, bei der man die feingeplanten Aufträge zunächst in die eine Tafel steckt und sie dann in die andere übernimmt, wenn der erste Arbeitsgang konkret veranlaßt wird.

Transparenz

Die Organisationsform des Fertigungsleitstands schafft grundsätzlich mehr Transparenz in der Produktion. Die Visualisierung in Form der Plantafel kann die Übersicht über die Fertigungssituation erheblich verbessern, sofern es gelingt, die Plantafel ständig aktuell zu halten.

Schwachstellen der konventionellen Fertigungsleitstände

Hier liegen jedoch auch die *Schwachstellen* der konventionellen Fertigungsleitstände:

- Angesichts des großen Datenvolumens – in manchen Betrieben befinden sich mehrere hundert oder tausend Arbeitsgänge gleichzeitig in der Fertigung – kann es sehr schwierig werden, stets den aktuellen Stand nachzuhalten und in der Tafel durch Umstecken etc. zu berücksichtigen.
- Die Auswirkung einer Störung oder Umdisposition sind nicht unmittelbar zu erkennen. Wenn etwa ein Arbeitsgang, der in einem Fertigungsauftragsnetz steht, aufgrund einer Störung verschoben werden muß, dürfen unter Umständen andere Arbeitsgänge des Netzes nicht unverändert in der Plantafel gesteckt bleiben. Die inhaltlichen Zusammenhänge muß der Fertigungssteuerer kennen oder mühsam „von Hand" überprüfen, um die Konsistenz des Plans erhalten zu können.
- Als Planungsinstrument ist die Stecktafel nur bedingt von Nutzen. Soll etwa ein Auftrag unter Berücksichtigung aller Interdependenzen probeweise einplant werden, müssen Karten o. ä. von Hand gesteckt, wieder entfernt, neu gesteckt werden etc. Die Simulation alternativer Betriebsmittel-Belegungspläne ist auf diese Weise kaum durchführbar.

Elektronische Leitstände

Das Prinzip des Fertigungsleitstands, repräsentiert durch die Plantafel, beeinflußte sehr stark die Entstehung der heutigen *elektronischen Leitstände.* Hier lassen sich zwei zeitlich parallele Entwicklungslinien ausmachen, einmal in der praxisnahen Hochschulforschung und zum anderen in fortschrittlichen Unternehmen der Softwarebranche.

Im Hochschulbereich, insbesondere in der Wirtschaftsinformatik, waren die Entwicklungen nicht zuletzt durch das Aufkommen innovativer grafischer Benutzeroberflächen in der ersten Hälfte der achtziger Jahre motiviert. Dies führte zu Anstrengungen, die technischen Möglichkeiten auch für die betriebliche Datenverarbeitung nutzbar zu machen, in der großrechnerorientierte PPS-Systeme und alphanumerische, spröde Benutzeroberflächen das Bild prägten. Wegweisende Arbeiten wurden etwa in einem von der Deutschen Forschungsgemeinschaft (DFG) ab Ende 1984 geförderten Schwerpunktprogramm geleistet, das sich unter anderem der Dialogisierung betriebswirtschaftlicher Informations- und Steuerungssysteme annahm (KURB89a). In diesem Programm entstanden Konzepte für die Fertigungssteuerung mit grafischen Hilfsmitteln und erste Prototypen der elektronischen Leitstände *L1* (KURB88b) und *FI-2* (IDSoJ). Auch an anderen Stellen, z. B. an der Gesamthochschule Kassel, wurde das Leitstandskonzept verfolgt (GEIT88).

Wirtschaftsinformatik

Deutsche Forschungsgemeinschaft (DFG)

Parallel dazu entstanden in der Praxis, vor allem in Softwarehäusern, die im PPS-Bereich tätig sind, grafische oder grafisch orientierte Systeme, die die PPS-Systeme „nach unten" ergänzen sollten. Wie bereits früher erwähnt, nimmt die Unterstützung durch die konventionellen PPS-Systeme immer mehr ab, je näher die Realisierung der Grobpläne rückt. Für die kurzfristige Feinplanung und Fertigungssteuerung bestand somit ein Abdeckungsdefizit. Als eines der ersten Leitstandsysteme kam ca. 1986 der „CIM-Leitstand" der Firma AHP – meist kurz als „AHP-Leitstand" bezeichnet – auf den Markt (HAVE90). Obwohl ab 1988/89 ein wahrer Boom einsetzte, blieb der AHP-Leitstand lange Zeit Marktführer unter den Leitstandsystemen.

Softwarehäuser

AHP-Leitstand

Die Aufgaben, die von einem elektronischen Leitstand übernommen werden können, lassen sich grob den folgenden Bereichen zuordnen:

- Betriebsmittelbelegungsplanung (Maschinenbelegungsplanung) mit Hilfe der auf dem Bildschirm dargestellten elektronischen Plantafel,
- Kapazitätsdisposition mit Hilfe von Kapazitätsbelastungsprofilen (z. B. in Form von Kapazitätsgebirgen),
- Auftragsfreigabe, eventuell verbunden mit der Belegerstellung,
- Fertigungsüberwachung, insbesondere Behandlung von Rückmeldungen und Auftragsfortschrittskontrolle.

Aufgaben eines elektronischen Leitstands

Teilweise überlappt sich die Funktionalität von Leitstand- und PPS-Systemen. Deshalb sind organisatorische Regelungen erforderlich, die das Miteinander regeln. Wir gehen darauf weiter unten ein. Für die grundsätzliche Darstellung der Aufgaben eines elektronischen Leitstands sei zunächst die folgende, idealisierte Arbeitsteilung angenommen:

Arbeitsteilung

- Das PPS-System führt die Grobplanung durch, erzeugt insbesondere die Fertigungsaufträge und -arbeitsgänge und versieht diese auf dem Wege der Durchlaufterminierung mit Eckterminen.
- Der so entstehende Vorrat an Arbeitsgängen für einen Feinplanungszeitraum (Arbeitsvorrat) wird an den Leitstand übergeben und dort weiter behandelt. Insbesondere finden im Leitstand die Belegungsplanung für die Betriebsmittel, die Kurzfristplanung für die Arbeitsgänge, die Behandlung von Störungen und Planabweichungen sowie die Fortschrittskontrolle statt.
- Rückmeldungen (z. B. über die Fertigstellung von Aufträgen oder Arbeitsgängen) gehen vom Leitstand an das PPS-System zurück, das auf diese Weise seine Pläne aktualisieren kann.

Planungsfrequenz

Der unterschiedliche zeitliche Horizont und der Detaillierungsgrad der Planung im Leitstand bzw. PPS-System schlagen sich auch in der Planungsfrequenz nieder. In einer empirischen Studie bezüglich ca. 300 im Einsatz befindlicher Leitstände wurde beispielsweise ermittelt, daß das PPS-System in 45% der Fälle einmal pro Tag und in weiteren 51% alle zwei bis fünf Tage im Stapelbetrieb gestartet wurde. Die Planungshäufigkeit im Leitstand betrug ein Vielfaches davon: In 60% der Fälle wurde einmal, in 40% sogar mehrmals pro Schicht oder pro Tag ein Neuaufwurf durchgeführt (KÖHL90).

„Fertigungsleitstand“ versus „Fertigungsleitsystem“

Abschließend soll noch eine terminologische Klarstellung gegeben werden: Neben dem Begriff (elektronischer oder grafischer) „Fertigungsleitstand“ stößt man auch auf den ähnlichen Begriff „Fertigungsleitsystem“. Wenngleich manche Autoren beide synonym verwenden, bezeichnen sie doch zumindest teilweise recht unterschiedliche Dinge. Der zweite Begriff stammt aus der Fertigungsleittechnik und umfaßt insbesondere Funktionen zur Prozeßsteuerung und -überwachung bei automatisierten Fertigungssystemen, manchmal auch die Lager- und Transportsteuerung für automatisierte Systeme. Das Fertigungsleitsystem weist über die technische Steuerung hinaus jedoch auch Funktionen wie ein Leitstand auf (z. B. Terminierungs-, Kapazitätsfunktionen). Zur Unterscheidung des Fertigungsleitsystems vom Fertigungsleitstand spricht man gelegentlich auch vom „technischen Leitstand“ im Unterschied zum „dispositiven Leitstand“ oder „Auftragsleitstand“ wie oben beschrieben (GEIT88).

Dedizierte Systeme

Elektronische Leitstände sind in der Regel als dedizierte Systeme ausgelegt, die auf eigenen Rechnern laufen. Meist sind dies Workstations, die unter Unix oder MS Windows betrieben werden. Die Kopplung zwischen Leitstand und PPS-System erfolgt über eine geeignete Netzanbindung. Die technische Seite der elektronischen Leitstände wird weiter unten genauer behandelt.

5.1.1 Kapazitätsdisposition

Die Kapazitätsdisposition wurde bereits im Rahmen der PPS-Funktionen in den Kapiteln 3 und 4 behandelt. Sie wird in Theorie und Praxis zwar seit jeher zur Produktionsplanung und -steuerung gerechnet; eine befriedigende Behandlung oder gar Lösung der Planungsprobleme durch die PPS-Systeme konnte jedoch nur in einfach gelagerten Fällen erreicht werden. Meist scheiterte sie an der Komplexität der Daten- und Ablaufstrukturen. Dies gilt vor allem für algorithmische Ansätze, die einen automatischen Kapazitätsabgleich versuchten. In den Leitstandsystemen geht man deshalb einen anderen Weg.

Komplexität der Daten- und Ablaufstrukturen

Daß die klassische PPS-Domäne Kapazitätsdisposition überhaupt in den dedizierten Leitstandsystemen anzutreffen ist, hat mehrere Gründe. Insbesondere liegt es daran, daß eine Kapazitätsplanung in vielen Fällen unabdingbar ist, will man nicht von vornherein die Kurzfristplanung vor unlösbare Aufgaben stellen. Eine detaillierte Maschinenbelegungsplanung mit Hilfe der elektronischen Plantafel macht zum Beispiel wenig Sinn, wenn von vornherein feststeht, daß aufgrund ungünstiger Konstellationen von Kapazitätsbedarf und -angebot eine zulässige Lösung ohnehin nicht erreicht werden kann!

Außerdem gibt es heute bessere technische Möglichkeiten, die auch das Problem der Kapazitätsdisposition der Computerunterstützung zugänglich machen. Dies gilt insbesondere, wenn man den früher verfolgten Anspruch der vollautomatischen Lösung (oder gar Optimierung) aufgibt und statt dessen den menschlichen Sachverstand in den Lösungsprozeß einbindet. Ein realisierbarer Kapazitätsplan entsteht dann nicht durch einen fest vorgegebenen Algorithmus, sondern durch Interaktion zwischen Fertigungssteuerer und System.

Interaktion zwischen Fertigungssteuerer und System

Die Unterstützung des Fertigungsdisponenten durch ein Leitstandsystem hat zwei Aspekte. Zum einen werden Planungsdaten und -zustände optisch angezeigt; zum andern können Planungsentscheidungen über kapazitätswirksame Maßnahmen am Bildschirm getroffen und in ihren Auswirkungen visualisiert werden. Wir behandeln die beiden Gesichtspunkte nacheinander.

Kapazitätsgebirge

Als grafische Darstellungsform für die Kapazitätssituation kommen sogenannte Kapazitätsgebirge zum Einsatz, wie sie bereits bei den einschlägigen Grafiken in Kapitel 3 verwendet wurden. Es handelt sich um Säulendiagramme, welche die Kapazitätsbelastung einer Betriebsmittelgruppe, eines Einzelbetriebsmittels oder einer anderen kapazitativen Einheit wiedergeben. Durch geeignete Aggregation in den Datenstrukturen können grundsätzlich beliebige Organisationseinheiten bezüglich ihrer Kapazitäten zusammengefaßt werden. Legt man etwa das Datenmodell aus Kapitel 2.2 (Abbildung 2.2-26) zugrunde, so ließen sich Kapazitätsgebirge auch für Betriebsmittelgruppen auf mehreren hierarchischen Stufen erzeugen.

Bei der interaktiven Kapazitätsdisposition kann es zweckmäßig sein, daß der Fertigungssteuerer zunächst die Belastung von kritischen Kapazitätseinheiten plant. Oft sind es z. B. teure Spezialmaschinen, die zu Engpässen werden. Dem erfahrenen Disponenten sind die kapazitätskritischen Betriebsmittel häufig bekannt, so daß es sich anbietet, mit der Disposition dort zu beginnen.

Abbildung 5.1-1 zeigt eine Bildschirmdarstellung des Kapazitätsgebirges für eine Betriebsmittelgruppe. Auf der vertikalen Achse ist die Kapazität pro Zeiteinheit (gemessen in Stunden), auf der horizontalen Achse der Zeitstrahl aufgetragen. Die Zeiteinheit beträgt in dieser Abbildung einen Tag.

Die geblockt wirkende Struktur des Gebirges rührt daher, daß die verfügbare Kapazität pro Zeiteinheit exakt (hier: tagesgenau) ausgewiesen und in den durchgezogenen Linien angezeigt wird. Da im Beispiel an den Wochenenden nicht gearbeitet wird, folgt nach fünf senkrechten Säulen

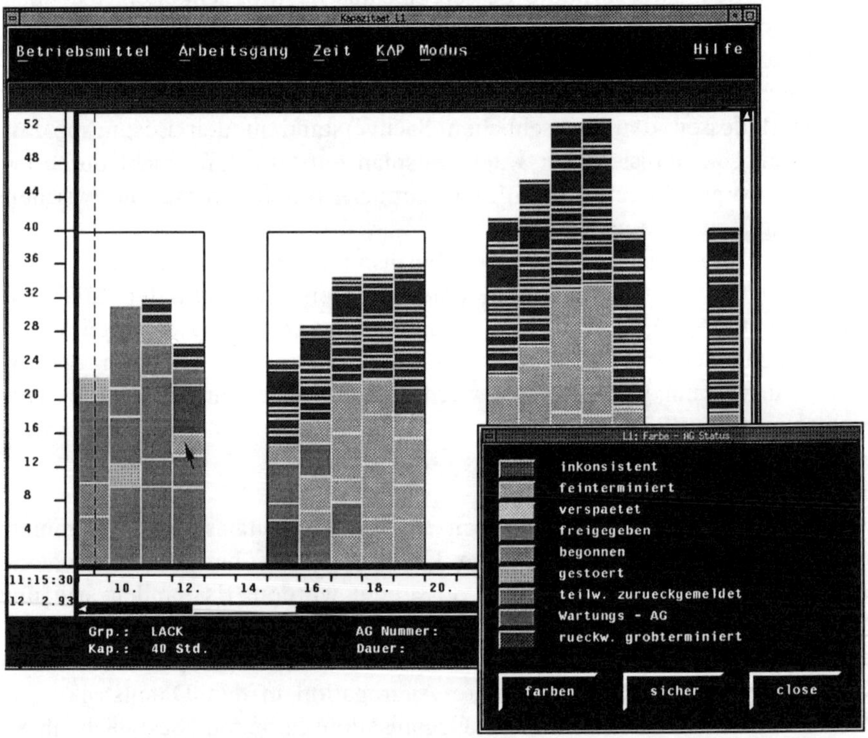

Abb. 5.1-1: Kapazitätsgebirge in einem elektronischen Leitstand

jeweils ein Einschnitt mit Kapazität null. Die verfügbare Kapazität braucht nicht unbedingt jeden Tag gleich zu sein.

Statusinformationen durch Farben

Die Säulen des Gebirges zeigen, wie in den Abbildungen des Kapitels 3.4.3, den Kapazitätsbedarf an, der durch die Arbeitsgänge der Fertigungsaufträge verursacht wird. Die unterschiedlichen Zustände der Arbeitsgänge werden in einem Leitstand meist durch *Farben* zum Ausdruck gebracht. Solche Statusinformationen sind etwa „feinterminiert", „freigegeben", „begonnen", „gestört" u. a. (Für die Schwarz-weiß-Darstellung in diesem Buch wurden Bildschirmabzüge erzeugt, in denen die Farben in unterschiedliche Muster umgesetzt wurden.)

Beschränkte Bildschirmgröße

Ein erhebliches Problem bei den elektronischen Leitständen ist die Diskrepanz zwischen der Fülle an Informationen, die mit den Objekten der Fertigungssteuerung verbunden sind, und der beschränkten Größe eines Bildschirms. Obwohl die Leitstandsysteme meist relativ große, manchmal sogar mehrere Bildschirme benutzen, muß das Darstellungsproblem grundsätzlich gelöst werden. Dazu werden mehrere Wege eingeschlagen:

Scrolling

• *Scrolling:* Der auf dem Bildschirm dargestellte Ausschnitt des Planungszeitraums kann verschoben werden. Verläßt man etwa mit dem Zeigemedium (i. d. R. Maus) den gerade anzeigten Ausschnitt nach rechts oder links, wird das Bildschirmfenster automatisch mitverschoben (Scrolling).

Skalierung der Zeitachse

• *Skalierung:* Die Skalierung der Zeitachse kann gröber oder feiner gewählt werden. Wenn man etwa statt der eingestellten Unterteilung nach Tagen eine nach Wochen wählt, paßt ein größerer Zeitraum auf den Bildschirm. Verschiedene Skalierungen muß ein Leitstand nicht nur aus Darstellungsgründen zulassen. Vielmehr gibt es auch z. T. extreme Unterschiede zwischen den Arbeitsgangdurchlaufzeiten. Während in manchen Branchen Tage oder Wochen typisch sind, wird in anderen in Stunden oder gar in Minuten gerechnet.

Datenanzeige

• *Datenanzeige:* Trotz der anschaulichen Darstellung läßt Grafik allein noch lange nicht alle erforderlichen Informationen erkennen. Zur Beurteilung einer punktuellen Kapazitätsüberlast kann etwa die Information nützlich sein, welche Art von Fertigungsaufträgen es sind, die zur Überlast beitragen. Wenn interne Lageraufträge darunter sind, mag dies als weniger gravierend angesehen werden, als wenn ausschließlich terminkritische Kundenaufträge die Verursacher sind. Noch wichtiger sind derartige Zusatzinformationen, wenn zum Abbau einer Überlast Arbeitsgänge verschoben werden sollen.

Leitstandsysteme bieten deshalb die Möglichkeit, zu den grafischen Objekten weitere Informationen abzurufen. Diese werden in eingeblendeten Fenstern oder in besonderen Bildschirmbereichen, manchmal auch auf Zusatzmonitoren angezeigt. Beispielsweise können so die Daten des betreffenden Betriebsmittels oder eines bestimmten Arbeitsgangs zur Entscheidungsfindung mit herangezogen werden. In der Grafik der Abbildung 5.1-2 wurden gerade Daten eines Arbeitsgangs eingeblendet; es

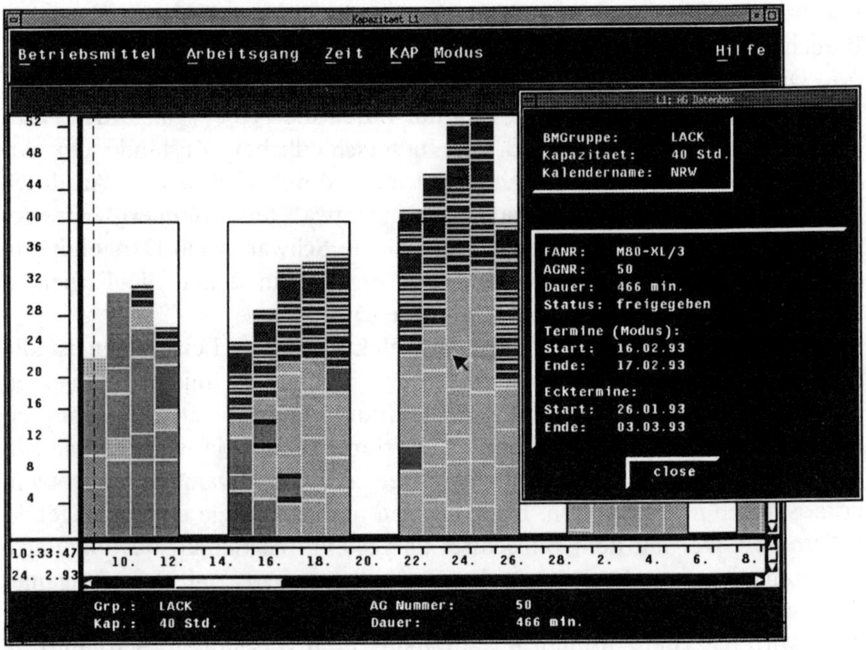

Abb. 5.1-2: Datenanzeige zu einem Arbeitsgang des Kapazitätsgebirges

handelt sich um den Arbeitsgang Nr. 50 des Fertigungsauftrags M80-XL/3. Außerdem sind oben Informationen über die Betriebsmittelgruppe abrufbar.

Permanente Kurzinformationen

• *Automatische Kurzinformation:* Über den expliziten Abruf von Daten hinaus realisieren manche Leitstandsysteme auch eine *permanente* Informationsversorgung. Im Konflikt mit der begrenzten Bildschirmgröße werden nur einige wichtige, planungsrelevante Daten extrahiert und angezeigt. Zum Beispiel erfolgt die Versorgung mit aktuellen Informationen dadurch, daß in einer Statuszeile automatisch Kurzinformationen (Fertigungsauftragsnummer, Arbeitsgangnummer, Start- und Endtermin) über den betreffenden Arbeitsgang eingeblendet werden, sobald der Mauszeiger ein Kästchen in der Grafik berührt. In der Abbildung 5.1-2 sind derartige Daten am unteren Bildschirmende zu sehen.

Kapazitätsabgleich

Die Visualisierung der Kapazitätsbelastung, ergänzt um Zusatzinformationen wie Statusangaben (Farben) und Arbeitsgangdaten, stellt bereits eine nützliche Hilfestellung für die Fertigungssteuerung dar. Wenn auch manche Leitstandsysteme nur die Anzeigefunktion für die Kapazitätsdisposition bereithalten, ist der Hauptzweck der Kapazitätsgebirge jedoch in der Unterstützung des Kapazitätsabgleichs zu sehen.

Dazu müssen Veränderungen in der Grafik vorgenommen werden können. Bei einer interaktiven Grafik bedeutet dies, daß eine Manipulation der grafischen Objekte auf dem Bildschirm auch zu entsprechenden Veränderungen der zugrundeliegenden Planungsdaten führt. Wird etwa ein Kästchen, das einen Arbeitsgang repräsentiert, in der Grafik verschoben, dann müssen automatisch auch die Termindaten des Arbeitsgangs angepaßt werden. Wenn die grafische Oberfläche eines Leitstands dies leistet, kann der Kapazitätsabgleich von einem erfahrenen Fertigungsdisponenten sehr effektiv durchgeführt werden.

Interaktive Grafik

Zunächst kommt es darauf an, geeignete Kandidaten für eine Verschiebung zu finden. Dies kann durch geschickten Aufbau der Kapazitätssäulen – bereits in Arbeit befindliche Arbeitsgänge werden z. B. automatisch unten, noch nicht feingeplante weiter oben angeordnet – erleichtert werden. Vor einer Verschiebung ist es hilfreich, wenn der Disponent die entsprechenden Arbeitsgangdaten abrufen und ansehen kann. Beispielsweise wird die Verschiebung eines internen Lagerauftrags, der nur als Lückenfüller eingeplant war, problemlos sein, während die Verschiebung eines terminkritischen Arbeitsgangs, der zu einem wichtigen Kundenauftrag gehört, Schwierigkeiten bereiten dürfte. Wenn bei den Fertigungsarbeitsgangdaten der Bezug zum Kundenauftrag mitgeführt wird, ist die entsprechende Information grundsätzlich verfügbar.

Kandidaten für Verschiebungen

Während das Verschieben selbst durch einfache grafische Manipulation an der Oberfläche erfolgen kann („Drag and drop"), müssen die dem Kapazitätsplan zugrundeliegenden Termindaten, die Reihenfolgebedingungen aus den Arbeitsplänen und die Zusammenhänge zwischen den Fertigungsaufträgen im Auftragsnetz berücksichtigt werden; d. h., es muß sichergestellt werden, daß die *Konsistenz* des Produktionsplans erhalten bleibt.

Ein Leitstandsystem führt deshalb bei einer Verschiebung Konsistenzprüfungen durch. Je nach Umfang der Verschiebung und der vorhandenen Pufferzeiten können unterschiedliche Konsequenzen eintreten (KURB89b):

Konsistenzprüfungen

a) Die zeitliche Verlagerung eines Arbeitsgangs ist solange unproblematisch, wie seine Ecktermine aus der Durchlaufterminierung nicht überschritten werden. Wenn etwa bei einer Verschiebung in die Zukunft das Zeitintervall zwischen dem vorgesehenen neuen Starttermin und dem vorgegebenen spätesten Endtermin den Arbeitsgang noch aufnehmen kann, braucht neben einer Registrierung der neuen Termine nur eine entsprechende Reduktion der Zeitpuffer zu erfolgen.

Ecktermine aus der Durchlaufterminierung

b) Überschreitet die Verlagerung die vorgegebenen Ecktermine des Arbeitsgangs, so muß entschieden werden, ob sie dennoch durchgeführt werden soll. Wenn ja, dann muß unter Umständen der Teil des Fertigungsarbeitsplans, der die Nachfolger- (bzw. bei Vorverlagerung die Vorgänger-)

Arbeitsgänge umfaßt, neu terminiert werden. Die Auswirkungen bleiben auf einen Fertigungsauftrag beschränkt, wenn die Neuterminierung nicht die Ecktermine des Fertigungsauftrags – je nach Terminierungsrichtung den spätesten Endtermin des letzten bzw. den frühesten Starttermin des ersten Arbeitsgangs – gefährdet.

Engpaß-, Mittelpunktsterminierung

c) Werden auch die Ecktermine des Fertigungsauftrags überschritten, so muß unter Umständen das gesamte Auftragsnetz neu terminiert werden. Zur Veranschaulichung sei auf die Abbildungen in Kapitel 3.4 verwiesen. Die Terminierung, beginnend mit einem Arbeitsgang mitten aus dem Netz heraus, wird manchmal auch als *Engpaß-* oder *Mittelpunktsterminierung* bezeichnet (KURB89b). Sie stellt die aufwendigste Form der Anpassung dar. Nicht nur wegen der Laufzeit des Terminierungsalgorithmus, sondern auch aus dem Grund, daß die Grobplanungsergebnisse eventuell völlig umgekrempelt werden, wird man die Neuberechnung des gesamten Auftragsnetzes höchstens in Ausnahmefällen interaktiv am Leitstand durchführen.

Es muß allerdings darauf hingewiesen werden, daß viele Leitstandsysteme die Kapazitätsdisposition in der differenzierten Form, daß Fertigungsaufträge im Kapazitätsgebirge einzeln ausgewiesen und manipuliert werden können, nicht vorsehen. Häufig ist nur eine rudimentäre Unterstützung vorhanden. Zwar wird die Gesamtbelastung einer Kapazitätseinheit in Balken- oder Säulenform angezeigt, aber dem Benutzer werden keine Manipulationsmöglichkeiten zur Verfügung gestellt. Das bedeutet auch, daß der Kapazitätsabgleich auf andere Weise durchgeführt werden muß, etwa durch Neuaufwurf mit einer geringeren Zahl von Fertigungsaufträgen aus dem Arbeitsvorrat.

Abschließend sei nochmals hervorgehoben, daß bei einem interaktiven Kapazitätsabgleich nicht ein Algorithmus automatisch die Glättung aller Kapazitätsgebirge vornimmt, im Gegenteil: Durch Verschiebungen in einem Gebirge können Kapazitätsprobleme an anderen Betriebsmitteln entstehen; dies kommt z. B. vor, wenn bei der Neuterminierung des Auftragsnetzes (Fälle b oder c) andere Arbeitsgänge in schon belastete Perioden fallen. Beseitigt man die neuen Probleme, können Folgewirkungen an anderen Stellen auftreten etc. Die vernetzte Struktur war im übrigen eine der Ursachen dafür, daß der Einsatz von automatisierten Kapazitätsabgleichsalgorithmen in der Praxis nicht zum Erfolg führte.

Menschlicher Sachverstand

Bei einer interaktiven Vorgehensweise ist es deshalb zweckmäßig, mit den Engpaßkapazitäten zu beginnen, sofern solche bekannt sind, und dort zunächst die Realisierbarkeit des Plans herzustellen. Folgewirkungen bei weniger belasteten Betriebsmitteln und Arbeitsplätzen können erfahrungsgemäß leichter beseitigt werden. Menschlicher Sachverstand spielt beim interaktiven Kapazitätsabgleich eine wichtige Rolle und führt häufig zu besseren Ergebnissen, als sie bei einer algorithmischen Lösung erzielt werden können.

5.1.2 Betriebsmittelbelegung

Elektronische Plantafel

Für die kurzfristige Planung und Steuerung der Aufträge und Arbeitsgänge im Fertigungsbereich kommt die elektronische Plantafel zum Einsatz. Insbesondere dient sie dazu, die Belegung der Betriebsmittel zu visualisieren und bei Planungsentscheidungen Hilfestellung zu geben. Während die Kapazitätsdisposition meist noch mit aggregierten organisatorischen Einheiten (z. B. Betriebsmittelgruppen) arbeitet, erfolgt die Belegungsplanung detailliert auf der Ebene der Einzelbetriebsmittel. Neben Betriebsmitteln können auch andere Organisationseinheiten behandelt werden (z. B. Hand-, Prüfarbeitsplätze o. a.). Der Einfachheit halber sprechen wir im weiteren nur von Betriebsmitteln.

Wenngleich der Funktionsumfang bei den marktgängigen Plantafeln unterschiedlich ist, kann die logische Schnittstelle zu vorgelagerten Systemen doch relativ einfach charakterisiert werden:

Arbeitsvorrat

An die Plantafel wird ein Vorrat an grobterminierten Fertigungsaufträgen oder Arbeitsgängen, versehen mit Start- und Endterminen, übergeben. Er wird als *Arbeitsvorrat* bezeichnet. Bei der Einlastung in die Plantafel erhalten die Arbeitsgänge feingeplante Start- und Endtermine, die gegebenenfalls im Zeitablauf wieder verändert werden. Wenn die Arbeitsgänge beendet sind, werden entsprechende Rückmeldungen einzeln oder zusammengefaßt an das vorgelagerte PPS-System gegeben und die Plantafel aktualisiert.

Da der Dispositionszeitraum, der mit der Plantafel bearbeitet wird, meist kürzer als der des PPS-Systems oder der Kapazitätsdisposition im Leitstand ist, wird entweder nur ein Teil des Arbeitsvorrats übergeben oder aber in der Plantafel nur ein Teil dargestellt.

Die Termine, mit denen die Arbeitsgänge im Arbeitsvorrat stehen, sind je nach Leistungsumfang des Leitstands und des PPS-Systems entweder die Grobtermine aus der Durchlaufterminierung oder Termine, die beim Kapazitätsabgleich eventuell bereits auf Realisierbarkeit hin modifiziert wurden. Außerdem stehen Daten bezüglich der noch vorhandenen Pufferzeiten zur Verfügung.

Elektronische Plantafel

Der Bereich der Fertigung, der mit einer Plantafel erfaßt wird, hängt von der Größe des Unternehmens und der Fertigungsorganisation ab. In einem Kleinbetrieb können vielleicht alle relevanten Betriebsmittel abgedeckt werden, während in einem am Verrichtungsprinzip orientierten Mittelbetrieb pro Werkstatt eine Plantafel zum Einsatz kommt. Auch eine Dezentralisierung bis hin zu einer Plantafel für jede Meisterei ist anzutreffen.

Gantt-Diagramm

Die Form der Anzeige ist die eines Gantt-Diagramms. Wie in Abbildung 5.1-3 zu erkennen, werden die Belegungszeiten durch horizontale Balken dargestellt. Die Länge eines Balkens hängt u. a. von der Bearbei-

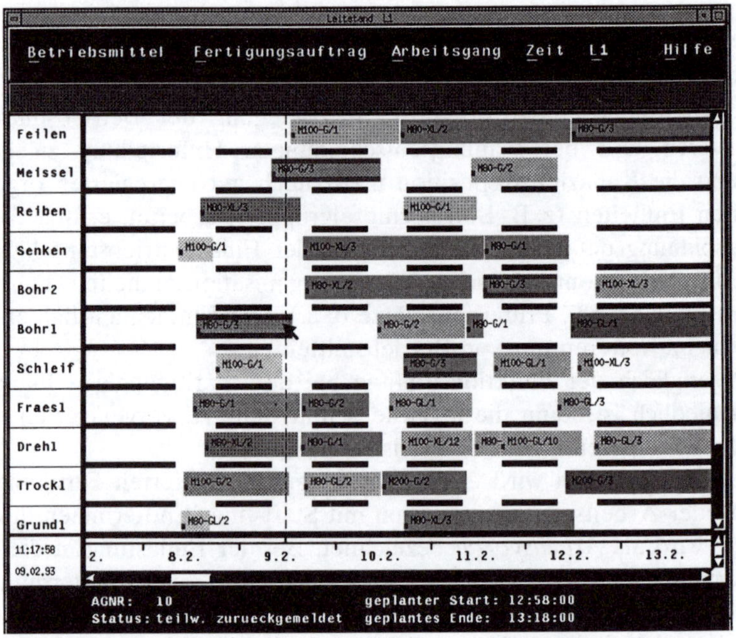

Abb. 5.1-3: Elektronische Plantafel

tungs- und Rüstzeit des Arbeitsgangs ab. Da die Zeitaspekte in dem der Abbildung zugrundeliegenden Leitstand sehr differenziert behandelt werden, bestimmen andere Faktoren das zeitliche Erscheinungsbild eines Arbeitsgangs mit.

Pausenzeiten

Neben den breiten Balken, die für Arbeitsgänge stehen, enthält die Abbildung auch schmale Balken. Diese geben die Pausenzeiten an, die vom Betriebskalender und vom jeweiligen Schichtmodell abhängig sind. An der unterschiedlichen Lage der schmalen Balken erkennt man, daß im Beispiel Betriebsmittel teilweise in unterschiedlichem Schichtbetrieb gefahren werden. Wenn ein Arbeitsgang durch ein Wochenende oder eine andere Arbeitspause unterbrochen wird, kommt zu der Bearbeitungs- und Rüstzeit in der Darstellung noch die Länge der Pause dazu.

Die verschiedenen Zustände der Arbeitsgänge werden wie im Kapazitätsgebirge durch Farben ausgedrückt, die in der Abbildung wieder in Muster und Graustufen umgesetzt wurden.

Beschränkte Bildschirmgröße

Das Problem der beschränkten *Bildschirmgröße* wird wie beim Kapazitätsgebirge durch Scrolling, unterschiedliche Skalierung der Zeitachse und Anzeigefunktionen behandelt. Abbildung 5.1-4 zeigt die Plantafel bei einer Skalierung auf Wochenbasis. Das Pop-up-Menü am unteren Bildschirmende läßt verschiedene Skalierungsmöglichkeiten erkennen.

Ein weiteres Problem kommt hinzu. Während das Kapazitätsgebirge sich auf eine einzige kapazitative Einheit bezieht, sollen in einer Plantafel

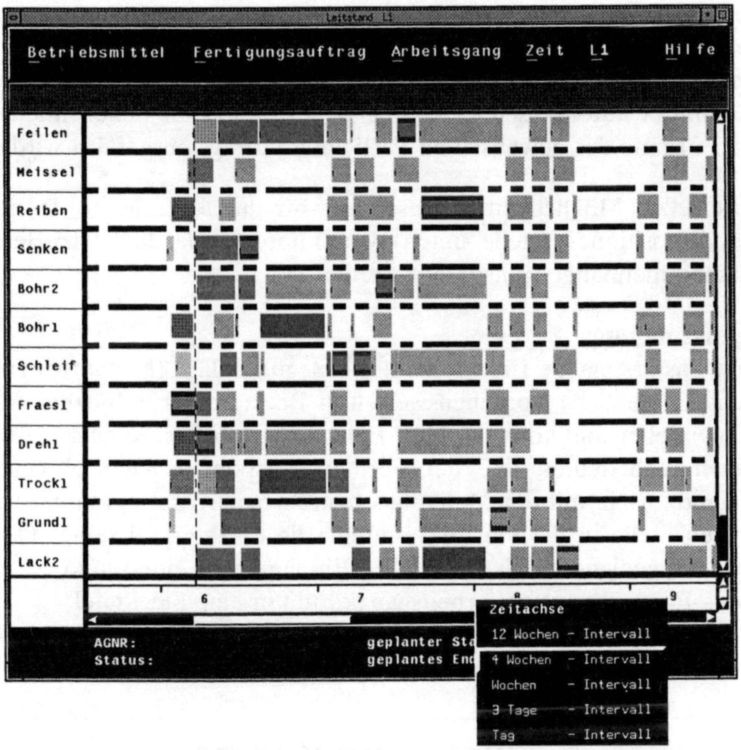

Abb. 5.1-4: Elektronische Plantafel mit Wochenraster

mehrere, im Grenzfall alle Betriebsmittel dargestellt werden. Auf einer Bildschirmfläche von einem fünftel oder zehntel Quadratmeter oder noch weniger ist dies offenkundig nicht einfach. Etwas Flexibilität gewinnt man, wenn das Verschieben des Bildschirmausschnitts (Scrolling) auch in vertikaler Richtung möglich ist. Theoretisch könnten dann alle Betriebsmittel zur Anzeige gebracht werden. Praktisch sprechen die begrenzte Rechnerleistung und die schlechte Handhabbarkeit gegen die gleichzeitige Darstellung aller Betriebsmittel und Belegungen.

Auswahl der anzuzeigenden Betriebsmittel

Damit stellt sich die Frage, wie bzw. nach welchen Kriterien die in einer Plantafel anzuzeigenden Betriebsmittel ausgewählt werden sollen. Verschiedene Wege sind denkbar:

a) *Einzelauswahl:* Der Benutzer wählt alle die Betriebsmittel, die er gleichzeitig in der Plantafel sehen möchte, aus dem Betriebsmittelvorrat explizit einzeln aus (z. B. durch Anklicken mit der Maus).

b) *Hierarchische Auswahl:* Wenn die Betriebsmittel hierarchisch organisiert sind, wird bei Auswahl eines Oberbegriffs (z. B. einer Betriebsmittelgruppe) die Plantafel automatisch aus *allen* zugehörigen Einzelbetriebsmitteln aufgebaut.

c) *Auftragsbezogene Auswahl:* Da die Beziehungen zwischen den Arbeitsgängen in Form der Fertigungsauftragsnetze gespeichert sind, kann auch ein Fertigungsauftrag als Einstieg dienen. Hierbei werden alle diejenigen Betriebsmittel automatisch gesucht und angezeigt, auf denen mindestens ein Arbeitsgang des gewünschten Fertigungsauftrags ausgeführt wird.

Die letzte Möglichkeit ist besonders für die Auftragsverfolgung und bei Umdispositionen (siehe unten) von Interesse, da die Netz-/Betriebsmittelzusammenhänge transparent werden.

Belegungsplanung

Für das erstmalige Erstellen eines Belegungsplans (Neuaufwurf) kommen unterschiedliche Vorgehensweisen in Betracht. Grundsätzlich ist zwischen manueller und automatischer Belegung zu unterscheiden.

Manuelles Einplanen

Manuell bedeutet, daß der Fertigungsdisponent jeden Arbeitsgang „von Hand" (d. h. mit der Maus) aus dem Arbeitsvorrat entnimmt und an derjenigen Stelle in die Plantafel einfügt, die er aufgrund seines Fachwissens für die geeignete hält. Manuelles Einplanen ist eine direkte Nachbildung des Einsteckens von Arbeitsgangkarten in eine Stecktafel.

Abbildung 5.1-5 zeigt dazu in einem eingeblendeten Fenster einen Ausschnitt des Arbeitsvorrats aus grobgeplanten Arbeitsgängen. Der invers

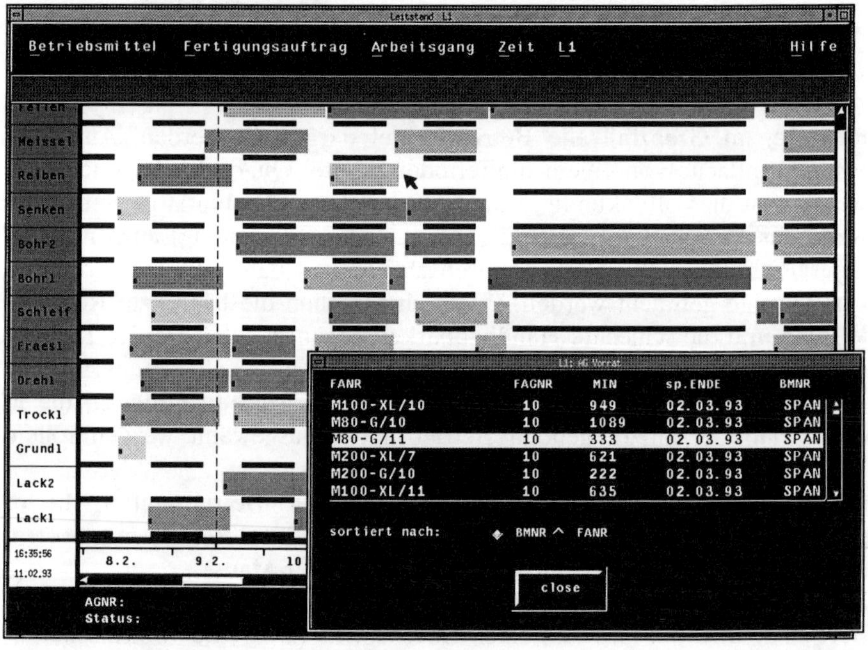

Abb. 5.1-5: Einplanen aus Arbeitsvorrat

dargestellte Arbeitsgang soll in die Plantafel ab dem Nachmittag des 11. 2. eingeplant werden. Die technologisch zulässigen Betriebsmittel werden automatisch in der linken Spalte farbig hervorgehoben. Durch Anklicken mit der Maus wird der gewünschte Arbeitsgang auf dem gewählten Betriebsmittel an der Stelle, auf die der Mauszeiger zeigt, in der Plantafel eingelastet.

Automatisches Einplanen

Da das Füllen der Plantafel von Hand recht mühsam ist, wenn eine große Zahl von Arbeitsgängen eingeplant werden soll, eignet es sich weniger für den Neuaufwurf als für die Fortschreibung der Plantafel. Zweckmäßiger und rationeller ist das *automatische* Erstellen eines Belegungsplans für die ausgewählten Betriebsmittel. Hierfür sind einfache und beliebig komplexe Methoden denkbar.

- Ein einfacher Terminierungsalgorithmus könnte z. B. die Arbeitsgänge des Arbeitsvorrats nach einer vorgegebenen Terminierungsstrategie (z. B. Einplanung zum spätest möglichen Zeitpunkt) nacheinander abarbeiten und in die Plantafel einordnen. Dabei müßte als Minimalanforderung beachtet werden, daß die Konsistenz der Fertigungsauftragsnetze gewahrt bleibt.
- Etwas anspruchsvoller sind Algorithmen, die die Vorteilhaftigkeit von Reihenfolgen mit berücksichtigen. Zum Beispiel können Umrüstzeiten und -kosten das Aufeinanderfolgen bestimmter Arbeitsgangtypen als zweckmäßig oder unzweckmäßig erscheinen lassen.
- Angesichts der Leistungsfähigkeit heutiger Rechner rücken auch *Operations-Research-Verfahren* in den Bereich des Machbaren und gewinnen wieder an Interesse. Das Problem der Betriebsmittelbelegungsplanung ist eines der klassischen OR-Probleme. In den sechziger und siebziger Jahren wurde eine Vielzahl von Optimierungsmodellen und heuristischen Verfahren entwickelt, die aber meist nicht den Weg in die Praxis fanden (vgl. auch Kapitel 1.5.1). Neben teilweise restriktiven Prämissen verhinderte vor allem die mangelnde Rechenbarkeit den praktischen Einsatz. Da sich die Ablaufplanungsmodelle, anders als die betriebswirtschaftlichen Totalmodelle, auf einen eng abgegrenzten Teilbereich beschränken, ist mit der heutigen Prozessorleistung die Rechenbarkeit auch bei praktisch relevanten Größenordnungen eher zu erreichen.

Operations-Research-Verfahren

Optimierungsmodelle

- Verschiedene Ansätze gehen dahin, Künstliche Neuronale Netze und naturanaloge Verfahren für die Betriebsmittelbelegungsplanung einzusetzen. In KURB95b, KURB95c und KURB96 wird die Anwendung von Genetischen Algorithmen, Simulated Annealing und einem hybriden Verfahren beschrieben. In fortschrittlichen Leitstandsystemen werden derartige Ansätze bereits praktisch eingesetzt. So kommen in dem AHP-Leitstand beispielsweise Simulated Annealing und Tabu Search als suboptimierende Lösungsverfahren zur Anwendung (STEI98).

Neuronale Netze und naturanaloge Verfahren

In einem interaktiven System wie einem Leitstand ist die algorithmisch erzeugte Lösung nicht fest, sondern kann vom Benutzer abgeändert, verbessert oder auch ganz über den Haufen geworfen werden.

Umdisposition

Die Notwendigkeit, in einem einmal erstellten Belegungsplan Änderungen durchzuführen, stellt in der praktischen Fertigungssteuerung nicht die Ausnahme, sondern eher den Normalfall dar. Die Gründe können vielfältiger Art sein: zusätzliche Fertigungsaufträge treffen nach einem Neuaufwurf ein, Arbeitsgänge können nicht wie geplant durchgeführt werden, weil Material fehlt, wichtige Eilaufträge müssen kurzfristig eingeschoben werden, Prioritäten werden neu gesetzt u. v. a.

Da ein Leitstandsystem in solch einem dynamischen Umfeld eingesetzt wird, ist hohe Flexibilität unabdingbar. Als kurzfristiges Planungs- und Steuerungsinstrument muß es dem Benutzer die Möglichkeit bieten, Änderungen auf einfache und effiziente Art und Weise durchzuführen, und alle entscheidungsrelevanten Informationen stets bereithalten.

Die wichtigsten Aktionen, die bei Umdispositionen in der Plantafel durchgeführt werden, sind die folgenden:

Verschieben eines Arbeitsgangs

a) *Verschieben* eines bereits eingeplanten Arbeitsgangs: Dies erfolgt wie im Kapazitätsgebirge, indem der Arbeitsgang an eine andere Stelle transportiert wird. Voraussetzung ist, daß eine ausreichend große Belegungslücke existiert. Wenn dies nicht der Fall ist, gibt es verschiedene Möglichkeiten: Manche Leitstände überlassen es dem Benutzer, selbst Platz zu schaffen, indem er etwa zuvor andere Arbeitsgänge verschiebt; andere folgen dem Wunsch des Benutzers, fügen den Arbeitsgang an der gewünschten Stelle ein und führen eventuell nötige Verschiebungen anderer Arbeitsgänge selbst durch.

Konsistenzprüfung

Während die grafische Manipulation zunächst nur die Oberfläche betrifft, muß im Hintergrund die Konsistenzprüfung ablaufen. Werden Ecktermine verletzt, sind in Abhängigkeit vom Umfang gestufte Maßnahmen erforderlich, wie sie bereits im vorigen Kapitel beschrieben wurden (Reterminierung von Teilen des Auftragsnetzes).

Verlagerung auf ein anderes Betriebsmittel

b) Die *Verlagerung* eines bereits eingeplanten Arbeitsgangs auf ein anderes Betriebsmittel vollzieht sich grundsätzlich in der gleichen Weise. Ein derartiger Schritt kann z. B. zweckmäßig sein, wenn das Betriebsmittel bereits voll ausgelastet ist, ein zusätzlicher, wichtiger Arbeitsgang dennoch eingefügt und dafür ein Arbeitsgang niedrigerer Priorität auf eine Ausweichmaschine gelegt werden muß. Ein leistungsfähiger Leitstand unterstützt das Verlagern dadurch, daß er die in Betracht kommenden Ausweichmaschinen automatisch anzeigt.

Einplanen eines Arbeitsgangs

c) *Einplanen* eines neuen Arbeitsgangs: Aus dem Arbeitsvorrat können jederzeit zusätzliche Arbeitsgänge in die Plantafel eingetragen werden. Im täglichen Betrieb kommt die schrittweise Erweiterung der Plantafel sehr häufig vor, es sei denn, daß neue Aufträge grundsätzlich nur auf dem Weg des Neuaufwurfs in die Plantafel aufgenommen werden. Die Vorgehensweise wurde bereits oben unter dem Stichwort „manuelles Einplanen" beschrieben.

Ausplanen eines Arbeitsgangs

d) *Ausplanen* eines Arbeitsgangs: Aus verschiedenen Gründen kann es erforderlich sein, einen Arbeitsgang aus der Plantafel wieder zu entfernen, sei es, daß Platz für „wichtigere“ Arbeitsgänge geschaffen werden muß, sei es, daß er nicht durchgeführt werden kann, weil Personal erkrankt ist oder Material fehlt etc. Ein auszuplanender Arbeitsgang wird wieder in den Arbeitsvorrat eingestellt.

Suchen eines Arbeitsgangs

e) *Suchen* eines Arbeitsgangs: Bevor ein Arbeitsgang umgeplant werden kann (oder aus anderen Anlässen), muß er zunächst gefunden werden. Dies kann trotz der Anzeigefunktionen in einer großen Plantafel mühsam sein. Deshalb ist eine Suchfunktion nützlich, welche den Arbeitsgang in der Plantafel lokalisiert und den angezeigten Bildschirmausschnitt um ihn herum zentriert.

Plantafel und Kapazitätsgebirge gleichzeitig

Im Zusammenhang mit Ein- oder Umplanungsoperationen in der Plantafel sind Informationen über die generelle Kapazitätssituation an den betrachteten Betriebsmitteln oder an anderen Betriebsmitteln, auf denen z. B. Folgearbeitsgänge liegen, von Bedeutung. Deshalb ist die Möglichkeit, Plantafel und Kapazitätsgebirge gleichzeitig zu sehen, von großem

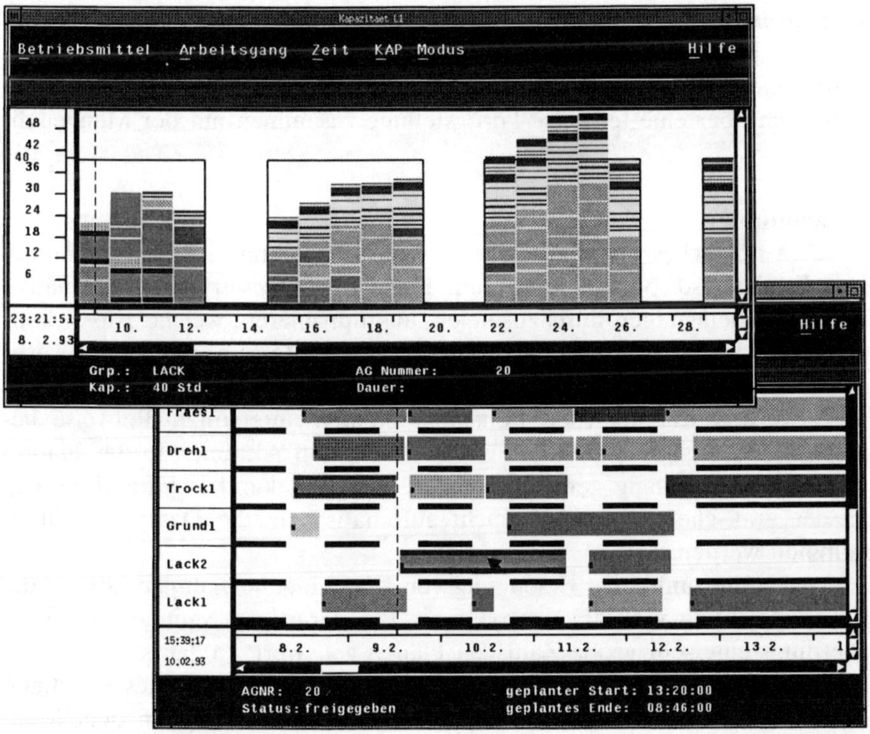

Abb. 5.1-6: Gleichzeitige Anzeige von Plantafel und Kapazitätsgebirge

praktischen Interesse. Abbildung 5.1-6 zeigt als Beispiel die Kapazitätssituation der Betriebsmittelgruppe „Lack", zu der die in der Plantafel dargestellten Einzelbetriebsmittel und -arbeitsplätze gehören, in zwei Fenstern desselben Bildschirms.

Aktualisierung

Neben den Ein- und Umplanungsfunktionen, die im wesentlichen die Positionierung von Arbeitsgängen bestimmen, sollte ein Leitstandsystem die Möglichkeit bieten, aktuelle Informationen entgegenzunehmen, und diese zeitnah sowohl an der grafischen Oberfläche als auch in der Datenbasis umsetzen.

BDE-Kopplung

Wenn das Leitstandsystem mit einem Betriebsdatenerfassungssystem (BDE-System) gekoppelt ist, können aktuelle Informationen teilweise automatisch aufgenommen und verarbeitet werden. (Auf BDE-Systeme und ihre Anbindung gehen wir in Kapitel 6 ein.) Voraussetzung ist, daß die im Leitstand benötigten und die vom BDE-System gelieferten Informationen übereinstimmen.

Besteht keine oder keine ausreichende BDE-Kopplung, müssen Aktualisierungen von Hand durchgeführt werden. Die wichtigsten Informationen sind:

- *Statusänderungen* (Änderung des Arbeitsgangstatus), z. B. von „begonnen" in „gestört", von „freigegeben" in „inkonsistent" etc.,
- *Rückmeldungen* über die Beendigung eines Arbeitsgangs, gegebenenfalls auch über eine teilweise Fertigstellung zusammen mit der Mengenangabe.

Simulation

What-if-Simulation

Ein nützliches Hilfsmittel für die Kurzfristplanung ist die Simulation. Der Fertigungsdisponent kann zum Beispiel interessiert sein, alternative Maschinenbelegungen durchzuspielen, auszuprobieren, welche Auswirkungen eine Umdispositionsmaßnahme auf andere Betriebsmittel oder Fertigungsaufträge hat, etc. What-if-Simulationen dieser Art („was wäre, wenn ...?") werden von manchen Leitstandsystemen unterstützt. Teilweise besteht die Unterstützung allerdings nur darin, daß Aktionen in der Plantafel wieder rückgängig gemacht werden können oder daß Veränderungen an der grafischen Oberfläche nicht automatisch in die Datenbank übernommen werden.

Simulative Erzeugung von Maschinenbelegungen

Auch die simulative Erzeugung von Maschinenbelegungen könnte die Kurzfristplanung wirksam unterstützen. Bei derartigen Simulationen wird allerdings eine sehr große Zahl von Plänen generiert, so daß sich das Problem stellt, wie die Auswahl des besten oder zumindest eines günstigen Plans erfolgen soll. Angesichts der Datenfülle kann sie kaum dem Menschen allein übertragen werden. Vielmehr müßte eine automatische Bewertung anhand von Zielgrößen und Kennziffern (Gesamtdurchlaufzeit,

Summe der Rüstzeiten bzw. -kosten, mittlere Lieferterminüberschreitung u. a.) erfolgen. Da die Beurteilung häufig nicht nur von einer Zielgröße abhängt, sondern von mehreren, die teilweise gegenläufig sind, ist eine Automatisierung sehr schwierig.

5.1.3 Weitere Funktionskreise

Zusatzfunktionen

Neben den zentralen Funktionskreisen Kapazitätsdisposition und Betriebsmittelbelegung weisen Leitstandsysteme mehr oder weniger umfangreiche Zusatzfunktionen auf. Teilweise überlappen sie sich mit Funktionen angrenzender Systeme (insbesondere PPS- und BDE-System), so daß auf organisatorischer Ebene entschieden werden muß, welches System für welche Funktion zuständig ist. Dieses Problem wird im nächsten Kapitel nochmals aufgegriffen.

Weitere Funktionalitäten von elektronischen Leitständen sind etwa die folgenden:

- *Auftragsfreigabe*, teilweise differenziert nach unterschiedlichen Fertigungsauftragskategorien, teilweise auf Arbeitsgangebene,
- *Belegerstellung*, oft in Verbindung mit der Auftragsfreigabe und differenziert nach verschiedenen Kriterien,
- *Verfügbarkeitsprüfungen* für Material, Maschinen, Personal, NC-Programme, Werkzeuge, Prüfmittel u. a.
- *Erfassung und Verwaltung von Aufträgen*, die nicht vom PPS-System übergeben wurden (Eilaufträge, Nacharbeit u. a.),
- *Statistiken* und *Auswertungen*, z. B. Übersichten über alle Aufträge mit Verzug, über alle Maschinenstörungen etc.

Rückmeldungen an das PPS-System

Schließlich sind die *Rückmeldungen* vom Leitstand an das PPS-System zu erwähnen. Auch hier hängt die Realisierung primär von organisatorischen Entscheidungen ab (wann, wie oft, welche Ereignisse etc. sollen rückgemeldet werden?). Der nächste Abschnitt geht auf diese Fragen näher ein. Dem Leitstand kommt die Aufgabe zu, die entsprechenden Daten bereitzustellen. Dies ist in der Regel kein besonderes Problem. Die Schwierigkeiten liegen eher auf der Seite des PPS-Systems, in dem geeignete Schnittstellen zur Entgegennahme und Verarbeitung der Rückmeldungen häufig erst geschaffen werden müssen.

5.1.4 Beziehungen zwischen PPS-System und elektronischem Leitstand

Schnittstelle zum PPS-System

Im Normalfall steht, wie bisher unterstellt, ein Leitstandsystem in einem organisatorischen und technischen Umfeld, in dem auch andere Anwendungssysteme betrieben werden und zu dem organisatorische und technische Schnittstellen bestehen.

In der Praxis werden elektronische Leitstände meist zusammen mit einem PPS-System eingesetzt. Von besonderer Bedeutung ist die Schnittstelle zum PPS-System auch deshalb, weil die Aufgaben eines elektronischen Leitstands im Prinzip Aufgaben sind, die früher eigentlich den PPS-Systemen zugerechnet wurden. Teilweise werden sie von diesen ebenfalls behandelt, wobei das Spektrum der Abdeckung beliebig weit und die Qualität der Lösungen sehr unterschiedlich ist.

So gibt es beispielsweise PPS-Systeme, die nur Funktionen bis zur Auftragsfreigabe enthalten und darüber hinaus den Anwender nicht mehr unterstützen. Auf der anderen Seite existieren Systeme, die auch die Feinplanung einbeziehen und eine detaillierte Reihenfolge- und Betriebsmittelbelegungsplanung durchführen. Da diese deterministisch geplanten und zentral verordneten Kurzfristpläne aber gegenüber der Dynamik des Fertigungsbereichs viel zu starr, z. T. sogar kontraproduktiv sind, wurden die Feinplanungsmodule der konventionellen PPS-Systeme häufig nicht genutzt.

Die Funktionalitäten von PPS-Systemen und Leitständen überlappen sich teilweise. In einer Untersuchung des Institut für Automation, Informations- und Produktionsmanagement (AIP-Institut) an der Fernuniversität Hagen wurden bezüglich der wichtigsten Funktionen, die sowohl in PPS-Systemen als auch in Leitständen anzutreffen sind, die in Abbildung 5.1-7 gezeigten Häufigkeiten ermittelt (FRAN96). Deshalb ist eine organisatorische Verteilung der Zuständigkeiten erforderlich. Die Aufgabenteilung muß aber nicht nur bezüglich konkreter, doppelt vorhandener Funktionen, sondern grundsätzlich geregelt werden.

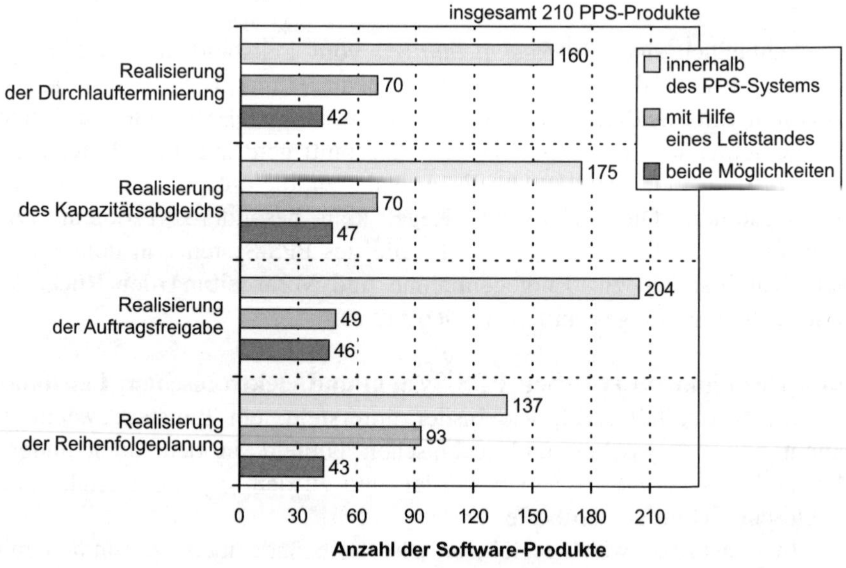

Abb. 5.1-7: Funktionen in Leitständen und PPS-Systemen (FRAN96)

Für das Zusammenspiel von PPS-System und Leitständen sind verschiedene Varianten denkbar. Wir gehen im Prinzip davon aus, daß die „Auftragsfreigabe" die Schnittstelle zwischen den beiden Systemen darstellt. Es sind jedoch auch andere Abgrenzungen denkbar. Beispielsweise kann die Zuständigkeit für die Auftragsfreigabe dem Leitstand übertragen werden. Dies hängt nicht nur von organisatorischen Vorgaben, sondern auch von der Leistungsfähigkeit des PPS-Systems ab. Darüber hinaus wirken sich Art, Umfang und Qualität der Freigabe auf die Schnittstelle aus. Wenn im PPS-System bereits eine genaue Terminierung von Auftragsnetzen bis auf die Ebene der einzelnen Arbeitsgänge hin erfolgt, können an den Leitstand *terminierte Arbeitsgänge* übergeben werden. Beschränkt sich das PPS-System dagegen darauf, *Fertigungsaufträge* mit Grobterminen zu versehen, muß im Leitstand noch die Terminierung der Arbeitsgänge erfolgen.

Auftragsfreigabe als Schnittstelle

In Abbildung 5.1-8 sind mehrere Grundformen des Zusammenwirkens zwischen PPS-System und Leitständen skizziert.

Fall (a) kann in kleineren Fertigungsbetrieben praktiziert werden. Hier übernimmt ein Leitstand die gesamten Fertigungssteuerungsaufgaben. Die Aufgaben des PPS-Systems gehen bis zur Schnittstelle „Auftragsfreigabe". An den Leitstand wird der gesamte Arbeitsvorrat für einen Feinplanungsabschnitt übergeben. Das PPS-System erhält Rückmeldungen über die Fertigstellung von Fertigungsaufträgen oder Arbeitsgängen.

Ein Leitstand

Fall (b) zeigt die Situation in größeren Unternehmen, in denen aus aufbauorganisatorischen und technischen Gründen der Fertigungsbereich nicht mit einem (zentralen) Leitstand abgedeckt werden kann. Die Schnittstellen verändern sich gegenüber dem Fall (a) in mehrfacher Hinsicht. An einen einzelnen Leitstand wird nun nur der Teil der Arbeitsgänge übergeben, der in den Zuständigkeitsbereich (z. B. Werkstatt) fällt. Dies ist zunächst noch unproblematisch. Schwierigkeiten kommen daher, daß die Organisationseinheiten, die jeweils einen Leitstand betreiben, nicht isoliert nebeneinander, sondern über die Fertigungsauftragsnetze miteinander in enger Wechselbeziehung stehen: Fertigungsaufträge, deren Arbeitsgänge in einer Werkstatt durchgeführt sind, müssen zur nächsten weitergegeben werden; Terminverzug, der in einem Leitstand markiert wird, hat Auswirkungen auch auf den Arbeitsvorrat in anderen etc.

Mehrere Leitstände

Wechselbeziehungen zwischen Leitständen

Bei mehreren Leitständen muß deshalb eine Koordination der dezentralen Planungen und Aktivitäten und eine angemessene Informationsversorgung erfolgen. In der Abbildung ist unterstellt, daß dies vom PPS-System geleistet wird. Allerdings sind die PPS-Systeme für eine differenzierte Behandlung der dezentral eintretenden Ereignisse und zeitnahe Informationsweitergabe an betroffene Instanzen meist nicht gerüstet.

Die Abstimmung zwischen mehreren Leitständen kann deshalb häufig nur so erfolgen, daß eine zentrale Informationsverwaltung im PPS-Sy-

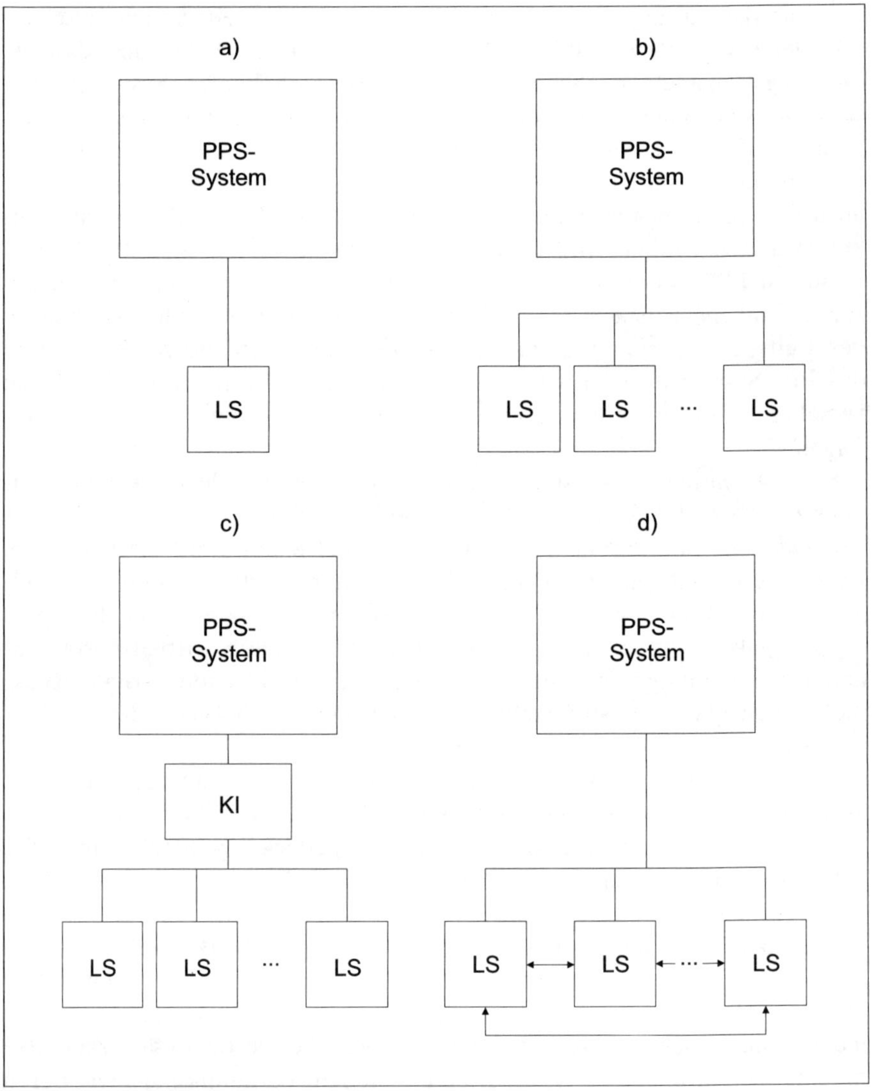

Abb. 5.1-8: Zentrales PPS-System und dezentrale Leitstände

stem verwirklicht wird. Das heißt beispielsweise, daß alle Start- und Endtermine, Statusangaben, Planänderungen etc., die Arbeitsgänge betreffend, im PPS-System geführt und dorthin rückgemeldet werden. Aus diese Weise kann das PPS-System z. B. die Information, daß ein Fertigungsauftrag in Werkstatt x nicht wie geplant beginnen kann, weil in der zuvor durchlaufenen Werkstatt y eine Störung auftrat, mit der nächsten Datenübergabe an den Leitstand x weiterreichen, der sie in seiner Plantafel entsprechend berücksichtigt.

Wenn alle Steuerungs- und Koordinationsfunktionen im PPS-System angesiedelt sind, besteht die Gefahr, daß die Dispositionsspielräume in den Leitstandsystemen relativ stark eingeschränkt werden. Im Extremfall dient der Leitstand nur noch als Visualisierungsinstrument.

Koordinationsknoten

Fall (c) beschreibt eine Struktur, bei der die Koordinationsfunktion einer speziellen Instanz (KI) zwischen PPS-System und dezentralen Leitständen übertragen wird (REIN97). Auf der Seite des PPS-Systems bleibt die Schnittstelle dann ähnlich wie im Fall (a). Die Abstimmung der Leitstände untereinander regelt der Koordinationsknoten KI. Die Fertigungssteuerung, in der hohe Flexibilität erforderlich ist, bleibt damit entkoppelt von der relativ starren Produktionsplanung im PPS-System. Die Koordination ist in diesem Fall hierarchisch organisiert. Ein Knoten („Zentralleitstand", „Master-Leitstand") hat übergeordnete Funktionen, denen sich die anderen Knoten („Werkstattleitstände") unterordnen müssen.

Fall d) zeigt die Variante, daß die dezentralen Leitstände sich untereinander selbst koordinieren. Maßnahmen in einem Leitstand, die auch andere Leitstände betreffen, werden direkt, ohne Umweg über eine zusätzliche Koordinationsinstanz oder das PPS-System, den anderen mitgeteilt. Die Koordinationsfunktionen müssen dann in der Leitstandsoftware enthalten sein. Ansätze dieser Art gehen noch weiter, indem sie auch weitere Aufgaben wie die Verteilung der Aufträge auf Leitstände und die Terminplanung einem Abstimmungsprozeß unterziehen (FERS95, REIN97). Dabei können Ansätze aus der Künstlichen Intelligenz (z. B. Multi-Agenten-Systeme) zur Anwendung kommen (vgl. auch Abschnitt 8.4).

Technische Anbindung

Neben der durch organisatorische Maßnahmen zu regelnden Arbeitsteilung zwischen Leitstand- und PPS-Systemen muß auch eine geeignete technische Anbindung existieren. Grundsätzlich wird die Kommunikation über ein Netzwerk abgewickelt. Je nachdem, ob und welche technischen Schnittstellenstandards eingehalten werden, sind verschiedene Formen der Verbindung möglich.

Zunächst ist zwischen einer reinen Datenverbindung und einer Programm-Programm-Verbindung zu unterscheiden. Bei einer *Datenverbindung* sind folgende Formen möglich:

Dateitransfer

Dateitransfer stellt die loseste Verbindung dar. Sie ist einfach zu handhaben und erlaubt es, auch heterogene Systeme mit unterschiedlichen Datenformaten zu koppeln. Da die Datenstrukturen heterogener Systeme nicht aufeinander abgestimmt sind, müssen Konvertierungsprogramme eingesetzt werden. Je nachdem, wie groß die syntaktischen und semantischen Unterschiede zwischen den Datenstrukturen des Leitstands und des PPS-Systems sind, reicht der Konvertierungsbedarf von einfachen Formatumsetzungen über die Erzeugung von Zwischenformaten bis hin zur manuellen Erstellung neuer Entities und Beziehungen, die das jeweils andere System erwartet.

Download des Arbeitsvorrats

Wenn die Verbindung über Dateitransfer hergestellt wird, ist die wechselseitige Aktualität beschränkt. Ein „Download" eines Arbeitsvorrats auf den Leitstand wird dort im allgemeinen zu einem Neuaufwurf führen. Zwischenzeitlich im PPS-System eintreffende Fertigungsaufträge müssen bis zum nächsten Dateitransfer warten, bevor sie den Leitstand erreichen. Umgekehrt ist auch die Aktualität im PPS-System nur unmittelbar nach einem „Upload" der Rückmeldungen gegeben. Angesichts der unterschiedlichen Planungshorizonte von PPS- und Leitstandsystem kann dies durchaus akzeptabel sein.

Upload der Rückmeldungen

Gemeinsame Datenbasis

Eine *gemeinsame Datenbasis* von PPS-System und Leitstand erhöht die beiderseitige Aktualität. Zu diesem Zweck kommen heute meist Datenbankserver zum Einsatz, die sowohl PPS-Arbeitsplätze als auch Leitstandsysteme als Clients bedienen (vgl. Abschnitt 5.2).

Programm-Programm-Kommunikation

Über die Datenintegration hinaus kann die Verbindung zwischen PPS-System und Leitstand auch auf Programmebene erfolgen, wenn eine *Programm-Programm-Kommunikation* vorgesehen ist. Eine solche Form der Kommunikation erlaubt es einem Programm, einem anderen Mitteilungen zu machen und z. B. dort Aktionen zu veranlassen. Softwaretechnische Hilfsmittel hierfür sind die *Remote Procedure Calls (RPC's) und Remote Method Invocations (RMI's)*. Eine Variante stellen *Remote Stored Procedures (RSP's)* dar. Diese werden in einer verteilten Datenbank abgespeichert und können über einen Aufruf durch das Datenbanksystem ausgeführt werden.

RMI, RPC, RSP

Über die Programm-Programm-Kommunikation kann nicht nur die Koordination mit dem PPS-System, sondern auch mit anderen Systemen abgewickelt werden (z. B. mit anderen Leitständen, wie oben erwähnt, oder auch mit einem BDE-System, wie in Kapitel 6 beschrieben wird).

5.1.5 Probleme der Leitstandorganisation

Neue Managementkonzepte

Mit den Veränderungen der Managementphilosophie in den vergangenen Jahren hin zu dezentralen Strukturen, selbststeuernden Einheiten und Gruppenarbeit („Lean production", „fraktale Fabrik" u. a.) ging die anfängliche Euphorie, mit der die elektronischen Leitstände zunächst aufgenommen worden waren, wieder stark zurück. Grundsätzlich wurde das Dilemma sichtbar, daß die Leitstandsysteme eher als Fortsetzung der zentralen Produktionsplanung und -steuerung denn als Instrument zur lokal autonomen Fertigungssteuerung eingesetzt wurden. Bei einer Untersuchung zeigte sich beispielsweise, daß fast zwei Drittel der Leitstände als verlängerter Arm der zentralen Planung und Steuerung gesehen wurden (KÖHL90). Da die zentralen Systeme detaillierte und starre Vorgaben machten, blieb für dezentrale Entscheidungen wenig Raum.

Die Aufgabenteilung zwischen PPS- und Leitstand-Systemen ist allerdings mehr ein organisatorisches Problem. Ob die Verantwortung für bestimmte Fertigungssteuerungsaufgaben (z. B. die Auftragsfreigabe) bei der

Produktionsplanung zentral oder bei dezentralen Einheiten in der Fertigung liegt, hat im Grunde genommen wenig mit der Frage Leitstand oder nicht zu tun. Auch eine dezentrale Gruppe kann sich in eigener Verantwortung nutzbringend der Leistungen eines elektronischen Leitstands bedienen (AUPP97).

Leitstände für dezentrale Einheiten?

Von den Entwicklern eines weitverbreiteten Leitstandsystems werden die Zukunftspotentiale der Leitstandtechnologie in zweifacher Hinsicht gesehen (STEI98). Zum einen kann ein Leitstand dort sinnvoll benutzt werden, wo Planungsalternativen bestehen und zu unterschiedlich guten Ergebnissen führen. Dies ist z. B. bei der Maschinenbelegung der Fall. Wenn ein automatisches Verfahren schnell zu mindestens so guten Lösungen wie ein Mensch kommt, dann hat es zweifellos Vorteile (Arbeitsentlastung, weniger Abhängigkeit vom Planer bei Urlaub, Krankheit u. a.). Außerdem kann schneller auf Störungen und unvorhergesehene Ereignisse reagiert werden.

Auch dezentrale Einheiten brauchen Werkzeuge!

Zum andern brauchen auch kleinere, selbststeuernde Einheiten Werkzeuge für die Fertigungssteuerung. „Selbst die besten selbststeuernden Einheiten können ohne koordinierende rationell aufgebaute Mechanismen bei Abweichungen vom Normalzustand über längere Zeit nicht zufriedenstellend funktionieren“ (STEI98). Leitstandsysteme im Sinne von funktionellen, einfach zu bedienenden Werkzeugen können somit auch bei modernen Formen der Produktionsorganisation nutzbringend eingesetzt werden.

Dispositionsfreiräume

Freiräume der Produktionsarbeiter, z. B. bezüglich der Festlegung der Auftragsreihenfolgen, werden durch die Leitstandsysteme tangiert. Dies bedeutet aber nicht zwangsläufig, daß die Freiräume entfallen. Wenn Reihenfolgeentscheidungen im Leitstand abgebildet werden sollen, müssen sie explizit gemacht werden. Entscheidend ist die Frage, wer die Festlegungen trifft. Wenn sie vom Meister oder einer anderen Person, die den Leitstand bedient, vorgegeben werden, entfallen sicherlich Freiräume. Werden sie dagegen in der Gruppe diskutiert und verabschiedet, bleibt zumindest die Mitwirkung der Werker erhalten.

Dies kann durchaus konform mit den produktionswirtschaftlichen Zielen des Unternehmens sein. Bei der Reihenfolgeplanung spielt beispielsweise der Rüstaufwand eine wichtige Rolle. Komplizierte Rüstbedingungen, -konstellationen und -abhängigkeiten sind erfahrenen Werkern bekannt. Wenn sie an der Reihenfolgeplanung beteiligt werden, können bessere Lösungen entstehen. Wie an anderen Stellen spielt auch hier Erfahrungswissen eine wichtige Rolle.

Akzeptanz

Die Dezentralisierung von PPS-Funktionen bringt den Rechner unmittelbar an den Arbeitsplatz des Fertigungssteuerers oder Werkers. Der Nutzen eines kurzfristigen Planungs- und Steuerungsinstruments wie eines elektronischen Leitstands steht und fällt mit der Bereitschaft des Personals, es als Hilfsmittel für die eigene tägliche Arbeit einzusetzen und für die Aktualität der Daten in der Plantafel zu sorgen. Dafür ist die einfache Handhabung eine wichtige Voraussetzung.

Vertraute Konzepte aus der Fertigungssteuerung

Mindestens ebenso wichtig ist es, daß das Softwaresystem dem Benutzer nicht seine Lösungen oktroyiert, sondern daß es ihn bei der Arbeit unterstützt. Dazu muß es die vertrauten Konzepte aus der Fertigungssteuerung realisieren. Auf die Akzeptanzhemmnisse, die „anonyme“ Lösungen eines computergestützten Systems hervorrufen können, wurde bereits früher hingewiesen. Maschinenbelegungspläne, deren Zustandekommen der Benutzer nicht durchschaut und nicht beeinflussen kann, stoßen häufig auf Kritik und Unverständnis und werden nicht selten unterlaufen. Eine ebenso gravierende Folge besteht darin, daß es für den Benutzer schwierig ist, die Auswirkungen einer Planänderung, die er vornehmen will, abzuschätzen, da er ja die Bedingungen, unter denen der Plan erzeugt wurde, nicht genau kennt.

Leistungsfähige Hilfsmittel

Der bei den Leitständen eingeschlagene Weg, Auslastungsdiagramme und Plantafeln nachzubilden und funktional anzureichern, erscheint in diesem Sinne zweckmäßig. Ein wesentlicher Unterschied zu den konventionellen PPS-Lösungen besteht darin, daß die Planungskompetenz und Erfahrung des Menschen eingebunden und nicht durch Algorithmen ersetzt wird. Der Planer erhält leistungsfähige *Hilfsmittel* an die Hand, die er zur Umsetzung seiner eigenen Gestaltungsvorstellungen benutzen kann. Neben einfachen Operationen wie dem „Umstecken“ in der Plantafel stehen auch mächtige Funktionen bereit. Beispiele sind die Prüfung auf Konsistenz des Fertigungsauftragsnetzes beim „Umstecken“ oder eine vollständige Initialisierung der Betriebsmittelbelegung auf Wunsch; im letzteren Fall kann der Disponent dann zum Beispiel, seinen eigenen Erfahrungen und Präferenzen entsprechend, Modifikationen vornehmen und dabei entscheidungsrelevante Informationen, z. B. Fertigungsauftragsdaten oder Netzzusammenhänge, jederzeit und unmittelbar abrufen.

5.1.6 Marktangebot und neue Entwicklungen

Als die ersten Leitstandsysteme (AHP-Leitstand, FI-2, infor-CIM, *L1* u. a.) in der zweiten Hälfte der achtziger Jahre vorgestellt wurden, stießen sie auf breite Resonanz bei den PPS-Anwendern. Dies lag zumindest teilweise an der Unzufriedenheit mit den gängigen PPS-Systemen, denen schlechte Unterstützung der kurzfristigen Fertigungssteuerung, Inflexibilität und Benutzerunfreundlichkeit nachgesagt wurden. Die elektronischen Leitstände mit ihren anschaulichen grafischen Oberflächen und der einfachen Handhabung eröffneten neue Dimensionen der Computerunterstützung im Fertigungsbereich.

Auf Fachmessen gehörten Ausstellungsstände, auf denen Leitstandsysteme gezeigt wurden, zu den am stärksten frequentierten. Bald setzte ein wahrer Boom an Leitstandsentwicklungen ein, da es sich kaum ein PPS-Anbieter noch leisten konnte, keinen Leitstand im Angebot zu haben.

Leitstände sind fester Bestandteil der PPS-Szene

Heute gehören die elektronischen Leitstände zum festen Bestandteil der PPS-Szene und werden kaum noch besonders hervorgehoben. Auch bieten viele ERP/PPS-Systeme Funktionen der kurzfristigen Planung und Steuerung mit an, die früher, mangels Abdeckung durch das PPS-System, von Leitständen übernommen wurden (GRON97a).

Heutige Leitstände

Eine Aufstellung einiger der heutigen Leitstandsysteme enthält Abbildung 5.1-9. Nicht in jedem Fall handelt es um dedizierte Fertigungsleitstände im engeren Sinne. Teilweise sind die Leitstandfunktionen in umfassendere Systeme eingebunden oder sie unterstützen mehr die Sichtweise der Prozessindustrie im Sinne von Prozeßleitsystemen. Deshalb sprechen die Autoren der Studie auch von „Fertigungssteuerungssystemen" und nicht im engeren Sinne von Fertigungsleitständen (HOFF02).

Der Einsatz elektronischer Leitstände ist nicht an bestimmte Branchen gebunden. Anwendungsbeispiele liegen aus den verschiedensten Branchen vor. Einen starken Schwerpunkt macht jedoch der Maschinenbau aus. So wurden in einer Umfrage bei Leitstandanbietern Maschinenbaubetriebe am häufigsten als Zielgruppe genannt (FRIE89).

Einzel- und Kleinserienfertigung

Bezüglich der Fertigungsart dominiert der Einsatz in der *Einzel- und Kleinserienfertigung*. Auch die (Groß-) Serienfertigung ist noch mit nennenswerten Anteilen vertreten, während Betriebe mit Massenfertigung relativ selten zu den Anwendern gehören (KÖHL90).

Verrichtungsprinzip

Die Fertigungsorganisation der typischen Leitstandanwender ist meist am Verrichtungsprinzip orientiert. Neben dem überwiegenden Anteil der *Werkstattfertigung* sind auch die Reihen- oder Linienfertigung und die Fertigungsinselorganisation vertreten.

Die anfängliche Beliebtheit der elektronischen Leitstände resultierte einerseits aus ihrer Funktionalität: die von den PPS-Systemen bis dahin vernachlässigte Fertigungssteuerung erfuhr eine wirksame Unterstützung, ohne daß die nötige Flexibilität verlorenging. Zum andern waren es die Benutzerfreundlichkeit, die einfache und effektive Handhabung und die Mächtigkeit der Planungs- und Anzeigefunktionen, die zur Verbreitung beitrugen.

Angesichts der unbestreitbaren Vorteile wird allerdings manchmal vergessen, daß Leitstandsoftware und -hardware nur Hilfsmittel sind. Voraussetzung für eine wirkungsvolle Fertigungssteuerung ist eine geeignete Aufbau- und Ablauforganisation. Hier liegen die Dinge oft im Argen, wie der Blick in die Praxis zeigt (NIET91). Nur wenn die organisatorischen Voraussetzungen stimmen, kann ein elektronischer Leitstand seinen Nutzen entfalten. Vor allem bei PPS-unerfahrenen Anwendern weckten die bunten, anschaulichen Oberflächen nicht selten die Illusion, mit dem Kauf und der Einführung eines Leitstands kehre automatisch Transparenz in die Fertigung ein und alle Fertigungssteuerungsprobleme seien gelöst.

Steigende Anforderungen der Anwender

Mit der wachsenden Verbreitung der Leitstandsysteme stiegen auch die Anforderungen der Anwender. Dies hatte Konsequenzen in mehrfacher Hinsicht:

Leitstandsystem	Anbieter
MRM	ADICOM Informatik GmbH
iBaan Supply Chain Planner/ Scheduler	Baan Deutschland GmbH
becos EPS	becos GmbH
Shopfloor-Management	COSCOM Computer GmbH & Co. KG
AUPOS	CSG Computer und Software GmbH
BIONIC TOOLS production line	Dr. Sander & Associates Software GmbH
FEKOR	FLS Fertigungsleitsysteme Dr. Hüttner
SyreLine ERP mit SyteLine APS	Frontstep GmbH
X/TIME-BDM	GFOS mbH
PSIPENTA Leitstand++	GSI GmbH
Fast/pro,/log,/scm,/sim	GTT Ges. f. Technol. Transfer mbH
cronet work	Industrie Informatik GmbH
FELIOS	INFORM GmbH
FACTORY FRAMEWORK	Kumatronik FORCAM GmbH
HYDRA	MPDV Mikrolab GmbH
Obserwer-FLS	o-b-s GmbH
PROPHET 2	OptiXsoft Datenverarbeitungssysteme GmbH
SCHEDULE++	OR Soft Jänicke GmbH
ProStar 2000	Partplan GmbH
f@stchain Manufacturing Execution System	PRO DV Software GmbH
use FELIXlogistics/psl	SIC Software Industrie Consult GmbH
SimAL	SimulationsDienstleistungsZentrum SDZ GmbH

Abb. 5.1-9: Fertigungsleitstandsysteme (HOFF02)

a) Mehr Detailfunktionalität

Die Funktionalität der Leitstandsoftware wurde im Detail verfeinert, verbessert und erweitert. Mit zunehmender Detaillierung wurden zwar grundsätzlich immer mehr Einzelanforderungen abgedeckt. Die Leitstandsysteme wurden dadurch aber auch unnötig aufgebläht, da der einzelne Anwender ja nicht alle möglichen Ausprägungen einer Funktion, sondern im allgemeinen nur genau eine braucht.

b) Wissensbasierte Systeme und naturanaloge Verfahren

Wissen über Problemzusammenhänge und -abhängigkeiten

Die Euphorie, die mit dem Aufschwung der Künstlichen Intelligenz (KI) in der zweiten Hälfte der achtziger Jahre einsetzte, machte auch vor den Leitständen nicht halt. Immerhin nährten die KI-Methoden die begründete Hoffnung, bessere Lösungsansätze für manche PPS-Aufgaben zu ermöglichen. Eine Herausforderung stellten insbesondere Aufgaben dar, die einer befriedigenden Automatisierung zuvor nicht zugänglich waren, weil statt schematischem Routineverhalten Wissen über Problemzusammenhänge und -abhängigkeiten sowie Erfahrung gefragt sind. Solche Aufgaben eignen sich kaum für algorithmische Lösungen, da sich das erforderliche Expertenwissen in Daten, Funktionen und Algorithmen nur schlecht oder gar nicht abbilden läßt.

Als Beispiel seien die teilweise sehr differenzierten Einflußfaktoren und Strategien für die Einlastung von Arbeitsgängen verschiedener Fertigungsaufträge auf Betriebsmittel genannt. Diese sind oft von unternehmens-, werkstatt- oder anlagenspezifischen Gegebenheiten, persönlichen Erfahrungen, Abhängigkeit von unternehmerischen Zielen oder individuellen Präferenzen etc. geprägt. Meist sind sie unscharf, teilweise unterbewußt und schlecht quantifizierbar. Es ist daher nicht verwunderlich, daß die von den PPS-Systemen erzeugten Maschinenbelegungspläne häufig auf geringe Akzeptanz stießen und den von erfahrenen Fertigungsleitern oder Meistern festgelegten Reihenfolgen unterlegen waren!

Betriebsmittelbelegungsplanung

Die *Betriebsmittelbelegungsplanung*, an der sich schon Generationen von OR-Wissenschaftlern mit mehr oder minder geringem Erfolg versucht hatten, forderte auch die KI-Forscher zu Lösungsversuchen heraus. Neben theoretischen Ansätzen wurden verschiedene praktische Entwicklungen durchgeführt, die auf marktgängige Leitstandsysteme aufsetzen.

Expertensysteme für die Betriebsmittelbelegungsplanung

Expertensysteme für die Betriebsmittelbelegungsplanung wurden in größerer Zahl entwickelt. Die meisten kamen jedoch über das Prototyp-Stadium nicht hinaus. Auch Neuronale Netze wurden auf das Maschinenbelegungsproblem angewendet. Daneben kommen häufig Verfahren zum Einsatz, die auf Analogien zu Prozessen in der Natur beruhen.

Genetische Algorithmen

Eine der natürlichen Evolution und Selektion nachempfundene Vorgehensweise schlagen sogenannte *genetische Algorithmen* ein (KANE91, KURB95b). Hierbei werden simulativ größere Mengen von Ablaufplänen

(„Populationen") erzeugt. Die besseren werden dann ausgewählt und punktuell verändert. Zusammen mit den neu erzeugten stellen sie die nächste Population dar, aus der erneut selektiert wird etc. Ähnlich wie in der darwinistischen Theorie stellen die „Nachfahren" wahrscheinlich bessere Ablaufpläne als die Vorgänger dar. Aus diesem Grund kann ein genetischer Algorithmus beliebig lang oder kurz laufen. In dem Algorithmus *Progenitor* wird z. B. die Evolution solange fortgesetzt, bis ein befriedigendes Kostenniveau erreicht oder eine Zeitschranke überschritten wird (KANE91).

Simulated Annealing

Über die Verwendung von *Simulated Annealing* als suboptimierendes Verfahren zur Erzeugung eines Betriebsmittelbelegungsplans wird in KURB95b und KURB96 berichtet. Simulated Annealing ist ein Verfahren, das dem Prozeß der Kristallzüchtung in der Physik nachempfunden ist (AART89). Beginnend mit einer Ausgangslösung werden durch Nachbarschaftssuche iterativ immer neue Lösungen ermittelt und gegebenenfalls weiterverfolgt. Über einen Parameter, der in Anlehnung an den physikalischen Prozeß als „Temperatur" bezeichnet wird, lassen sich die Lösungsgüte und -geschwindigkeit relativ einfach steuern. Bei vergleichenden Tests erwies sich Simulated Annealing als leistungsfähiges und robustes Verfahren für die Betriebsmittelbelegungsplanung.

c) Mehr PPS-Funktionen

In die Leitstandsysteme werden immer mehr PPS-Funktionen aufgenommen. Wie bereits oben erwähnt, gehören Terminierungsfunktionen, Auftragsfreigabe, Belegerstellung u. v. a. heute schon zur Grundausstattung. Darüber hinaus werden die Leitstände auch um Komponenten angereichert, die eigentlich in klassische PPS-Domänen fallen (z. B. Lagerführung, Materialwirtschaft). Teilweise ist das Interesse an PPS-Funktionen in der Unzufriedenheit begründet, die Anwender bezüglich der Art und Weise empfinden, wie die Funktionen im PPS-System abgedeckt sind.

d) Stand-alone-Lösungen

Stand-alone-Leitstand

Verschiedentlich werden elektronische Leitstände auch *stand-alone* eingesetzt. Neben PPS-geschädigten Anwendern sind es vor allem kleine und mittlere Unternehmen, die ihre Produktionsplanung und -steuerung noch ohne Rechnerunterstützung betreiben und die sich von einem Leitstand einen schnellen und wirkungsvollen Einstieg versprechen. Insbesondere scheuen sie den mühsamen Umweg über ein PPS-System, bei dem erst eine große Menge an Stammdaten geschaffen und erfaßt werden muß, bevor überhaupt die ersten PPS-Funktionen eingesetzt werden können. Auch von solchen Unternehmen wird häufig der Wunsch nach mehr PPS-Funktionalität in einem Leitstand geäußert.

Bei bewußter Beschränkung des Erwartungshorizonts und Vorliegen bzw. Schaffung mancher organisatorischer Voraussetzungen kann der

Stand-alone-Leitstand durchaus ein praktikabler Einstieg in die computergestützte Produktionsplanung und -steuerung sein. Der Nutzen – insbesondere Transparenz in der Fertigung und besseres Terminverhalten – wird schneller faßbar als bei der Einführung eines PPS-Systems, bei der die Nutzeffekte häufig indirekter Natur und nicht offensichtlich sind.

Mit der Einführung eines Stand-alone-Leitstands beginnt der Einstieg in die computergestützte Produktionsplanung und -steuerung bei den kurz- und mittelfristigen zeitwirtschaftlichen Funktionen. Demgegenüber führte der übliche Einstieg mit einem PPS-System meist über die materialwirtschaftlichen Komponenten; bevor diese eingesetzt werden konnten, mußten aber erst die äußerst umfangreichen Grunddaten (Teilestammdaten und Stücklisten) erfaßt werden.

PPS-Einstieg über zeitwirtschaftliche Funktionen

e) Individualisierung

Obwohl die Unterschiede von Unternehmen zu Unternehmen um so größer werden, je mehr man sich der Fertigung vor Ort nähert, sind die bisherigen Leitstandsysteme doch wie die PPS-Systeme und andere Anwendungssoftware als *Standardsysteme* ausgelegt. Da „Standard-“ Problemlösungen aber meist den individuellen Bedürfnissen eines Unternehmens nicht gerecht werden, müssen sie mit unverhältnismäßig hohem Aufwand angepaßt werden. Die Kosten für die Individualanpassung betragen nicht selten ein Vielfaches des Kaufpreises für die reine Software.

Hohe Kosten für die Individualanpassung

Bei konventioneller Softwaretechnologie löst man das Anpassungsproblem entweder durch Individualprogrammierung, Parametrisierung oder Zusammenstellung spezieller Modulkonfigurationen (KURB92b). Die beiden letzteren Möglichkeiten haben relativ enge Grenzen, da man bei der Entwicklung eines elektronischen Leitstands von vornherein kaum alle potentiellen Individualanforderungen berücksichtigen kann und der Entwicklungsaufwand sowie der Systemumfang unnötig aufgebläht würden. Deshalb bleibt in vielen Fällen nur der teuerste Weg, nämlich der der Individualprogrammierung.

Läßt man die zwar verbreitete, für die Fertigungssteuerung aber unzweckmäßige Philosophie der „Standardsoftware“ fallen, dann sind auf Basis moderner Softwaretechnologie auch effizientere Vorgehensweisen möglich. Wenn man als Leitlinie den Grundgedanken verfolgt, daß ein Softwaresystem möglichst gut die *Individualanforderungen* des Anwenderunternehmens abdecken soll, ist das Hauptaugenmerk auf die Merkmale Änderungsfreundlichkeit und Erweiterbarkeit zu richten.

Änderungsfreundlichkeit und Erweiterbarkeit

Besonders geeignet, die Entwicklung flexibel anpaßbarer Software zu unterstützen, ist die *objektorientierte Programmierung*. Das objektorientierte Paradigma vereinigt in sich bekannte Software-Engineering-Prinzipien (wie Datenabstraktion und Information Hiding) mit Prinzipien des dynamischen Bindens (wie Polymorphismus) und der Vererbung durch Klassenbildung. Damit wird es möglich, allgemeinere Konzepte zu formu-

Objektorientierte Programmierung

lieren und softwaremäßig darzustellen. Für spezielle Fälle können auf dem Wege der Verfeinerung oder durch Erweiterung um spezielle Klassen und Methoden sehr effizient individuelle Anpassungen durchgeführt werden.

Kernleitstand

Auch bei einem auf Individualisierung angelegten Leitstandsystem ist es nicht erforderlich, jede Datenstruktur und Funktion von Grund auf neu zu entwickeln. Statt dessen kann eine konzeptionelle Trennung in einen *Kernleitstand*, der die allgemein benötigten Daten und Funktionen (bzw. in der objektorientierten Terminologie die Objekte, Klassen und Methoden) enthält, und die *Erweiterungen*, die im individuellen Fall hinzukommen, vorgenommen werden (KURB92b). Im Kernleitstand sind dann beispielsweise Grundfunktionen wie die Menüstruktur, Datenbankschnittstelle und Speicherverwaltung sowie die grafischen Grundelemente für Arbeitsgänge, Betriebsmittel, Zeitachse etc. enthalten.

Individuelle Erweiterungen

Anpassungsaufwand bleibt im akzeptablen Rahmen

Im Hinblick auf eine individuelle Anwendung müssen zum einen die Objekte des Kernleitstands übernommen und gegebenenfalls modifiziert und zum andern zusätzliche Anforderungen in den Erweiterungsklassen realisiert werden. Die Vorteile des objektorientierten Ansatzes liegen vor allem darin, daß mit dem Klassenkonzept, den Vererbungsmechanismen und den Softwarewerkzeugen einer objektorientierten Entwicklungsumgebung sehr mächtige Hilfsmittel zur Verfügung stehen, die den Anpassungsaufwand im akzeptablen Rahmen halten. Das Anwenderunternehmen erhält ein maßgeschneidertes System, ohne daß es die hohen Kosten der konventionellen Individualprogrammierung aufbringen muß.

f) Browser für Datenstrukturen

Die grafischen Darstellungsformen in den Leitstandsystemen der ersten Generation brachten einen deutlichen Fortschritt hinsichtlich der Effektivität und Benutzerfreundlichkeit elektronischer Planungs- und Steuerungswerkzeuge.

Zusammenhänge zwischen Datenstrukturen

Die vorteilhaften Eigenschaften der Grafik lassen sich darüber hinaus auch in anderen Zusammenhängen nutzen. So gibt es in der PPS-Datenbasis sehr komplexe Datenstrukturen, deren Beziehungen untereinander zwar, wenn eine problemadäquate Datenbank erzeugt wurde, hinterlegt, aber in alphanumerischen Anzeigen oder Ausdrucken nur mühsam wiederzufinden sind. Denkt man beispielsweise an den Vertriebssachbearbeiter, der sich informieren möchte, welche Fertigungsaufträge und -arbeitsgänge zu einem bestimmten Kundenauftrag gehören und welchen Stand diese im Augenblick haben, so muß er über die Relation „Kundenauftrag" und/oder „Kundenauftragsposition" die Erzeugnisstrukturen, die daraus generierten Fertigungsaufträge und ihre Netzzusammenhänge durchforsten, um schließlich zu den zugehörigen Arbeitsgängen zu gelangen. Wenn das PPS-System nur alphanumerische Ausgaben bietet, heißt dies im Normalfall, daß er Such- und Anzeigefunktionen benutzt und jeweils Werte für die Schlüsselattribute der betroffenen Relationen eingibt.

Wesentlich komfortabler ist der Suchvorgang, wenn die Zusammenhänge zwischen den Datenstrukturen in grafischer Form visualisiert werden. Abbildung 5.1-10 enthält die schematische Wiedergabe von Bildschirmdarstellungen für das eben skizzierte Problem; sie zeigt die Zusammenhänge zwischen der zum Kundenauftrag KA 100 gehörenden Position mit Teilenummer A 100, der Erzeugnisstruktur des Teils A 100,

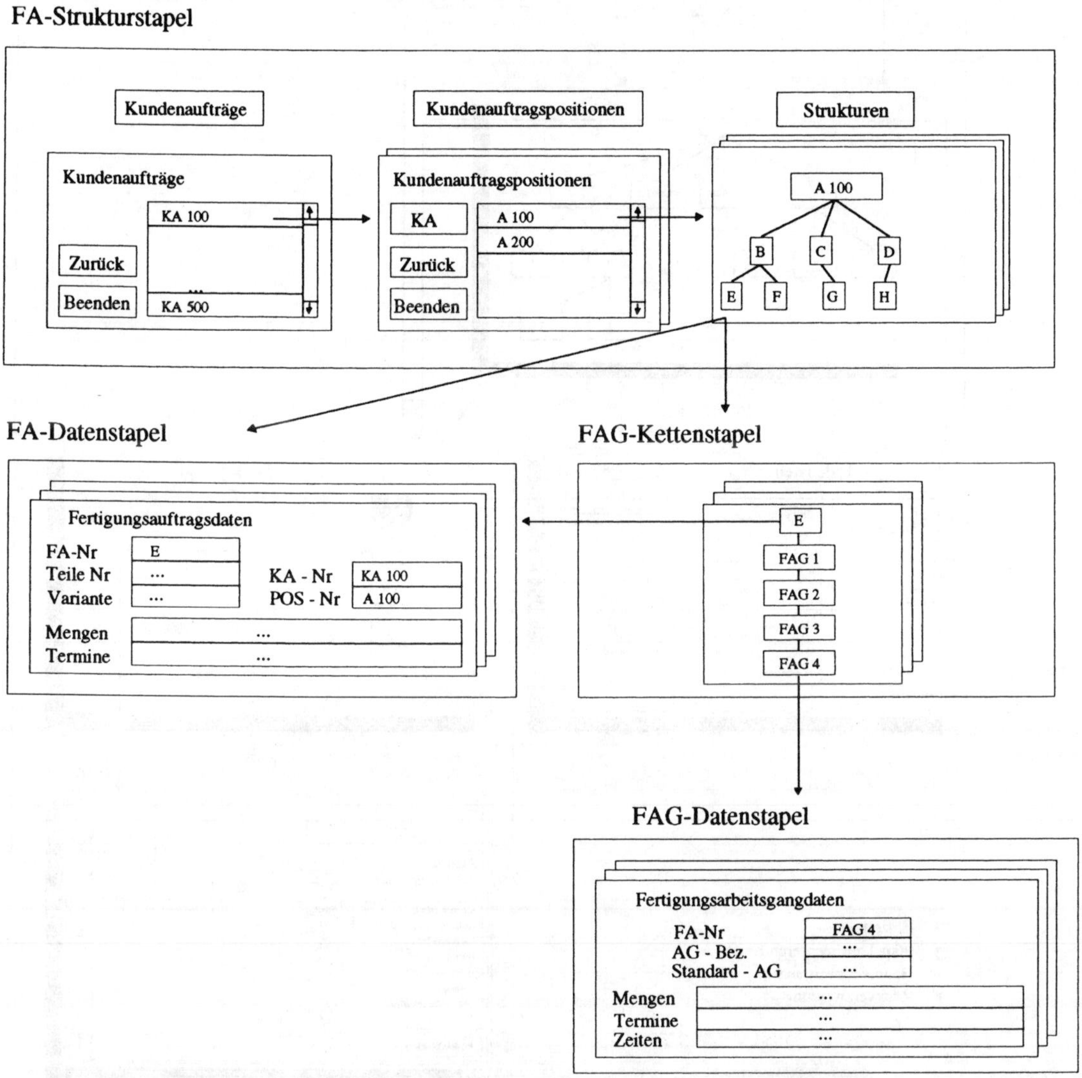

Abb. 5.1-10: Visualisierung von Zusammenhängen zwischen PPS-Datenstrukturen (KURB91)

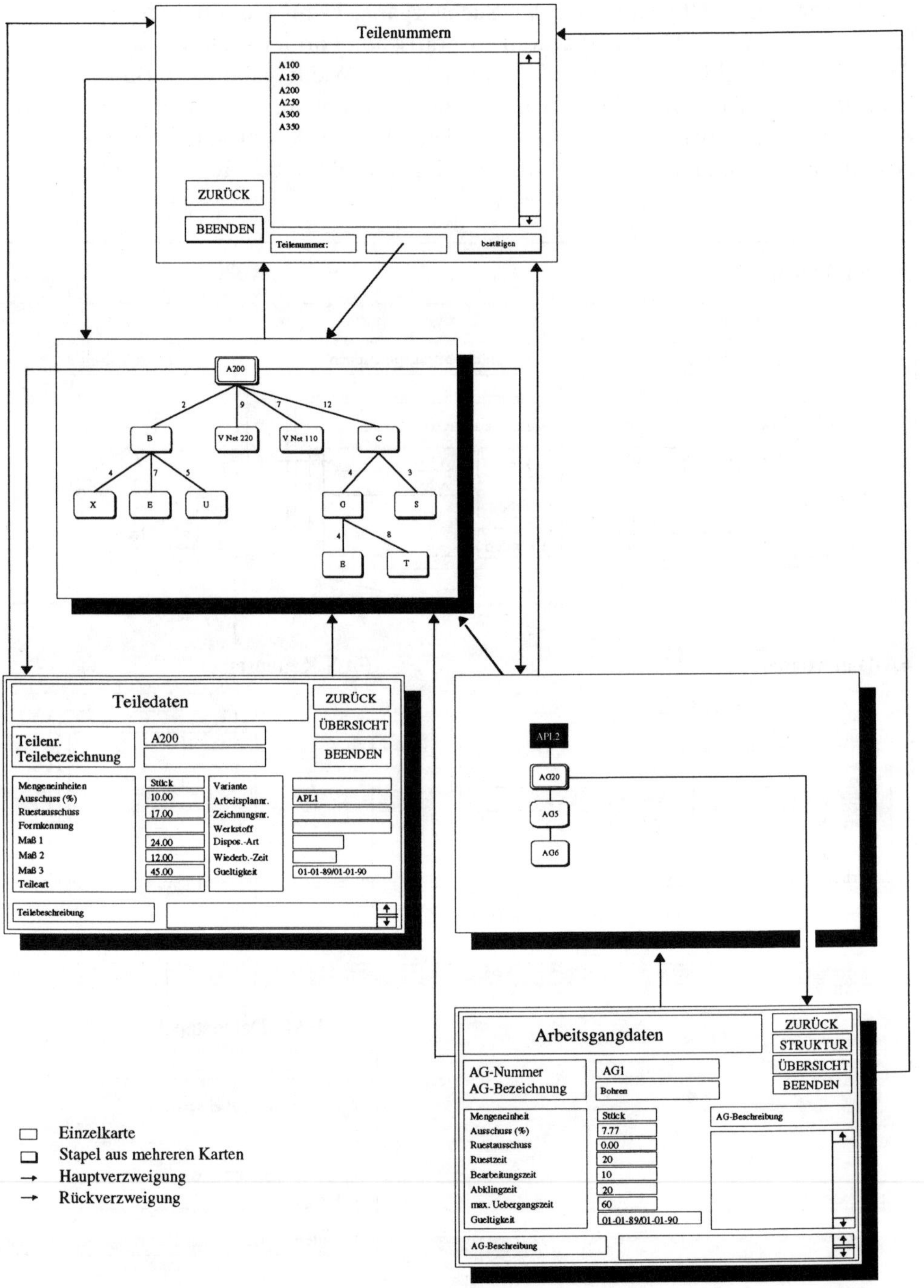

Abb. 5.1-11: Erzeugnisstrukturen und Arbeitspläne in einem Browser (KURB91)

einem Fertigungsauftrag, der bei der Stücklistenauflösung entstand (Teilenummer E), und dessen Arbeitsgängen; für den Arbeitsgang mit Nummer 4 sind schließlich auch die zugehörigen Daten eingeblendet.

Browser

Softwarewerkzeuge, die ein derartiges Navigieren durch eine Datenbasis erlauben und die Strukturen grafisch zur Anzeige bringen, werden *Browser* genannt. Sie sind z. B. als Werkzeug zum Zugriff auf Informationen im World Wide Web sehr verbreitet. Als konzeptionelle und softwaretechnische Grundlage zur Erstellung von Browsern, die auch multimediale Informationsformen (Grafik, Text, Bilder) zulassen, können *Hypermedia-Systeme* zur Anwendung kommen. Objektorientierte Entwicklungsumgebungen unterstützen Browsing-Konzepte ebenfalls recht gut.

Die Visualisierung von Datenstrukturen ist an vielen Stellen eines Leitstand- oder PPS-Systems von Nutzen, da es zahlreiche, komplexe Informationsbeziehungen gibt. Als weiteres Beispiel wird in Abbildung 5.1-11 die grafische Aufbereitung von Erzeugnisstrukturdaten wiedergegeben. Für das Teil Nr. A 200, von dem zwei Varianten bezüglich des Netzteils (Teilenummer V) existieren, sind links die Erzeugnisstruktur sowie die Teilestammdaten und rechts unten der Arbeitsplan mit einem Arbeitsgang eingeblendet. Die Variantenknoten stehen als Platzhalter für Subnetze mit weiteren Knoten, die auf Wunsch aufgespannt und wieder zusammengefaßt werden können.

5.2 Client-Server-Systeme

5.2.1 Verteilte PPS-Systeme

Mit den elektronischen Leitständen begann ein Trend, PPS-Funktionalität auf mehrere Rechner zu verteilen. Aufgaben der Produktionsplanung und -steuerung wurden aus den früher zentralistischen PPS-Systemen herausgelöst, bzw. die PPS-Systeme wurden auf diese Weise um nicht abgedeckte Funktionsbereiche ergänzt. Eigenständige Rechner übernahmen nun die speziellen Aufgaben.

Dezentralisierungstendenz

Die hier erkennbare Dezentralisierungstendenz setzte sich in dem Bestreben fort, auch weitere PPS-Komponenten auf getrennten Rechnern laufen zu lassen. Darüber hinaus wuchs das Interesse der Anwender, Ergänzungen, Erweiterungen oder angrenzende Systeme, die nicht zum Umfang eines vorhandenen PPS-Systems gehörten, mit diesem zu verbinden. Beispiele sind etwa Vertriebs-, Kalkulations- und Textverarbeitungsmodule oder Programme für statistische Auswertungen, die auf anderen Rechnersystemen als das PPS-System laufen. Die flächendeckende Verbreitung von Personal Computern und die steigende Leistungsfähigkeit von Netzwerken trugen weiter dazu bei, diese Art der Dezentralisierung attraktiv erscheinen zu lassen.

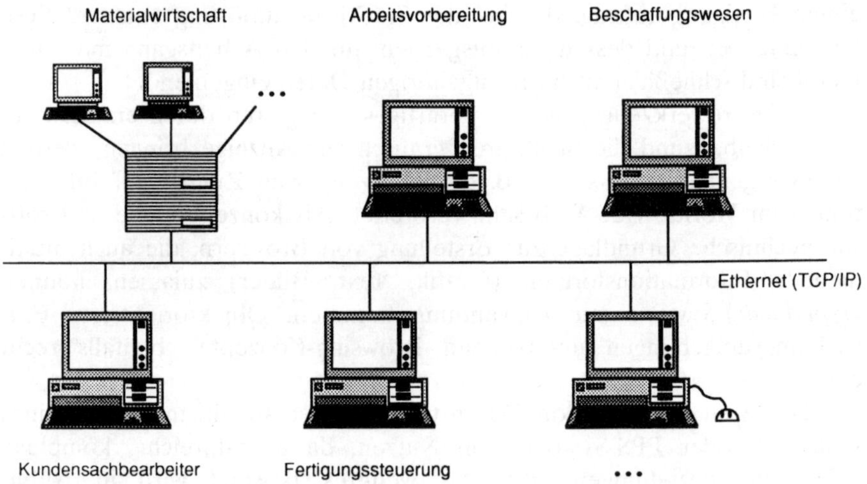

Abb. 5.2-1: Verteiltes PPS-System auf Basis eines PC-Netzwerks

Verteilte Systeme

In der Informatik war etwa zur gleichen Zeit die Forschung auf dem Gebiet der sog. *verteilten Systeme* (NEHM87, WEDE88) soweit fortgeschritten, daß die Ergebnisse Praxisreife erreicht hatten. Verteilte Systeme bildeten fortan den State-of-the Art auf dem Gebiet der Anwendungssystem-Entwicklung, und das Attribut „verteilt" verwendeten Softwareanbieter gern für ihre Produkte. Auch PPS-Systeme wurden nun verteilt. Abbildung 5.2-1 zeigt die grundlegende Idee am Beispiel eines der frühen PC-basierten PPS-Systeme, das in dieser Zeit als Prototyp vorgestellt wurde (KURB89c).

Skalierbarkeit

Aus Sicht der Anwender, vor allem, wenn es sich um mittelständische Unternehmen handelt, weisen verteilte PPS-Systeme gegenüber monolithischen einen erheblichen Vorteil auf, nämlich den der *Skalierbarkeit*. Darunter versteht man die Möglichkeit, ein System stufenweise den individuellen Anforderungen entsprechend ausbauen oder auch reduzieren zu können.

Investitionsbarriere

Eine Hemmschwelle für den PPS-Einsatz besteht nämlich oft darin, daß zunächst eine *Investitionsbarriere* zu überwinden ist. Diese ist relativ hoch, da die konventionellen PPS-Systeme wegen ihrer zentralistischen Philosophie einen relativ großen Zentralrechner erfordern. Dieser muß von Anfang an vorhanden und von einer Leistungsfähigkeit sein, die im Prinzip erst dann voll ausgenutzt wird, wenn das vollständige PPS-System im Betrieb eingeführt ist. Da sich eine PPS-Einführung in der Regel aber über Jahre hin erstreckt, werden Rechnerressourcen beschafft, die zunächst, zumindest teilweise, überflüssig sind. Erschwerend kommt dazu, daß der Erfolg einer PPS-Einführung und das Kosten-Nutzen-Verhältnis oft kritisch eingeschätzt und angesichts der erforderlichen organisatorischen Veränderungen im Betrieb ohnehin mit Vorbehalten betrachtet werden.

Bei einem verteilten System ist es dagegen möglich, die Einführung einzelner PPS-Komponenten *schrittweise* vorzunehmen. Dies gilt sowohl für die Hardware- als auch für die Softwareseite. Rechnerknoten und PPS-Module brauchen nur in der Geschwindigkeit und in dem Umfang beschafft zu werden, wie die PPS-Einführung im Betrieb voranschreitet. Nach einem gewissen Grundstock sind erst dann Zusatzinvestitionen erforderlich, wenn weitere PPS-Funktionskreise eingeführt werden sollen. Beispielsweise könnte im ersten Schritt je ein Rechner für die Angebots-/ Auftragsbearbeitung und für die Materialwirtschaft beschafft werden, später vielleicht ein Rechner für die Arbeitsvorbereitung und das Beschaffungswesen. Die Fertigungssteuerung könnte folgen, wenn die anderen Funktionskreise eingespielt sind. Auf diese Weise verteilt sich das Investitionsvolumen über einen Zeitraum von mehreren Jahren. Auch spätere Ausbaustufen, wenn etwa das Unternehmen erfolgreich am Markt agiert und wächst, sind problemlos realisierbar.

Schrittweise Einführung

5.2.2 Client-Server-Architekturen

Von den verschiedenen Formen der Verteilung stellte sich bald die *Client-Server-Architektur* als die praktisch relevanteste heraus. Bei dieser Architektur unterscheidet man ganz allgemein Komponenten, die Dienstleistungen für andere Komponenten erbringen (Server), und Komponenten, die diese Dienstleistungen nachfragen (Clients). Dienstleistungen sind zum Beispiel das Verwalten von Daten der Clients in einer zentralen Dateistruktur (Fileserver) oder in einer Datenbank (Datenbankserver), das Bereitstellen bestimmter Anwendungsprogramme (Programmserver, Application Server) oder das Erbringen von Druckleistungen (Druckserver).

Server und Clients

Die Komponenten eines Client-Server-Systems sind i. d. R. eigene Rechner, mit der zugehörigen Software und über ein Netzwerk lose gekoppelt. Dies muß allerdings nicht so sein. Theoretisch können Clients und Server auch auf denselben Rechnern laufen. Allgemeiner spricht deshalb von Client- bzw. Server-Prozessen. Typische Merkmale von Client-Server-Systemen sind die folgenden (ORFA97):

Merkmale von Client-Server-Systemen

- Ein Server kann gleichzeitig viele Clients bedienen und ihre Zugriffe auf gemeinsam genutzte Ressourcen regulieren.
- Clients sind die aktiven Elemente, welche die Dienstleistungen anfordern, während Server auf Anforderungen der Clients warten und erst dann tätig werden.
- Transparenz, d. h. beliebige physische Örtlichkeit: Ein Server-Prozeß kann auf einem eigenen Rechner angesiedelt sein, aber auch auf einem Rechner, der einen oder mehrere Client-Prozesse beherbergt.
- Die Kommunikation zwischen Server und Clients, d. h., die Anforderung einer Dienstleistung und die Antwort (Ergebnisse) darauf, erfolgt durch Austausch von Nachrichten.

- Skalierbarkeit: Ein Client-Server-System ist sowohl horizontal als auch vertikal skalierbar. Horizontale Skalierbarkeit bedeutet, daß Arbeitsplätze hinzugefügt oder entfernt werden können. Von vertikaler Skalierbarkeit spricht man, wenn höhere oder geringere Leistungsfähigkeit durch Austausch des Servers erreicht werden kann.

Datenbankserver

Die wichtigste Anwendung des Client-Server-Prinzips findet man im Bereich der Datenhaltung. In verteilten Anwendungssystemen werden meist *Datenbankserver* eingesetzt, die eine logisch einheitliche (zentrale oder auch vielleicht physisch irgendwie verteilte) Datenbank verwalten. Über eine SQL-Schnittstelle werden die Anfragen der Clients an die Datenbank entgegengenommen. Der Server bearbeitet die Anfrage und schickt dem Client die Ergebnisdaten zurück.

Programmserver

Mit zunehmendem Funktionsumfang der betrieblichen Anwendungssysteme kommen oft auch Programmserver (Application Server) zum Einsatz. Geht man davon aus, daß die spezifischen Anwendungsfunktionen eines Client-Server-Systems jeweils bei den Clients angesiedelt sind, dann werden einem Programmserver diejenigen Funktionen übertragen, die global, d. h. von mehreren Client-Prozessen, benutzt werden.

Fileserver

Ein elementarer Server-Prozeß beinhaltet die Verwaltung von Dateien der Clients auf einem logisch zentralen Speichermedium (Fileserver). Die Vorteile liegen vor allem darin, daß mehrere Clients auf die Dateien zugreifen können, ohne daß Daten kopiert werden müssen, und daß eine zentrale Datensicherung möglich ist. Dateiserver sind in Netzwerken meist unabdingbar.

5.2.3 Beispiel eines Client-Server-PPS-Systems: infor:COM

Die allgemeinen Ausführungen über verteilte und insbesondere nach dem Client-Server-Prinzip organisierte Systeme sollen in diesem Abschnitt am Beispiel eines in der Praxis eingesetzten PPS-Systems verdeutlicht werden. Wie in Abschnitt 1.4.1 dargelegt wurde, gibt es am Markt eine sehr große Zahl an Standard-PPS-Systemen. Das Spektrum reicht von einfachen PC-basierten Systemen bis hin zu Lösungen, die einen Großrechner voraussetzen oder die in umfassende Unternehmensplanungssysteme („Enterprise Resource Planning“) eingebunden sind.

PC-basierte PPS-Systeme

Während die ersten PPS-Systeme für PCs nur einen Bruchteil des Leistungsspektrums eines „klassischen“ großrechnerorientierten Pakets aufwiesen, existieren heute durchaus leistungsfähige Systeme mit umfangreicher Funktionalität. Dieses Aufholen wurde durch die technologischen Fortschritte im Mikrorechnerbereich ermöglicht. Die Leistungsfähigkeit der Hardware, der Netzwerkbetriebssysteme und der Datenbanksysteme hat heute einen Stand erreicht, der die Entwicklung von soliden PPS-Systemen auf der Grundlage von PC-Netzwerken erlaubt. Allerdings liegen PCs, Supermikros und Mainframes immer noch auf unterschiedlichen Stufen der Rechnerleistung. Daraus folgt, daß sich PC-basierte Systeme primär an kleine und mittlere Unternehmen richten.

infor:COM

Das System, das im folgenden beschrieben wird, ist infor:COM. Seine erste Version wurde bereits ab 1987 von der *infor GmbH* als „verteiltes PPS-System" implementiert. Der Entwicklungsaufwand wird mit ca. 200 Mannjahren angegeben. Grundlegende Ideen, die in infor:COM realisiert sind, gehen auf Arbeiten von Helmut Kernler, einem Wirtschaftsinformatik-Professor an der Fachhochschule Furtwangen, zurück (KERN85). Da die Softwaretechnologie Mitte der achtziger Jahre noch nicht hinreichend weit fortgeschritten war, mußten für die ersten Versionen Netzwerk- und Datenbankkomponenten von *infor* noch selbst entwickelt werden. Heute setzt infor:COM dagegen auf marktgängiger Basissoftware auf. Unter den ausschließlich auf PC-Technologie basierenden PPS-Systemen ist infor:COM mittlerweile zum Marktführer geworden.

Betriebstypen

Im Gegensatz zu anderen Systemen weist infor:COM keine ausgeprägte Ausrichtung auf einen bestimmten Betriebstyp im Sinne der Typologie von Abschnitt 1.3 auf. Dies wird damit begründet, daß in kleinen und mittleren Unternehmen häufig mehrere Fertigungstypen gleichzeitig bzw. vermischt vorkommen und daß aufgrund von Marktentwicklungen die Verlagerung von einem Fertigungstyp auf einen anderen erforderlich sein kann (INFO02). Demzufolge werden sowohl Auftrags-/Einzelfertigung als auch Programmfertigung unterstützt. Einen Schwerpunkt bildet die Variantenfertigung.

Client-Server-Architektur von infor:COM

Das System infor:COM basiert auf einer Client-Server-Architektur, bei der in der Regel zwei Server zum Einsatz kommen, ein Fileserver und ein Datenbankserver. Der Fileserver beherbergt insbesondere die Programmdateien. Der Datenbankserver verwaltet die Daten des Anwenders (Teile, Aufträge, Kunden etc.). Bei kleinen Konfigurationen können beide Server auf einem Rechner installiert sein, bei größeren sind zwei getrennte Rechner vorgesehen.

Datenbankserver

Der Datenbankserver wird über eine SQL-Schnittstelle angesprochen, d. h., die Clients schicken SQL-Abfragen an den Server und erhalten die Ergebnisse über das Netz zurück. Da SQL als Schnittstellensprache verwendet wird, kann grundsätzlich jedes relationale Datenbanksystem für die Datenverwaltung benutzt werden. Angesichts der Unterschiede in den SQL-Implementierungen verschiedener Datenbankhersteller ist dies allerdings nur eine theoretische Möglichkeit. Konkret werden die Datenbanksysteme Oracle, DB2 und Microsoft SQL-Server unterstützt.

Betriebssystem MS Windows

Als Betriebssysteme werden MS Windows/NT, 2000 oder XP vorausgesetzt. Als Server-Betriebssystem kann auch Linux, Unix und AS/400 (i-Series) verwendet werden.

Funktionskreise

Der Umfang von infor:COM schließt die folgenden Funktionskreise der Produktionsplanung und -steuerung sowie angrenzender Bereiche ein:
- Vertrieb
- Disposition
- Einkauf
- Lager
- Produktion
- Finanzen
- Konstruktion

Eine Reihe weiterer betriebswirtschaftlicher Funktionskreise – Finanzbuchführung, Anlagenbuchführung, Kostenrechnung, Personalabrechnung – wird durch weitere, in infor:COM integrierte Anwendungsmodule abgedeckt.

VPPS/NT-Konfiguration

Beim Anwender werden die im konkreten Fall benötigten Funktionen aus den o. g. Funktionskreisen auf die Arbeitsplätze verteilt, beispielsweise 3 Arbeitsplätze Einkauf, 4 Arbeitsplätze Arbeitsvorbereitung, 1 Arbeitsplatz Wareneingang etc. Abbildung 5.2-2 zeigt eine typische Konfiguration mit 22 Arbeitsplätzen aus einer infor:COM-Installation in der Praxis. Sie wird bei einem mittelständischen Unternehmen mit ca. 160

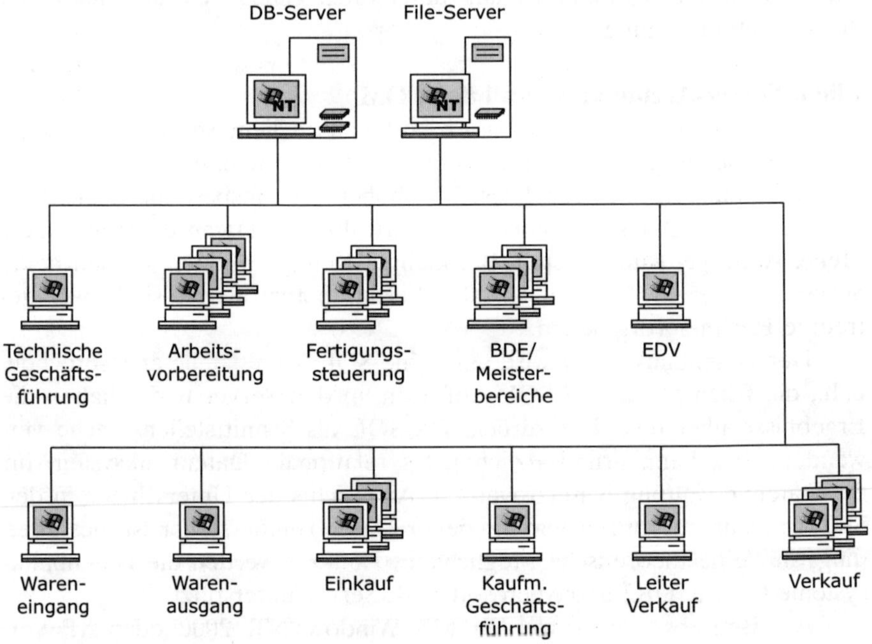

Abb. 5.2-2: Typische Konfiguration beim Einsatz von infor:COM

Mitarbeitern eingesetzt, das als Zulieferer für die Automobilindustrie Getriebe und Getriebeteile (z. B. Zahräder, Wellen) herstellt. Der Datenbankserver ist ein Doppelprozessorsystem mit RAID-Technologie für die Datenhaltung. Auf dem Fileserver und dem Datenbankserver laufen Windows NT.

Nachfolgend werden die wichtigsten Funktionskreise von infor:COM kurz beschrieben (INFO02). Die Darstellung soll auch dazu dienen, dem Leser einen Eindruck von den typischen Komponenten eines PPS-Systems zu vermitteln, nachdem in den vorigen Kapiteln zahlreiche Einzelfunktionen eher isoliert erläutert wurden.

Stammdatenverwaltung

Ressourcen

Obwohl die Stammdatenverwaltung kein eigenständiges Modul ist, werden wir auf diese zunächst näher eingehen, weil die Stammdaten die Grundlage für andere Funktionskreise bilden. Mit Hilfe der Funktionen der Stammdatenverwaltung werden die im PPS-System geführten „Ressourcen" im weitesten Sinne sowie die Beziehungen zwischen ihnen angelegt und gepflegt. Als Ressourcen werden Teile (in infor:COM terminologisch differenziert nach Einkaufsartikeln, Verkaufsartikeln, Handelsware und Baugruppen), Arbeitsplätze bzw. Arbeitsplatzgruppen, Kunden und Lieferanten bezeichnet.

Ressourcenlisten

Eine Besonderheit gegenüber der üblichen Speicherung der Strukturbeziehungen sind die sog. *Ressourcenlisten*. Diese vereinigen in sich die Informationen einer Stückliste und eines Arbeitsplans. Dahinter steht der Grundgedanke, daß für die Planung und Steuerung der Auftragsdurchführung alle erforderlichen Ressourcen gleichzeitig bekannt sein müssen (KERN95). Andernfalls besteht die Gefahr, daß Material und Betriebsmittel isoliert voneinander disponiert werden, was unter Umständen zu einem nicht realisierbaren Gesamtplan führt. In einem konventionellen PPS-System werden die Mengendaten dagegen in den Stücklisten und die Zeit- und Arbeitsplatzdaten in den Arbeitsplänen geführt. Demzufolge arbeitet die Bedarfsauflösung nur mit den Mengendaten, und die Terminplanung kann erst im Anschluß erfolgen. Eine Kombination von Stücklisten- und Arbeitsganginformationen im Sinne einer ressourcenorientierten Sicht wurde im übrigen auch in dem OPT-Ansatz verfolgt (JACO84; vgl. Abschnitt 3.4.3).

Abbildung 5.2-3 zeigt das Prinzip der Ressourcenlisten an einem Beispiel. Das Endprodukt Notbremswagen mit der Teilnummer 965-1100 entsteht letztlich durch die Endmontage im Arbeitsgang 1200 („Montieren lt. Zeichnung"). Dazu werden 4 Druckspeicher 965-1386, 1 Abdeckung 965-1396, 4 Bremsbackenhalter 965-1328, 16 Bremsbacken 965-1322, 2 Laufwerke 965-1390 etc. benötigt. Die Arbeitsgänge zur Herstellung der letzteren reichen vom Absägen des Materials Rundstahl 602-0012 in der Menge 0,38 m bis zum Lackieren der Laufwerke.

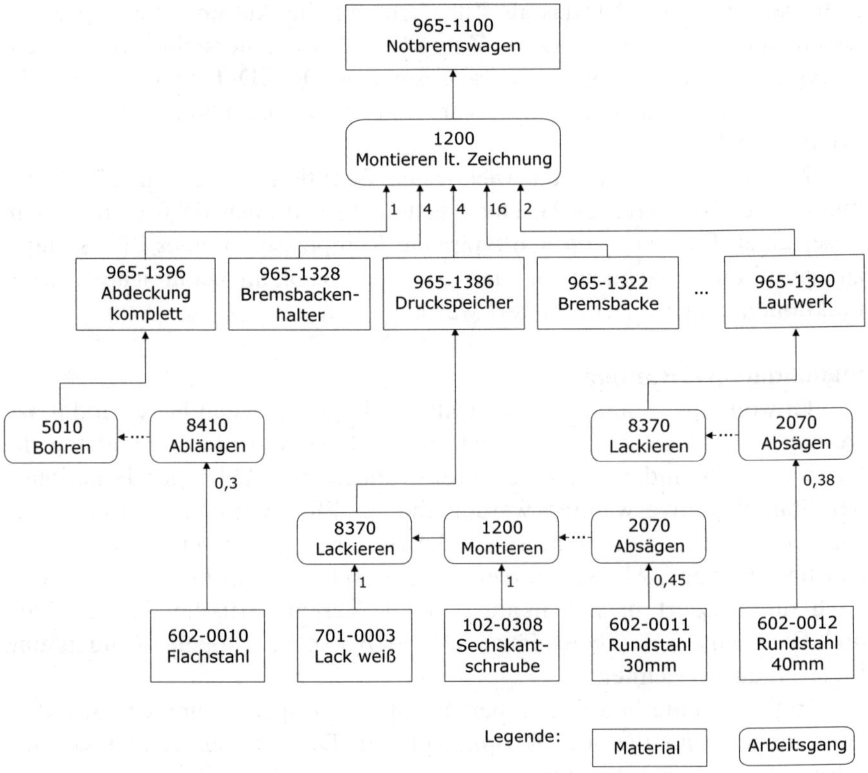

Abb. 5.2-3: Informationen in einer Ressourcenliste (Beispiel)

Vertrieb

Kundenaufträge

Das Vertriebsmodul umfaßt alle Funktionen, die im weiteren Sinne mit der Erzeugung und Abwicklung von Kundenaufträgen zu tun haben. Dazu zählen insbesondere das
- Erfassen und Bearbeiten von Angeboten aufgrund von Kundenanfragen,
- Erzeugen und Bearbeiten von Kundenaufträgen (diese unterscheiden sich hauptsächlich durch den Status von Angeboten, vgl. auch Abbildung 5.2-4),
- Prüfen von Materialverfügbarkeit (vor Ausstellung des Lieferscheins),
- Verwalten von Preistabellen, in denen allgemeingültige oder kundenspezifische Verkaufspreise, Rabattstaffeln u. a. hinterlegt werden,

sowie zahlreiche Einzelfunktionen wie Behandlung von Lieferabrufen, Verwaltung von Zahlungsplänen, Sammelrechnungen und -lieferscheine, Gutschriften, Vertreterprovisionsabrechnung und Statistiken.

Abbildung 5.2-4 zeigt als Beispiel nochmals den Kundenauftrag aus Abbildung 4.4-1, der in infor:COM angelegt wurde. Unter der Auftragsnummer KA1002 sind vier Auftragspositionen aufgeführt, die der Kunde

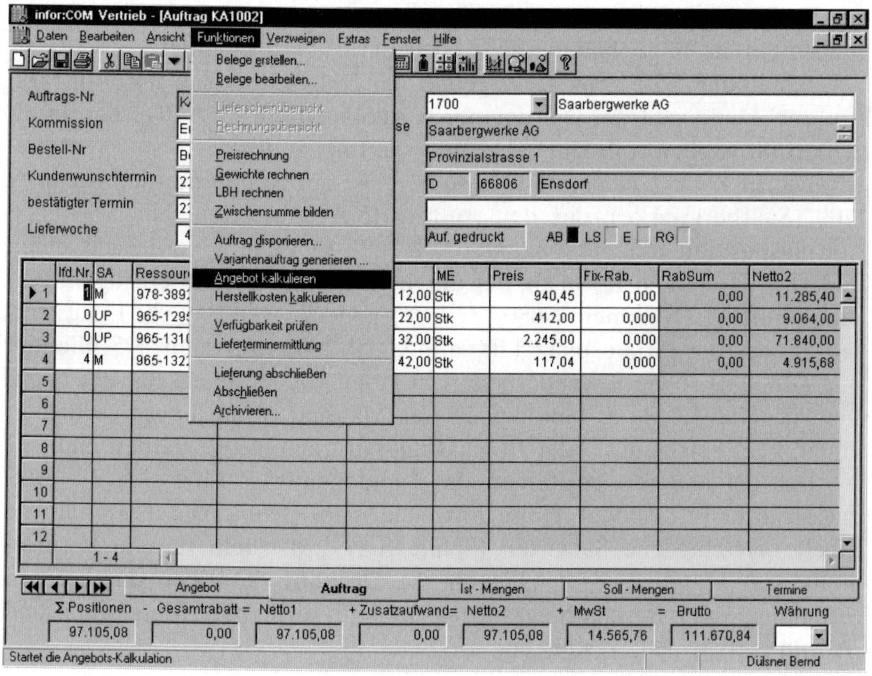

Abb. 5.2-4: Operationen auf einem Kundenauftrag

„Saarbergwerke AG“ bestellt hat. In dem Drop-down-Menü ist eingeblendet, welche Funktionen der Benutzer auf dem Kundenauftrag ausführen kann, z. B. die Verfügbarkeit von Material prüfen, Herstellkosten kalkulieren oder den aktuellen Liefertermin ermitteln.

Disposition

Ressourcengrobplanung

Im Funktionskreis Disposition erfolgt die Grobplanung der Ressourcen. Insbesondere werden hier die Sekundärbedarfsermittlung sowie die Kapazitätsterminierung durchgeführt. Dies bedeutet, daß nicht nur die mengenmäßige, sondern gleichzeitig auch die kapazitätsmäßige und damit die terminliche Realisierbarkeit der Kundenaufträge sichergestellt wird. Bei der Materialdisposition kann sowohl bedarfsgesteuert als auch verbrauchsgesteuert vorgegangen werden. Die zur Bedarfsdeckung erforderlichen (Fertigungs- oder Beschaffungs-) Aufträge werden automatisch erzeugt.

Für die Termin- und Kapazitätsrechnung muß angegeben werden, welche Terminierungsstrategie verwendet werden soll (Vorwärts- oder Rückwärtsterminierung, vgl. Abschnitt 3.4.1). Die für die Terminierung benötigten Zeit- und Mengendaten werden den Ressourcenlisten entnommen. Anders als in den konventionellen PPS-Systemen werden bei der Rechnung bereits die tatsächlich verfügbaren Kapazitäten (d. h. abzüglich bereits eingeplanter Kapazitätsbedarfe) berücksichtigt.

Auftragsstruktur

Abbildung 5.2-5 zeigt als Ergebnis der Disposition eine sog. Auftragsstruktur. Diese gibt an, wie der obige Kundenauftrag KA1002 im einzelnen erfüllt werden soll. Die Tabelle ist wie folgt zu lesen:

Die in Zeile 1 genannte „Ressource" ist der Kunde mit der Nummer 1700 (Saarbergwerke), der den Auftrag (KA1002) erteilt hat. Die erste Auftragsposition mit der Nummer 978-3892 in Zeile 2 verursacht einen Bedarf in Höhe von 12 Stück, der durch einen vom System erzeugten Fertigungsauftrag (Nummer 00080, Zeile 3) gedeckt werden soll. Dazu werden erstens der Arbeitsplatz 1200 am 25. 10. 2003 insgesamt 605 Minuten lang (Zeile 4) sowie Sekundärbedarf in Höhe von 12 Teilen mit der Nummer 965-4705 (Zeile 5) benötigt. Dieses Material ist am Lager verfügbar, so daß kein Fertigungs- oder Beschaffungsauftrag erzeugt werden muß.

Für die anderen Positionen des Kundenauftrags setzt sich die Auftragsstruktur in analoger Weise fort. Wie man leicht erkennt, enthält die Tabelle verschiedene Satzarten (Spalte SA). „M" steht für die Verursachung von Materialbedarf, „H" für die Deckung desselben durch einen Fertigungs- oder Beschaffungsauftrag, „v" für verfügbare Materialien und „A" für Arbeitsplatzressourcen.

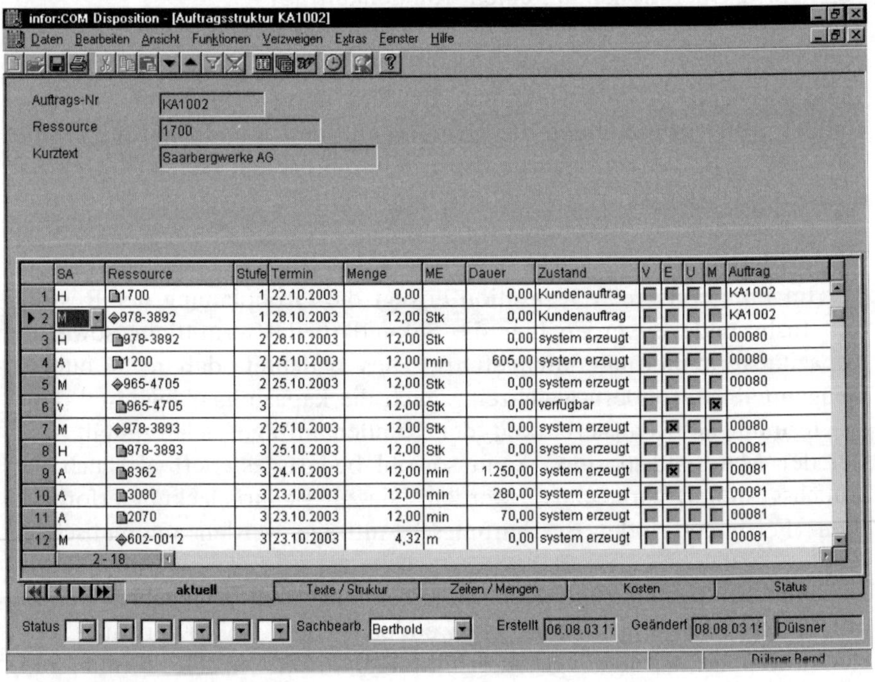

Abb. 5.2-5: Auftragsstruktur (Ressourcenbedarf und Bedarfsdeckung)

Einkauf

Bestellungen bei Lieferanten

Das Einkaufsmodul dient dazu, Anfragen und Bestellungen bei Lieferanten zu erzeugen und zu bearbeiten. Die dafür erforderlichen Material-, Termin- und Mengendaten werden, soweit vorhanden, im Sinne von Bestellvorschlägen automatisch aus der Disposition übernommen. Mit den Funktionen des Einkaufs können sie dann verändert oder um weitere Bestellpositionen ergänzt werden. Allgemeine oder lieferantenspezifische Preise, Rabattstaffeln u. ä. werden analog zum Vertriebsbereich verwaltet.

Aus den Bestellvorschlägen lassen sich automatisch Bestellungen erzeugen, wobei das Progamm auf Wunsch alle oder mehrere Positionen, die bei einem Lieferanten bestellt werden, zu einem Auftrag zusammenfaßt. Die Bestellbelege können nicht nur ausgedruckt, sondern auch direkt an ein Faxgerät im Netz oder im EDI-Format an den Lieferanten geschickt werden.

Lager

Lagerjournal

Alle Lagerbewegungen (geplante und ungeplante Zu- und Abgänge, Teillieferungen etc.) werden in einem Lagerjournal festgehalten. Auf diesem sowie auf der ebenfalls unterstützten Inventur (Stichtagsinventur oder permanente Inventur) aufbauend können die aktuellen Lagerbestände zu jedem Datum ermittelt werden. Mit Hilfe der Ergebnisse der Disposition läßt sich darüber hinaus nicht nur die physische, sondern auch die dispositive Verfügbarkeit von Teilen in der Zukunft ermitteln. Wareneingänge werden den entsprechenden Bestellungen zugeordnet und gegen diese geprüft (Mengenkontrolle). Einfache Bewertungen wie die Berechnung von Durchschnittspreisen für Fremdbezugs- und Eigenfertigungsteile sind vorgesehen.

Produktion

Leitstand

Der Bereich Produktion deckt die Planung und Steuerung der Fertigungsaufträge ab. Er wurde in ähnlicher Weise früher bereits durch eines der ersten Leitstandsysteme, den *infor-CIM-Leitstand* (vgl. Abschnitt 5.1) bedient.

Fertigungsaufträge

Die Fertigungsaufträge werden im allgemeinen aus der Disposition übernommen und ggf. modifiziert. Innerhalb der dort ermittelten frühesten und spätesten Bearbeitungstermine werden sie nun feingeplant. Dies beinhaltet eine detaillierte Reihenfolge- und Maschinenbelegungsplanung für die in den Freigabehorizont fallenden oder nach anderen Kriterien (z. B. nach Arbeitsplätzen oder Kundenaufträgen) ausgewählten Aufträge. Mit Hilfe der Freigabefunktion werden zunächst die betroffenen Aufträge festgelegt. Damit veranlaßt man auch das Drucken der Fertigungsdokumente, z. B. Fertigungsbegleitliste (alle Arbeitsgänge eines Auftrags), Materialentnahmescheine und Werkstattpapiere. Kapazitätsengpässen kann unter anderem durch das Prinzip der „verlängerten Werkbank“ begegnet werden, d. h., die Fremdvergabe von Aufträgen wird vom System unterstützt.

Terminierung

Zur Einplanung der Fertigungsarbeitsgänge auf den Betriebsmitteln bzw. Arbeitsplätzen kann zunächst eine Terminierung (Vorwärts-, Rückwärts- oder Mittelpunktsterminierung) durchgeführt werden. Abbildung 5.2-6 zeigt am Beispiel, daß der Fertigungsauftrag FA2012 aufgrund der Kapazitätssituation frühestens am 28.11.2003 beendet sein kann und spätestens am 9.12. beendet sein muß, damit nachfolgende Termine im Fertigungsauftragsnetz bzw. der Endtermin nicht gefährdet werden. Nach aktuellem Stand der Feinplanung wird der Auftrag am 28.11. fertiggestellt. Der erste Arbeitsgang (Nr. 8368), zu dem das Material 602-0011 verfügbar sein muß, beginnt am 18.11. um 7.00 Uhr, der letzte (Nr. 8370) am 28.11. um 11.30 Uhr. Er dauert genau eine Stunde, so daß der Fertigungsauftrag insgesamt am 28.11. um 12.30 Uhr abgeschlossen ist.

Plantafel

Die elementaren *Leitstandfunktionen*, die auf dem Prinzip der elektronischen Plantafel aufbauen, sind in das Fertigungssteuerungsmodul integriert. Beispielsweise können Arbeitsgänge mit Hilfe grafischer Operationen verschoben oder arbeitsplatzweise neu terminiert werden. Die Plantafel ist ähnlich wie die in Abschnitt 5.1.2 beschriebene aufgebaut. Im Vergleich zu anderen elektronischen Leitständen sind Darstellungsform

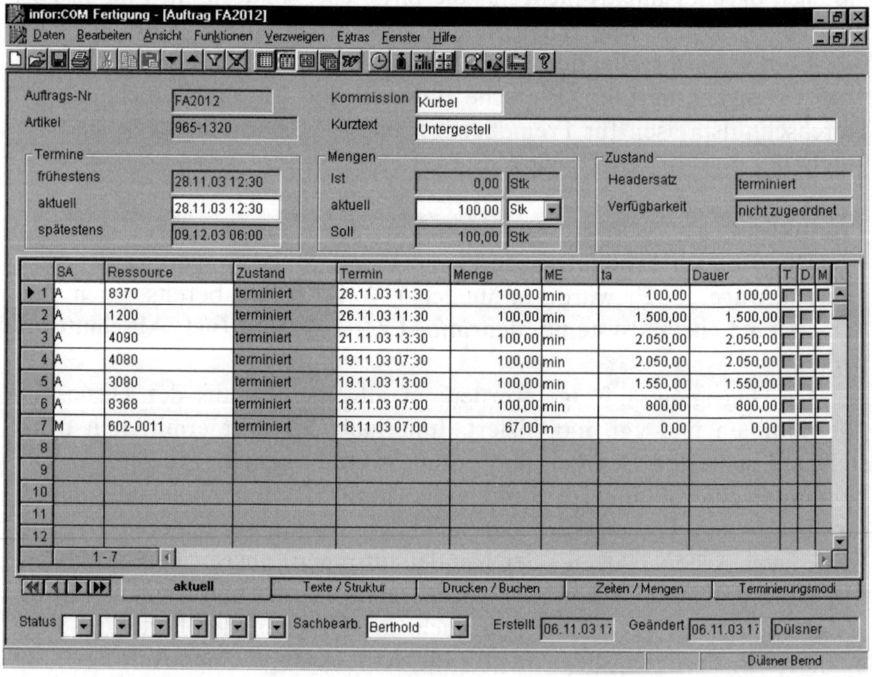

Abb. 5.2-6: Feingeplanter Fertigungsauftrag

und Funktionalität relativ bescheiden. Kapazitätsgebirge sind nicht verfügbar.

Die grafische Anzeige in der Plantafel erfolgt *auftragsbezogen* (d. h., es werden alle Arbeitsgänge, die zu einem Fertigungsauftrag gehören, mit ihren Terminen auf den jeweiligen Arbeitsplätzen angezeigt) oder *werkstattbezogen* (d. h., es wird die Belegung eines Arbeitsplatzes, einer Arbeitsplatzgruppe, einer Werkstatt oder einer anderen Kapazitätseinheit angezeigt).

Abbildung 5.2-7 zeigt eine elektronische Plantafel in der Auftragssicht. Angezeigt werden alle Arbeitsgänge des Fertigungsauftrags FA2009 mit ihrer zeitlichen Lage auf den entsprechenden Arbeitsplätzen. Zu dem gerade angeklickten Arbeitsgang, der auf dem Arbeitsplatz 5010 eingeplant wurde, sind nähere Daten zur Kurzbeschreibung eingeblendet. Die Auftragssicht in Abbildung 5.2-7 zeigt zunächst nur die idealisierte zeitliche Abfolge der Arbeitsgänge. Wenn der Fertigungsdisponent die Realisierbarbeit derselben beurteilen will, kann er die Belegungsdaten der durch den Auftrag betroffenen Arbeitsplätze nachladen. In Abbildung 5.2-8, in der dies für den Arbeitsplatz 3080 durchgeführt wurde, zeigt sich nun, daß eine Kollosion mit einem anderen Arbeitsgang (schwarzer Balken), der zum Auftrag FA2013 gehört, vorliegt und behoben werden muß.

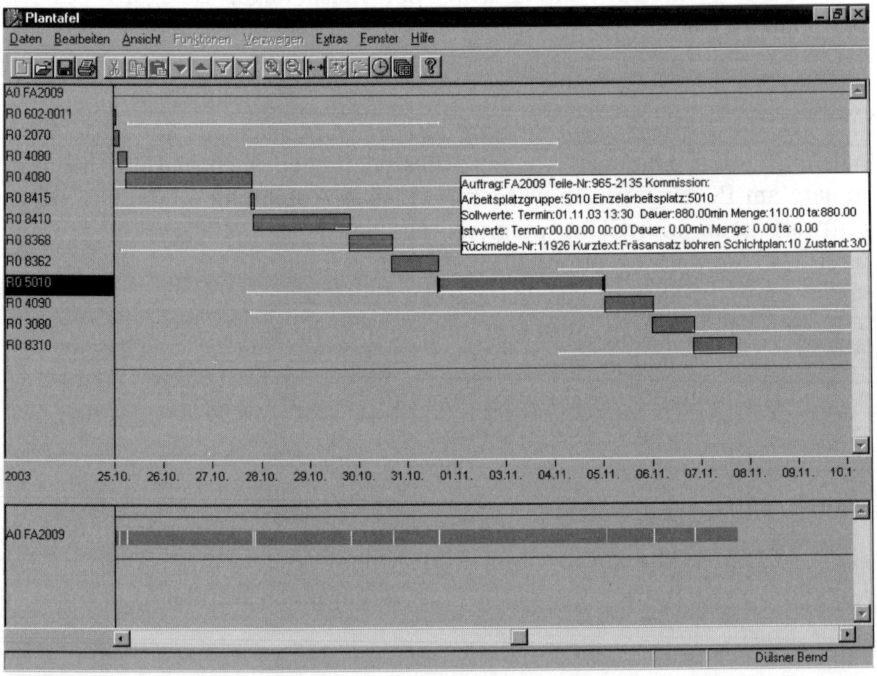

Abb. 5.2-7: Plantafel in infor:COM (Auftragssicht)

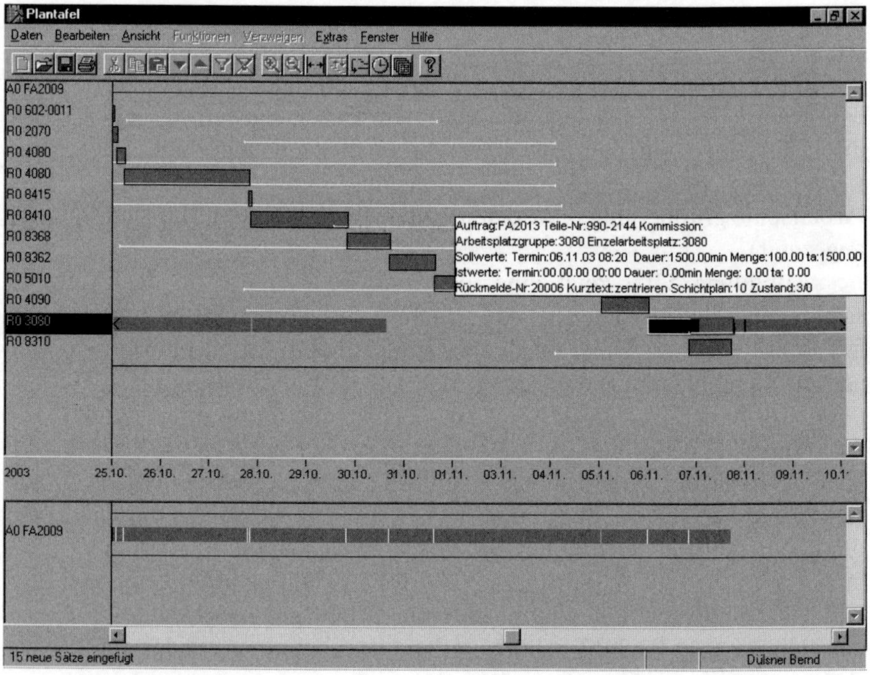

Abb. 5.2-8: Plantafel (Auftragssicht) mit vollständiger Belegung des Arbeitsplatzes 3080

Betriebsdaten-erfassung

Für die *Betriebsdatenerfassung (BDE)* werden eigene Industrieterminals angeboten. Daneben können Rückmeldungen auch in Bildschirmformulare am PC eingetragen werden (vgl. auch Abbildung 6.1-1). Die BDE-Software ist in infor:COM integriert. Die wichtigsten Rückmeldungen, die über das Netzwerk an infor:COM gegeben werden, sind:

- An- und Abtransport von Material zu einem Auftrag,
- Beginn eines Arbeitsgangs (ggf. mit Zuordnung von Personal),
- Ende eines Arbeitsgangs,
- Teilfertigstellung eines Arbeitsgangs (mit/ohne Menge),
- Unterbrechung eines Arbeitsgangs,
- Störungen.

Auch andere Daten, z. B. die Personalzeiten, Maschinendaten und logistische Daten, können mit dem BDE-Modul erfaßt werden (vgl. zu den Funktionen der Betriebsdatenerfassung im einzelnen Kapitel 6).

Finanzen

Ressourcenlisten

Das Modul Finanzen beinhaltet Kalkulationsfunktionen, die auf die Ressourcenlisten zurück greifen. In den Ressourcenlisten sind die

Produktstruktur- und Mengenbeziehungen sowie die Fertigungsstrukturdaten enthalten. Im Prinzip kann für jedes Objekt, für das eine Ressourcenliste existiert (oder auch ad hoc angelegt wird), eine Kalkulation durchgeführt werden, d. h. für Angebote (bzw. Angebotspositionen), Aufträge (bzw. Auftragspositionen) oder Enderzeugnisse.

Damit ist z. B. die besonders für Auftragsfertiger wichtige Vorkalkulation eines Angebots möglich. Anhand der Rückmeldungen aus der Betriebsdatenerfassung kann darüber hinaus mitlaufend kalkuliert werden, so daß die tatsächlich entstandenen Kosten permanent der Kontrolle zugänglich sind. Für abgeschlossene Aufträge läßt sich eine Nachkalkulation durchführen.

Zuschlags-kalkulation

Als Kalkulationsverfahren kommt die Zuschlagskalkulation zum Einsatz. Im wesentlichen wird ein Kalkulationsschema angewendet, wie es etwa in Abbildung 4.4-3 dargestellt wurde. Den Genauigkeitsgrad der Rechnung bestimmt der Anwender. Bei der *Schnellkalkulation* wird die Ressourcenliste bis zu den Teilen hin durchlaufen, für die in den Stammdaten Kostensätze gespeichert sind; d. h., es wird auf früher einmal ermittelte Kosten zurückgegriffen. Bei der *Vollkalkulation* wird dagegen die Ressourcenliste bis zu den Blättern hin aufgelöst. Bei einer Nachkalkulation bedeutet dies z. B., daß die tatsächlich entstandenen Kosten auf Basis der BDE-Rückmeldungen berücksichtigt werden.

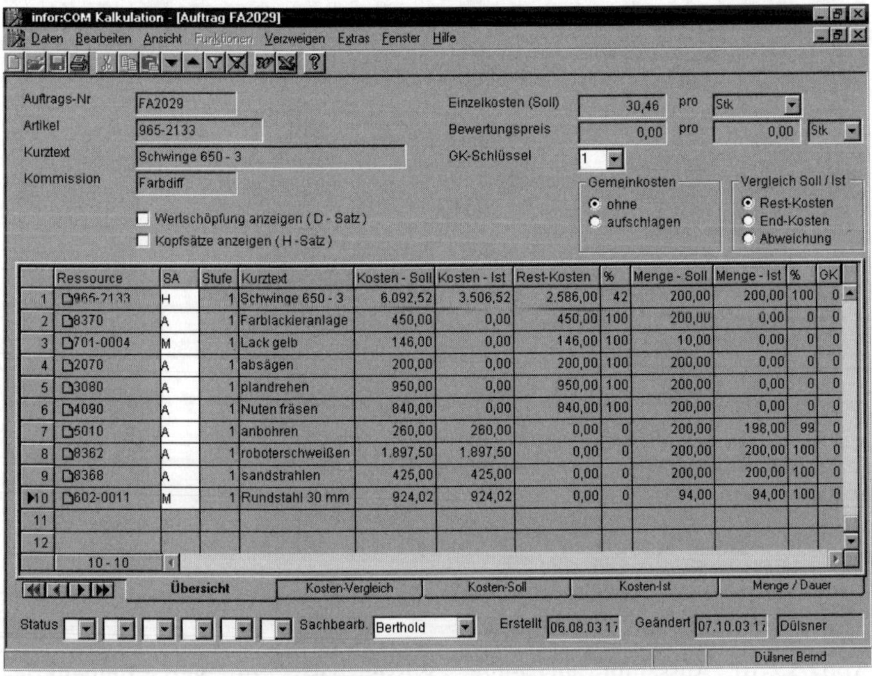

Abb. 5.2-9: Mitlaufende Kalkulation eines Fertigungsauftrags

Mitlaufende Kalkulation

In Abbildung 5.2-9 ist ein Beispiel für die mitlaufende Kalkulation eines Fertigungsauftrags wiedergegeben. Im Herstellungsprozeß für die „Schwinge 650-3" sind bislang drei Arbeitsgänge unter Verwendung des Ausgangsmaterials abgeschlossen (Zeile 7–10). Dies ist daran erkennbar, daß Restkosten von null ausgewiesen werden. Bei Arbeitsgang 5010 wurden nur 99% der Sollmenge erzeugt. Die restlichen Arbeitsgänge (Zeile 2, 4, 5 und 6) stehen noch bevor (Sollkosten = Restkosten).

Konstruktion

Dynamische Generierung von Varianten

Die Variantenproblematik wird in infor:COM mit Hilfe eines Moduls angegangen, das die dynamische Generierung von Produktvarianten erlaubt. Variante Strukturen werden nicht fest vordefiniert, sondern bei Bedarf unter Berücksichtigung fertigungstechnischer und kostenbezogener Zusammenhänge sowie nach Plausibilität erzeugt. Die relevanten Faktoren werden in einer sogenannten „Wissensbasis" abgelegt, die vom Anwender, genauer von Fachexperten des Unternehmens (Meister, Arbeitsvorbereiter, Konstrukteure o. a.), gefüllt werden muß. Sie enthält Vorschriften und Kriterien für die Auswahl von Material, Arbeitsgängen und Arbeitsplätzen.

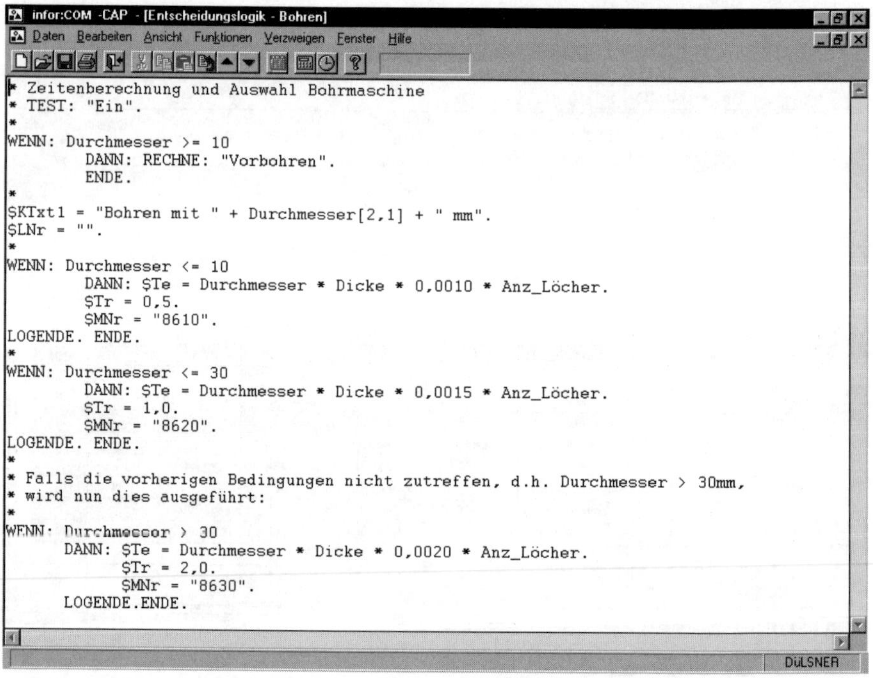

Abb. 5.2-10: Ausschnitt aus einer „Wissensbasis" zur Variantengenerierung

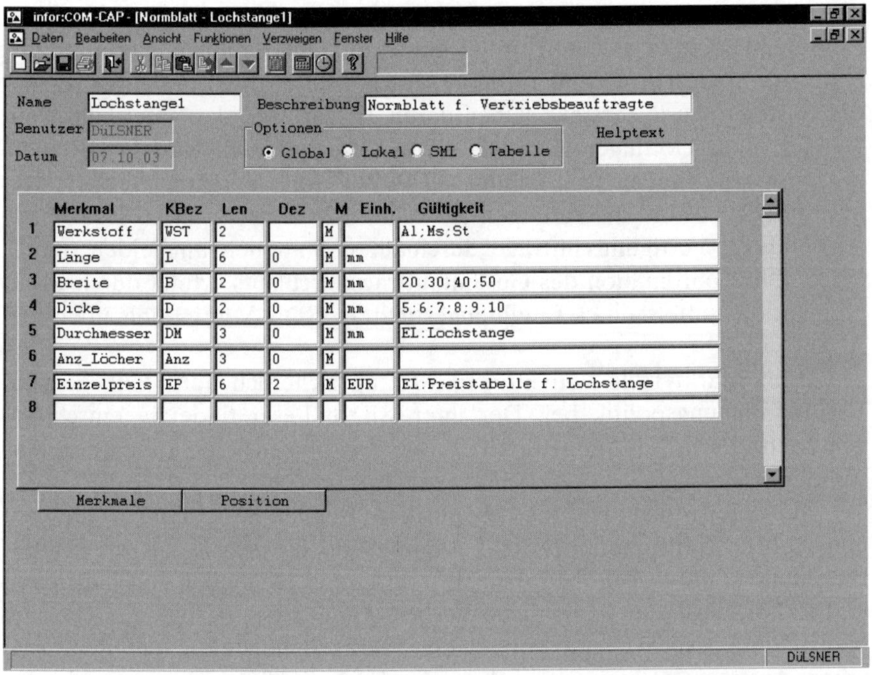

Abb. 5.2-11: Normblatt mit Merkmalsbeschreibungen für ein Teil

Wenn-dann-Regeln

Aus Sicht der Künstlichen Intelligenz erscheint der Begriff „Wissensbasis" etwas hochgegriffen. Im wesentlichen werden darin Wenn-dann-Regeln formuliert, die soweit detailliert sind, daß die in einer Ressourcenliste aufzuführenden Informationen (z. B. Rüst-, Bearbeitungszeiten) erzeugt werden können. Abbildung 5.2-10 zeigt einen beispielhaften Ausschnitt aus einer Wissensbasis, in dem in Abhängigkeit von dem bei einem Bohrarbeitsgang zu bohrenden Lochdurchmesser alternative Arbeitsplätze (Nr. 8610, 8620 oder 8630) ausgewählt und entsprechend unterschiedliche Rüst- und Stückzeiten definiert werden. Im konkreten Anwendungsfall müssen die Regeln der Entscheidungslogik in analoger Weise formuliert werden.

Merkmalsbeschreibungen

Die Grundversion einer Variante, d. h. die Merkmale, die variantenunabhängig sind, wird in einem sog. Normblatt beschrieben. Am Beispiel der Abbildung 5.2-11 erkennt man, daß für das Teil „Lochstange" etwa Breite und Dicke fest vorgegeben sowie Länge und Anzahl der Löcher beliebig sind. Der Lochdurchmesser und der Einzelpreis werden dagegen auf der Grundlage der Wissensbasis ermittelt.

infor:COM-Anwendungen in der Praxis

Von infor:COM gibt es eine große Zahl von Installationen in der Praxis. In INFO96 werden Anwendungen in verschiedenen Branchen – im Maschinenbau, in der Glasverarbeitung, bei der Herstellung von Ventilatoren, in der Kunststoff- und Metallverarbeitung – beschrieben. Im allgemeinen handelt es sich um mittelständische Unternehmen, deren Mitarbeiterzahl zwischen 30 und 250 liegt. Auch eine englischsprachige Version des Systems wurde erstellt. Über deren Einsatz bei der amerikanischen Tochter eines Göttinger Herstellers von Lasersystemen wird in BRAC97 berichtet. In diesem Fall kommt VPPS/NT (die Vorgängerversion von infor:COM) sowohl in Göttingen als auch in Ft. Lauderdale (Florida) zur Anwendung. Fertigungsaufträge durchlaufen Stationen an beiden Standorten. Die Koordination des Gesamtauftragsdurchlaufs erfolgt durch Kommunikation mittels einer satellitengestützten ISDN-Verbindung über den Atlantik.

ISDN über den Atlantik

Zum Markterfolg von infor:COM trug sicherlich auch eine gezielte Veröffentlichungspolitik bei. Der interessierte Leser findet in einschlägigen Fachzeitschriften immer wieder Beschreibungen von praktischen Anwendungen.

Verschiedentlich werden als positive Begleiterscheinungen die neu eingekehrte Transparenz in der Fertigung und die relativ kurzen Einführungsdauern hervorgehoben, so z. B. von einem Hersteller von Getrieben und Zahnrädern, der wesentliche Verbesserungen der Fertigungssteuerung beobachtete (NN96), und von einem Werkzeughersteller, bei dem zwischen Auftragserteilung und Inbetriebnahme des Systems nur 6 Monate vergingen (KRÄM97).

Aufwand für Wissensakquisition

Der praktische Einsatz der wissensbasierten Variantengenerierung beim Bau von Leuchtenprodukten wird in RÜSI97 skizziert. Daß die Erzeugung der Wissensbasis arbeitsintensiv ist, zeigt die Anwendung bei einem Walzwerk, das Stahlbänder veredelt (KIEN97). Die zu formulierenden und einzugebenden Regeln machten letztlich mehrere tausend Zeilen aus. Daß der dahinterstehende Akquisitionsaufwand erheblich gewesen sein muß, kann man sich leicht vorstellen.

5.3 Produktionsplanung und -steuerung für dezentrale Produktionseinheiten

Neue Managementphilosophien wie „Lean production", „fraktale Fabrik" und flache Hierarchien brachten in den neunziger Jahren einen Denkumschwung in Richtung auf „schlanke" Strukturen im Unternehmen und selbststeuernde Regelkreise mit sich. Dies hatte auch Auswirkungen auf die Produktionsplanung und -steuerung. Statt deterministischer Planung im Detail und zentraler Vorgaben wurde nun die dezentrale Abstimmung und Entscheidungsfindung in Eigenverantwortung bevorzugt.

Dezentralisierung

Diese veränderte Sicht ist letztlich durch die verschärfte Wettbewerbssituation und die daraus resultierende Forderung nach Flexibilität und Reaktionsfähigkeit motiviert (WEST98, RAMS97). Zentrale Planung steht dieser Forderung eher entgegen, da zentral ermittelte und vorgegebene Pläne im Bezug auf die Fertigungssituation vor Ort und das Verhalten bei Störungen in der Regel zu starr sind. Durch Dezentralisierung soll die Eigenständigkeit von Teilen des Unternehmens erhöht und damit auch die Komplexität der Planung reduziert werden (KAIS97).

Autonomie

Die dezentralen Einheiten erhalten einen hohen Grad an Autonomie bezüglich der Planungs- und Steuerungsentscheidungen, die ihren Bereich betreffen. Dadurch verringert sich gleichzeitig die Komplexität der zentralen Produktionsplanung und -steuerung, die sich nun nicht mehr um alle Details der Feinplanung zu kümmern braucht. Anders als früher wird allerdings eine Koordination der dezentralen Einheiten erforderlich. Die Aufgaben der zentralen und der dezentralen Einheiten müssen abgegrenzt werden, was letztlich bedeutet, daß die Funktionalität eines PPS-Systems auf verschiedene Unternehmensbereiche verteilt werden muß.

Produktverantwortung

Als Kriterium für die Abgrenzung dezentraler Bereiche kann zum Beispiel die Verantwortung für ein Produkt oder eine Dienstleistung verwendet werden (WEST96). Als „Produkte" werden dabei marktfähige Enderzeugnisse, Baugruppen oder Einzelteile, als „Dienstleistungen" z. B. Programmierung oder Zeichnungserstellung angesehen. Es besteht also eine unternehmensexterne oder -interne Kunden-Lieferanten-Beziehung. Alle Hilfsfunktionen, die sinnvoll aufteilbar sind (z. B. Arbeitsvorbereitung, Ablaufplanung), werden den dezentralen Bereichen zugeordnet.

Zentrale und dezentrale Bereiche

Zentral verbleiben dann Bereiche wie die allgemeine Verwaltung, Personalwesen und Teile der Informationsverarbeitung. Eine Zwischenstellung nehmen diejenigen Funktionen ein, die dezentral durchgeführt, aber dennoch zentral koordiniert werden müssen. Die betrifft insbesondere Termine, Mengen und Qualität. Hier sind Schnittstellen zwischen der zentralen Planung und der dezentralen Durchführung erforderlich. Während die globalen Rahmenbedingungen vorgegeben werden, z. B. durch Kundenendtermin und Qualitätsanforderung, kann die Abwicklung des Kundenauftrags vor Ort mit allen Freiheitsgraden geplant und realisiert werden. Planabweichungen und Störungen werden lokal behandelt, es sei denn, sie tangieren die globalen Vorgaben.

Das (zentrale) PPS-System plant also nicht mehr auf der Ebene einzelner Arbeitsgänge, sondern auf der Ebene von „Produkten" im o. g. Sinn. Die Ablauf- und Kapazitätsplanung liegt eigenverantwortlich bei den dezentralen Bereichen. Auch die Abstimmung mit den im Prozeß nachfolgenden bzw. vorgelagerten Einheiten erfolgt dann dezentral und nicht über das PPS-System (RAMS97, WEST96). Abbildung 5.3-1 verdeutlicht den Grundgedanken der globalen Vorgaben und dezentralen Koordination.

PPS-Systeme unterstützen Dezentralisierung nicht

Die marktgängigen PPS-Systeme sind auf die Unterstützung dezentraler Produktionseinheiten nicht oder nur rudimentär eingerichtet (MUSS97, KAIS97, WEST98). Marktuntersuchungen zeigen, daß Dezentralisierung im geschilderten Sinne praktisch nicht unterstützt wird

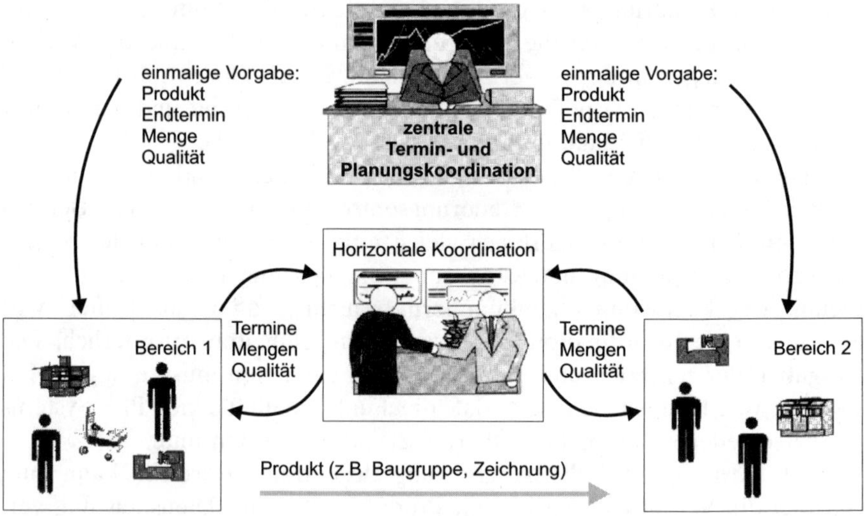

Abb. 5.3-1: Planung und Steuerung bei dezentralen Einheiten (aus WEST96)

(GRON97a, NN95), da die PPS-Systeme auf einem Top-down-Planungsansatz mit zunehmender Verfeinerung beruhen. Die Leistungsfähigkeit vieler PPS-Systeme erschöpft sich unter dem Gesichtspunkt der Dezentralität in Mandantenfähigkeit. Das heißt, es können mehrere rechtlich selbständige Unternehmen oder Produktionsbereiche gesteuert werden, aber eine ganzheitliche, integrierende Sicht ist nur bedingt gegeben.

Den heutigen PPS-Systemen liegen immer noch die stark vernetzten Strukturen bei hochgradig arbeitsteiliger Produktionsorganisation zugrunde. Abbildung 5.3-2 illustriert dies im oberen Teil. Restrukturierungsmaßnahmen im Sinne des Business Process Reengineering (HAMM93) laufen aber darauf hinaus, einfachere Organisationsformen mit segmentierten und weniger vernetzten Unternehmensteilen zu verwirklichen. Führt man den Gedanken weiter, dann können statt unternehmensinterner Bereiche auch externe Partner eingebunden werden, was in der Abbildung als Vorstufe zu virtuellen Unternehmen (DAVI92) bezeichnet ist.

Der untere Teil der Abbildung verdeutlicht, daß für einfachere Organisationsstrukturen und Prozesse grundsätzlich andere PPS-Systeme zweckmäßig wären. Diese könnten teilweise einfacher sein; sie müßten aber die Abstimmung der dezentralen Einheiten übernehmen. Der Gedanke, die heutigen Systeme, wenn auch mit viel Overhead, einfach weiterzuverwenden, scheitert nicht zuletzt daran, daß sie die bereichsübergreifende Koordination nicht leisten können.

„Schlanke“ PPS-Systeme

Da es die „schlanken“ PPS-Systeme für dezentral organisierte Unternehmen noch nicht gibt, laufen an vielen Stellen Forschungsarbeiten und

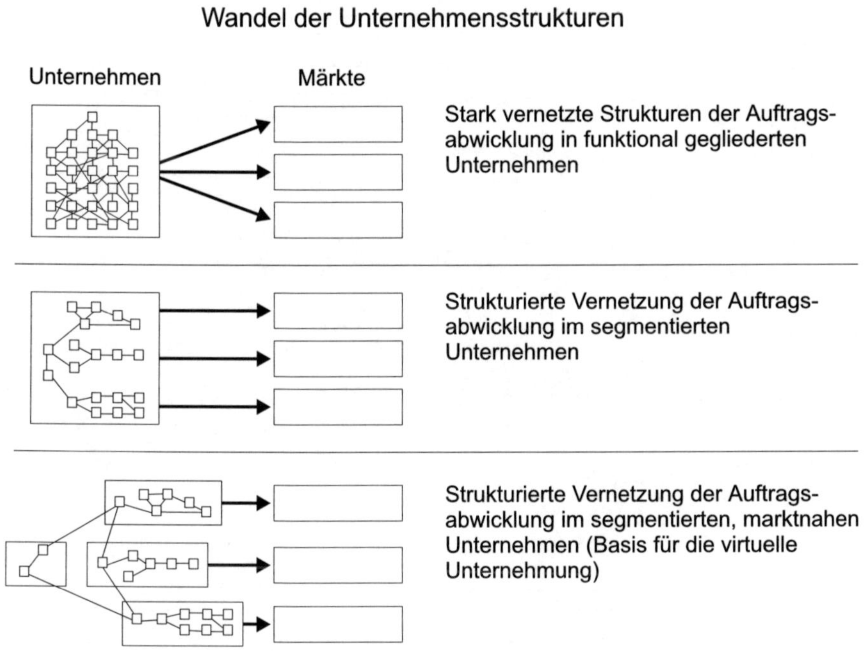

Abb. 5.3-2: Wandel der Unternehmensstrukturen (aus WEST98)

Prototypentwicklungen. In WEST98 wird die praktische Implementierung eines in der anwendungsnahen Forschung entstandenen Systems für stark segmentierte Produktion beschrieben.

Leitstandsysteme für dezentrale Einheiten

Eine beschränkte Form der Dezentralisierung kann auch auf Basis des Fertigungsleitstandskonzepts realisiert werden. Wie oben dargelegt, übernehmen *Leitstandsysteme* dezentrale Fertigungssteuerungsaufgaben. Wenn man sie in teilautonomen Einheiten zielgerichtet einsetzt, kann ein Teil des Aufgabenspektrums durchaus abgedeckt werden. Die Abstimmung zwischen den Fertigungsbereichen bzw. Leitständen darf dann, im Sinne von Abbildung 5.3-1, nicht über das PPS-System laufen, sondern muß auf horizontaler Ebene erfolgen. In Abbildung 5.1-8 entspräche dies dem Fall d). Auf das Zukunftspotential der Leitstandsysteme in dezentralen Unternehmen mit selbständig agierenden Einheiten wird auch in STEI98 hingewiesen.

6. Betriebsdatenerfassung (BDE)

Rückmeldungen

Istdaten aus dem Betriebsgeschehen sind sowohl für die Erstellung realistischer Pläne als auch für die Aktualisierung der Pläne und für korrektive Maßnahmen bei der Durchführung unabdingbar. Theoretisch scheint die Forderung nach Aktualität durch laufende Rückmeldungen selbstverständlich; praktisch läßt die Umsetzung in vielen Betrieben aber zu wünschen übrig.

Auch die den PPS-Systemen vorgeworfene Inflexibilität hängt zumindest teilweise mit der mangelhaften Aktualisierung zusammen. Wenn bei der Durchführung Ereignisse eintreten, die Abweichungen von der Planung des PPS-Systems verursachen, müßte eigentlich der Plan revidiert werden (ereignisorientierte Planung, vgl. SCHE96). Geschieht dies nicht, ist die Wahrscheinlichkeit recht groß, daß sich auch das weitere Produktionsgeschehen vom geplanten Verlauf entfernt; Realität und Planung driften immer stärker auseinander. Daß die Aktualisierung oft unterbleibt, hat zwei Gründe: Entweder die periodenorientierte Planungsphilosophie erlaubt die Berücksichtigung erst beim nächsten Batchlauf, oder die Rückmeldungen liegen nicht aktuell vor. Im zweiten Fall kann eine funktionierende Betriebsdatenerfassung Abhilfe schaffen.

Mit dem Trend zur Dezentralisierung und Vereinfachung („Lean Production“) kommt der BDE neben der Kontrollfunktion immer mehr die Rolle zu, notwendige Informationen für die eigenverantwortlich agierenden Produktionseinheiten situationsgerecht bereitzustellen. Beispielsweise soll sie den Werker vor Ort in die Lage versetzen, Arbeitsabläufe auf der Grundlage tatsächlicher Ist-Daten selbst möglichst effektiv zu gestalten.

Betriebsdaten

Als *Betriebsdaten* bezeichnet man im engeren Sinne die im Laufe des Produktionsprozesses anfallenden Daten wie produzierte Mengen, benötigte Zeiten, Zustände von Fertigungsanlagen, Lagerbewegungen, Qualitätsmerkmale u. a. sowie die zur Identifikation benötigten Nummern (ROSC98a). Die letzteren werden als *Ident-Nummern* bezeichnet. Etwas weiter gefaßt fallen auch andere Daten aus dem Betriebsgeschehen, die mittelbar mit den Produktionsvorgängen in Verbindung stehen (z. B. Auftragsdaten, Personalanwesenheitszeiten) unter die Betriebsdaten.

Betriebsdatenerfassung (BDE)

Zur *Betriebsdatenerfassung (BDE)* gehören alle Maßnahmen, die erforderlich sind, um die Betriebsdaten in maschinell verarbeitbarer Form am Ort ihrer Verarbeitung bereitzustellen (ROSC98a). Außerdem rechnet man heute auch gewisse Vorverarbeitungs- und Aufbereitungsfunktionen zur BDE. Dies hängt unter anderem mit dem Leistungsspektrum der *Betriebsdatenerfassungssysteme (BDE-Systeme)* zusammen. Darunter versteht man die Hardware (oft Spezialhardware) und Software, die erforderlich ist, um die BDE-Aufgaben zu erbringen.

BDE-Systeme

Umfang und Verankerung einer BDE-Konzeption können unterschiedlich weit gehen:

a) Die Betriebsdatenerfassung beschränkt sich auf ein spezielles Aufgabengebiet (z. B. nur Produktionsprozeßdaten, nur Personalzeiterfassung). Dafür sind schlüsselfertige Lösungen erhältlich.

b) Die BDE-Lösung ist übergreifend und umfaßt mehrere Aufgabengebiete. Hierfür werden oft Teillösungen schrittweise ein- bzw. zusammengeführt.

c) Die BDE ist ein eigener Funktionskreis im Rahmen des Computer Integrated Manufacturing (CIM). Diese Lösung kann angegangen werden, wenn eine integrierte CIM-Gesamtkonzeption von Grund auf verwirklicht werden soll.

Zugehörigkeit der Betriebsdatenerfassung

Über die Eigenständigkeit bzw. Zugehörigkeit der Betriebsdatenerfassung zu einer der CIM-Komponenten sind die Meinungen uneinheitlich. Manchmal wird sie als Bestandteil der Produktionsplanung und -steuerung betrachtet, so etwa in dem Y-Modell von Scheer (SCHE90b, KRAE90), manchmal auch als eigenständige Komponente, die aber eng mit der Produktionsplanung und -steuerung verbunden ist. Darüber hinaus trifft man oft den Fall an, daß BDE-Funktionen in andere Systeme integriert sind, z. B. in PPS-, Leitstand-, CAM- oder CAQ-Systeme (vgl. Kapitel 7). Schließlich tauchen BDE-Funktionen auch unter anderen Namen auf. Dies kommt z. B. bei der Variante a) vor, wo ein dediziertes System zur Erfassung von Personalzeiten vielleicht als Zeiterfassungs-, aber nicht als BDE-System bezeichnet wird.

6.1 Schnittstellen zwischen BDE und anderen Funktionskreisen

Eine Eigenständigkeit der Betriebsdatenerfassung ist zumindest in dem Sinne nicht gegeben, daß die Datenerfassung als solche einen Selbstzweck darstellte. Vielmehr erfüllen die Betriebsdaten ihre Funktion im Rahmen der verschiedenen CIM-Komponenten oder anderer betriebswirtschaftlicher und technischer Anwendungssysteme. Die Erfassung der Daten erfolgt deshalb zweckorientiert.

Arten von Betriebsdaten

Die Betriebsdaten lassen sich den nachfolgend umrissenen Kategorien zuordnen. In der einschlägigen Literatur sind auch andere Einteilungen zu finden (z. B. ABEL90, HACK89, KRAE90, SCHE97).

Fortschrittskontrolle

- *Auftragsdaten* sind von herausragender Bedeutung für das Ziel eines Unternehmens, bessere Transparenz über seine Fertigungssituation zu erhalten. Die Fortschrittskontrolle hängt entscheidend von der Verfügbarkeit und Qualität der Auftragsdaten ab. Sie beinhalten z. B. die Start- und Endtermine von Arbeitsgängen, differenzierte Zeitkomponenten (Liege-, Transport-, Bearbeitungs-, Kontroll-, Unterbrechungszeiten u. a.), Bearbeitungszustände, gefertigte Stückzahlen (Gutstückzahl, Ausschuß), Personaleinsatz (Mitarbeiter, Qualifikation, Zeit), Materialeinsatz (Art, Menge), Fremdleistungen u. a. (ABEL90).

An- und Abwesenheitszeiten

- *Personaldaten* sind meist zeitbezogene Daten. Neben der reinen Erfassung von *An- und Abwesenheitszeiten* ist insbesondere die zeitliche Zuordnung von Mitarbeitern, Betriebsmitteln und Fertigungsaufträgen von Interesse (z. B. Rüstzeit an einer Maschine, Bearbeitungszeit für einen Fertigungsauftrag). Auch die Art der Tätigkeit (Einrichten, Warten, Rüsten, Bearbeiten) spielt eine Rolle. Die Personaldatenerfassung ist eine wichtige Quelle für die Leistungsentlohnung (Akkord-, Prämienlohnsysteme) und die Kalkulation.

Stillstands- und Laufzeiten, Störungen

- *Maschinen- oder Betriebsmitteldaten* beinhalten Informationen über Stillstands- und Laufzeiten, Nutzungsgrade, Einhaltung von Taktzeiten, Störungen und Störungsursachen, gefertigte Stückzahlen u. a. Bei computerunterstützter Fertigung (NC-, CNC-, DNC-Maschinen) können die Daten teilweise automatisch gewonnen und dem BDE-Rechner übermittelt werden.
- *Werkzeug- und Vorrichtungsdaten* erfassen die Orte und Zeiten des Einsatzes, Entnahmen, Zustände, Defekte (Art, Zeit, Bruchursachen) u. a.
- *Lager-* und *Materialdaten* geben Auskunft über Zugänge, Bestände und Verbrauch an Roh-, Hilfs- und Betriebsstoffen oder allgemeiner an verbrauchsgesteuert disponierten Teilen. Reservierungen werden auf diese Weise ebenfalls erfaßt.

Qualitätsdaten

- *Qualitätsdaten* beinhalten Prüf- und Meßwerte, z. B. Prozeßdaten wie Temperatur, Druck oder Spannung, ferner Fehlerkennziffern, Ausschußgründe oder Daten aus Qualitätsanalysen.

Betriebsdatenerfassung und Fertigungssteuerung

Hauptabnehmer von Betriebsdaten

Der Hauptabnehmer von Betriebsdaten ist die Fertigungssteuerung. Sowohl für die kurzfristige Planung und Steuerung als auch für die Fortschrittskontrolle und die Überwachung der Betriebsmittel sind zeitnah erfaßte Daten über das Produktionsgeschehen unabdingbar.

Bei den herkömmlichen PPS-Systemen mit ihrer Batch-Orientierung war die Berücksichtigung von Rückmeldungen eher schwerfällig und konnte nur beschränkt zur Aktualität beitragen. Dies wurde früher toleriert bzw. als Nachteil hingenommen, da die Computerunterstützung der Fertigungssteuerung ohnehin ihre Grenzen hatte. Bei den dedizierten elektronischen Leitständen, die als Dialogsysteme unmittelbar vor Ort zum Einsatz gelangen, ist mangelnde Aktualität jedoch nicht mehr akzeptabel. Der Nutzen eines Leitstandsystems steht und fällt mit der wirklichkeitsgetreuen Abbildung der Istsituation und der zeitnahen Berücksichtigung jeder Änderung.

BDE-Schnittstellen von Leitstand-systemen

Die heutigen Leitstandsysteme weisen deshalb meist ausgeprägte BDE-Schnittstellen auf. Grundsätzlich sind drei Formen zu unterscheiden: a) Es besteht die Möglichkeit, Leitstand und BDE-System miteinander zu koppeln, b) BDE-Funktionen sind als Bestandteil der Leitstandsoftware verfügbar, c) Leitstandfunktionen sind in BDE-Systeme integriert.

Der letztere Weg ist dadurch vorgezeichnet, daß vereinzelte Leitstandsentwicklungen der achtziger und neunziger Jahre nicht aus der PPS-Sichtweise heraus motiviert waren, sondern als Ergänzung von BDE-Systemen um gewisse Planungs- und Steuerungsfunktionen konzipiert wurden. Betriebsdatenerfassung und elektronischer Leitstand sind in diesen Fällen integriert.

Kopplung von BDE und Leitstand

Wenn BDE und Leitstand gekoppelt werden (Fall a), muß erstens die technische Verbindung hergestellt werden, so daß Daten vom BDE-System übernommen werden können, und zweitens müssen die gelieferten Daten von der Leitstandsoftware interpretiert und zur Aktualisierung der Datenstrukturen und grafischen Anzeigen herangezogen werden. Bei den meisten Leitstandsystemen ist die automatische Übernahme von Betriebsdaten möglich (NOAC97). Die Aktualisierung der grafischen Plantafel erfolgt unmittelbar. In einem praktischen Fall (VOLL90) meldet beispielsweise das BDE-System an den Leitstand den Arbeitsfortschritt (Arbeitsgangende), Unterbrechungen, Qualitätsdaten mit Ursachen und Schichtwechsel. Die durchschnittliche Zahl der täglichen Rückmeldungen pro Maschinengruppe beträgt dort etwa 340.

BDE-Funktionen im Leitstand

Da in vielen Unternehmen eine automatisierte Betriebsdatenerfassung noch nicht existiert, aber dennoch ein Leitstand eingeführt wird, umfaßt der Funktionsumfang vieler Leitstandsysteme auch mehr oder minder ausgeprägte BDE-Komponenten (Fall b). Diese reichen von einfachen Erfassungsmasken für bestimmte Fortschrittsdaten über den Anschluß von Lesegeräten für maschinenlesbare Belege (z. B. Barcode-Leser) bis hin zum Anschluß vollständiger BDE-Terminals.

Wenn keine automatisierte BDE existiert, sind manuelle Rückmeldefunktionen im Leitstand oder im PPS-System der einzige Weg, wie die Plantafel dem Fertigungsverlauf entsprechend aktualisiert werden kann. Abbildung 6.1-1 zeigt beispielhaft eine Erfassungsmaske aus dem System infor:COM (vgl. Abschnitt 5.2.3), mit der Zeit- und Mengenangaben zu einem Arbeitsgang rückgemeldet und der Arbeitsgang-Status verändert werden können. Die möglichen Formen von Rückmeldungen sind gerade in einem Kasten rechts eingeblendet.

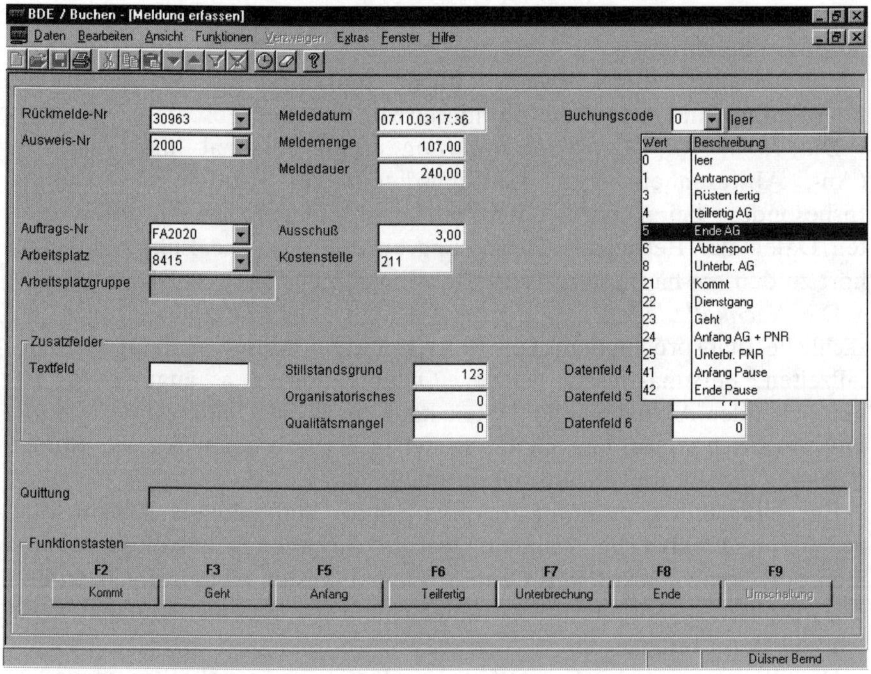

Abb. 6.1-1: Rückmeldemaske in einem PPS-System

Betriebsdaten für PPS-Systeme und andere betriebswirtschaftliche Anwendungssysteme

Über die Fertigungssteuerung hinaus stellen Istdaten auch für andere PPS-Funktionen wichtige Eingangsgrößen dar. Dies beginnt bereits mit der *Primärbedarfsplanung* und der Bedarfsermittlung im Rahmen der *Materialwirtschaft*, für die neben Vergangenheitsdaten über Absatzverläufe bzw. Materialverbrauch Daten über die vorhandenen Lagerbestände und die Mengenbewegungen (Zugänge, Abgänge) erforderlich sind.

Für die *zeitwirtschaftlichen* Aufgaben sind Rückmeldungen über den Arbeitsfortschritt der Fertigungsaufträge von Bedeutung. Die *Kapazitätsplanung* benötigt Maschinen- und Auftragsdaten zur Ermittlung des Kapazitätsangebots in den bevorstehenden Perioden und zur Aktualisierung des Kapazitätsbedarfs.

Die Grobplanung kann auf eine realistischere Basis gestellt werden, wenn statt Pauschalannahmen über Planungsparameter die tatsächlich realisierten Werte zugrundegelegt werden. Solche Parameter sind beispielsweise der Auslastungsgrad der Kapazitäten, die Streuung der Auftragsdurchlaufzeiten und das Ausmaß von Fremdvergaben (SCHM96). Wenn man die Detailrückmeldungen geeignet zu Kennzahlen verdichtet, können die Parameter für die Grobplanung aktualisiert und insgesamt bessere Planungsergebnisse erzielt werden. Eine entsprechende Vorgehensweise ist in SCHM96 beschrieben.

Auch andere betriebswirtschaftliche Funktionskreise als die Produktionsplanung und -steuerung profitieren von den Betriebsdaten:

Lohn- und Gehaltsbuchführung

- Die *Lohn- und Gehaltsbuchführung* erhält Personal- und Zeitdaten (An-, Abwesenheitszeiten, Leistungsdaten) zur Bruttolohnberechnung. Insbesondere bei Akkord- oder Prämienentlohnung sind die differenzierten Daten der Betriebsdatenerfassung erforderlich. Die Lohnfindung gehört zu den am häufigsten realisierten Einsatzgebieten von BDE.

Nachkalkulation

- Die *Nachkalkulation* ist auf exakte Daten über Materialverbrauch, tatsächliche Inanspruchnahme von Betriebsmitteln, Maschinenlauf- und Ausfallzeiten, Personaleinsatz (Dauer, Qualifikation) u. a. angewiesen. Bei hinreichender Aktualität der Daten kann auch eine *mitlaufende Kalkulation* eingerichtet werden. Generell stellen Betriebsdaten für die *Kostenrechnung* eine wichtige Informationsquelle dar.

Controlling

- Ein wirksames *Controlling* ist ohne genaue und zeitnahe Rückmeldungen kaum denkbar. Je nachdem, welche Ausprägungen bzw. Spezialformen des Controlling (Profit-Center-, Gemeinkosten-, Logistik-Controlling o. a.) praktiziert werden, fließen unterschiedliche der oben genannten Arten von Betriebsdaten ein.

Wartungs- und Instandhaltungsplanung

- Die *Wartungs- und Instandhaltungsplanung* verarbeitet insbesondere Maschinendaten (Laufzeiten, Intensitätsgrade, Störungen u. a.) und verwendet diese zur Terminierung vorbeugender Maßnahmen oder Reparaturen.

Betriebsdaten für technische CIM-Komponenten

Nicht nur für die betriebswirtschaftlich orientierten Anwendungssysteme, sondern auch für die technischen Systeme (CAD, CAP, CAM, CAQ) liefert die Betriebsdatenerfassung nützliche Informationen. Wenngleich das CIM-Konzept erst im nächsten Kapitel behandelt wird, so soll doch hier schon auf die Bedeutung der Betriebsdatenerfassung für die CIM-Komponenten hingewiesen werden.

Maschinen-, Prüf- und Meßdaten

Beispielsweise stellen die Maschinen-, Prüf- und Meßdaten die Rückkopplung zum CAM (Computer Aided Manufacturing) und CAP (Computer Aided Planning) her. Auch für automatisierte Transportsysteme und ihre Verbindung zu Fertigungsautomaten finden Betriebsdaten Verwendung; z. B. kann die Fertigmeldung eines Arbeitsgangs auf einer DNC-Anlage die automatische Bereitstellung, das Füllen und den Transport eines Behälters initiieren.

Qualitätsdaten

Die Qualitätssicherung (CAQ) greift nicht nur zur Regelung der technischen Systeme auf die erfaßten Betriebsdaten zurück, sondern auch zur Planung von qualitätssichernden Maßnahmen (Prüfplanung) und zur Verfolgung von Einzelaufträgen, bei denen ein lückenloser Qualitätsnachweis erforderlich ist.

Die BDE bildet im übrigen oft die Verbindung zwischen den automatisierten Fertigungssystemen (NC-Maschinen u. a.) und der Produktionsplanung und -steuerung (vgl. Kapitel 7.1.2).

6.2 Organisation und Technologie der Betriebsdatenerfassung

Da die Betriebsdaten an unterschiedlichen Orten anfallen, ist auch ihre Erfassung in der Regel mehr oder weniger dezentralisiert.

Dezentrale und zentrale Erfassung

Eine völlige Dezentralisierung liegt z. B. vor, wenn die Maschinendaten vollautomatisch erfaßt und übermittelt oder BDE-Terminals direkt an den Aufstellungsorten der Maschinen installiert sind. Eine stärkere Zentralisierung herrscht manchmal bei der Zeiterfassung vor (z. B. am Werkstatteingang oder Werkstor), sofern nicht maschinen- oder auftragsbezogene Personalzeiten erforderlich sind. Im letzteren Fall ist die Erfassung eher dezentral an den Betriebsmitteln lokalisiert. Oft ist die Betriebsdatenerfassung in der Weise konzentriert, daß Rückmeldungen z. B. im Meisterbüro eingegeben oder zunächst gesammelt und gemeinsam abgeschickt werden.

Reduzierung des Rückmeldeaufwands

Wenn man jederzeit ein detailliertes Bild der Fertigungssituation haben möchte, ist die Erfassung einer Vielzahl von Einzelinformationen erforderlich, was nicht zuletzt auch umfangreiche Investitionen in BDE-Hardware und -Software verlangen kann. Deshalb liegt es nahe, nach Wegen zu suchen, wie der Rückmeldeaufwand verringert werden kann. Wenn man beispielsweise kausale Zusammenhänge in der Fertigung nutzt, lassen sich implizit weitere Informationen gewinnen, ohne daß diese explizit als Rückmeldungen eingegeben werden müssen. Voraussetzung ist ein Modell der Fertigung, in dem die relevanten Zusammenhänge abgebildet sind. Ein Ansatz zur Reduzierung des Rückmeldeaufwands auf dieser Basis ist in TÖNS97 skizziert.

Datenträger

Die BDE-Organisation hängt auch von technologischen Faktoren ab. Immer mehr Betriebsmittel erzeugen und verschicken automatische Rückmeldungen. In den anderen Fällen kommen meist *Belege* zum Einsatz.

Lohnscheine

Ein wichtiges Rückmeldemedium stellen seit jeher die *Lohnscheine* dar. Als alleinige Rückmeldemedien sind sie allerdings problematisch, da sie aus Sicht der Werker primär den Entlohnungsinteressen und nicht dem Zweck möglichst genauer Rückmeldungen dienen. Es ist durchaus üblich, daß Lohnscheine „gehortet" und zum Ausgleich von Leistungsschwankungen erst später zu einem geeigneten Zeitpunkt eingebracht werden. Deshalb versucht man zunehmend, Lohnfindung und Fortschrittsmeldungen zu entkoppeln.

Rückmeldescheine

Belege, die der Rückmeldung dienen, werden häufig nicht gesondert angefertigt, sondern zusammen mit Dokumenten, die man für andere Zwecke ohnehin erstellen muß. Zum Beispiel werden beim Drucken der Fertigungsauftragspapiere im Zuge der Auftragsfreigabe die Belege meist so erstellt, daß sie auch Rückmeldeinformationen tragen können, oder es werden besondere Rückmeldescheine gleich mitgedruckt.

Da die Erfassung vieler Rückmeldungen aufwendig ist und neben den eigentlichen Sachaufgaben des Fertigungspersonals herläuft, werden zunehmend maschinenlesbare Datenträger verwendet. Dies ist vor allem bei den Identifikationsdaten (Ident-Nummern) der Fall. Auftragsbezogene Daten werden dann entweder manuell eingegeben (z. B. gefertigte Menge und Personalzuordnung) oder auf dem Wege der Maschinendatenerfassung automatisch erzeugt (z. B. Arbeitsgangzeiten). Wie Abbildung 6.2-1 zeigt, werden die insgesamt „interessierenden" Daten somit auf zwei Wegen gewonnen.

Mit „Ident-Träger" werden in der Abbildung verkürzt die Datenträger für Identifikationsdaten bezeichnet. Die wichtigsten Technologien sind die folgenden (ROSC96, KRÄM00):

Barcodes

Weit verbreitet sind *Strichcodierungen* (Barcodes), die auf die Auftragspapiere, Materialbegleit-, Entnahmescheine etc. aufgedruckt und später mit entsprechenden Leseeinrichtungen (Lesestifte und -pistolen, Laser-

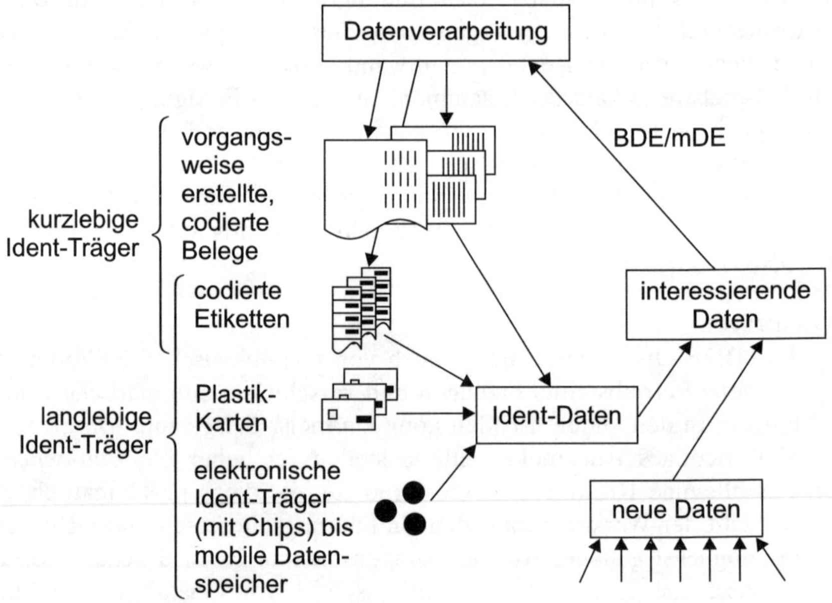

Abb. 6.2-1: Datenquellen und Datenträger für BDE-relevante Daten (aus ROSC98a)

oder Kamera-Scanner) decodiert werden können. Daneben besitzen *Markierungsbelege* (z. B. für Lohn- und Materialscheine) und Belege in *OCR-Schrift* eine gewisse Verbreitung. Klarschriftleser, die Schreibmaschinen- oder Blockschrift erkennen, sind ebenfalls bereits im Einsatz.

Markierungsbelege

Stabilere Datenträger, die z. B. für *Ausweise* Verwendung finden, sind Kunststoffkarten, die codierte Informationen aufnehmen können. Für die Codierung kommen neben Barcodes magnetische, mechanisch-induktive, elektronische und andere Formen in Betracht. Die elektronische Verschlüsselung in Form von *Chipkarten* bietet darüber hinaus die Möglichkeit, die Informationen auf dem Datenträger zu verändern. Man spricht dann von *programmierbaren Datenträgern (pDT)* und *mobilen Datenspeichern (MDS)*. Da in den Chip auch Informationen eingetragen werden können, ist es z. B. möglich, einem Werkzeug an einer Schreib-/Lesestation Statusinformationen mitzugeben oder Behälter in einem automatischen Transportsystem mit Steuerungsinformationen zu versehen, die den zurückzulegenden Weg beschreiben.

Plastikkarten

Chipkarten

pDT, MDS

BDE-Terminals

Wenn die Lesegeräte für BDE-Datenträger nicht stationär in anderen technischen Systemen installiert sind, werden zur Datenerfassung meist spezielle Endgeräte eingesetzt. Sie sind häufig mit Leseeinrichtungen versehen, dienen aber hauptsächlich dazu, Eingaben über Tastatur oder andere Peripherie entgegenzunehmen. Oft ist eine halbautomatische Erfassung eingerichtet, bei der manche Daten vom Datenträger gelesen oder von einem technischen System automatisch übernommen werden und andere zur Ergänzung eingegeben werden müssen.

Halbautomatische Erfassung

Beispielsweise kann eine Fertigungsanlage automatisch Maschinendaten (Laufzeiten, Unterbrechungen etc.) an ein gekoppeltes BDE-Terminal liefern, so daß der Werker nur noch ergänzende Angaben (z. B. Störungsursache) zu machen braucht. Spezielle Datenerfassungs- und Übermittlungszusätze besitzen die unterschiedlichsten Anlagen, z. B. moderne Tank- und Wägesysteme. Die von der Waage gemessenen Werte werden einem BDE-Terminal zur Verfügung gestellt, wo sie bearbeitet und weitergeleitet werden können.

Da die Fertigung von Branche zu Branche und von Unternehmen zu Unternehmen verschieden ist, werden die unterschiedlichsten Anforderungen an die Betriebsdatenerfassung gestellt. Dementsprechend weitgefächert sind die BDE-Lösungen und die Gerätevielfalt auf dem Markt. In den meisten Fällen sind BDE-Terminals Spezialgeräte, die über eine zweckentsprechende, vereinfachte Tastatur (z. B. nur Ziffern und Funktionstasten) und eine optische Anzeige (LCD-Anzeige, kleiner Bildschirm) verfügen. Eingaben gelangen nicht nur über die Tastatur, sondern auch über optische Leseeinrichtungen (z. B. Lesepistole), Touchscreen und manchmal bereits über Spracheingabe in das System.

Gerätevielfalt

Folientastatur

Die Umgebungsbedingungen, unter denen Betriebsdaten erfaßt werden, sind häufig durch Schmutz, Öl, Lärm, Temperaturschwankungen, Erschütterungen, Magnetfelder und ähnliche Faktoren gekennzeichnet. Die Geräte müssen deshalb besonderen Anforderungen hinsichtlich der Stabilität und Robustheit genügen. Terminals, die im Fertigungsbereich eingesetzt werden, besitzen z. B. oft eine Folientastatur, bei der keine Zwischenräume für das Eindringen von Schmutzpartikeln bleiben. Die Tasten sind häufig überdimensioniert (2×2 cm und größer), damit sie auch von einem Werker mit Schutzhandschuhen gedrückt werden können.

Mobile Datenerfassung

Datenkommunikation

Für die *mobile Datenerfassung* kommen zunehmend tragbare BDE-Terminals zur Anwendung. Diese speichern entweder die aufgenommenen Daten zunächst lokal und übermitteln sie von Zeit zu Zeit über einen Adapter an ein stationäres BDE-Terminal; oder sie sind direkt über eine Form der Datenkommunikation (Datenfunk, Infrarot-Kommunikation) mit einer BDE-Empfangsstation verbunden, der sie laufend die aktuellen Daten zusenden können. Neben speziell für BDE entwickelten Geräten werden in jüngster Zeit auch tragbare Klein-PCs (Notebooks, PDA's u. a.) verwendet.

In Büroumgebungen kommen für die Betriebsdatenerfassung auch Geräte mit vollständigen Tastaturen und normalen Bildschirmen, insbesondere PCs, zum Einsatz. Da hier die gesamte Funktionalität eines Computers zur Verfügung steht, sind sie häufig um ergänzende Software (z. B. Prüfung und Aufbereitung der Betriebsdaten) angereichert oder bis zum vollständigen BDE-Rechner ausgebaut.

BDE-Systeme

BDE-Rechner

Während an den BDE-Terminals Betriebsdaten primär nur erfaßt und eventuell vorverarbeitet werden (z. B. Prüfung auf formale Richtigkeit einer Eingabe), findet die Aufbereitung, Verarbeitung, Verdichtung und Weiterleitung auf einem anderen Rechner statt. Früher kamen zu diesem Zweck dedizierte BDE-Rechner, z. B. Prozeßrechner, als „BDE-Zentrale" zum Einsatz. Im Zuge der Verbreitung von Client-Server-Systemen werden die BDE-Funktionen heute dagegen meist von einem Server im Netz übernommen. In größeren Unternehmen ist oft ein mehrstufiges Rechnerkonzept sinnvoll. Für die einzelnen Fertigungsbereiche werden Vorrechner installiert, die bereits dezentrale Aufbereitungs- und Verarbeitungsfunktionen übernehmen.

Die Kopplung von BDE-Systemen mit anderen Anwendungssystemen wird einerseits durch die Standardisierung im Netzwerkbereich, andererseits durch die Abstützung auf Datenbanksysteme gefördert. Da relationale Datenbanken auch für die Betriebsdatenerfassung eingesetzt werden, kann die Datenverbindung zum Beispiel auf einer SQL-Schnittstelle aufbauen.

Funktionalität von BDE-Systemen

Die Funktionalität der BDE-Systeme geht teilweise weit über die reine Datenerfassung hinaus. Neben Schnittstellen zu PPS- und Leitstandsystemen, zu betriebswirtschaftlich-administrativer Anwendungssoftware und zu technischen Softwaresystemen sind zunächst Aufbereitungs-, Verdichtungs- und Auswertungsfunktionen mit entsprechenden Anzeigen oder Berichten zu nennen. Da mit den Betriebsdaten eine Vielzahl von Informationen gesammelt werden, lassen sich leicht die verschiedensten Übersichten und Statistiken erzeugen (z. B. über Maschinenauslastung, Ausschuß, Verspätungen, Unterbrechungen und Unterbrechungsursachen). Manchmal sind auf dieser Basis vollständige *Werkstattinformationssysteme* realisiert.

Werkstattinformationssysteme

Die von einem BDE-System abgedeckten Funktionen überschneiden sich nicht selten mit denen eines PPS- oder Leitstandsystems. Viele BDE-Systeme erfuhren nach und nach eine Anreicherung um Planungs- und Steuerungsfunktionen. Auf die engen Beziehungen von elektronischen Leitständen und BDE-Systemen wurde bereits in Kapitel 5.1 hingewiesen. Grafische Anzeigen, Leitstandfunktionen und vollständige elektronische Leitstände sind auch aus dem Grund in BDE-Systemen zu finden, weil manche Leitstandentwicklungen auf einem vorhandenen BDE-System aufsetzten.

Auftragsfreigabe

Von der Auftragsfreigabe mit Belegerstellung über einzelne zeitwirtschaftliche Komponenten bis hin zu umfassenden Werkstatt- oder Fertigungssteuerungsmodulen geht das Spektrum der PPS-Funktionalität. Selbst Wareneingang/-ausgang und materialwirtschaftliche Komponenten wie die Lagerverwaltung trifft man an. Bei realistischer Betrachtung erkennt man jedoch, daß ein BDE-System mit PPS-Funktionen noch lange kein PPS-System ersetzt. Gegenüber umfassenden PPS-Systemen sind Leistungsfähigkeit und Detailfunktionalität relativ beschränkt.

BDE-System mit PPS-Funktionen ersetzt kein PPS-System

Der Einstieg in die Fertigungssteuerung über die Betriebsdatenerfassung kann aber durchaus sinnvoll sein. Wenn kein PPS-System vorhanden ist, jedoch ein BDE-System bereits stand-alone betrieben wird, liegt die allmähliche Einführung von Fertigungssteuerungs- und Planungsfunktionen in dessen direktem Umfeld und in der gewohnten Systemwelt nahe. Auf Dauer wird allerdings der Umstieg auf ein richtiges PPS-System nicht vermeidbar sein.

Aktualität der Betriebsdatenerfassung

Unterschiedlicher Aktualitätsbedarf

Die Art und Weise der Betriebsdatenerfassung, -verarbeitung und -übermittlung hängt nicht zuletzt vom Aktualitätsbedarf ab. Betrachtet man etwa die Produktionsplanung und -steuerung, so sind die Anforderungen an Genauigkeit und Schnelligkeit der Rückmeldungen in den einzelnen Funktionskreisen unterschiedlich.

Für die Durchlaufterminierung eines Programmfertigers sind z. B. nicht die genauen Bearbeitungszeiten jedes einzelnen Fertigungsauftrags erforderlich, sondern Durchschnittswerte pro Teilenummer ausreichend. Ein elektronischer Leitstand benötigt dagegen jede Arbeitsgang-Rückmeldung oder Maschinenstörung sofort, damit die Plantafel ohne Verzögerung dem aktuellen Stand der Fertigungssituation angepaßt werden kann. Grundsätzlich gilt, daß die Rückmeldungen differenziert in der Genauigkeit und Geschwindigkeit vorliegen müssen, wie die Planungs- oder Steuerungsaufgaben der jeweiligen Funktionskreise ausgeführt werden.

Dies erlaubt teilweise das Sammeln von Betriebsdaten und Übermitteln zu einem späteren Zeitpunkt, während teilweise eine unmittelbare Verarbeitung und Weitergabe notwendig ist. Nicht deckungsgleich, aber eng verbunden mit dieser Unterscheidung sind Online- und Offline-Erfassung.

Online-Erfassung

Bei der *Online-Erfassung* sind der BDE-Rechner und das Erfassungsterminal direkt verbunden, so daß die Daten sofort übermittelt, Plausibilitätsprüfungen unterzogen, verarbeitet und gegebenenfalls einem anderen Anwendungssystem weitergeleitet werden können.

Offline-Erfassung

Bei *Offline-Erfassung* werden die Betriebsdaten zunächst im BDE-Terminal, evtl. auch auf Papier (z. B. Lohnscheine), zwischengespeichert und später gesammelt dem BDE-Rechner übergeben. Je nach Planungs- oder Steuerungszyklus können auch offline erfaßte Daten eine hinreichende Aktualität gewährleisten.

Marktangebot

Aufgrund der sehr differenzierten Anforderungen an die Betriebsdatenerfassung und der vielschichtigen Abdeckungsmöglichkeiten ist die Gerätevielfalt fast unübersehbar. Dementsprechend groß ist die Zahl der Anbieter von BDE-Terminals, Datenträgern, Software oder vollständigen BDE-Systemen.

Marktübersichten

Wie für PPS-Systeme und elektronische Leitstände erscheinen auch für die Betriebsdatenerfassung regelmäßige Marktübersichten, mit deren Hilfe der Interessent einen ersten Überblick gewinnen kann (vgl. z. B. KRÄM00).

BDE-Systeme im Kontext der Produktionsplanung und -steuerung wurden in der umfassenden PPS-Studie des Instituts für Automation, Informations- und Produktionsmanagement (AIP-Institut) an der Fernuniversität Hagen miterhoben. Von den erfaßten PPS-Systemen enthielten 140 eigene BDE-Module, 128 hatten Schnittstellen zu separaten BDE-Systemen, und 59 boten beide Möglichkeiten (FAND97).

7. Das Umfeld der PPS-Systeme in der betrieblichen Informationsverarbeitung

7.1 Computer Integrated Manufacturing

7.1.1 Integration im Rahmen von CIM

Vermeidung von „Insellösungen“

Die Forderung nach Integration der Anwendungssysteme und der Vermeidung von „Insellösungen“ wird in der Wirtschaftsinformatik seit vielen Jahren erhoben. Eine effektive Nutzung der betrieblichen Informationssysteme setzt häufig voraus, daß sie in ein Gesamtkonzept eingebunden werden. Dies gilt in besonderem Maße für die PPS-Systeme, die an der Nahtstelle zwischen den betriebswirtschaftlichen und den technischen Aufgaben angesiedelt sind.

Integration der Informationsverarbeitung

Mit dem CIM-Gedanken hat der Produktionsbereich bei der Umsetzung der Integrationsforderung eine gewisse Vorreiterrolle übernommen. *Computer Integrated Manufacturing (CIM)* ist ein Konzept zur Integration der Informationsverarbeitung für betriebswirtschaftliche und technische Aufgaben eines Industriebetriebs (SCHE90c). Den betriebswirtschaftlichen Zweig repräsentiert dabei die Produktionsplanung und -steuerung, während die technische Seite durch die sogenannten *CA-Systeme* gebildet wird:

- Konstruktion: Computer Aided Design (CAD),
- Arbeitsplanung: Computer Aided Planning (CAP),
- Fertigung: Computer Aided Manufacturing (CAM),
- Qualitätssicherung: Computer Aided Quality Assurance (CAQ).

Hin und wieder trifft man auch den Begriff Computer Aided Engineering (CAE) an. Er wird recht uneinheitlich gebraucht. Manchmal sind frühe Phasen des Produktentwurfsprozesses gemeint, manchmal bestimmte Simulationsmöglichkeiten, manchmal durchgängige Prozeßketten computergestützter Techniken und manchmal auch spezielle Entwurfsprobleme im Elektronikbereich. Wir werden den CAE-Begriff deshalb nicht weiter verwenden.

Die Betrachtungsweise von Planung und Realisierung aus zweifachem Blickwinkel kommt in Abbildung 7.1-1 zum Ausdruck. Die Darstellung der CIM-Komponenten in Form eines Y geht auf Scheer zurück (z. B. SCHE90b). Sie ist zu einem „Markenzeichen“ der Veröffentlichungen und Produkte aus dem Bereich und Umfeld des Instituts für Wirtschaftsinformatik an der Universität Saarbrücken geworden. Die Y-Form symbolisiert

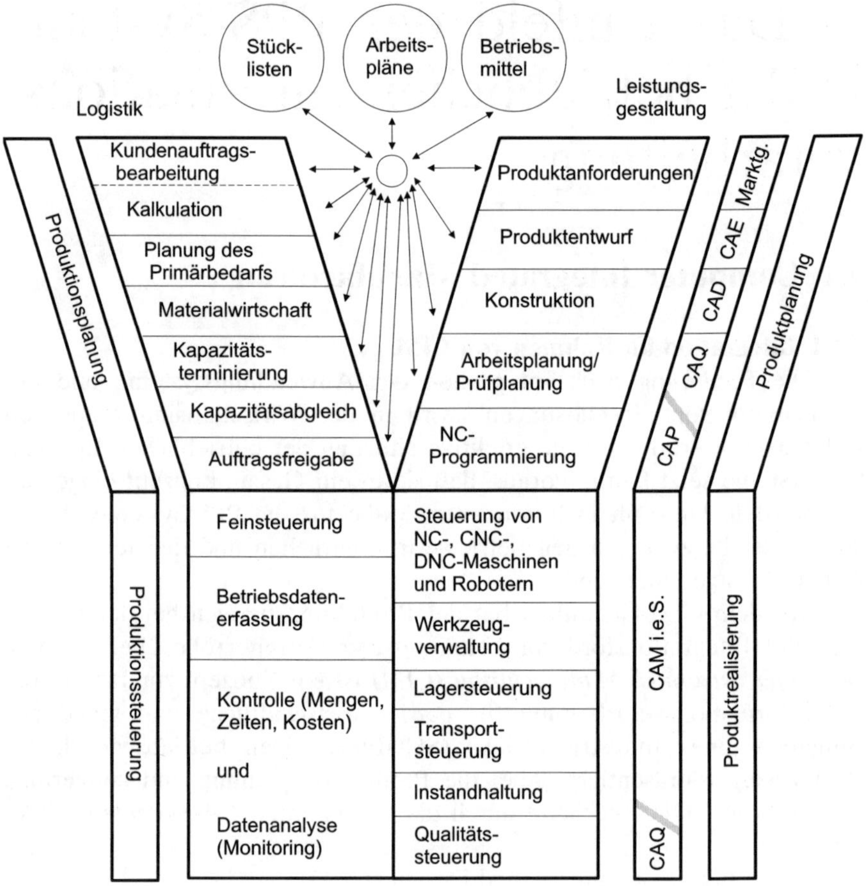

Abb. 7.1-1: CIM-Komponenten im Y-Modell (aus SCHE97)

die unterschiedlichen Planungsaufgaben auf betriebswirtschaftlichem und technischem Gebiet sowie die Zusammenführung der Planungsergebnisse bei der konkreten Realisierung in der Fertigung.

AWF-Empfehlung

Während das Y-Modell in der Wirtschaftsinformatik weit verbreitet ist, trifft man im ingenieurwissenschaftlichen Bereich oft eine Darstellung an, die auf eine Empfehlung des Ausschusses für Wirtschaftliche Fertigung e. V. (AWF) zurückgeht. Sie ist in Abbildung 7.1-2 wiedergegeben. Auch hier kommt die gleichgewichtige Stellung der Produktionsplanung und -steuerung gegenüber den CA-Komponenten klar zum Vorschein.

Der entscheidende Buchstabe im Akronym CIM ist das „I" (für Integration). Integration bezieht sich auf die Daten und auf die Funktionen der Teilsysteme (SCHE90b, BECK91).

Datenintegration

Datenintegration ist erforderlich, weil die betriebswirtschaftlichen und die technischen Softwaresysteme teilweise auf den gleichen Daten arbei-

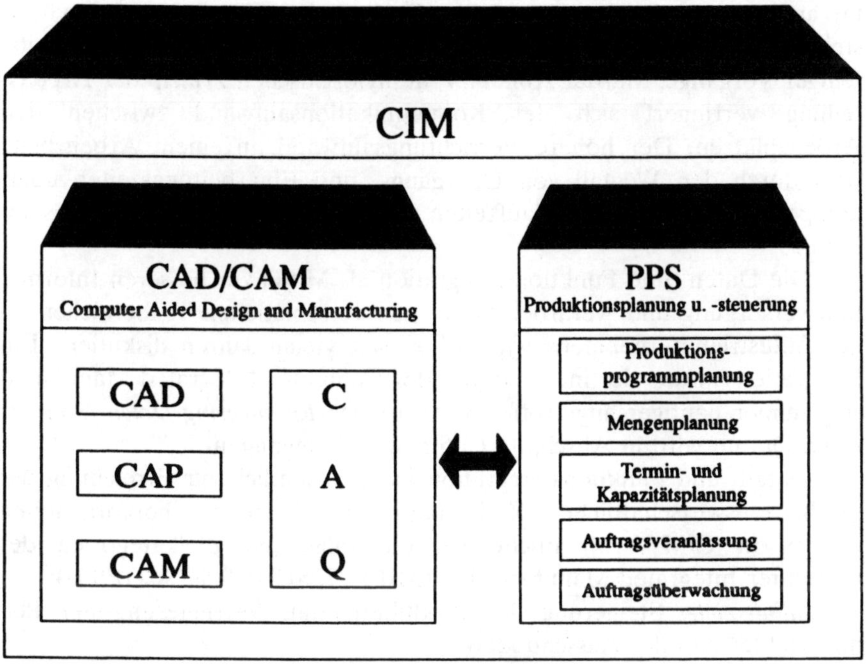

Abb. 7.1-2: AWF-Empfehlung CIM (aus AWF85)

ten. Wenn die Softwaresysteme isoliert betrieben werden, müssen alle Daten, die von mehreren Systemen genutzt werden, auch mehrfach (redundant) vorhanden sein. Bei redundanter Datenhaltung ist der Pflegeaufwand erheblich höher, als wenn alle Daten nur einmal gespeichert werden. Es besteht die Gefahr, daß Daten inkonsistent werden, d. h., daß an verschiedenen Stellen unterschiedliche Werte der gleichen Datenattribute auftreten (Widersprüche bzw. unterschiedlicher Aktualitätsgrad). Datenintegration liegt demgegenüber vor, wenn (logisch) die gleichen Datenbestände von verschiedenen Softwaresystemen genutzt werden.

Funktionsintegration

Funktionsintegration ist gegeben, wenn dem Bearbeiter einer Vorgangskette, eines Teils einer Vorgangskette oder eines Vorgangs alle dafür notwendigen Funktionen am Arbeitsplatz zur Verfügung stehen. Insbesondere spricht man von Funktionsintegration, wenn die Funktionen zu verschiedenen Softwaresystemen gehören; sie müssen für den Bearbeiter im Zugriff sein und/oder sich gegenseitig anstoßen können („triggern").

Funktionsintegration ist ein Merkmal, das bei der informationstechnischen Unterstützung von Geschäftsprozessen eine wichtige Rolle spielt. Aus der geschäftsprozeßorientierten Sicht bedeutet Funktionsintegration, daß die immer stärkere Arbeitsteilung, die die Vorgangsbearbeitung in der Vergangenheit kennzeichnete, wieder rückgängig gemacht werden kann. Die mit integrierten Anwendungssystemen erreichbare Funktionalität an einem Arbeitsplatz und die damit einhergehende Produktivitätssteigerung erlauben eine wirtschaftliche (Re-)Integration ehemals arbeitsteiliger Vorgänge. Mit der Abkehr vom tayloristischen Prinzip der Arbeitsteilung verringert sich der Kommunikationsaufwand zwischen den Arbeitsplätzen. Der höhere Verrichtungsaufwand an einem Arbeitsplatz wird durch den Wegfall von Übergangs- und Einarbeitungszeiten überkompensiert, so daß Durchlaufzeiten für einen Geschäftsprozeß ingesamt sinken.

Wegfall von Übergangs- und Einarbeitungszeiten

Die Daten- und Funktionsintegration als Mittel zur besseren Informationsversorgung und -verarbeitung in den verschiedenen Teilbereichen eines Industrieunternehmens wird schon seit vielen Jahren diskutiert. Ein Integrationsansatz, der in der Praxis des Computer Integrated Manufacturing immer häufiger angetroffen wird, ist das *Engineering-Daten-Management.* Darauf wird in Abschnitt 7.1.5 näher eingegangen.

Engineering-Daten-Management als Integrationsansatz

Daten- und Funktionsintegration kann wesentlich zur Erreichung der produktionswirtschaftlichen Ziele beitragen. Besonders hervorgehoben werden in CIM-Veröffentlichungen die folgenden Zielkategorien des Computer Integrated Manufacturing (MILL97, SCHU90a, SCHE90a):

- *Qualitätsziele:* Steigerung der Produktqualität, Verringerung der Planungsfehler und der Ausschußquote,
- *Zeitziele:* Senkung der Durchlauf- und Entwicklungszeiten, Verbesserung der Termintreue,
- *Kostenziele:* Kostensenkung durch höhere Anlagenauslastung, niedrigere Kapitalbindung und konsequente Nutzung von modernen Produktionstechnologien,
- *Flexibilitätsziele:* Verringerung von Reaktionszeiten und Losgrößen, Erhöhung des Lieferbereitschaftsgrads.

7.1.2 CA-Komponenten und Berührungspunkte mit der Produktionsplanung und -steuerung

Das CIM-Konzept wird in diesem Kapitel hauptsächlich aus der Sicht der Produktionsplanung und -steuerung betrachtet. Die technischen CA-Systeme werden kurz beschrieben und jeweils auf ihre Schnittstellen zu PPS-Komponenten hin untersucht.

Computer Aided Design (CAD)

CAD-System

Computer Aided Design (CAD) bedeutet computergestützter Entwurf von Teilen. *CAD-Systeme* dienen zur Unterstützung des Konstrukteurs beim Produktentwurf und insbesondere bei der Konstruktion. In allen Phasen des Prozesses hat das Bearbeiten von Zeichnungen einen hohen Stellenwert (SPUR97). Kernstück jedes CAD-Systems ist deshalb ein Softwarewerkzeug zur Erstellung, Veränderung und Anzeige maßstabsgetreuer mehrdimensionaler Konstruktionszeichnungen *(Grafikeditor).*

Grafikeditor

Generationen von CAD-Systemen

Bei den CAD-Systemen kann man verschiedene Entwicklungsstufen unterscheiden (WIEN97a). Die *1. Generation* war durch Systeme gekennzeichnet, bei denen die dreidimensionalen physischen Objekte auf eine zweidimensionale Bildschirmrepräsentation reduziert werden (2D-Darstellung). Objekte können nur in ihrer zweidimensionalen „Aufsicht" aus verschiedenen Perspektiven gezeigt werden. Systeme mit einer sogenannten 2 ½D-Darstellung erlauben zusätzlich eine Projektion der zweidimensional erzeugten Objekte in eine dreidimensionale Gesamtdarstellung.

Ein Nachteil liegt darin, daß vom Konstrukteur hohes Abstraktionsvermögen gefordert wird. Er muß dreidimensionale Gebilde in zweidimensionale Komponenten zerlegen und Anknüpfungspunkte definieren, über die die Komponenten in der 3D-Darstellung wieder zusammengefügt werden.

3D-Darstellung

Die *2. Generation* der CAD-Systeme ist durch Darstellung der Objekte in einem dreidimensionalen Raum mit X-, Y- und Z-Achse gekennzeichnet (3D-Darstellung). Verwendet werden vor allem Draht-, Flächen- und Volumenmodelle. Diese unterscheiden sich durch die Menge an Daten, die erfaßt, gespeichert und bei den Berechnungen berücksichtigt werden müssen.

CAD-Systeme der *3. Generation* weisen einen höheren Automatisierungsgrad auf. Wenn sich etwa ein Entwurfsparameter ändert, werden Anpassungen des Konstruktionsprozesses teilweise oder ganz automatisch vorgenommen. Die objektorientierte Softwaretechnologie erlaubt es darüber hinaus, Konstruktionselemente einer besseren Wiederverwendbarkeit zugänglich zu machen. Wenn beispielsweise bestimmte Standardelemente wie Bohrungen oder Federungen immer wieder vorkommen, können diese unter Rückgriff auf gespeicherte Informationen und Anpassung an die Eigenschaften des vorliegenden Werkstücks automatisch generiert werden (WIEN97a).

Archivierung und Retrieval

Die Effektivität eines CAD-Systems hängt sehr stark von der zugrundeliegenden Datenverwaltung im weiteren Sinne ab. Neben konventionellen „Daten" wie Teilenummern oder Maßen spielen z. B. Grafiken, insbesondere Zeichnungen, in der Konstruktion eine herausragende Rolle. Sogenannte Nichtstandard-Datenbanksysteme, d. h. Datenbanksysteme, die neben Daten auch grafische Objekte verwalten, können hier zum Einsatz kommen. Eine leistungsfähige Archivierungskomponente, die es gestattet, Zeichnungen und andere Daten aus früheren Konstruktionsvorgängen effizient wiederzufinden (Retrieval), hat entscheidenden Einfluß auf die Güte eines CAD-Systems. Ein Ziel des Engineering-Daten-Management, das in Abschnitt 7.1.5 behandelt wird, ist nicht zuletzt deshalb die effiziente Suche nach früheren Konstruktionsdaten.

Werkstückklassifikation

Funktionen zur *Werkstückklassifikation* unterstützen den Bearbeiter bei der Konstruktion neuer Teile, indem sie ähnliche, früher gefertigte Teile in einer Bauteile-Datenbank suchen und zur Verfügung stellen. Voraussetzung ist, daß eine Klassifikation nach geeigneten Kriterien durchgeführt wurde.

Schnittstellen zur Produktionsplanung und -steuerung

Produktionsprogrammplanung

Der Konstruktionsprozeß wird letztlich durch Entscheidungen der *Produktionsprogrammplanung* bzw. der Kundenauftragsannahme initiiert. Dort wird festgelegt, welche Produktarten in welchen Ausprägungen hergestellt werden sollen, und somit mittelbar, welche Teile neu konstruiert und welche in welcher Weise modifiziert werden müssen. Aus der Programmplanung kommen gegebenenfalls auch Vorgaben über mögliche Produktvarianten oder, sofern das Variantenspektrum noch nicht feststeht, darüber, wie „variantenfreundlich" die Konstruktion sein soll.

Kundenaufträge

Bei auftragsorientierter Fertigung werden mit den *Kundenaufträgen* die auftragsspezifischen Produktmerkmale erfaßt, soweit es nicht um Produkte aus einer Standardpalette geht. Wenn die Merkmale eine Konstruktion bestimmter Teile notwendig machen, müssen die entsprechenden Daten als Input an das CAD-System geliefert werden. Die Beziehungen zwischen Konstruktion und PPS-Bereich sind hier besonders eng. Wenn noch Konstruktionsschritte erforderlich sind, gibt es zunächst keine Stücklisten, die der Kalkulation und der Materialbedarfsplanung zugrundegelegt werden können. Die Produktionsplanung und -steuerung muß dann erst einmal mit ungenauen Daten oder Pauschalannahmen arbeiten. Wenn die Konstruktion erfolgt ist, können die vorläufigen Annahmen durch konkretere Daten ersetzt werden.

Materialwirtschaft

Die Schnittstellen zwischen CAD und *Materialwirtschaft* liegen auf der Hand. Die Explosionszeichnungen aus der Konstruktion können als grafische Darstellung von Stücklisten angesehen werden. Es liegt nahe, die Geometrie- und insbesondere die Bauteil-Informationen in die Teilestammdaten des PPS-Systems zu übernehmen und der Materialwirtschaft zur Verfügung zu stellen. Dies setzt allerdings voraus, daß das CAD-System in Lage ist, fertigungstechnische Elemente zu erkennen und Produktmodelle zu verwalten. Grundsätzlich können auf dieser Basis auch (Konstruktions-)Stücklisten zur Weiterverarbeitung im PPS- oder CAP-System generiert werden (ABEL90).

Kalkulation

70% der Herstellkosten werden bereits durch die Konstruktion festgelegt

Eine betriebswirtschaftlich wichtige Verbindung ist die von der *Kalkulation* hin zum CAD-System. Wenn dem Konstrukteur Kosteninformationen (z. B. Herstellkosten bestimmter Teile, Beschaffungspreise von Materialien) zur Verfügung gestellt werden, kann er bei seinen Entwurfs- und Ausführungsentscheidungen darauf Rücksicht nehmen. Da bekanntermaßen bis zu 70% der Herstellkosten bereits durch die Konstruktion festgelegt werden (BECK90, WIEN97a), lassen sich auf diese Weise unter Umständen signifikante Einsparungen erzielen.

Das gleiche gilt, wenn Informationen aus der Materialwirtschaft und dem Beschaffungswesen, z. B. über die Lagerbestände oder über die Bezugsmöglichkeiten kritischer Teile, verfügbar sind. Der Konstrukteur kann sie, sofern er Wahlmöglichkeiten hat, von vornherein bedenken und späteren Engpässen, die die Produktionskosten erhöhen würden, vorbeugen.

Computer Aided Planning (CAP)

Arbeitsplanung

Mit Computer Aided Planning (CAP) bezeichnet man im Ingenieurbereich die computergestützte Erzeugung von Arbeitsplänen. Die Arbeitsplanung erfolgt auf der Basis von Standarderzeugnisstrukturen und/oder von Auftragsspezifikationen. Als Grunddaten müssen dem CAP-System Konstruktionsmerkmale, Materialeigenschaften, Stücklisten, Toleranzen u. a. zur Verfügung gestellt werden. Betriebsmittelstammdaten, Arbeitsgänge und Arbeitspläne sowie NC-Programme für programmierbare Werkzeugmaschinen verwalten die CAP-Systeme im allgemeinen selbst.

Bei konventioneller Fertigungstechnologie werden für die Fertigungsaufträge Arbeitspläne generiert, ausgedruckt und in Papierform in die Fertigung geleitet. Bei automatisierten Fertigungsanlagen werden sie in Programmcode für NC-Maschinen umgesetzt und auf elektronischem Wege oder auf Datenträger an die Maschinen weitergegeben.

Die Arbeitspläne des CAP sind zwar nicht identisch mit den Arbeitsplänen der Produktionsplanung und -steuerung, sie überlappen sich aber doch sehr stark. Wie an vielen Stellen im CIM werden die Daten in der Praxis häufig doppelt geführt, da keine echte Datenintegration realisiert ist.

Formen der Arbeitsplanung

CAP-Systeme unterstützen verschiedene Formen der Arbeitsplanung (KLAA91, ABEL90, WIEN97a):

- Bei der *Wiederholplanung* werden Standardarbeitspläne zugrunde gelegt. Zur Erzeugung eines auftragsspezifischen Arbeitsplans (Fertigungsauftrag) wird der Standardarbeitsplan kopiert und um die Mengen- und Terminangaben ergänzt.
- *Anpassungsplanung* liegt vor, wenn gespeicherte Arbeitspläne manuell verändert oder ergänzt werden können.
- Die *Variantenplanung* greift auf Plandaten für Teilefamilien (das sind Teile gleicher oder ähnlicher Funktion) zurück und verwendet diese zur Zusammenstellung eines neuen Arbeitsplans. Bereits vorhandene Gruppen von Arbeitsgängen werden aus den Arbeitsplänen der Teilefamilien herauskopiert, gegebenenfalls modifiziert und zu einem neuen Gesamtarbeitsplan zusammengestellt.
- *Neuplanung* bedeutet, daß Arbeitspläne ohne Rückgriff auf gespeicherte Arbeitspläne erstellt werden. Dies ist insbesondere der Fall, wenn bei stark kundenauftragsorientierter Fertigung die Teile- bw. Auftragsmerkmale vom Kunden spezifiziert werden.

Bausteine eines CAP-Systems

Zu den Bausteinen eines CAP-Systems gehören eine Stammdatenverwaltung (Arbeitspläne, Arbeitsgänge), Grafikeditoren für Arbeitspläne und Werkstücke, eine Simulationskomponente für die Kontrolle und Verbesserung manuell angelegter Arbeitsgänge, ein NC-Programmgenerator sowie eine Verwaltungskomponente für NC-Programme.

Schnittstellen zur Produktionsplanung und -steuerung

Arbeitspläne werden sowohl vom PPS-System als auch vom CAP-System verwaltet

Die Überlappung von PPS-Komponenten und CAP ist besonders bei den Arbeitsplänen offensichtlich. Diese werden in vielen Fällen sowohl vom PPS-System (zumindest in Form von Standardarbeitsplänen) als auch vom CAP-System verwaltet. Die Gründe für die Redundanz liegen hauptsächlich in der unterschiedlichen Herkunft der Systeme: Während PPS-Systeme aus dem betriebswirtschaftlichen Bereich stammen, sind CAP-Systeme in den Ingenieurwissenschaften entstanden.

Redundanz erzeugt Fehler

Unkontrollierte Redundanz zwischen beiden Systemen kann zu widersprüchlichen Datenbeständen und damit zu Fehlern bei der Generierung von Fertigungsaufträgen bzw. NC-Programmen führen. Im PPS-System ist zum Beispiel die Terminierung betroffen (mit der Folge, daß vielleicht Engpässe oder Terminüberschreitungen auftreten), im CAD die Korrektheit der NC-Programme (mit der Folge einer eventuell erhöhten Ausschußquote).

PPS-CAP-Kopplung

Wenn PPS- und CAP-System nicht auf der selben Datenbasis aufsetzen, kann eine lose Kopplung mit definierten Schnittstellen realisiert werden. Kopplung bedeutet hier, daß Daten systematisch ausgetauscht werden. Dies sieht wie folgt aus:

Primärbedarfsplanung

Die Schnittstelle zwischen der *Primärbedarfsplanung* und dem CAP beinhaltet vor allem die Weitergabe der Mengen- und Zeitangaben aus den Kunden- bzw. Lageraufträgen, die in die Wiederhol- oder Anpassungsplanung übernommen und gegebenenfalls modifiziert werden. Bei kundenauftragsbezogener Fertigung ist außerdem die Spezifikation der gewünschten Teile notwendig, damit individuelle bzw. angepaßte Arbeitspläne erstellt werden können.

Vorkalkulation

In umgekehrter Richtung kann die Bereitstellung von Arbeitsplänen aus dem CAP-System für die Primärbedarfsplanung von Bedeutung sein. Dies ist der Fall, wenn im Rahmen der Kundenauftragsbearbeitung eine *Vorkalkulation* durchgeführt wird.

Materialwirtschaft, Grunddatenverwaltung

Die *Materialwirtschaft* bzw. die *Grunddatenverwaltung* weist insofern Beziehungen zur Arbeitsplanung auf, als in den Grunddaten auch Merkmale wie Materialeigenschaften geführt werden (z. B. im Teilestammsatz). Darüber hinaus können weitere Angaben wie Konstruktionsmerkmale, die im Teilestamm gespeichert sind, Stücklisten oder Informationen aus Stücklisten für die Arbeitsplanung von Interesse sein. Beispielsweise ist in Stücklisten häufig vermerkt, welcher Standardarbeitsplan einer Baugruppe zugeordnet ist.

Terminierung

Da sowohl in PPS- als auch in CAP-Systemen eine *Terminierung* durchgeführt wird, muß überprüft werden, ob die Terminierungsverfahren kompatibel sind oder zu widersprüchlichen Ergebnissen führen (z. B. bei Verwendung unterschiedlicher Prioritätsregeln). Wenn die PPS-CAP-Kopplung schließlich soweit fortgeschritten ist, daß die Zuständigkeit für die Terminierung nur noch bei einem der beiden Systeme liegt, muß für einen konsistenten Austausch gesorgt werden. So ist es denkbar, daß das CAP-System einen Arbeitsplan erzeugt, dem Durchlaufterminierungsmodul des PPS-Systems übergibt und dort die Terminierung anstößt.

Soweit die Auftragsterminierung im CAP-System erfolgt, ist im PPS-System mittelbar auch die *Kapazitätsplanung* betroffen, da die induzierte Kapazitätsbelastung gegebenenfalls in Einklang mit der Fertigungssituation gebracht werden muß. Auch die *Fertigungssteuerung* würde in diesem Fall mit Auftrags- und Arbeitsgangterminen arbeiten, die aus dem CAP stammen und eventuell im Leitstand manuell nachgebessert werden.

Computer Aided Manufacturing (CAM)

Betriebswirtschaftliche und technische Informationsverarbeitung treffen aufeinander

Während CAD- und CAP-Systeme dem Fertigungsgeschehen vorgelagert sind, kommen die CAM-Systeme (Computer Aided Manufacturing) unmittelbar im Produktionsprozeß zum Einsatz (REMB90). Hier treffen die betriebswirtschaftliche und die technische Informationsverarbeitung direkt aufeinander. Teilweise lassen sich die fertigungsnahen Planungs- und Steuerungsfunktionen gar nicht mehr eindeutig dem einen oder dem anderen Zweig zuordnen. Manchmal sind auch Fertigungssteuerungsfunktionen in die technischen Systeme integriert (MERT01).

CAM i. w. S.

Scheer bezeichnet deshalb bereits den ganzen unteren Teil des Y-Modells als „CAM im weiteren Sinne". Dieses beginnt mit der Auftragsfreigabe im betriebswirtschaftlichen Zweig und mit der NC-Steuerung im technischen Zweig des Y (SCHE97). Mit CAM wird im engeren Sinne jedoch meist die technische Abwicklung der Produktion bezeichnet.

Die Ansiedlung des CAM im Kreuzungspunkt von betriebswirtschaftlicher und technischer Informationsverarbeitung kommt in der Abbildung 7.1-3 zum Ausdruck (MERT01). Die X-Form stellt eine Abwandlung des Scheer'schen Y-Modells dar. Im Kreuzungspunkt stehen vor allem kurzfristige Steuerungsfunktionen, die heute primär in den (technischen) CAM-Systemen zu finden sind.

Technische Basissysteme

Als *technische Basissysteme* werden dem CAM-Bereich numerisch gesteuerte Werkzeugmaschinen (NC-Maschinen), Roboter, fahrerlose Transportsysteme, Handhabungssysteme sowie automatische Lagerhaltungs- und Logistiksysteme zugeordnet.

NC-Maschinen

- *NC-Maschinen* (Numeric Control) lassen sich nach dem Umfang und Stand der Rechnerunterstützung unterscheiden (KIEF02). Bei einfachen NC-Maschinen werden die an einem Computer erstellten Steuerungsprogramme auf einen Lochstreifen gestanzt. Der Lochstreifen mit einem Programm wird direkt an der Maschine eingelesen. Das Programm enthält alle Arbeitsschritte, die die Maschine zusammenhängend ausführen soll. Der Lochstreifen wird jedesmal eingelesen, wenn das Programm ablaufen soll. Wenn sich die Arbeitsgänge bzw. das Programm ändern, muß ein neuer Lochstreifen erstellt werden.

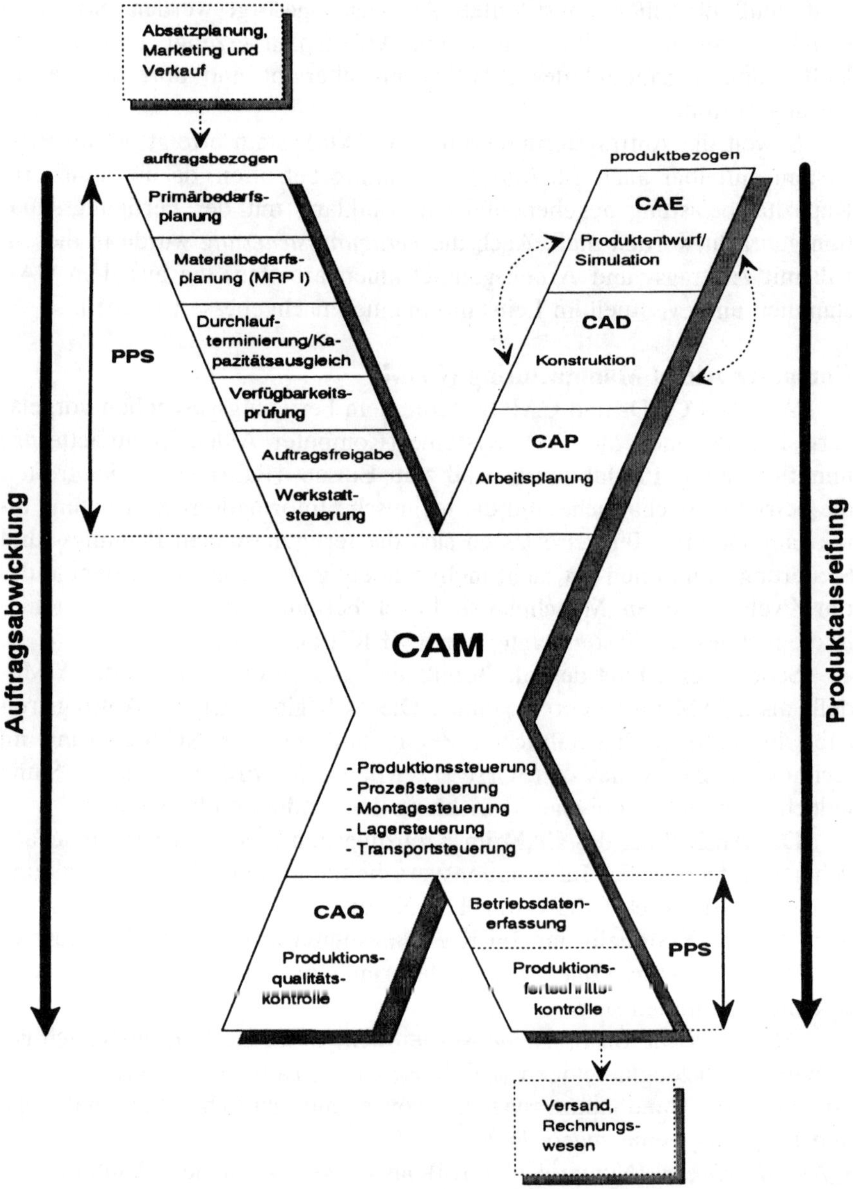

Abb. 7.1-3: Stellung des CAM im Rahmen von CIM (aus MERT01)

CNC-Maschine

- Eine *CNC-Maschine* (Computerized Numeric Control) enthält als Bestandteil einen Mikrocomputer. Die über Lochstreifen eingelesenen Programme können somit an der Maschine modifiziert werden. Eine automatische Abstimmung zwischen mehreren Maschinen ist aber nicht möglich, da die Maschinen isolierte Einheiten darstellen.

DNC-Maschinen

- Bei *DNC-Maschinen* (Direct Numeric Control) existiert ein übergeordneter Steuerungsrechner für mehrere Maschinen. Er überwacht und steuert die zeitliche Abstimmung zwischen den Maschinen. Die NC-Programme werden hier in der Regel auf elektronischem Wege zu den Maschinen hin übertragen.

Industrieroboter

- Als *Industrieroboter* bezeichnet man programmgesteuerte Handhabungseinrichtungen, die sich in alle Richtungen bewegen können (KÖNI90, VUKO88). Sie sind in der Lage, Vorgänge zur eigenen Orientierung und zur Positionierung von Werkstücken, Werkzeugen und Spannmitteln durchzuführen. Zur Ausstattung gehören in der Regel Greifer, Werkzeuge und Sensoren. Mit Hilfe der letzteren können z. B. auch Oberflächenbeschaffenheiten bestimmt werden. Industrieroboter sind in der Lage, komplexe und verschiedenartige Arbeitsgangfolgen abzuarbeiten. Ihre Einsatzgebiete liegen unter anderem in Bereichen wie der automatisierten Montage und der variantenreichen Fertigung, bei denen Einzweck-Montagemaschinen nicht mehr hinreichend flexibel sind. Das Schweißen stellt einen weiteren Anwendungsschwerpunkt dar. Die meisten Industrieroboter (ca. 58%) werden in der Automobilindustrie eingesetzt (KREI98). Die Leistungsfähigkeit und die Einsatzmöglichkeiten der Industrieroboter steigen ständig weiter. Dies liegt nicht zuletzt daran, daß den Maschinen immer mehr „Intelligenz" vermittelt wird. Auf dem Gebiet der Künstlichen Intelligenz stellt die Roboterforschung (Robotik) einen wichtigen Schwerpunkt dar (GIRA96, VUKO88).

Fahrerlose Transportsysteme

- Transport bzw. Bereitstellung von Werkstücken, Werkzeugen und Materialien an den Betriebsmitteln und Arbeitsplätzen ist die Aufgabe von *fahrerlosen Transportsystemen (FTS)* und *automatisierten Lagerhaltungssystemen* (JÜNE89). FTS werden durch Induktionsschleifen geführt und von Prozeßrechnern gesteuert. Bei automatischen Lagerhaltungssystemen erfolgt die Ein- und Auslagerung von Werkstücken, Werkzeugen und Materialien ebenfalls rechnergesteuert. Die Steuerungsprogramme beinhalten häufig Optimierungsverfahren, z. B. zur Minimierung von Ein- und Auslagerungsvorgängen.

Schnittstellen zur Produktionsplanung und -steuerung

Lagerhaltung

Informationen über die Einlagerungs- und Entnahmevorgänge eines automatisierten Lagerhaltungssystems sind für die *materialwirtschaftlichen* PPS-Komponenten (Lagerbestandsführung, Nettobedarfsermittlung, Bestellauslösung) von Bedeutung. Die tatsächlichen Materialzugänge werden darüber hinaus auch für die Bestellverfolgung und für die Rechnungsprüfung benötigt.

Die im PPS-System geführten Lagerstrukturinformationen (d. h. Informationen über den Aufbau des Lagers und die Zuordnung von Lagerplätzen und Materialien) bilden die Grundlage für die Planung, Durchführung und Kontrolle von Ein- und Auslagerungen durch automatisierte Lagerhaltungssysteme.

Verfügbarkeit von Betriebsmitteln

Die Grobplanung des PPS-Systems, insbesondere die *Kapazitätsplanung*, benötigt aus dem CAM Informationen über die mittel- und langfristige Verfügbarkeit von Betriebsmitteln (einschließlich der Transportmittel). Die im PPS-System verwalteten (Standard-)Arbeitspläne und Betriebsmittelstammdaten müssen ggf. anhand der in der Fertigung real anfallenden Bearbeitungszeiten aktualisiert werden, wenn signifikante Abweichungen beobachtet werden. In den Arbeitsplänen betrifft dies vor allem die Zeitvorgaben (Bearbeitungs-, evtl. Rüstzeiten) und die Betriebsmittelzuordnungen, in den Betriebsmitteldaten eventuell die Kapazitäten sowie die Nutzungs- und Leistungsgrade.

Transportzeiten

Die Transportzeiten der fahrerlosen Transportsysteme können für die *zeitwirtschaftlichen* PPS-Funktionen von Bedeutung sein und müssen gegebenenfalls bei der Terminplanung berücksichtigt werden. Wenn transportempfindliche oder zeitkritische Güter bewegt werden sollen, sind darüber hinaus Informationen über die Verfügbarkeit von Transportmitteln wichtig.

Verfügbarkeit von Transportmitteln

Bei genauerer Planung werden eigene Transportarbeitsgänge mit entsprechenden Zeitansätzen und (Transport-)Betriebsmittelzuordnungen berücksichtigt, während bei pauschalerer Betrachtung die Transporte sich in den Übergangszeiten zwischen Fertigungsarbeitsgängen niederschlagen. Im ersten Fall gibt das PPS-System, wie für die Fertigungsarbeitsgänge, Planzeiten für die Transportarbeitsgänge vor, während im zweiten Fall die Ecktermine für einen Transport durch die allgemeinen Übergangszeiten bestimmt werden. Aus Rückmeldungen des CAM über die tatsächlich erfolgten Transporte können die Zeitansätze in der PPS-Datenbasis aktualisiert werden. Sofern ein Betriebs-/Maschinendatenerfassungssystem existiert, lassen sich diese Rückmeldungen auch automatisch gewinnen.

Seine Vorgaben – Fertigungsaufträge, Arbeitsgangreihenfolgen, Betriebsmittelzuordnungen und Termine – erhält der CAM-Bereich entweder in Form von gedruckten Dokumenten, die aus der Produktionsplanung in die Fertigung weitergeleitet werden, oder in Form von NC-Programmen, die in die CAM-Systeme eingespeist werden. Aus Gründen der Datenkonsistenz ist es in beiden Fällen sinnvoll, wenn die Informationsverwaltung im PPS-System erfolgt. Allerdings ist es nicht immer möglich, NC-Programme im PPS-System zu führen. Fortschrittlichere Lösungen können auf Basis des Engineering-Daten-Management (vgl. Abschnitt 7.1.5) realisiert werden.

Kopplung von automatischen Fertigungseinrichtungen und Leitstand

Für die kurzfristige *Fertigungssteuerung* sind CAM-Daten über die Durchführung der Fertigungsarbeitsgänge von höchstem Interesse. Wenn etwa die Feinplanung und Steuerung der Maschinenbelegung mit Hilfe eines elektronischen Leitstands durchgeführt wird, kann eine hohe Aktualität der Plantafel durch direkte Kopplung von automatischen Fertigungseinrichtungen und Leitstand oder durch eine zeitnahe Erfassung der Maschinendaten (Betriebsdatenerfassung, vgl. Kapitel 6) erzielt werden. Treten Störungen bei einem Fertigungsautomaten auf, ist es möglich, unmittelbar mit Umplanungsmaßnahmen zu reagieren.

Da andererseits eine gute Belegungsplanung für komplexe Fertigungsanlagen von erheblicher Bedeutung ist, trifft man vereinzelt auch die Variante an, daß die Funktionalität eines elektronischen Leitstands in ein automatisiertes Fertigungssystem mitaufgenommen wird.

Computer Aided Quality Assurance (CAQ)

Qualitätssicherung

Die Qualitätssicherung ist Gegenstand des CAQ (Computer Aided Quality Assurance). Darunter versteht man die Planung, Durchführung und Kontrolle aller Maßnahmen, welche die Produktqualität beeinflussen (WILDoJ). Die Qualitätssicherung kann nur dann zur vollen Wirkung gelangen, wenn sie phasenübergreifend begriffen wird. In diesem Sinne spricht man auch vom *Qualitätsmanagement*, das bereits mit der Produktplanung einsetzen muß (WIEN97a). Entwurfs- oder Konstruktionsfehler, die z. B. zu einer erhöhten Ausschußquote führen, lassen sich später oft nur mit erheblichen Kosten wieder korrigieren (WILDoJ). Das CIM-Schema in Abbildung 7.1-2 hebt die Bedeutung des CAQ klar hervor.

Qualitätsmanagement

Das CAQ muß den Produktionsprozeß von der Produktplanung bis zur Fertigung hin kontrollierend und regelnd begleiten. Der Aufwand für eine umfassende und systematische Qualitätssicherung in diesem Sinne darf nicht unterschätzt werden. In Einzelfällen kann er bis zu 50% der Fertigungskosten betragen (SCHE90b).

Prüfpläne, Prüfprogramme

Die „Grunddaten" von CAQ-Systemen sind Prüfpläne und Prüfprogramme. Sie ähneln den Arbeitsplänen bzw. den NC-Programmen und beschreiben die Schritte, die für die Verifikation von Qualitätsvorgaben, bezogen auf Endprodukte, Baugruppen oder Einzelteile, notwendig sind.

Qualitätsdatenerfassung

CAQ-Systeme bestehen hauptsächlich aus Komponenten für die Erstellung und Verwaltung von Prüfplänen und -programmen (BLÄS91). Weiterhin beinhalten sie eine Komponente zur Qualitätsdatenerfassung; diese ist für die Rückmeldung von Ist-Daten wie Ausschußquote oder Ausfallhäufigkeit eines Betriebsmittels zuständig. Derartige Rückmeldungen können für die Planung zukünftiger Qualitätssicherungsmaßnahmen herangezogen werden. Meist erfolgt die Qualitätsdatenerfassung nicht separat über eigene Terminals; sofern ein BDE-System existiert, werden auch die Qualitätsdaten über dieses zurückgemeldet.

Schnittstellen zur Produktionsplanung und -steuerung

Qualitätseckdaten

Bereits bei der langfristigen *Produktionsprogrammplanung* bzw. mit den *Kundenaufträgen* werden häufig Qualitätseckdaten (z. B. Temperaturbeständigkeit, Materialstärke, Toleranzen etc.) festgeschrieben. Diese stellen Vorgaben für die weiteren Qualitätssicherungsmaßnahmen dar. Umgekehrt übernimmt das PPS-System im weiteren Verlauf Qualitätsplandaten aus dem CAQ, die aus der statistischen Analyse von Ist- und Korrekturdaten resultieren.

Ausschußquoten

Die *Materialwirtschaft* benötigt Informationen aus der Qualitätsdatenerfassung für die Brutto- und Nettobedarfsermittlung im Rahmen der Mengenplanung. Hier müssen Ausschußquoten berücksichtigt werden (vgl. Abbildung 3.3-4), in deren Berechnung bzw. Aktualisierung auch die Ist-Werte eingehen.

Prüfarbeitsgänge

Für die *Terminierung* des PPS-Systems spielt die Qualitätssicherung in mehrfacher Hinsicht eine Rolle. Zum einen müssen die Prüfarbeitsgänge eingeplant und mit entsprechendem Zeitbedarf in Ansatz gebracht werden. Zum andern können Qualitätsanforderungen die Auswahl aus Arbeitsgangalternativen beeinflussen. So ist es etwa denkbar, daß Qualitätsvorgaben besser eingehalten werden, wenn statt einer Universalmaschine ein bestimmtes Spezialbetriebsmittel zum Einsatz kommt.

Prüfbetriebsmittel

Die *Kapazitätsplanung* kann von Qualitätssicherungsmaßnahmen betroffen sein, wenn die zur Prüfung einzusetzenden Betriebsmittel (z. B. Meßgeräte, Sensoren) selbst Engpässe darstellen. Sie müssen dann im Rahmen der Kapazitätsdisposition wie andere Betriebsmittel berücksichtigt werden.

7.1.3 Prozeßschnittstellen zwischen CA-Komponenten

Schnittstellen bestehen nicht nur von den CA-Komponenten zur Produktionsplanung und -steuerung, sondern auch unter den einzelnen CA-Komponenten. Abbildung 7.1-4 veranschaulicht die Zusammenhänge.

Prozeßkette

Eine durchgängige Prozeßkette von der Planung bis zur Fertigung hin sähe grundsätzlich wie folgt aus: Das PPS-System liefert vorläufige Teilestammdaten, Varianteninformationen und ggf. Kundenauftragsdaten an das CAD-System. Auf Basis dieser Daten erfolgt die Konstruktion des spezifizierten Teils. Geometriedaten und Konstruktionsstücklisten gehen anschließend an das CAP-System, welches Arbeitspläne und/oder NC-Programme generiert und dabei auf die Betriebsmittelstammdaten sowie Standardarbeitspläne des PPS-Systems zurückgreift. Die Arbeitspläne werden dem PPS-System zur Verfügung gestellt, die NC-Programme den CAM-Systemen übergeben und dort ausgeführt. Rückmeldungen über fertiggestellte Teile, Störungen oder sonstige Unterbrechungen werden über die Betriebsdatenerfassung an das PPS-System zurückgemeldet.

Die Qualitätssicherung (CAQ) begleitet und überwacht den gesamten Prozeß. Sie übernimmt die Qualitätsvorgaben der Primärbedarfsplanung, die im CAD in Qualitätssolldaten umgesetzt werden, sorgt für die Erzeugung von Prüfplänen im CAP, überwacht die Durchführung im Rahmen des CAM, verarbeitet die Prüfdaten und veranlaßt gegebenenfalls Korrekturmaßnahmen.

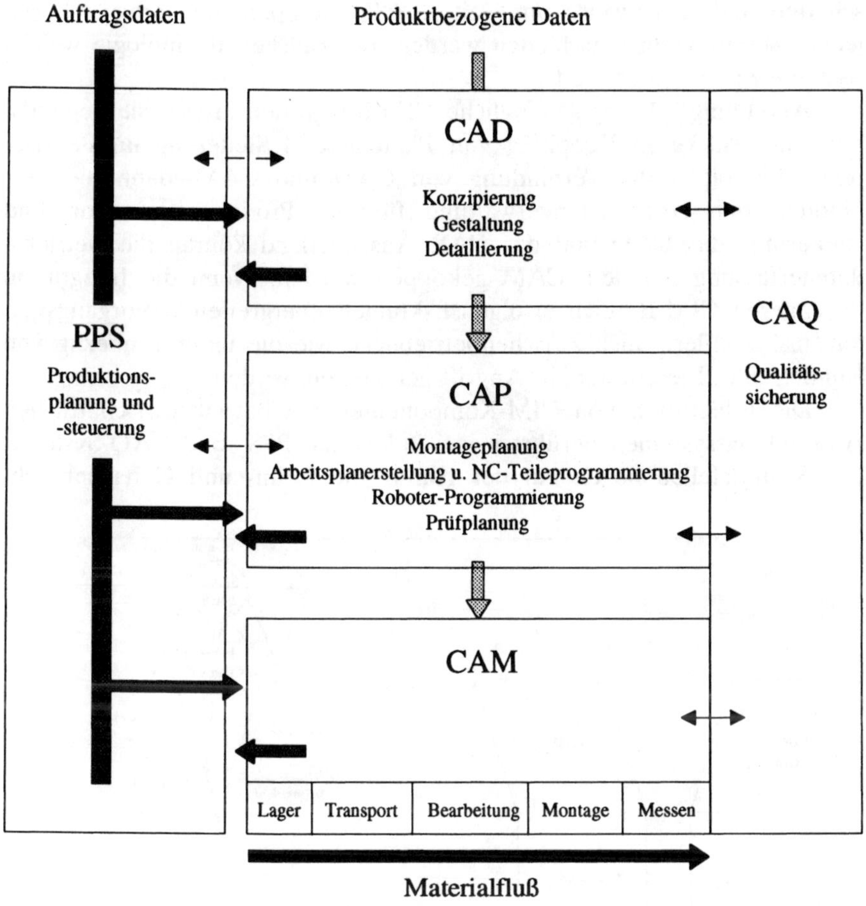

Abb. 7.1-4: Datenfluß zwischen CIM-Komponenten (aus HELB87)

Die skizzierte Prozeßkette bildet jedoch eher eine Idealvorstellung. In der Praxis sind häufig nur Teile realisiert. Ein Grund ist häufig der, daß die Systeme von unterschiedlichen Herstellern stammen und auf verschiedenen Basissystemen implementiert sind, die nicht zueinander passen. Standard-Datenformate für die Verbindung der CIM-Komponenten, z. B. STEP für produktdefinierende Daten, werden nicht durchgängig eingesetzt (BENN97, SCHO91).

Standard-Datenformate

7.1.4 Organisatorische Integration

Für die organisatorische Integration der CIM-Komponenten können bestimmte Reihenfolgen günstiger als andere sein. Scheer bezeichnet diese als *Integrationskreise* (SCHE90a). Ausgehend von einer begrenzten „Integrationszelle“ wird zunächst ein kleiner Anwendungsverbund geschaffen und schrittweise um weitere CIM-Komponenten erweitert. Bei jedem Schritt kann entschieden werden, mit welcher Technologie welche Systeme zu verbinden sind.

CIM-Integrationskreise

Abbildung 7.1-5 zeigt mögliche CIM-Integrationskreise. Sie beginnen mit einer stärkeren Kopplung von Planung und Steuerung im PPS-Bereich. Es folgen die Verbindung von CAD und CAM, dann die Verbindung der Grunddatenverwaltung für die Produktionsplanung und -steuerung, das CAD und das CAP. Anschließend könnte die Betriebsdatenerfassung mit dem CAM gekoppelt werden. Wenn die Integration im engeren CIM-Bereich erfolgt ist, können übergreifende Vorgangsketten, insbesondere auch zwischenbetriebliche wie die unter Einbezug von Kunden oder Lieferanten, in Angriff genommen werden.

Schnittstellen

Die Integration von CIM-Komponenten mit betriebswirtschaftlichen Anwendungssystemen berührt insbesondere die PPS- und CAD-Systeme. Die Schnittstellen liegen auf der Hand: Die Lohn- und Gehaltsabrech-

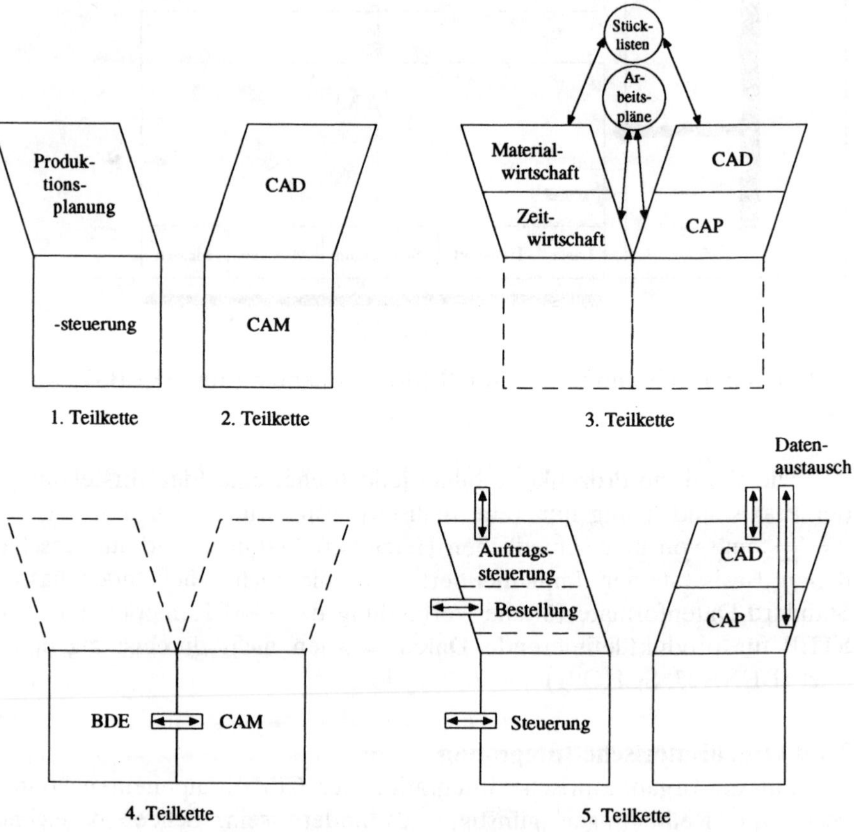

Abb. 7.1-5: CIM-Integrationskreise (aus SCHE90a)

nung im Rechnungswesen benötigt z. B. die Schichtpläne aus der Grobplanung des PPS-Systems und die Rückmeldungen aus der Fertigungssteuerung. Die Vor- und Nachkalkulation in der Kostenrechnung basiert auf Stücklisten und Arbeitsplänen. Auf die Bedeutung von Kosteninformationen für die Konstruktion wurde oben bereits hingewiesen. Wenn eine Integration von CAD-System und Kalkulationsmodul besteht, können geeignete konstruktive Maßnahmen dazu beitragen, die Herstellkosten eines Produkts zu senken.

Organisationsformen der Fertigung, bei denen die Integration im Vordergrund steht, werden zunehmend praktiziert. Mit Gruppenarbeit und selbstorganisierenden Teams demonstriert zum Beispiel die Automobilindustrie seit einiger Zeit die teilweise Abkehr von der Fließbandarbeit.

Neuere Organisationsformen

Andere Organisationsformen, die sowohl aus ökonomischer als auch aus technischer Sicht erst durch die Fortschritte der Fertigungsautomation möglich wurden, sind die folgenden (SCHE97):

- *Bearbeitungszentren*, in denen mehrere NC-Maschinen hintereinander Arbeitsgänge ohne Unterbrechung ausführen,
- *Flexible Fertigungszellen*, die aus Gruppen von Fertigungsautomaten, Pufferlagern für Werkstücke, automatisierten Zuliefereinrichtungen und Aufrüstungen bestehen,
- *Flexible Fertigungssysteme (FFS);* dies sind erweiterte Fertigungszellen, in denen ein Rechner die Ver- und Entsorgung mit Werkzeugen sowie die zeitgenaue Bereitstellung von NC-Programmen koordiniert. Die Software besteht hauptsächlich aus Modulen zur Steuerung der Bearbeitung, des Material- und Informationsflusses.
- *Flexible Transferstraßen;* diese stellen eine Erweiterung des FFS-Konzepts für die Massenfertigung dar. Die Systeme sind flexibel an die Anforderungen variantenreicher Fertigung anpaßbar, ohne daß die taktgebundene Weitergabe von Werkstücken beeinträchtigt wird.

Höhere Qualifikationsanforderungen

Den Produktivitätssteigerungen beim CIM-Einsatz auf der einen Seite stehen höhere Qualifikationsanforderungen an die Benutzer gegenüber. Die Einführung eines CIM-Konzepts setzt *Qualifizierungsmaßnahmen* und *Aufklärungsarbeit* voraus (KRÜG90). Andernfalls kann mangelnde Benutzerakzeptanz die Umsetzung nachhaltig beeinträchtigen (KIES90). Dies ist um so gravierender, wenn man bedenkt, daß mit der fortschreitenden Abstützung auf automatisierte Systeme auch die Abhängigkeit der Unternehmen von diesen Systemen steigt. Störungen, falsche Bedienung oder fehlerhafte Daten können weitreichende Konsequenzen für den gesamten Produktionsablauf nach sich ziehen. Fällt z. B. ein CAD-Arbeitsplatz aus, der auch Stücklisten und NC-Programme generiert, so ist nicht nur die Konstruktion betroffen, sondern auch die weitere Auftragsbearbeitung im PPS-, CAP- und CAM-Bereich.

Datenqualität, Akzeptanz

Während man den Ausfall eines Teilsystems noch durch technische Vorkehrungen wie redundante Hardwareauslegung oder Ersatzarbeitsplätze behandeln kann, sind die Auswirkungen von Datenfehlern weitaus schwieriger zu kompensieren. Die Datenqualität kann aber nur dann auf konstant hohem Niveau gehalten werden, wenn die CIM-Technologie von allen involvierten Mitarbeitern akzeptiert wird. Bei fehlender Akzeptanz kann die Reaktion von Gleichgültigkeit bis zur Sabotage reichen (KRÜG90).

Das Zusammenwachsen der dispositiven Systeme (wie der PPS-Systeme) mit den betriebswirtschaftlich-administrativen Systemen (z. B. Kostenrechnung, Finanzbuchhaltung) und den fertigungstechnischen Anwendungssystemen (CA-Systemen) ist ein Prozeß, der organisatorische und informationstechnische Strukturen nachhaltig verändert. PPS-Systeme an der Schnittstelle zwischen betriebswirtschaftlichen und technischen Systemen sind von diesen Entwicklungen besonders betroffen. Als strategische Qualitätsmerkmale von PPS-Systemen müssen deshalb nicht nur funktionale Eigenschaften beachtet werden, sondern verstärkt auch konzeptionelle und softwaretechnische Merkmale wie Offenheit und Integrationsfähigkeit (RAUT92).

Nutzen der Integration

Empirische Untersuchung

Die Vorteile des Computer Integrated Manufacturing kommen um so stärker zum Tragen, je mehr und je besser die einzelnen Komponenten integriert werden. In einer empirischen Untersuchung deutscher Industriebetriebe stellte Milling einen starken Zusammenhang zwischen Integration und Zielerreichungsgrad fest (MILL97). In der Untersuchung wurden 115 Unternehmen befragt, die CIM praktisch betreiben. Die verschiedenen CIM-Komponenten werden von diesen Unternehmen in folgenden Häufigkeiten eingesetzt:

CIM-Komponente	Anteil Unternehmen
PPS	95,7%
CAD	93,9%
CAP	66,9%
CAM	68,7%
CAQ	59,1%

Kopplung von CIM-Komponenten

Ca. 45% hatten Kopplungen ihres PPS-Systems mit mindestens einer der Komponenten CAD, CAP und CAM und 36,5% mit CAQ realisiert. Hinsichtlich der CA-Komponenten untereinander lag der Integrationsgrad niedriger. Bei den fünf berücksichtigten CIM-Komponenten gibt es theoretisch zehn bilaterale Kopplungen. Milling ermittelte einen signifikanten Unterschied bezüglich der Erreichung der CIM-Ziele (Durchlaufzeitverkürzung, Transparenz, Flexibilität u. a.) zwischen denjenigen Unternehmen, welche eine große Zahl von Kopplungen aufwiesen, und denjenigen Unternehmen, die nur einen geringen Integrationsgrad realisiert hatten. Bei den meisten Unternehmen bestand der erste Integrationsschritt im übrigen darin, das PPS-System mit dem CAD-System zu verbinden.

Zufriedenstellende Ergebnisse

Insgesamt zeigte die Studie, daß überzogene Nutzenerwartungen, die die Anfangszeit des Computer Integrated Manufacturing kennzeichneten, nicht erfüllt wurden. Die meisten Unternehmen sehen den Erfolg der CIM-Einführung aber dennoch als zufriedenstellend an (MILL97).

Geringer Integrationsgrad

Bemerkenswert ist, daß viele Unternehmen auch mehrere Jahre nach Einführung der ersten CIM-Komponente noch weit von einer vollständigen Integration entfernt sind. Bei den meisten der Befragten waren nur einzelne Kopplungen realisiert. Dies hängt nicht zuletzt mit dem erheblichen organisatorischen Aufwand zusammen, den die Umsetzung einer umfassenden CIM-Konzeption mit sich bringt.

Kritik an CIM

Angesichts der hohen Kosten, der langen Einführungsdauern und der vielfältigen technischen Probleme wird die CIM-Philosophie in den letzten Jahren zunehmend kritisch diskutiert. Teilweise wird die Meinung vertreten, daß die Tendenz zur Verschlankung der Unternehmen und damit auch der Produktion („Lean Production“) mit dem umfassenden Automatisierungsbestreben des Computer Integrated Manufacturing im Widerspruch stehe. Auch in der Verbreitung dezentraler Produktionsstrukturen mit teilautonomen Gruppen oder virtuellen Unternehmen kommen vordergründig andere Management-Paradigmen als die des automatisierten Unternehmens zum Ausdruck.

Ob der CIM-Gedanke damit tatsächlich unverträglich ist, sei dahingestellt. Nichtsdestoweniger ist zu beobachten, daß die frühere Attraktivität des Begriffs „Computer Integrated Manufacturing“ geschwunden ist. Bezeichnend ist, daß eine etablierte Fachzeitschrift, die auch in diesem Buch häufiger zitiert wird, sich 1996 von „CIM Management“ in „Industrie Management“ umbenannte.

7.1.5 Engineering-Daten-Management

Ein Ansatz zur technischen und organisatorischen Integration der CIM-Komponenten ist das *Engineering-Daten-Management (EDM)*. Darunter versteht man die Verwaltung aller produktbeschreibenden Daten, die im Zuge des Entwicklungsprozesses anfallen, in einem integrierten System (EDM-System).

Begriffe

Die Terminologie ist nicht ganz einheitlich. Statt EDM spricht man auch von Produktdatenmanagement (Product Data Management, PDM), Engineering Database (EDB), Technischem Informationssystem (TIS) und Produktdatenverwaltung (ABRA96, MÄKE96). Insbesondere der Begriff

PDM ist gebräuchlich, da er im englischen Sprachraum für den gleichen Sachverhalt wie hierzulande das eingedeutschte „Engineering-Daten-Management" verwendet wird. Ein anderer Vorschlag lautet „Engineering-Management" (GRON97c); damit soll zum Ausdruck gebracht werden, daß es nicht nur um die Produktdaten im engeren Sinne geht, sondern daß eigentlich das Management des Produktentwicklungsprozesses unterstützt werden soll.

Notwendigkeit für EDM

Die Entstehung des Produkt- bzw. Engineering-Daten-Management ist auf die stark gestiegenen Anforderungen an die Datenverwaltung im technischen Bereich zurückzuführen (ABRA96). So ist die Komplexität der Produkte immer weiter angewachsen. Die Dokumentationserfordernisse nehmen zu, sowohl bezüglich der Produkte als auch der Entwicklungsprozesse, man denke z. B. an Produkthaftung und Qualitätssicherungsnormen wie ISO9000. Damit steigt die Menge an Informationen, die gespeichert und wiedergefunden werden müssen, dramatisch an. Die Transparenz wird noch dadurch erschwert, daß in der Praxis mangels Datenintegration Produkt- und Prozeßdaten häufig in vielen unterschiedlichen Informationssystemen abgelegt werden, z. B. in PPS-, DTP- (Desktop-Publishing-) und CAD-Systemen.

Produktdaten- und Prozeßmanagement

Ziel des EDM ist in diesem Sinne ein effektives Produktdaten- und Prozeßmanagement. Alle mit der Entstehung von Produkten verbundenen Informationen sollen im Produktlebenszyklus konsistent gespeichert, verwaltet und bedarfsgerecht allen Unternehmensbereichen bereitgestellt werden (ABRA96). Abbildung 7.1-6 verdeutlicht diesen Leitgedanken. Von der Produktplanung über Konstruktion, Arbeitsplanung, Herstellung und Vertrieb sollen alle relevanten Daten in einem integrierten Produkt-

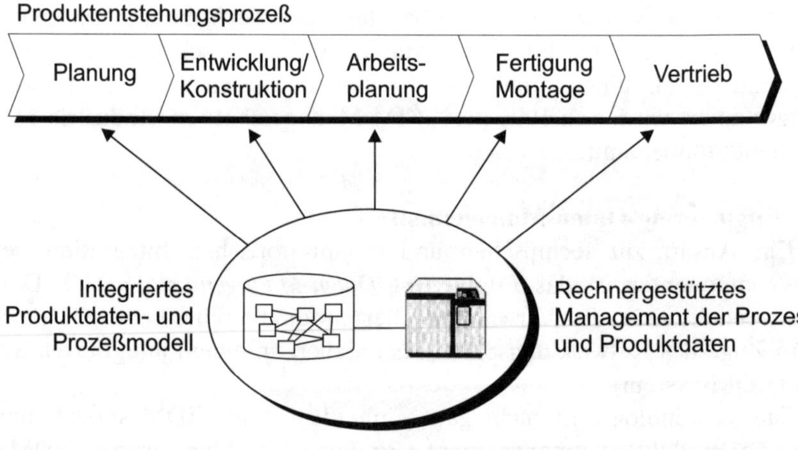

Abb. 7.1-6: Integriertes Produktdaten- und Prozeßmanagement (aus ABRA96)

und Prozeßdatenmodell abgelegt und rechnergestützt verwaltet werden. Als wichtigste Aufgaben, die hierbei zu erfüllen sind, gelten die folgenden (ANDE96):

- Verwaltung der Grunddaten, wie Teile und Erzeugnisstrukturen (Stammdaten, Strukturdaten),
- Verwaltung von Dokumenten mit Entwicklungs- und Konstruktionsergebnissen (z. B. Zeichnungen, 3D-Modelle),
- Abbildung ablauforganisatorischer Merkmale (z. B. Freigabestatus, Version, Gültigkeit).

Mit Hilfe der integrierten Datenbasis sollen die Engineering-Daten nicht nur effizient abgelegt, sondern auch wiedergefunden werden können. Damit werden Probleme wie redundante Datenhaltung, aufwendige Suchvorgänge (welche Teile wurden früher schon konstruiert oder zugekauft?), Mehrfachfreigaben und unterschiedliche Nummern für gleiche Teile vermieden. Allerdings lösen sich die Probleme nicht schon allein durch den Einsatz eines EDM-Systems. Voraussetzung sind in der Regel organisatorische Analysen und Verbesserungen.

EDM-Systeme lassen sich hauptsächlich in drei Klassen einteilen (nach ABRA96):

Kategorien von EDM-Systemen

a) Systeme, die als Erweiterung klassischer technischer Systeme (z. B. Zeichnungsverwaltungs-, CAD-, DTP-Systeme) das Datenmanagement miteinschließen,
b) Systeme, die einen speziellen Funktionskreis entlang des Produktentstehungsprozesses unterstützen (z. B. die Dokumentenverwaltung, die Archivierung oder das Workflowmanagement),
c) Integrierte Systeme, die mehrere Funktionskreise abdecken, den ganzen Produktentstehungsprozeß unterstützen und nicht an ein spezielles technisches System gebunden sind.

Funktionalität von EDM-Systemen

Die integrierten EDM-Systeme weisen umfangreiche Funktionalität auf, die in Abbildung 7.1-7 nach anwendungsbezogenen und anwendungsübergreifenden Funktionen unterschieden wird. Zu den ersteren gehören (ABRA96, MÄKE96):

- *Dokumentenmanagement:* Verwaltung und Bereitstellung von Zeichnungen, CAD-Modellen, Multimedia-Informationen etc. mit Zugriffs- und Versionskontrolle, Rechteverwaltung, Kopplung mit den zugehörigen technischen Systemen u. a.,
- *Struktur-/Konfigurationsmanagement:* Erstellung von Erzeugnisstrukturen, Generierung von Stücklisten, Teileverwendungsnachweisen, Varianten u. a.; Planung und Bearbeitung von Produktkonfigurationen in komplexen Entwicklungsprojekten (MÄKE96),
- *Klassifizierung:* Bereitstellung eines Nummerungssystems, z. B. auf Basis nationaler oder internationaler Normen (ISO 13584), und effizienter Such- und Selektionsfunktionen (ANDE96),

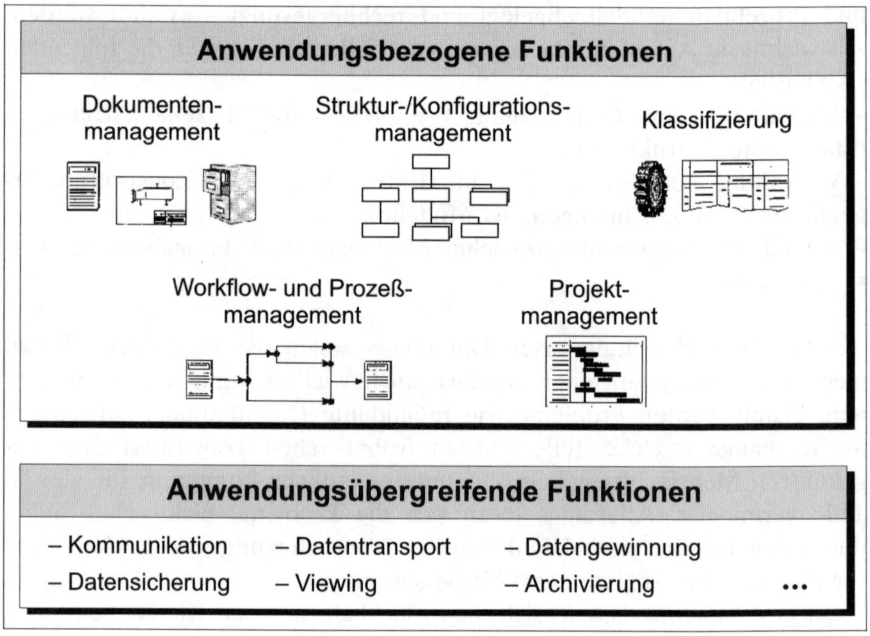

Abb. 7.1-7: Funktionen integrierter EDM-Systeme (ABRA96)

- *Prozeß-/Workflowmanagement:* Kontrolle der Informationsflüsse, Weitergabe von Dokumenten an die richtigen Bearbeiter in einer Prozeßkette (z. B. beim Änderungsprozeß), Bereitstellung relevanter Prozeßinformationen u. a.,
- *Projektmanagement:* Planung und Kontrolle von Aktivitäten, Abhängigkeiten, Zeitplänen etc.

CSCW-Komponenten

Anwendungsübergreifende Funktionen unterstützen unter anderem die *Kommunikation* zwischen den Benutzern, z. B. durch integrierte E-Mail-Komponenten. In Zukunft könnten hier auch CSCW-Komponenten (CSCW = Computer Supported Cooperative Work), die unmittelbar auf Gruppenarbeit ausgerichtet sind, zum Einsatz kommen (KRAU96, GRON97b). Wichtig sind auch die Funktionen zur *Datensicherung* und *Archivierung* sowie *Viewer* zur optischen Aufbereitung beliebiger Dokumente für den Betrachter.

Die workfloworientierte Sichtweise integrierter EDM-Systeme und die Datenverwaltung in einem logisch zentralen Datenpool bringen entscheidende Vorteile für die Effektivität und Effizienz des Produktentwicklungsprozesses mit sich (GÖTT97). Auf der Basis von Workflowstrukturen läßt sich beispielsweise das *Freigabewesen*, das die Übergänge von einer Entwicklungsphase in die nächste steuert, verbessern. Moderne Entwicklungsmethoden wie *Concurrent Engineering* und *Simultaneous Enginee-*

ring, dic eine Verkürzung der Durchlaufzeiten im Produktentwicklungsprozeß anstreben, bauen zunehmend auf EDM-Systemen auf (ANDE96).

Concurrent Engineering

Beim Concurrent Engineering werden komplexe Entwicklungs- und Konstruktionsaufgaben so zerlegt, daß Teillösungen *parallel* bearbeitet und anschließend zu einer Gesamtlösung zusammengefügt werden können. Simultaneous Engineering bedeutet, daß Produkte und Produktionseinrichtungen gleichzeitig, unter Einbeziehung von Zulieferern und Systemherstellern, entwickelt werden. Es ist offensichtlich, daß eine konsistenzsichernde und redundanzvermeidende Produktdatenverwaltung ebenso wie flexible Mechanismen zur Ablaufsteuerung diese Methoden entscheidend unterstützen können (ANDE96).

Simultaneous Engineering

Prozeßbezogene Ablaufstruktur

Das Grundprinzip des Engineering-Daten-Management ist Daten- und Funktionsintegration, eingebettet in eine prozeßbezogene Ablaufstruktur. Alle relevanten Daten sollen ausschließlich unter der Kontrolle des EDM-Systems erzeugt, gespeichert und verteilt werden (GÖTT97). Jedes Mitglied eines Konstruktions- oder Entwicklungsteams kann dann grundsätzlich auf die gleichen, aktuellen Daten zugreifen, sofern es eine Zugriffsberechtigung besitzt. Nach Bearbeitung werden die ablauforganisorischen Folgeschritte von der Workflowkomponente automatisch initiiert. Zum Beispiel wird nach einer Konstruktionsänderung eine neue Versionsnummer vergeben, der Vorgang an den nächsten Bearbeiter weitergeleitet und der Konstruktionsleiter informiert, der ggf. bezüglich der weiteren Verwendung des Teils eingreifen kann.

Client-Server-Struktur

EDM-Systeme weisen eine Client-Server-Architektur auf. Die produkt- und prozeßrelevanten Informationen werden in einem Produktmodell integriert. Dieses beschreibt auf der Metaebene, welche Dokumente und Daten auf welchen Rechnern in welcher Form gespeichert sind. Die Dokumente selbst (z. B. CAD-Modelle, Zeichnungen) befinden sich an den Arbeitsplätzen (Clients) bzw. auf lokalen Workgroup-Servern. Das Metadatenmodell wird auf einem zentralen Datenbankserver verwaltet (POTT97).

EDM als CIM-Integrationsplattform

Neben dem Ziel, die im Zuge des Produktentstehungsprozesses anfallenden Daten in einem einheitlichen Systen zu verwalten, wird mit dem Engineering-Daten-Management zunehmend auch angestrebt, die CIM-Komponenten unter einem Dach zu integrieren. EDM-Systeme können in diesem Sinne als Integrationsplattformen angesehen werden. Vor allem die Verbindung von Engineering-Daten-Management und Computer Aided Design liegt nahe, da die im EDM-System zu verwaltenden Informationen zu einem großen Teil im CAD erzeugt werden. Die EDM-CAD-Kopplung wird demzufolge häufig als Kernstück der Integration angesehen (GÖTT97, MÄKE96). Daneben können grundsätzlich auch CAM-, CAP-, CAQ- und PPS-Systeme oder Tabellenkalkulations- und Textverarbeitungssysteme mit EDM-Systemen gekoppelt werden. Auch die Integration heterogener CAD-Systeme, die in der Praxis eine wichtige Rolle spielt, ist auf EDM-Basis möglich. Einen Ansatz hierzu beschreiben Krause und Koautoren (KRAU96).

EDM-PPS-Kopplung

EDM-PPS-Schnittstelle

Aus der Sicht der Thematik dieses Buchs ist besonders die Schnittstelle zwischen Produktionsplanung und -steuerung und Engineering-Daten-Management von Interesse. Da in PPS-Systemen vielfältige Daten verwaltet werden, die im Engineering-Daten-Management eine wichtige Rolle spielen (z. B. Teilestammdaten mit Angaben zu Material und Fertigungsverfahren, Erzeugnisstrukturen, Arbeitpläne), muß der Datenaustausch spezifiziert und unterstützt werden. Dazu sind leistungsfähige Suchfunktionen sowie Funktionen zur Konvertierung der gefundenen Daten in das Format des jeweils anderen Systems erforderlich (GRON97b).

Beispiel einer praktischen EDM-PPS-Kopplung

Die meisten gängigen EDM-Systeme bieten Schnittstellen zu PPS-Systemen an. Daß die Kopplung im konkreten Fall dennoch sehr aufwendig sein kann, zeigt die Praxis. In SCHI97 ist das Beispiel einer umfangreichen Anwendung beschrieben, bei der trotz grundsätzlicher Verfügbarkeit von Schnittstellen tiefgreifende programmtechnische Eingriffe sowohl im EDM- als auch im PPS-System erforderlich wurden.

Sondermaschinenbau

In dem Unternehmen, das komplexe kundenspezifische Montageautomaten herstellt, war bereits ein EDM-System im Einsatz. Die Notwendigkeit hierfür leuchtet ein, wenn man bedenkt, daß ein Montageautomat bis zu 4.000 Einzelteile aufweist und daß bis zu 2.000 Konstruktionszeichnungen im Entwicklungsprozeß angefertigt werden. Mit dieser Aufgabe sind ca. 30 Konstrukteure befaßt. Angesichts der Probleme mit redundanter Datenhaltung in den vorhandenen Informationssystemen – teilweise wurden die gleichen Daten im Einkauf, Lager, Vertrieb und EDM erfaßt – und der damit verbundenen Intransparenz der Auftragsabwicklung wurde ein PPS-System eingeführt. (Es handelte sich um VPPS 4.5, einen Vorläufer des in Kapitel 5 skizzierten Systems infor:COM.)

Dateitransfer

Die Datenintegration basiert auf einer losen Kopplung. Daten aus dem EDM-System, welche für das PPS-System von Bedeutung sind (z. B. Artikelbezeichnung, Typ, Größe, Stückzahlen, Lieferant), werden auf dem Wege des Dateitransfers an das PPS-System geschickt. In umgekehrter Richtung ist eine Verbindung bezüglich der im Einkaufsmodul des PPS-Systems geführten Zukaufteile erforderlich. Die entsprechenden Daten werden in einem Batchlauf jede Nacht an das EDM-System übermittelt.

Verbesserungen

Die realisierte Form der Datenintegration brachte verschiedene Verbesserungen mit sich (SCHI97). Der Aufwand für die Datenerfassung und die Fehleranfälligkeit nahmen deutlich ab. Da auf alle Daten nun einheitlich zugegriffen werden kann, sind Aufgaben wie die Verfügbarkeitsprüfung, die Ersatzteilbeschaffung und die Suche nach ähnlichen

Teilen wesentlich einfacher. Die Aktualität der Daten ist gestiegen (Tagesgenauigkeit). Jederzeitige Aktualität mit gleichem Stand ist allerdings noch nicht erreicht. Dies setzt eine Real-time-Verbindung zwischen EDM- und PPS-System voraus, die in dem Unternehmen erst langfristig anvisiert wird.

Nutzen, Schwachstellen und Verbreitung von EDM

Wie das vorstehende Beispiel zeigte, kann die Einführung von EDM-Systemen signifikante Vorteile bringen. Im allgemeinen werden Nutzeffekte wie die folgenden hervorgehoben (MÄKE96, ABRA96, HORN97):

- Verringerung des Aufwands für Informationsbeschaffung durch unternehmensweiten Zugriff auf Dokumente und leistungsfähige Recherchewerkzeuge,
- Vermeidung von Neukonstruktionen durch erhöhte Wiederverwendung von Teilen,
- Verkürzung des Produktentwicklungsprozesses, Steigerung der Produktivität,
- Reduzierung von Durchlaufzeiten und Kosten in der Konstruktion und im Änderungsdienst,
- Verringerung von Übertragungsfehlern und Mehrfacherfassung,
- Erhöhung der Produktqualität,
- Verbesserung der Produktdokumentation, dadurch u. a. bessere Nachvollziehbarkeit im Sinne der Produkthaftung.

Ein „Vorzeigebeispiel" mag die Potentiale des Engineering-Daten-Management verdeutlichen (MÄKE96). Bei einem Flugzeughersteller wurde die Entwicklung eines Flugzeugrumpfs u. a. auf Basis eines EDM-Systems durchgeführt. Es handelte sich um ein Großprojekt, bei dem Entwicklungsteams in einem weltweiten Netz mit ca. 300 Workstations zusammenarbeiteten. Die Entwicklungszeit verkürzte sich von sonst üblichen 4 Jahren auf 2 ½ Jahre. Die Neu- und Umkonstruktion bereits vorhandener Teile konnte um 90% und die Anzahl der Bauteile um zwei Drittel verringert werden.

Trotz derartiger Vorteile ist die Verbreitung von EDM-Systemen in der Praxis noch nicht sehr hoch. Hemmnisse ergeben sich nicht nur aufgrund der hohen Kosten. Eine Reihe anderer Faktoren spielen eine ebenso gewichtige Rolle. In ABRA96 werden folgende Gründe für die Zurückhaltung vieler Unternehmen genannt:

- Angesichts der Begriffsvielfalt herrscht Unklarheit über die Funktionalität von EDM-Systemen, zumal sich diese mit der anderer Systeme (z. B. CAD, PPS) überlappt.
- Die Ermittlung des Nutzens ist schwierig, da sich verschiedene Faktoren, wie höhere Flexibilität oder Nutzen aus Datenintegration, der Quantifizierung entziehen.

• Die EDM-Einführung wird als hochkomplexes Vorhaben angesehen, da bereichsübergreifend die ganze Unternehmensorganisation betroffen und der Aufwand für die Systemanpassung schwer abschätzbar ist.
• Die organisatorischen Voraussetzungen liegen nicht vor. Die Aufbau- und Ablauforganisation ist nicht bereichsübergreifend harmonisiert (z. B. unterschiedliche Begriffs- und Nummernsysteme in verschiedenen Unternehmensbereichen, keine durchgängigen Prozeßabläufe), so daß erst Maßnahmen des Business Process Reengineering durchgeführt werden müßten.
• Akzeptanzprobleme können auftreten, da sich die Benutzer eventuell überwacht fühlen und Rationalisierungseffekte befürchten.

7.2 Enterprise Resource Planning (ERP)

7.2.1 Leitgedanken und Realisierung von ERP-Systemen

Geschäftsprozesse

Die Geschäftstätigkeit der Unternehmen wird zunehmend aus einer ganzheitlichen Perspektive betrachtet. Dies hängt teilweise mit dem Umdenken in Richtung auf die *Geschäftsprozesse* hin zusammen, das mit dem Business Process (Re-)Engineering einherging. Statt der funktionsorientierten Einzelsichten auf das Unternehmen – Materialwirtschaft, Einkauf, Finanzbuchführung, Rechnungswesen, Produktion, Vertrieb etc. – stehen nun diejenigen funktions- und datenmäßigen Zusammenhänge im Vordergrund, die im Zuge der verschiedenen Geschäftsprozesse des Unternehmens von Bedeutung sind.

Für die betriebliche Informationsverarbeitung bedeutet dies, daß die einzelnen Anwendungssysteme für die Funktionsbereiche immer weniger für sich allein stehen können. Die Daten- und Funktionsintegration, die schon immer ein wesentliches Anliegen der Wirtschaftsinformatik war, erhält dadurch eine neue Qualität. Während man in der Praxis früher versuchte, durch Schnittstellen die Verbindung zwischen den verschiedenen Systemen herzustellen, rücken seit einigen Jahren umfassende integrierte Informationssysteme in den Mittelpunkt des Interesses. Diese werden als ERP-Systeme bezeichnet. ERP steht für *Enterprise Resource Planning*.

ERP-Systeme

Als *ERP-System* bezeichnet man heute ein Informationssystem, das Geschäftsprozesse und Geschäftsregeln sowohl innerhalb der Hauptfunktionsbereiche eines Unternehmens als auch über die Bereiche hinweg abbildet und teilweise oder ganz automatisiert (MAUT98).

MRP, MRP II, ERP

Die Bezeichnung „Enterprise Resource Planning“ kann in gewisser Weise als Fortführung der MRP-Begriffe verstanden werden. Während MRP zunächst nur das „Material Requirements Planning“ beinhaltete, wurden im MRP II („Manufacturing Resource Planning“) auch andere für die Produktion erforderliche Ressourcen angesprochen. ERP erweitert diese Sicht, indem nun *alle* für die Geschäftstätigkeit eines Unternehmens notwendigen Ressourcen einbezogen werden.

Im Idealfall stellt sich ein ERP-System nach außen als *ein* unternehmensweites Informationssystem mit *einer* Datenbank und *einer* durchgängig einheitlichen Benutzeroberfläche dar (TADJ98). Diese auf den ersten Blick einfache Idee ist in der Praxis jedoch sehr schwierig umzusetzen, bedeutet sie doch, daß die Anwendungssysteme für alle Funktionsbereiche des Unternehmens unter einem Dach zusammengefaßt müssen. Dementsprechend umfangreich sind ERP-Lösungen. Neben hohen Kosten setzen sie eine sorgfältige strategische Planung und detaillierte Abstimmungsprozesse zwischen allen Organisationseinheiten des Unternehmens voraus.

Integrationsorientiertes Reengineering

Die *nachträgliche* Zusammenführung der bereits vorhandenen, oft heterogenen Informationssysteme stellt ein erhebliches Problem dar, das unter dem Begriff *Software Reengineering* (ARNO94) bzw. spezieller *integrationsorientiertes Reengineering* (EICK92) auf verschiedenen Ebenen angegangen wurde. Wenngleich durch Reengineering und Integration punktuelle Lösungen erreicht werden konnten, ist dieser Weg doch äußerst mühsam.

Einen anderen Weg gingen große Hersteller betrieblicher Softwaresysteme. Sie entwickelten umfassende Softwarelösungen, die auf betrieblichen Informationssystem-Architekturen aufsetzen und in deren Konzeption von vornherein die unternehmensweite Integration verankert ist. Dies bedeutet nicht, daß ein ERP-System für das ganze Unternehmen mit einem Schlag eingeführt werden muß. Auch hier herrschen, wie bei konventionellen Informationssystemen, modulare Strukturen vor, so daß es möglich ist, die Systemkomponenten einzeln oder nacheinander zu erwerben und in Betrieb zu nehmen.

Anbieter von ERP-Systemen

Das bekannteste ERP-System ist seit langem das System R/3 der SAP AG aus Walldorf (Baden-Württemberg). Es ist Teil von mySAP.com, einer offenen, unternehmensübergreifenden „E-Business-Plattform für die Zusammenarbeit von Unternehmen mit ihren Lieferanten und Kunden" (SAP01a). Durch die Integration von SAP-Lösungen und Fremdsystemen kann eine vollständige Geschäftsumgebung für den elektronischen Handel geschaffen werden. Ende 2002 wurde die R/3-Version SAP R/3 Enterprise eingeführt. Grundlage dieser Version ist ebenfalls die mySAP-Technologie (SAP02b).

Der weltweite Erfolg von SAP gründet sich weitestgehend auf die Tatsache, daß von vornherein alle Bereiche eines Unternehmens in einem übergreifenden Gesamtkonzept berücksichtigt wurden. SAP R/3 ist mit etwa 59% Marktanteil der Marktführer bei ERP-Systemen in Deutschland (Computer Zeitung 39/2001). Andere Anbieter, die zum Teil erst später mit unternehmensweiten Lösungen begannen, sind The Baan Company

(Niederlande), PeopleSoft Inc. (USA), Brain International (Deutschland), Intentia International (Schweden) und Oracle Corporation (USA).

ERP kommt aus Europa

Die Umsätze auf dem ERP-Markt machten 2000 etwa 2,4 Mrd. DM aus (Computer Zeitung 39/2001). Vier der fünf führenden ERP-Hersteller, die zusammen 65% des deutschen Marktes abdecken, sind in Europa beheimatet und ebenso auf dem Weltmarkt führend. Damit kann man sagen, daß die Wurzeln des Enterprise Resource Planning zu einem signifikanten Teil in Europa und speziell in Deutschland liegen. (Am Rande sei nochmals erwähnt, daß die unternehmensweite Integration von Daten, Funktionen und Vorgängen von jeher ein Kernanliegen der deutschsprachigen Wirtschaftsinformatik war.)

7.2.2 Beispiel eines ERP-Systems: SAP R/3

Als umfassendste und am weitesten fortgeschrittene Lösung für das Enterprise Resource Planning gilt SAP R/3. Im folgenden Abschnitt wird deshalb die dem R/3-System zugrundeliegende Konzeption beispielhaft skizziert.

Client-Server-Architektur

Skalierbarkeit

Wie das in Kapitel 5 beschriebene System infor:COM basiert auch R/3 auf einer Client-Server-Architektur. Die Skalierbarkeit ist jedoch noch wesentlich stärker ausgeprägt. Während infor:COM nur im Rahmen der Möglichkeiten der PC-Technologie und des Betriebssystems Windows konfigurierbar ist, kann R/3 auf unterschiedlichsten Plattformen eingesetzt werden (SAP01a). Diese umfassen vor allem Unix-Systeme (z. B. Sun, HP, Digital, IBM, SNI, Bull) mit den einschlägigen Betriebssystem-Derivaten sowie PC-basierte Systeme unter Windows, aber auch Mainframe- und Midrange-Rechner aus der IBM-Welt (IBM S/390 und AS/400).

SAP-Anwender

Das breite Spektrum zeigt, daß SAP nicht auf eine bestimmte Größenordnung von Betrieben fokussiert ist. Der weltweite Kundenkreis reicht von Unternehmen wie der Siemens AG und der Deutschen Telekom bis hin zu Klein- und Mittelbetrieben. Allerdings ist die Verbreitung von R/3 im Mittelstand noch nicht so hoch. Dies liegt einerseits daran, daß das Vorläufersystem R/2 auf große Unternehmen ausgerichtet war und SAP somit primär diesen Kundenstamm bediente. Zum andern setzten die ersten R/3-Versionen leistungsfähige Unix-Rechner voraus, so daß bereits die Server-Hardware relativ teuer war. Erst mit der strategischen Zusammenarbeit von SAP mit Microsoft und der Verfügbarkeit von Windows NT als Server-Plattform ab 1994 konnte auch die PC-Welt voll integriert werden. Damit wurde R/3 auch für kleinere Unternehmen attraktiver. Dahingestellt sei, daß die Kosten einer R/3-Systemeinführung immer noch als recht hoch angesehen werden.

R/3-Systemarchitektur

Die grundlegende Systemarchitektur von R/3 weist drei Ebenen auf (SAP97b): eine Datenbankebene, eine Anwendungsebene und eine Präsentationsebene. Dementsprechend gibt es Datenbankdienste, Anwendungsdienste und Präsentationsdienste (Benutzeroberfläche). Je nach Konfiguration können diese auf einem, auf mehreren oder auf vielen Rechnern angesiedelt sein. R/3 räumt eine Vielzahl von Wahl- und Kombinationsmöglichkeiten ein. Abbildung 7.2-1 zeigt eine beispielhafte R/3-Konfiguration, bei der die Anwendungsdienste auf mehrere Server verteilt sind und standortübergreifend ein Wide-Area-Netzwerk (WAN) die Arbeitsplätze verbindet.

Die *Datenbankdienste* werden in der Regel von einem eigenen Rechner (Datenbankserver) erbracht. Datenbanksysteme, die R/3 unterstützt, sind zum Beispiel Oracle, Informix, DB2 und MS SQL Server. Die *Anwendungslogik* ist bei größeren Konfigurationen auf einem oder auch mehreren spezialisierten Servern, bei kleineren auf den Arbeitsplatzrechnern vor Ort untergebracht. Dort residieren auch die *Präsentationsdienste*, welche die grafische Benutzeroberfläche realisieren (SAP GUI). Unterstützt werden neben den Windows-Oberflächen eine HTML-basierte Benutzeroberfläche für WWW-Browser („SAP GUI for HTML“) sowie eine plattformunabhängige Version („SAP GUI for the Java Environment“) der Oberfläche (SAP01a).

„Multi-tier architecture“

Die grundlegende 3-Ebenen-Architektur wurde mit dem Aufkommen des World Wide Web zu einer Viel-Ebenen-Architektur („multitier architecture“) erweitert. SAP war einer der ersten großen Softwareanbieter im betrieblichen Bereich, der das Internet strategisch in der Systemarchitektur verankerte. Zwischen der Anwendungs- und der Präsentationsebene befindet sich nun eine Internet-Schicht, welche für

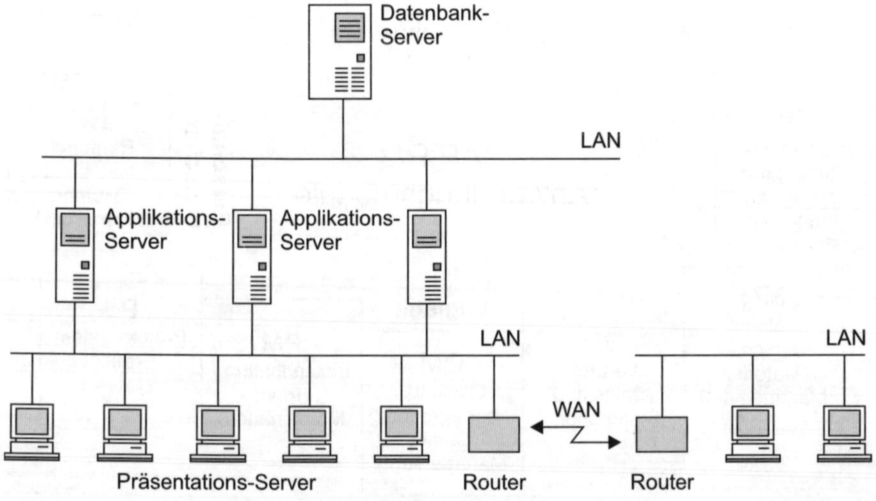

Abb. 7.2-1: Beispiel einer R/3-Konfiguration (BUCK99)

Kommunikation und Transaktionen über das World Wide Web zuständig ist (SAP97b). Auf die Internet-Perspektiven wird in Kapitel 8 eingegangen.

Betriebswirtschaftliche Anwendungsmodule von R/3

Eine Vielzahl betriebswirtschaftlicher Anwendungsbereiche wird durch die Module von R/3 abgedeckt. Wie auch Abbildung 7.2-2 zeigt, werden die folgenden Module angeboten:

- Finanzwesen
- Treasury
- Controlling
- Unternehmenscontrolling
- Investitionsmanagement
- Produktionsplanung und -steuerung
- Materialwirtschaft
- Instandhaltung und Servicemanagement
- Qualitätsmanagement
- Projektsystem
- Vertrieb
- Personalwirtschaft

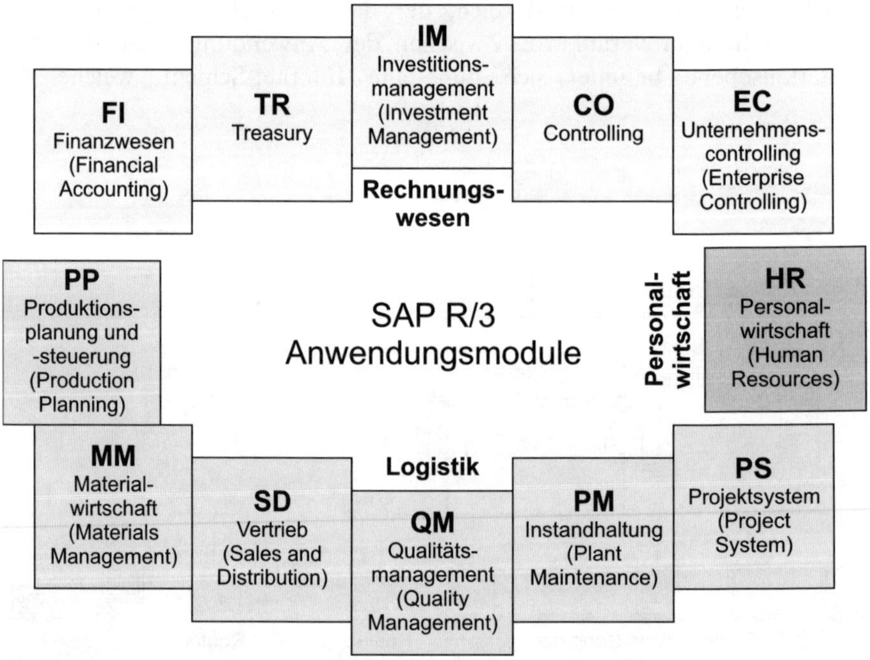

Abb. 7.2-2: Betriebswirtschaftliche Anwendungsmodule von R/3

Aus der Sicht der Geschäftsprozesse und der miteinander verbundenen Aufgabenbereiche werden die Module häufig zu drei Gruppen zusammengefaßt: Logistik, Rechnungswesen und Personalwirtschaft.

Im Rahmen dieses Buchs ist vor allem der Bereich *Logistik* von Interesse. Die große Zahl der Module mit ihrer Vielzahl an Einzelkomponenten kann hier natürlich nicht im Detail erörtert werden. Die stichpunkthafte Darstellung soll vielmehr dazu dienen, dem Leser einen ersten Eindruck von der umfassenden Funktionalität eines ERP-Systems zu vermitteln und die Stellung der Produktionsplanung und -steuerung darin klar zu machen. Für genauere Ausführungen sei auf die zitierte Literatur verwiesen.

Logistik

Logistik-Module

Logistik wird von SAP als Oberbegriff für alle Prozesse der Beschaffung, der Materialwirtschaft, der Produktion, des Lagerwesens, des Qualitätsmanagements, der Instandhaltung, des Servicemanagements und des Vertriebs (SAP97a) definiert. Die Logistik-Module decken die ganze Kette von der Beschaffung über die Produktion bis hin zum Vertrieb und Versand ab. Dazu gehören im einzelnen die Module Vertrieb, Materialwirtschaft, Produktionsplanung und -steuerung, Qualitätsmanagement, Instandhaltung und Projektsystem (vgl. zum folgenden auch GRON99, KELL99).

Vertrieb (SD)

Das *Vertriebsmodul (SD, Sales and Distribution)* unterstützt die Aktivitäten des Unternehmens auf dem Absatzmarkt. Neben einer Stammdatenverwaltung (Kunden, Produkte, Konditionen etc.) umfaßt es die Komponenten:

- Vertriebsunterstützung (Bereitstellung aktueller Informationen unterschiedlichen Detaillierungsgrads über Kunden, Mitbewerber, Partner, Produkte u. a. für die Vertriebsmitarbeiter im Innen- und Außendienst),
- Verkauf (Bearbeitung von Anfragen, Angeboten, Aufträgen, Rahmenverträgen; Preisfindung, Verfügbarkeitsprüfung, Lieferterminbestimmung etc.),
- Versand (Anstoßen des Warenausgangs, Bearbeitung der Lieferdaten, Erstellen der Versandpapiere, Terminverfolgung, Routenplanung, Ausbuchen und wertmäßige Berücksichtigung der Materialbestände u. a.),
- Fakturierung (Rechnungsstellung, Bearbeitung von Gut- und Lastschriften, Reklamationen, Stornierungen; Bereitstellung aktueller Informationen für Finanzbuchhaltung),
- Vertriebsinformationssystem (Verdichtung und Auswertung von Vertriebsdaten mit unterschiedlichem Detaillierungsgrad zur Gewinnung von Kontroll-, Planungs- und Steuerungsinformationen, Kennzahlen und Erkennung von Trends).

Materialwirtschaft (MM)

Das Modul *Materialwirtschaft (MM, Materials Management)* deckt den Beschaffungszyklus von der Bedarfsstellung bis hin zum Wareneingang ab. Darunter fallen Aufgaben wie die Bedarfsplanung, Ermittlung der Bezugsquellen, Lieferantenauswahl, Bestellabwicklung und -überwachung, Wareneingangs- und Rechnungsbearbeitung sowie Bestandsführung. MM enthält eine Stammdatenverwaltung (Lieferanten, Konditionen, Artikel, Stücklisten) sowie die folgenden Komponenten:

- Materialdisposition, sowohl verbrauchsgesteuert (in verschiedenen Varianten) als auch bedarfsgesteuert, mit Nettobedarfsermittlung, Losgrößen- und Terminrechnung sowie Erzeugung von Bestellvorschlägen,
- Einkauf (externe Beschaffung von Materialien und Dienstleistungen, Bestellungen, Ermittlung der Bezugsquellen, Überwachung von Wareneingang und Zahlung),
- Bestandsführung (mengen- und wertmäßige Führung der Materialbestände; Verbuchen von Wareneingängen, Entnahmen, Rücklieferungen, Reservierungen, Umlagerungen etc.),
- Rechnungsprüfung (Kontrolle der Übereinstimmung von Bestellung und Lieferung, Berücksichtigung von Toleranzen, Veranlassung von Buchung und Zahlungsfreigabe),
- Lagerverwaltung (Verwaltung von Lagerstrukturen wie Hochregal, Blocklager etc., Lagerplätzen, Lagerbeständen; Erzeugung von Vorschlägen zu Einlagerungsort, Kommissionierung, Ein-/Auslagerungsverfahren u. a.),
- Logistikinformationssystem (Analyse von Einkaufsvorgängen und Lieferungsaspekten sowie Quantifizierung in Kennzahlen; Bestandscontrolling durch Auswertung von Buchungsbelegen und Ermittlung von Kennzahlen, z. B. Kapitalbindung; Schwachstellenanalyse).

Qualitätsmanagement (QM)

Das Modul *Qualitätsmanagement (QM, Quality Management)* sorgt dafür, daß die Aktivitäten entlang der logistischen Kette den gewünschten Qualitätsanforderungen genügen. Dazu werden eine Vielzahl von Funktionen bereitgestellt, die in den anderen Modulen Vertrieb, Materialwirtschaft, Controlling, Produktionsplanung und -steuerung, Instandhaltung benutzt werden können (z. B. Anstoß der Qualitätsprüfung beim Wareneingang).

- Mit Hilfe der Komponente Qualitätsplanung können die qualitätsrelevanten Daten spezifiziert werden (Prüfmerkmale, Prüfmethoden, Prüfpläne, ergänzende Materialspezifikationen, Stichprobenverfahren u. a.).
- Die Qualitätsprüfung unterstützt den Prüfer durch Bereitstellung der notwendigen Informationen (z. B. Auswahl des Prüfplans, Drucken der Arbeitspapiere) sowie Erfassung der Prüfergebnisse und veranlaßt Folgeaktionen (z. B. Freigabe der geprüften Teile, Berechnung, Speicherung und Weiterleitung von Qualitätskennzahlen).

• Die Qualitätslenkung steuert die durchzuführenden Qualitätsprüfungen auf der Grundlage der in der Qualitätsplanung festgelegten Daten und reagiert auf die jeweilige Qualitätslage.
• Qualitätszeugnisse bescheinigen bei Bedarf die Produktqualität unter Bezugnahme auf die Anwendung bestimmter Herstellverfahren, Prüfungen, Normen, Kundenspezifikationen etc.
• In Qualitätsmeldungen werden Probleme aufgrund von Qualitätsmängeln erfaßt und bearbeitet (z. B. Mängelrügen, Kundenreklamationen).

Instandhaltung (PM)

Das Modul *Instandhaltung (PM, Plant Maintenance)* unterstützt die Planung und Abwicklung von Instandsetzungsmaßnahmen für technische Systeme. Dazu werden Stammdaten (z. B. Ausrüstungsgegenstände, Meßpunkte) verwaltet und in zwei Hauptkomponenten benutzt:
• Die vorbeugende Instandhaltung hat die Aufgabe, auf der Grundlage von Wartungsstrategien, -arbeitsplänen und -terminplänen Instandhaltungsarbeiten zu planen.
• Bei der Instandhaltungsauftragsabwicklung werden konkrete Instandhaltungsaufträge initiiert und durchgeführt (Terminierung der Instandhaltungsaufträge, Berücksichtigung in der Kapazitätsplanung, Erstellen von Arbeitspapieren, Abrechnung etc.).
• Der Bereich Service Management, der mit der Instandhaltung integriert ist, unterstützt die bei Kunden zu erbringenden Serviceleistungen (z. B. aufgrund von Servicevereinbarungen oder Garantieleistungen). Um den Überblick bei komplexen Kundeninstallationen zu behalten, ist ein eigener Funktionskreis Installationsmanagement vorhanden.

Projektsystem (PS)

Das Modul *Projektsystem (PS)* stellt Projektmanagement-Funktionalität zur Verfügung. Wie in dedizierten Projektmanagementsystemen wird die Planung, Durchführung und Kontrolle von Projekten unterstützt.
• Die Projektplanung umfaßt eine Grob- und Feinplanung der Termine und Kosten. Dabei kommen die üblichen Darstellungsformen (Gantt-Diagramme, Netzpläne, Meilensteine u. a.) zur Anwendung.
• Die Projektbudgetierung erstellt aus der Kostenplanung und den genehmigten Vorgaben ein Projektbudget, verwaltet und überwacht dieses.
• Im Zuge der Projektrealisierung werden die Aktivitäten des Projektnetzplans angestoßen und durchgeführt. Dabei werden die Istdaten (Termine, Kosten, Kapazitäten, Material u. a.) ermittelt und Rückmeldungen verbucht.
• Ein Informationssystem dient zur Projektanalyse. Es liefert Daten zum Projektstatus und zum Projektfortschritt.

Produktionsplanung und -steuerung (PP)

Angesichts der Thematik dieses Buchs soll das Modul *Produktionsplanung und -steuerung (PP)* etwas genauer beleuchtet werden. R/3 folgt im Grundsatz einer MRP-II-Philosophie. Andere Planungs- und Steuerungs-

Abb. 7.2-3: MRP-II-Konzeption des SAP-R/3-Moduls PP

konzeptionen werden jedoch ebenfalls unterstützt. Die wichtigsten Funktionskreise des Moduls PP sind in Abbildung 7.2-3 im Überblick dargestellt.

Stammdatenverwaltung

Die *Stammdatenverwaltung* umfaßt Teile (in R/3 Material genannt), Erzeugnisstrukturen, Arbeitspläne, Dokumente (z. B. Zeichnungen), Fertigungshilfsmittel (d. h. nichtstationäre Betriebsmittel) und Arbeitsplätze. Bei den Erzeugnisstrukturen sind neben normalen Stücklisten auch Varianten- und sog. Mehrfachstücklisten vorgesehen. Die letzteren werden benutzt, wenn Produktionsalternativen bestehen (z. B. in Abhängigkeit von der Losgröße).

Produktdatenmanagement

Produktdatenmanagement (vgl. Abschnitt 7.1.5) wird seit der Version 4.0 in R/3 als eigenständige Komponente definiert. Zuvor waren PDM-Funktionen zwar vorhanden, aber in andere Systemteile integriert. Die Bereitstellung als eigenständige Komponente mit definierten Schnittstellen bedeutet, daß der Benutzer nicht unbedingt die SAP-Funktionalität verwenden muß, sondern auch andere, marktgängige EDM/PDM-Systeme ankoppeln kann. Über die Schnittstellen werden dann Materialstammdaten, Stücklisten, Zeichnungen, Klassifikationen, Merkmale u. a. zwischen R/3 und dem EDM/PDM-System übermittelt.

Absatz- und Produktionsgrobplanung (SOP)

Die *Absatz- und Produktionsgrobplanung (SOP, Sales and Operations Planning)* dient entsprechend dem MRP-II-Konzept dazu, die mittel- bis langfristigen Absatzmengen und darauf aufbauend die Produktionsmengen grob zu planen. Die Planung erfolgt für Produktgruppen oder Einzelerzeugnisse. Die Absatzmengen können unterschiedlichen Quellen entstammen, z. B. aus der Absatz- und Ergebnisplanung des Moduls Controlling, aus dem Vertriebsinformationssystem (s.o.) oder aus Prognoseverfahren. Bei der Planung werden die Kapazitäten in grober Form berücksichtigt, so daß ein realistischer Absatz- und Produktionsplan entsteht.

Produktionsplanung (MP)

In der *Produktionsplanung (MP, Master Planning)* werden die Primärbedarfsmengen und -termine festgelegt. Dabei wird zwischen Plan- und Kundenprimärbedarfen unterschieden. Die ersteren treten typischerweise bei Lagerfertigung auf und werden z. B. aus der Absatz- und Produktionsgrobplanung übernommen, durch Prognoseverfahren ermittelt oder extern eingegeben. Die zweiteren resultieren aus Kundenaufträgen. Für die langfristige Planung können Simulationen des Produktionsprogramms angestellt werden. Eine reduzierte Rechnung wird für sogenannte *Leitteile* durchgeführt. Dies sind Teile, die stark zur Wertschöpfung des Unternehmens beitragen oder kritische Ressourcen belegen (z. B. teure Anlagen, Engpaßbetriebsmittel). Man geht davon aus, daß die Leitteile später ohnehin höhere Priorität erhalten und das Fertigungsgeschehen um sie herum geplant wird.

Materialbedarfsplanung (MRP)

Aufgabe der Komponente *Materialbedarfsplanung (MRP, Material Requirements Planning)* ist es, den zur Herstellung des Produktionsprogramms erforderlichen Sekundärbedarfs zu ermitteln und die Bedarfsdekkung zu planen. Die Vorgehensweise orientiert sich am Net-Change-Prinzip (vgl. Abschnitt 3.1.3). Je nach Wertigkeit der Teile und erforderlichem Genauigkeitsgrad kommen verschiedene verbrauchsgesteuerte Methoden oder die bedarfsgesteuerte Disposition (Stücklistenauflösung) zum Einsatz. Gegebenenfalls werden Bedarfsmengen zu Losen zusammengefaßt. Als Ergebnis der Materialbedarfsplanung schlägt die MRP-Komponente Bestellmengen für fremdbezogene Teile sowie Fertigungsaufträge für eigengefertigte Teile vor und terminiert diese grob.

Über den „Normalfall" stückorientierte Werkstattfertigung mit Fertigungsaufträgen hinaus ist in R/3 spezielle Unterstützung für andere Fertigungstypen vorgesehen. Für Serien- und Massenfertiger, die über längere Zeiträume die gleichen Produkte herstellen („Repetitive Manufacturing"), werden Planungs- und Steuerungsfunktionen auf der Basis von Perioden und Produktionsraten in der Komponente REM zur Verfügung gestellt. Prozeßorientierte Produktion wird mit einem eigenen Modul abgedeckt (s. u.).

Kapazitätsplanung (CRP)

Die *Kapazitätsplanung (CRP, Capacity Requirements Planning)* dient vor allem dazu, die Kapazitätssituation transparent zu machen und den Planer mit Informationen zu versorgen, aufgrund derer er ggf. Ausgleichsmaßnahmen ergreifen kann. Der Kapazitätsbedarf wird anhand der geplanten Fertigungs-, Instandhaltungs- und Qualitätsprüfungsaufträge ermittelt. Die Kapazitätsauslastung kann in verschiedenen Formen aggregiert und grafisch dargestellt werden. Als Planungshilfsmittel steht die Simulation zu Verfügung. Der Kapazitätsabgleich kann teilautomatisch oder manuell durchgeführt werden. Eine spezielle Funktion, die jederzeit aufgerufen werden kann, prüft die Kapazitätsverfügbarkeit für einen Fertigungsauftrag und schlägt bei nicht ausreichender Kapazität einen Ersatzzeitpunkt vor.

Durchlaufterminierung

Die *Durchlaufterminierung* ist in R/3 Teil der Kapazitätsplanungskomponente. Sie ermittelt, ausgehend von den groben Eckterminen aus der Materialbedarfsplanung, die Start- und Endtermine der Fertigungsaufträge sowie die Zeitpuffer. Wenn der Liefertermin überschritten wird, können Maßnahmen zur Durchlaufzeitverkürzung (z. B. Pufferzeitreduktion, Splitten) zum Einsatz kommen.

Fertigungssteuerung (SFC)

Die *Fertigungssteuerungskomponente (SFC, Shop Floor Control)* hat die Aufgabe, die Plandaten aus den zuvor durchlaufenen Bereichen in konkrete Maßnahmen zu überführen und diese Maßnahmen zu koordinieren, d. h. den Vollzug der Produktion sicherzustellen. Hauptgegenstand der Betrachtung sind *Fertigungsaufträge*, um die sich auch die wichtigsten SFC-Funktionen ranken:

- In der Auftragsgenerierung (Order Creation) werden Fertigungsaufträge verbindlich angelegt (i. d. R. aus den in MRP geplanten Aufträgen, bei Bedarf auch manuell), Arbeitspläne zugeordnet, Kapazitäten reserviert u. a.
- Zur Auftragsabwicklung (Order Processing) gehört die Auftragsfreigabe (vgl. Abschnitt 3.5.1) mit Erstellen der Auftragspapiere, Rückmeldebelege etc. und Definition der Rückmeldepunkte sowie Einlagerung der gefertigten Teile.
- Der Auftragsabschluß (Order Completion) wird durch Setzen des entsprechenden Status markiert, was zur Löschung von Kapazitäts- und Materialbedarfen führt.
- Die Auftragsabrechnung (Order Settlement) verrechnet die für den Auftrag angefallenen Kosten.

Kanban

Die Fertigungssteuerung auf der Grundlage des *Kanban-Prinzips* (vgl. Abschnitt 3.5.4) wird mit einer eigenen Komponente (KAB) unterstützt. Diese stellt unter anderem eine grafische Plantafel bereit, in der der Materialversorgungsstand in der Fertigung angezeigt wird und Störungen sichtbar werden.

Produktionscontrolling

Produktionscontrolling kann mit Hilfe des *Fertigungsinformationssystems* durchgeführt werden. Das letztere stellt eine auf den Informationsbedarf in der Fertigungssteuerung zugeschnittene Teilmenge des Logistikinformationssystems (LIS) von R/3 dar. Mit seiner Hilfe können beispielsweise Kennzahlen wie Ausschußfaktoren oder Kapazitätsauslastung gewonnen und Datenverdichtungen auf verschiedenen Aggregationsstufen (z. B. Arbeitsplatz, Werkstatt, Werk) durchgeführt werden.

Erzeugniskalkulation (PC)

Die Komponente *Erzeugniskalkulation (PC, Product Costing)* ermittelt die Kosten von Produkten, Fertigungsaufträgen oder anderen Bezugseinheiten. Dabei wird auf Daten der Produktionsplanung und -steuerung, der Materialwirtschaft und des Controlling zurückgegriffen. Verschiedene vordefinierte Kalkulationsmethoden stehen zur Verfügung, die das Unternehmen um eigene Verfahren ergänzen kann.

Während R/3 im „Standardsystem" auf diskrete Fertigung ausgerichtet ist, wird mit dem Modul *Produktionsplanung für die Prozeßindustrie (PP-PI, Process Industries)* seit 1995 auch Unterstützung für kontinuierliche Fertigung gegeben. In der Prozeßindustrie, die in diesem Buch nicht weiter behandelt wurde, müssen teilweise andere Anforderungen abgedeckt werden, zum Beispiel:

Produktionsplanung Prozeßindustrie (PP-PI)

- Verwaltung von Rezepten (Erzeugnisstrukturen, bei denen Zyklen erlaubt sind und Kuppelproduktion berücksichtigt werden muß),
- Prozeßkoordination aufgrund von Prozeßmeldungen der Prozeßleitsysteme,
- differenzierte Ressourcenverwaltung,
- Unterstützung chargenbezogener Produktion mit entsprechender elektronischer Dokumentation und der Möglichkeit der Chargenrückverfolgung.

Im Vergleich zu den anderen R/3-Modulen und zu dedizierten PPS-Systemen gilt das PP-Modul von R/3 als eher unterdurchschnittlich. Ein Technologieberater formuliert dies wie folgt: „Die Leistungsfähigkeit von SAP wird für das Rechnungswesen als gut, für Lager- und Materialwirtschaft als durchaus solide und für die Produktion als sehr lückenhaft beurteilt" (SCHM97b). Kritikpunkte liegen unter anderem in der Abstimmung zwischen Mengen- und Kapazitätsplanung, die wie häufig bei MRP-II-basierten Systemen als nicht ausreichend angesehen wird (GRON99).

Kritik am Modul PP

Rechnungswesen

Die zum Bereich Logistik gehörenden Module wurden etwas ausführlicher dargestellt, da sie mit dem Thema dieses Buchs enger verbunden sind. Zu einem ERP-System gehört darüber hinaus eine Vielzahl kaufmännischer Funktionskreise. In R/3 werden diese in der Modulgruppe „Rechnungswesen" zusammengefaßt. Sie umfaßt neben dem internen und externen Rechnungswesen auch Funktionen wie Investitionsmanagement und Management der Zahlungsströme. Im einzelnen gehören die folgenden Module zum Rechnungswesen (SAP01b):

FI, CO, TR, IM, EC

- *Finanzwesen (FI, Financial Accounting):* Hauptbuchhaltung, Kreditoren-, Debitorenbuchhaltung, Konsolidierung,
- *Controlling (CO):* Gemeinkosten-Controlling, Produktkosten-Controlling, Vertriebscontrolling,
- *Treasury (TR):* Liquiditäts-, Portfolio- und Risikomanagement mit den Komponenten Cash-Management, Treasury-Management (Finanzgeschäfte), Marktrisiko-Management („Risiko-Leitstand"), Haushaltsmanagement (Fonds-Management),
- *Investitionsmanagement (IM, Investment Management):* Verwaltung von Investitionsprogrammen und Einzelinvestitionen, Abschreibungsvorschau mit Simulationsmöglichkeiten, automatische Abgrenzung in das Anlagevermögen, konzernweite Budgetierung,

- *Unternehmenscontrolling (EC, Enterprise Controlling):* Führungsinformationssystem, Geschäftsplanung und Budgetierung, Konsolidierung, Profit-Center-Rechnung.

Personalwirtschaft

HR

Der umfassende Bereich der *Personalwirtschaft (HR, Human Resources)* wird durch *ein* Modul abgedeckt, das alle wichtigen Funktionen beinhaltet und die personalwirtschaftlichen Aufgaben mit anderen R/3-Funktionen verbindet. Die umfangreiche Funktionalität ist in einer Reihe von Unterkomponenten verpackt (SAP02a):

- Organisationsmanagement (Organisationsmodellierung, Zuordnung von Stellen, Aufgaben, Personen, Personalkostenplanung u. a.),
- Personalmanagement (Personaladministration, Personalbeschaffung, Reisemanagement),
- Personalabrechnung (Lohn- und Gehaltsabrechnung unter Berücksichtigung länderspezifischer Besonderheiten),
- Zeitmanagement (Schichtplanung, Arbeitszeitmodelle, Zeitbewertung/Verarbeitung der Mitarbeiterzeitdaten u. a.), integriert mit zahlreichen anderen Modulen wie PP, CO, PS,
- Personalentwicklung (Verwaltung von Qualifikationen und Stellenanforderungen, Karriere- und Nachfolgeplanung, Weiterbildungsplanung),
- Veranstaltungsmanagement (Planung, Verwaltung und Nachbereitung von Seminaren und Schulungen, einschl. Buchung und Fakturierung).

Weitere Merkmale von R/3

Das ERP-System R/3 verfügt nicht nur über umfassende Funktionalität in den betriebswirtschaftlichen Anwendungsbereichen. Es weist darüber hinaus eine Reihe bemerkenswerter Eigenschaften auf, von denen einige kurz erwähnt werden sollen.

Referenzmodell

Referenzmodell: Das R/3-Referenzmodell bildet die Bezugsbasis für alle Anwendungen. Es ist in einem Repository abgelegt und unterscheidet eine Reihe von Sichten: Funktions-, Daten-, Organisations-, Prozeß-, Kommunikations- und Informationsflußsicht. Das Modell ist äußerst umfangreich, was man zum Beispiel daran erkennt, daß über 1.000 Geschäftsprozesse für mehr als 100 grundlegende Geschäftsszenarien in einer Vielzahl von Branchen abgebildet sind (SAPoJ).

Business Objects

Business Objects: In einer objektorientierten Sichtweise werden zunehmend zentrale betriebswirtschaftliche Objekte, z. B. Kunden, Lieferanten, Artikel, Stücklisten etc., mit ihren Daten und Funktionen zusammengefaßt (gekapselt). Diese Objekte werden als Business Objects bezeichnet und in einem „Business Object Repository" verwaltet.

SAP Business Workflow

Workflowmanagement: Für die typischen Geschäftsabläufe eines Unternehmens steht eine Workflowmanagement-Komponente zur Verfügung (SAP Business Workflow). Diese steuert die Vorgänge teilweise automatisch (RICK02). Ein Geschäftsprozeß wie z. B. die Abarbeitung eines Kundenauftrags wird in allen Schritten, vom Auftragseingang bis zur Lieferung und Rechnungsstellung, in der zeitlichen Abfolge und durch Einbindung der jeweiligen Bearbeiter unterstützt (vgl. zu Workflowmanagement auch Abschnitt 8.1).

WWW-Frontends

Internet-Schnittstellen: Mit dem Aufschwung des Internet entwickelte SAP Schnittstellen und Frontends für R/3, mit deren Hilfe inner- und zwischenbetriebliche Geschäftsvorgänge auf Basis des World Wide Web (WWW) bearbeitet werden können. So ist es beispielsweise möglich, daß ein Zulieferer und ein Abnehmer den Bestellvorgang über das WWW abwickeln und in R/3 automatisch die entsprechenden Workflows angestoßen werden (RICK02, KURB97a).

ABAP Workbench

Entwicklungsumgebung: R/3 ist nicht nur ein sogenanntes „proprietäres", d. h. herstellerspezifisches System, sondern es wird auch mit eigenen Werkzeugen entwickelt. Die Hauptprogrammiersprache ist ABAP/4, eine von SAP selbst entworfene und historisch gewachsene Sprache, die man heute zu den 4GLs (Fourth Generation Languages) zählt. Um ABAP herum existiert eine CASE-Umgebung, die *ABAP Workbench*, mit verschiedenen aufeinander abgestimmten Einzelwerkzeugen.

ASAP, Business Engineer

Einführungshilfen: Die Einführung von R/3 in einem Unternehmen ist angesichts der umfassenden Funktionalität und der Komplexität des Systems ein Vorhaben, das neben umfangreichem Wissen eine Vielzahl von Vorarbeiten auf den verschiedensten Ebenen erfordert. Eine standardizierte Vorgehensweise für die Einführung von R/3 wird unter der Bezeichnung „Implementation Roadmap" vorgeschlagen (APPE00). Zur Vereinfachung dieses schwierigen Prozesses wird mit dem „Accelerated SAP"-Programm (ASAP) ein werkzeuggestütztes Vorgehensmodell zur Verfügung gestellt, welches auf gesammeltem Knowhow basiert. Es beinhaltet als Werkzeug den „Business Engineer", der unter anderem eine wissensbasierte Konfigurierung von R/3 für den speziellen Anwendungsfall erlaubt (SAPoJ).

Weltmarktführer

Die Liste bemerkenswerter Charakteristika von R/3 ließe sich noch weiter fortsetzen. Wenn auch die grundlegende Softwaretechnologie nicht als besonders fortschrittlich gilt, so sind es doch die umfassende betriebswirtschaftliche Funktionalität und die Abdeckung der wichtigen Geschäftsprozesse in einer Vielzahl von Branchen, die den weltweiten Markterfolg von SAP begründeten. Den Großteil ihres Umsatzes (2001 ca. € 7,3 Mrd.) erzielt die SAP AG mittlerweile im Ausland. In über 50 Ländern besitzt SAP Niederlassungen. Im Jahr 2002 wurden mehr als 50000 Installationen in über 120 Ländern der Welt gezählt, und von den ca. 28500 Mitarbeitern hat nur noch etwa ein Drittel seinen Arbeitsplatz in Deutschland. Eine Vielzahl von Informationen über das Unternehmen und speziell über R/3 findet man im Internet (http://www.sap-ag.de).

8. Neue Ansätze für die Produktionsplanung und -steuerung

Die Produktionsplanung und -steuerung steht in einem dynamischen Umfeld, das sich mit den Veränderungen der Marktanforderungen, der Managementparadigmen, der Software- und Hardwaretechnologie und nicht zuletzt auch des wissenschaftlichen Erkenntnisstands laufend weiterentwickelt. Dadurch ändern sich die Anforderungen, die an PPS-Systeme gestellt werden. Neue Strukturen und Funktionalitäten, die im Forschungsbereich artikuliert werden, schlagen sich in der Regel zunächst nur in der Literatur sowie zum Teil in Prototypen nieder. Über kurz oder lang finden viele der Ansätze aber Eingang in PPS-Systeme, sofern sie für die Praxis als tauglich befunden werden. In diesem Kapitel werden einige akuelle Entwicklungstendenzen aufgezeigt. Für genauere Darstellungen und Analysen sei auf die zitierte Literatur verwiesen.

8.1 Organisatorische und technologische Entwicklungen

Dynamisierung der PPS-Systeme

Anpassungsbedarf

Die Notwendigkeit, PPS-Systeme schnell einem neuen Umfeld oder neuen Anforderungen anpassen zu müssen, resultiert aus mehreren Faktoren. Zum ersten ist die Dynamisierung der Märkte und die immer stärkere Kundenorientierung zu nennen (KAIS97). Auf kurze Produktlebenszyklen und schnelle Marktänderungen muß ein Unternehmen mit einer raschen Belieferung reagieren können. Dazu sind neben organisatorischen Anpassungen häufig auch kurzfristige Modifikationen im PPS-System erforderlich.

Zum zweiten werden durch neue Formen der Unternehmenskooperation, z. B. virtuelle Unternehmen (siehe unten), sowie Unternehmenszusammenschlüsse Änderungen der PPS-Systeme unvermeidbar. In diesen Fällen müssen unterschiedliche Systeme unterschiedlicher Unternehmen aufeinander abgestimmt werden.

Drittens bringt in der Regel schon die Ersteinführung eines PPS-Systems einen erheblichen Änderungsbedarf gegenüber der „Standardversion“ des Herstellers mit sich. Dies kann zu hohen Kosten und Verzögerungen bei der Einführung führen. Einfache Anpassung bzw. Konfigurierung eines PPS-Systems ist deshalb von zentraler Bedeutung.

Für die Anpassung eines PPS-Systems an unterschiedliche Anforderungen werden im wesentlichen drei Konzeptionen verfolgt (MUSS97, KURB92b):

Parametrisierbare Systeme

• *Parametrisierung:* Aus der vom Hersteller bereitgestellten Gesamtfunktionalität werden die im speziellen Anwendungsfall gewünschten Funktionen (und eventuell Datenstrukturen) angepaßt oder ausgewählt. Zu diesem Zweck müssen entsprechende Systemparameter gesetzt werden, so daß unternehmenspezifische Gegebenheiten bis zu einem gewissen Grad Berücksichtigung finden. Parametrisierung kam bereits bei den klassischen monolithischen PPS-Systemen zum Einsatz und ist immer noch das am meisten verwendete Konzept. Die Nachteile liegen auf der Hand: Alle denkbaren Möglichkeiten der Systemeinstellung müssen theoretisch bei der Entwicklung bereits berücksichtigt und alle entsprechenden Funktionen bereits implementiert werden. Zum Zeitpunkt der Systemspezifikation ist es jedoch meist sehr schwer, wenn nicht unmöglich, alle später vielleicht einmal auftretenden Individualanforderungen abzusehen. Auch wenn man sich beschränkt, werden parametrisierbare Systeme oft sehr groß und unhandlich.

Modulare Systeme

• *Modulare Systeme* sind demgegenüber nicht als monolithische Blöcke konzipiert, sondern als Aggregation von Bausteinen (Modulen), die individuell zusammengestellt werden können. Jedes Modul besitzt eine gewisse Funktionalität, die einen Teilbereich des Anwendungsgebiets abdeckt (z. B. Variantenverwaltung, Berichtswesen, Lagerbuchführung etc.). Manche Module sind optional, andere müssen auf jeden Fall vorhanden sein. Mit den optionalen Modulen kann ein System auch nachträglich erweitert werden. Die Flexibilität eines modularen Systems hängt offensichtlich direkt vom Umfang der Modulbibliothek ab. Im Extremfall müssen die verfügbaren Module alle denkbaren unternehmensspezifischen Anforderungen abdecken, wenn man ganz ohne Individualprogrammierung auskommen will. Andernfalls ist die Entwicklung neuer Module erforderlich, oder der Anwender muß seine Anforderungen zurücknehmen.

Generierbare Systeme

• *Generierbare Systeme* zeichnen sich dadurch aus, daß ein Informationsmodell zugrunde liegt, auf dessen Basis die Programme und die Datenstrukturen automatisch erzeugt werden. In einem Informationsmodell sind Funktionen, Daten, Vorgänge und Organisationsstrukturen beschrieben. Mit zunehmender Prozeßorientierung werden heute oft Geschäftsprozeßmodelle als Basis verwendet. Anpassungen können dann grundsätzlich auf der Modellebene erfolgen. Das heißt zum Beispiel, daß Anpassungen bezüglich der Daten in Entity-Relationship-Modellen und Anpassungen bezüglich der Abläufe in Funktions- bzw. Prozeßmodellen durchgeführt werden. Wenn das Geschäftsprozeßmodell mit einem Modellierungswerkzeug angelegt wurde und im Rechner gespeichert ist, können der Programmcode und das Datenbankschema von Generatoren automatisch erzeugt werden.

Insgesamt ist die Anpassungsfähigkeit von PPS-Systemen noch deutlich verbesserungsfähig, wie auch eine punktuelle Marktuntersuchung von

Gronau zeigte (GRON98). Die meisten Systeme kamen dort über die Möglichkeit der Parametrisierung nicht hinaus. Die Datenmodelle können bestenfalls auf der SQL-Ebene geändert werden.

Neue Softwaretechnologien

Objektorientierung

Die Weiterentwicklung der PPS-Systeme wird zum Teil durch die Softwaretechnologie befördert. In vielen Fällen kommen *objektorientierte* Methoden und Werkzeuge zur Anwendung. Allerdings wurden in der Zeit, als sich das Attribut „objektorientiert" zum Marketingschlagwort entwickelte, zahlreiche Systeme mit diesem Begriff versehen, ohne daß es in ihrer Grundstruktur nennenswerte Änderungen gab. Bei einer Untersuchung des FIR an der RWTH Aachen zeigte sich beispielsweise, daß zwar 58% der Hersteller angaben, ihr PPS-System sei objektorientiert, daß aber bei näherer Betrachtung typischer objektorientierter Merkmale (z. B. Vererbung, Polymorphismus) nur 10% davon übrigblieben (KAIS97). Moderne PPS-Systeme werden zunehmend auf der Basis von *Client-Server-Architekturen* realisiert, wie oben für die Systeme infor:COM und SAP R/3 skizziert.

Client-Server

Windows NT

Nicht nur bei diesen beiden Systemen spielt das Netzwerk-Betriebssystem *Windows NT/2000*, das aufgrund der Marktmacht von Microsoft weit verbreitet ist, eine signifikante Rolle. Da die Clients somit „normale" Personal Computer sind, steht das Spektrum an Bürosoftware von Microsoft und anderen Anbietern (Textverarbeitung, Tabellenkalkulation, Endbenutzerdatenbanken etc.) ebenfalls zur Verfügung. Häufig sind diese Werkzeuge mit dem PPS-System direkt integriert, so daß der Benutzer zum Beispiel Auswertungen, Statistiken und andere Operationen in der gewohnten PC-Umgebung durchführen kann.

Componentware

Wiederverwendbare Komponenten

Mit zunehmender Leistungsfähigkeit der PC-Werkzeuge und der Verfügbarkeit von offenen Schnittstellen wurden Anstrengungen unternommen, vorgefertigte Komponenten aus diesen Werkzeugen zur Entwicklung eines PPS-Systems heranzuziehen. Der zugrunde liegende Ansatz wird auch als *Componentware* bezeichnet. Der Begriff bringt zum Ausdruck, daß wiederverwendbare Komponenten zu einem System zusammengesetzt werden. Was genau als „Komponente" anzusehen ist, wird unterschiedlich interpretiert (PREE97). Im Kontext der älteren Windows-Software meint man damit die Objekte eines Systems wie z. B. Excel, Access oder Word, die über Standardschnittstellen (z. B. OLE) von anderen Systemen oder von eigenentwickelten Programmen angesprochen werden können. Im Umfeld der internetorientierten .NET-Plattform von Microsoft werden neuerdings vor allem sog. „Web Services", d. h. im Internet verfügbare Programm-Module, als Komponenten angesehen (CHAP02), während in der Java-Welt der Blick eher auf

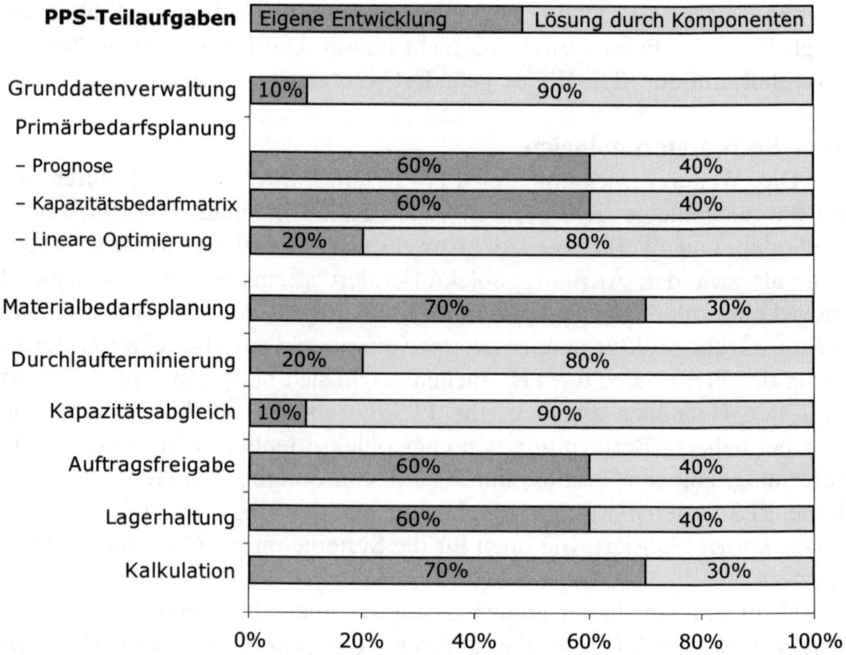

Abb. 8.1-1: PPS-System auf der Basis von Microsoft-Komponenten (MÖHL96)

Klassenbibliotheken wie Enterprise Java Beans (EJB's, vgl. z. B. ADAT01) als Komponenten gerichtet wird.

PPS-System aus Componentware

Ein Prototyp eines PPS-Systems, der Komponenten von MS Access (Datenbank), MS Excel (Tabellenkalkulation) und MS Project (Projektmanagement) benutzt, wurde an der Universität Erlangen-Nürnberg bereits 1996 entwickelt (MÖHL96). Die Grunddatenverwaltung ist auf der Basis von MS Access realisiert. Für die Primärbedarfsplanung mit Prognoserechnung und Kundenauftragsverwaltung werden Excel- und Access-Objekte verwendet. Die Berücksichtigung der Kapazitäten im Rahmen der Programmplanung erfolgt in einem linearen Optimierungsmodell, das mit Hilfe des Solver-Werkzeugs von Excel gelöst wird.

Bei der Materialbedarfsplanung mußten Funktionen wie die Losgrößenrechnung und die ABC-Analyse neu programmiert werden. Immerhin konnte auf den vorgefertigten Datumsoperationen und den SQL-Datenbankzugriffen von Access aufgebaut werden. Die Durchlaufterminierung profitiert von den Netzplantechniken und Darstellungsformen (Gantt-Diagramme u. a.) von MS Project. Weitere Module wie die Lagerhaltung und Kalkulation verwenden Access-Objekte.

Die Einsparungen durch Verwendung vorgefertigter Komponenten gegenüber einer vollständigen Neuentwicklung schwanken je nach Modul. Von den Autoren werden die in Abbildung 8.1-1 gezeigten Schätzungen für das Verhältnis von eigenentwickelten zu vorgefertigten Komponenten angegeben (MÖHL96).

Workflowmanagement

Bei der prozeßorientierten Sicht der Produktionsplanung und -steuerung rücken die (dynamischen) Abläufe gegenüber den (statischen) Funktionen in den Vordergrund. Den Gedanken der Ablauforientierung hatte Scheer im übrigen in dem Konzept der „Vorgangsketten" (SCHE96) schon lange verwirklicht, bevor das Paradigma der Geschäftsprozesse populär wurde. Im Rahmen eines Geschäftsprozesses, z. B. der Vertriebslogistik, müssen bestimmte Schritte nacheinander ausgeführt werden. Dies bedeutet, daß unterschiedliche Personen tätig und unterschiedliche Funktionen des PPS-Systems zum richtigen Zeitpunkt aktiviert werden müssen.

Die ablauforientierte Sicht findet ihren sichtbaren Niederschlag einmal in der Modellierung von Geschäftsprozessen und der Zuordnung von Funktionen, Daten oder Objekten zu Prozeßschritten. Diese relativ „hohe" Betrachtungsebene ist für die Konzipierung eines PPS-Systems bzw. der Produktionsplanung und -steuerung in einem Unternehmen von Bedeutung. Darüber hinaus muß aber auch auf der operativen Ebene dafür gesorgt werden, daß die Abläufe bei der Ausführung konkreter Geschäftsprozesse („Instanzen") effektiv gesteuert werden. Zu diesem Zweck werden zunehmend Workflowmanagement-Systeme eingesetzt.

Workflowmanagement-System

Ein *Workflowmanagement-System (WFMS)* ist ein Softwaresystem, welches automatisierte Unterstützung für Arbeitsabläufe („Workflows") bietet. Dazu gehört die Definition von Abläufen, die Erzeugung konkreter Ablaufinstanzen und die Ausführung derselben. Eine sogenannte Workflow Engine interpretiert dabei die Ablaufdefinition, interagiert mit den menschlichen Bearbeitern in den einzelnen Ablaufschritten und ruft gegebenenfalls andere Softwarewerkzeuge und Anwendungsprogramme auf (WFMC99).

Organisationsmodell

Voraussetzung für die Zuordnung von Bearbeitern zu Ablaufschritten ist ein *Organisationsmodell*, in dem die Organisationseinheiten des Unternehmens – Stellen, Gruppen, Abteilungen, Bereiche etc. – mit ihren Beziehungen zueinander und zu den Aufgaben sowie die Mitarbeiter abgebildet sind. Bei der Definition eines Workflows kann dann auf diese Elemente Bezug genommen werden, und bei der Ausführung werden konkrete Personen mit den für einen Arbeitsschritt notwendigen Informationen versorgt.

Beispiel „SAP Business Workflow"

PPS-Systeme und andere betriebliche Informationssysteme werden in zunehmenden Maße mit Workflow-Komponenten bzw. mit Schnittstellen zu externen Workflowmanagement-Systemen versehen. So enthält beispielsweise das in Abschnitt 7.2.2 beschriebene System R/3 von SAP ein eigenes Modul „SAP Business Workflow". Dieses basiert auf einem Architekturmodell, das in Abbildung 8.1-2 wiedergegeben ist. Das Architekturmodell enthält ein Organisations-, Prozeß- und Objektmodell.

Prozeßmodell

Das bereits erwähnte Organisationsmodell steht mit dem *Prozeßmodell* in Beziehung, in dem die Arbeitsschritte eines Workflows definiert werden. Für diese Aufgabe ist ein Definitionswerkzeug (Kästchen „Workflow-Definition") verfügbar, mit dem man unter anderem die Arbeitsschritte dem Aufgabenkatalog des Organisationsmodells zuordnet. Die Laufzeitumgebung (Kästchen „Workflow-Schritte") greift bei der Ausführung der Workflows auf die Definition zurück.

Objektmodell

In den Arbeitsschritten werden i. d. R. Methoden verwendet, die zu bestimmten „Business Objects" gehören. Business Objects sind betriebswirtschaftliche Sachverhalte wie Kundenanfrage, Fertigungsauftrag, Arbeitsplatz oder Kontenplan. Sie werden in einem *Objektmodell* beschrieben, welches in dem Business Object Repository abgelegt ist.

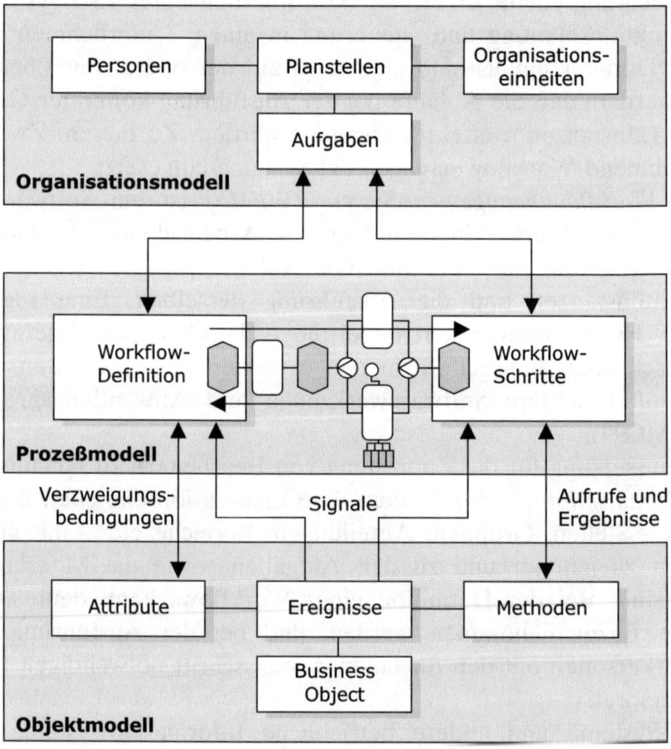

Abb. 8.1-2: Workflow-Architekturmodell von SAP R/3 (BUCK99)

Mit Hilfe einer Workflowmanagement-Komponente oder eines angekoppelten WFMS können auf der Basis der Workflow-Definitionen bestimmte Arbeitsabläufe teil- oder vollautomatisch gesteuert werden.

Workflowbeispiel „Engineering Change Management"

Bei einer *Produktänderung* müssen beispielsweise Mitarbeiter in verschiedenen Bereichen des Unternehmens in einer bestimmten Reihenfolge tätig werden. Der entsprechende Workflow „Engineering Change Management" (BUCK99) wird durch den Eingang eines Änderungsantrags ausgelöst, der wiederum ein definiertes Freigabeverfahren über mehrere Stufen anstößt. Nun müssen Mitarbeiter in der Konstruktion, im Einkauf, in der Produktion etc. bestimmte Aufgaben erledigen. Den Anstoß dazu und die Weiterleitung der jeweiligen Ergebnisse übernimmt das WFMS. Die Mitarbeiter werden zum richtigen Zeitpunkt durch eine Mitteilung in ihrem elektronischen Postkorb zum Tätigwerden aufgefordert. Beispielsweise wird der für ein bestimmtes Material zuständige Einkäufer mit der entsprechenden Vorlaufzeit über die Notwendigkeit einer Beschaffungsmaßnahme informiert. Eine Aufstellung der erforderlichen Arbeitsschritte kann das WFMS der Workflow-Definition entnehmen und beifügen, ebenso die benötigten Objekte wie Teilestammdaten, Stücklisten, Zeichnungen, Arbeitspläne u. a.

Workflow-Templates

Für typische und häufig wiederkehrende Arbeitsabläufe im Unternehmen wird man Workflows definieren. Das R/3-Workflowmodul stellt zu diesem Zweck beispielsweise Workflow-Schablonen („Templates") zur Verfügung, die der Anwender übernehmen bzw. auf seine Bedürfnisse hin zuschneiden kann. Beispiele für solche Workflow-Schablonen sind (BUCK99):

- Abwicklung von Kundenanfragen und -aufträgen über Unternehmensbereiche hinweg,
- Freigaben (Rechnungszahlung, Bestellung, Budget etc.),
- Produktveränderungen,
- Genehmigungsverfahren und Abrechnungen (z. B. Urlaubsanträge, Reisekosten),
- Abläufe bei Eintreten bestimmter Ereignisse (z. B. Ablauf einer Zahlungsfrist).

Globalisierung

Die Globalisierung der Wirtschaft bedeutet für die Unternehmen nicht nur Wettbewerb oder Kooperation auf dem Weltmarkt, sondern bringt häufig auch die Notwendigkeit mit sich, Produktionsstandorte im Ausland zu eröffnen. Auf diese Weise werden regionale Vorteile ausgenutzt, z. B. Verfügbarkeit von Ressourcen, niedrigere Kosten, Nähe zum Kunden u. a.

Die globale Verteilung erzeugt zusätzliche organisatorische und technische Anforderungen. Es entsteht Koordinationsaufwand zwischen den

Standorten, z. B. bei der Auftragsabwicklung oder Produktentwicklung, Kommunikationsprobleme mit den verschiedensten Ursachen und auf unterschiedlichen Ebenen (z. B. aufgrund von Sprache, Zeitzonen, Mentalität) müssen gelöst werden, und Störungen der geplanten Abläufe werden oft nur mit Zeitverzug erkannt (KAIS97).

PPS-Anforderungen

PPS-Systeme in global verteilten Unternehmen müssen dementsprechend höheren Anforderungen genügen. Dazu gehören (KAIS97):
- Planung und Steuerung des internationalen Produktionsverbunds (z. B. mit Hilfe von Projektmanagementfunktionen),
- technische und ablauforganisatorische Vernetzung der PPS-Systeme,
- Erstellung von Zollpapieren,
- Mehrsprachigkeit,
- Fakturierung in unterschiedlichen Währungen,
- Berücksichtigung internationaler Vorschriften bei der Finanzbuchhaltung,
- weltweite Bereitstellung von technischen Produktdaten.

Teilweise ergeben sich diese Anforderungen bereits aus dem generellen Trend zur Dezentralisierung, der in Abschnitt 5.3 behandelt wurde. Hinzu kommen nun Anforderungen aufgrund der Tatsache, daß nationale Grenzen überschritten werden und eine länderübergreifende Koordination erforderlich wird.

8.2 Supply Chain Management

Logistikkette

Supply Chain Management (SCM) ist ein Ansatz, bei dem die Güter- und Informationsflüsse über die gesamte *Logistikkette* hinweg betrachtet werden. In einer solchen Kette können viele Stationen involviert sein, z. B. die Zulieferer eines Produktherstellers (eventuell deren Zulieferer etc.), verschiedene Abteilungen des Produzenten (Einkauf, Lager, Produktion, Vertrieb, Marketing u. a.), Groß-, Zwischen- und Einzelhändler, Spediteure, Lagerhäuser und Verteilzentren sowie schließlich die Endkunden.

Integriertes Logistikmanagement

Von jeher beschäftigt sich das Fachgebiet *Logistik* mit den Güter- und Informationsflüssen im Unternehmen. Während anfangs das Blickfeld mehr auf die Güterflüsse und auf die innerbetrieblichen Sachverhalte gerichtet war, wurden zunehmend auch die Informationsflüsse und die zwi-

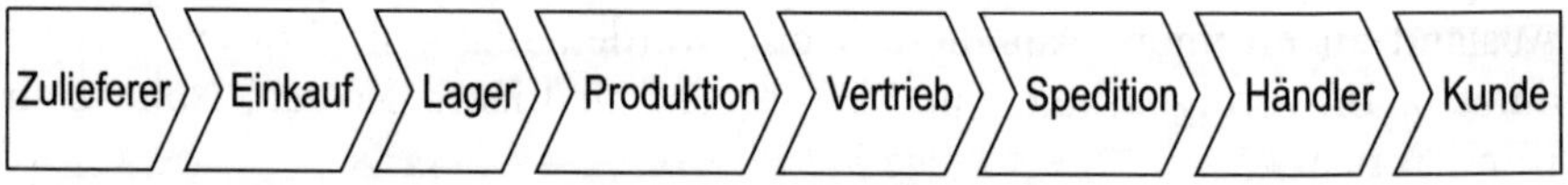

Abb. 8.2-1: Beispielhaftes Schema einer Logistikkette

schenbetrieblichen Zusammenhänge thematisiert. Aus dieser Sicht heraus spricht man von Logistikketten und *integriertem Logistikmanagement* und bringt damit zum Ausdruck, daß alle Stationen bzw. Schritte von den Zulieferern bis zu den Endkunden Gegenstand des Managementhandelns sind (SCHÖ02).

Supply Chain

Der neuere Begriff *Supply Chain* bedeutet „Lieferkette“ und unterscheidet sich zunächst inhaltlich nur wenig von dem Begriff Logistikkette. Die Kette wird aber aus einer anderen Perspektive betrachtet. Wenn man von Supply Chain *Management* spricht, ist damit grundsätzlich eine geschäftsprozeßübergreifende bzw. -integrierende Behandlung der Schritte der Lieferkette gemeint.

Definitionen

Eine einheitliche Definition des SCM-Begriffs existiert allerdings nicht, wie die große Zahl der Definitionen zeigt. In BECH97 werden beispielsweise 17 verschiedene Begriffsbeschreibungen aufgeführt. Eine Analyse der unterschiedlichen Ansätze findet man auch in COOP97, wo die folgende Definition zitiert wird: Supply Chain Management ist die Integration von Geschäftsprozessen vom Endnutzer bis zu den ursprünglichen Zulieferern, die Produkte, Dienstleistungen und Informationen erzeugt, die zusätzlichen Nutzen für Kunden mit sich bringen.

Sieht man einmal von dem schlechten Deutsch (im Original: von dem schlechten Englisch) ab, so werden zwei Leitgedanken deutlich:

Kundenorientierte Sicht

1) Die Betrachtung geht vom Endkunden aus. In diesem Sinne wurde auch schon kritisiert, daß „Supply Chain“ die Lieferantensicht betont und eigentlich der Begriff „Demand Chain“ (Bedarfskette) angemessener wäre (VAHR00a, MERT95a). Cooper et al. weisen darauf hin, daß aufgrund der Kundenorientierung auch Prozeßschritte wie die Produktentwicklung hinzukommen können und damit die Supply Chain die traditionelle Logistikkette erweitert (COOP97).

Geschäftsprozesse

2) Von der Supply Chain sind mehrere Geschäftsprozesse tangiert, sowohl in dem betrachteten Unternehmen als auch übergreifend. Je nachdem, welche Geschäftsprozesse definiert wurden, wie komplex die Produkte sind und wieviele Lieferanten zu berücksichtigen sind, muß das Supply Chain Management unterschiedliche Schnittstellen berücksichtigen und unterschiedliche Funktionen koordinieren. In COOP97 wird am Beispiel der sieben Prozesse

- Management der Kundenbeziehungen
- Kundenservice
- Bedarfsmanagement
- Auftragsabwicklung
- Management des Fertigungsflusses
- Beschaffung
- Produktentwicklung und Vermarktung

ein Bezugsrahmen für das SCM vorgeschlagen, der die Informations- und Güterflüsse von den Zulieferern der zweiten Stufe über die innerbetrieblichen Stationen bis zu den Endverbrauchern hin umfaßt. Die Koordinationsaufgaben an den Schnittstellen der Supply Chain und der Geschäftprozesse bilden den Kern des Supply Chain Management.

Ziele des SCM

Neben der generellen Erhöhung des Nutzens der Endkunden werden Ziele wie die folgenden angestrebt: Steigerung der Kundenzufriedenheit durch bedarfsgerechte Anlieferung, Senkung der Bestände und damit der Lagerhaltungskosten in der Logistikkette, Verstetigung des Güterstroms und damit Vereinfachung der Steuerung, Vermeidung von Fehlmengen, höhere Effizienz der unternehmensübergreifenden Produktionssteuerung und Kapazitätsplanung, schnellere Anpassung an Marktänderungen und Verkürzung der Auftragsdurchlaufzeiten (VAHR00a).

Kooperationsmodell

Dem SCM liegt ein Modell der *Kooperation* zwischen den an der Supply Chain Beteiligten zugrunde. Es setzt auf vertrauensvolle Zusammenarbeit, gegenseitige Information und langfristige Verträge, welche die logistischen Leistungen in der Kette klar abgrenzen (VAHR00a). Die unternehmensübergreifende Harmonisierung erstreckt sich sowohl auf die Vereinheitlichung und Abstimmung von Abläufen in der gesamten Kette, auf den Abbau von Lastspitzen durch gemeinsame Kapazitätsplanung, auf Standards im Materialflußsystem und nicht zuletzt auf unternehmensübergreifende Informationssysteme mit standardisierten Datenübertragungsschnittstellen.

Unterstützung durch Informationssysteme

Effektive Unterstützung kann das Supply Chain Management durch Informationssysteme und Informationstechnik erhalten (MERT95a, BECH97). Dazu gehört eine Methodenbank mit leistungsfähigen Prognosemethoden, die es beispielsweise erlaubt, aus Auftragseingängen oder Angeboten die Lieferungen nach Menge und Termin abzuschätzen oder Vorhersagen in Abhängigkeit von Marketing-Aktionen zu ändern. Eine gemeinsame Datenbasis, die allen beteiligten Partnern zur Verfügung steht, trägt zu zielkonformem Entscheidungsverhalten bei. Entscheidungsunterstützungswerkzeuge (Decision Support Tools) werden benutzt, um Szenarioanalysen und Simulationen durchzuführen. Die Ermittlung von Kennzahlen (z. B. Beschaffungsquote, Produktionsdurchsatz, Vertriebstreue) und anderen Managementinformationen, die zur Abstimmung zwischen den Stationen einer Supply Chain herangezogen werden können, setzt neben der Datenbasis ebenfalls computergestützte Werkzeuge voraus. Wide-Area-Netze und einheitliche Datenübertragungsprotokolle, z. B. auf Basis von EDI (Electronic Data Interchange) und neuerdings HTTP (Hyper Text Transfer Protocol), bilden die informationstechnische Infrastruktur.

Praxisbeispiele

Erfolgreiches Supply Chain Management wird in der Literatur an zahlreichen Fällen dargestellt. Beispiele sind Hewlett Packard, Xerox, Wal-Mart, Digital Equipment und Toyota (BECH97, VAHR00a). Einen Redesign-Prozeß, bei dem die Supply Chain strukturell verändert wurde, beschreiben Abrahamsson und Brege (ABRA97): Der schwedische Konzern Atlas Copco Industrial Techniques verbesserte seine Logistikkette durch Reorganisation (u. a. Zentralisierung der Produktion und der Warenverteilung) signifikant. Die Distributionskosten konnten um 30–50% und die Lagerhaltungskosten um 20–40% gesenkt werden. Der Servicegrad (Lieferbereitschaft) stieg von 70–90% auf 93–99%.

Produktionsplanung und -steuerung in der Supply Chain

Die Diskussion des Supply Chain Management zeigt erneut, daß das PPS-System mit seinen Funktionen nur eine Komponente im unternehmensweiten Informationssystemgebilde darstellt. In der ganzheitlichen und unternehmensübergreifenden Sichtweise des SCM muß sich die Produktionsplanung und -steuerung in geeigneter Weise in die Supply Chain einordnen. Daraus resultieren wiederum Anforderungen an die Produktionsplanung und -steuerung. Zum Beispiel müssen bei einem MRP-II-basierten PPS-System leistungsfähige Funktionen zur Abstimmung von Absatz- und Produktionsplan zur Verfügung stehen (MERT95a).

Daß sich die Produktionsplanung und -steuerung in die Lieferkette einzuordnen hat, ist ohnehin die Sicht des Fachgebiets Logistik. Dort wird z. B. neben der Beschaffungs- und der Distributionslogistik eine eigenständige Komponente „Produktionslogistik" unterschieden (PFOH93). Ein einschlägiges Lehrbuch, das im wesentlichen die Produktionsplanung und -steuerung behandelt, trägt den Titel „Produktions- und Logistikmanagement" (ZÄPF01). Auch in dem oben behandelten ERP-System SAP R/3 ist ein Bereich „Logistik" definiert, in dem – neben den Modulen „Materialwirtschaft" und „Vertrieb" – ein Modul „Produktionsplanung und -steuerung" existiert (vgl. Abschnitt 7.2.2).

Supply Chain Management im eigentlichen Sinne wird von SAP jedoch mit einer eigenständigen Planungs- und Optimierungskomponente, dem mySAP Supply Chain Management (mySAP SCM), als umfangreicher Ergänzung von R/3 abgedeckt (SAP02c, KNOL00).

8.3 Unternehmenskooperation und -kommunikation

Mit dem Supply Chain Management wurde bereits ein Grundgedanke thematisiert, der sich in anderen Organisationskonzepten ebenfalls niederschlägt: die Kooperation zwischen rechtlich selbständigen Unternehmen zur Erreichung eines gemeinsamen Ziels. Dieses gemeinsame Ziel wird im Zeitalter des Business Process Reengineering häufig etwas vordergründig in der Erzeugung von Nutzen (oder „Wert") für den *Kunden* gesehen, wenngleich das Oberziel unternehmerischen Handeln natürlich auch weiterhin die langfristige Gewinnerzielung bleibt.

„Auflösung der Unternehmensgrenzen"

Mit zunehmender Kooperationsintensität einerseits und wechselnden Partnern andererseits entsteht ein Trend, der etwas überspitzt mit „Auflösung der Unternehmensgrenzen" bezeichnet wird. Zu diesem Trend tragen gesellschaftliche und wirtschaftliche Faktoren bei, wie die veränderte Wettbewerbssituation, die Globalisierung der Güter- und Informationsmärkte, der Wertewandel in Arbeitswelt und Gesellschaft sowie neue Leitbilder für die Organisation und Führung von Unternehmen und nicht zuletzt die Fortschritte der Informations- und Kommunikationstechnologie.

Ein Lehrbuch der Unternehmensführung, das auf diesen Gedanken aufbaut, trägt den Titel „Die grenzenlose Unternehmung" (PICO01). Damit ist gemeint, daß Unternehmen nicht mehr nur als gedanklich abgeschlossene Gebilde gesehen werden, die physisch in Büro- und Fabrikgebäuden untergebracht sind und die Mitarbeiter und Betriebsmittel haben, welche im wesentlichen in diesen Gebäuden untergebracht sind. Die „Außenwelt" des traditionellen Unternehmens wird hauptsächlich durch die Märkte repräsentiert, auf denen das Unternehmen agiert, z. B. Güter beschafft oder verkauft und Kapital aufnimmt oder anlegt.

Demgegenüber gibt es heute Organisationsstrukturen, bei denen die Grenzen zwischen „innen" und „außen" verschwimmen. Beispiele sind modulare Unternehmen, Netzwerke und Kooperationsgeflechte, elektronische Märkte, Telekooperationen und virtuelle Unternehmen (PICO01). Besondere Aufmerksamkeit wurde in den vergangenen Jahren den virtuellen Unternehmen zuteil. Deshalb sollen das zugrundeliegende Konzept und seine Konsequenzen für die Produktionsplanung und -steuerung im folgenden Abschnitt kurz erörtert werden.

8.3.1 Virtuelle Unternehmen

Definition „virtuelles Unternehmen"

Der Begriff des virtuellen Unternehmens (VU) wurde von Davidow und Malone mit ihrem Buch „The Virtual Corporation" (DAVI92) bekannt gemacht. Aus dem Kreis der Wirtschaftsinformatik stammt die folgende Definition: „Ein VU ist eine Kooperationsform rechtlich unabhängiger Unternehmen, Institutionen oder Einzelpersonen, die eine Leistung auf der Basis eines gemeinsamen Geschäftsverständnisses erbringen. Die kooperierenden Einheiten beteiligen sich an der Zusammenarbeit vorrangig mit ihren Kernkompetenzen und wirken bei der Leistungserstellung gegenüber Dritten wie ein einheitliches Unternehmen. Dabei wird auf die Institutionalisierung zentraler Managementfunktionen zur Gestaltung, Lenkung und Entwicklung des VU durch die Nutzung geeigneter Informations- und Kommunikationstechnologien weitgehend verzichtet" (ARNO95).

Merkmale eines virtuellen Unternehmens

Wichtige Merkmale eines virtuellen Unternehmens sind die folgenden (MERT95b): Die kooperierenden Einheiten schließen sich kurzfristig zusammen, um eine sich bietende Wettbewerbschance gemeinsam zu nutzen (dynamische Konfigurierung des VU). Dies ist von Vorteil, wenn ein Unternehmen allein das notwendige Knowhow nicht anderweitig, z. B. durch Übernahmen oder Fusionen, oder nicht schnell genug erlangen kann. Auf dem Wege der Kooperation teilen sich die Partner sowohl Kosten als auch

Risiken und Wissen. Sie agieren gemeinsam auf nationalen und globalen Märkten, wobei jeder seine „komparativen Vorteile" einbringt. Die Unternehmen handeln partnerschaftlich, weil sie das Gesamtziel nicht allein oder, in Konkurrenz, nicht wirtschaftlich erreichen können (DANG96). Wenn die gemeinsame Aufgabe beendet ist, löst sich das virtuelle Unternehmen wieder auf. Als entscheidender Erfolgsfaktor wird eine gut entwickelte Informationsinfrastruktur angesehen, welche die Beteiligten effizient miteinander vernetzt und mit Informationen versorgt (DAVI92, ARNO95, MERT95b).

Produktionsnetze

Die Literatur zu virtuellen Unternehmen im *Produktionssektor* kommt teilweise aus dem ingenieurwissenschaftlichen Bereich. Hier spricht man auch von „wandelbaren Produktionsnetzen", „Netzwerkpartnerschaften" oder „virtuellen Fabriken". So definieren Wiendahl und Koautoren etwa ein wandelbares Produktionsnetz als einen dynamisch rekonfigurierbaren Verbund auf Zeit, der sich aus mehreren Unternehmen zusammensetzt (WIEN96).

Vorstufen zu virtuellen Unternehmen

Virtuelle Strukturen auf der Basis geeigneter Informations- und Kommunikationstechnologien können auch schon als Vorstufen zu vollständig virtuellen Unternehmen identifiziert werden (GRON98). Eine erste Stufe ist die *Auslagerung von Arbeitsplätzen* an räumlich entfernte Standorte, wobei die Mitarbeiter (elektronischen) Zugriff auf alle Daten und Dokumente ihrer Arbeitsgruppe haben. Die zweite Stufe ist durch Bildung *virtueller Teams* charakterisiert, die sich aus Mitgliedern mehrerer Unternehmen zusammensetzen. Mit Hilfe der Informations- und Kommunikationstechnik können geografische Grenzen überwunden, Spezialisten zusammengeführt und Ressourcen kombiniert werden. Auf der dritten Stufe sind *virtuelle Organisationseinheiten* anzusiedeln, die in den verzweigten Werken und Niederlassungen eines Konzerns zentrale Serviceleistungen erbringen.

Virtuelle Unternehmen können grundsätzlich *top-down* oder *bottom-up* entstehen. Schuh und Koautoren identifizieren zwei Entwicklungstendenzen, die in Abbildung 8.3-1 skizziert sind (SCHU98).

Segmentierung von Großunternehmen

Die eine Tendenz ist die, daß Großunternehmen verstärkt segmentiert werden, um dadurch der Prozeßorientierung besser gerecht werden können. Es werden selbständige Geschäftseinheiten gebildet und die starren, hierarchischen Organisationsformen zerschlagen. Die neuen Einheiten agieren autonom und werden wirtschaftlich tätig. Wenn die so gewonnene Flexibilität noch nicht ausreicht, kommt eventuell eine räumliche Verlagerung zu Standorten mit komparativen Vorteilen hin in Betracht. Schließlich können die autonomen Einheiten in überbetriebliche Wertschöpfungsketten und Netzwerke (virtuelle Unternehmen) integriert werden.

Kooperation von kleinen und mittleren Unternehmen

Der zweite Weg zu virtuellen Unternehmen führt über Kooperationen von kleinen und mittleren Unternehmen entlang der Wertschöpfungskette (SCHU98). Ziel der Netzwerkbildung ist es hier, die Flexibi-

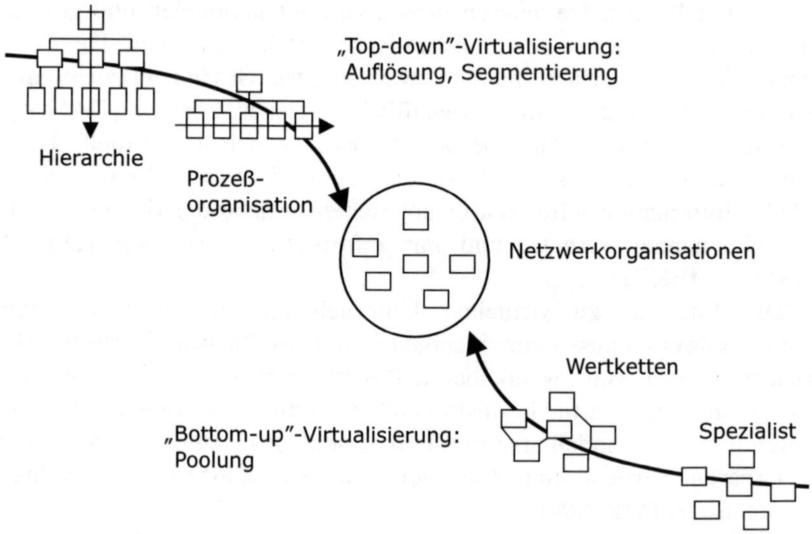

Abb. 8.3-1: Entstehung virtueller Unternehmen top-down und bottom-up (SCHU98)

litätsvorteile von kleinen Einheiten mit den Stärken der Großunternehmen (z. B. Finanzierungsvorteile, Marktzugang, Beschaffungskonditionen) zu kombinieren. Während statische Netzwerke wie strategische Allianzen und Joint Ventures auf langfristige Zusammenarbeit ausgelegt sind, werden dynamische Netzwerke im Sinne von virtuellen Unternehmen kurzfristig konfiguriert, um temporäre Marktchancen wahrzunehmen.

Ein wesentlicher Erfolgsfaktor für ein virtuelles Unternehmen ist die effektive Koordination der an den Geschäftsprozessen beteiligten Partner. Dies setzt eine geeignete organisatorische und kommunikationstechnische Infrastruktur voraus. In einem von der Universität St. Gallen betreuten Praxisprojekt wird die Konzeption des virtuellen Unternehmens mit ca. 30 Partnern erprobt (SCHU98). Zweck des Netzwerks ist es, temporäre virtuelle Fabriken kurzfristig zu optimalen Leistungseinheiten zu konfigurieren. Auf diese Weise soll erreicht werden, daß Kapazitäten zusätzlich ausgelastet und Aufträge angenommen werden können, die ein Partner allein nicht bearbeiten könnte.

Rollen in der virtuellen Fabrik

Die Konzeption dieser virtuellen Fabrik sieht verschiedene *Rollen* vor (SCHU98). Ein Broker ist für die Akquisition von Aufträgen zuständig, die er dann an die Mitglieder des Netzwerks vermakelt. Ein Netzwerk-Coach sorgt für den Aufbau und die Pflege des Beziehungsgeflechts, schlichtet Interessenskonflikte und organisiert die Marketingaktivitäten nach außen. Weitere Elemente sind der Auftragsmanager, der die Auftragsabwicklung koordiniert, der Leistungsmanager, der die Einzelleistungen der Partner zusammenführt, der Auditor als interner und externer Revisor sowie In-/Outsourcingmanager bei den Partnerunternehmen, die mit dem Auftragsmanager kommunizieren.

Kapazitätsbörse

Für das *Kapazitätsmanagement* — darunter wird die Verwaltung differenzierter Kapazitätsprofile in Abhängigkeit von der Bearbeitungsart (z. B. Drehen, Fräsen) verstanden — schlagen die Autoren die Verwendung einer *Kapazitätsbörse* vor. Diese kann für die Auftragsakquisition und die Verteilung der Aufträge an die Partner herangezogen werden. Das Konzept der Kapazitätsbörse wird bei virtuellen Strukuren auch anderweitig eingesetzt. Eine Anwendung für virtuelle Fertigungsinseln ist in KÜHL97 beschrieben.

Daß die Informations- und Kommunikationstechnologie für das Funktionieren eines virtuellen Unternehmens von entscheidender Bedeutung ist, liegt auf der Hand. Neben den Vernetzungskomponenten bei den Partnern müssen insbesondere auch die PPS-Systeme „virtualisierungsfähig" sein, d. h., sie sollten die Produktionsplanung und -steuerung in vernetzten und kooperierenden Unternehmen unterstützen. Wirklich modulare Systeme, die aus kleinen konfigurierbaren Komponenten bestehen, wären hierfür nützlich (GRON98). Virtuelle Unternehmen müssen ihre Geschäftsprozesse immer wieder an neue Randbedingungen anpassen, so daß die Geschwindigkeit, mit der das PPS-System angepaßt werden kann, zum Erfolgsfaktor wird (KAIS97).

PPS-Systeme unterstützen Virtualität schlecht

Der heutige Stand ist allerdings von dieser Art von Flexibilität noch weit entfernt. Die gängigen PPS-Systeme erlauben weder eine flexible Kommunikation mit Systemen anderer Unternehmen noch die Synchronisation der Produktionspläne mehrerer Partner (SCHM97a). Luczak und Heiderich untersuchten die Eignung von 133 PPS-Systemen für „wandelbare Produktionsnetze", wobei das Schwergewicht auf der Auftragskoordination und dem Controlling lag (LUCZ97). Sie stellten fest, daß wesentliche Aufgaben in einem Produktionsnetz wie die Verwaltung der beteiligten Partner und die unternehmensübergreifende Auftragsverfolgung nur sehr unzureichend unterstützt werden. Dagegen steht elementare Basisfunktionalität für die Kommunikation zwischen den Partnern, z. B. auf EDI-Basis und neuerdings teilweise mittels Internet-Diensten, überwiegend zur Verfügung.

Netzwerkweite Grobplanung

Die mangelnde Unterstützung der Abstimmung unter den beteiligten Unternehmen kann zu überhöhten Beständen und verlängerten Durchlaufzeiten führen. Damit werden wesentliche Vorteile der virtuellen Unternehmen wieder zunichte gemacht. Eine wichtige Rolle kommt deshalb bereits der Grobplanung in einem Produktionsnetzwerk zu. Zur netzweiten Einplanung eines Kundenauftrags muß – unter Berücksichtigung der bei den Partnern verfügbaren Kapazitäten sowie ihrer Durchlaufzeiten, Kostenstrukturen, Bestände und geografischen Lage – die optimale „Route“ durch das Netzwerk festgelegt werden (SCHM97a). Dies bedeutet, daß zu entscheiden ist, welche Einheiten an der Ausführung des Auftrags beteiligt werden, welche Teilaufgaben welcher Partner durchzuführen hat und in welchem Zeitraum die Teilaufgaben erledigt werden müssen.

Angesichts der unzureichenden Unterstützung durch die heutigen PPS-Systeme ist dies ein sehr schwieriges Unterfangen. Ein Ansatz, bei dem die netzwerkweite Grobplanung mit Hilfe von Genetischen Algorithmen und Neuronalen Netzen durchgeführt wird, ist in SCHM97a skizziert.

8.3.2 Internet als Geschäftsplattform und Kommunikationsbasis

Internet

Die schnelle Verbreitung des Internet eröffnete eine neue Plattform für die Geschäftstätigkeit der Unternehmen. Die Zahl der an das Internet angeschlossenen Rechner wies in den neunziger Jahren ein exponentielles Wachstum auf. Während anfangs hauptsächlich Wissenschaftler und Studenten das Internet nutzten, kommt die überwiegende Anzahl der Anwender heute aus dem betrieblichen Bereich. Die von Katalogsystemen und Informationsbrokern verwalteten Aufstellungen kommerzieller Anwender zeigen, daß gerade mittelständische Unternehmen im Internet präsent sind. Waren es früher eher Großunternehmen, die Weitverkehrsnetze nutzten, so treten heute verstärkt kleine und mittlere Betriebe aus den verschiedensten Branchen als Nutzer hervor.

World Wide Web

Der Aufschwung elektronischer Formen der Geschäftstätigkeit („Electronic Commerce“) setzte insbesondere mit der breiten Verfügbarkeit des World Wide Web und einfach zu bedienender Navigationssoftware („Browser“) Mitte der neunziger Jahre ein. Das *World Wide Web (WWW)* ist eine Client-Server-Architektur mit Hypertextstruktur, die auf dem Internet als Netzwerkinfrastruktur basiert. Da es das World Wide Web war, welches dem Internet in der Geschäftswelt zum Durchbruch verhalf, werden die beiden Begriffe heute oft synonym verwendet. Diesem Sprachgebrauch wird im weiteren gefolgt, soweit eine Unterscheidung nicht erforderlich ist. Auf dem Internet basieren aber auch andere verbreitete Dienste, zum Beispiel *Electronic Mail*.

Das World Wide Web bietet den Unternehmen neue strategische Chancen und Produktivitätspotentiale, die vor allem in der Anfangszeit sehr euphorisch herausgestellt wurden. Wie bei anderen neuen Technologien auch ist die Euphorie inzwischen einer realistischeren Einschätzung des Nutzens und der Probleme gewichen. Dazu trug bei, daß überzogene Erwartungen im Hinblick auf kurzfristige Umsatzsteigerung in vielen Fällen nicht erfüllt wurden. Nichtsdestoweniger kann man feststellen, daß die im WWW präsenten Unternehmen signifikanten Nutzen aus dem Engagement ziehen.

Bei einer empirischen Untersuchung von ca. 500 deutschen Unternehmen zeigte sich, daß die meisten eine Vielzahl von Nutzeffekten beobachteten (KURB98b). Neben der mit 68% am häufigsten genannten Verbesserung des Image wurden vor allem solche Nutzeffekte verzeichnet, die auf direkte *wettbewerbsrelevante Wirkungen* des Internet-Engagements schließen lassen. So waren im oberen Drittel kundenbezogene Faktoren sehr stark repräsentiert: Verbesserter Kundenservice (52%), schnelleres und flexibleres Reagieren auf Kundenwünsche (40%), höhere Kundenzufriedenheit (36%), stärkere Kundenbindung (34%). Generelle marktorientierte Wirkungen fielen ebenso auf: Neue Geschäftspartner gewonnen (50%), Differenzierung im Wettbewerb (43%), neue Märkte erschlossen (38%) oder allgemein Marktvorteile erreicht (34%). Demgegenüber wurden Kosten- und Rationalisierungseffekte erst an zweiter Stelle genannt. Abgesehen von einigen wenigen Faktoren im oberen Drittel – wie dem Wegfall von Papier als Datenträger (50%), der Vereinfachung von Abläufen (36%) und der Einsparung von Arbeitszeit (35%) – waren die meisten diesbezüglichen Antworten eher im Mittelteil und im unteren Drittel der Nennungen zu finden.

Nutzeffekte aus WWW-Engagement

Für die in diesem Buch betrachteten *Produktionsunternehmen* bietet das Internet vielfältige Möglichkeiten, von denen einige nachfolgend kurz skizziert werden. Sie liegen sowohl im Business-to-Consumer-Bereich als auch im Business-to-Business-Bereich.

Elektronische Bestellung

Viele Unternehmen bieten ihren Kunden heute die Möglichkeit, Bestellungen elektronisch aufzugeben. Im Business-to-Consumer-Bereich wird dies als Electronic Shopping bezeichnet. Im zwischenbetrieblichen Geschäftsverkehr kommen auch die Vorformen einer Bestellung (z. B. Kundenanfrage) hinzu. Häufig wird die Möglichkeit eingeräumt, das gewünschte Produkt online zu konfigurieren. So bietet zum Beispiel die Dell Computer Corporation umfassende Konfigurierungsoptionen für Personal Computer an (http://www.euro.dell.com). Auf diese Weise können Produktvarianten bereits vom Kunden im Detail spezifiziert werden.

Produktkonfigurierung online

Einen ähnlichen Fall zeigt Abbildung 8.3-2. Hier geht es um die Zusammenstellung eines Personal Computers nach den Wünschen des Kunden. Die elektronisch übermittelten Daten initiieren beim Hersteller, Fa. Gateway 2000 Inc. in South Dakota, einen Vorgang zur Bearbeitung der Bestellung.

Je nach Automatisierungsgrad kann der Bestellvorgang beim empfangenden Unternehmen auch automatisch weitergeführt werden (vgl. nächster Abschnitt). Im vorliegenden Beispiel sähe dies etwa so aus, daß aus den Spezifikationen maschinell ein Kundenauftrag erzeugt und dem PPS-System bzw. dem Vertriebsmodul zur normalen Abwicklung übergeben wird.

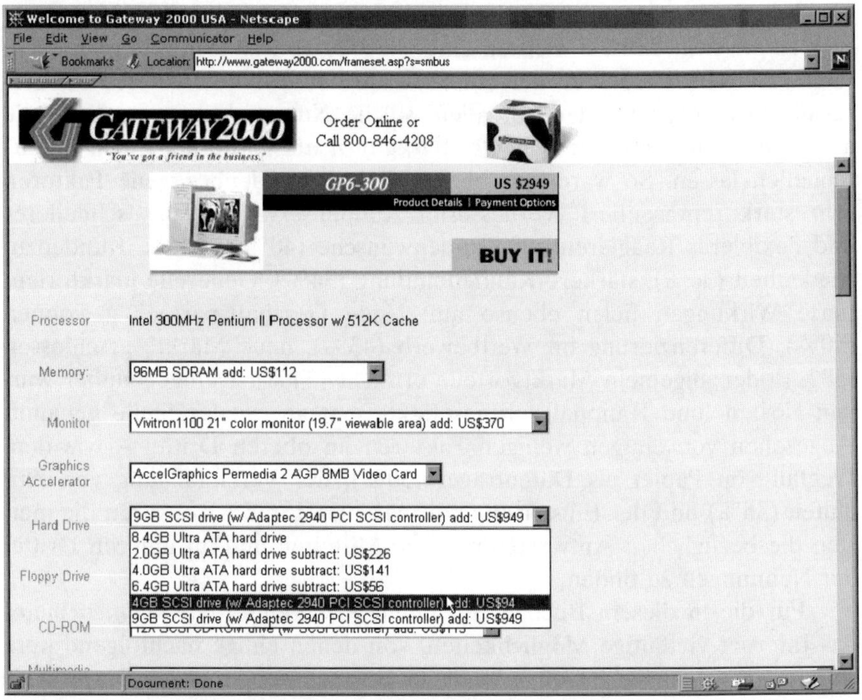

Abb. 8.3-2: Elektronische Bestellung mit Konfigurierung

Automatisierung von Geschäftsprozessen

Produktkataloge

Während der Bestellvorgang im engeren Sinne nur *einen* Schritt aus einem Geschäftsprozeß beinhaltet, gibt es auch WWW-basierte Lösungen, die mehrere Schritte oder ganze Teilprozesse umfassen. Zunehmend verwirklicht wird heute die Möglichkeit, Geschäftspartnern den Zugang zum eigenen Produktkatalog einzuräumen. Zu diesem Zweck müssen die entsprechenden Daten aus der PPS- oder ERP-Datenbank in Form von WWW-Seiten aufbereitet und dargestellt werden. Ein Beispiel hierfür beschreibt LUIS98. Immer mehr Unternehmen gehen dazu über, ihre Formulare und Listen standardmäßig in die entsprechenden Formate zu überführen.

Automatisierung des Auftragserfassungsprozesses

Ausgehend von dem Produktkatalog kann dann die Interaktion zwischen dem Geschäftspartner und dem Unternehmen in den verschiedenen Schritten des Auftragserfassungsprozesses über das Internet erfolgen. Ein Beispiel ist in Abbildung 8.3-3 skizziert. Es zeigt, wie Kunden eines Produktherstellers, der SAP R/3 einsetzt, direkt mit dem System kommunizieren und ihre Bestellungen so aufgeben können, als ob sie mit einer Standard-R/3-Eingabemaske erstellt würden (HANT97, SAP96, KURB97a). Das in der Abbildung enthaltene Szenarios umfaßt den Geschäftsprozeß

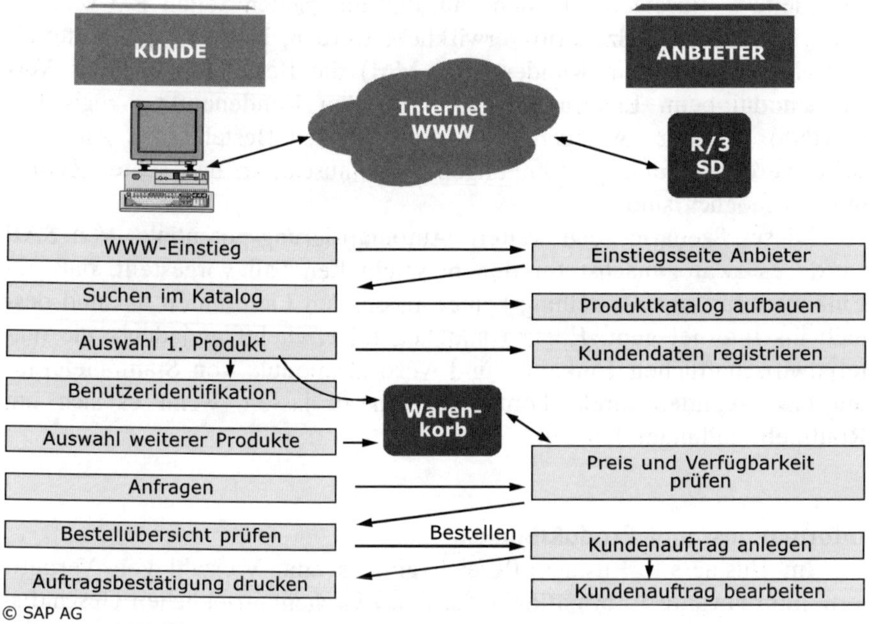

Abb. 8.3-3: Szenario Kundenauftragserfassung (SAP96)

vom Start des Kunden über die Einstiegsseite des Herstellers bis zum Anstoßen der Auftragsabwicklung.

Elektronischer Warenkorb

Der Kunde gelangt zunächst in einen elektronischen Verkaufsraum mit einem Produktkatalog. Die Katalogeinträge werden z. T. online aus der R/3-Datenbank übernommen (z. B. aktuelle Preise, Sonderangebote, Mengenrabatte). Grundsätzlich können die Katalogeinträge auch situativ zusammengestellt werden (z. B. kundenspezifische Konditionen). Das Bestellen erfolgt auf der Basis eines elektronischen Warenkorbs. Dieser kann – wie beim Electronic Shopping – mit mehreren Positionen gefüllt und auch revidiert werden. Erteilt der Kunde den Auftrag, wird für alle Bestellpositionen die Verfügbarkeit und der mögliche Liefertermin ermittelt. Ebenso wird bei der Preisberechnung das Kreditlimit des Kunden durch Zugriff auf das R/3-Vertriebsmodul überprüft und ggf., bei Überschreitung, um den Vorschlag einer alternativen Zahlungsart ergänzt.

Die Abbildung verdeutlicht, welche Kommunikationsschritte zwischen Kunden und Hersteller in dem Geschäftsprozeß über das Internet abgewickelt werden. Nach dem Anlegen des Kundenauftrags wird die Auftragsbestätigung und die Abwicklung des Auftrags in R/3 automatisch angestoßen.

R/3 Business-to-Business

Das Szenario kann erweitert werden, wenn sowohl Kunde als auch Hersteller Informationssysteme – für die Einkaufsseite bzw. die Vertriebsseite – einsetzen. Für den Fall, daß auf beiden Seiten R/3 verwendet wird, kann ein Szenario verwirklicht werden, bei dem das Materialwirtschaftsmodul beim Kunden (R/3 MM) die Bestellung und das Vertriebsmodul beim Lieferanten (R/3 SD) den Kundenauftrag registriert (SAP96). Mit dem Anlegen der entsprechenden Bestell- bzw. Auftragssätze werden eindeutige Kennungen ausgetauscht, so daß später Zuordnungen möglich sind.

R/3-Module kommunizieren direkt

Dieses Szenario zeigt weitere Automatisierungspotentiale. Von SAP wurde es zwar zunächst für den beispielhaften Fall vorgestellt, daß ein Einkäufer für eine Bestellung keinen passenden Lieferanten hat und deshalb ins Internet geht. Ebenso naheliegend erscheint es jedoch, die materialwirtschaftlichen Einkaufs- und Vertriebsmodule von Stammlieferanten bzw. -kunden direkt kommunizieren zu lassen, wenn es sich um Routinebestellungen handelt.

Informations- und Produktbörsen

Im Business-to-Business-Bereich gibt es eine Vielzahl von Vermittlern, die relevante Informationen für den zwischenbetrieblichen Geschäftsverkehr bereitstellen, weiterleiten oder auch abgleichen (KURB98c). Sie bieten teil- oder vollautomatisierte Unterstützung für betriebswirtschaftliche Abläufe, die das Zusammentreffen von Angebot und Nachfrage auf Märkten kennzeichnen.

Elektronische Kataloge

Die einfachste Form der Unterstützung sind hierarchisch nach Branchen oder Produktgruppen gegliederte elektronische Kataloge. Teilweise beinhalten sie ein Suchwerkzeug, das die Suche nach Produktgruppen, bestimmten Produktarten oder Firmen durchführt und eventuell den Suchraum nach und nach einzuschränken gestattet. Die Suchfunktion ist auf zwischenbetrieblich relevante Daten wie Produktbezeichnungen oder Branchenstrukturen ausgerichtet. Manchmal können auch Teilenummern der Hersteller als Suchbegriffe angegeben werden.

Beispiel Elektronikbranche

Abbildung 8.3-4 zeigt ein Beispiel für die Suche nach Produktgruppen in einem differenzierten Katalogsystem für Hersteller und Distributoren von elektronischen Produkten (http://www.centralres.com/wdocs/info1.html). Der Vermittler Central Ressources Inc. in Stillwater (Minnesota) zielt vor allem auf den effektiven Ein- und Verkauf von überzähligen Komponenten, die häufig bei Marktteilnehmern in der Elektronikbranche anfallen und bei anderen fehlen. In dem Beispiel wurde nach Produkten der Gruppe keramische Kondensatoren (capacitor, ceramic) gesucht. Das Suchergebnis weist 18 Produkte einschließlich Hersteller- und Preisinformationen aus.

Produktbörsen

Einen Schritt weiter gehen *Produktbörsen*, bei denen der Vermittler auch den Abgleich von Nachfrage und Angebot unterstützt. Wenn etwa

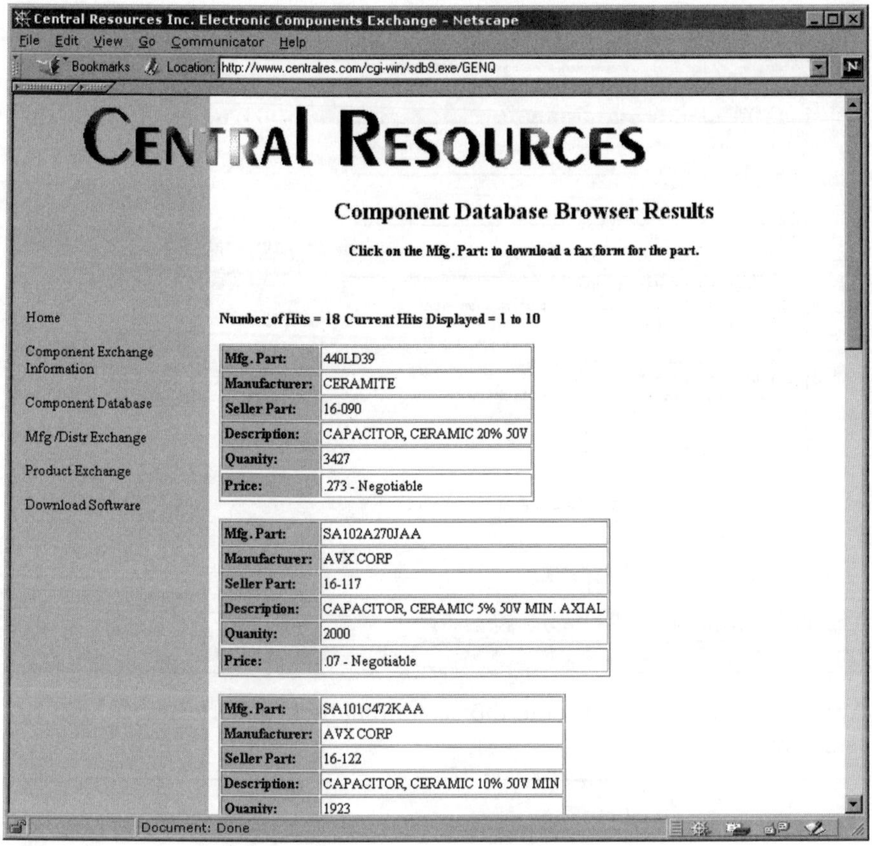

Abb. 8.3-4: Beispiel eines Katalogs mit Suchwerkzeug

ein Unternehmen bestimmte Vorprodukte oder Baugruppen in einer bestimmten Menge benötigt, sucht der Vermittler die in Frage kommenden Anbieter heraus. Dies ist z. B. bei „First Global License and Product Exchange", einer Börse für Lizenzen und Produktionsrechte, der Fall (http://www.licenseexchange.com/what/index.html). Der Betreiber bringt Produktentwickler und potentielle Hersteller mit freien Fertigungskapazitäten zusammen.

Automatisierungshilfen

Teilweise beinhalten Produktbörsen automatische Hilfen des Vermittlers für die Abwicklung der Geschäftstransaktionen, die über den Nachweis von Firmen- oder Produktdaten und die Kontaktaufnahme hinausgehen. Eine einfache Ausprägung von automatischer Unterstützung findet man z. B. in der Form, daß der Vermittler für den Nachfrager ein elektronisches Bestellformular zusammenstellt, das editiert, aber auch um weitere Bestellpositionen automatisch ergänzt werden kann. Abbildung 8.3-5 zeigt als Beispiel das E-Mail-Formular, welches die „Börse für gebrauchte Meß-

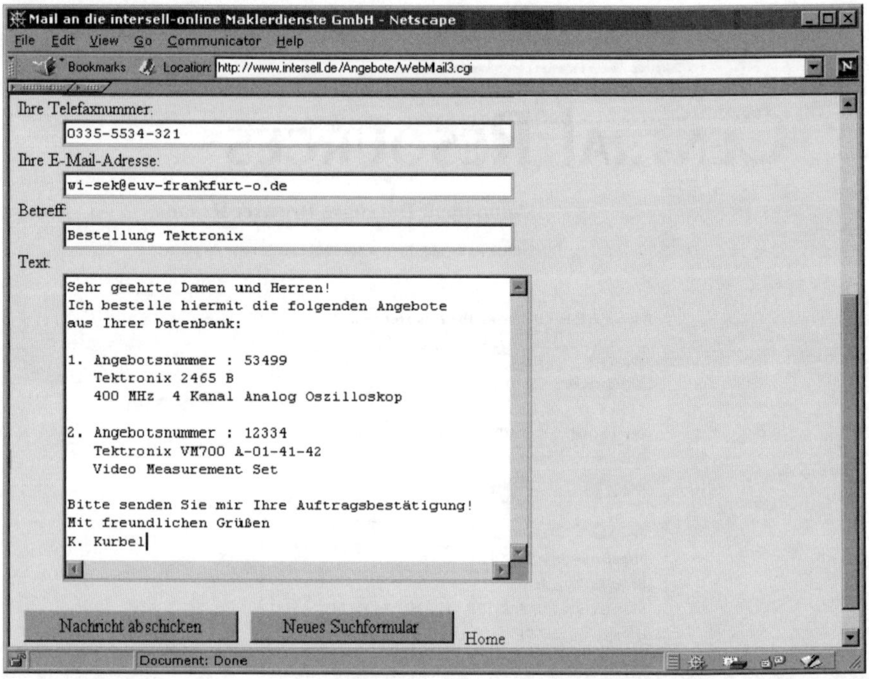

Abb. 8.3-5: Von einer Produktbörse automatisch generiertes E-Mail-Bestellformular

und Prüfgeräte" der intersell-online Meß- und Prüfgeräte GmbH in Bad Homburg für den Nachfrager generiert (http://www.intersell.de). Die Eintragungen im Betreff- und Textfeld wurden automatisch erzeugt, nachdem der Kunde aus dem Produktkatalog die beiden Positionen ausgewählt hatte.

8.4 Methodische Verbesserungen

Künstliche Intelligenz

Mit den Methoden der Künstlichen Intelligenz (KI) lassen sich Verbesserungen auf verschiedenen Teilgebieten der Produktionsplanung und -steuerung erreichen. Dies wurde in den vorangegangenen Kapiteln bereits mehrfach erwähnt.

Expertensysteme, fallbasierte Wissensverarbeitung

Auf der Grundlage der Wissensverarbeitung entstanden sog. *Expertensysteme* (KURB92a), welche das Wissen menschlicher Fachleute abbilden und darauf aufbauend Probleme lösen. Die *fallbasierte Wissensverarbeitung* (vgl. Kapitel 4.4.5) ist ein weiterer Ansatz, bei dem frühere Erfahrungen zur Bearbeitung aktueller, ähnlicher Problemstellungen herangezogen werden. In den achtziger und neunziger Jahren wurde eine große Zahl von Expertensystemansätzen für die verschiedensten Teilprobleme der Produktionsplanung und -steuerung veröffentlicht. Einen Eindruck von der Breite des Spektrums vermittelt die Sammlung „Betriebliche Expertensystem-Anwendungen“ von Mertens und Kooautoren (MERT93, insbes. Abschnitt 6.3).

Beim Einsatz wissensbasierter Systeme werden unterschiedliche Ziele verfolgt. Manchmal geht es darum, Probleme mehr oder weniger automatisch zu lösen (z. B. Fehlerdiagnose innerhalb technischer Systeme, Prognoseaufgaben, Optimierung). Manchmal sollen auch nur Entscheidungen menschlicher Aufgabenträger wirkungsvoll unterstützt werden. Trotz jahrzehntelanger Automatisierungsbestrebungen gibt es nach wie vor Bereiche, in denen menschlicher Sachverstand eine wesentliche Rolle spielt und nicht vollständig durch maschinelle Verfahren ersetzt werden kann.

Menschlicher Sachverstand

Menschlicher Sachverstand ist an vielen Stellen der Produktionsplanung und -steuerung erforderlich. Als Beispiel sei etwa die engpaßorientierte Umplanung oder die schnelle Ermittlung eines Liefertermins genannt. Im letzteren Fall sind „höhere“ Konzepte erforderlich als solche „auf der Basis akribischer Stücklisten- und Arbeitsplanauflösungen“ (GRAF90). Der erfahrene Fertigungsdisponent kennt die kritischen Faktoren, welche die Terminplanung bestimmen, und kann sie bei seinen Berechnungen berücksichtigen. Sofern es gelingt, die entsprechenden Kenntnisse, Erfahrungen und Bewertungen für ein wissensbasiertes System zu akquirieren, mag eine teilautomatische Lösung möglich sein. Andernfalls dürfte es wirkungsvoller sein, das Wissen beim Menschen zu belassen und ihm für seine Entscheidungen die notwendigen Informationen in effizienter Form zu Verfügung zu stellen.

Neuronale Netze

Künstliche Neuronale Netze

Auch die *Neuronalen Netze* sind durch Analogien zu Strukturen und Abläufen des menschlichen Denkens motiviert. Im Unterschied zu den natürlichen neuronalen Netzen spricht man häufig von *Künstlichen Neuronalen Netzen (KNN)*. Im Lauf der Zeit wurden die verschiedensten Netztypen entwickelt. Am bekanntesten sind mehrschichtige Feed-forward-Netze mit Backpropagation, Hopfield-Netze, Boltzmann-Maschinen sowie selbstorganisierende Mappen, auch als Kohonen-Netze bezeichnet (ANDE89, HERT95).

Parallelverarbeitung

Allen Netztypen ist gemeinsam, daß sie auf einer Nachbildung von Neuronen des menschlichen Gehirns, der Verbindungen zwischen Neuronen und des Zusammenwirkens der Neuronen beim Problemlösen (oder allgemeiner beim „Denken“) basieren. Jedes Neuron ist mit einer Vielzahl anderer Neuronen verbunden. Demzufolge stellen natürliche ebenso wie künstliche – Netze massiv parallele Informationsverarbeitungsarchitekturen dar. Die einzelnen Verarbeitungselemente, die Neuronen, sind dagegen ganz einfach aufgebaut. Die „Intelligenz" eines Neuronalen Netzes ergibt sich somit erst aus dem Zusammenwirken einer Vielzahl von Neuronen. Während sich die Zahl der Neuronen im menschlichen Gehirn auf etwa 10^{11} beläuft, erreichen heutige KNN aber bestenfalls Größenordnungen von mehreren hundert oder tausend Verarbeitungseinheiten.

Reihenfolgeplanung

In der Forschung wurden Neuronale Netze auf verschiedene PPS-Teilprobleme angewendet. Ein deutlicher Schwerpunkt liegt im Bereich der Fertigungssteuerung, insbesondere bei der Ermittlung von Fertigungsauftragsreihenfolgen. Allerdings zeigte sich in Vergleichsuntersuchungen, daß KNN anderen neueren Verfahren (s. u.) unterlegen sind. In Tests am Lehrstuhl des Autors erwiesen sich zum Beispiel Hopfield-Netze, die oft für Optimierungsaufgaben eingesetzt werden, als nicht konkurrenzfähig (SING95, KURB96). Prognoseprobleme, wie sie etwa bei der Primärbedarfsplanung und der verbrauchsgesteuerten Materialdisposition auftreten, lassen sich dagegen mit Hilfe Neuronaler Netze wirkungsvoller angehen (CORS94).

Heuristische Suchverfahren

In den letzten Jahren wurden verstärkt Methoden erprobt, die auf Analogien zu biologischen oder physikalischen Phänomenen basieren. Herausragende Vertreter sind Genetische Algorithmen und Simulated Annealing. Erkenntnisse aus dem Verhalten dieser Methoden wurden teilweise verwendet, um weitere effiziente Suchverfahren wie Tabu Search (GLOV89) und Threshold Accepting (DUEC90) zu entwickeln. Man spricht von Suchverfahren, da die wesentliche Aufgabe darin besteht, in einem großen Raum möglicher Lösungen die optimale (oder zumindest eine gute) Lösung zu suchen.

Genetische Algorithmen

Genetische Algorithmen (GOLD89) beruhen auf Prinzipien der Evolutionstheorie und Mechanismen der Genetik. Wie in natürlichen Evolutionsprozessen überleben die besseren Individuen und pflanzen sich mit ihren Eigenschaften fort („Survival of the fittest").

Mutation, Inversion, Cross-over

Bei einem Optimierungsproblem, etwa der Maschinenbelegungsplanung für eine Werkstatt, steht ein Individuum für *eine* bestimmte Lösung des Problems. Man arbeitet immer mit vielen Lösungen gleichzeitig, d. h. mit einer Population, und erzeugt fortlaufend neue Generationen von Lösungen. Eine Nachfolgergeneration (Kinder) wird aus der Elterngeneration mit Hilfe genetischer Operatoren (Mutation, Inversion, Cross-over) und Auswahl der Kinder entsprechend ihrer „Fitness" gebildet. Das heißt, es werden neue Lösungen des Optimierungsproblems erzeugt und bewertet. Wenn alle Lösungen gleich sind (Konvergenz), ein zufriedenstellendes Lösungsniveau erreicht ist oder nicht noch mehr Rechenzeit investiert werden soll, wird das Verfahren beendet.

Über die Eignung Genetischer Algorithmen für die Maschinenbelegungsplanung gibt es unterschiedliche Aussagen. Kopfer, Bierwirth und Koautoren erzielten bei Testproblemen aus der Literatur sehr gute Ergebnisse (BIER93), während am Lehrstuhl des Autors bei Laufzeituntersuchungen mit Praxisdaten festgestellt wurde, daß Genetische Algorithmen anderen Suchverfahren deutlich unterlegen sind (KURB95b).

Simulated Annealing

Simulated Annealing (AART89, KIRK83) ist ein stochastisches Verfahren, das auf Analogien zum Prozeß der Kristallbildung in der Physik basiert. Ausgehend von einer sehr hohen Temperatur kühlt man dort eine Substanz sehr langsam ab, um am Ende, wenn die Energie auf ein Minimum abgesunken ist, perfekte Kristalle zu erhalten. Beim „simulierten Ausglühen" werden in Analogie zu diesem Prozeß fortlaufend Veränderungen einer Ausgangslösung erzeugt und mit einer gewissen Wahrscheinlichkeit für die nächste Iteration akzeptiert. Die Annahmewahrscheinlichkeit hängt von einem Parameter ab, der in Anlehnung an das reale Ausglühen „Temperatur" genannt und in jeder Iteration etwas verringert wird. Je geringer die Schritte sind, in denen die Temperatur abnimmt, um so besser sind die Lösungen, die man beim Simulated Annealing erhält, um so mehr verlängern sich aber auch die Rechenzeiten.

Testsieger Simulated Annealing

In verschiedenen Tests zur Lösungsgüte und zur Rechenzeit der genannten Heuristiken – Genetische Algorithmen, Simulated Annealing, Tabu Search, Threshold Accepting – erwies sich Simulated Annealing unter dem Strich als das leistungsfähigste Verfahren (KURB95b, SING95, KURB98d). Es ist jedoch darauf hinzuweisen, daß bei allen Verfahren die Ergebnisse, sowohl in Bezug auf die Lösungsgüte als auch die Laufzeit, entscheidend von der Wahl der jeweiligen Parameter abhängen, die der Anwender setzen muß.

Fuzzy-Logik

Erfassung von Unschärfe

Da in der Realität unscharfe und vage Begriffe (z. B. „hohe" Termintreue, „schwieriger" Arbeitsgang, „ausreichender" Lagerbestand) häufig vorkommen, suchte man in der Wissenschaft nach einer Theorie, die es gestattet, mit solchen nicht genau formulierten Sachverhalten mathematisch sauber umzugehen. Zadeh entwickelte mit dieser Intention die Theorie der „Fuzzy Sets", d. h. unscharfer Mengen, auf der die Fuzzy-Logik, d. h. die unscharfe Logik, basiert (ZADE65). Anders als bei der zweiwertigen Logik, bei der jede Aussage entweder „wahr" oder „falsch" ist, gibt es hier auch Abstufungen wie „vielleicht", „überwiegend" etc. Das heißt, die Wahrheitswerte werden in einem Intervall [0, 1] repräsentiert.

Fuzzy-Logik in der PPS

Die Anwendung der Fuzzy-Logik auf betriebswirtschaftliche Probleme wurde verschiedentlich untersucht. Einen Überblick findet man in POPP94. Ansätze zur Verbesserung der Produktionsplanung und -steuerung diskutieren Nietsch und Koautoren (NIET94), z. B. für die Auftragsfreigabe und die Reihenfolgeplanung mit Prioritätsregeln. Ein ganzes leitstandähnliches Fertigungssteuerungssystem auf Basis der Fuzzy-Technologie ist in BOEH97 skizziert.

Insgesamt muß man einräumen, daß durch die Verwendung von Fuzzy-Komponenten bei betriebswirtschaftlichen Planungs- und Steuerungsaufgaben vergleichbare Erfolge wie bei technischen Problemen (z. B. Videokameras) noch nicht verzeichnet wurden. Wie auch die genannten Untersuchungen zeigen, sind es meist Detailprobleme, die durch Fuzzifizierung eventuell besser gelöst werden können. Dem steht ein gewaltiger mathematischer Aufwand entgegen, der manchen betrieblichen Anwender vielleicht verschreckt.

Agenten-Systeme

Verteilte Künstliche Intelligenz

Aus dem Gebiet der *Verteilten Künstlichen Intelligenz* (VKI; englisch DAI, Distributed Artificial Intelligence) heraus entwickelte sich der Zweig der Agenten-Systeme. Gemeinhin verbindet man mit einem Agenten ein gewisses Maß an Intelligenz. Deshalb spricht man auch von intelligenten (Software-) Agenten. Als einen solchen Agenten „... bezeichnet man ein Programm, das für einen Benutzer bestimmte Aufgaben erledigen kann und dabei einen Grad an Intelligenz besitzt, der es befähigt, seine Aufgaben in Teilen autonom durchzuführen und mit seiner Umwelt auf sinnvolle Art und Weise zu interagieren“ (BREN98). Während ein einzelner Agent noch gewisse Ähnlichkeit mit einem Expertensystem hat, arbeiten bei sog. Multi-Agenten-Systemen mehrere oder viele Einzelagenten kooperativ an der Lösung eines Problems (KIRN02).

Anforderungen an intelligente Agenten

Um von einem intelligenten Agenten sprechen zu können, müssen eine Reihe von Anforderungen erfüllt sein. Insbesondere werden erwartet (MAES94, BREN98):

- Autonomie (selbständiges Handeln zur Erreichung von Zielen, ohne Eingriffe oder Anweisungen von außen),
- Reaktions- und Proaktionsfähigkeit (Handeln auf Eigeninitiative hin),
- Zielorientiertheit (Berücksichtigung eines vorgegebenen Zielsystems),
- Kommunikations- und Kooperationsfähigkeit (Interaktion mit anderen Agenten bzw. der Umwelt, Fähigkeit zur Erkennung und Behebung von Konflikten),
- Schlußfolgerungs- und Lernfähigkeit

Im Zeitalter des Internet kommt darüber hinaus dem Merkmal *Mobilität* Bedeutung zu; d. h., ein mobiler Agent kann von einem Netzwerkknoten zu einem anderen wandern.

Bereits vor Aufkommen des Begriffs der Multi-Agenten-Systeme wurden im Forschungsbereich Methoden der VKI auf Probleme der Produktionsplanung und -steuerung angewendet (z. B. PARU88). Auf Basis von Agenten wurden später Probleme der Fertigungssteuerung angegangen, beispielsweise von Zelewski (ZELE93) und Weigelt (WEIG94). Diesbezügliche Ansätze findet man auch in DANG97a und FERS95. Das Interesse an Agentensystemen scheint sich mittlerweile allerdings mehr im Internet- und Electronic Commerce-Bereich zu konzentrieren. Hier gibt es eine Vielzahl von Forschungsarbeiten zu agentenbasierten elektronischen Marktplätzen; einen Überblick findet man in KURB02. Um PPS-Anwendungen ist es dagegen vergleichsweise ruhig geworden.

8.5 Umweltorientierte Planung und Steuerung

Umweltverträglichkeit der Produktion

Mit zunehmendem Umweltbewußtsein in der Gesellschaft, teilweise auch aufgrund gesetzlicher Auflagen, müssen sich die Unternehmen der Forderung nach umweltverträglicher Gestaltung der Produktionsprozesse und der Produkte stellen. Dies gilt einerseits für die technischen Funktionskreise im CIM-Konzept und beginnt bereits bei der Produktentwicklung, Konstruktion und Arbeitsplanung (vgl. Abbildung 7.1-1). Zum anderen sind die betriebswirtschaftlichen Komponenten des Y-Modells betroffen.

Recyclinggerechte Konstruktion und Arbeitsplanung

In dem Schlagwort „recyclinggerechte Konstruktion“ kommt die Notwendigkeit zum Ausdruck, die Rückführung eines Produkts oder seiner Bestandteile in den Stoffkreislauf am Ende seines Lebenszyklus bereits in der Konstruktionsphase zu berücksichtigen. Dazu gehört die Auswahl umweltfreundlicher Werkstoffe, deren Beseitigung möglichst wenig ökologische Belastungen verursacht, sowie die Einplanung von Baugruppen, die ggf. als ganze weiter- bzw. wiederverwendet werden können. Die Arbeitsplanung muß bei der Anordnung und Verbindung der Teile bedenken, wie aufwendig es sein wird, sie später wieder auseinanderzunehmen (z. B. Schraubverbindung vs. Schweißen).

Erweiterung der PPS-Grunddaten

Für das Recycling bzw. die vorausgehende Demontage sind spezifische Informationen erforderlich, die über die konventionellen PPS-Grunddaten hinausgehen. Beispielsweise enthalten die Teilestammdaten üblicherweise keine Angaben über die Recyclingfähigkeit eines Teils und über die Art und Weise, wie die Entsorgung zu erfolgen hat. Angesichts des Wusts an Entsorgungsvorschriften wird man die relevanten dem Teil direkt im Stammsatz zuordnen. Ferner sind für die Demontage Informationen darüber nützlich, wie die Teile zusammengesetzt sind bzw. ob ein geführtes Teil ein Bauteil im engeren Sinne darstellt oder nur als Verbindungselement dient. Deshalb sollten Bauteile und Verbindungselemente in den Teilestammdaten gesondert gekennzeichnet werden. Aus dem Vorhandensein eines bestimmten Verbindungselements (z. B. Stekker) in einer Erzeugnisstruktur kann auf die Art der Verbindung geschlossen und ein geeigneter Demontagearbeitsgang zugeordnet werden.

Erfassung umweltrelevanter Betriebsdaten

Aufgrund gesetzlicher Vorschriften und Verordnungen (z. B. Kreislaufwirtschafts-, Abfallgesetz, Ökoaudit-Verordnung) gehen viele Unternehmen dazu über, umweltrelevante Daten der Produktion zu ermitteln und zu speichern. Damit wird es möglich, Produkte nicht nur nach Funktionalität, Kosten und Qualität, sondern auch nach den Belastungen für die Umwelt zu bewerten (HEEG97). So werden verschiedentlich die Daten über

- Energieverbrauch (Elektrizität, Fernwärme, Öl, Erdgas),
- Wasser (Frischwasser, Abwasser),
- Verbrauch an Roh-, Hilfs- und Betriebsstoffen,
- Lagerung und Verbrauch von Gefahrstoffen,
- Emissionen,
- Abfälle und Reststoffe

erfaßt und gespeichert (HEEG97, POTT98). Dazu müssen PPS- bzw. Fertigungssteuerungssysteme geeignet erweitert werden, zumindest um Komponenten zur Eingabe und Pflege derartiger Daten. Aufbauend auf den umweltrelevanten Daten können dann betriebs-, prozeß- oder produktbezogene Ökobilanzen erstellt und Managemententscheidungen unterstützt werden.

8.5.1 Produktions- und Recyclingplanung und -steuerung (PRPS)

Je weniger ein Altprodukt nach der Gebrauchsphase zum Zwecke des Recycling zerlegt und in seine Bestandteile zurückgeführt werden

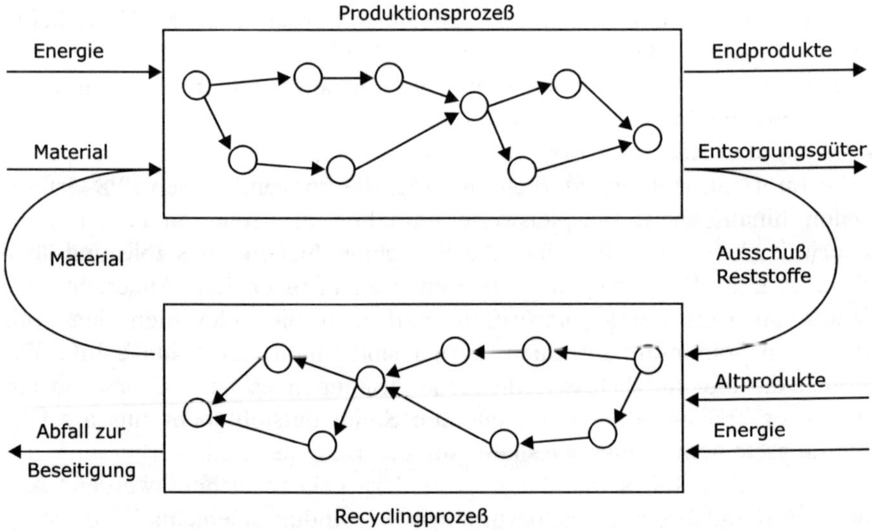

Abb. 8.5-1: Produktion und Recycling als getrennte Prozesse (RAUT97)

muß, um so geringer ist die zusätzliche Belastung der Umwelt. Ökologisch am ungünstigsten ist es, wenn ein komplexes Produkt (z. B. ein Personal Computer) bis zu den Ursprungsmaterialien hin z. B. Kunststoffe, Aluminium, Kupferschrott) zurückgeführt wird und nur die Materialien mittelbar oder unmittelbar wieder in neue Produkte eingehen. Produktion und Recycling sind in diesem Fall getrennte Prozesse, wie Abbildung 8.5-1 veranschaulicht. Es handelt sich um eine Ausprägung des sog. *Materialrecycling*.

Ökologisch vorteilhafter als das Materialrecycling ist das *Produkt-* oder *Komponentenrecycling*. Darunter versteht man den Wiedereinsatz von Altprodukten bzw. ihren Komponenten unter Nutzung der Gestalt und Funktionalität der Produkte bzw. Komponenten, ggf. nach Aufbereitung. Im Beispiel würde das PC-Gehäuse also nicht geshreddert, sondern vielleicht nur neu lackiert und wiederverwendet.

Komponentenrecycling

Wenn höhere Bestandteile eines Endprodukts in den Produktionsprozeß zurückfließen, kann dies auf unterschiedlichen Stufen erfolgen. Abbildung 8.5-2 deutet an, daß außer Sekundärrohstoffen („Material") wie zuvor auch Sekundärteile und -baugruppen an verschiedenen Stellen wieder in den Produktionsprozeß eingehen. Umgekehrt ist es denkbar, daß Produktionsausschuß und Reststoffe sofort bei Anfall und nicht erst am Ende des Produktionsprozesses zum Recycling gehen.

PRPS-Systeme

Die Abbildung zeigt für diesen Fall enge Beziehungen zwischen Produktion und Recycling, die für eine Integration der Prozesse sprechen, sofern Produktion und Recycling vom selben Unternehmen durchgeführt

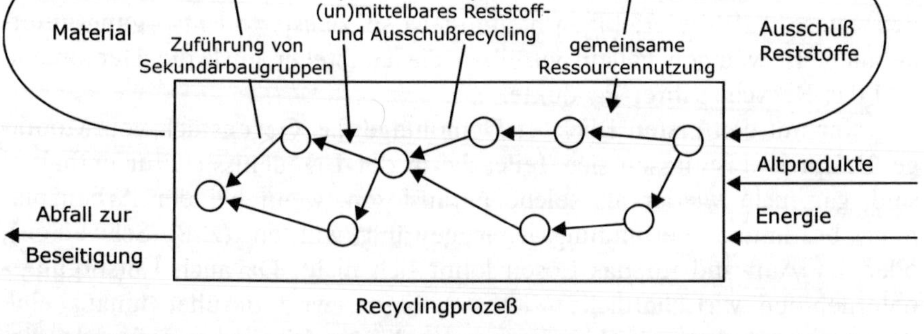

Abb. 8.5-2: Integrierte Produktions- und Recyclingprozesse (RAUT97)

werden. Dies führt letztlich zu der Forderung, daß Produktionsplanungs- und -steuerungssysteme (PPS-Systeme) mit Recyclingplanungs- und -steuerungssystemen (RPS-Systemen) zu *Produktions- und Recyclingplanungs- und -steuerungssystemen (PRPS-Systemen)* integriert werden sollten (RAUT97, KURB97b).

In einem solchen System sind einerseits recyclingspezifische Komponenten vorhanden. Zum andern ändert sich auch die Funktionalität der PPS-Komponenten, wenn Materialflüsse zwischen den Produktions- und Recyclingprozessen auftreten und eventuell die gleichen Kapazitäten eingesetzt werden. Beispielsweise sind bei der Bedarfsauflösung (vgl. Abschnitt 3.3.2) die voraussichtlichen Mengen in Abzug zu bringen, die aus dem Komponenten- oder Materialrecycling gewonnen werden. Dementsprechend ist die Nettobedarfsermittlung zu erweitern. Die Terminplanung muß berücksichtigen, daß insbesondere bei einer engen Kopplung von Produktions- und Recyclingprozessen wie in Abbildung 8.5-2 wechselseitige Input-Output-Beziehungen bestehen und die Prozesse nicht unabhängig voneinander terminiert werden können.

Die Problematik der integrierten Produktions- und Recyclingplanung und -steuerung kann hier nur angerissen werden. Der interessierte Leser sei auf die ausführlicheren Darstellungen in RAUT97 und KURB97b verwiesen. Dabei ist einzuräumen, daß der heutige Stand der Konzepte wie auch der Systeme in der Praxis noch weit von *integrierten* PRPS-Systemen entfernt ist, wird doch bislang nicht einmal das nicht-integrierte Recycling in nennenswertem Umfang durch Planungs- und Steuerungssysteme unterstützt.

8.5.2 Planung und Steuerung beim Produkt- und Komponentenrecycling

Demontage

Vor allem bei komplexen technischen Produkten wie Haushaltsgeräten, Computern, Maschinen oder PKWs führt man heute i. d. R. ein Recycling auf Komponenten-, in Einzelfällen auch auf Produktebene (z. B. Fotokopierer) durch. Voraussetzung für das Recycling ist im allgemeinen eine Demontage, bei der die Altprodukte in ihre Bestandteile zerlegt werden. Diese Aufgabe erledigen heute meist spezialisierte Entsorgungsunternehmen. In wenigen Fällen betreiben die Hersteller auch die Demontage und das Recycling ihrer Produkte.

Nur auf den ersten Blick ist Demontage das Gegenstück von Montage. Beispielsweise lassen sich Teile, die in der Erzeugnisstruktur enthalten sind, gar nicht wieder als solche herauslösen, wenn bei der Arbeitsplanung bestimmte Verbindungsarten gewählt wurden (z. B. Schweißen), oder der Aufwand für das Lösen lohnt sich nicht. Da auch Entsorgungsunternehmen wirtschaftliche Ziele verfolgen, wird darüber hinaus eine Zerlegung nur dann durchgeführt, wenn die resultierenden Teile oder Sekundärrohstoffe einen positiven Deckungsbeitrag versprechen (d. h., es

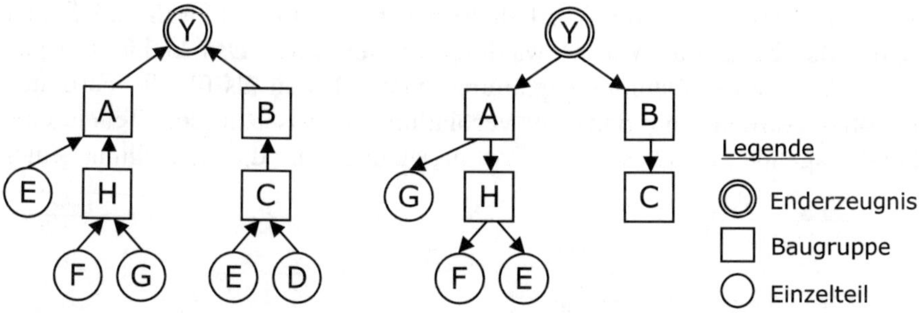

Abb. 8.5-3: Produktions- und Recyclingerzeugnisstruktur

muß ein Absatzmarkt existieren) oder wenn gesetzliche Vorschriften dazu zwingen (z. B. Entfrachtung von Schadstoffen).

Recyclingerzeugnisstruktur

Wie für die Produktion wird für die Zerlegung eines Produkts eine Erzeugnisstruktur benötigt. Die sogenannten *Recyclingerzeugnisstrukturen* unterscheiden sich im mehrfacher Hinsicht von den Produktionserzeugnisstrukturen. Abbildung 8.5-3 verdeutlicht an einem einfachen Beispiel die Unterschiede (KURB95a).

Zum einen ist die Strukturbeziehung zwischen den Knoten anders zu interpretieren („wird getrennt in“ statt „geht ein in“). Zwar spiegelt auch die Recyclingerzeugnisstruktur die Bestandteile eines Produkts wider. Sie stellt jedoch dar, in welche Komponenten das Produkt demontiert werden kann und ob die demontierten Teile gegebenenfalls dem Recycling zugeführt werden können.

Lösbarkeit von Verbindungen

Unterschiede gibt es weiterhin nicht nur bei den Kanten, sondern auch bezüglich der Kriterien, nach denen die Knoten gebildet werden. Während für die Baugruppen in Produktionserzeugnisstrukturen konstruktive Gesichtspunkte maßgeblich sind, wird das Zusammenfassen von Teilen zu einer Demontagebaugruppe primär durch die Art und Weise bestimmt, wie die Teile miteinander *verbunden* sind (Lösbarkeit von Verbindungen).

Produktionserzeugnisstruktur ≠ Recyclingerzeugnisstruktur

Gegenüber einer Produktionserzeugnisstruktur können in der Recyclingerzeugnisstruktur sowohl Teile fehlen als auch Teile hinzukommen. Ersteres ist der Fall, wenn eine Baugruppe als ganze dem Recycling zugeführt und nicht weiter zerlegt wird (im Beispiel die Baugruppe C, so daß E und D nicht mehr ausgewiesen werden). Zusätzliche Teile treten in der Recyclingerzeugnisstruktur auf, wenn bei der Produktion eine Baugruppe zugekauft wurde, die jetzt aber mit demontiert werden muß.

Schließlich kann der Fall auftreten, daß ein Teil in der Recyclingerzeugnisstruktur an einer anderen Stelle als in der Produktionserzeugnisstruktur auftaucht. Betrachtet man etwa die Baugruppe A, so setzte sich diese ursprünglich aus dem Einzelteil E und der Unterbaugruppe H zusammen. Bei der Montage wurde vermutlich E physisch fest mit H verbunden und H vielleicht über das Teil G an das Gehäuse A geschraubt.

Bei der Demontage von A erhält man somit G und H, während E erst durch die Zerlegung von H wiedergewonnen wird. Das kleine Beispiel zeigt, daß für die Demontageplanung andere Daten als für die Fertigung benötigt werden und daß die Verbindungen zwischen den Teilen eine herausragende Rolle spielen. Voraussetzung für die Erstellung einer

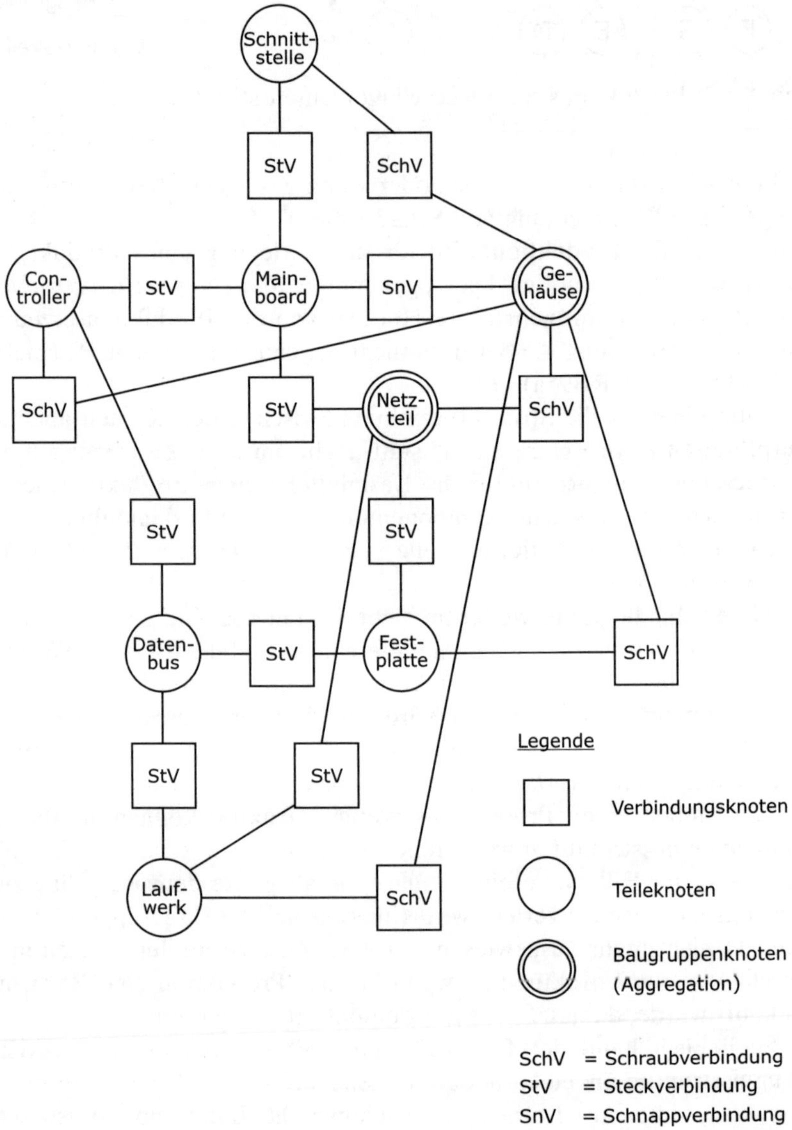

Abb. 8.5-4: Beispiel eines einfachen Recyclinggraphen für einen PC (KURB95a)

Recyclingerzeugnisstruktur sind somit Informationen über die Lösbarkeit dieser Verbindungen.

Recyclinggraph

Als Datenstruktur zur Darstellung der Bestandteile eines Produkts und der Art und Weise, wie die Bestandteile zusammenhängen, kommen zunehmend sogenannte *Recyclinggraphen* zum Einsatz (KURB95a, STOB97). Abbildung 8.5-4 zeigt einen solchen Graphen für ein Altprodukt Personal Computer. Er hat zwei Typen von Knoten: Teileknoten und Verbindungsknoten. Teileknoten enthalten die Teilestammdaten, gegebenfalls ergänzt um recyclingrelevante Informationen wie Wiedereinsetzbarkeit, Lagerfähigkeit etc. Verbindungsknoten repräsentieren die bestehenden mechanischen Verbindungen zwischen den Teilen. In ihnen wird dokumentiert, worin die Verbindung besteht (geschraubt, gelötet, geschweißt, genietet, geklebt, aufgeschrumpft etc.), welche Werkstoffe verwendet wurden, wie die Verbindung gelöst werden kann (sofern Informationen vorhanden) und mit welcher Zerstörungsquote zu rechnen ist.

Aus dem Recyclinggraphen kann die Recyclingerzeugnisstruktur konstruiert werden, indem Einzelteile zu Demontagebaugruppen und untergeordnete zu übergeordneten Baugruppen zusammengefaßt werden. Zu diesem Zweck müssen die Verbindungsknoten analysiert werden. Als Sonderfall ist zu beachten, daß Teile, die nicht voneinander gelöst werden können, als ganze Baugruppe repräsentiert werden. Die Recyclingerzeugnisstruktur enthält somit nicht nur Teileknoten der Produktionserzeugnisstruktur, sondern auch zusätzliche Knoten, die Demontagebaugruppen repräsentieren.

Analoge Abweichungen gibt es bei den Arbeitsplänen. Bezüglich der Unterschiede zwischen Produktionsarbeitsplänen und Demontagearbeitsplänen und der Erzeugung von Demontagearbeitsplänen sei auf die Literatur verwiesen (z. B. STOB97, RAUT97, KURB95a).

RPS-Systeme

Unter der Voraussetzung, daß Grunddaten wie die vorstehend skizzierten zur Verfügung stehen, könnten in Analogie zu den PPS-Systemen vollständige Recyclingplanungs- und -steuerungssysteme entwickelt werden. Wenngleich die Komplexität der Demontage und des Recycling dies nahelegt, wird der entsprechende Bedarf in der Praxis noch nicht artikuliert. Ein wesentlicher Grund für mangelnde Planung bzw. geringen Informationsbedarf liegt darin, daß ein differenziertes Recycling technischer Güter mit vielstufiger Zerlegung sich heute wirtschaftlich nicht lohnt.

Es sind vor allem mittelständische Entsorgungsbetriebe, die unter Wettbewerbsbedingungen innerhalb eines lokalen Einzugsbereichs eine breite Palette von Altprodukten entgegennehmen und zerlegen. Diese Betriebe haben nur kleine Gewinnspannen aus den Sekundärrohstoffen oder Gebrauchtteilen, so daß die Zerlegung sehr schnell und mit geringen Kosten durchgeführt werden muß. Selbst wenn feinere Zerlegungen möglich und ökologisch sinnvoll wären, unterbleiben diese zwangsläufig aus wirtschaftlichen Gründen.

Operative Entscheidungsprobleme

Während den aus dem Produktionsbereich übertragenen Planungs- und Steuerungsproblemen somit nur geringere Priorität beigemessen wird, treten häufig, vorwiegend auf der operativen Ebene, spezifische Entscheidungsprobleme auf, die unter Termindruck schnell gelöst werden müssen. Beispiele sind:

- die Entscheidung, ob ein Gebrauchtteil aufbereitet oder als Schrott behandelt werden soll,
- die Wahl zwischen unterschiedlichen Vorgehensweisen bei der Demontage, in Abhängigkeit vom Zustand eines Altprodukts,
- die Bestimmung der optimalen Demontagetiefe in Abhängigkeit von Marktpreisen für Sekundärrohstoffe u. a.,
- die Kalkulation eines Entsorgungsauftrags ohne sichere Kenntnis der resultierenden Demontagekosten und Fraktionserlöse.

Ein Informationssystem für Entsorgungsunternehmen zur Unterstützung derartiger Entscheidungen wurde in der Arbeitsgruppe des Autors entwickelt (KURB98e).

Im Zusammenhang mit dem Absatz der Recyclate spielen auch die Lagerhaltung und die Materialwirtschaft in Entsorgungsunternehmen eine wichtige Rolle. Die Funktionen „Beschaffung“ (der Altprodukte) und „Vertrieb“ (der Recyclate) unterscheiden sich deutlich von den analogen Funktionen eines Fertigungsbetriebs. Beispielsweise stehen auf der Beschaffungsseite oft Abnahmeverpflichtungen durch Rahmenverträge, die auch zu erfüllen sind, wenn die Marktpreise für die gewinnbaren Recyclate gerade sehr niedrig sind. Eine längere Lagerung bis zum nächsten Preisanstieg kann dann zweckmäßig sein. Ein Informationssystem zur Unterstützung des Vertriebs und der Materialwirtschaft von Entsorgungsunternehmen wird in SCHA97 vorgestellt.

Computergestützte Materialwirtschaft

Insgesamt ist festzuhalten, daß im Umfeld der Recyclingplanung und -steuerung noch erheblicher Forschungsbedarf besteht. Solange die Preise für Primärrohstoffe sehr niedrig sind, mag dieser Bedarf noch nicht durchschlagen. Mit zunehmender Verknappung der natürlichen Ressourcen dürfte aber der Zwang zunehmen, Demontage- und Recyclingprozesse sorgfältig zu durchleuchten und auf eine ähnliche Reifestufe zu heben, wie sie die Produktionsplanung und -steuerung bereits erreicht hat und wie sie in den ausgefeilten PPS-Systemen heute zum Ausdruck kommt.

Anhang

Literaturverzeichnis

AART89 Aarts, E. H. L., Korst, J.H.M.: Simulated Annealing and Boltzmann Machines – A Stochastic Approach to Combinatorial Optimization and Neural Computing. Chichester, New York u. a.: Wiley 1989.

ABEL90 Abeln, O.: Die CA...-Techniken in der industriellen Praxis – Handbuch der computergestützten Ingenieurmethoden. München, Wien: Hanser 1990.

ABRA96 Abramovici, M., Gerhard, D.: Engineering Daten Management (EDM) – Anspruch, Wirklichkeit und Zukunftsperspektiven. In: Industrie Management 12 (1996) 5, Special Engineering Management 1996/97, S. E11–E15.

ABRA97 Abrahamsson, M., Brege, S.: Structural Changes in the Supply Chain. In: International Journal of Logistics Management 8 (1997) 1, S. 35–44.

ADAM69 Adam, D.: Produktionsplanung bei Sortenfertigung – Ein Beitrag zur Theorie der Mehrproduktunternehmung. Wiesbaden: Gabler 1969.

ADAM88 Adam, D.: Die Eignung der belastungsorientierten Auftragsfreigabe für die Steuerung von Fertigungsprozessen mit diskontinuierlichem Materialfluß. In: ZfB 58 (1988) 1, S. 98–115.

ADAM89 Adam, D.: Probleme der belastungsorientierten Auftragsfreigabe – Entgegnung. In: ZfB 59 (1989) 4, S. 443–447.

ADAM92a Adam, D. (Hrsg.): Fertigungssteuerung – Grundlagen und Systeme. Schriften zur Unternehmensführung 38/39, Wiesbaden: Gabler 1992.

ADAM92b Adam, D.: Aufbau und Eignung klassischer PPS-Systeme. In: ADAM92a, S. 9–25.

ADAM01 Adam, D.: Produktions-Management, 9. Auflage, Nachdruck. Wiesbaden: Gabler 2001.

ADAT01 Adatia, R.; Arni, F., Gabhart, K. et al.: Professional EJB. Birmingham, UK: Wrox Press 2001.

ANDE89 Anderson, J. A., Rosenfeld, E. (Hrsg.): Neurocomputing – Foundations of Research, Fourth Printing. Cambridge, MA: MIT Press 1989.

ANDE96 Anderl, R., Katzenmaier, J.: Trends in der Produktdatenverwaltung. In: Industrie Management 12 (1996) 5, Special Engineering Management 1996/97, S. E6–E10.

APPE00 Appelrath, H.-J.; Ritter, J.: R/3-Einführung – Methoden und Werkzeuge. Berlin, Heidelberg: Springer 2000.

ARNO94 Arnold, R. S. (Hrsg.): Software Reengineering, Second Printing. Los Alamitos, CA: IEEE Computer Society Press 1994.

ARNO95 Arnold, O., Faisst, W., u. a.: Virtuelle Unternehmen als Unternehmenstyp der Zukunft? In: HMD 32 (1995) 185, S. 8–23.

ASAP97 ASAP World Consultancy, Blain, J., u. a.: Special Edition Using SAP R/3, Second Edition. Indianapolis: Que 1997.

AUPP97 Aupperle, G., Burr, G.: Der Leitstand: Werkzeug für dezentrale Organisationsformen? In: Industrie Management 13 (1997) Special PPS-Management, S. P40–P45.

AWF85 AWF (Ausschuß für Wirtschaftliche Fertigung e. V.) (Hrsg.): AWF-Empfehlung – Integrierter EDV-Einsatz in der Produktion – CIM Computer Integrated Manufacturing – Begriffe, Definition, Funktionszuordnungen. Eschborn: 1985.

BALA69 Balas, E.: Machine Sequencing via Disjunctive Graphs: An Implicit Enumeration Algorithm. In: Operations Research 17 (1969) 6, S. 941–957.

BARE89 Bareiss, R.: Exemplar-Based Knowledge Acquisition – A Unified Approach to Concept Representation, Classification, and Learning. San Diego, CA: Academic Press 1989.

BART87 Bartsch-Spörl, B.: Ansätze zur Behandlung von fallorientiertem Erfahrungswissen in Expertensystemen. In: KI 1 (1987) 4, S. 32–36.

BECH97 Bechtel, C., Jayaram, J.: Supply Chain Management: A Strategic Perspective. In: International Journal of Logistics Management 8 (1997) 1, S. 15–34.

BECK90 Becker, J.: Entwurfs- und konstruktionsbegleitende Kalkulation. krp (1990) 6, S. 353-358.

BECK91 Becker, J.: CIM-Integrationsmodell. Berlin u. a.: Springer 1991.

BERN90 Bernhardt, R., Bernhardt, W.: Nummerungssysteme – Grundbegriffe und Einführung, Systemvergleiche, praktische Anwendung, speziell bei EDV-Systemen, 2. Auflage. Ehningen: expert 1990.

BENN97 Benn, W., Dürr, H., Dube, H., u. a.: ISO 10303 (STEP) – Datenaustauschformat oder Modellierungsbasis? In: Industrie Management 13 (1997) Special Engineering Management 1997/98, S. E34–E37.

BIER93 Bierwirth, C., Kopfer, H., u. a.: Genetische Algorithmen und das Problem der Maschinenbelegungsplanung – Eine Übersicht und ein neuer Ansatz. Fachbericht, Lehrstuhl für Logistik, Universität Bremen 1993.

BLÄS91 Bläsing, J. P.: Rechnerintegrierte Qualitätssicherung. In: GEIT91, S. 523–531.

BOEH97 Boehnke, C., Felix, R.: Fuzzy Logik-basiertes Planungssystem – Für Fertigungssteuerung und Materialdisposition. In: Der Betriebsleiter (1997) 5, S. 68–70.

BRAC97 Brackmann, U.: Länderübergreifende Produktionsplanung via ISDN. In: Industrie Management 13 (1997) Special PPS-Management, S. P68–P70.

BRAN73 Brankamp, K.: Ein Terminplanungssystem für Unternehmen der Einzel- und Serienfertigung – Voraussetzungen, Gesamtkonzeption, und Durchführung mit EDV, 2. Auflage. Würzburg, Wien: Physica 1973.

BREN98 Brenner, W., Zarnekow, R., Wittig, H.: Intelligente Softwareagenten – Grundlagen und Anwendungen. Berlin u. a.: Springer 1998.

BUCK99 Buck-Emden, R.: Die Technologie des SAP-Systems R/3 – Basis für betriebswirtschaftliche Anwendungen, 4. Auflage. Bonn u. a.: Addison-Wesley 1999.

CHAP02 Chappell, D.: Understanding .NET – A Tutorial and Analysis. Boston: Addison-Wesley 2002.

CHEN76 Chen, P. P.: The Entity-Relationship Model – Toward a Unified View of Data. In: ACM Transactions on Database Systems 1 (1976) 1, S. 9–36.

CODD70 Codd, E. F.: A Relational Model of Data for Large Shared Data Banks. In: Communications of the ACM 13 (1970) 6, S. 377–387.

CONW67 Conway, R., Maxwell, W. L., Miller, L. W.: Theory of Scheduling. Reading: Addison-Wesley 1967.

COOP97 Cooper, M. C., Lambert, D. M., Pagh, J. D.: Supply Chain Management: More Than a New Name for Logistics. In: International Journal of Logistics Management 8 (1997) 1, S. 1–14.

CORS94 Corsten, H., May, C.: Möglichkeiten zur Unterstützung der Produktionsplanung und -steuerung durch Künstliche Neuronale Netze. Diskussionsbeiträge der Wirtschaftswissenschaftlichen Fakultät Ingolstadt Nr. 57, Universität Eichstätt-Ingolstadt, November 1994.

CZER75 Czeranowsky, G.: Ein Lösungsansatz zur simultanen Programm- und Ablaufplanung bei Einzelfertigung. In: ZfB 45 (1975) 6, S. 353–370.

DANG96 Dangelmaier, W.: PPS in Virtuellen Unternehmen – Wie Partner miteinander reden. In: Logistik heute (1996) 3, S. 60–62.

DANG97a Dangelmaier, W., Henkel, S., u. a.: Multi-Agenten-Ansatz für eine verteilte PPS. In: Planung & Produktion 45 (1997) 2, S. 6–11.

DANG97b Dangelmaier, W., Warnecke, H.-J.: Fertigungslenkung – Planung und Steuerung des Ablaufs der diskreten Fertigung. Berlin u. a.: Springer 1997.

DAVE93 Davenport, T. H.: Process Innovation – Reengineering Work through Information Technology. Boston, MA: Harvard Business School Press 1993.

DAVI92 Davidow, W. H., Malone, M. S.: The Virtual Corporation – Structuring and Revitalizing the Corporation for the 21st Century. New York: Harper Collins 1992.

DEMA68 DeMatteis, J. J.: An Economic Lot Sizing Technique I – The Part-Period Algorithm. In: IBM Systems Journal (1968) 7, S. 30–38.

DOCH90 Dochnal, H.-G.: Darstellung und Analyse von OPT (Optimized Production Technology) als Produktionsplanungs- und -steuerungskonzept. Arbeitsbericht Nr. 31 des Seminars für Allgemeine Betriebswirtschaftslehre und Produktionswirtschaft, Universität zu Köln, 1990.

DORN92 Dornhoff, P.: Darstellung und Verarbeitung von fallorientiertem Erfahrungswissen für das Management von Software-Entwicklungsprojekten. Dissertation, Fachbereich Wirtschafts- und Sozialwissenschaften, Universität Dortmund 1992.

DREY86 Dreyfus, H. L., Dreyfus, S. E.: Why Expert Systems do not Exhibit Expertise. In: IEEE Expert (1986) Summer, S. 80–83.

DUEC90 Dueck, G., Scheuer, T.: Threshold Accepting: A General Purpose Optimization Algorithm Appearing Superior to Simulated Annealing. In: Journal of Computational Physics 90 (1990), S. 161–175.

EICK92 Eicker, S., Kurbel, K., Pietsch, W., Rautenstrauch, C.: Einbindung von Software-Altlasten durch integrationsorientiertes Reengineering. In: Wirtschaftsinformatik 34 (1992) 2, S. 137–145.

EICK94 Eicker, S.: IV-Dictionary-Konzepte zur Verwaltung der betrieblichen Metadaten. Berlin, New York: de Gruyter 1994.

ELEC97 Focus Theme Electronic Product Catalogs. In: Electronic Markets 7 (1997) 3, S. 3–35.

EVER94a Eversheim, W., Krumm, S., Heuser, T.: Neuordnung der Geschäftsprozesse – Zeit- und Kostenmanagement bei der Gestaltung der Auftragsabwicklung. In: Planung & Produktion 42 (1994) 6, S. 13–16.

EVER94b Eversheim, W., Krumm, S., Heuser, T., Sasse, U.: Geschäftsprozeßoptimierung im Fahrzeugbau – Die Mitarbeiter stehen im Mittelpunkt. In: Planung & Produktion 42 (1994) 7–8, S. 17–19.

EVER94c Eversheim, W., Lehmann, F., Krah, O.: Auftragsabwicklung verbessern – aber wie? In: Planung & Produktion 42 (1994) 6, S. 4–6.

FAGE88 Fagenzer, K.: Falscher Perfektionismus bei der PPS-Auswahl. In: Online 26 (1988) 11, S. 44–45.

FAND97 Fandel, G., François, P., Gubitz, K.-M.: PPS- und integrierte betriebliche Softwaresysteme – Grundlagen, Methoden, Marktanalyse, 2. Auflage. Berlin, Heidelberg: Springer 1997.

FAND02 Fandel, G., Wolf, J.: Auswahl eines ERP-Systems für einen mittelständischen Automobilzulieferer. In: PPS Management 7 (2002) 3, S. 39–42.

FERS95 Ferstl, O., Mannheusel, T.: Dezentrale Produktionslenkung. In: CIM Management 11 (1995) 3, S. 26–32.

FING88 Finger, J.: PPS-Auswahl ohne Pflichtenheft. In: Online 26 (1988) 4, S. 22–24.

FISH63 Fisher, H., Thompson, G. L.: Probabilistic Learning Combinations of Local Job-Shop Scheduling Rules. In: MUTH63, S. 225–251.

FRAN96 François, P., Gubitz, K.-M.: PPS- und Leitstandsysteme – Optimale Auswahl komplexer Softwarelösungen für Industriebetriebe. In: VDI-Z 138 (1996) 10, S. 22–29.

FRIE89 Friedrichs, P., Gromotka, W.: Fertigungsleitsysteme – Marktübersicht und Gruppierung. In: VDI-Z 131 (1989) 8, S. 97–105.

GEIT88 Geitner, U. W.: Der Auftragsleitstand im CIM-Konzept. In: Online 26 (1988) 5, S. 66–70.

GEIT91 Geitner, U. W. (Hrsg.): CIM-Handbuch, 2. Auflage. Braunschweig: Vieweg 1991.

GEIT97 Geitner, U., Geisler, H.: Einschätzung des PPS-Marktes. In: Monitor (1997) 7–8 (ebenfalls unter: http://www.monitor.co.at/monitor/797/story/pps1.htm).

GIFF63: Giffler, B., Thompson, G. L., Van Ness, V.: Numerical Experience with the Linear and Monte Carlo Algorithms for Solving Production Scheduling Problems. In: MUTH63, S. 21–38.

GIRA96 Giralt, G., Hirzinger, G.: Robotics Research – The Seventh International Symposium. Berlin u. a.: Springer 1996.

GLOV89 Glover, F.: Tabu Search – Part I. In: ORSA Journal on Computing 1 (1989) 3, S. 190–206.

GOLD89 Goldberg, D. E.: Genetic Algorithms in Search, Optimization, and Machine Learning. Reading, MA: Addison-Wesley 1989.

GÖTT97: Göttsch, N.: EDM-Systeme sorgen für reibungslose Prozeßabläufe. In: Industrie Management 13 (1997) Special Engineering Management 1997/98, S. E45–E47.

GRAF90 Graf, R., Meinders, R.: PPS-Systeme – Warten auf die dritte Generation. In: Diebold Management Report (1990) 10, S. 8–15.

GRAV82 Graves, S. C.: Using Lagrangian Techniques to Solve Hierarchical Production Planning Problems. In: Management Science 28 (1982) 3, S. 260–275.

GRON97a: Gronau, N.: Einbindung von PPS-Systemen in die industrielle Informationsarchitektur – Marktuntersuchung. In: Industrie Management 13 (1997) Special PPS-Management, S. P26–P36.

GRON99: Gronau, N.: Management von Produktion und Logistik mit SAP R/3, 3. Auflage. München, Wien: Oldenbourg 1999.

GRON97b: Gronau, N.: Migration von Engineering Management Systemen in den Mittelstand. In: Industrie Management 13 (1997) Special Engineering Management 1997/98, S. E11–E17.

GRON97c: Gronau, N.: Trends im Engineering Management. In: Industrie Management 13 (1997) Special Engineering Management 1997/98, S. E3.

GRON98: Gronau, N.: Anpassungsfähigkeit von PPS-Systemen an sich ändernde Organisationsstrukturen – Marktrecherche. In: PPS Management 3 (1998) 1, S. 27–30.

GRON02 Gronau, N., Ibelings, I.: Steuerungsstrategien in PPS-Systemen. In: PPS Management 7 (2002) 3, S. 46–58.

GRUP87 Grupp, B.: Optimale Verschlüsselung bei Online-Datenverarbeitung. Köln: TÜV Rheinland 1987.

GRUP97 Grupp, B.: Materialwirtschaft mit EDV im Klein- und Mittelbetrieb – Einführungsschritte, Standardsoftware, Praxisbeispiele, Umstellungsprobleme, 5. Auflage. Renningen-Malsheim: Expert 1997.

GÜNT71 Günther, H.: Das Dilemma der Arbeitsablaufplanung – Zielverträglichkeiten bei der zeitlichen Strukturierung. Berlin: Erich Schmidt 1971.

GUTE51 Gutenberg, E.: Grundlagen der Betriebswirtschaftslehre – Band I: Die Produktion, 1. Auflage. Berlin u. a.: Springer 1951.

GUTE83 Gutenberg, E.: Grundlagen der Betriebswirtschaftslehre – Band I: Die Produktion, 24. Auflage. Berlin u. a.: Springer 1983.

HACK89 Hackstein, R.: Produktionsplanung und -steuerung (PPS) – Ein Handbuch für die Betriebspraxis, 2. Auflage. Düsseldorf: VDI 1989.

HACK90 Hackstein, R., Miessen, E.: Ein Auswahlverfahren für PPS-Standardsoftwareprodukte. In: CIM Management 6 (1990) 1, S. 17–21.

HAHN72 Hahn, D.: Industrielle Fertigungswirtschaft in entscheidungs- und systemtheoretischer Sicht, Teil 1. In: ZfO 41 (1972), S. 269–278.

HAMM89 Hammond, K. J.: Case-Based Planning – Viewing Planning as a Memory Task. San Diego, CA: Academic Press 1989.

HAMM93 Hammer, M.; Champy, J.: Reengineering the Corporation – A Manifesto for Business Revolution. London: Nicholas Brealey 1993.

HANT97 Hantusch, T., Matzke, B., Pérez, M.: SAP R/3 im Internet – Globale Plattform für Handel, Vertrieb und Informationsmanagement. Bonn u. a.: Addison-Wesley 1997.

HART91 Hartinger, M., Mertens, P., Wedel, Th.: Management by Parameters?. In: ZfB 61 (1991) 5/6, S. 569–587.

HAVE90 Havermann, H.: Der Leitstand als Integrator in einem CIM-Konzept. In: HMD 27 (1990) 151, S. 37–50.

HAX75 Hax, A., Meal, H.: Hierarchical Interpretation of Production Planning and Scheduling. In: Geisler, M. A. (Hrsg.), Studies in Management Sciences, Vol. I, Logistics. Amsterdam: North Holland 1975, S. 53–69.

HEEG97 Heeg, F., Esser, M., Warnken, N.: Integriertes Werkstatt- und Umweltsystem – ein neues Planungsinstrument für kleine und mittlere Unternehmen. In: FB/IE 46 (1997) 6, S. 276–281.

HEIN92 Heinemeyer, W.: Die Planung und Steuerung des logistischen Prozesses mit Fortschrittszahlen. In: ADAM92a, S. 161–188.

HELB87 Helberg, P.: PPS als CIM-Baustein. Berlin: Erich Schmidt 1987.

HERT95 Hertz, J., Krogh, A., Palmer, R. G.: Introduction to the Theory of Neural Computation, Tenth Printing. Reading, MA: Addison-Wesley 1995.

HOFF93 Hoff, H., Reinhart, U.: Leitstände und Leitsysteme – PC-Plantafel oder integriertes CAM Leitsystem. In: FB/IE 42 (1993) 6, S. 292–295.

HOFF02 Hoff, H., Endres, S.: Dezentrale IT in der Fertigung? – Orientierungshilfe im Markt der Fertigungssteuerungssysteme. In: FB/IE 51 (2002) 4, S. 148–152.

HOIT93 Hoitsch, J.-J.: Produktionswirtschaft – Grundlagen einer industriellen Betriebswirtschaftslehre, 2. Auflage. München: Vahlen 1993.

HOIT95 Hoitsch, H.-J., Lingnau, V.: Charakteristika variantenreicher Produktion – Ergebnisse einer empirischen Untersuchung. In: DBW 55 (1995) 4, S. 481–491.

HORN97 Horn, H.: Die Einführung von EDM-Systemen in mittelständischen Unternehmen. In: Industrie Management 13 (1997) Special Engineering Management 1997/98, S. E6–E10.

HOSS65 Hoss, K.: Fertigungsablaufplanung mittels operationsanalytischer Methoden unter besonderer Berücksichtigung des Ablaufplanungsdilemmas in der Werkstattfertigung. Würzburg, Wien: Physica 1965.

HUMM90a Hummel, S., Männel, W.: Kostenrechnung 1, 4. Auflage, Nachdruck. Wiesbaden: Gabler 1990.

HUMM90b Hummler, M., Kalker, P.: Produktionsdaten eines Variantenfertigers – CIM-gerechte Organisation von Produktionsdaten bei den ALNO-Möbelwerken. In: FB/IE 39 (1990) 2, S. 70–77.

IDSoJ IDS Prof. Scheer GmbH: FI-2 – Der Fertigungsleitstand für die stückorientierte Fertigung. Saarbrücken: IDS Prof. Scheer GmbH o. J.

INDE97 Inderfurth, K., Jensen, T.: Planungsnervosität im Rahmen der Produktionsplanung. In: ZfB 67 (1997) 8, S. 817–843.

INFO96 infor GmbH: VPPS/NT Information – Wege in die schlanke Produktion, Fallbeispiele aus der Unternehmenspraxis. infor GmbH, Hauerstraße 12, D-66299 Friedrichsthal, Juni 1996.

INFO02 infor business solutions AG: Produktbeschreibung infor:COM. Infor business solutions AG, Hauerstraße 12, D-66299 Friedrichsthal, 2002. https://ixpert.infor.de (24. 10. 2002).

JACO71 Jacob, H.: Zur optimalen Planung des Produktionsprogramms bei Einzelfertigung. In: ZfB 41 (1971), S. 495–516.

JACO84 Jacobs, F. R.: OPT Uncovered: Many Production Planning And Scheduling Concepts Can Be Applied With Or Without The Software. In: Industrial Engineering 16 (1984) 10, S. 32–43.

JOHN54 Johnson, S. M.: Optimal Two-and-Three-Stage Production Schedules with Setup Times Included. In: Naval Research Logistics Quarterly 1 (1954), S. 61–68.

JÜNE89 Jünemann, R.: Materialfluß und Logistik. Systemtechnische Grundlagen mit Praxisbeispielen Berlin u. a.: Springer 1989.

KAIS97 Kaiser, H., Friedrich, M.: Integrierte Standard-PPS-Systeme – Technologische Innovation contra Funktionalität. In: Planung & Produktion 45 (1997) 12, S. 12–18.

KAMP02 Kampker, R., Wienecke, K.: PPS/ERP-Systemauswahl für den Anlagenbau – Teil 1: Strukturierte Vorgehensweise zur Durchführung von Systemtests. In: FB/IE 51 (2002) 2, S. 52–64.

KANE91 Kanet, J. J., Sridharan, V.: PROGENITOR: A genetic algorithm for production scheduling. In: Wirtschaftsinformatik 33 (1991) 4, S. 332–336.

KARG94 Kargl, H.: Industrielle Datenverarbeitung. In: Schweitzer, M. (Hrsg.), Industriebetriebslehre – Das Wirtschaften in Industrieunternehmungen, 2. Auflage, Kapitel 10, S. 963–1104. München: Vahlen 1994.

KEES96 Kees, A., Schotten, M.: Vergleichende Marktanalyse zwischen US-amerikanischen und deutschen Standard-PPS-Systemen. In: Industrie Management 12 (1996) Special PPS-Management, S. P22–P27.

KELL99 Keller, G., Teufel, T.: SAP R/3 prozeßorientiert anwenden, 3. Auflage. Bonn u. a.: Addison-Wesley 1999.

KERN85 Kernler, H.: PPS im PC-Verbund. In: HMD 22 (1985) 122, S. 107–116.

KERN95 Kernler, H.: PPS der 3. Generation – Grundlagen, Methoden, Anregungen, 3. Auflage. Heidelberg: Hüthig 1995.

KIEF02 Kief, H. B.: NC/CNC Handbuch 2001/02, 22. Auflage. München, Wien: Hanser 2001.

KIEN97 Kienzle-Pfeilsticker, H.: PPS-Einsatz bei einem flexiblen Halbzeugfertiger – Der Schritt in die Selbständigkeit mit VPPS und seinem CAP-Modul. In: VDI-Z 139 (1997) Special C-Techniken, Oktober, S. 52–54.

KIES90 Kieser, A., Hildebrand, K.: Management des Wandels in den Anwendungsbereichen. In: KURB90, S. 703–719.

KIRK83 Kirkpatrick, S., Gellat, S. D., Vecchi, M. P.: Optimization by Simulated Annealing. In: Science 220 (1983) 5, S. 671–680.

KIRN02 Kirn, S.: Kooperierende intelligente Softwareagenten. In: Wirtschaftsinformatik 44 (2002) 1, S. 53–63.

KIST89 Kistner, K.-P., Steven, M.: Zur Entwicklung einer Theorie der hierarchischen Produktionsplanung. In: Zäpfel, G. (Hrsg.), Neuere Konzepte der Produktionsplanung und -steuerung. Linz: Universitätsverlag 1989, S. 1–28.

KIST91 Kistner, K.-P., Steven, M.: Operations Research in der hierarchischen Produktionsplanung. In: OR-Spektrum 13 (1991) 3, S. 123–132.

KIST01 Kistner, K.-P., Steven, M.: Produktionsplanung, 3. Auflage. Heidelberg: Physica 2001.

KITT81 Kittel, Th., Speith, G.: Wirtschaftlichkeit von Planungs- und Steuerungssystemen in der Produktion. In: Online 19 (1981) 11, S. 888–893.

KLAA91 Klaas, K.-J., Hebbeler, M.: Rechnergestützte Generierung von Arbeitsplänen. In: GEIT91, S. 272–293.

KNOL85 Knolmayer, G.: Ein Vergleich von 30 „praxisnahen“ Lagerhaltungsheuristiken. In: Ohse, D., u. a. (Hrsg.), Operations Research Proceedings 1984. Berlin u. a.: Springer 1985, S. 223–230.

KNOL90 Knolmayer, G. F.: A Widely Acclaimed Method of Load-Oriented Job Release and its Conceptual Deficiencies. Working Paper Nr. 21, Institut für Wirtschaftsinformatik, Universität Bern, September 1990.

KNOL00 Knolmayer, G., Mertens, P., Zeier, A.: Supply Chain Management auf der Basis von SAP-Systemen. Berlin et al.: Springer 2000.

KÖHL90 Köhler, C.: Der elektronische Leitstand – Befehlsempfänger der PPS oder Partner der Werkstatt? – Technische und organisatorische Konzeptionen der Nutzung – Ergebnisse einer Anbieterbefragung. In: VDI-Z 132 (1990) 3, S. 14–19.

KÖNI90 König, R.: Definitionen. In: WARN90, S. 4–8.

KRAE90 Kraemer, W., Wiechmann, D.: BDE-gestützte Kosteninformationssysteme. In: CIM Management 6 (1990) 3, S. 10–21.

KRÄM97 Krämer, G.: PPS-System bei einem Werkzeughersteller. In: FB/IE 46 (1997) 2, S. 65–67.

KRÄM00 Krämer, K.: Datenerfassung in Produktion und Logistik 2002 – Ident-, BDE-, personenbezogene DE- und mDE-Techniken – ihr Einsatz, Stand und Entwicklungstendenzen. In: FB/IE 49 (2000) 5, S. 204–249.

KRAU96 Krause, F.-L., Jansen, H., Vollbach, A.: EDM-Integration heterogener CAD-Systeme für die verteilte Produktentwicklung. In: Industrie Management 12 (1996) 5, Special Engineering Management 1996/97, S. E16–E20.

KREI98 Kreis, W., Eckerth, G., Bönker, T.: Montage- und Handhabungstechnik, Industrieroboter. In: VDI-Z 140 (1998) 3/4, S. 42–47.

KRET96 Kretzschmar, R.: PPS-Auswahl: Mängel und Fehler sind in der Praxis nicht selten. In: Planung & Produktion 44 (1996) 3, S. 9–16.

KRÜG90 Krüger, W.: Organisatorische Einführung von Anwendungssystemen. In: KURB90, S. 275–288.

KÜHL97 Kühling, M., Thorlümke, K.: Die Kapazitätsbörse als Instrument einer kooperativen Fertigungssteuerung. In: Industrie Management 13 (1997) 4, S. 13–17.

KURB83 Kurbel, K.: Software Engineering im Produktionsbereich. Wiesbaden: Gabler 1983.

KURB88a Kurbel, K., Meynert, J.: Flexibilität und Planungsstrategien für interaktive PPS-Systeme. In: HMD 25 (1988) 139, S. 60–72.

KURB88b Kurbel, K., Meynert, J.: Flexibilität in der Fertigungssteuerung durch Einsatz eines elektronischen Leitstands. In: ZwF 83 (1988) 12, S. 581–585.

KURB89a Kurbel, K., Mertens, P., Scheer, A.-W. (Hrsg.): Interaktive betriebswirtschaftliche Informations- und Steuerungssysteme. Berlin, New York: de Gruyter 1989.

KURB89b Kurbel, K., Meynert, J.: Engpaßorientierte Auftragsterminierung und Kapazitätsdisposition. In: KURB89a, S. 69–87.

KURB89c Kurbel, K., Rautenstrauch, C.: Ein verteiltes PPS-System auf Arbeitsplatzbasis. In: Paul, M. (Hrsg.), GI – 19. Jahrestagung II, Computergestützter Arbeitsplatz, Proceedings. Berlin u. a.: Springer 1989, S. 476–490.

KURB90 Kurbel, K., Strunz, H. (Hrsg.): Handbuch Wirtschaftsinformatik. Stuttgart: Poeschel 1990.

KURB91 Kurbel, K., Rautenstrauch, C.: Graphisches Navigieren durch eine PPS-Datenbasis mit Browsern. In: ZwF 86 (1991) 12, S. 615–620.

KURB92a Kurbel, K.: Entwicklung und Einsatz von Expertensystemen – Eine anwendungsorientierte Einführung in wissensbasierte Systeme, 2. Auflage. Berlin u. a.: Springer 1992.

KURB92b Kurbel, K., Nietsch, M., Rautenstrauch, C.: Objektorientierter Leitstand – effizienter Ansatz zur betriebsspezifischen Anpassung der Fertigungssteuerung. In: FB/IE 41 (1992) 6, S. 288–293.

KURB95a Kurbel, K., Schneider, B.: Konzeption eines betrieblichen Recycling-Informationssystems auf der Basis von Produktionsdaten. In: Haasis, H.-D., u. a. (Hrsg.), Betriebliche Umweltinformationssysteme (BUIS). Marburg: Metropolis 1995, S. 79–91.

KURB95b Kurbel, K., Rohmann, T.: Ein Vergleich von Verfahren zur Maschinenbelegungsplanung: Simulated Annealing, Genetische Algorithmen, mathematische Optimierung. In: Wirtschaftsinformatik 37 (1995) 6, S. 581–593.

KURB95c Kurbel, K., Schneider, B., Singh, K.: Paralleliziation of Hybrid Simulated Annealing and Genetic Algorithm for Short-term Production Scheduling. In: Zhong, B. (Hrsg.), Proceedings of the International Symposium on Intelligence, Knowledge and Integration for Manufacturing; Nanjing, China 1995, S. 321–326.

KURB96 Kurbel, K., Ruppel, A.: Integrating Intelligent Job-scheduling into a Real-world Production-scheduling System. In: Journal of Intelligent Manufacturing 7 (1996), pp. 373–377.

KURB97a Kurbel, K.: Internet-Nutzung im Business-to-Business-Bereich. In: Krallmann, H. (Hrsg.), Wirtschaftsinformatik ’97. Heidelberg: Physica 1997, S. 23–34.

KURB97b Kurbel, K., Rautenstrauch, C.: Integration des Produktrecycling in die Produktionsplanung und -steuerung. In: Weber, J. (Hrsg.), Umweltmanagement – Aspekte einer umweltbezogenen Unternehmensführung. Stuttgart: Poeschel 1997, S. 299–320.

KURB98a Kurbel, K.: Eine Datenbank mit innovativen Business-to-Business-Anwendungen im World Wide Web. In: Reichmann, T. (Hrsg.), Handbuch Globale Datennetze – Innovative Potentiale für Informationsmanagement und Controlling. München: Vahlen 1998, S. 39–58.

KURB98b Kurbel, K.: Nutzeffekte und Hemmnisse der Internet-Nutzung durch deutsche Unternehmen – eine empirische Untersuchung; Industrie Management 14 (1998) 1, S. 9–13.

KURB98c Kurbel, K.: Kategorien betrieblicher Internet-Anwendungen – Ein Beitrag zur Klassifikation des WWW-Angebots im Business-to-Business-Bereich. In: PIK 21 (1998) 3, S. 162–167.

KURB98d Kurbel, K.: A Computational Study of the Effects of Parameters on the Performance of Intelligent Algorithms. In: Cantu, F. J., u. a. (Hrsg.), Application of Advanced Information Technologies – Fourth World Congress on Expert Systems, Mexico City 1998, Vol. 1. New York u. a.: Cognizant Communication 1998, S. 407–414.

KURB98e Kurbel, K., Schoof, B.: Ein Entscheidungsunterstützungssystem für Entsorgungsunternehmen. In: Haasis, H.-D., Ranze, K. C. (Hrsg.), Vernetzte Strukturen in Informatik, Umwelt und Wirtschaft – 12. Internationales Symposium „Informatik im Umweltschutz“. Marburg: Metropolis 1998, S. 215–225.

KURB02 Kurbel, K.; Loutchko I.: Towards Multi-Agent Electronic Marketplaces: What is There and What is Missing? In: The Knowledge Engineering Review 17 (2002) 3, S. 51–65.

LAAK95 Laakmann, J.: Das 3-Phasen-Konzept zur Einführung von PPS-Systemen – Erläutert am Beispiel der Deutschen Telekom AG. In: Planung & Produktion 43 (1995) 11, S. 15–20 (1. Teil), und 43 (1995) 12, S. 9–15 (2. Teil).

LUCZ97 Luczak, H., Heiderich, T.: Leistungsstand aktueller Standard-PPS-Systeme bei der Unterstützung wandelbarer Produktionsnetze. In: Industrie Management 13 (1997) 4, S. 9–12.

LUIS98 Luis, M.: Internet-Einsatz im PPS-System. In: PPS Management 3 (1998) 1, S. 48–49.

MADA00 Madauss, B. J: Handbuch Projektmanagement, 6. Auflage. Stuttgart: Schäffer-Poeschel 2000.

MAES94 Maes, P.: Modeling Adaptive Autonomous Agents. In: Artificial Life 1 (1994), 1/2, S. 135–162.

MÄKE96: Mäker, M.: Anwendungsbereiche und Nutzen von Engineering Daten Management. In: Industrie Management 12 (1996) 5, Special Engineering Management 1996/97, S. E37–E40.

MANN60 Manne, A. S.: On the Job-Shop Scheduling Problem. In: Operations Research 8 (1960), S. 219–223.

MART02 Martin, R., Mauterer, H., Gemünden, H.: Systematisierung des Nutzens von ERP-Systemen in der Fertigungsindustrie. In: Wirtschaftsinformatik 44 (2002) 2, S. 109–116.

MAUT98 Mauth, R.: Mission-Critical Components – ERP systems are embracing component technology, so you can maintain applications quicker and easier. In: Byte (1998) May, S. 7–13.

MENS72 Mensch, G.: Das Trilemma der Ablaufplanung. In: ZfB 42 (1972) 2, S. 77–88.

MERT88a Mertens, P.: Industrielle Datenverarbeitung, Band 1, Administrations- und Dispositionssysteme, 7. Auflage. Wiesbaden: Gabler 1988.

MERT88b Mertens, P., Griese, J.: Industrielle Datenverarbeitung, Band 2, Informations-, Planungs- und Kontrollsysteme, 5. Auflage. Wiesbaden: Gabler 1988.

MERT93 Mertens, P., Bokowski, V., Geis, W.: Betriebliche Expertensystem-Anwendungen, 3. Auflage. Berlin u. a.: Springer 1993.

MERT94 Mertens, P. (Hrsg.): Prognoserechnung, 5. Auflage. Würzburg, Wien: Physica 1994.

MERT95a Mertens, P.: Supply Chain Management (SCM). In: Wirtschaftsinformatik 37 (1995) 2, S. 177–179.

MERT95b Mertens, P., Faisst, W.: Virtuelle Unternehmen – eine Organisationsstruktur für die Zukunft? In: technologie & management 44 (1995) 2, S. 61–68.

MERT01 Mertens, P.: Integrierte Informationsverarbeitung 1, Operative Systeme in der Industrie, 13. Auflage. Wiesbaden: Gabler 2001.

MERT02 Mertens, P., Griese, J.: Integrierte Informationsverarbeitung 2 – Planungs- und Kontrollsysteme in der Industrie, 9. Auflage. Wiesbaden: Gabler 2002.

MEYN90 Meynert, J.: PPS*Star/L1 – ein PPS-System für mittelständische Einzel- und Auftragsfertiger. In: CIM Management 6 (1990) 1, S. 9–16.

MILL97 Milling, P. M.: Computer integrated manufacturing in German industry: aspirations and achievements. In: International Journal of Operations & Production Management 17 (1997) 9/10, S. 1034–1045.

MÖHL96 Möhle, S., Braun, M., Mertens, P.: Kann man ein einfaches PPS-System mit Microsoft-Bausteinen entwickeln? In: Industrie Management 12 (1996) 5, S. 47–52.

MOND81a Monden, Y.: What Makes the Toyota Production System Really Tick? In: Industrial Engineering (1981) January, S. 36–46.

MOND81b Monden, Y.: Adaptable Kanban System Helps Toyota Maintain Just-In-Time-Production. In: Industrial Engineering (1981) May, S. 29–46.

MOND98 Monden, Y.: Toyota Production Systems – Third Edition. Atlanta, GA: Industrial Engineering and Management Press 1998.

MÜLL70 Müller-Merbach, H.: Optimale Reihenfolgen. Berlin u. a.: Springer 1970.

MÜLL97 Müller, M.: PPS für Einzelfertiger. In: VDI-Z 139 (1997) Special C-Techniken, Oktober, S. 48–51.

MUSS97 Mussbach-Winter, U., Gienke, H.: Wie muß eine zukunftsorientierte Produktionsplanung und -steuerung aussehen? – PPS-Anforderungen und -Konzepte aufgrund neuer Wettbewerbsfaktoren. In: Refa-Nachrichten 50 (1997) 4, S. 17–23.

MUTH63 Muth, J. F., Thompson, G. L. (Hrsg.): Industrial Scheduling. Englewood Cliffs: Prentice Hall 1963.

NEHM87 Nehmer, J. (Hrsg.): Schwerpunktthema: Verteilte Systeme, Editorial – Einführung in die Thematik. In: it 29 (1987) 6, S. 377–378.

NIET91 Nietsch, M., Nietsch, T., Rautenstrauch, C., u. a.: Anforderungen an einen elektronischen Leitstand – Ergebnisse einer Untersuchung in mittelständischen Industriebetrieben. In: FB/IE 40 (1991) 6, S. 266–272.

NIET94 Nietsch, T., Rautenstrauch, C., u. a.: Verbesserung von PPS-Systemen durch Fuzzy-Logik. In: CIM Management 10 (1994) 6, S. 22–26.

NN95 N. N.: Recherche: PPS-Systeme in dezentralen Produktionsstrukturen. In: CIM Management 11 (1995) 3, S. 37–43.

NN96 N. N.: Getriebehersteller setzt auf PC-basiertes PPS-System. In: VDI-Z 138 (1996) 10, S. 30.

NOAC97 Noack, A.: Fertigungsleitstände. In: Industrie Management 13 (1997) 4, S. 27–37.

ORFA97 Orfali, R., Harkey, D., Edwards, J.: Essential Client/Server Survival Guide 2. Auflage. New York et al.: Wiley 1997.

PABS85 Pabst, H.-J.: Analyse der betriebswirtschaftlichen Effizienz einer computergestützten Fertigungssteuerung mit CAPOSS-E in einem Maschinenbauunternehmen mit Einzel- und Kleinserienfertigung. Frankfurt u. a.: Peter Lang 1985.

PAEG98 Paegert, C., Schotten, M., Vogeler, C.: BAPSY4: Prozeßorientierte Bewertung und Auswahl von Standard-PPS-Systemen, Sonderdruck 2/96, 4. Auflage. Forschungsinstitut für Rationalisierung an der RWTH Aachen 1998.

PARU88 Parunak, H. V. D.: Distributed Artificial Intelligence Systems. In: Kusiak, A. (Hrsg.), Artificial Intelligence – Implications for CIM. Berlin u. a.: Springer 1988, S. 225–251.

PERN99 Pernul, G., Unland, R.: Datenbanksysteme – Analyse, Modellbildung und Einsatz. Bonn: Addison-Wesley 1999.

PFOH93 Pfohl, H.-C.: Logistik-Systeme. In: Wittman, W., u. a. (Hrsg.), Handwörterbuch der Betriebswirtschaft, 5. Auflage, Teilband 2, Stuttgart: Schäffer-Poeschel 1993, Sp. 2615–2631.

PICO01 Picot, A., Reichwald, R., Wigand, R. T.: Die grenzenlose Unternehmung – Information, Organisation und Management, 4. Auflage. Wiesbaden: Gabler 2001.

POPP94 Popp, H.: Anwendungen der Fuzzy-set-Theorie in Industrie- und Handelsbetrieben. In: Wirtschaftsinformatik 36 (1994) 3, S. 268–285.

POTT97: Potthast, P., Pluszynski, K.: Trends und Kriterien für den Aufbau einer IT-Infrastruktur in EDM/PDM-Projekten. In: Industrie Management 13 (1997) Special Engineering Management 1997/98, S. E42–E44.

POTT98 Pott, W.: PPS-System mit Projekt „Umweltmanagement“ verknüpft. In: PPS Management 3 (1998) 1, S. 85–86.

PREE97 Pree, W.: Component-Based Software Development – A New Paradigm in Software Engineering? In: Software – Concepts and Tools 18 (1997), S. 169–174.

PRES74 Pressmar, D. B.: Evolutorische und stationäre Modelle mit variablen Zeitintervallen zur simultanen Produktions- und Ablaufplanung. In: Gessner, P., u. a. (Hrsg.), Proceedings in Operations Research 3. Würzburg, Wien: Physica 1974, S. 462–475.

RAMS97 Ramsauer, C.: Dezentrale PPS-Systeme – Neue Strukturen bei hoher Innovationsdynamik. Wiesbaden: Gabler 1997.

RAUT90 Rautenstrauch, C., Siedentopf, J.: Produktionsplanungs- und -steuerungssystem PPS*Star – Benutzerhandbuch, Version 1.0. Institut für Wirtschaftsinformatik, Universität Münster, Dezember 1990.

RAUT92 Rautenstrauch, C.: Neue und bekannte Softwarequalitätsmerkmale für betriebliche Anwendungssysteme In: HMD 29 (1992) 163, S. 31–39.

RAUT97 Rautenstrauch, C.: Fachkonzept für ein integriertes Produktions-, Recyclingsplanungs- und Steuerungssystem (PRPS-System). Berlin, New York: de Gruyter 1997.

REIN97 Reinhart, G., Ansorge, D.: Beherrschung flexibler Abläufe durch dezentrale Leittechnik. In: ZWF 92 (1997) 10, S. 514–517.

REMB90 Rembold, U., Bien, A., Fehrle, L., u. a. (Hrsg.): CAM-Handbuch. Berlin u. a.: Springer 1990.

RICK02 Rickayzen, A., Dart, J., Brennecke, C., Schneider, M.: Workflow-Management mit SAP – Effektive Geschäftsprozesse mit SAPs Web-Flow Engine. Bonn: SAP Press 2002.

RIEB94 Riebel, P.: Einzelkosten- und Deckungsbeitragsrechnung, 7. Auflage. Wiesbaden: Gabler 1994.

RIES89 Riesbeck, C. K., Schank, R. C.: Inside Case-based Reasoning. Hillsdale, NJ: Erlbaum 1989.

ROSC96 Roschmann, K.: Betriebsdatenerfassung 1996 – Ident-, BDE- und mDE-Techniken und ihr Einsatz. In: FB/IE 45 (1996) 5, S. 204–247.

ROSC98a Roschmann, K.: BDE – ein Wettbewerbsvorteil; ifax open Report 6: Informatik-Fachthema. http://www.ifax.de/report6/itfach6.htm (25.4.1998).

ROSC98b Roschmann, K., Müller, P. E.: BDE/mDE/Ident-Report '98 – Betriebsdatenerfassung, mobile Datenerfassung, Ident-Techniken. Handbuch mit Angebotsdiskette samt Auswahl-Software. Darmstadt: REFA-Verband 1998.

RÜSI97 Rüsing, E.: Variantenfertigung im Leuchtenbau – Wissensbasiertes PPS-Modul sichert Flexibilität. In: VDI-Z 139 (1997) 3, S. 55–57.

RUST98 Rust, U.: Effizienzsteigerung durch Einsatz eines intelligenten Vertriebskonfiguratoren. In: PPS Management 3 (1998) 1, S. 82–84.

SAME98 Sames, G., Büdenbender, W.: Aachener PPS-Modell – Das morphologische Merkmalsschema; Sonderdruck 4/90, 7. Auflage. Forschungsinstitut für Rationalisierung an der RWTH Aachen 1998.

SAP96 SAP AG: R/3 im Internet – Electronic Commerce. SAP AG, Neurottstrasse 16, D-69190 Walldorf, 1996.

SAP97a SAP AG: R/3 System – Logistics. SAP AG, Neurottstrasse 16, D-69190 Walldorf, 1997.

SAP97b SAP AG: R/3 System – SAP Technology Infrastructure – From Client/Server to Internet Architecture. SAP AG, Neurottstrasse 16, D-69190 Walldorf, 1997.

SAP01a SAP AG: Die Releasestrategie der mySAP.com-Komponenten – White Paper. SAP AG, Neurottstrasse 16, D-69190 Walldorf, 2001. http://www.sap-ag.de/germany/solutions/technology/factsheets.asp (24. 10. 2002).

SAP01b SAP AG: Empowering Finance for E-Business – SAP White Paper. SAP AG, Neurottstrasse 16, D-69190 Walldorf, 2001. http://www.sap-ag.de/germany/solutions/financials/factsheets.asp (24. 10. 2002).

SAP02a SAP AG: mySAP Human Resources. SAP AG, Neurottstrasse 16, D-69190 Walldorf, 2002. http://www.sap-ag.de/germany/solutions/hr/factsheets.asp (24. 10. 20002)

SAP02b SAP AG: mySAP Technology – Voraussetzung für eine offene E-Business-Integration: Ein Überblick – SAP White Paper. Version 1.0, SAP AG, Neurottstrasse 16, D-69190 Walldorf, 2002. http://www.sap-ag.de/germany/solutions/technology/factsheets.asp (24. 10. 2002).

SAP02c SAP AG: mySAP Supply Chain Management. SAP Deutschland KG, Neurottstrasse 15, D-69190 Walldorf, 2001.

SAPoJ SAP AG: System R/3 – Funktionen im Detail – Technologie Infrastruktur. SAP AG, Neurottstrasse 16, D-69190 Walldorf, o. J.

SCHA97 Schaper, J., Schneider, B.: Vertriebsunterstützung für Recyclingunternehmen durch die Materialwirtschaft. In: Industrie Management 13 (1997) 4, S. 70–74.

SCHE76 Scheer, A.-W.: Produktionsplanung auf der Grundlage einer Datenbank des Fertigungsbereichs. München, Wien: Oldenbourg 1976.

SCHE87 Scheel, J.: Standard-PPS-Programme realisieren moderne PPS-Ansätze. In: Online 25 (1987) 10, S. 52–58.

SCHE96 Scheer, A.-W.: EDV-orientierte Betriebswirtschaftslehre – Grundlagen für ein effizientes Informationsmanagement, 2., unv. Nachdruck der 4. Auflage. Berlin u. a.: Springer 1996.

SCHE90a Scheer, A.-W.: Computer integrated manufacturing. In: KURB90, S. 47–68.

SCHE90b Scheer, A.-W.: Computer integrated manufacturing: CIM = Der computergesteuerte Industriebetrieb, 4. Auflage. Berlin u. a.: Springer 1990.

SCHE97 Scheer, A.-W.: Wirtschaftsinformatik – Referenzmodelle für industrielle Geschäftsprozesse, 7. Auflage. Berlin u. a.: Springer 1997.

SCHI00 Schierenbeck, H.: Grundzüge der Betriebswirtschaftslehre, 15. Auflage. München: Oldenbourg 2000.

SCHI97 Schittko, K.: Kopplung von EDM und PPS. In: Industrie Management 13 (1997) Special Engineering Management 1997/98, S. E55–E57.

SCHL83 Schlageter, G., Stucky, W.: Datenbanksysteme: Konzepte und Modelle, 2. Auflage. Stuttgart: Teubner 1983.

SCHL90 Schlichte, F.-J., Dicks, J.: Höchster Planungsbedarf für die Fertigung – Terminsteuerung mit dem klassischen Produktionsleitstand. In: HMD 27 (1990) 151, S. 103–110.

SCHM96 Schmolling, J.: Betriebsdatengestützte Grobplanung bei Einzel- und Kleinserienfertigung. In: FB/IE 45 (1996) 5, S. 252–256.

SCHM97a Schmidt, T., Dudenhausen, H.-M.: Grobplanung in Produktionsnetzen mit genetischen Algorithmen und neuronalen Netzen. In: ZWF 92 (1997) 10, S. 526–529.

SCHM97b Schmitz: K.: SAP – kurz und bündig – Die wichtigsten Kritikpunkte aus Anwendersicht, unveröffentlichtes Manuskript. tse Gesellschaft für Technologieberatung und Systementwicklung mbH, Auf dem Sande 1, D-20457 Hamburg, März 1997.

SCHO91 Scholz-Reiter, Bernd: CIM-Schnittstellen – Konzepte, Standards und Probleme der Verknüpfung von Systemkomponenten in der rechnerintegrierten Produktion, 2. Auflage. München: Oldenbourg 1991.

SCHÖ88 Schönsleben, P.: Flexibilität in der computergestützten Produktionsplanung und -steuerung – Erweiterung der Datenbank und ein praxisorientiertes Expertensystem für eine variantenreiche Fertigung, 2. Auflage. Hallbergmoos: Angewandte Informationstechnik 1988.

SCHÖ97 Schöne, H., Vogeler, C., Treutlein, P.: Innovationssprung macht den PPS-Dschungel noch undurchsichtiger. In: VDI-Z 139 (1997) 3, S. 8–9.

SCHÖ02 Schönsleben, P.: Integrales Logistikmanagement – Planung und Steuerung von umfassenden Geschäftsprozessen, 3. Auflage. Berlin, Heidelberg: Springer 2002.

SCHR94 Schröder, M.: Einführung in die kurzfristige Zeitreihenprognose und Vergleich der einzelnen Verfahren. In: MERT94, S. 7–39.

SCHU90a Schulz, H. (Hrsg.): CIM-Planung und Einführung. Berlin u. a.: Springer 1990.

SCHU90b Schumann, M., Mertens, P.: Nutzeffekte von CIM-Komponenten und Integrationskonzepten (Teil 1). In: CIM Management 6 (1990) 3, S. 45–51.

SCHU90c Schumann, M., Mertens, P.: Nutzeffekte von CIM-Komponenten und Integrationskonzepten – Systematisierung von Bewertungsansätzen (Teil 2). In: CIM Management 6 (1990) 4, S. 63–68.

SCHU94 Schumacher, D.: MRPII: Das Produktionsplanungs-Konzept für die neunziger Jahre? In: Planung & Produktion 42 (1994) 6, S. 17–20.

SCHU98 Schuh, G., Müller, M., Levering, V.: Agilität durch virtuelle Fabriken. In: ZWF 93 (1998) 4, S. 124–126.

SCHW67 Schweitzer, M.: Methodologische und entscheidungstheoretische Grundfragen der betriebswirtschaftlichen Prozeßstrukturierung. In: ZfbF 19 (1967), S. 279–296.

SCHW94 Schweitzer, M. (Hrsg.): Industriebetriebslehre – Das Wirtschaften in Industrieunternehmungen, 2. Auflage. München: Vahlen 1994.

SEEL75 Seelbach, H.: Ablaufplanung. Würzburg, Wien: Physica 1975.

SIEG74 Siegel, Th.: Optimale Maschinenbelegungsplanung. Berlin: Erich Schmidt 1974.

SING95 Singh, K., Schneider, B., Kurbel, K.: Solving Sequencing Problems Using Recurrent Neural Networks and Simulated Annealing – A Structural and Computational Comparison. In: Derigs, U., u. a. (Hrsg.), Operations Research Proceedings 1994. Springer: Berlin, Heidelberg 1995, S. 400–405.

SINZ90 Sinz, E. J.: Das Entity-Relationship-Modell (ERM) und seine Erweiterungen. In: HMD 27 (1990) 152, S. 17–29.

SPUR97 Spur, G., Krause, F. L.: Das virtuelle Produkt – Management der CAD-Technik. München, Wien: Hanser 1997.

STEI91 Steinmetz, G.: Grunddatenverwaltung. In: GEIT91, S. 54–67.

STEI97 Stein, T.: Probleme und Lösungen der PPS-Reorganisation. In: Industrie Management 13 (1997) Special PPS Management, S. P11–P14.

STEI98 Steinbrucker, F., Stein, H.: Unterstützung der Produktentstehungs-Prozeßketten durch Leitstandtechnologie. In: PPS Management 3 (1998) 1, S. 78–80.

STOB97 Stobitzer, M., Schneider, B.: Bereits der Konstrukteur muß an's Recycling denken! – erweiterte Recyclinggraphen als Grundlage einer Recyclingplanung. In: FB/IE 46 (1997) 4, S. 156–161.

STRI97 Strickert, G.: PPS-Systeme – Wandel der Anforderungen. In: VDI-Z 139 (1997) 10, S. 50–52.

SWIT88 Switalski, M.: Hierarchische Produktionsplanung und Aggregation. In: ZfB 58 (1988) 3, S. 381–396.

TADJ98 Tadjer, R.: Enterprise Resource Planning. In: Internet Week (1998) April 3.

TIJS96 Tijssen, H., Isenberg, R., Brankamp, K., Gräßler, D.: Prozeßorientierte Auftragsabwicklung für den Airbus. In: VDI-Z 138 (1996) 5, S. 60–63.

TÖNS97 Tönshoff, H. K., Sielmann, M.: Reduzierung des Rückmeldeaufwands in der Fertigung. In: ZWF 92 (1997) 1/2, S. 42–44.

TREU02 Treutlein, P., Kipp, R..: Online-Plattform für die effiziente ERP/PPS-Auswahl. In: PPS Management 7 (2002) 1, S. 38–41.

VAHR00a Vahrenkamp, R.: Logistikmanagement, 4. Auflage. München, Wien: Oldenbourg 2000.

VAHR00b Vahrenkamp, R.: Produktionsmanagement, 4. Auflage. München, Wien: Oldenbourg 2000.

VIER96 Viergutz, B.: PPS-Einführung: Erfolgsfaktor Projektmanagement. In: VDI-Z 138 (1996) 6, S. 44–47.

VOLL90 Vollmer, M.: Fertigungssteuerung und BDE-Systeme bei Faber-Castell. In: CIM Management 6 (1990) 3, S. 57–59.

VUKO88 Vukobratovic, M.: Introduction to Robotics. New York, Berlin: Springer 1988.

WALT96 Walter, E.: PPS-Auswahlmethoden – Orientierung am Angebot statt an der eigenen Wunschvorstellung spart Kosten. In: Industrie Management 12 (1996) Special PPS Management, S. P72–P74.

WARN90 Warnecke, H.-J., Schraft, R. D. (Hrsg.): Industrieroboter – Handbuch für Industrie und Wissenschaft. Berlin u. a.: Springer 1990.

WARN95 Warnecke, H.-J.: Der Produktionsbetrieb 1 – Organisation, Produkt, Planung, 3. Auflage. Berlin u. a.: Springer 1995.

WEDE88 Wedekind, H.: Grundbegriffe Verteilter Systeme aus der Sicht der Anwendung. In: it 30 (1988) 4, S. 263–271.

WEDE90 Wedel, Th.: Wissensbasierte dynamische Einstellung der Parameter von Standardpaketen zur Produktionsplanung und -steuerung am Beispiel des IBM-Modularprogramms COPICS – Grundkonzepte und Einstellregeln. Dissertation, Universität Erlangen-Nürnberg 1990.

WEIG94 Weigelt, M.: Dezentrale Produktionssteuerung mit Agenten-Systemen – Entwicklung neuer Verfahren und Vergleich mit zentraler Lenkung. Wiesbaden: Gabler 1994.

WEST96 Westkämper, E., Wiedemann, H.: Dezentrale Organisation und ihre informationstechnische Unterstützung in der Produktionsplanung und -steuerung. In: Industrie Management 12 (1996) 3, S. 39–42.

WEST98 Westkämper, E., Haats, C.: Schlanke Produktion und Steuerung dezentraler Produktionseinheiten. In: PPS Management 3 (1998) 1, S. 9–12.

WFMC99 Workflow Management Coalition: Terminology & Glossary, Document Number WFMC-TC-1011, Issue 3.0 (February 1999). Im World Wide Web abrufbar unter http://www.wfmc.org/standards/docs/TC-1011_term_glossary_v3.pdf.

WIEN87a Wiendahl, H.-P.: Belastungsorientierte Fertigungssteuerung – Grundlagen, Verfahrensaufbau, Realisierung. München, Wien: Hanser 1987.

WIEN87b Wiendahl, H.-P.: Belastungsorientierte Fertigungssteuerung. In: technologie & management (1987) 2, S. 28–34.

WIEN88a Wiendahl, H.-P.: Erwiderung: Probleme der belastungsorientierten Auftragsfreigabe. In: ZfB 58 (1988) 11, S. 1224–1227.

WIEN92 Wiendahl, H.-P.: Die belastungsorientierte Fertigungssteuerung. In: ADAM92a, S. 207–243.

WIEN96 Wiendahl, H.-P, Kuhn, A., u. a.: Kooperatives Management in wandelbaren Produktionsnetzen – Vom integrierten Prozeß- und Wirkmodell zum Assistenzsystem. In: Industrie Management 12 (1996) 6, S. 23–28.

WIEN97a Wiendahl, H.-P.: Betriebsorganisation für Ingenieure, 4. Auflage. München, Wien: Hanser 1997.

WIEN97b Wiendahl, H.-P.: Fertigungregelung – Logistische Beherrschung von Fertigungsabläufen auf Basis des Trichtermodells. München, Wien: Hanser 1997.

WIEN02 Wienecke, K., Kampker, R., Gautam, D.: PPS/ERP-Systemauswahl für den Anlagenbau – Teil 2: Welche Funktionalitäten erwartet der Anwender und was bietet der Software-Markt?. In: FB/IE 51 (2002) 3, S. 100–114.

WIGH84 Wight, O. W.: Manufacturing Resource Planning: MRP II – Unlocking America's Productivity Potential, Revised Edition. New York et al.: Wiley 1984.

WILD89 Wildemann, H. (Hrsg.): Flexible Werkstattsteuerung durch Integration von KANBAN-Prinzipien, 2. Auflage. München: gfmt 1989.

WILD01 Wildemann, H.: Das Just-In-Time-Konzept – Produktion und Zulieferung auf Abruf, 5. Auflage. München: TCW 2001.

WILDoJ Wildemann, H. (Hrsg.): Rechnergestützte Informationssysteme in der Qualitätssicherung – CAQ. München: Gesellschaft für Management und Technologie o. J.

WINT91 Winter, R.: Mehrstufige Produktionsplanung in Abstraktionshierarchien auf der Basis relationaler Informationsstrukturen. Berlin u. a.: Springer 1991.

WIRT00 Wirth, N.: Algorithmen und Datenstrukturen – Pascal-Version 5. Auflage. Stuttgart: Teubner 2000.

WIRT96 Schwerpunktthema Fallbasierte Entscheidungsunterstützung. In: Wirtschaftsinformatik 38 (1996) 1, S. 7–62.

ZADE65 Zadeh, L.: Fuzzy Sets. In: Information and Control 8 (1965), S. 338–353.

ZÄPF92 Zäpfel, G., Missbauer, H.: Bestandskontrollierte Produktionsplanung und -steuerung. In: ADAM92a, S. 27–52.

ZÄPF96 Zäpfel, G.: Auftragsgetriebene Produktion zur Bewältigung der Nachfrageungewißheit. In: ZfB 66 (1996) 7, S. 861–877.

ZÄPF01 Zäpfel, G.: Grundzüge des Produktions- und Logistikmanagement 2. Auflage. Berlin, New York: de Gruyter 2001.

ZELE93 Zelewski, S., Bode, J.: Koordination von Produktionsprozessen – Ein Ansatz auf Basis von Multi-Agenten-Systemen. In: Information Management 8 (1993) 2, S. 14–25.

ZIMM89 Zimmermann, G.: Neue Ansätze zur Strukturierung von PPS-Systemen. In FB/IE 38 (1989) 2, S. 72–77.

Register

A

B

C

D

E

F

G

H

I

M

N

O

P

Q

R

U

V

W

Y

Z